Heidi Günther

Innovationsfähigkeit und die Organisation der Forschung und Entwicklung

Qualitative Fallstudien der pharmazeutischen Industrie

Heidi Günther

INNOVATIONSFÄHIGKEIT UND DIE ORGANISATION DER FORSCHUNG UND ENTWICKLUNG

Qualitative Fallstudien der pharmazeutischen Industrie

ibidem-Verlag
Stuttgart

Bibliografische Information der Deutschen Nationalbibliothek
Die Deutsche Nationalbibliothek verzeichnet diese Publikation in der Deutschen Nationalbibliografie; detaillierte bibliografische Daten sind im Internet über http://dnb.d-nb.de abrufbar.

Bibliographic information published by the Deutsche Nationalbibliothek
Die Deutsche Nationalbibliothek lists this publication in the Deutsche Nationalbibliografie; detailed bibliographic data are available in the Internet at http://dnb.d-nb.de.

Zugl. Dissertation, Universität Hamburg, Fakultät Wirtschafts- und Sozialwissenschaften 2013

Coverabbildung: © Momosu / pixelio.de

∞

Gedruckt auf alterungsbeständigem, säurefreien Papier
Printed on acid-free paper

ISBN-13: 978-3-8382-0548-9

Printed in Germany

Danksagung

Bei dieser Arbeit handelt es sich um meine Dissertation, die Ende Juli 2013 am Fachbereich Wirtschafts- und Sozialwissenschaften der Universität Hamburg angenommen wurde. Nach Jahren des Forschens und Schreibens ist es nun an der Zeit all jenen Personen zu danken, die mich während dieser Phase begleitet haben.

Zuerst danke ich meiner Doktormutter Prof. Dr. Jetta Frost für ihre wissenschaftliche Betreuung und Förderung. Sie hat mich jederzeit mit konstruktiver Kritik unterstützt und mir gleichzeitig die notwendige Freiheit während des Promotionsprozesses zugestanden. Mein Dank gebührt auch Prof. Dr. Dirk Ulrich Gilbert für die freundliche Übernahme des Zweitgutachtens und seine inhaltlichen Ratschläge sowie Prof. Dr. Insa Sjurts für den Vorsitz der Prüfungskommission.

Ebenso möchte ich meinen Kolleginnen und Kollegen, mit denen ich am Lehrstuhl für Organisation und Unternehmensführung der Universität Hamburg zusammenarbeiten durfte, für ihr kontinuierliches Feedback danken. Vor allem Prof. Dr. Rick Vogel und Dr. Steffen Blaschke gaben mir wertvolle Anregungen und motivierten mich, das Licht am Ende des Tunnels nie aus den Augen zu verlieren. Ulf Georg gilt mein Dank für seine unverzichtbare Hilfestellung in allen technischen Fragen zu jeder Tag- und Nachtzeit. Besonders danke ich Dr. Fabian Hattke für seine kollegiale und freundschaftliche Unterstützung. Mit beeindruckender fachlicher Expertise hat er immer gern und enthusiastisch wissenschaftliche Ideen und Probleme diskutiert und es war mir eine Freude, den Weg der Promotion mit ihm gemeinsam zu beschreiten.

Darüber hinaus bedanke ich mich bei meinen Praxispartnern, da die qualitativen Fallstudien und Pilotstudien meiner Arbeit ohne ihre Bereitschaft für umfassende Interviews nicht möglich gewesen wären. Aus Gründen der Geheimhaltung kann ich sie hier leider nicht persönlich benennen, mein Dank fällt deswegen aber nicht geringer aus.

Schließlich möchte ich meiner Familie und vor allem meinen Eltern aufrichtig für ihre moralische Unterstützung danken. Andrea und Michael Günther haben meine akademische Ausbildung aktiv gefördert und immer an mich geglaubt.

Die größte Unterstützung hat zweifelsohne Christian Häfner geleistet. Neben inhaltlichen und formellen Ratschlägen hat er mit Engelsgeduld temporäre Schaffenskrisen abgewendet und mir privaten Rückhalt gegeben. Ihm ist diese Arbeit in Liebe gewidmet.

Heidi Günther

Inhaltsverzeichnis

Abkürzungsverzeichnis

AMNOG	Gesetz nur Neuordnung des Arzneimittelmarktes
BCG	Boston Consulting Group
BfArM	Bundesinstitut für Arzneimittel und Medizinprodukte
BMBF	Bundesministerium für Bildung und Forschung
BMG	Bundesministerium für Gesundheit
BPI	Bundesverband der Pharmazeutischen Industrie
CBER	Center for Biologics Evaluation and Research
CDER	Center for Drug Evaluation and Research
CRO	Contract Research Organization
DTC	Direct-To-Consumer
EMA	European Medicines Agency
EPAR	European Public Assessment Report
FDA	U.S. Food and Drug Administration
FuE	Forschung und Entwicklung
GBA	Gemeinsamer Bundesausschuss
HR	Human Resources
IF i.e.S.	Innovationsfähigkeit im engeren Sinne
IF i.w.S.	Innovationsfähigkeit im weiteren Sinne
IfM	Institut für Mittelstandsforschung
IFPMA	International Federation of Pharmaceutical Manufacturers & Association
IQWIG	Institut für Qualität und Wirtschaftlichkeit im Gesundheitswesen
M&A	Mergers and Acquisitions
NAS	New Active Substance
NBE	New Biological Entity
NCE	New Chemical Entity
New BLA	New Biologic License Application
NME	New Molecular Entity
OTC	Over-the-Counter
PWC	PriceWaterhouseCoopers
PhRMA	Pharmaceutical Research and Manufacturers of America
R&D	Research and Development
RMS	Reference Member State
Rx	verschreibungspflichtige Medikamente
VfA	Verband forschender Arzneimittelunternehmen

Abbildungsverzeichnis

Tabellenverzeichnis

Anhangsverzeichnis

1 Einleitung

"In these suddenly sober times, the inescapable imperative for every organization must be to make innovation an all-the-time, everywhere capability." (Hamel 2007)

1.1 Problemstellung

Innovationen gelten seit Langem nicht nur als Quelle von sozialem und gesamtwirtschaftlichem Fortschritt, sondern auch als Grundlage von Wettbewerbsvorteilen einzelner Unternehmen, da sie ihnen trotz wachsender globaler Konkurrenz wertvolle Wachstums- und Differenzierungspotenziale und somit Möglichkeiten zur Steigerung ihres finanziellen Erfolges aufzeigen (z.B. Pervaiz und Sheperd 2010:4; Verworn und Herstatt 2007a:4; Grant und Nippa 2006:420f.; Fagerberg 2005:18-20; Utterback und Suárez 1993:2f.; Van de Ven 1986:590). Sie haben somit einen prominenten Platz auf der strategischen Agenda von Unternehmen und sind „(...) das Ergebnis eines kreativen Prozesses von verschiedenen Akteuren aus einer oder mehreren Organisationen, der zu einer qualitativ neuartigen Zweck/Mittel Kombination führt, die von einer Organisation auf dem Markt oder im Betrieb eingeführt wird" (Gemünden und Salomo 2004:506)[1]. Da Innovation aber auch mit einem gewissen ressourcenbezogenen Aufwand bei ungewissen Erfolgsaussichten einhergeht (Pleschak und Sabisch 1996:5) und viele Unternehmen zwar nicht mit einmaliger, aber wiederholter Innovation durchaus Probleme haben (Dougherty und Hardy 1996) ist abzuwägen, mit welcher Regelmäßigkeit bzw. auf welche Art und Weise Unternehmen innovieren sollten. Vor allem forschungs- und entwicklungsintensive *High-Technology (High-Tech) Branchen* wie die pharmazeutische Industrie sind aufgrund des rapiden technologischen Fortschritts und kurzen Produktlebenszyklen durch eine hohe Umweltdynamik charakterisiert und somit ständiger Veränderung unterworfen. Gelegentliche und einseitige (d.h. auf bestimmte Zeiträume oder auf nur eine Art beschränkte) Innovationen sind deswegen hier nicht ausreichend (z.B. Artz et al. 2010; Kola 2008; Bierly und Chakrabarti 1996). Auch die simpel formulierte Forderung nach „mehr Innovation" (z.B. Kuczmarski 2003) greift in diesen Branchen zu kurz, da Innovation als Grundlage aller geschäftlichen Aktivitäten und eines nachhaltigen anstelle eines nur temporären Wettbewerbsvorteils hier das jederzeit präsente Thema sein muss. In derartig dynamischen Branchen müssen Unternehmen *ständig innovieren*, damit ihre Angebotspalette mittels eines gut gefüllten Portfolios an Nachwuchsprodukten nicht obsolet wird und sie kontinuierlich Rückflüsse aus ihren Forschungs-und Entwicklungstätigkeiten erzielen können (z.B. Henard und McFadyen 2012:193; Howaldt et al. 2011:15-20; Garnier 2008:70f.). Deswegen muss nicht allein Innovation das Ziel solcher Unternehmen sein, sondern vielmehr das Erzeugen und Aufrechterhalten von *Innovationsfähigkeit* – ein Begriff, der zunächst allgemein als das Vermögen, aus Ideen Innovationen zu entwickeln und am Markt einzuführen (vgl. Disselkamp 2005:78; Sammerl 2006:36) beschrieben werden soll. Innovationsfähigkeit beruht auf dem Unternehmen zur Verfügung stehendem Wissen sowie dessen Anwendung auf entsprechende Marktgelegenheiten (z.B. Persaud

---

1 Neben dieser Begriffsauffassung gibt es eine Vielfalt alternativer Definitionen, die trotz ihrer Unterschiede Innovation alle als das simultane Vorliegen von Neuheit und Nutzen betrachten (z.B. Hauschildt und Salomo 2007; Crossan und Apaydin 2010). Weiterführende Hinweise hierzu werden in Kapitel 2 gegeben.

2005; Subramaniam und Youndt 2005). Ein zentraler Aspekt von Innovationsfähigkeit ist dabei, dass Innovieren nicht als einmaliger, sondern als kontinuierlicher Prozess beschrieben wird:

> "An innovation capability is (…) defined as the ability to continuously transform knowledge and ideas into new products, processes and systems for the benefit of the firm and its stakeholders. Innovation capability is not just an ability to be successful at running a business newstream, or to manage mainstream capabilities. Innovation capability is about synthesising these two operating paradigms." (Lawson und Samson 2001:384)

Innovationsfähigkeit ist demnach notwendig, um sowohl das aktuelle Kerngeschäft bestmöglich ausschöpfen zu können als auch gleichzeitig gänzlich neue Geschäftsfelder zu erschließen. Folglich lohnt es sich, sich diesem Begriff hinsichtlich seiner Anwendbarkeit in dynamischen Branchen tiefergehend zu widmen und dessen Grundzüge näher zu untersuchen[2].

Bei diesem Vorhaben wird offensichtlich, dass bereits der Terminus „Innovation" aufgrund der vorhandenen definitorischen Vielfalt nicht einfach zu konkretisieren ist (vgl. z.B. Crossan und Apaydin 2010; Adams et al. 2006), aber mit dem Neuheits- und Nutzenkriterium wenigstens auf zwei Merkmale verallgemeinert werden kann (siehe Teilkapitel 2.2). Das lässt bereits vermuten, dass mit der Zusammenführung von „Innovation" und „Fähigkeit" ein begrifflich noch weicheres Konstrukt mit entsprechend größeren Herausforderungen der Konzeptualisierung und Operationalisierung entsteht. Es verwundert daher wenig, dass man neben dem oben bereits genannten, recht breiten Verständnis (vgl. Sammerl 2006; Disselkamp 2005) in der wissenschaftlichen Literatur auf vielfältigste Auffassungen von Innovationsfähigkeit trifft: Einerseits thematisieren die Definitionen *Vorbedingungen des kontinuierlichen Innovierens*, indem sie erklären, wie Unternehmen neue Problemlösungen durch die ständige Nutzung und Pflege ihrer bestehenden organisationalen[3] Wissensbasis sowie deren Weiterentwicklung bzw. Neugestaltung generieren (z.B. Amara et al. 2010; Un und Montoro-Sanchez 2010; Persaud 2005; Chapman und Hyland 2004). Damit wird der Versuch der Orientierung in dynamischen Umwelten angesprochen, der auf organisationalem Lernen[4] – d.h. der kritischen Reflektion der bestehenden sowie der Aneignung neuer

---

2 Es muss darauf hingewiesen werden, dass Innovationsfähigkeit nur eines von vielen aktuellen Forschungsthemen im Innovationsmanagement darstellt. Ausgewählte weitere betriebswirtschaftliche Probleme sind nach wie vor z.B. das schwierige Messen und Managen von Innovation (z.B. Birchall et al. 2011; Hidalgo und Albors 2008), das Bemühen um einheitliche Innovationstypologien (z.B. Rowley et al. 2011; Garcia und Calantone 2002), die Digitalisierung und Virtualisierung von Innovationen (z.B. Dougherty und Dunne 2012; Kohler et al. 2009) oder die Internationalisierung von Innovationssystemen (z.B. Chen et al. 2012; Carlsson 2006). Sofern der Erläuterung und Untersuchung dienlich, werden diese Themenaspekte in der Arbeit kurz angeschnitten – ansonsten konzentriert sich die Autorin hier auf das Thema Innovationsfähigkeit.

3 Im deutschen Sprachraum werden sowohl die Begriffe „organisational" als auch „organisatorisch" verwendet. Mit dem Versuch einer begrifflichen Differenzierung sei angemerkt, dass „organisatorisch" eher auf die Tätigkeit des Organisierens und die resultierenden strukturell-prozessualen Konfigurationen bezogen wird, während „organisational" die Organisation als Institution meint und z.B. in Bezug auf das Lernen oder Wissensmanagement in Unternehmen oder zur Beschreibung von Beziehungen („intra-organisational" versus „inter-organisational") verwendet wird (vgl. z.B. Auer-Rizzi und Reber 2007; Majer 2000; Osterloh und Frost 1998, 2000; Reichwald und Möslein 1997). Damit zusammen hängt auch die Unterscheidung des instrumentellen und institutionellen Organisationsbegriffes (z.B. Von der Oelsnitz 2009:18-22).

4 *Organisationales Lernen* geht eng mit dem Begriff des Wissens einher: „Lernen" heißt, dass die Wissensbasis verändert wird und „organisational" beschreibt in dem Zusammenhang die Akkumulation von individuellem

Fähigkeiten – beruht und grundlegend für die Anpassung an sich ständig ändernde Kontextbedingungen bzw. deren aktive Mitgestaltung ist (vgl. Frese 2001; Osterloh und Frost 1998:211-216). Die Definitionen der Innovationsfähigkeit sprechen in diesem Zusammenhang verschiedene Theoriekonzepte wie beispielsweise Ansätze des Wissensmanagements (z.B. Amara et al. 2010), unterschiedliche Arten von Wissen (z.B. intellektuelles Kapital, Subramaniam und Youndt 2005), Slack (überschüssige oder redundante Ressourcen, z.B. Lawson und Samson 2001) oder simultane Exploration und Exploitation (Lernen in großen bzw. kleinen Schritten, z.B. Carlisle und McMillan 2006) an. Dabei ist unklar, inwiefern die Annahmen dieser einzelnen Theoriekonzepte überlappend bzw. miteinander vergleichbar sind, was ein einheitliches Verständnis der Vorbedingungen von Innovationsfähigkeit erschwert.

Andererseits basieren die Definitionen von Innovationsfähigkeit auf den *Ergebnissen des ständigen Innovierens* im Sinne von Verbesserungen und Neuentwicklungen (z.B. Assink 2006; Chapman und Hyland 2004; Lawson und Samson 2001; Sen und Egelhoff 2000), die zum nachhaltigen Unternehmenswachstum beitragen sollen. Oftmals wird diese kontinuierliche Innovationsleistung mit dem simultanen Erzeugen verschiedener Innovationsarten erklärt, da z.B. radikale Innovationen als auch inkrementelle Innovationen notwendig sind, um kurz- als auch langfristig am Markt eine attraktive Position einnehmen zu können (z.B. Lisboa et al. 2011; Carlisle und McMillan 2006) und Prozessinnovationen benötigt werden, um die Generierung von Produktinnovationen zu unterstützen (z.B. Cakar und Ertürk 2010; Un und Montoro-Sanchez 2010). Auffällig ist allerdings, dass nur sehr wenige Studien (z.B. Persaud 2005; Cavusgil et al. 2003)[5] den Versuch unternehmen, Innovationsfähigkeit zu operationalisieren und als tatsächlich realisierbare Ergebnisse mittels objektiver empirischer Daten nachvollziehbar zu machen. Viele Studien nehmen keine vergleichbare Operationalisierung vor und umschreiben stattdessen die oben genannten Vorbedingungen von Innovationsfähigkeit (z.B. Un und Montoro-Sanchez 2010; Assink 2006) oder untersuchen nur reine Potenzialgrößen (z.B. absolute Forschungs- und Entwicklungsinvestitionen oder Weiterbildungsmaßnahmen, siehe Amara et al. 2010 oder Cakar und Ertürk 2010), die nichts über den realisierbaren Erfolg aussagen.

Problematisch an diesen beiden unterschiedlichen definitorischen Perspektiven ist zum einen der entstehende Eindruck, dass Innovationsfähigkeit sowohl Vorbedingung als auch Ergebnis des Innovierens sein kann. Unter diesen Umständen würde eine begriffliche *Tautologie* vorliegen: Wenn zum kontinuierlichen Innovieren bestimmte Vorbedingungen (a) notwendig sind, um entsprechende Ergebnisse (b) zu erhalten ($a \rightarrow b$), Innovationsfähigkeit aber gleichermaßen beides sein kann ($a = b$), dann läge eine aufgrund ihrer definitorischen Logik allgemeingültige Aussage

Wissen zu kollektivem Wissen des Unternehmens (z.B. Von der Oelsnitz 2009:205-210; Chiva und Alegre 2005; Fiol und Lyles 1985).

5 Diese Studien operationalisieren zwar Innovationsfähigkeit, aber nicht hinsichtlich der Kombination der genannten verschiedenen Innovationsarten. Eine empirische Untersuchung mit objektiv messbaren Daten zu radikaler *und* inkrementeller Innovation bzw. Produktinnovation *und* Prozessinnovation, die kontinuierlich über einen längeren Zeitraum hinweg generiert werden, existiert nach Kenntnis der Autorin zum Zeitpunkt der Erstellung dieser Arbeit bislang nicht.

vor[6] (vgl. Priem und Butler 2001; Popper 1959). Zum anderen ist das Zusammenspiel von Vorbedingungen und Ergebnissen bislang noch relativ unklar. Folglich sind die Grundzüge von Innovationsfähigkeit immer noch mehrdeutig. Das *erste Ziel* der Arbeit soll daher sein, den bislang tautologisch verwendeten Begriff der Innovationsfähigkeit durch Differenzieren zwischen dessen Vorbedingungen und Ergebnissen näher zu bestimmen. Dazu müssen aktuelle Studien zum Thema analysiert, klassifiziert und unter Einbezug ergänzender Literatur sowie praktischer Erkenntnisse konzeptionell aufgearbeitet werden.

Darüber hinaus fällt auf, dass die aktuellen wissenschaftlichen Studien bislang kaum bzw. nur unsystematisch Hinweise liefern, wie Unternehmen sich organisieren müssen um innovationsfähig zu werden und zu bleiben. Dabei macht eine solche Verknüpfung von Innovationsfähigkeit und Fragestellungen zu deren *Organisation*, d.h. erforderlichen Strukturen und Prozesse zur Umsetzung dieses möglichen Unternehmenszieles (vgl. z.B. Dunbar und Starbuck 2006), durchaus Sinn: Eine ständige Nutzung, Pflege und Weiterentwicklung der organisationalen Wissensbasis sowie die dadurch hoffentlich angeregte kontinuierliche Innovationsleistung „passieren" nicht einfach von allein – sondern bedürfen einer Organisation, die erstens Organisationsmitglieder zum Austausch und Lernen anregt und zweitens deren Einzelleistungen durch gezieltes Management integriert (vgl. z.B. Dougherty 2006; Bharadwaj und Menon 2000; Johannessen et al. 1997; Damanpour 1991). Die Annahme, dass Innovation nur eines einzelnen und isoliert arbeitenden Genies bedarf, gilt inzwischen als veraltet. Selbst Edison, der regelmäßig revolutionäre Technologien und Produkte erfand, konnte seine Innovationen nur mit einem Team motivierter Ingenieure in seiner „Invention Factory" umsetzen (Möslein 2009:13). Somit wäre nicht Edison allein, sondern dessen Unternehmen – nach dem oben genannten Aspekt der kontinuierlichen Innovationsleistung – als innovationsfähig zu bezeichnen. Heute erfordern Innovationen aufgrund immer komplexerer Produkte mehr denn je die kombinierten Fähigkeiten verschiedener Individuen, die in systematischen Prozessen mit unsicherem Ergebnis und sich regelmäßig ändernden Beziehungsmustern zusammenarbeiten. Daraus resultieren immer komplexere [7] Arbeitskonstellationen, die sogar über die Unternehmensgrenzen hinausgehen können. Deswegen besteht

---

[6] Selbiger Tautologievorwurf ist teilweise schon in den verwendeten Theoriekonzepten zur Erläuterung der Vorbedingungen des kontinuierlichen Innovierens verankert: Beispielsweise kritisieren Moldaschl (2006) und Hedlund (1994) Dynamic Capabilities dafür, dass Potenzialgrößen sowohl ihr Treiber als auch ihr Ergebnis sind und bemängeln die nicht operationalisierbaren Annahmen sowie die schwierige Messbarkeit. Ähnlich problematisch sind Definitionen, die auch organisationale Innovationen (z.B. Knight 1967) als Ergebnis des Innovierens begreifen, da diese nicht vermarktungsfähig und eher ein Treiber von Innovationsfähigkeit sind (vgl. Armbruster et al. 2008; siehe auch Teilkapitel 2.3).

[7] *Komplexität* meint dabei, dass eine große Anzahl von Parametern auf nicht einfache Art und Weise miteinander interagiert (Simon 1962:468). Komplexe Produkte setzen sich aus vielen Komponenten bzw. Teilaufgaben zu deren Herstellung zusammen, die sich gegenseitig beeinflussen und jeweils spezifisches „Komponentenwissen" erfordern. Daher basiert das Herstellen komplexer Produkte oftmals auf komplexen organisatorischen Strukturen und Prozessen. Die Komplexität wird insgesamt verstärkt, wenn Ergebnisse von Herstellungsprozessen ungewiss sind bzw. auf nicht leicht zu interpretierenden Regularien beruhen oder wenn das erforderliche Komponentenwissen in Zusammenarbeit mit Dritten kontinuierlich weiterentwickelt werden muss (vgl. z.B. Dougherty und Dunne 2011; Garud et al. 2011; Chapman und Hyland 2004). Wie später erläutert wird, treffen diese Merkmale auf den pharmazeutischen FuE-Prozess (vgl. Kapitel 4) zu.

die organisatorische Herausforderung darin, Rahmenbedingungen zur Kooperation der Einzelpersonen zu schaffen und ihre Innovationsaktivitäten zu koordinieren (Coombs und Metcalfe 2002:209f.; Grant 2001:146f.; Miles et al. 1997:11f.). Für diese Aufgabe ist maßgeblich die *Forschung und Entwicklung (FuE) als Organisationsbereich* verantwortlich, da sie innerhalb des Innovationsmanagements Kernprozesse zum Gewinnen neuer Ideen und Problemlösungen übernimmt und dadurch als Innovationsmotor des Unternehmens betrachtet werden kann (vgl. z.B. Pleschak und Sabisch 1996:6-8; Brockhoff 1992:35-47; Bleicher 1990:11-14). Hauschildt und Salomo überlegen:

> „Wo die Produktion neuen Wissens systematisch, nachhaltig und kostenintensiv betrieben wird, ist die Institutionalisierung und Organisation von *Forschung und Entwicklung* häufig unabdingbar. Damit sind die klassischen Fragen der Organisationsgestaltung aufgeworfen." (Hauschildt und Salomo 2007:125; eigene Hervorhebung)

Das bedeutet zum einen, dass der Organisationsbereich FuE besonders in High-Tech Industrien wie der Pharma-Branche – die sich durch besonders hohe FuE-Investitionen auszeichnen (OECD 2011) und in denen das Geschäftsmodell auf einem konstanten Fluß an Innovationen beruht – eine große Rolle spielt[8] (z.B. Paul et al. 2010; Grewal et al. 2008; Gilsing und Nooteboom 2006; Staropoli 1998). Zum anderen impliziert das Zitat, dass es der FuE-Bereich[9] ist, der sich mit den entscheidenden organisatorischen Fragestellungen zum Fördern von Innovationsfähigkeit konfrontiert sieht (vgl. z.B. Hauschildt und Salomo 2007:125-144; Brockhoff 2004; Pleschak und Sabisch 1996:277-281). Eine wesentliche Frage ist, welches „Maß" an formaler organisatorischer Strukturierung und Prozessgestaltung zum Bewältigen von FuE-Aufgaben geeignet ist, da Aufbau und Austausch von Wissen als Grundlage aller innovativen Aktivitäten gewisse Handlungs- und Entscheidungsfreiräume erfordern (z.B. Chen et al. 2012; Poskela und Martinsuo 2009; Persaud 2005; Sundgren et al. 2005; Cardinal 2001; Judge et al. 1997:76-83). Im Hinblick auf Innovationsfähigkeit kommt erschwerend hinzu, dass die notwendigen verschiedenen Innovationsarten teilweise mit paradoxen Anforderungen an die Organisation einhergehen: Inkrementelle Innovation basiert auf Stabilität, während radikale Innovation es notwendig macht, ebendiese aufzubrechen und flexibel zu sein (vgl. z.B. Carlisle und McMillan 2006; Van Looy et al. 2005); Produktinnovation erfordert eine Verbesserung der Effektivität durch umfassendere Verquickung von Kundenbedürfnissen und internen Umsetzungsmöglichkeiten, während Prozessinnovation auf eine Stärkung der Effizienz durch schlankere Entwicklungs- und Kommerzialisierungsverfahren abzielt (z.B. Hauschildt und Salomo 2007:9; Damanpour und Gopalakrishnan 2001:48).

Die wenigen wissenschaftlichen Studien, die bislang überhaupt auf die mit Innovationsfähigkeit verbundenen organisatorischen Fragestellungen eingehen, weisen dabei einige Schwächen auf: Beispielsweise wird zwar der Bedarf an bestimmten Managementfähigkeiten (Boerjesson und Elmquist 2011:181), weniger Bürokratie oder mehr dualistischen Strukturen zum Vereinbaren

[8] Im Umkehrschluss wird FuE in Low-Tech Industrien (z.B. Nahrungsmittelindustrie, Textilindustrie) weniger institutionalisiert und strukturiert betrieben (z.B. Hirsch-Kreinsen 2008).

[9] Im Folgenden ist mit „FuE-Bereich" die gesamte FuE eines Unternehmens gemeint, während mit Verweis auf „Teilbereiche", „Abteilungen", „Einheiten" oder „Teileinheiten" kleinere abgrenzbare Segmente unter dem gesamten FuE-Bereich bezeichnet werden.

verschiedener Innovationsarten (Assink 2006) betont, aber ohne deren Ausprägung oder Implementierbarkeit in der Praxis tiefergehend zu erläutern. Häufig wird nur eine sehr spezifische organisatorische Fragestellung, wie z.B. die Zusammenarbeit mehrerer FuE-Zentren mit der Zentrale (Persaud 2005) oder die Kooperation mit externen Partnern (Hagedoorn und Duysters 2002) und damit nur ein Teilaspekt eines organisatorischen Gesamtproblems thematisiert. Publikationen, die sich organisatorischen Fragestellungen auf Team- und Gesamtunternehmensebene ausführlicher widmen und diese tatsächlich mit den Erfordernissen des Aufbaus, des Managements und der Anpassung der organisationalen Wissensbasis verknüpfen, liegen bislang nur in konzeptioneller Form[10] vor (z.B. Un und Montoro-Sanchez 2010).

Insgesamt ist festzustellen, dass in wissenschaftlichen Publikationen die Organisation von Innovationsfähigkeit bislang nur am Rande bzw. zu unsystematisch, auf einer zu spezifischen Ebene oder ohne empirische Nachweise diskutiert wird und auch hier noch Forschungsbedarf herrscht. Das *zweite Ziel* der Arbeit ist demnach, konkrete organisatorische Voraussetzungen von Innovationsfähigkeit aufzuzeigen. Als Ausgangspunkt können Hinweise aus relevanten Studien zur Innovationsfähigkeit extrahiert und durch Einbezug ergänzender Literatur zur FuE-Organisation präzisiert werden, um einen Bezugsrahmen für eine eigene empirische Untersuchung zu entwickeln. Weshalb sich dafür die pharmazeutische Industrie als Forschungsobjekt anbietet, soll im folgenden Teilkapitel geschildert werden.

1.2 Praktischer Anwendungsfall: Pharmazeutische Unternehmen

Die Relevanz von Innovationsfähigkeit und die aktuelle Situation in der Branche

Die praktische Relevanz der obigen Arbeitsziele kann anhand der aktuellen Situation von Unternehmen der pharmazeutischen Industrie illustriert werden. Diese Branche gehört zu den FuE-intensiven High-Tech Industrien (OECD 2011), in denen Innovationsfähigkeit – und nicht nur gelegentliche Innovation – aufgrund der Umweltdynamik eine besonders große Rolle spielt und auf komplexen, von Kontrollinstitutionen wie den Zulassungsbehörden *European Medicines Agency* (EMA)[11] und *U.S. Food and Drug Administration* (FDA) reglementierten Innovationsprozessen beruht (vgl. Whelan et al. 2010; Coombs und Metcalfe 2002; Roberts 1999; Bierly und

---

10 Nicht nur zur Innovationsfähigkeit gibt es zu wenige umfassende empirische Studien, sondern generell zu Problemen des Innovationsmanagements, wie z.B. der tatsächlichen Organisation von Innovationsprozessen in der Praxis (vgl. z.B. Calantone et al. 2002:515f.; Garcia und Calantone 2002:125; Wolfe 1994:405; Cummings und O'Connell 1978:47). Das liegt daran, dass Innovationen schwer zu erforschen sind: Sie erfordern die Zusammenarbeit einer Vielzahl von Personen, verlaufen selten linear, sind unsicher und hängen von organisatorischen Rahmenbedingungen wie den verfügbaren Ressourcen und Technologien ab (z.B. Read 2000; Cummings und O'Connell 1978). Zum anderen können die in der wissenschaftlichen Literatur als wichtig erachteten Einflussfaktoren der Innovation, wie z.B. das Management der organisationalen Wissensbasis oder der Kommerzialisierung, nur sehr schwer erfasst werden (vgl. z.B. Adams et al. 2006:39). Die wenigen empirischen Studien, die es gibt, weisen eine Vielzahl an Operationalisierungen von Innovation als auch in ihrer Gesamtheit inkonsistente empirische Ergebnisse auf (z.B. Adams et al. 2006; Lawson und Samson 2001:378; Wolfe 1994). Somit ist die empirische Innovationsforschung nach wie vor als herausfordernd zu bezeichnen.

11 Früher war die European Medicines Agency unter dem Kürzel „EMEA" (European Agency for the Evaluation of Medicinal Products) bekannt und wird teilweise in wissenschaftlichen Publikationen trotz ihrer Umbenennung im Jahr 2009 noch so bezeichnet (z.B. Fischer und Breitenbach 2010).

Chakrabarti 1996). Gleichzeitig dauert das Generieren von Innovationen in dieser Branche aber besonders lange: Von der Idee für ein neues Medikament bis zur finalen Zulassung durch die zentralisierte Zulassungsbehörde müssen umfangreiche FuE-Schritte mittels Untersuchungen im Reagenzglas (z.B. Substanzoptimierungen), vorklinischen Tests (Laborstudien und Tierversuche) und klinischen Tests (erst mit wenigen gesunden und später mehreren Tausend kranken Patienten) erfolgen, die in den USA durchschnittlich 11,5 Jahre (vgl. Sternitzke 2010:812) und in Europa nach Angaben des *Verbandes forschender Arzneimittelunternehmen* (VfA) sogar durchschnittlich 13,5 Jahre (vgl. VfA 2011a:28) in Anspruch nehmen[12]. In diesem Sinne erklären Cardinal und Hatfield (2000), dass der Innovationsprozess in der Branche einem nicht endenden, immer wieder zu füllendem Kreislauf ähneln soll:

> "In the pharmaceutical industry the discovery-development process is a long run process. Without new drugs to fuel sales and with older drugs going off-patent, firms can end up with dry spells. These dry spells have the potential to harm future research productivity since sales drive future R&D *[HG: Research & Development]* spending." (Cardinal und Hatfield 2000:249)

Idealerweise müssen Pharmaunternehmen also ständig und sowohl inkrementell als auch radikal innovieren: Einerseits sollen wegen der langwierigen Innovations- und Zulassungsprozesse und dem zeitlich begrenzten Patentschutz die extrem hohen FuE-Aufwendungen durch nur marginale Verbesserungen einmal zugelassener Medikamente lange ausgenutzt und möglichst schnell amortisiert werden. Dieses Anliegen ist von so hoher Bedeutung, weil es von ursprünglich 10.000 bearbeiteten Substanzen, mit denen die FuE im Labor beginnt, letztlich nur eine neue Substanz bis zur Zulassung schafft und für deren komplette Erforschung und Entwicklung insgesamt 1,0 bis 1,6 Mrd. Euro anfallen (VfA 2011a). Andererseits ist es unumgänglich, schon frühzeitig wieder in Innovationsprojekte für komplett neue Arzneimittel zu investieren, um auch langfristig die Umsatzerlöse und das Überleben des Unternehmens am Markt zu sichern. Hierfür müssen ständig Nachwuchsprodukte herangezüchtet werden, die die bereits zugelassenen Medikamente am Markt ersetzen können – wenn deren Patentschutz abläuft, es nach der Kommerzialisierung zu Risiken[13] kommen sollte oder weil sie obsolet werden (vgl. Weiss et al. 2009; Garnier 2008; Kola 2008). Dafür sind, vor allem wenn auch biopharmazeutische Produkte generiert werden sollen, Produkt- und Prozessinnovationen kaum voneinander trennbar (Lim et al. 2006).

Neben den ohnehin schon herausfordernden Bedingungen in der Pharma-Industrie ist der Innovationsdruck momentan besonders hoch, weil die Patente vieler großer Unternehmen auf ihre *Blockbuster*-Medikamente (wie z.B. Lipitor von Pfizer, Zyprexa von Eli Lilly), die allein den Großteil der jährlichen Umsatzerlöse generieren, aktuell bzw. in den nächsten Jahren auslaufen.

---

12 In dieser Zeitspanne ist jeweils auch der Zulassungsprozess berücksichtigt, bei dem von der ersten Begutachtung eines neues Medikaments bis zur im Idealfall erfolgten Zulassung je nach Behörde und Land zwischen 1,1 und 1,7 Jahre vergehen (Gassmann et al. 2008:29). Ein Vorteil der immer stärker in Anspruch genommenen zentralen Zulassung ist der Zugang zu vergleichbaren Aussagen bezüglich der Anzahl und des Marktpotenzials der von Pharma-Unternehmen generierten Innovationen, weswegen in dieser Arbeit auch entsprechende Daten der EMA und der FDA herangezogen werden (vgl. Kapitel 6).

13 Teilweise werden erst nach erfolgter Zulassung bestimmte Nebenwirkungen eines Medikaments bekannt, die je nach Sicherheitsbedenken zur Rücknahme vom Markt durch den Hersteller führen können (vgl. VfA 2011a; Schmid und Smith 2005).

Danach fallen diese Segmente in der Regel den *Generika-Herstellern* mit ihren viel günstigeren, nun auch zulassungsfähigen Produkten zu (z.B. Chesbrough 2011) und die ursprünglichen Pioniere müssen ohne Nachwuchsprodukte empfindliche Umsatzeinbußen verzeichnen. Zudem wurde die Branche in den letzten Jahren durch den Aufschwung der *Biotechnologie* revolutioniert, die einen Teil des Wissensbestandes alteingesessener Pharma-Unternehmen obsolet werden ließ und den Aufbau von völlig neuem Wissen bzw. neuen Fähigkeiten[14] erforderlich machte (vgl. Gilsing und Nooteboom 2006).

Diese kurze Schilderung macht deutlich, dass Innovationsfähigkeit im Sinne einer kontinuierlichen Innovationsleistung – die das Hervorbringen verschiedener Innovationsarten erfordert – für Unternehmen der pharmazeutischen Industrie gerade vor dem Hintergrund der aktuellen Situation von größter Bedeutung ist. Trotzdem gelten Pharmaunternehmen aufgrund ihrer Reife teilweise als konservativ und bürokratisch (Petsko 2009). Sie innovieren insofern „einseitig", als dass sie sich auf *inkrementelle Innovationen* (in Form von Produkterweiterungen oder kleineren Veränderungen an bereits zugelassenen Medikamenten) konzentrieren um ihre Investitionsrisiken zu senken, was zur Vernachlässigung der FuE an völlig neuen Medikamenten führt (vgl. Ganuza et al. 2009; Cardinal 2001). Dabei sind solche *radikalen Innovationen* auch aus ökonomischer Sicht unverzichtbar, da je nach Land nur der Nachweis eines gewissen Neuheits- und Nutzengrades die attraktive Preisgestaltung für den Hersteller eines neuen Medikaments[15] möglich macht (vgl. Gassmann et al. 2008:29f.). Doch selbst wenn in besonderem Maße in die FuE investiert wird, bleiben die Risiken des Innovationsprozesses hoch und Ergebnisse ungewiss. Pharma-Unternehmen müssen sich deswegen oft den Vorwurf einer mangelnden FuE-Produktivität gefallen lassen (z.B. Bennani 2011; Chesbrough 2011; Paul et al. 2010; Garnier 2008).

Ausgewählte organisatorische Herausforderungen

Ob pharmazeutische Unternehmen innovationsfähig sind oder nicht, scheint maßgeblich von der Herangehensweise an verschiedene organisatorische Herausforderungen abzuhängen:

Erstens stellt sich beispielweise die Frage, wie der *Innovationsprozess* – der im Vergleich zu anderen Industrien besonders komplex ist – koordiniert wird: Über einen Zeitraum von mehr als 10 Jahren werden diverse Stufen zur Arzneimittelentwicklung durchlaufen, auf denen jeweils eine Vielzahl von Spezialisten unterschiedlichster Disziplinen (wie Biologen, Chemiker, Pharmazeuten und Mediziner) zur Erfüllung mehrerer Hundert Einzelaufgaben, aber auch Generalisten (wie Projektmanager oder Portfolio Manager) zur prozessübergreifenden Unterstützung in

---

14 Wegen der Notwendigkeit, sich vor allem im Biotechnologie-Segment schnell neues Wissen anzueignen, aber auch aufgrund von Verdrängungswettbewerb kam es in den letzten Jahren zu besonders vielen *Mergers und Akquisitionen* (M&A) in der Pharma-Industrie (z.B. LaMattina 2011; Danzon et al. 2007).

15 In den meisten Ländern unterliegt die Preisgestaltung für neue Arzneimittel dem starken Einfluss staatlicher Gesundheitsbehörden (vgl. Gassmann et al. 2008:30). Besonders angespannt ist die Situation momentan in Deutschland, wo das *Gesetz nur Neuordnung des Arzneimittelmarktes* (AMNOG) 2011 in Kraft getreten ist und die Arzneimittelausgaben der gesetzlichen Krankenkassen regulieren soll: Es werden nur dann hohe Preise für neue Medikamente gewährt, wenn diese im Vergleich zum Standardmedikament einen nachweislich höheren Patientennutzen haben; ansonsten wird eine preisliche Obergrenze festgelegt (vgl. Bundesministerium für Gesundheit [BMG] 2012).

wechselnden Konstellationen zusammenarbeiten müssen (vgl. VfA 2011a:14-27; Gassmann et al. 2008:58-62). Obwohl für einzelne Arbeitsschritte Expertenwissen benötigt wird, führt erst die Integration dieser spezialisierten Wissensdomänen (vgl. z.B. Henderson und Cockburn 1994) zu einem innovativen Gesamtergebnis.

Zweitens muss geklärt werden, in welchem organisatorischen Kontext die *verschiedenen Innovationsarten* erzeugt werden sollen. Das Generieren radikaler Innovationen (z.B. komplett neue molekulare Formulierungen) bzw. inkrementeller Innovationen (z.B. Verbesserung bereits zugelassener Medikamente) basiert mit Exploration (Transformation bzw. Erneuerung des Wissens) bzw. Exploitation (Ausschöpfung und Verfeinerung des Wissens) auf zwei völlig verschiedenen Lernstrategien. Sie gehen mit unterschiedlichen Voraussetzungen an die FuE-Organisation einher und es wird immer wieder diskutiert, ob sie strukturell voneinander zu trennen sind (vgl. z.B. Garnier 2008:73; Bierly und Chakrabarti 1996:124f.), unterschiedlich gesteuert werden müssen (z.B. Cardinal 2001) bzw. wie ein möglichst reibungsloser Übergang zwischen ihnen erreicht werden kann (z.B. Gilsing und Nooteboom 2006).

Die Lösung solcher organisatorischen Herausforderungen obliegt in erster Linie dem *Organisationsbereich FuE*, da dieser oft sämtliche Innovationsaktivitäten initiiert und bis zur groß-skaligen Produktion und Marktreife verantwortet (vgl. z.B. Gassmann et al. 2008; Kola 2008). Infolgedessen kann die FuE als „Ort" verstanden werden, wo Innovationsfähigkeit entsteht, aufrechterhalten und in neue Produkte zum Sichern der Wettbewerbsfähigkeit pharmazeutischer Unternehmen übersetzt werden muss. Dafür muss der FuE-Bereich als eine Art *„Knowledge Broker"* Aufbau, Austausch und Management von bereichsinternem Spezialistenwissen (z.B. zu FuE-Teilfunktionen oder Therapiegebieten) sicherstellen, die FuE mit Schnittstellenfunktionen wie dem Marketing vernetzen sowie relevantes externen Wissen von Innovationspartnern ins Unternehmen holen (vgl. Gassmann et al. 2008:157-163; Gassmann und Reepmeyer 2005; Cardinal und Hatfield 2000:248-252).

In großen Pharma-Unternehmen spiegeln die FuE-Bereiche oft die Komplexität der gebündelten, zu erfüllenden Aufgaben des Innovationsprozesses wider. Nicht selten wurden bürokratische Regelsysteme sowie rigide, funktionsorientierte Strukturen eingeführt, die zwar die Handhabung der Komplexität durch Schaffen von Standardsituationen ermöglichen, aber auch die Kreativität der Mitarbeiter eindämmen. Daher wird immer wieder überlegt, wie eine zum Fördern von Innovationsfähigkeit geeignete FuE-Organisation aussehen sollte (vgl. Garnier 2008). Fragen, die sich in dem Zusammenhang stellen, sind z.B. ob kleinere „Centers of Excellence" einer großen „Mammut-FuE" vorzuziehen sind (ebd. S. 72), inwiefern Entwicklungsprozesse effizienter gestaltet werden können ohne die notwendigen Freiheitsgrade der Wissenschaftler zu korrumpieren (z.B. Elmquist und Segrestin 2007), in welcher Form die Zusammenarbeit mit internen Schnittstellenfunktionen wie Marketing und Produktion zu gestalten ist (Howells 1990) oder welche Vorteile in Innovationsprojekten eine Zusammenarbeit mit externen Partnern bringt (z.B. Kreiner und Schultz 1993).

Diese kurzen Schilderungen demonstrieren einerseits, dass Innovationsfähigkeit sowie die dafür geeignete organisatorische Gestaltung extrem relevant für die Pharma-Industrie sind und andererseits, dass den FuE-Bereichen hier als hauptsächlichen Akteuren des Innovationsmanagements ein besonderes Augenmerk gilt. Darum stellen Pharma-Unternehmen geeignete Forschungsobjekte dar, um in dieser Dissertation die Natur von Innovationsfähigkeit und deren organisatorischen Voraussetzungen in der Praxis mittels *empirischer Fallstudien* zu untersuchen. Dabei soll sich auf *Großunternehmen* beschränkt werden, da ihnen wegen ihrer „Koordinationsdominanz" und „kognitiven Beharrungseffekten" (Frese 2000:75f.) besondere Innovationsprobleme attestiert werden: Durch die Vielzahl ihrer (Teil-)Einheiten als auch ihre komplexen, formalisierten und rigiden Strukturen und Prozesse neigen sie zu Inflexibilität und können einmal entwickelte Denkmuster kaum noch ablegen (z.B. Boerjesson und Elmquist 2011; Frese 2000; Dougherty und Hardy 1996). Der tendenziell einseitige Innovationsfokus dürfte bei großen Pharma-Firmen noch ausgeprägter sein, da dann inkrementelle Innovation zu Lasten radikaler Innovation stärker betont wird – auch wenn dieses Ungleichgewicht längerfristig das Überleben des Unternehmens am Markt gefährdet (z.B. Lavie et al. 2010; Assink 2006; Carlisle und McMillan 2006; Dougherty und Hardy 1996). Insbesondere Großunternehmen müssen die Notwendigkeit kontinuierlicher Innovation mehr anerkennen und besser organisieren:

> "To develop the capability for sustained innovation, large, mature organizations cannot focus simply on the management of individual projects. They must also create organization-wide systems that weave together innovations and existing operations." (Dougherty und Hardy 1996:1146)

Mit solchen Problemen dürften auch große Unternehmen anderer High-Tech Branchen zu kämpfen haben. Deshalb können die Erkenntnisse der Arbeit in diesem Kontext – trotz Fokus auf die Pharma-Industrie – grundsätzlich wichtige Ansatzpunkte zur Verbesserung der Innovationsfähigkeit und einer geeigneten FuE-Organisation geben.
Das folgende Teilkapitel erläutert nun, welches Forschungsdesign der Arbeit zugrundeliegt und vertieft das angestrebte Arbeitsziel.

1.3 Ziel der Arbeit und Forschungsdesign

Vor dem Hintergrund der oben dargestellten Problemstellung und des praktischen Anwendungsfalles der pharmazeutischen Industrie soll in dieser Arbeit geklärt werden, wie Innovationsfähigkeit im Sinne eines tatsächlich realisierbaren Ergebnisses auf eine Verknüpfung von dafür notwendigen wissens- bzw. lernbezogenen Vorbedingungen und geeigneten organisatorischen Charakteristika des FuE-Bereiches zurückzuführen ist. Dieses Arbeitsziel ist Ausgangspunkt des *Forschungsdesigns* (siehe Abbildung 1) als dem logischen Plan, wie vom Ausgangsproblem zu erklärungsträchtigen Konklusionen gelangt werden soll (Yin 2009:26).
Im Detail soll die Zielsetzung der Arbeit durch Beantwortung der folgenden zwei Forschungsfragen und die damit verbundenen Arbeitsschritte erreicht werden:

Forschungsdesign: logical model of proof (vgl. Yin 2009:26)

- Ziel: Klären des Zusammenhangs zwischen Innovationsfähigkeit und der Art der FuE-Organisation
- Forschungsfragen: (1)Was ist Innovationsfähigkeit? (2) Inwiefern beeinflusst die Organisation des Forschung- und Entwicklungsbereiches die Innovationsfähigkeit?
- Forschungsverständnis: anwendungsorientiert

Forschungsansatz: type of empirical enquiry (vgl. Yin 2009:18)

- Art: qualitative Fallstudienforschung, multiple Fallstudien
- Forschungsobjekte: Unternehmen der pharmazeutischen Industrie

Forschungsmethoden: ways of finding empirical data (vgl. Myers 2009:4)

- Datenerhebung: semi-strukturierte Interviews, Datenbank- und Dokumentenrecherche
- Datenanalyse: qualitative Inhaltsanalyse (Interviews), Datenbank- und Dokumentenanalyse

Abbildung 1: Forschungsdesign der Arbeit
(Quelle: eigene Darstellung).

Die *erste Forschungsfrage* lautet *„Was ist Innovationsfähigkeit?"* und soll sich mit der Präzisierung und Operationalisierung des Begriffes beschäftigen. Unter der Annahme, dass es nicht nur eine Sichtweise von Innovationsfähigkeit gibt, muss zwischen Vorbedingungen und tatsächlich realisierbaren Ergebnissen unterschieden werden, um deren Beziehung zueinander besser zu verstehen und das bemängelte Tautologieproblem zu beseitigen: Wissens- und lernbezogene Vorbedingungen des Unternehmens sind die Grundlage neuer Ideen und daher notwendig, um kontinuierlich innovieren zu können (z.B. Un und Montoro-Sanchez 2010; Subramaniam und Youndt 2005). Sie geben aber noch keine Auskunft darüber, in welcher Anzahl, Art und zeitlichen Dauer daraus auch Innovationen resultieren – obwohl eine Bewertung der „Fähigkeit zur Innovation" gerade eine ergebnisbezogene Betrachtungsweise erfordert. Deswegen soll durch Analyse relevanter Literatur und unter dem Begriff *Innovationsfähigkeit im engeren Sinne (i.e.S.)* zuerst eine ergebnisbezogene Definition von Innovationsfähigkeit als einer kontinuierlichen Innovationsleistung entwickelt und dabei auf den Mix der geforderten unterschiedlichen Innovationsarten eingegangen werden. Diese Überlegungen sind zur empirischen Untersuchung der pharmazeutischen Unternehmen besonders relevant, um die Resultate ihrer Innovationsaktivitäten anhand objektiver Maße beurteilen zu können. Im anschließenden zweiten Teil der Literaturanalyse wird der Begriff der *Innovationsfähigkeit im weiteren Sinne (i.w.S.)* vorgestellt, unter dem die wissens- und lernbezogenen Vorbedingungen des kontinuierlichen Innovierens kategorisiert, beschrieben und diskutiert werden. Wie im Verlauf der Arbeit gezeigt wird, lassen sich dabei die vier *Dimensionen* (1) Aufbau und Pflege einer organisationalen Wissensbasis, (2) Aneignung von unternehmensexternem Wissen, (3) Lernen durch Exploration und Exploitation sowie (4) Betonen der Relevanz von Innovation in der Strategie und Kultur des Unternehmens unterscheiden. Bei der Beantwortung der ersten Forschungsfrage geht es nicht nur um die Konzeption zweier Sichtweisen von Innovationsfähigkeit, sondern auch um die Untersuchung ihrer Wirkung aufeinander. Diese lässt sich nicht allein durch theoretische Überlegungen klären und ist deswegen Kerngegenstand der empirischen Fallstudien zu den pharmazeutischen Unternehmen.

Im Anschluss wird die *zweite Forschungsfrage* beantwortet, die *„Inwiefern beeinflusst die Organisation des Forschung- und Entwicklungsbereiches die Innovationsfähigkeit?"* lautet. Sie fußt erstens auf der Erkenntnis, dass vor allem das Erreichen von Innovationsfähigkeit i.w.S. von bestimmten organisatorischen Charakteristika abhängig[16] ist. Entsprechende Hinweise dazu sind in den relevanten wissenschaftlichen Studien bislang nur selten, nicht umfassend genug oder ohne empirischen Hintergrund zu finden; genannt wird beispielsweise die Zusammenarbeit aller am Innovationsprozess beteiligten internen Funktionen (z.B. Assink 2006; Persaud 2005) oder die Kooperation mit externen Partnern (z.B. Un und Montoro-Sanchez 2010; Hagedoorn und Duysters 2002). Zweitens basiert die Forschungsfrage auf dem Fakt, dass der FuE-Bereich nicht nur in pharmazeutischen Unternehmen die Organisationseinheit ist, der die Initiierung und Verantwortung der Innovationsaktivitäten bis zur Produktionsreife übertragen wird und die auf dem Weg dorthin mit verschiedensten internen bzw. sogar externen Partnern zusammenarbeitet (vgl. z.B. Hauschildt und Salomo 2007:125-143; Pleschak und Sabisch 1996:277-288; Brockhoff 1992:35-47; Bleicher 1990:11-14). Somit müssen im Verlauf der Arbeit relevante *Charakteristika der FuE-Organisation*[17] erhoben und deren sinnvolle Gestaltung zum Fördern des kontinuierlichen Innovierens ermittelt werden. Mit organisatorischen Charakteristika sind keine unbewussten oder rein emergenten, sondern von den Entscheidungsträgern des Unternehmens *tatsächlich beeinflussbare Parameter des Organisationsdesigns* (vgl. z.B. Cornelissen und Kafouros 2008; Grandori und Furnari 2008; Dunbar und Starbuck 2006) gemeint, die je nach Ausprägung die wissens- und lernbezogenen Dimensionen der Innovationsfähigkeit i.w.S. fördern, aber auch behindern können. Zur Beantwortung der zweiten Forschungsfrage werden ebenfalls die Studien zur Innovationsfähigkeit herangezogen und mit Hinweisen der Innovationsmanagementliteratur ergänzt, um relevante Charakteristika der FuE-Organisation zu kategorisieren sowie offene Fragen zu ihrer Gestaltung aufzuzeigen. Anschließend wird ihre Relevanz und Ausprägung in der Praxis anhand der qualitativen Fallstudien zu den pharmazeutischen Unternehmen eruiert.

Die Art und Weise, wie die Forschungsfragen beantwortet werden, hängt vom zugrundegelegten *Forschungsverständnis* ab (siehe Abbildung 1), das bestimmt, welchen Erklärungsbeitrag die Arbeit leisten kann und will. Hierfür muss zunächst überlegt werden, in welchem Verhältnis Theorie und Praxis[18] hinsichtlich Fragestellungen des Innovationsmanagements zueinander

[16] Dieser unterstellte Zusammenhang knüpft an Freses (2000, 2001) Auffassung an, dass Ausprägung und Nutzen der organisatorischen Lern- und Wissensdimension von der Gestaltung der Koordinations- bzw. Motivationsaufgaben der Organisation determiniert wird. Andere WissenschaftlerInnen betrachten die Lern- und Wissensdimension unter dem Stichwort „Orientierungsaufgaben" sogar als zentralen Teil des organisatorischen Aufgabenspektrums (z.B. Von der Oelsnitz 2009; Frost 1998; Osterloh und Frost 1998), nachdem lange Zeit in der Organisationsforschung nur Koordinations- und Motivationsaufgaben thematisiert wurden (vgl. z.B. Schreyögg und Kliesch 2003; Kieser und Kubicek 1992; Mintzberg 1980; March und Simon 1958).

[17] Die Studien zur Innovationsfähigkeit beziehen sich entweder direkt auf den FuE-Bereich oder treffen Aussagen, die ihn mit einschließen (z.B. Un und Montoro-Sanchez 2010; Bell 2009; Persaud 2005; Yam et al. 2004). Andere sprechen das Generieren von Innovationen als Hauptaufgabe der FuE an, ohne den Bereich explizit zu benennen (z.B. Boerjesson und Elmquist 2011; Carlisle und McMillan 2006; Lawson und Samson 2001). Welche Charakteristika der FuE-Organisation auf verschiedenen organisatorischen Bezugsebenen zu unterscheiden sind, wird in Teilkapitel 3.3 ausführlich behandelt.

[18] Diese Frage ist zurückzuführen auf die immer wieder auftretende Diskussion des Verhältnisses von *Theorie* („Rigour") und *Praxis* („Relevance") sowie die Kritik, dass zu theorie- bzw. methodengeleitete Erkenntnisse der wissenschaftlichen Forschung kaum in die praktische Realität umgesetzt werden können (z.B. Palmer et al.

stehen. Hilfreiche Hinweise zur Beantwortung gibt die Studie von Crossan und Apaydin (2010), in der relevante konzeptionelle und empirische Literatur zum Thema Innovation aus 27 Jahren analysiert wurde. Ein essenzielles Ergebnis der Autorinnen ist, dass zwischen allgemeingültig akzeptierten *Praktiken* (auf Wissen von *Praktikern* wie z.B. Managern beruhenden Routinen) und der manchmal davon losgelösten gängigen *Praxis* (tatsächliche Aktivitäten bzw. "theories in use")[19] zu unterscheiden sei. Mit Fokus auf Verbesserung geteilter und verhaltensbeeinflussender Routinen und Normen argumentieren sie: „(...) a comprehensive innovation practice should include the totality of the academic knowledge (...)" und fordern ein stärkeres Theorieinteresse der Praktiker (Crossan und Apaydin 2010:1178). Lawson und Samson (2001:378) hingegen erklären, dass die wissenschaftliche Theoriebildung zum Thema Innovation überhaupt erst durch praktische Probleme von Managern (wie z.B. dem ständigen Bedarf, mehr zu innovieren) angetrieben wird. Folglich ist eine einseitige Orientierung der Praxis an der Wissenschaft bzw. der Wissenschaft an der Praxis abzulehnen und eher ein symbiotisches Verhältnis beider Felder zu befürworten, da die Innovationsforschung eine anwendungsorientierte Disziplin darstellt (vgl. z.B. Zboralski und Gemünden 2009; Zerfass 2009; Hauschildt und Salomo 2007; Verworn und Herstatt 2007a). Unter dieser Prämisse ist es nicht sinnvoll, Wissensgenerierung ausschließlich aus wissenschaftlicher Sicht zu betreiben *(„Mode 1")*, da sie in ihrer Entwicklung von bestimmten theoretischen Schulen vorgezeichnet und relativ veränderungsresistent ist sowie selbstdefinierte anstatt realer Probleme zu lösen versucht. Das andere Extrem in Form der rein praxisorientierten Wissensgenerierung *(„Mode 2")* ist ebensowenig geeignet, da die so gewonnenen pragmatischen Erkenntnisse mehrdeutig und wenig valide sind sowie Objektivität bzw. Generalisierbarkeit vermissen lassen. Stattdessen ist eine Forschungsstrategie empfehlenswert, die zwischen dem Mode 1 und dem Mode 2 der Wissensgenerierung angesiedelt ist:

2009; Tushman et al. 2007; Walsh et al. 2007). Eine systemtheoretisch begründete Extremposition ist, dass soziale Systeme selbstreferentiell, also in sich geschlossen, sind. Demnach wären Wissenschaft und Praxis zu verschieden und unüberbrückbar, was gemeinsame Forschungsaktivitäten ausschließt und Interaktion höchstens über Intermediäre erlaubt (z.B. Kieser und Leiner 2009). Eine derartige Selbstreferenz bzw. die Annahme, dass nur wissenschaftsintern der Wert von wissenschaftlichen Erkenntnissen beurteilt werden kann führt dazu, dass Theorien zur Lösung realer Probleme nur bedingt oder gar nicht geeignet sind (Osterloh und Frost 2003:4f.). Diese Grundhaltung ist nicht erstrebenswert, da in der Management- und Organisationsforschung immer mehr eine beiderseitige Bereicherung von Wissenschaft und Praxis sowie eine stärkere Beachtung der in der Realität tatsächlich relevanten Praktiken gefordert wird (z.B. Thorpe et al. 2011; Avenier 2010; Jarzabkowski und Whittington 2008; Walsh et al. 2007). Deswegen wird heute vorgeschlagen, durch intensiveren Austausch zwischen Wissenschaftlern und Praktikern die Lücke zwischen beiden Feldern zumindest teilweise zu schließen und so robustere Erkenntnisse zu generieren (z.B. Starkey et al. 2009; Walsh et al. 2007). Theorie sei demnach nicht der alleinige Ausgangspunkt von neuen Erkenntnissen, sondern zumindest in temporären Episoden ein Derivat der Praxis (Sandberg und Tsoukas 2011).

19 Während *Praktiken* „(...) theoretically and practically derived tools that have become part of the everyday lexicon (...)" sind und die Aktivitäten von Individuen leiten, beschreibt die *Praxis* die tatsächlich ausgeführten Aktivitäten selbst. Folglich ist „Praxis" der breitere Begriff und schließt „Praktiken" mit ein, da ManagerInnen in ihrer täglichen Arbeit zwar auf Praktiken im Sinne von Richtlinien zurückgreifen, diese aber abwandeln, weiterentwickeln oder improvisieren (vgl. Jarzabkowski und Whittington 2008:282; Whittington 2006:619f.). Aus diesem Grunde wird im Folgenden weiterhin der Terminus „Praxis" verwendet.

> "The issues of importance to Mode 1.5 typically will rise from practice and will be defined in conversation with those in practice, but other insights should be solicited and integrated. The relevant data will come primarily, but not entirely, from practice. Academic skills will be useful in developing definitions, comparing data across organizational settings, and suggesting generalizable frameworks for further sense-making." (Huff 2000:292)

In diesem „*Mode 1.5*" wird im Sinne eines „virtuosen Zirkels" immer wieder zwischen der wissenschaftlichen Beobachterperspektive und der praktischen Teilnehmerperspektive hin und her gewechselt, um zwischen verschiedenen Wissensdisziplinen zu vermitteln und aus dem Vergleich diverser praktischer Ansätze generalisierbare, theoretische Rahmenkonzepte zu entwickeln[20] (vgl. Osterloh und Frost 2003:6f.; Huff 2000:291-293). Demnach gibt es auch bei Fragestellungen des Innovationsmanagements keine immer passende Theorie und es obliegt der Wissenschaftlerin, je nach Situation über die sinnvolle Anwendung[21] verschiedener Theorien zu entscheiden (vgl. Wolfe 1994:406; Knight 1967:479f.). Das Wechselspiel zwischen Theorie und Praxis dient hierbei nicht nur der Verfeinerung und Entwicklung von wissenschaftlichen Erkenntnissen, sondern zeigt auch neue Ansatzpunkte für die Forschung auf.

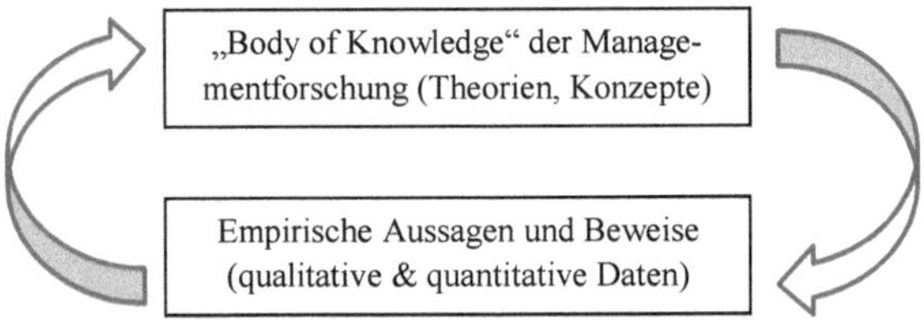

Abbildung 2: Anwendungsorientiertes Forschungsverständnis (Quelle: Myers 2009:12).

Das geschilderte *anwendungsorientierte Forschungsverständnis* (vgl. Abbildung 2) wird von der Autorin dieser Arbeit geteilt: Einerseits ist das praktische Problem, wie Unternehmen in dynamischen Umwelten innovationsfähig werden bzw. bleiben können und wie sie dafür ihre FuE organisieren müssen, Ausgangspunkt der Untersuchung. Andererseits helfen theoretische Vorüberlegungen dabei, die untersuchten Unternehmen vergleichbar zu machen und Erkenntnisse der Praxis zu interpretieren – die dann wieder neue Ansatzpunkte für die Weiterentwicklung der Forschungsagenda liefern (vgl. z.B. Huff 2000:292). Verfolgter Zweck ist dabei die *Theorieelaboration* (z.B. Eisenhardt und Graebner 2007; Vaughan 1992), da die bestehende Theorie zur

[20] Die Begriffe „Mode 1" und „Mode 2" stammen von Gibbons et al. (1994) und verknüpfen die Diskussion des Theorie-Praxis-Verhältnisses mit dem Thema der Wissensproduktion. Ein aktuelles, mit dem „Mode 1.5" vergleichbares Konzept ist die von Thorpe et al. (2011) vorgeschlagene „knowledge translation value chain", die den Prozess der Wissensproduktion langfristig als eine Reihe von Wissensbildungs- und Output-Episoden mit Feedbackschleifen zwischen Theorie und Praxis betrachtet. Bezogen auf den modernen Innovationsprozess wird betont, dass die Erkenntnissuche nicht in Form eines linearen „Science Push" oder „Demand Pull" Modells abläuft (ebd. S. 426).

[21] Beispielsweise helfen soziologische Theorien bei der Eruierung der Wirkung technologischer Veränderungen auf die Gesellschaft, psychologische Ansätze bei Überlegungen zu individuellen Kreativitätsprozessen während die Betriebswirtschaft versucht, Überlegungen zum Zusammenhang von Innovation und Wettbewerbsfähigkeit bzw. ökonomischen Potenzialen zu treffen (Knight 1967:479f.).

Innovationsfähigkeit durch Auflösen der begrifflichen Tautologie und Aufzeigen konkreter organisatorischer Voraussetzungen präzisiert bzw. verfeinert werden soll.

Zum anwendungsorientierten Forschungsverständnis muss ein passender *Forschungsansatz,* d.h. eine geeignete Art der Erhebung des empirischen Datenmaterials (z.B. Yin 2009:18f.; vgl. Abbildung 1) gewählt werden, wobei sich generell quantitative und qualitative Ansätze unterscheiden lassen (z.B. King und Horrocks 2010:6-24; Valsiner 2000; Howe 1992). Im Innovationsmanagement spielen sehr viele weiche Faktoren wie die wissens- und lernbezogenen Vorbedingungen des kontinuierlichen Innovierens eine Rolle, für die sich keine eindeutigen Maße finden bzw. klare Ursache-Wirkungs-Beziehungen ableiten lassen (vgl. z.B. Adams et al. 2006; Smith 2005). Folglich eignet sich zur Beantwortung der Forschungsfragen dieser Arbeit eher ein *qualitativer Forschungsansatz*: Durch Sammeln und Verarbeiten reicher empirischer Daten können „thick descriptions" des Untersuchungsphänomens erstellt und interpretiert werden, um dieses besser zu verstehen und verallgemeinerbare Schlußfolgerungen treffen zu können (z.B. Steinke 2007:185; Shah und Corley 2006:1821f.; Flick et al. 2004:3-7). Da "(...) a theory of innovation needs to connect the action (praxis) with the managerial and academic theories (practice) by understanding the role of agents (practitioners)" (Crossan und Apaydin 2010:1179), wird somit auch der Forderung nach einem besseren wissenschaftlichen Verständnis für praktische Probleme des Innovationsmanagements (z.B. Un und Montoro-Sanchez 2010:417; Elmquist und Segrestin 2007; Dougherty 2006; Lawson und Samson 2001:396) nachgekommen. Als spezifischer qualitativer Forschungsansatz werden *Fallstudien* gewählt, da sie durch Rückgriff auf vielfältiges Datenmaterial zur Untersuchung erklärender „W-Fragen" (Was, Wie, Warum?) und aktueller Phänomene unter besonderer Berücksichtigung des Kontexts geeignet sind (Yin 2009:3-19; Eisenhardt und Graebner 2007; Siggelkow 2007). Folglich sind Fallstudien das Mittel der Wahl, um den Zusammenhang von Innovationsfähigkeit und der FuE-Organisation am Beispiel der pharmazeutischen Industrie zu erklären, die aufgrund des hohen Innovationsdrucks als besonders herausfordernder Untersuchungskontext zu bezeichnen ist. *Multiple Fallstudien* haben dabei im Vergleich zu Einzelfallstudien den Vorteil, dass alternative Erklärungsmöglichkeiten des Untersuchungsphänomens gefunden, Gemeinsamkeiten bzw. Unterschiede zwischen den Fällen elaboriert und eine Art Replikationslogik entwickelt werden kann (Yin 2009:53-62; Miles und Huberman 1994:172-174; Eisenhardt 1989:533-541). Das bedeutet, dass hier mehrere Fallunternehmen einer vergleichbaren Größe betrachtet, deren Innovationsfähigkeit i.e.S. als auch i.w.S. analysiert und Muster für eine förderliche FuE-Organisation gesucht werden.

Aus der Wahl des Forschungsansatzes leiten sich die *Forschungsmethoden* als Verfahren zur Datenerhebung und Datenanalyse (z.B. Myers 2009:4-15; vgl. Abbildung 1) ab, wobei qualitative Fallstudien in der Regel die Kombination mehrerer Methoden erfordern (z.B. Buchanan 2012:355f.). Zur Datenerhebung werden einerseits *semi-strukturierte Interviews* mit Vertretern der FuE-Bereiche der teilnehmenden Unternehmen geführt, da diese Methode der Wissenschaftlerin sowohl eine gewisse Strukturierung der Erhebung ermöglicht als auch genügend Freiheiten im Ablauf des Interviews zugesteht (z.B. Hopf 2004). Im Gespräch ist es durch die Interaktion zwischen Interviewer und Interviewee möglich, Rückfragen zu stellen und interessante Sachverhalte vertiefend zu behandeln (vgl. z.B. Eisenhardt und Graebner 2007; Hermanns 2004). Die Interviews können sowohl telefonisch oder persönlich geführt werden, da sich bei beiden Varianten keine signifikanten Qualitätsunterschiede zeigen (Sturges und Hanrahan 2004). Andererseits fußt die Datenerhebung auf der *Analyse von Datenbanken* und offiziellen Berichten der Zulassungsbehörden EMA und FDA, da diese Auskunft über die Art der generierten Innovationen der Pharma-Unternehmen geben. Weiterhin werden Informationen aus *ergänzenden Dokumenten* (z.B. Geschäftsberichte und Reports der Fallunternehmen, Artikel der pharmazeutischen Fachpresse) gesammelt, da sie ein umfassenderes Bild der Fälle ermöglichen (z.B. Myers 2009:153-161; Yin 2003:85-89). Damit fließen trotz des qualitativen Forschungsansatzes auch quantitative Daten in diese Arbeit mit ein, da die Innovationsfähigkeit i.e.S. auf Grundlage der in den letzten Jahren tatsächlich zugelassenen neuen Produkte der Pharma-Unternehmen sowie ihrer Nachwuchsprodukte in den späten Phasen der FuE-Pipeline erhoben wird. Die Wahl multipler Datenquellen hat die Anwendung multipler Datenanalysemethoden zur Folge: Das Interviewmaterial wird strukturiert und systematisch anhand der *qualitativen Inhaltsanalyse* (z.B. Mayring 2010, 2004) untersucht, die Analyse der Zulassungsdatenbanken ermöglicht die Verarbeitung qualitativer und quantitativer Daten zu pharmazeutischen Innovationen und die *Dokumentenanalyse* – die eher als „mode of access" zu schriftlichem Sekundärmaterial denn als stringente Analyseform verstanden werden soll (Wolff 2004:284-289) – liefert weiterführende Informationen. Durch diese *Daten- und Methodentriangulation*, d.h. die Kombination verschiedener Methoden zur Datenerhebung und Datenanalyse, kann die Genauigkeit und Robustheit der gewonnenen Erkenntnisse erhöht werden (z.B. Flick 2007:37-53; Jick 1979).

1.4 Gang der Untersuchung

Aus den bisherigen Ausführungen ergibt sich der folgende Aufbau der Arbeit:

Im *zweiten Kapitel* werden zunächst die terminologischen Grundlagen zur Innovation, d.h. zum Ursprung, verschiedenen Innovationsarten, allgemeinen Merkmalen des Innovationsmanagements sowie dem Ablauf idealtypischer Innovationsprozesse, erläutert. Damit wird ein Grundverständnis zu Begriffen erarbeitet, die später zur Diskussion der Innovationsfähigkeit benötigt werden. Kapitel 2 endet mit einer Überleitung von der Innovation zur heute mehr und mehr benötigten Innovationsfähigkeit.

Anschließend folgt im *dritten Kapitel* die Analyse der relevanten Studien zur Innovationsfähigkeit, die anhand bestimmter Auswahlkriterien (Teilkapitel 3.1) selektiert und unter Einbezug ergänzender Literatur zum Innovationsmanagement diskutiert werden. Zunächst erfolgt in Teilkapitel 3.2 die Präzisierung bzw. Konzeptionalisierung von Innovationsfähigkeit, wobei zwischen tatsächlich realisierbaren Ergebnissen (Innovationsfähigkeit i.e.S.) und Vorbedingungen des kontinuierlichen Innovierens (Innovationsfähigkeit i.w.S.) differenziert wird. Dadurch kann eine operationalisierbare Arbeitsdefinition von Innovationsfähigkeit i.e.S. entwickelt und Innovationsfähigkeit i.w.S. durch Unterscheiden von vier Dimensionen dargestellt werden. Danach unterscheidet und erläutert die Autorin in Teilkapitel 3.3 die organisatorischen Voraussetzungen der Innovationsfähigkeit und ordnet sie drei Bezugsebenen der FuE-Organisation zu. Es gilt nicht nur aufzuzeigen, welche Charakteristika der FuE-Organisation grundsätzlich relevant für die Innovationsfähigkeit sind, sondern auch, welche Aspekte hinsichtlich ihrer Ausgestaltung offen bleiben und im empirischen Teil der Arbeit elaboriert werden müssen. Kapitel 3 beinhaltet damit die theoretischen Vorüberlegungen zur Beantwortung der beiden Forschungsfragen.

Das *vierte Kapitel* leitet zur empirischen Untersuchung über, indem die pharmazeutische Industrie als geeigneter Kontext vorgestellt und auf Besonderheiten (Wettbewerbskräfte, der typische FuE-Prozess sowie aktuelle Innovationsprobleme) hingewiesen wird.

Im daran anknüpfenden *fünften Kapitel* werden Fallstudien (in Anlehnung an Yin 2009, 2003) nach einer wissenschaftstheoretischen Einordnung als Forschungsansatz vorgestellt und konkrete Forschungsmethoden für die empirische Untersuchung dieser Arbeit abgeleitet.

Im *sechsten Kapitel* werden die vorbereitenden Untersuchungsschritte in Form umfangreicher Pilotstudien (Teilkapitel 6.1) sowie der daraufhin entwickelten Regularien zur Datenerhebung und -analyse (Teilkapitel 6.2) eingeführt. Alsdann folgt in Teilkapitel 6.3 mit dem theoretischen Sampling als erstem Schritt der Datenanalyse eine theoriegeleitete Auswahl und Vorstellung der Fallunternehmen anhand der Innovationsfähigkeit i.e.S. als Samplingkriterium. Dafür werden Daten der zentralen Zulassungsbehörden analysiert und mit Veröffentlichungen der Unternehmen und der Fachpresse abgeglichen[22]. Informationen aus diesen Quellen ermöglichen eine objektive Einschätzung der über einen längeren Zeitraum realisierten bzw. realisierbaren Innovationen. Durch Einbezug von Pharma-Unternehmen mit einer hohen, mittleren und schwachen Innovationsfähigkeit i.e.S. wird ein breites Fallspektrum abgedeckt.

Das *siebte Kapitel* beginnt mit einer kurzen Vorstellung der qualitativen Inhaltsanalyse nach Mayring (Teilkapitel 7.1), die der systematischen Analyse des transkribierten Interviewmaterials dient. Es stellt die Hauptquelle der Fallkonstruktion und Fallanalyse dar und wird ggf. mit Hinweisen aus weiteren Dokumenten ergänzt. In der folgenden *Einzelfallanalyse* („Single-Case-Analysis", Teilkapitel 7.2) werden nun fallspezifische Auffälligkeiten zu den Dimensionen der Innovationsfähigkeit i.w.S. als auch den Charakteristika der FuE-Organisation aufgedeckt, die einen Erklärungsbeitrag zur Innovationsfähigkeit i.e.S. je Fallunternehmen liefern. Danach wird in der *vergleichenden Fallanalyse* („Cross-Case-Analysis", Teilkapitel 7.3) versucht, Muster zwischen den Fällen aufzudecken und verallgemeinerbare Schlußfolgerungen zum Zusammenhang von Innovationsfähigkeit i.e.S., Innovationsfähigkeit i.w.S. sowie der Gestaltung der FuE-Organisation zu treffen. In Teilkapitel 7.4 werden basierend auf den empirischen Ergebnissen theoretische Implikationen in Form von Propositionen abgeleitet und praktische Empfehlungen gegeben. Kapitel 7 trägt insgesamt dazu bei, die in Kapitel 3 getroffenen theoretischen Vorüberlegungen zu elaborieren und die beiden Forschungsfragen unter Einbezug empirischer Daten final zu beantworten.

---

22 Dieser Schritt ist z.B. notwendig, um auch neue Medikamente, die nicht zentral über die EMA oder die FDA, sondern dezentral in nur einem Land zugelassen wurden, mit in die Untersuchung einbeziehen zu können.

Zu guter Letzt wird im *achten Kapitel* ein Fazit getroffen, indem die wichtigsten Erkenntnisse der Arbeit zusammengefasst und Limitationen der Untersuchung aufgezeigt werden. Schließlich werden ausgewählte Vorschläge zur weiteren Forschung zum Thema Innovationsfähigkeit unterbreitet.

2 Begriffliche Grundlagen zu Innovation und Innovationsprozessen

In diesem Kapitel werden die begrifflichen Grundlagen zu Innovation und dem Management von Innovation erläutert, welche zum Verstehen des diffuseren Konstrukts der Innovationsfähigkeit benötigt werden. Dafür sollen in den Teilkapiteln 2.1 und 2.2 die Notwendigkeit von Innovationen, ihr Ursprung und ihre allgemeinen Merkmale erklärt werden. In Teilkapitel 2.3 werden die gängigen Innovationsarten nach Untersuchungselementen gegliedert, vorgestellt und voneinander abgegrenzt – was insbesondere für die Einführung der ergebnisbezogenen Sichtweise von Innovationsfähigkeit (Innovationsfähigkeit i.e.S.) in Kapitel 3 relevant ist. Diese begriffliche Klarstellung ist ebenso unabdingbar wie die in Teilkapitel 2.4 folgende Vorstellung idealtypischer Innovationsprozesse, die im weiteren Verlauf der Arbeit immer wieder thematisiert und später am Beispiel der Pharma-Industrie (Kapitel 4) spezifiziert werden. Teilkapitel 2.5 leitet dann von der Innovation zur Innovationsfähigkeit über.

2.1 Zur Notwendigkeit von Innovation

„Innovation" ist ein Begriff, der in der Wissenschaft als auch in der Praxis aufgrund der allgegenwärtigen Verwendung immer mehr zu einem Modewort avanciert (z.B. Crossan und Apaydin 2010:1154f.; Hauschildt und Salomo 2007:3; Vahs und Burmester 2005:1). Kuczmarski (2003:537) beschreibt die allgemeine Innovationseuphorie wie folgt: „Every year there is a new buzzword... And for many years now, innovation has been on the top of the list." Doch warum ist Innovation eigentlich ein so häufig diskutiertes Thema?

Als Antwort auf diese Frage wird häufig auf die Bedeutung von Innovationen für die Gesellschaft und – aus Sicht der betriebswirtschaftlichen Forschung noch relevanter – für die Wirtschaft verwiesen (Howaldt et al. 2011:15). Demnach lassen Geschehnisse der allgemeinen Makroumwelt sowie der spezifischeren Branchenumwelt[23] Unternehmen kaum eine andere Wahl als zu innovieren. Zu den allgemeinen Umweltbedingungen zählen die fortschreitende Globalisierung und die Mobilität der Produktionsfaktoren bzw. des Leistungsangebotes, die dazu führen, dass lokale Anbieter ihre bisherigen Marktnischen verlieren. In Konfrontation mit dem weltweiten Wettbewerb sind deswegen mittel- und langfristig Innovationen notwendig, damit Unternehmen durch konkurrenzfähige Kosten und Produktqualität ihre Wettbewerbsposition erhalten bzw. verbessern können (z.B. Vahs und Burmester 2005:9f.; Pleschak und Sabisch 1996:14). Folglich ist das Erzielen von *Wettbewerbsvorteilen* – im Sinne bereits implementierter wertgenerierender Strategien sowie zukünftiger Wertpotenziale, über die die Konkurrenz nicht verfügt (vgl. Grant und Nippa 2006:289; Barney 1991:102) – das Kernargument für das Interesse profitorientierter [24]

[23] Während die *Makroumwelt* sich auf Umweltfaktoren wie demographische Strukturen, technologischen Fortschritt oder rechtliche Regularien bezieht, die alle Branchen gleichermaßen betreffen, umfasst die *Branchenumwelt* rein industriespezifische Umweltfaktoren wie z.B. das Verhalten von Lieferanten, Konkurrenten und Kunden in einem vorab definierten Markt (vgl. Grant und Nippa 2006:99-123).

[24] Innovation kann auch von sozialen und gesellschaftlichen Zielen, wie z.B. der „Humanisierung der Arbeitsgestaltung" oder der „Berücksichtigung der Erfordernisse nachhaltigen Wirtschaftens" (Pleschak und Sabisch

Unternehmen an Innovationen. Ohne Innovationen würden Wandel und Wachstum ausbleiben und die Leistung verschiedener Unternehmen auf einem Markt würde sich immer mehr angleichen:

> „Innovation is a powerful explanatory factor behind differences in performance between firms, regions, and countries. Firms that succeed in innovation prosper, at the expense of their less able competitors." (Fagerberg 2005:20)

Innovationen sind also kein „Selbstzweck", sondern sollen durch das Erreichen einer besseren strategischen Ausgangsposition gegenüber den Wettbewerbern am Markt dazu beitragen, den Unternehmenserfolg zu steigern. Solche Wettbewerbsvorteile führen laut Pleschak und Sabisch (1996:9-14) beispielsweise zu (zumindest temporären) Monopolgewinnen aufgrund der frühen Markteinführung von Neuprodukten, Kostensenkungen durch Modernisierung von Produktionsprozessen oder der Verbesserung des Preis-Leistungs-Verhältnisses bzw. der Qualität von Produkten, die den vom Kunden empfundenen Nutzen erhöhen. Unter dem Begriff der *Differenzierungsstrategie* wird vor allem der letztgenannte Aspekt in der Literatur als einer der wesentlichen Gründe von Innovationen diskutiert: Im Vergleich zur relativ leicht zu imitierenden, auf dem Angebot von Standardprodukten basierenden und oft zum Preisverfall führenden Strategie der *Kostenführerschaft*[25] erlaubt die Differenzierung dem Unternehmen, sich durch herausragende Produkte – hinsichtlich Qualität, Design, Funktionalität, Image etc. – von den Wettbewerbern zu unterscheiden und deswegen hohe Preisaufschläge zu rechtfertigen (vgl. z.B. Harmsen et al. 2000; Nooteboom 2000a:151-153). Somit ist anzunehmen, dass Innovationen vor allem durch Differenzierung die Unternehmensleistung steigern können. Die Ursache-Wirkungs-Beziehung zwischen Innovationen und Unternehmenserfolg wurde in verschiedenen Studien empirisch bestätigt, indem der positive Einfluss von unabhängigen Variablen der Innovationsaktivitäten einer Firma (z.B. FuE-Investitionen, Einführen von Neuprodukten am Markt etc.) auf abhängige Erfolgsgrößen (z.B. Return on Assets, Return on Investment[26], Umsatzwachstum oder Marktanteil) nachgewiesen werden konnte (Crossan und Apaydin 2010:1176f.; Artz et al. 2010). Hierbei kann es allerdings zu sogenannten *„Lags"* als zeitlichen Verzögerungen zwischen Innovationaktivitäten und dem erzielten Erfolg kommen, da z.B. nach Investition in eine Erfindung noch einige Zeit für ihre Realisierung bzw. Kommerzialisierung verstreichen kann (Artz et al. 2010:732; Fagerberg 2005:5). Trotz dieser zeitlichen Verschiebung wird auch der finanzielle Erfolg der in der empirischen Untersuchung betrachteten Pharma-Unternehmen maßgeblich von der

---

1996:13) motiviert werden. Da diese Beweggründe außerhalb der betriebswirtschaftlich orientierten Betrachtungen der Dissertation liegen, werden sie hier nicht explizit berücksichtigt.

25 Die Strategien der Kostenführerschaft und der Differenzierung zählen zu den generischen Wettbewerbsstrategien des vielzitierten Strategieforschers Michael Porter und erklären aus Sicht des *Market-Based View*, wie Unternehmen Wettbewerbsvorteile durch Anpassung an Marktgegebenheiten erzielen können. Die Wettbewerbsstrategien können jeweils in einer Branche oder nur in einem Marksegment angewendet werden, wobei letztere Variante auch als Fokussierungs- oder Nischenstrategie bekannt ist (vgl. Grant und Nippa 2006:310-313; Pleschak und Sabisch 1996:85-90; Porter 1980).

26 Der Return on Investments (ROI) und der Return on Assets (ROA) sind Rentabilitätsbegriffe. Während der ROI das Betriebsergebnis in Relation zum Gesamtkapital des Unternehmens stellt, vergleicht der ROA den Jahresüberschuss nach Steuern und Zinsen (als bereinigte Ergebnisgröße) mit dem Gesamtkapital (Laier 2011).

Bereitschaft, in Innovationen zu investieren, sowie einer gewissen Produktdifferenzierung beeinflusst (vgl. Roberts 1999).
Anhand der genannten Gründe ist ersichtlich geworden, dass Innovation für gewinnorientierte Unternehmen eine Notwendigkeit darstellt. Bevor in Teilkapitel 2.3 die verschiedenen Innovationsarten erläutert werden, soll nun ein kurzer Abriss über den Ursprung des Begriffs und dessen generelle Merkmale gegeben werden.

2.2 Ursprung und generelle Merkmale von Innovation

2.2.1 Die Ideen Joseph A. Schumpeters als Vater der Innovationsdebatte

Erstmalig wurden Innovationen – wenn auch noch nicht unter Verwendung dieses Begriffes[27] – von Joseph A. Schumpeter thematisiert, der bereits 1912 jeglichen Fortschritt in Form wirtschaftlicher Entwicklung auf „neue Kombinationen" zurückführte:

> „Unser Mann der Tat *[HG: der Unternehmer bzw. Entrepreneur]* entzieht einen Teil der Güter, die in der statischen Wirtschaft (...) vorhanden sind, den statischen Verwendungen, denen sie bisher regelmäßig dienten oder für die sie produziert wurden, und verwendet sie anders. Das ist es, was wir unter der Durchsetzung neuer Kombinationen verstehen." (Schumpeter 1912:158f.)

Bereits vor 100 Jahren erkannte Schumpeter (1912:164f.) die Möglichkeit von Unternehmern, sich durch die Re- bzw. Neukombination von Ressourcen von der Konkurrenz zu differenzieren und somit Wertvorstellungen als auch Preise auf ein höheres Niveau zu heben. Fortschritt und Wettbewerb finden demnach vor allem auf technologischer Ebene und in einem destruktiven Prozess der *„kreativen Zerstörung"* statt: Der innovative Unternehmer verfügt gegenüber seinen Wettbewerbern über Informationsvorsprünge, mit denen er neue Ideen generieren kann. Sofern eine daraus resultierende *Invention,* d.h. eine Erfindung durch neuartige Kombination von Ressourcen, vorteilhaft ist und sich kommerzialisieren lässt, wird sie zur *Innovation* und löst die bisher etablierten Problemlösungen ab. Dieser nicht regelmäßig, sondern diskontinuierlich stattfindende Vorgang hat Auswirkungen auf die gesamte Volkswirtschaft – bis dato akzeptierte Verhaltensweisen und zufriedenstellende Anspruchsniveaus werden überdacht und das initiierende Unternehmen kann durch einen Vorsprung gegenüber der Konkurrenz Pioniergewinne[28] erzielen. Imitatoren werden zeitlich verzögert auf dieses ökonomische Signal aufmerksam und generieren Folgeinnovationen, die Verbesserungen der ursprünglichen Innovation darstellen. Somit kommt es zur Diffusion[29] – d.h. der Adoption und Ausbreitung der ursprünglichen neuen Kombination und entsprechender Abwandlungen – in der angestammten Branche sowie in verwandten

---

27 Der Begriff Innovation stammt vom lateinischen Wort „innovatio" für „Neuerung" (Vahs und Burmester 2005:45). Erst einige Jahre nach seiner Erstveröffentlichung, ab 1939, wurde er auch von Schumpeter verwendet (Hauschildt und Salomo 2007:11).

28 Die für einen gesunden Wettbewerb wenig wünschenswerte Monopolstellung eines Unternehmens wird dabei durch die gesamtgesellschaftlichen Wohlfahrtsgewinne überkompensiert (Vahs und Burmester 2005:3).

29 Diese Unterscheidung technologischer Zyklen in die Kernphasen Invention, Innovation und Diffusion ist eine wichtige Erkenntnis von Schumpeter (Hansén und Wakonen 1997) und spiegelt sich heute noch im Aufbau idealtypischer Innovationsprozesse wider (vgl. Teilkapitel 2.4). Weiterführende Hinweise zur Diffusion der Innovation liefert z.B. die Literaturstudie von Wolfe (1994).

Branchen. Innovationen sind also der Anfangspunkt von technologischen und wirtschaftlichen Veränderungszyklen, die zur Anpassung bestimmter Märkte führen bis ein höher nivelliertes Gleichgewicht erreicht ist. Dieses bleibt erhalten, bis es zu einer ähnlich markerschütternden Innovation kommt (Möslein 2009:3f.; Hauschildt und Salomo 2007:11f.; Vahs und Burmester 2005:2f.; Fagerberg 2005:14f.; Hansén und Wakonen 1997:349f.). Diese zyklischen Bewegungen gleichen Wellen, die mehrere Jahre bis Jahrzehnte andauern und ausschlaggebend für den gesamtwirtschaftlichen Aufschwung sind. Pervaiz und Sheperd (2010:22f.) argumentieren, dass sich aktuell die Welle der digitalen Netzwerke, Software, Biotechnologie und Nanotechnologie[30] auf ihrem Höhepunkt befindet. Schumpeters Prinzip der „kreativen Zerstörung" mittels der Etablierung neuer Ressourcenkombinationen gilt demnach noch heute und führt dazu, dass aufgrund der veränderten Beziehungen zwischen Produktionsfaktoren ganze Branchen aussterben und Unternehmen selbst aktiv innovieren müssen, wenn sie am Markt überleben wollen (Salomo et al. 2007:217). Anknüpfend an die in Teilkapitel 2.1 getroffenen Aussagen stellen wir also fest, dass Innovation einerseits zum Bestehen in dynamischen Umwelten benötigt wird, andererseits aber selbst eine disruptive Kraft ist, die die Regeln des Wettbewerbs verändert und zur Destabilisierung der Umwelt beiträgt (Eisenhardt et al. 2010:1263; Assink 2006:217f.).

Im Wesentlichen zeigt Schumpeter, dass das Handhaben der „kreativen Zerstörung" kein einfaches Unterfangen ist (vgl. Vahs und Burmester 2005:4) und mit auch heute noch relevanten Herausforderungen einhergeht: Erstens ist Innovation eine sehr unsichere Zielgröße, die nur bei sehr schnellem Handeln das Ernten von Pioniergewinnen erlaubt – da sonst ein Vorsprung gegenüber der Konkurrenz nicht möglich ist. Zweitens stößt Innovation oft auf soziale Trägheit („Inertia"), da Individuen geneigt sind, Veränderungen (z.B. neue Problemlösungen) als Bruch mit dem Sicherheit signalisierenden Status Quo nicht ohne Widerstand hinzunehmen. Daraus folgt drittens, dass Innovation nicht „wie Manna vom Himmel" fällt: Sie bedarf der Initiative mindestens eines engagierten, „energisch handelnden" Entrepreneurs, der für ihre Durchsetzung im Unternehmen und am Markt sorgt (Fagerberg 2005:9f.; Schumpeter 1912:117-134). Dafür muss er nicht nur in der Lage sein, das Potenzial neuartiger Ressourcenkombinationen zu antizipieren und etablierte Routinen zu brechen (vgl. Galunic und Rodan 1998), sondern es auch verstehen, die bisherige Ressourcenbasis auszuschöpfen und gleichzeitig komplett neue Ressourcen und Fähigkeiten zu schaffen (Crossan und Apaydin 2010:1171). Jedoch nahm Schumpeter von seiner Idee, dass Innovation das Resultat eines einzelnen, gegen soziale Widerstände kämpfenden Unternehmers sei *(„Schumpeter Mark I")*, im Zuge der Industrialisierung und der Bildung von Großunternehmen immer mehr Abstand. Später erkannte er an, dass Innovation in hohem Maße auf Teamarbeit und kooperativem Verhalten von Individuen *(„Schumpeter Mark II")* beruht (Fagerberg 2005:9f.). Diese Ansicht wurde auch von dem bekannten Managementforscher Peter Drucker gefestigt, der auf die Seltenheit eines einzelnen Genies hinwies und den Erfolg von Innovationen auf das systematische Management von Innovationsprozessen, an denen mehrere Personen beteiligt sind, zurückführte (Howaldt et al. 2011:16).

30 Die beiden letztgenannten Felder haben eine hohe Bedeutung für das Gesundheitswesen (vgl. Vahs und Burmester 2005:8) und somit für Pharma-Unternehmen als Forschungsobjekte dieser Arbeit.

Doch in welcher Gestalt können Innovationen nun auftreten? Laut Schumpeters frühen Aussagen gibt es verschiedene Arten der angesprochenen „neuen Kombinationen". Dazu gehören neue Produkte, Produktionsmethoden, die Erschließung neuer Märkte, neue Zugangsmöglichkeiten zu Produktionsmitteln sowie neue Organisationsformen[31] (z.B. Möslein 2009:4; Hauschildt und Salomo 2007:12; Fagerberg 2005:6f.; Schumpeter 1912:159-162). Diese Unterscheidung diente als Grundlage für die zahlreichen Innovationsdefinitionen, die wir heute in der wissenschaftlichen Literatur finden. Doch bevor sich den Unterschieden der Innovation in Teilkapitel 2.3 gewidmet wird, sollen deren Gemeinsamkeiten in Form zweier grundlegender Merkmale betont werden.

2.2.2 Neuheit und Nutzen als allgemeine Merkmale von Innovation

Bereits Schumpeter (1912:158) wies darauf hin, dass Innovation immer etwas Neuartiges, vorher noch nicht Dagewesenes ist, das dem bestehenden Wertesystem gegenüber zunächst fremd erscheint und erst noch assimiliert werden muss. Auch aktuellere Publikationen betrachten *Neuheit* als das erste konstitutive Merkmal der verschiedenen Innovationsarten (z.B. De Castro et al. 2010:47; Hauschildt und Salomo 2007:3; Smith 2005:149; Read 2000:97; Knight 1967:478f.), das die Voraussetzung von wirtschaftlichem Wachstum ist (Fagerberg 2005:20) und bedeutet, dass eine Problemlösung den bisherigen Kenntnisstand übertrifft (Pleschak und Sabisch 1996:4; Vahs und Burmester 2005:51). Für so eine qualitativ neue Zweck-Mittel-Kombination (Hauschildt und Salomo 2007:8, Gemünden und Salomo 2004:505f.) muss ein stückweit mit bestehenden Schemata[32] und Technologien gebrochen werden: Soll zum Beispiel ein neues Produkt am Markt eingeführt werden, dann muss sowohl das generierende Unternehmen (im Rahmen der FuE, Produktion und Kommerzialisierung) als auch der empfangende Kundenkreis seine bisherigen Vorstellungen und Erfahrungen erweitern bzw. je nach Neuheitsgrad sogar ganz aufgeben (vgl. Rindova und Petkova 2007). Das Kriterium der Neuheit unterscheidet Innovationen auch von bloßen Veränderungen, d.h. der Überführung von einem Zustand in einen anderen Zustand: Obwohl Innovation immer Veränderung beinhaltet – da es unmöglich ist, Dinge stets auf exakt dieselbe Art und Weise zu erledigen (Crossan und Apaydin 2010:1155; Hansén und Wakonen 1997:350) – sind Veränderungen nicht zwangsläufig innovativ, da es ihnen an Neuheit mangeln kann. Neuheit sollte zur Abgrenzung von bloßer Veränderung möglichst objektiv an einem breiten Vergleichsmaßstab[33] beurteilt werden (Frese 2004:1010; Cummings und O'Connell 1978:34).

---

[31] In Schumpeters späteren Werken findet sich auch eine stärker verallgemeinerte Definition, in der Innovation als „(…) any ‚doing things differently' in the realm of economic life (…)" begriffen wird (Hansén und Wakonen 1997:350). Die geläufigere, da häufiger zitierte, Definition ist aber die oben im Text angegebene.

[32] *Schemata* sind ein kognitionspsychologischer Begriff für allgemeine Wissensstrukturen, die die wichtigsten Merkmale eines bestimmten Gegenstandsbereichs sowie die Beziehungen dieser Merkmale untereinander angeben. Sie treten auch als Vorstellungen über zeitliche Handlungsabläufe in einer bestimmten Situation („Skripte") oder als Bewertungen bestimmter Objekte („Einstellungen") auf (Fischer und Wiswede 2002:167).

[33] Wie Teilkapitel 2.3 zeigt, wird der Neuheitsgrad je nach Referenzpunkt – zum Beispiel neu für das Unternehmen, neu für die Branche, neu für die Welt – unterschiedlich hoch eingeschätzt (z.B. Pleschak und Sabisch 1996:4). So könnte eine Veränderung zwar subjektiv neu für ein bestimmtes Unternehmen sein, aber aufgrund der bereits existierenden Verbreitung bei anderen Unternehmen keine objektive Neuheit darstellen.

Ein eng mit Neuheit verknüpftes Merkmal ist *Unsicherheit*, da vor allem bei einer Problemlösung mit sehr hohem Neuheitsgrad nicht auf Erfahrungswerte zurückgegriffen werden kann (Vahs und Burmester 2005:52). Dann können Unternehmen nicht genau beurteilen, welche Kompetenzen sie zum Generieren dieser Innovation benötigen und Kunden haben Schwierigkeiten, den für sie daraus resultierenden Nutzen einzuschätzen (Rindova und Petkova 2007:217). Diese Art der Unsicherheit kann zwar nicht vermieden werden, aber Unternehmen müssen sich ihrer bewusst sein, um überhaupt über Maßnahmen zur Exploration (z.B. Experimente) bzw. zur Beeinflussung der Kundenwahrnehmung nachzudenken. In der frühen FuE ist die Unsicherheit besonders hoch, da Entscheidungen hier oft nicht auf Basis eindeutiger Informationen getroffen werden können, sondern vielmehr antizipierte Gelegenheiten oder Impulse ausschlaggebend sind (Verworn und Herstatt 2007a). Im frühen Stadium lassen sich der Verlauf des Innovationsprozesses und die dafür benötigten Ressourcen nur schwer einschätzen und getroffene Pläne werden meist anders als beabsichtigt realisiert: "How could we give names to things that are yet to come, to our plans, wishes, because they never materialise identical to our plans?" (Hansén und Wakonen 1997:354) Unsicherheit kann von Unternehmen aber auch aktiv genutzt werden, da sich unter geeigneten organisatorischen Rahmenbedingungen unbeabsichtigte, aber sehr wertvolle neue Ideen ergeben können.

Als alleiniges Merkmal von Innovation reicht Neuheit allerdings nicht aus, wie Schumpeters (1912) Differenzierung zwischen Invention und Innovation bereits gezeigt hat: „Die neuen Kombinationen sind zunächst nichts Materielles, sie sind überhaupt nichts." (ebd. S. 164) So mag die Invention eines Pioniers zwar den höchsten Neuheitsgrad besitzen, aber muss deswegen nicht zwangsläufig auch die sinnvollste – weil umsetzungsfähigste, effizienteste oder gefragteste – Problemlösung sein (vgl. Fagerberg 2005:10). Solange eine Idee oder Erfindung mangels praktischer und sinnvoller Verwendungsmöglichkeit noch nicht implementiert ist, kann kein *Nutzen* erzielt werden und es liegt noch keine Innovation vor (Read 2000:97; Damanpour 1987:676). Folglich sprechen wir nur von Innovation, wenn beide Merkmale – sowohl Neuheit als auch Nutzen – gleichermaßen erfüllt sind:

> "New ideas that are not perceived as useful are not normally called innovations; they are usually called mistakes. Objectively, of course, the usefulness of an idea can only be determined after the innovation process is completed and implemented." (Van de Ven 1986:592)

Generell bedeutet Nutzen, dass sich die Innovation sinnvoll am Markt bzw. im Unternehmen einsetzen lässt, als neue Problemlösung bewährt und zum Erreichen der Unternehmensziele beiträgt (Hauschildt und Salomo 2007:8; Pleschak und Sabisch 1996:4-13). Im weitesten Sinn ist damit die Verbesserung des Status Quo aus Sicht der Verwender der Innovation, im engsten Sinn das Erhöhen betriebswirtschaftlicher Erfolgsgrößen wie des Umsatzes, der Kostenersparnisse oder des Gewinns (als effizienzorientierte Relation von Umsatz und Kosten) gemeint (vgl. Hauschildt und Salomo 2007:28f.; Hansén und Wakonen 1997:347). Beide Ansichten haben ihre Daseinsberechtigung und sind sogar miteinander verknüpft: Ob z.B. ein Neuprodukt erfolgreich ist, hängt vom für den Kunden wahrnehmbaren Nutzen ab, der dann wiederum grundlegend für Kaufentscheidungen und den damit erzielbaren finanziellen Unternehmenserfolg ist. In Hinblick auf letzteres lässt sich feststellen, dass Innovationen meist mit hohen längerfristigen Investitionen des Unternehmens einhergehen, die Chance als auch Risiko sein können (Pleschak und Sabisch 1996:5) – denn der tatsächliche Erfolg einer Innovation lässt sich erst nach ihrer Implementierung verlässlich beurteilen (vgl. Hauschildt und Salomo 2007:28f.). Folglich muss bereits während der Forschung an und Entwicklung von neuen Problemlösungen deren wahrscheinliches Nutzenpotenzial eingeschätzt und entschieden werden, welche Innovationsprojekte überhaupt weiterverfolgt werden sollen (vgl. Verworn und Herstatt 2007a:6f.; Brockhoff 1992:28-35).

Als Zwischenfazit lässt sich festhalten, dass Neuheit und Nutzen seit der Einführung des Begriffes durch Schumpeter (1912) die zwei konstituierenden Merkmale von Innovation darstellen. Im folgenden Teilkapitel sollen nun die in der Literatur genannten verschiedenen Innovationsarten kurz eingeführt und miteinander verglichen werden. Diese Gegenüberstellung hat nicht zum Ziel, eine allgemeine Innovationsdefinition zu entwickeln, sondern soll aufzeigen, welche Innovationsarten für die Fragestellungen dieser Arbeit relevant sind.

2.3 Ein Überblick über die verschiedenen Innovationsarten

Bereits an Schumpeters früher Auffassung von Innovation (siehe oben) wurde bemängelt, dass sie zu eng, zu weit oder nicht präzise genug sei – Kritikpunkte, mit denen sich auch die moderne Innovationsforschung noch konfrontiert sieht (Hansén und Wakonen 1997:350f.). Häufig wird kritisiert, dass es mangels einer in sich geschlossenen Innovationstheorie nicht möglich sei, eine einheitliche Definition von Innovation zu finden (Hauschildt und Salomo 2007:6; Vahs und Burmester 2005:43; Pleschak und Sabisch 1996:1). Das liegt daran, dass Innovation in der Wissenschaft mittlerweile ein Schlagwort ist und über die allgemeingültigen Kriterien von Neuheit und Nutzen hinaus verschiedenartig beschrieben werden kann. Dementsprechend gibt es eine große Vielfalt an Definitionen: Sucht man in wissenschaftlichen Literaturdatenbanken nach entsprechenden Publikationen zum Thema Innovation, so erhält man inzwischen mehr als 70.000 Veröffentlichungen aus Disziplinen wie z.B. der Betriebs- und Volkswirtschaftslehre, Ingenieur- oder Verwaltungswissenschaften, Umwelt und Ökologie, Bildungsforschung oder der kognitiven Forschung (Aufzählungsreihenfolge nach Anzahl der Ergebnisse)[34]. Die Anzahl und Vielfalt der Publikationen lässt bereits vermuten, dass eine einheitliche Definition von Innovation heute kaum zu finden ist (vgl. z.B. Crossan und Apaydin 2010:1154-1156; Hauschildt und Salomo 2007:3-31; Garcia und Calantone 2002). Obwohl die resultierenden unterschiedlichen Definitionen durchaus den „Facettenreichtum" der Thematik widerspiegeln (Vahs und Burmester 2005:43f.), sind sie auch ursächlich für gewisse Verständnisprobleme:

> "The innovation literature is a fragmented corpus, and scholars from a diversity of disciplinary backgrounds adopt a variety of ontological and epistemological positions to investigate, analyse and report on a phenomenon that is complex and multidimensional (…)." (Adams et al. 2006:22)

[34] Die Angaben beziehen sich auf eine Suche mit Hilfe der umfangreichen *ISI Web of Science* Literaturdatenbank *(Social Science Citation Index)* mit „innovation" als Suchbegriff, die zu einem Ergebnis von 72.739 Publikationen führte. Knapp ein Drittel der Publikationen (23.411) ist der betriebs- und volkwirtschaftlichen Forschung zuzuordnen (Datum der Suche: 10.02.2012).

Mittlerweile wird in der Literatur eine Vielzahl an *Innovationsarten* besprochen (z.B. inkrementelle vs. radikale bzw. kompetenzerweiternde vs. kompetenzzerstörende Innovation), die sich teilweise nur schwer voneinander abgrenzen lassen. Innovation bleibt insofern mehrdeutig, als dass sich wie im genannten Beispiel unterschiedliche Bezeichnungen für denselben Sachverhalt finden lassen. Außerdem handelt es sich um ein multi-dimensionales Konstrukt: Innovation wird in der Literatur auf unterschiedlichen *Analyseebenen* – z.B. nach dem Zeitpunkt, dem Neuheitsgrad oder dem Objekt der Innovation – untersucht, was das Erlangen einer verallgemeinerbaren Auffassung von Innovation zusätzlich erschwert (z.B. Crossan und Apaydin 2010:1166f.; Adams et al. 2006:22-26; Smith 2005). Auf dieser Grundlage sind empirische Ergebnisse, wie z.B. zu den Ursachen erfolgreicher Innovationen oder dem Zusammenhang von Organisation und Innovation, häufig inkonsistent oder lassen sich nur schwer vergleichen und nachvollziehen – weswegen eine präzisere Begriffsabgrenzung in aktuellen Literaturstudien gefordert wird (vgl. z.B. Crossan und Apaydin 2010; Adams et al. 2006; Gatignon et al. 2002).
Nach herrschender Meinung macht es aber keinen Sinn, nach einer das definitorische Spektrum vereinenden Innovationstheorie zu streben; vielmehr sollte die Wissenschaftlerin die verschiedenen Analyseebenen von Innovation bzw. die daraus abgeleiteten Innovationsarten kennen (vgl. Read 2000:98; Wolfe 1994:405f.). Deshalb muss an dieser Stelle eine begriffliche Abgrenzung vorgenommen werden, da Innovationsfähigkeit als Kernthema dieser Arbeit auch verschiedene Innovationsarten umfasst. Als Ausgangspunkt werden in Tabelle 1 die in der Literatur thematisierten Arten bzw. Klassen von Innovation kategorisiert, indem unterschiedliche Bezeichnungen für denselben Sachverhalt zusammengeführt und der jeweils untersuchten Analyseebene zugeordnet werden. Im Folgenden werden die Analyseebenen kurz besprochen und auf deren Relevanz für diese Arbeit hingewiesen.

Die *Untersuchungseinheit* gibt an, wie umfassend bzw. weit der Kontext definiert ist, in dem Innovation betrachtet wird. Typischerweise kann zwischen einer kleinen (Mikro, z.B. Individuum/Gruppe), einer großen (Makro, z.B. Branche/nationale Wirtschaft) und einer mittleren Untersuchungseinheit[35] (Meso, z.B. Organisation) unterschieden werden (vgl. Crossan und Apaydin 2010; Read 2000). Eine Betrachtung auf der Mikro-Ebene eruiert beispielsweise, welche Praktiken die Manager im Innovationsmanagement bevorzugen (z.B. Brophey 2009), auf der Meso-Ebene werden z.B. organisationale Rahmenbedingungen von Innovation in Unternehmen untersucht (z.B. Damanpour 1991) und auf der Makro-Ebene wird etwa die gesamtwirtschaftliche Innovationleistung eines Landes erhoben (z.B. Vahs und Burmester 2005:16-21). Auch wenn unumstritten ist, dass sich die drei Analyseebenen gegenseitig beeinflussen (z.B. Foss und Minbaeva 2009), wird in wissenschaftlichen Studien typischerweise ein Schwerpunkt gesetzt. In

[35] Der hier geschilderte begriffliche Dreiklang stammt aus der wirtschafts- und sozialwissenschaftlichen Forschung und wird häufig verwendet, um Zusammenhänge zwischen individuellen Handlungen (Mikro), strategischen bzw. organisatorischen Rahmenbedingungen (Meso) und dem gesamtwirtschaftlichem Kontext (Makro) darzustellen (z.B. Foss und Minbaeva 2009; Jarzabkowski und Spee 2009). Zur terminologischen Abgrenzung sei auf die volkswirtschaftliche Mikroökonomie und Makroökonomie verwiesen, wo sich „Mikro" auf Unternehmensdaten und „Makro" auf gesamtwirtschaftliche Daten bezieht (z.B. Wildmann 2010:66).

dieser Arbeit liegt der Fokus auf der Meso-Ebene, da Innovationsfähigkeit innerhalb bestimmter Organisationen betrachtet wird.

Analyse-ebene	Beschreibung	Innovationsarten/Klassen**	Beispielhafte Quellen
Unter-suchungs-einheit*	Was ist die Unter-suchungseinheit der Innovation?	*Mikro, Meso, Makro* (Individuum/Gruppe, Organisation, Industrie/Nation	Crossan und Apaydin 2010; Vahs und Burmester 2005; Read 2000
Auslöser der Innovation	Welchen Ursprung haben die Ideen für die Innovation?	*Market-Push-Innovation vs. Technology-Pull-Innovation* (Marketing vs. Technological Discontinuities)	Crossan und Apaydin 2010; De Castro et al. 2010; Paladino 2009; Vahs und Bur-mester 2005; Van der Panne et al. 2003; Garcia und Calantone 2002; Pleschak und Sabisch 1996; Van de Ven 1986
Neuheits-grad	Welches Ausmaß haben die Verän-derungen im Ver-gleich zu etablierten Problemlösungen?	*Radikale Innovation vs. inkrementelle Innovation* (revolutionäre vs. evolutionäre, disruptive vs. nachhaltige, größere vs. geringere, originäre vs. adaptive Innovation; Basis- vs. Verbesserungsinnovation; Pionier- vs. Folgerinnovation)	Crossan und Apaydin 2010; De Castro et al. 2010; Hauschildt und Salomo 2007; Rindova und Petkova 2007; Assink 2006; Fagerberg 2005; Vahs und Burme-ster 2005; Camisón-Zornoza et al. 2004; Read 2000; Pleschak und Sabisch 1996; Tushman und O'Reilly 1996; Daman-pour 1991; Ettlie et al. 1984
Referenz-punkt*	Aus Sicht von wem oder was werden Neuheit und Nutzen der Innovation beurteilt?	Individuum (Kunde, Experte etc.), Unternehmen, Markt, Branche, Welt	Crossan und Apaydin 2010; Pervaiz und Sheperd 2010; Hauschildt und Salomo 2007; Rindova und Petkova 2007; Garcia und Calantone 2002; Afuah und Bahram 1995; Knight 1967
Objekt der Innovation	Was ist Gegenstand der Innovation?	*Produkt- bzw. Dienstleistungs-innovation;Prozessinnovation vs. organisationale Innovation* (technologische vs. administra-tive Innovation; Sonderformen: modulare vs. architektonische Innovation; soziale Innovation bzw. „ancillary innovation")	Howaldt et al. 2011; Pervaiz und She-perd 2010; Armbruster et al. 2008; Ches-brough und Appleyard 2007; Lam 2004; Damanpour und Gopalakrishnan 2001; Frese 2000; Pleschak und Sabisch 1996; Brockhoff 1992; Henderson und Clark 1990; Damanpour 1987; Utterback und Abernathy 1975; Van de Ven 1986; Teece 1986; Knight 1967

Legende: *Es handelt sich nicht um Innovationsarten, sondern um eine Klassifizierung des Kontexts, in dem Innovation untersucht wird (Untersuchungseinheit)/der Ankerpunkte zum Festlegen des Neuheitsgrads (Referenzpunkt). **Die geläufigsten Bezeichnungen werden kursiv, Synonyme unmittelbar hintereinander in Klammern aufgeführt.

Tabelle 1: Generelle Analyseebenen der Innovation (Quelle: eigene Darstellung).

Werden Innovationen nach ihrem *Auslöser* unterschieden, dann erfolgt die Differenzierung nach dem Ursprung der dahinter stehenden Ideen. Zweckinduzierte Innovationen basieren auf einer Sogwirkung des Marktes („Market-Pull") und werden aufgrund wahrgenommener, bislang nicht befriedigter Kundenbedürfnisse generiert. Ihre Erfolgswahrscheinlichkeit gilt als relativ hoch, da bereits Nachfrage besteht und nicht mehr geweckt werden muss. Im Vergleich dazu entstehen mittelinduzierte Innovationen aufgrund der technologischen Expertise des Unternehmens („Technology-Push") und müssen mit entsprechenden Maßnahmen erst noch in den Markt „gedrückt" werden (z.B. Crossan und Apaydin 2010:1164; Vahs und Burmester 2005:80f.; Pleschak und Sabisch 1996:2f.). Paladino (2009) beschreibt die beiden Alternativen in Anlehnung an die dominanten strategischen Sichtweisen und spricht von „Marktorientierung“ (Market-Based View), wenn Innovation aus Erkenntnissen zu den Kundenwünschen resultiert und von „Ressourcenorientierung“ (Resource-Based View), wenn sie auf eine neuartige Kombination der unternehmenseigenen Ressourcen (z.B. Technologien und Produktionsfähigkeiten) zurückzuführen ist. Damit verbunden sind unterschiedliche Innovationsprozesse: Bei Market-Pull entspringen Ideen für Innovationen dem mit Kunden interagierenden Marketing & Sales-Bereich und werden von dort aus an die FuE sowie später an die Produktion gegeben. Im Falle eines Technology-Push ist es genau umgekehrt, da Ideen in der FuE entwickelt, mit der Produktion abgestimmt und später an Marketing & Sales übergeben werden (Howaldt et al. 2011:16; Van de Ven 1986:599). Der Meinung, dass sich diese Innovationsarten in ihrem Neuheitsgrad unterscheiden, muss allerdings mit Vorsicht begegnet werden. Einige Autoren (Vahs und Burmester 2005:80f.; Pleschak und Sabisch 1996:2f.; Ettlie et al. 1984:692f.) argumentieren zwar, dass Market-Pull-Innovationen auf den bisherigen Erfahrungen der Verwender mit bestimmten Problemlösungen basieren und oftmals kleinere Verbesserungen mit einem geringeren Neuheitsgrad sind, während Technology-Push-Innovationen auf Durchbrüchen neuer Technologien und Expertisen beruhen und somit einen hohen Neuheitsgrad besitzen. Im Zuge der Diskussion von User Innovation (z.B. Reichwald und Piller 2009; Jeppesen und Frederiksen 2006) bzw. Open Innovation[36] (z.B. Faber 2008; Chesbrough 2003; Von Hippel 1994) konnte aber bewiesen werden, dass auch Verwender in der Lage sind, radikal neue Ideen zu generieren und teilweise sogar selbst zu entwickeln. Ebenso tendieren heute nicht wenige große Unternehmen dazu, mittelinduzierte Neuprodukte mit eher marginalen Veränderungen zu kommerzialisieren, um bereits existierende Ressourcen und Fähigkeiten ausnutzen zu können (vgl. z.B. Assink 2006:219f.; Carlisle und McMillan 2006:2f.). Für diese Arbeit werden beide Auslöser als relevant betrachtet: Obwohl von der FuE getriebene Innovationen dem Technology-Push zuzuordnen sind, gehört die steigende Einbindung externer Partner in den Innovationsprozess zum Market-Pull. Somit kann Innovieren auf beiden Auslösern beruhen (Van der Panne et al. 2003:19; Garcia und Calantone 2002:119).

Extrem differenziert und häufig diskutiert wird der *Neuheitsgrad* von Innovationen, der das Ausmaß an Veränderung im Vergleich zu bereits etablierten Problemlösungen beschreibt. Schumpeter assoziierte seine neuen Ressourcenkombinationen noch mit „kreativer Zerstörung“, d.h. einem Höchstmaß an Neuheit (Galunic und Rodan 1998:1193f.). Später wurde dieses einseitige Verständnis nach und nach um die Erkenntnis erweitert, dass Innovationen auch einen geringeren Neuheitsgrad besitzen können (z.B. Vahs und Burmester 2005:45f.). Heute sind Dichotomien zur Unterscheidung des Neuheitsgrades von Innovationen typisch, z.B. „revolutionär“ vs. „evolutionär“ (Pleschak und Sabisch 1996:2), „disruptive“ vs. „incremental“ (Assink 2006:217),

[36] Beide Konzepte sind verwandt: Während *User Innovation* Innovationsaktivitäten von Verwendern bzw. Kunden ohne die Unterstützung von Unternehmen beschreibt (vgl. Reichwald und Piller 2009), bezeichnet *Open Innovation* die Öffnung des unternehmensinternen Innovationsprozesses durch Einbindung von Dritten (z.B. Kunden, Verwender, Wettbewerber und Lieferanten derselben oder anderer Branchen) in eine oder mehrere Phasen (vgl. Chesbrough 2003). Open Innovation versucht unter anderem, sich User Innovation zunutze zu machen und ist für das Aneignen von externem Wissen (vgl. Teilkapitel 3.2.2.2) relevant.

„continuous“ vs. „discontinuous“ (Tushman und O'Reilly 1996)[37] oder größer vs. geringer, Pionier- vs. Nachfolger- bzw. Basis- vs. Verbesserungsinnovation[38] (Hauschildt und Salomo 2007:16). Sie alle sind aber vergleichbar mit der am häufigsten angewendeten Unterscheidung des Neuheitsgrades in *radikale vs. inkrementelle Innovationen* (z.B. Crossan und Apaydin 2010:1167f.; Rindova und Petkova 2007:222f.; Read 2000:97), die aufgrund ihrer Geläufigkeit in dieser Arbeit verwendet wird[39]. Wegen ihrer Änderungsintensität – die nicht nur gravierende unternehmensbezogene, sondern auch wirtschaftliche bzw. soziale Folgen haben kann – sind mit radikalen Innovationen oftmals große Investitionen und ein hohes Risiko verbunden (Hauschildt und Salomo 2007:21; Fagerberg 2005:14). Inkrementelle Innovationen zielen hingegen auf eine bessere Zweck-Mittel-Kombination in bestehenden Anwendungsbereichen ab und sind demzufolge weniger kostenintensiv und riskant (Pleschak und Sabisch 1996:3). Aus Sicht von Wissenschaft und Praxis wird die Bedeutung beider Innovationsarten als unterschiedlich hoch eingeschätzt: Manche Autoren betonen trotz aller damit einhergehenden Schwierigkeiten vor allem radikale Innovation, um auf dynamischen Märkten[40] wie der pharmazeutischen Industrie zu überleben, während inkrementelle Projekte eher in den Hintergrund treten bzw. kaum als Innovation wahrgenommen werden (vgl. z.B. Crossan und Apaydin 2010:1168; Salomo et al. 2007:217f.). Pleschak und Sabisch (1996:2) hingegen raten, die Wirkung evolutionärer Veränderungen auf die Unternehmensentwicklung nicht zu unterschätzen – was sich im Unternehmensalltag in einer Überbetonung inkrementeller Innovation wegen kaum zu brechender, überdauernder Routinen (Dougherty und Hardy 1996:1122), schwierig zu entwickelnden neuen Fähigkeiten (Assink 2006:219-221) oder der Forderung von Interessengruppen nach Kontinuität und Verlässlichkeit der Leistung widerspiegelt (Lavie et al. 2010:124). Wie bereits in der Einleitung impliziert wurde, sind sowohl Innovationen mit geringem als auch mit hohem Neuheitsgrad für die Innovationsfähigkeit wichtig, da Unternehmen kurz- und langfristig im Wettbewerb bestehen müssen (vgl. z.B. Tushman et al. 2010; Nooteboom 2000a). Bezogen auf Pharma-Unternehmen als

---

[37] „Continuous“ wird von Tushman und O'Reilly (1996) auf ständige kleinere Verbesserungen, also Innovationen mit einem geringen Neuheitsgrad bezogen. Im Großteil der Publikationen zur Innovationsfähigkeit wie auch in dieser Arbeit steht der Ausdruck aber für eine kontinuierliche, d.h. zeitlich überdauernde Innovationsleistung, die Innovationen mit geringem und hohem Neuheitsgrad einschließt (vgl. Teilkapitel 3.2.1).

[38] Es lassen sich vereinzelt über Dichotomien hinausgehende Differenzierungen des Neuheitsgrades finden, die aber Vermischungen der in Tabelle 1 genannten Analyseebenen darstellen. Pleschak und Sabisch (1996:4) führen z.B. den Neuheitsgrad („Basisinnovation, Verbesserungsinnovation“), Auslöser („Anpassungsinnovation“) und Referenzpunkt („Scheininnovation, Imitation“) in einem Schema zusammen, was die Vergleichbarkeit der genannten Innovationsarten schmälert. Ein besseres Vorgehen wählen Garcia und Calantone (2002), die drei Neuheitsgrade („radical, really new, incremental“) sowie Analyseebene und Auslöser der Innovation unterscheiden. Für diese Arbeit soll aber die Unterscheidung in radikale und inkrementelle Innovation genügen.

[39] Die begriffliche Austauschbarkeit der angesprochenen Dichotomien zeigt sich in ihrer synonymen Verwendung in der Literatur. Beispielsweise werden in denselben Studien die Begriffe „revolutionär“, „diskontinuierlich“, „breakthrough“, „disruptiv“ und „radikal“ für Innovationen mit einem hohen Neuheitsgrad und die Begriffe „evolutionär“, „kontinuierlich“, „sustainable“ und „inkrementell“ für Innovationen mit einem geringen Neuheitsgrad verwendet (Crossan und Apaydin 2010:1168; Assink 2006:217; Tushman und O'Reilly 1996).

[40] Auch in wenig turbulenten Low- bzw. Medium-Tech Branchen (z.B. Nahrungsmittelindustrie, Petrochemie, Gummi- und Plastikherstellung) sind Innovationen wichtig für den Unternehmenserfolg (vgl. Cantwell 2005), aber aufgrund der höheren technologischen Stabilität ist die Innovationsgeschwindigkeit dort langsamer und es ist ein geringerer Neuheitsgrad relevant (vgl. z.B. Hirsch-Kreinsen 2008).

Forschungsobjekte dieser Arbeit dürften also radikale Innovationen (z.B. komplett neues Medikament) ebenso wie inkrementelle Innovationen (z.B. Verbesserung der Dosierung eines bereits existierenden Medikaments) relevant sein (z.B. Cardinal und Hatfield 2000:249).

Innovationen lassen sich außerdem nach dem zugrunde gelegten *Referenzpunkt* unterscheiden: Innovativ ist das, was als solches wahrgenommen wird – wobei sich je nach Blickwinkel wie dem des Individuums (z.B. Kunden, Führungskräfte oder Experten), des Unternehmens, der Branche, der Wissenschaft, einer Nation oder der gesamten Menschheit unterschiedliche Einschätzungen ergeben (z.B. Pervaiz und Sheperd 2010:6; Hauschildt und Salomo 2007:24-26; Garcia und Calantone 2002:113; Knight 1967:478f.). Der absolute ist vom relativen Innovationsbegriff zu unterscheiden: Etwas kann aus Sicht einer Einzelperson oder eines einzelnen Unternehmens sehr innovativ, aber in Relation zu Vergleichsobjekten wenig innovativ sein. Dabei ist der Referenzpunkt zur Beurteilung des Innovationsgrades sehr eng mit dem Neuheitsgrad (z.B. radikal versus inkrementell) verbunden (vgl. Crossan und Apaydin 2010):

> "An innovation that is incremental to the innovating entity may be radical to customers, and something else to complementary innovators and suppliers of critical components for the innovation, and a technology strategy that dwells only on the impact of an innovation on the innovating entity may be in for disastrous consequences." (Afuah und Bahram 1995:60)

Demzufolge müssen nicht nur Unternehmen selbst den Neuheitsgrad ihrer Innovationen einschätzen, sondern die Wahrnehmung aller Beteiligten der Innovationswertschöpfungskette[41] berücksichtigen. Je nachdem, wie neu eine Innovation aus Sicht der Kunden, Lieferanten und Anbieter von komplementären Produkten erscheint, werden deren bisheriges Anwendungswissen, positive Netzwerkexternalitäten[42] sowie Komplementaritäten entweder erweitert oder zerstört. Der Interessengruppe der *Kunden* gilt natürlich ein besonderes Augenmerk, da diese durch ihre Kaufentscheidungen unmittelbar über den Markterfolg der Innovation entscheiden (Afuah und Bahram 1995). Im schlechtesten Fall kann der hohe Neuheitsgrad einer bahnbrechenden Innovation dazu führen, dass Kunden im Vergleich zum Hersteller den Nutzen wesentlich geringer einstufen, weil ihre bisherigen kognitiven Schemata für eine objektive Einschätzung noch nie dagewesener, auf völlig neuen technologischen Trajektorien beruhender Güter nicht geeignet sind. Unter diesen Umständen wird die Innovation abgelehnt und setzt sich nicht am Markt durch, da hierfür kein hoher Neuheitsgrad per se, sondern eine möglichst geringe Abweichung zwischen dem vom Unternehmen intendierten Nutzen-/Neuheitsverhältnis und der öffentlichen Wahrnehmung ausschlaggebend ist (Rindova und Petkova 2007). Trotzdem können radikale Innovationen nicht

41 Auch außerhalb der Innovationswertschöpfungskette kann Innovation zu *Widerständen* führen, z.B. seitens der Gesellschaft, sofern eine Bedrohung der Lebensqualität oder ein Wegfall von Arbeitsplätzen zu befürchten ist (Vahs und Burmester 2005:14f.). Ebenso kann es im Unternehmen selbst zu Innovationswiderständen kommen, z.B. wegen technologischer, absatzbezogener oder finanzieller Bedenken sowie einem Mangel an Wissen oder Motivation der Mitarbeiter (z.B. Hauschildt und Salomo 2007:183-198).

42 Positive Netzwerkexternalitäten beschreiben, dass der Nutzen eines Gutes davon abhängt, wie viele Personen es besitzen bzw. verwenden (Afuah und Bahram 1995:53). Ein Beispiel ist das Telefon, weil es erst über die Anzahl der Verwender, die damit erreichbar sind, einen Nutzen erzeugt.

vernachlässigt werden, da sie langfristig zum Bestehen und Wachstum von Unternehmen an Markt notwendig sind (vgl. z.B. Van Looy et al. 2005; Leifer et al. 2001). Aufgabe innovierender Unternehmen ist somit, radikale Innovationsprojekte genau auf ihre Zweckmäßigkeit zu prüfen und nur dann zu verfolgen, wenn zumindest einige der folgenden Aspekte erfüllt sind: Die Innovation ist grundlegend für die Evolution neuer Technologien oder zum Erfüllen neuer Regularien, komplementäre Innovationen und positive Netzwerkexternalitäten werden kaum beeinträchtigt, der Zerstörung des bisherigen Wissens steht ein enormer Nutzenzuwachs für die Parteien der Innovationswertschöpfungskette gegenüber oder es handelt sich um so neue Märkte, dass noch keine potenziell zerstörbaren Kompetenzen aufgebaut wurden (Afuah und Bahram 1995:73). Vor allem bei der letztgenannten Situation müssen Hersteller ihren Informationsvorsprung nutzen, um die Kunden bei der Erweiterung der bisherigen bzw. der Entwicklung neuer Schemata zu unterstützen, indem z.B. bekannte Produktdesigns den Zugang zu stark veränderten Technologien erleichtern[43] (Rindova und Petkova 2007:223f.). Für diese Arbeit ist analog zur herrschenden Meinung im Innovationsmanagement (z.B. De Castro et al. 2010:47; Hauschildt und Salomo 2007:26) als Referenzpunkt von Nutzen und Neuheit einer Innovation die *Branche* entscheidend: Einerseits spiegelt der „Fit-to-the-Market“ den geforderten Abgleich zwischen den Kundenbedürfnissen und Leistungen des innovierenden Unternehmens am besten wider (Reichwald und Piller 2009:175) und andererseits hilft der Marktvergleich, eine objektive Markt- bzw. Weltneuheit[44] von einer rein subjektiven „Betriebsneuheit“ zu unterscheiden (Vahs und Burmester 2005:45). Außerdem haben Innovationen auf dieser Ebene eine spürbare und nachvollziehbare Reichweite (vgl. Garcia und Calantone 2002:118).

Eine entscheidende Analyseebene von Innovation ist deren *Objekt*, das heißt der Gegenstand, der neu und gleichzeitig nutzenstiftend ist. Die meisten Autoren unterscheiden entweder zwischen technologischer/technischer und administrativer Innovation (z.B. Damanpour 1987; Van de Ven 1986), Produkt-/Dienstleistungsinnovation[45] und Prozessinnovation (z.B. Brockhoff 1992; Utterback und Abernathy 1975) sowie organisationaler Innovation (z.B. Fagerberg 2005:7f.; Vahs und Burmester 2005:73-80; Pleschak und Sabisch 1996:14-24; Knight 1967:482f.) oder zwischen einer Mischung aus diesen Innovationsarten (z.B. De Castro et al. 2010:57-62; Camisón-Zornoza et al. 2004; Cummings und O'Connell 1978). Eine tiefere Untersuchung der Definitionen zeigt, dass die genannten Innovationsarten teilweise synonym verwendet werden: *Technologische Innovation* ist eine Änderung der Technologie durch neue Systeme, Ausstattungen oder Werkzeuge und resultiert in neuen Produkten bzw. Dienstleistungen (Damanpour 1987:677). Somit bezieht sie sich direkt auf den wertschöpfenden Produktionsprozess des Unternehmens und

---

43 Auch der umgekehrte Fall funktioniert: Eine eigentlich inkrementelle Innovation, die kaum technologische Veränderungen birgt, kann aufgrund eines stark veränderten Produktdesigns vom Kunden als radikal betrachtet werden und setzt sich aufgrund der Anwendungserfahrung durch (Rindova und Petkova 2007:224f.).

44 Echte Weltneuheiten stellen heute aber eher die Ausnahme dar, weswegen der Markt bzw. die Branche einen geeigneten Referenzpunkt darstellt (Hauschildt und Salomo 2007:26).

45 Dienstleistungsinnovation wird in der Regel mit unter Produktinnovation subsummiert (z.B. Crossan und Apaydin 2010; Armbruster et al. 2008; Damanpour 1987; Knight 1967). In dieser Arbeit werden Dienstleistungsinnovationen, sofern vorhanden, ebensowenig separat angesprochen.

beschreibt Prozessinnovationen, die als Grundlage für Produktinnovationen dienen (z.B. De Castro et al. 2010:53; Hauschildt und Salomo 2007:13; Smith 2005:164; Camisón-Zornoza et al. 2004:335; Read 2000:97; Van de Ven 1986:592). *Prozessinnovationen* müssen nur unternehmensintern durchgesetzt werden, d.h. im Gegensatz zu Produktinnovationen wird in ihrem Fall keine Kommerzialisierung angestrebt. Sie werden in der Praxis oft vernachlässigt, da sie als effizienzsteigernde Stellhebel keine direkten Rückflüsse – aber aufgrund der Auswirkung auf das Produktionssystem mehr Widerstände – erwarten lassen, schwierig und langwierig zu implementieren sind und verstärkt auf tazitem, d.h. unterbewusstem und schwer zu formulierendem, Wissen beruhen (Crossan und Apaydin 2010:1167-1169; Hauschildt und Salomo 2007:9; Fagerberg 2005:7; Vahs und Burmester 2005:76; Damanpour und Gopalakrishnan 2001:59f.). Auf eine Berücksichtigung von Prozessinnovationen kann dennoch nicht verzichtet werden, da sie unmittelbar mit *Produktinnovationen* verknüpft sind und sich der Innovationsfokus im Zeitverlauf verschiebt: Einerseits sind nach einer Phase markt- bzw. bedürfnisorientierter Produktinnovation oftmals neue Produktionsprozesse notwendig, um das Potenzial neuer Produkte auszuschöpfen und/oder sie kostengünstiger herzustellen. Andererseits können neue, effizienzgetriebene technologische Prozesse auch der Ausgangpunkt für eine Reihe von neuen Produkten sein (vgl. Damanpour und Gopalakrishnan 2001:50; Pleschak und Sabisch 1996:20f.; Afuah und Bahram 1995:52; Teece 1986:288f.; Utterback und Abernathy 1975). Obwohl beide mit der Technologie verwandt sind, zielt Produktinnovation auf Effektivität und Prozessinnovation eher auf Effizienz[46] ab (vgl. Damanpour und Gopalakrishnan 2001:47; Hauschildt und Salomo 2007:9).

Administrative Innovation hängt hingegen nur noch indirekt mit der Produktion, sondern eher mit dem Management des Unternehmens zusammen. Sie äußert sich in veränderten Strukturen und Prozessen und ist damit ein Synonym für den zeitgemäßeren Begriff der *organisationalen Innovation*[47], wie z.B. einer neuen Arbeitsgestaltung, neuen Führungsstilen, Kommunikationsbeziehungen und Anreizsystemen oder neuen Organisationsformen (z.B. De Castro et al. 2010:56f.; Hauschildt und Salomo 2007:13; Camisón-Zornoza 2004:335; Frese 2004; Read 2000:57; Damanpour 1987:677; Knight 1967:482). Wichtig ist diesbezüglich die Erkenntnis, dass Prozessinnovation also entweder technologischer oder administrativer Natur sein kann – je nachdem, ob sie sich auf die Produktion oder unterstützende organisatorische Faktoren wie das administrative Management bezieht (vgl. Pervaiz und Sheperd 2010:8; Armbruster et al. 2008:644f.). Administrative bzw. organisationale Innovation und technologische Innovation stehen – ebenso wie technologische Produkt- und Prozessinnovation – in Beziehung zueinander. Diese scheint aber weniger eindeutig zu sein, da organisationale Innovation einen klar positiven Einfluss auf

46 Beide Begriffe wurden von dem Managementforscher Peter Drucker (1974:44) eingeführt, nach dem Effektivität („doing the right things") die Grundlage des Unternehmenserfolgs ist, während Effizienz („doing the things right") das Minimum zum Überleben darstellt. Wie die vorangegangenen Schilderungen zeigen, sollen im Innovationsmanagement beiden Ideale zyklisch nacheinander verfolgt werden.

47 Beim Literaturstudium ist Vorsicht geboten, da unter „organisationaler Innovation" nicht nur die Innovation *der* Organisation (z.B. Armbruster et al. 2008; Frese 2004, 2000; Galunic und Eisenhardt 2001), sondern irreführenderweise auch Innovation *in* Organisationen (z.B. Wolfe 1994; Cummings und O'Connell 1978) beschrieben wird. Diese Mehrdeutigkeit demonstriert einmal mehr die Notwendigkeit, den Begriff der Innovation sauber abzugrenzen. Die Autorin bezieht sich hier auf die Organisation selbst als Innovationsgegenstand.

technologische Innovation hat, aber die umgekehrte Wirkung fast gar nicht ins Gewicht fällt. Viele Autoren (z.B. De Castro et al. 2010:58; Vahs und Burmester 2005:79f.; Damanpour und Gopalakrishnan 2001:59f.; Damanpour 1987:68; Van de Ven 1986:592) argumentieren daher, dass organisationale Innovation nicht als eigenständiges Unternehmensziel, sondern als Voraussetzung von technologischer Produkt- und Prozessinnovation zu begreifen ist:

> "(...) organizational innovations act as the prerequisites and facilitators of an efficient use of technical product and process innovations as their success depends on the degree to which the organizational structures and processes respond to the use of these new technologies." (Armbruster et al. 2008:645)

Würde man organisationale Innovation gleichzeitig als Voraussetzung *und* als Ergebnis des Innovationsprozesses betrachtet, dann läge ein *Tautologieproblem* vor[48] – das in der Einleitung bereits am Beispiel der Innovationsfähigkeit erläutert wurde. Aus diesem Grund betrachtet auch die Autorin dieser Arbeit organisationale Innovation als Treiber der technologischen Innovation. Diese Auffassung lässt sich schon damit begründen, dass Organisation kein Selbstzweck ist, sondern das Verhalten der Organisationsmitglieder im Sinne der verfolgten Unternehmensziele lenken soll (vgl. z.B. Von der Oelsnitz 2009; Frese 2000; Osterloh und Frost 1998, 2000; Reichwald und Möslein 1997). In diesem Sinne wird z.B. nach neuartigen Organisationsformen gesucht, um technologische Innovationen[49] durch Förderung des organisationalen Lernens und des Wissensaustausches zu begünstigen (vgl. z.B. Lam 2004; Dougherty 2001, 2006; Miles et al. 1997; Hedlund 1994).

Es gibt noch weitere Objekte der Innovation, die aber wesentlich weniger diskutiert werden als die bislang genannten Innovationsarten[50]. Eine davon ist *Business Model Innovation*, die teilweise auch als „strategische Innovation“ bezeichnet wird. Sie befasst sich mit neuen Wertgenerierungsmöglichkeiten durch „Erneuerung des Geschäftsmodells, der Marktstrukturen und -grenzen, der Spielregeln“ (Hauschildt und Salomo 2007:13) bzw. der Anpassung der Unternehmens-

---

48 Zwei frühe Publikationen demonstrieren diesen Fall: Bei Knight (1967) und Cummings und O'Connell (1978) ist die neuartige Veränderung der Organisation erst ein Medium, das zur Umsetzung neuer Ideen in Innovationen benötigt wird, und später als eigenständige Innovationsart auch Ergebnis des Innovierens. Eine solche Aussage ist insofern tautologisch, weil sie aufgrund ihrer definitorischen Logik immer wahr ist und somit nicht geprüft werden kann (vgl. Priem und Butler 2001; Popper 1959).

49 Sonderformen, die sich auf technologische und organisationale Innovation anwenden lassen, sind die von Henderson und Clark (1990) eingeführten Begriffe der *modularen und architektonischen Innovation*. Erstere meint, dass Innovation nur in einem in sich relativ geschlossenen Segment (d.h. einem Modul) vonstatten geht, während letztere eine Innovation beschreibt, die auf der Neuverknüpfung dieser Segmente beruht (z.B. De Castro et al. 2010:58-60; Hauschildt und Salomo 2007:10f.; Galunic und Eisenhardt 2001; Frese 2000:78-80; Galvin 1999). Beide Innovationsarten basieren auf Produktmodularität, die bei pharmazeutischen Substanzen aufgrund der interdependenten Schritte des FuE-Prozesses nicht gegeben ist (z.B. Colvin und Maravelias 2011). Deswegen haben sie in dieser Arbeit keine Relevanz.

50 Eine sehr diffuse Innovationsart, die geringere Relevanz für diese Arbeit besitzt, ist *soziale Innovation*. Sie beschreibt neue soziale Praktiken, die sich in Teilbereichen der Gesellschaft wie dem zivilen Leben (z.B. neue Formen des Zusammenlebens), in Recht und Politik (z.B. Corporate Governance Bewegung), der Philosophie (z.B. Debatten zur Genmodifikation) oder der Wirtschaft (z.B. Diskurs zu bestimmten Organisationsformen) durchsetzen (z.B. Howaldt et al. 2011:19f.; Pervaiz und Sheperd 2010:10f.). Die breite Definition zeigt, dass diese Innovationsart der Unternehmensumwelt entstammt und in ihrer Tragweite nicht nur im Ermessen eines Unternehmens liegt (z.B. Damanpour 1987:677f.).

strategie. Derartige Innovationen spiegeln oftmals den Umgang mit aktuellen Umweltveränderungen wie der Revolution durch Informationstechnologie und das Internet wider (Pervaiz und Sheperd 2010:8f.). Da solche strategischen Innovationen notwendig sind, um aus neuen Technologien überhaupt einen ökonomischen Nutzen ziehen zu können (Chesbrough 2010:354f.), tragen sie ebenso wie organisationale Innovation zum Unterstützen von technologischen Produkt- und Prozessinnovationen bei (Pervaiz und Sheperd 2010:8).
Die Ausführungen zum Objekt der Innovation zeigen, dass diese Analyseebene in der Literatur am häufigsten diskutiert wird. Aufgrund der geschilderten Gründe sind technologische Produkt- und Prozessinnovationen in dieser Arbeit die relevante Zielgröße, während organisationale Innovationen sowie Business Model Innovationen (zunächst) ausgeklammert werden.

Als Zwischenfazit lässt sich feststellen, dass mehrere Analyseebenen der Innovation mit jeweils unterschiedlichen Arten bzw. Klassen zu unterscheiden sind. Ohne Anspruch auf Vollständigkeit zu erheben zeigen die vorangegangenen Schilderungen, welche davon für die theoretischen Ausführungen und die empirische Untersuchung dieser Arbeit relevant sind (vgl. Tabelle 2).

Analyseebene	**Relevante Innovationsart/Klasse**
Untersuchungseinheit	Organisation (Meso-Ebene)
Auslöser der Innovation	Market-Pull-Innovation, Technology-Push-Innovation
Neuheitsgrad	Radikale vs. inkrementelle Innovation
Referenzpunkt	Branche
Objekt der Innovation	Technologische Produkt- und Prozessinnovationen

Tabelle 2: Analyseebenen der Innovation in der Arbeit (Quelle: eigene Darstellung).

Die folgende Analyse und Diskussion der Innovationsfähigkeit bezieht sich aufgrund der Betrachtung von Unternehmen eindeutig auf die *Meso-Ebene.* Aufgrund der attestierten Bedeutung beider Alternativen (z.B. Van der Panne et al. 2003) werden sowohl *Market-Pull* als auch *Technology-Push* als relevante Auslöser von Innovation betrachtet; was bedeutet, dass Neuheiten entweder aus Antizipierung und Erfüllung nicht-befriedigter Marktbedürfnisse oder der besonderen FuE-Expertise des Unternehmens resultieren. Als Referenzpunkt der Innovation ist die *Branche* geeignet, da auf diese Weise eine relativ objektive Einschätzung von Nutzen und Neuheit gewährleistet werden kann (z.B. Vahs und Burmester 2005:45). Dieser Maßstab zur Bewertung von Innovationen wird in der pharmazeutischen Industrie auch von den zuständigen Zulassungsbehörden und Kontrollinstitutionen[51] angewendet. Hinsichtlich des Neuheitsgrades wird in der Arbeit zwischen *radikaler und inkrementeller Innovation* unterschieden, weil diese Dichotomie am geläufigsten ist und sowohl Innovationen mit geringem als auch mit hohem Neuheitsgrad

[51] Zum Beispiel erkennt die EMA einen hohen Neuheitsgrad an, wenn die vom Hersteller angemeldete Substanz bislang noch nicht auf dem EU-Markt zugelassen ist (z.B. EMA 2010b) und der *Gemeinsame Bundesausschuss* (GBA) in Deutschland bewertet im Zuge der Preisfestsetzung, ob ein neues Medikament gegenüber dem als Standard geltenden Vergleichsmedikament einen Zusatznutzen hat (BMG 2012).

für Unternehmen relevant sind (z.B. Fagerberg 2005:7f.; Smith 2005:150). In Bezug auf das Objekt der Innovation werden hier nur *technologische Produkt- und Prozessinnovationen* betrachtet. Nachdem die notwendigen Abgrenzungen zu den Innovationsarten getroffen wurden, soll nun kurz besprochen werden, wie Innovationen idealtypischerweise im Innovationsprozess entstehen.

2.4 Grundsätzliches zum Innovationsprozess

Innovationen sind in der Regel prozessbezogen, da sie idealerweise als Ergebnis aus der Beanspruchung bzw. Transformation verschiedener Inputfaktoren (wie Rohstoffen oder dem Wissen der Humanressourcen) in einer Reihe aufeinanderfolgender Arbeitsschritte resultieren. Sie knüpfen dabei an die eher zeitpunktbezogenen Inventionen als der erstmaligen technischen Realisierung bzw. Gestaltgebung neuer Ideen an, um diese Erfindungen tatsächlich im wirtschaftlichen Sinne nutzbar zu machen – indem z.B. durch ihre Anwendung oder Kommerzialisierung ökonomische Vorteile erreicht werden (Pervaiz und Sheperd 2010:178f.; Vahs und Burmester 2005:85f.; Hansén und Wakonen 1997:346f.; Cummings und O'Connell 1978:34). Demzufolge können alle Aktivitäten von der originären Ideenfindung für neue Problemlösungen über ihre Erforschung, Umsetzung in Inventionen und Weiterentwicklung bis hin zur erstmaligen praktischen Anwendung als *Innovationsprozess* verstanden werden[52] (z.B. Hauschildt und Salomo 2007:26f.; Brockhoff 1992:28f.). Dabei wird die Innovationsaufgabe als Ganzes in mehrere Teilprozesse zerlegt, denen konkrete Arbeitsaufgaben und Methoden zugeordnet und auf bestimmte organisatorische (Teil-)Bereiche übertragen werden, wobei zwischen den einzelnen Prozessstufen Rückkopplungen existieren (Pleschak und Sabisch 1996:24). Auch wenn die Innovationsaufgabe dadurch insgesamt strukturierter und eine entsprechende Arbeitsteilung möglich wird, so bleibt das Ergebnis von Innovationsprozessen vor allem in den frühen Phasen und bei einem hohen Neuheitsgrad des Projektes sehr unsicher. Hinzu kommt, dass sie von einer hohen *Komplexität* geprägt sind: Diese ist einerseits „hausgemacht", da die Innovationsaufgabe selbst zu Beginn keine klaren Problemstrukturen aufweist, unvorhersehbaren zeitlichen Kontexteinflüssen (wie einem plötzlichen Technologiesprung oder neuen Marktbedingungen) unterliegt und zu einem „Wildwuchs" an neuen Ergebnissen (wie Patenten, Produkten oder Technologien) führen kann. Andererseits resultiert die Komplexität auch aus der Organisation des Innovationsprozesses, der die Aufgabe zwar leichter handhabbar machen soll, dessen Mehrstufigkeit, notwendige Feedbackschleifen und Regularien aber für starke Interdependenzen zwischen Aufgaben und Aufgabenträgern sorgen (vgl. Garud et al. 2011; Vahs und Burmester 2005:50-54). Somit muss das Ziel für die Gestaltung des Innovationsprozesses sein, die Innovationsaufgabe besser zu bewältigen – ohne sie durch zu stark untergliederte oder reglementierte Arbeitsschritte unnötig zu verkomplizieren.

[52] Der Innovationsprozess endet in der Regel mit der mit der Markteinführung des Neuprodukts (Produktinnovation) oder mit dem Überführen eines neuen Verfahrens bzw. einer neuen Technologie (Prozessinnovation) in die Produktion (Hauschildt und Salomo 2007:27).

Lassen sich Innovationen managen?

In Anbetracht des eben geschilderten Problems wird die Frage, wie aktiv bzw. intensiv der Innovationsprozess zu managen ist, häufig diskutiert. So galten früher Innovationen noch als etwas, das meistens zufällig entsteht und das nicht geplant herbeigeführt werden kann (vgl. Fagerberg 2005:9; Brockhoff 1992:27f.), weswegen der Innovationsprozess bewusst nur grob strukturiert werden sollte (Vahs und Burmester 2005:87). Obwohl solche Zufälligkeiten – die im Verlauf der Arbeit noch unter dem Stichwort *Serendipität* aufgegriffen werden – auch heute noch wichtige Quellen neuer Problemlösungen sind (vgl. Dew 2009; Godoe 2000), so hat man sich im Laufe der Zeit doch mehr in Richtung eines systematischen und planerischen Innovationsmanagements bewegt (Howaldt et al. 2011:16). Mittlerweile gilt es als akzeptiert, dass sich strukturierte und mittels klarer Zielvorgaben steuerbare Innovationsprozesse vorteilhaft auf den Innovationserfolg auswirken, da sich durch systematisiertes Verarbeiten und Weitergeben von Informationen die Entwicklungszeit verkürzen, die Qualität der Produkte bzw. die Effizienz der einzelnen Arbeitsschritte verbessern und technologische bzw. marktbezogene Unsicherheiten reduzieren lassen (Verworn und Herstatt 2007b:112-131). Außerdem ist eine Zerlegung eines Gesamtprozesses in verschiedene Stufen zum Bündeln zusammenhängender Aufgaben notwendig, damit sich *begrenzt rational* („boundedly rational“) agierende Individuen auf bestimmte Tätigkeiten konzentrieren und somit besser zurechtfinden können (vgl. z.B. Garud et al. 2008; Ethiraj und Levinthal 2004).

Allerdings muss auf die speziellen Erfordernisse der *frühen Phasen* des Innovationsprozesses, die sich von der Ideengenerierung/-bewertung bis zur Konzeptentwicklung und Produktplanung erstrecken, eingegangen werden. In ihnen ist die technologische und marktbezogene Unsicherheit besonders hoch, da die Aufgabenstellung hier noch sehr diffus ist und denkbare Problemlösungen noch nicht klar artikulierbar sind (Verworn und Herstatt 2007a:6-10). Dieser Entscheidungsunsicherheit im Sinne eines Such- und Auswahlproblems steht das Optimierungsproblem gegenüber, da in den frühen Phasen die Weichen für Kosten und Nutzen der Innovationsprojekte gestellt werden (Gemünden und Salomo 2004:507f.). Dennoch sollten die frühen Phasen des Innovationsprozesses weniger stark strukturiert und gesteuert werden als die späteren Phasen, da sonst unter Umständen die für das Finden neuer Ideen relevante Kreativität der Mitarbeiter gebremst wird (vgl. Poskela und Martinsuo 2009; Verworn und Herstatt 2007b).

Modelle des Innovationsprozesses

In der Literatur werden verschiedene Modelle des Innovationsprozesses vorgeschlagen, die die einzelnen Prozessstufen auf unterschiedlichen Abstraktionsniveaus beschreiben und jeweils verschiedene Aspekte betonen (Vahs und Burmester 2005:85). Bis in die 60er Jahre dominierten *lineare Phasenmodelle*, die nach dem Vorbild des Taylorismus eine feste Reihenfolge von Verrichtungen vorschrieben und dem Auslöser der Innovation nach (siehe Teilkapitel 2.3) entweder Technology-Push- oder Market-Pull-orientiert waren. Sie galten als Versuch, einen möglichst optimalen Innovationsprozess zu schaffen, wurden aber für ihre mangelnde Flexibilität in den immer dynamischer werdenden Umwelten kritisiert (Howaldt et al. 2011:16f.). Spätere, *flexibilisierte Phasenmodelle* wurden deswegen im Gegensatz zu ihren Vorgängern bewusst grob gehalten (Vahs und Burmester 2005:86-90): Anstelle konkreter Abläufe wurden breitere Aufgabenfelder definiert (z.B. Generierung, Akzeptierung, Realisierung von Ideen, Modell von Thom 1980:53), Abbruchmöglichkeiten für den Fall des technischen oder ökonomischen Misserfolgs eingebaut (Modell von Brockhoff 1992:29) sowie verstärkt Feedforward- und Feedbackschleifen zwischen den einzelnen Prozessstufen sowie den verantwortlichen Akteuren integriert (Modell von Pleschak und Sabisch 1996:24).

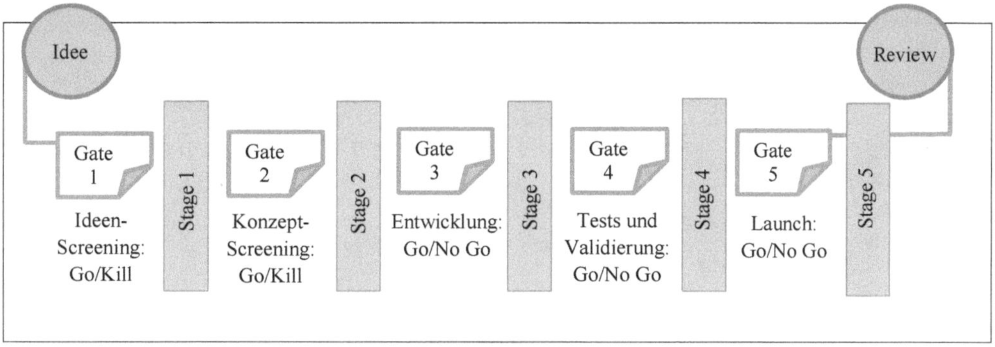

Abbildung 3: Innovationsprozess als Stage-Gate-Modell (Quelle: Cooper und Kleinschmidt 1993:79, modifiziert)

Zumindest kurz vorgestellt werden sollen zwei der neueren Modelle[53]: Mittlerweile wohlbekannt und in der Praxis weit verbreitet ist das *Stage-Gate-Modell* (vgl. Abbildung 3), das auf der Erforschung von Erfolgsfaktoren in der Neuproduktentwicklung (Cooper und Kleinschmidt 1986; Cooper 1979) beruht. Hierbei muss zwischen zwei Phasen („Stages“) ein Meilenstein („Gate“) passiert werden, indem das Innovationsprojektteam bestimmte qualitative (z.B. die interne Validierung des Entwicklungsproduktes, Gate 5) und quantitative Zielgrößen (z.B. kein Überschreiten der verfügbaren Ressourcen, Gate 3) erarbeitet. Die Entscheidung, ob der Meilenstein als erreicht gilt und das Innovationsprojekt fortgeführt werden kann, wird in Prüfgremien – i.d.R. unter Vorsitz des Senior Managements – getroffen (Howaldt et al. 2011:17; Verworn und Herstatt 2007b:117f.; Cooper und Kleinschmidt 1993:78f.). Der Erfolg von Stage-Gate-Modellen, die in als innovativ geltenden Unternehmen wie 3M genutzt werden, lässt sich z.B. auf das Schaffen eines gemeinsamen Zielverständnisses sowie die bessere Überprüfbarkeit der einzelnen Prozessstufen zurückführen. Allerdings können ihre relativ starren Entscheidungsroutinen auch zu Verzögerungen führen, wenn fehlende Informationen an einem Gate die Weiterführung des Projektes an anderer Stelle behindern (Verworn und Herstatt 2007b:117f.) und die bereits angesprochene organisatorische Komplexität des Innovationsprozesses unnötig erhöhen. Außerdem werden neben den Erfordernissen der frühen Phasen [54] externe Innovationsquellen vollkommen

[53] Einen umfassenden Überblick über verschiedene Modelle des Innovationsprozesses bieten z.B. Vahs und Burmester (2005:85-96). Moderne Modelle wie der iterative *Probe-and-Learn-Prozess* oder das zur Reduktion der Entwicklungszeit geeignete *Front-Loading* werden von Verworn und Herstatt (2007b) vorgestellt.

[54] In der jüngeren Generation des Stage-Gate-Modells lässt Cooper aus den oben genannten Gründen auch Überlappungen zwischen einzelnen Stages sowie größere Freiräume in einer vorgelagerten „Discovery Stage“ zu (Verworn und Herstatt 2007b:118f.).

ausgeblendet (Howaldt et al. 2011:17), obwohl letztere vor allem bei der Fertigung komplexer Problemlösungen immer mehr an Bedeutung gewinnen (vgl. Fagerberg 2005:10f.).

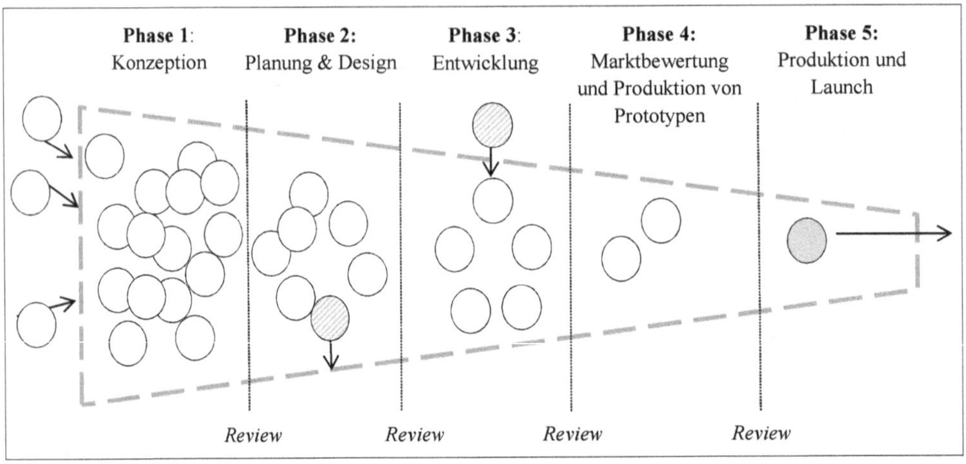

Abbildung 4: Innovationsprozess als Trichter-Modell (Quelle: modifiziert nach Pervaiz und Sheperd 2010:186)

Im *Trichter-Modell* des Innovationsprozesses (vgl. Abbildung 4) rücken externe Innovationsquellen mehr in den Mittelpunkt: Der Trichter beschreibt sinnbildlich, dass die frühen Phasen des Innovierens bewusst weit gehalten werden müssen, um zahlreiche intern oder extern generierte Ideen zu erhalten. Deren Effektivität (z.B. Fit zum Gesamt-Portfolio) und Effizienz (z.B. geschätzter Investitionsbedarf vs. zu erwartende Rückflüsse) muss nach und nach evaluiert werden, um die Auswahl auf einige wenige erfolgsversprechende Projekte zu beschränken, die dann mit Ressourcen ausgestattet und weiterverfolgt werden. Nach Vorbild des Open Innovation Ansatzes (z.B. Chesbrough 2003) symbolisiert die Durchlässigkeit des Trichters, dass auf allen Prozessstufen mit externen Partnern zusammengearbeitet werden kann; vorstellbar ist auch eine Auslagerung wertvoller früher, aber nicht mehr in den Trichter passender Projekte an Dritte mittels Corporate Venture Capital (Pervaiz und Sheperd 2010:186f.; Gemünden und Salomo 2004:507f.). Somit ist das Trichtermodell trotz ebenfalls vorhandener Review-Zeitpunkte insgesamt flexibler als das klassische Stage-Gate-Modell.

Auf eine genauere Klassifizierung der einzelnen Aufgaben je Prozessstufe soll an dieser Stelle verzichtet werden, da Modelle des Innovationsprozesses „nur“ Idealtypen darstellen. Sie können die Realität höchstens näherungsweise widerspiegeln, da es in der Praxis branchen- oder unternehmensspezifische Besonderheiten gibt und der Ablauf des Innovierens nicht immer streng sequenziell, sondern auch iterativ erfolgen kann (Verworn und Herstatt 2007a:9; Vahs und Burmester 2005:85f.).

2.5 Von Innovation zu Innovationsfähigkeit

In den vorherigen Teilkapiteln wurden die Notwendigkeit von Innovation begründet, relevante Innovationsarten eingeführt und die Grundzüge von Innovationsprozessen erläutert. Nun stellt sich die Frage, warum Innovation allein in bestimmten Situationen nicht ausreichend ist und stattdessen Innovationsfähigkeit im Sinne einer kontinuierlichen Innovationsleistung benötigt wird. Antworten liefert die Betrachtung exogener (von außen auf Unternehmen wirkende) und endogener (innerhalb von Unternehmen wirkende) Faktoren, die die Art und Weise des Innovierens beeinflussen. Sie stellen Ansatzpunkte für die Legitimation der in Kapitel 3 folgenden Diskussion von Innovationsfähigkeit dar.

Exogene Faktoren: Innovationsfähigkeit zum Bestehen in dynamischen Umwelten

In welcher Form und wie einfach Innovationen generierbar sind, hängt entscheidend von der Stabilität der allgemeinen Umwelt bzw. der branchenspezifischen Umwelt ab. Heutige Märkte sind von einer hohen Umweltdynamik geprägt, wenn sich ihre Bedingungen z.B. wegen des rapiden *technischen Fortschritts* sehr schnell verändern. So hat sich in Branchen, die in hohem Maße vom Einsatz bestimmter *Schlüssel- und Schrittmachertechnologien*[55] abhängen, innerhalb von nur 10 Jahren die Zeitspanne von der Einführung einer neuen Technologie bis zu deren Ablösung durch eine andere Technologie mehr als halbiert (Pleschak und Sabisch 1996:12). In solchen *High-Tech Industrien* ist die branchenbezogene FuE-Intensität – als Verhältnis getätigter FuE-Ausgaben der Unternehmen einer Branche zum gemeinsam erzeugten Wertanteil des Bruttoinlandsprodukts (Smith 2005:55) – besonders hoch. Auch die pharmazeutische Industrie (z.B. OECD 2011; Cardinal 2001) gehört dazu, da Innovationsaktivitäten hier z.B. vom Einsatz der medizinischen Biotechnologie zur Entwicklung neuer Medikamente gegen Krebs und Alzheimer oder der Nanotechnologie zum Finden neuer medikamentöser Darreichungsformen abhängen (Bundesministerium für Wirtschaft und Technologie [BMWI] 2012; EMA 2012c).

Aufgrund der schnellen technologischen Weiterentwicklung sind solche dynamischen Umwelten einem ständigen Wandel unterworfen und zeichnen sich oft durch starke Ambiguität und Unsicherheit aus. Im Fall von *Ambiguität* sind zwar bestimmte Muster der Marktentwicklung erkennbar, sie beruhen aber auf mehrdeutigen Ursachen, die eine Interpretation bzw. klare Identifizierung konkreter Marktgelegenheiten erschweren. *Unsicherheit* äußert sich hingegen in absoluter Unvorhersehbarkeit der zukünftigen Marktentwicklung, wodurch überhaupt keine klaren Muster erkennbar bzw. prognostizierbar sind[56] (vgl. Eisenhardt et al. 2010). In beiden Fällen ist

---

[55] Während sich *Schrittmachertechnologien* noch in der Entstehungsphase des Technologie-Lebenszyklus befinden und ein großes Entwicklungspotenzial – aber ohne konkrete Hinweise zu zukünftigen Anwendungsmöglichkeiten – haben, befinden sich *Schlüsseltechnologien* in der Wachstumsphase und werden bereits für erste Innovationen genutzt (Pleschak und Sabisch 1996:92f.).

[56] Diese extreme Form von Unsicherheit kann auch als *„Ungewissheit"* bezeichnet werden, da keine Eintrittswahrscheinlichkeiten für mögliche Umweltzustände ermittelt werden können. Bei *Risiko*, einer schwächeren Form von Unsicherheit, lassen sich diese Eintrittswahrscheinlichkeiten (logisch oder empirisch) ermitteln (Boeckelmann und Mildner 2011:2). Ambiguität und Unsicherheit können grundsätzlich bei der Wahrnehmung, Verarbeitung und Transformation von Informationen auftreten (vgl. Frost 1998:91-117). Ihr Vorkommen ist also nicht auf die Marktanalyse beschränkt.

nur schwer einschätzbar, welche neuen Technologien sich am Markt durchsetzen werden und somit bleibt ungewiss, was vielversprechende Ansatzpunkte für technologische Produkt- oder Prozessinnovationen sind. Verstärkt wird diese Problematik durch *Komplexität* (vgl. Simon 1962). Überträgt man diese der Systemtheorie entstammende Eigenschaft auf Märkte, dann weisen diese eine hohe Anzahl an Marktakteuren auf, die auf vielfältige und sich stets verändernde Weise miteinander verknüpft sind. Somit ist z.B. unsicher bzw. mehrdeutig, wer die aktuellen und zukünftigen Wettbewerber eines Unternehmens sind, in welcher Form sie miteinander konkurrieren oder kooperieren können und inwiefern gegenseitige Abhängigkeiten vorliegen (vgl. Schreyögg und Sydow 2010:1253-1258; Peteraf und Bergen 2003). Eine vergleichbare Ungewissheit kann im Verhältnis zu Kunden, Lieferanten und Regulatoren auftreten, die in dynamischen Umwelten dazu neigen, ihre Anforderungen an das Unternehmen besonders häufig zu verändern (vgl. Braganza et al. 2009:47f.).
Zusätzlich erschwert wird das Bestimmen einer strategischen Stoßrichtung durch kürzer werdende *Produktlebenszyklen.* Diese verlangen dem Unternehmen eine hohe Innovationsgeschwindigkeit ab, um obsolete, nicht mehr gewinnbringende Produkte möglichst rasch mit Neuprodukten zu ersetzen (z.B. Verworn und Herstatt 2007a:4; Assink 2006; Nooteboom 2000a:151-153). Problematisch ist, dass die für Innovationen notwendigen FuE-Perioden aufgrund kürzerer Technologiezyklen und kompliziert aufgebauter Neuprodukte zeit- und kostenintensiver, die rentengenerierenden Marktperioden aber zeitlich immer begrenzter werden. Somit müssen sich hohe Investitionen in Innovationsprozesse – z.B. für Anlagen, Personal und das Erfüllen rechtlicher Auflagen – viel schneller amortisieren (Vahs und Buhrmester 2005:96f.; Pleschak und Sabisch 1996:12). Diese Herausforderung lässt sich gut am Beispiel der pharmazeutischen Industrie beobachten, da die Markteinführung eines neuen Medikaments hier erst nach langjährigen, erfolgreichen präklinischen und klinischen Tests sowie bestandenem Zulassungsverfahren möglich ist. Diese vor der Markteinführung notwendigen, aber zeitkostenden Schritte des Innovationsprozesses gehen zu Lasten der patentgeschützten *Marktexklusivität*, da pharmazeutische Unternehmen bereits während der Entwicklung – lange vor Markteinführung des neuen Medikamentes – das Patent anmelden müssen, um ihr geistiges Eigentum schon im frühen Stadium zu schützen. Folglich sind von den eigentlich 20 Jahren Patentschutz „nur" etwa 14 Jahre zur geschützten Vermarktung anwendbar (vgl. VfA 2011a:30; Garnier 2008:70f.; Gassmann et al. 2008:56f.). Da der Zeitraum von der ersten Idee bis zur Markteinführung eines Neuproduktes ca. 11,5 bis 13,5 Jahre beträgt, sich nach dieser Zeit im Durchschnitt aber nur eine von anfangs über 5000 Substanzen durchsetzt (vgl. VfA 2011a:28; Sternitzke 2010:812) und die Vorrangstellung am Markt nach gelungener Kommerzialisierung auf wenige Jahre begrenzt ist, kann nicht immer nur an einer Innovation gearbeitet werden. Stattdessen muss das Ziel sein, einen kontinuierlichen Fluss an Innovationen sicherzustellen – was erfordert, dass die „Pipeline" an erfolgsversprechenden neuen Substanzen, an denen das Unternehmen je nach Stadium gerade forscht und entwickelt, stets gut gefüllt sein muss (vgl. Gassmann et al. 2008:51-53; Blau et al. 2004). Es bleibt also festzuhalten, dass in dynamischen Umwelten wie der Pharma-Industrie nicht nur einmaliges, sondern vielmehr regelmäßiges bzw. *kontinuierliches Innovieren* grundlegend für das Geschäftsmodell

und den Unternehmenserfolg ist (vgl. Whelan et al. 2010; Braganza et al. 2009; Coombs und Metcalfe 2002; Roberts 1999). Folglich ist die hohe Bedeutung von Innovation in dynamischen Umwelten (z.B. Yang et al. 2006:314), die eine ständige Pflege und Erneuerung ansonsten obsolet werdender Kompetenzen erfordert (z.B. Lisboa et al. 2011), ein entscheidender Ausgangspunkt der Diskussion von Innovationsfähigkeit.

Endogene Faktoren: Innovationsfähigkeit als Triebfeder des Unternehmens

Neben den oben genannten exogenen Herausforderungen gibt es auch endogene Faktoren, die das Erzeugen von Innovationen erschweren. Ein wesentlicher Aspekt, der Unternehmen trotz der damit erzielbaren Wettbewerbsvorteile vom Innovieren abhalten könnte, ist das hohe *Innovationsrisiko.* Je nach zugrundeliegendem Erfolgsmaßstab[57] werden die Scheiterraten von Innovationsprojekten grob als „sehr hoch" (Cooper und Kleinschmidt 1986) bzw. als im Bereich von 20-80% liegend (Verworn und Herstatt 2007a:5) beschrieben. Denning (2005:4) geht bei Umsetzung komplett neuer Geschäftsideen sogar von einer Scheiterrate von 90% bis 99% aus. Diese Werte sind für die Pharma-Industrie durchaus realistisch, was an der Vielzahl zu testender Substanzen, überdurchschnittlicher Erfolgsunsicherheit, hohen Kosten für Innovationsprozesse sowie langen Zulassungsverfahren (vgl. VfA 2011a; Sternitzke 2010; Kola und Landis 2004) liegt. Zudem zielen die Innovationsbemühungen vieler Pharma-Unternehmen heute oft zeitgleich auf ähnliche Produktsegmente ab, was das Einnehmen einer erfolgreichen Marktposition aufgrund vieler miteinander konkurrierender Neuprodukte erschwert (Gassmann et al. 2008:67f.). Ein Blick in die Praxis zeigt deswegen, dass zwar gern und oft über die Bedeutung von Innovation gesprochen wird, die Begeisterung aber selten zu mehr als reinen *„Lippenbekenntnissen"* oder nur marginal veränderten Neuprodukten führt:

> „The truth is that most CEOs and senior managers are intimidated by innovation. Viewing it as high-risk, high cost endeavor, one that promises uncertain returns, they are reluctant to become advocates for innovation. However, because it clearly represents challenge and opportunity, most CEOs deny their reluctance to embrace innovation. They deny that their new product programs are underfunded or understaffed. They deny that they are closed to new ideas or ways of doing business. They deny that they fail to encourage or reward innovative thinking among their employees. Most of all, they deny that they have created within their organizations a fear of failure that stymies the urge to innovate." (Kuczsmarski 2003:536)

Unter diesen ungünstigen Voraussetzungen – die laut Zitat vorwiegend in einem Mangel an Ressourcen, brachliegenden Fähigkeiten[58] und einem uninspirierenden Umfeld bestehen –

---

[57] Auf *Unternehmensebene* bieten sich Kennzahlen zur Kundenakzeptanz (z.B. Kundenzufriedenheit, Marktanteilsziele), zum finanziellen Erfolg (z.B. prozentualer Umsatz mit Neuprodukten, Gewinnziele) und zu Durchlaufgrößen des Innovationsprozesses (z.B. Anzahl an Ideen, FuE-Kosten, „Time-to-Market", Patente) an (vgl. Boston Consulting Group [BCG] 2010:10; Haberfellner und Zach 2009; Griffin und Page 1993). Ebenso wird auf *gesamtwirtschaftlichem Niveau* versucht, die Leistung verschiedener Industrien oder Länder zu messen und vergleichbar zu machen. Dabei finden ähnliche Kennzahlen wie im Unternehmen, aber auf einer höheren Aggregationsebene (z.B. die branchen- bzw. staatenbezogene FuE-Intensität oder der Anteil von Mitarbeitern in wissensintensiven Tätigkeiten), Anwendung (z.B. European Commission 2010; Vahs und Burmester 2005:22-26; Smith 2005).

[58] *Ressourcen* können materiell (z.B. finanzielle Mittel, Anlagen), immateriell (z.B. Technologien, Reputation) oder Humanressourcen als Wissensträger sein. *Fähigkeiten* sind koordinierte Ressourcenbündel bzw. das

werden Innovationspotenziale nicht oder nur inkonsequent genutzt. Trotz offizieller Bekundungen fehlt dann das tatsächliche *„strategische Commitment"* zu Innovation und neue Ideen werden, sofern sie existierende Denkmuster und Geschäftsmodelle in Frage stellen, im Keim erstickt oder verlieren sich im Führungsvakuum (Dougherty 1996:1124).
In der Tat scheinen die meisten Unternehmen mit ihrem Innovationsmanagement, z.B. wegen unstrukturierter Prozesse oder den Ergebnissen ihrer Innovationsbemühungen hinsichtlich Effektivität und Effizienz, unzufrieden zu sein (Linder 2006:44; Tidd et al. 2005:XIII). Eine geringe Effektivität würde hierbei bedeuten, dass die falschen Innovationsprojekte gefördert wurden, während eine geringe Effizienz auf mangelnde Zielorientierung bzw. zu hohe Mittelaufwendungen hinweist (vgl. Haberfellner und Zach 2009:6). Einige Autoren (z.B. Dalton 2009; Haberfellner und Zach 2009; Von Stamm 2008) untermauern dieses Problem mit Verweis auf die von der Beratungsgesellschaft BCG jährlich durchgeführte Managementbefragung[59], nach der Innovation zwar eine strategische Priorität, aber hinsichtlich des „Return on Innovation" (d.h. Verhältnis von Investitionen in und Rückflüssen aus Innovation) nicht zufriedenstellend sei. In den letzten Jahren gab nur knapp über die Hälfte der Befragten an, mit ihrer Innovationsleistung zufrieden zu sein (BCG 2010:4f.), wobei Firmen aus dem Gesundheitswesen (inklusive Pharma) Innovation im Vergleich zu anderen Branchen stärker priorisierten, aber gleichzeitig weniger mit der entsprechenden Leistung zufrieden waren (BCG 2009:29).
Aus diesen Ausführungen wird ersichtlich, dass endogene Herausforderungen beim Generieren von Innovationen vor allem ein fehlendes strategisches Commitment, die zu geringe Effizienz oder Effektivität der Innovationsaktivitäten sowie ein uninspiriertes organisatorisches Umfeld sind. Ebendiese Defizite sind der Ansatzpunkt von Innovationsfähigkeit, da sie als kontinuierliches Streben nach Innovation zum dauerhaften Unternehmensziel wird und nicht ohne entsprechende Verankerung in der Strategie auskommt (z.B. Peeters und Pottelsberghe de la Potterie 2003; Hii und Neely 2000). Auch wenn die Scheiterraten von Innovation nicht reduziert werden können, so basiert gerade die Diskussion von Innovationsfähigkeit auf der Frage, wie Unternehmen beim Innovieren sowohl kurzfristige Effizienz als auch langfristige Effektivität durch Beherrschen verschiedener Innovationsarten sicherstellen können (z.B. Lawson und Samson 2001). Dabei werden Maßnahmen zum Umgang mit Wissen als der für Innovation wesentlichen Ressource sowie geeignete organisatorische Rahmenbedingungen zum Innovieren in den Mittelpunkt gerückt (z.B. Un und Montoro-Sanchez 2010; Carlisle und McMillan 2006).

Vermögen, Ressourcen im Sinne der Unternehmensziele zu allozieren (vgl. Collis und Montgomery 2008; Grant und Nippa 2006:183-196; Mahoney und Pandian 1992). Sie sind in organisatorischen Strukturen und Prozessen als auch in der Unternehmenskultur eingebettet (vgl. Collis und Montgomery 2008:3; Nooteboom 2004:513). „Kompetenz" wird oft synonym zum Begriff der Fähigkeit verwendet (Grant und Nippa 2006:190).

59 Auf Basis der jährlichen BCG-Befragung wird auch das bekannte Innovations-Ranking „Most Innovative Companies" erstellt. Als Maße dienen zu 80% die Einschätzungen der Befragten sowie zu 20% Shareholder-Rückflüsse und Wachstumskennzahlen. Interessanterweise ist unter den Top 50 im Ranking kein einziges Unternehmen der Pharma-Industrie dabei (vgl. BCG 2010:16). Das zeigt, dass die hohe Bedeutung von Innovation in einer Branche nicht zwangsläufig zu einer hohen – subjektiv wahrgenommenen bzw. objektiv durch Finanzkennzahlen belegten – Innovationsleistung führen muss.

Insgesamt zeigen die Ausführungen dieses Teilkapitels, dass Innovationsfähigkeit einerseits in dynamischen Umwelten notwendig ist und andererseits Unternehmen hilft, Lösungen für traditionelle Probleme des Innovationsmanagements zu finden.

Nachdem die begrifflichen Grundlagen zu Innovation und Innovationsprozessen dargestellt und schließlich der Bedarf an Innovationsfähigkeit aufgezeigt wurde, soll sich das folgende Kapitel nun der Analyse von ebendiesem Kernbegriff widmen.

3 Theoretische Konzeption von Innovationsfähigkeit und deren organisatorischen Voraussetzungen

Wie bereits in Kapitel 1 beschrieben wurde, kann Innovationsfähigkeit zunächst näherungsweise als Vermögen eines Unternehmens zu innovieren, also mittels Realisierung von Ideen nutzenbringende Neuheiten zu realisieren (vgl. Sammerl 2006:36; Disselkamp 2005:78), verstanden werden. Doch diese vereinfachte Definition trägt noch nicht zu einem tiefen Verständnis des Konstrukts bei. Zum einen impliziert sie, dass alle Unternehmen, die zu irgendeinem Zeitpunkt zufällig oder planmäßig auch nur eine Innovation generieren konnten, als innovationsfähig zu bezeichnen wären. Diese Annahme ist allerdings aufgrund der in den vorherigen Kapiteln geschilderten Notwendigkeit, vor allem in dynamischen Branchen immer wieder und nicht nur einmal oder gelegentlich zu innovieren, abzulehnen:

> "Most organizations can produce a successful new product occasionally – IBMs PC and General Motors' Saturn are good examples. The question is whether they can sustain or repeat what they did." (Dougherty und Hardy 1996:1121)[60]

Dabei zeugen die genannten Probleme, die Unternehmen in der Praxis mit Innovationen haben (vgl. Teilkapitel 2.5) davon, dass kontinuierliches Innovieren nach wie vor kein einfaches Unterfangen ist. Zum anderen gibt uns eine simplifizierte Begriffsauffassung wie von Disselkamp (2005) und Sammerl (2006) noch keine Hinweise, worin sich Innovationsfähigkeit konkret äußert bzw. wie sie tatsächlich erreicht, aufrechterhalten oder gesteigert werden kann.

Auch aktuelle wissenschaftliche Studien tragen nur bedingt zu einem besseren Begriffsverständnis bei: Wie im einleitenden Teil der Arbeit schon kritisiert, beschreiben sie Innovationsfähigkeit sowohl als wissens- und lernbezogene Vorbedingungen des kontinuierlichen Innovierens als auch als tatsächliche Ergebnisse, ohne beides genauer voneinander abzugrenzen bzw. etwaige Zusammenhänge aufzuzeigen. Ohne eine nähere Differenzierung entsteht so ein *tautologischer Eindruck*, da Innovationsfähigkeit nicht gleichzeitig Vorbedingung und Ergebnis sein kann. Außerdem lassen sich in den Studien bislang nur wenige, unkonkrete bzw. unsystematische Hinweise zu den organisatorischen Voraussetzungen von Innovationsfähigkeit finden – obwohl gerade das Ziel, kontinuierlich zu innovieren, bestimmte Strukturen und Prozesse in der Organisation erfordert (vgl. z.B. Dougherty 2006; Bharadwaj und Menon 2000).

Aus diesen Gründen macht eine eingehende Literaturanalyse Sinn: Nach der Vorstellung des Vorgehens (Teilkapitel 3.1) werden zur Präzisierung und Konzeptionalisierung des Begriffes Innovationsfähigkeit in Teilkapitel 3.2 die ergebnisbezogenen und wissens- bzw. lernbezogenen Hinweise aus relevanten wissenschaftlichen Studien herausgearbeitet, kategorisiert und diskutiert. Dabei wird auch einschlägige Innovationsmanagementliteratur herangezogen, um die Diskussion anzureichern und die stellenweise nur rudimentär angesprochenen Theoriekonzepte (z.B. Slack, vgl. Lawson und Samson 2001, oder Exploration-Exploitation, vgl. Carlisle und McMillan 2006)

---

60 Die beiden im Zitat genannten Unternehmen galten aufgrund früherer Innovationen zwar als Erfolgsbeispiele, konnten ihre Innovationsführerschaft aber nicht lange aufrechterhalten (vgl. Chesbrough und Teece 1996).

zu erläutern. So kann zur Auflösung der bisherigen begrifflichen Tautologie ein engeres (Innovationsfähigkeit i.e.S.) und ein weiteres (Innovationsfähigkeit i.w.S.) Verständnis von Innovationsfähigkeit entwickelt werden. In Teilkapitel 3.3 werden aus den Studien Hinweise zu den organisatorischen Voraussetzungen von Innovationsfähigkeit extrahiert und ebenfalls unter Rückgriff auf ergänzende Literatur kategorisiert und diskutiert.

3.1 Vorgehen in der Literaturanalyse und Selektion relevanter Studien

Bereits in der Einleitung dieser Arbeit wurde auf aktuelle Publikationen zum Thema Innovationsfähigkeit verwiesen und auf dieser Grundlage festgestellt, dass entsprechende Definitionen bislang einerseits wissens- und lernbezogene Dimensionen thematisieren (z.B. Amara et al. 2010; Un und Montoro-Sanchez 2010) und andererseits auf tatsächlichen Ergebnissen in Form einer überdauernden Innovationsleistung (z.B. Assink 2006; Chapman und Hyland 2004) basieren. Da dies den Eindruck erweckt, dass Innovationsfähigkeit sowohl Vorbedingung als auch Ergebnis des Innovierens ist, liegt demzufolge eine Tautologie (vgl. Popper 1959) vor.

Zur Lösung dieses Problems könnte auf der Suche nach einer einheitlichen Definition einfach gänzlich auf Wissens- und Lernbegriffe verzichtet werden (vgl. Moldaschl 2006) – doch ist diese Idee nicht ideal, da organisationale Fähigkeiten im Generieren, Verarbeiten und Weiterentwickeln von Wissen (Lernen) grundlegend für innovatives Handeln und innovative Ergebnisse sind (z.B. Crossan und Apaydin 2010; Von der Oelsnitz 2009:205-223; Shepard 1967). Eine bessere Alternative ist eine *Literaturanalyse*, die mittels Aufzeigen von ähnlichen Annahmen bzw. Klären von Kontroversen in der Literatur sowie durch Integration und systematische Strukturierung bisheriger wissenschaftlicher Erkenntnisse zur Entwicklung eines theoretischen Verständnisses beitragen kann (LePine und Wilcox-King 2010:507f.). Aus diesem Grund wurden relevante, aktuelle Studien zum Thema Innovationsfähigkeit selektiert und eingehend analysiert, um mit der Innovationsfähigkeit i.e.S. eine ergebnisbezogene[61] und der Innovationsfähigkeit i.w.S. eine wissens-und lernbezogene Sichtweise von Innovationsfähigkeit zu entwickeln.

Den *ersten Schritt* einer Literaturanalyse stellt die *Auswahl geeigneter Literatur* dar. Hierfür wurde eine Recherche in der umfangreichen Literaturdatenbank ISI Web of Science (Social Science Citation Index) vorgenommen, die eine Vielzahl von Publikationen in referierten wissenschaftlichen Journalen abdeckt und als Grundlage diverser Literaturstudien im Bereich Innovationsmanagement (z.B. Cunningham und Kwakkel 2011; Crossan und Apaydin 2010; Pittaway et al. 2004) dient. Ergänzend wurde auch in Google Scholar recherchiert – einem Web Repositorium, das breitere Suchergebnisse als das ISI Web of Science erzielt und dabei noch nicht in Zeitschriften veröffentlichte Artikel mit berücksichtigt (vgl. Mingers und Lipitakis 2010). Um die Ergebnisse einzugrenzen, wurde nach Kombinationen der Wörter „innovation" bzw. „innovative" und „capability" bzw. „capabilities" als Suchbegriff im Titel der Artikel gesucht.

---

61 In dem Zusammenhang sei noch einmal darauf hingewiesen, dass nur technologische Produkt- und Prozessinnovationen (mit eventuell unterschiedlichem Neuheitsgrad) als tatsächliches Ergebnis des Innovierens betrachtet werden: Organisationale Innovationen, obwohl es sich hierbei auch um nutzenstiftende Neuheiten in Form innovativer Strukturen und Prozesse handeln kann, lassen sich nicht am Markt einführen und sind eher als Treiber technologischer Innovationen zu begreifen (siehe Teilkapitel 2.3).

Die vorläufigen Ergebnisse der Suche wurden im *zweiten Schritt* der Literaturanalyse mittels *Screening* der Abstracts nach bestimmten *Kriterien* weiter selektiert: Um zur Zielstellung der Arbeit zu passen, mussten die Studien erstens dem Bereich Management oder Business[62] (und z.B. nicht Engineering oder Operations Research) entstammen, zweitens Innovationsfähigkeit als zentrales Thema beinhalten und drittens als Untersuchungseinheit (vgl. Teilkapitel 2.3) die Meso-Ebene, d.h. Unternehmen und nicht Individuen (Mikro-Ebene) oder ganze Staaten (Makro-Ebene), heranziehen. Nach dieser tieferen Selektion blieben 22 Studien übrig, die die genannten Kriterien erfüllten und in Tabelle 3 in chronologischer Reihenfolge – beginnend mit dem jüngsten Papier – dargestellt werden. Davon sind 5 Studien theoretischer und 17 Studien empirischer Natur (13x quantitativ, 1x qualitativ, 3x quantitativ-qualitativ). Beide Arten von Studien sind für die Analyse relevant, da die theoretischen Studien den bisherigen wissenschaftlichen Erkenntnisstand zur Innovationsfähigkeit zusammenfassen, während die empirischen Studien versuchen zu erklären, worin sich Innovationsfähigkeit in der Praxis äußert.

Die meisten, nämlich 13 Studien (Boerjesson und Elmquist 2011; Cakar und Ertürk 2010; Bell 2009; Assink 2006; Carlisle und McMillan 2006; Yang et al. 2006; Persaud 2005; Cavusgil et al. 2003; Calantone et al. 2002; Hagedoorn und Duysters 2002; Romijn und Albaladejo 2002; Lawson und Samson 2001; Hii und Neely 2000), thematisieren Innovationsfähigkeit im Singular. Drei Studien differenzieren zwischen inkrementeller und radikaler Innovationsfähigkeit (Lisboa et al. 2011; Menguc und Auh 2010; Subramaniam und Youndt 2005); sechs Studien (Amara et al. 2010; Un und Montoro-Sanchez 2010; Chapman und Hyland 2004; Yam et al. 2004; Peeters und Pottelsberghe de la Potterie 2003; Sen und Egelhoff 2000) beinhalten Definitionen im Plural, was einem höheren Differenzierungsgrad[63] geschuldet ist. Da sich daraus aber keine inhaltlichen Unterschiede ergeben, wird in dieser Arbeit von Innovationsfähigkeit im Singular gesprochen, die sich allerdings in eine engere und eine weitere Sichtweise unterscheiden lässt. Von der Gesamtauswahl an Studien wählen drei nicht unmittelbar den Fähigkeitsbegriff, sondern beziehen sich auf „innovation ability" (Carlisle und McMillan 2006), „innovation competencies" (Peeters und Pottelsberghe de la Potterie 2003) oder „innovative capacity" (Hii und Neely 2000). Wie die jeweiligen Definitionen zeigen, handelt es sich um rein begriffliche Unterschiede – ebenso wie sie bereits bei der unterschiedlichen Bezeichnung identischer Innovationsarten vorkamen (vgl. Teilkapitel 2.3) – aber nicht um inhaltliche Differenzierungen, da in allen drei Fällen die Fähigkeit zu innovieren thematisiert wird. Deswegen werden diese Studien mit in die Literaturanalyse einbezogen[64].

---

[62] Dieses Kriterium kann zwar durch Eingrenzung des Themengebiets der Datenbanksuche berücksichtigt werden, bedarf aber der Nachkontrolle durch die Wissenschaftlerin.

[63] Sie ordnen z.B. den Umgang mit Wissen einzelnen Teilfähigkeiten zu (z.B. Un und Montoro-Sanchez 2010), die in anderen Definitionen als Ganzes aufgeführt werden (z.B. Cakar und Ertürk 2010).

[64] Vier Studien (Lisboa et al. 2011; Cakar und Ertürk 2010; Romijn und Albaladejo 2002; Hii und Neely 2000) beziehen sich auf kleine oder mittelgroße Unternehmen. Trotz des Fokusses dieser Arbeit auf große Unternehmen liefern sie doch wertvolle Hinweise zur Konzeption der beiden Sichtweisen von Innovationsfähigkeit und widersprechen nicht den Erkenntnissen zu großen Unternehmen (vgl. Tabelle 3). Somit werden die genannten Studien mit in die Literaturanalyse aufgenommen.

			Erkenntnisse zur Innovationsfähigkeit (IF)			
Publikation	**Art**	**Inhalt***	**Definition der IF**	**Wissens- und lernbezogene Vorbedingungen der IF**	**Ergebnisse der IF**	**Organisatorische Charakteristika****
Boerjesson und Elmquist 2011	Empirisch qualitativ	Einzelfallstudie eines strategischen Veränderungsprojektes zur Entwicklung von IF bei einem Automobilhersteller.	"Companies that show a greater aptitude for successfully exploiting new ideas can be said to have innovation capability. (…) The notion of capability is not a performance parameter, but rather is a characteristic of the firm's preparedness and its development of the 'muscles for innovation'." (173f.)	Entwicklung einer Innovationskultur (gemeinsame Sprache und Ziele); Betonen von Innovation in der Strategie und Unterstützung durch das Top-Management; Berücksichtigung kurz- und langfristiger Effekte von Innovationen.	Radikale (und nicht nur inkrementelle) Innovation; kontinuierliche Entwicklung von Neuprodukten.	IF wird gefördert durch interne Kommunikation und Einbezug des gesamten Unternehmens in Innovationsprojekte; Kollaboration mit externen Partnern.
Lisboa et al. 2011	Empirisch quantitativ	Survey mit 262 Managern von kleinen und mittleren Unternehmen in Portugal zur Untersuchung der Arten von IF und ihrer Performance Wirkung.	"Firms sustain competitive advantage and performance through knowledge (…) and innovative capabilities (…). Exploitative capabilities involve the refining of existing paradigms (…). Explorative capabilities involve searching and applying new options (…)." (1158)	Exploration (gefördert von Kundenorientierung) als auch Exploitation (gefördert von Kundenorientierung und Marktorientierung) zur Produkt- und Marktentwicklung.	Innovationsprojekte für verbesserte sowie neue Produkte bzw. Marktbeziehungen über einen Zeitraum von drei Jahren; Sichern der heutigen und zukünftigen Performance; kontinuierliche Erneuerung des Unternehmens.	k.A.
Amara et al. 2010	Empirisch quantitativ HT	Survey mit 2625 wissensintensiven Dienstleistungsunternehmen in Kanada zur Evaluation möglicher Kombinationen von IF.	"(…) innovation capabilities refer to the capacities of firms to combine and integrate knowledge and resources into a problem-solving mode leading to the development or improvement of their products and production processes." (164)	Komplementaritäten zwischen interner und externer FuE, externer FuE und Wissensakquisition, Wissensakquisition und Training; gefördert durch Wissensmanagement, universitäre Ausbildung der Mitarbeiter und Schutzrechte; behindert durch Risikoaversion. Substitution von interner FuE und Training.	Verbesserte sowie neue Produkte, Dienstleistungen und Prozesse.	Positiver Einfluss interner und externer Netzwerke; negativer Einfluss von organisationaler Rigidität.
Cakar und Ertürk 2010	Empirisch quantitativ	Survey von 93 kleinen und mittleren Unternehmen in der Türkei bezüglich der Wirkung von Empowerment und der Unternehmenskultur auf die IF.	"(…) the organization's innovation capability is its ability to mobilize the knowledge, possessed by its employees, and combine it to create new knowledge, resulting in product and/or process innovation." (358)	Behinderung der IF durch die Kulturdimensionen Unsicherheitsvermeidung und Machtdistanz (mittlere Unternehmen).	Überragende Produkt- und Prozessinnovationen im Vergleich zu den Wettbewerbern über den Zeitraum von drei Jahren; hohe FuE-Investitionen***.	Empowerment fördert die IF und mediiert die negative Wirkung der Kulturdimensionen Machtdistanz, Kollektivismus und Unsicherheitsvermeidung auf die IF.

Tabelle 3: Aktuelle Studien zur Innovationsfähigkeit (Quelle: eigene Darstellung).

			Erkenntnisse zur Innovationsfähigkeit (IF)			
Publikation	**Art**	**Inhalt***	**Definition der IF**	**Wissens- und lernbezogene Vorbedingungen der IF**	**Ergebnisse der IF**	**Organisatorische Charakteristika****
Menguc und Auh 2010	Empirisch quantitativ HT	Survey mit High-Tech Unternehmen (216 strategische Geschäftseinheiten) zur Wirkung formaler und informaler Strukturen auf Bildung und Nutzen radikaler bzw. inkrementeller IF.	"We define RPIC *[HG: radical product innovation capability]* as the ability to engage in competence-destroying product innovations that alter the rules of competition and force existing competencies into obsolescence (…). In contrast, IPIC *[HG: incremental product innovation capability]* refers to the ability to extend and exploit existing knowledge, skills, and assets to engage in mean-seeking competency building." (820)	Exploration, Risikofreude und Kreativität zur Entwicklung neuer Technologien bzw. radikaler Innovation (RPIC); Exploitation als die Verfeinerung der bestehenden Technologien bzw. für inkrementelle Innovation (IPIC).	Radikale und inkrementelle Produkt- und Dienstleistungsinnovationen über einen Zeitraum von drei Jahren.	Formale Strukturen (mechanistisch, formale Regeln) fördern IPIC/haben keine Wirkung auf RPIC. Informale Strukturen (organisch, informale Regeln und Beziehungen) fördern RPIC/beeinträchtigen IPIC. Zur Bildung von RPIC reichen informale Strukturen nicht aus.
Un und Montoro-Sanchez 2010	Theoretisch	Diskussion, wie auf Projektteam- und Gesamtunternehmens-ebene Mobilisierung und Generierung von Wissen gefördert werden können.	"[C]apabilities (…) for innovation (…) are specified as a firm's ability to mobilize knowledge, and combine and convert individual knowledge embedded in different disciplines for creation of new knowledge that results in innovation in products and/or processes (…)." (415)	Wissensmobilisierung (Identifikation/Kombination von individuellem tazitem Wissen) und Wissensgenerierung (Transformation von individuellem Wissen in organisationales Wissen). Überlappendes Wissen im Projektteam/zwischen Funktionen; gemeinsame Vision.	Produkt- und Prozessinnovation.	Parallele Projektorganisation fördert die IF durch Kommunikation und Kooperation in Projektteams und zwischen Funktionen; individuelle und teambasierte Anreize (leistungs-/verhaltensbezogen).
Bell 2009	Theoretisch	Report über Entwicklung der IF von Unternehmen in Entwicklungsländern.	"Innovation capability: the capability to create new configurations of product and process technology and to implement changes and improvements to technologies already in use." (11)	IF als spezialisierte Fähigkeiten in FuE, Design und Engineering.	Inkrementelle und radikale Produkt- und Prozessinnovationen; Bedeutung kontinuierlicher inkrementeller Innovation betont.	Aufbau lokaler, dezentralisierter FuE-Teilbereiche in Unternehmen, deren Vernetzung miteinander und mit zentralisierten FuE-Institutionen.
Assink 2006	Theoretisch	Literaturstudie über Faktoren, die zum Scheitern von Unternehmen bei der Entwicklung radikaler („disruptiver") Innovationen führen.	„We (…) define disruptive innovation capability as: The internal driving energy to generate and explore radical new ideas and concepts, to experiment with solutions for potential opportunity patterns detected in the market's white space and to develop them into marketable and effective innovations, leveraging internal and external resources and competencies." (219)	Behindern der IF durch Überbetonen von Stabilität und bestehendem Wissen (Festhalten am Status Quo/ kurzfristigen finanziellen Zielen; Pfadabhängigkeit; kein Verlernen) und Unterbetonen von Flexibilität und neuem Wissen (kein Aufbau neuer Kompetenzen, Lernen oder Marktgespür; Festhalten obsoleter Mental Models; Risikoaversion).	Fokus auf radikale Innovation (besonders schwierig) bezogen auf Produkte; Bedeutung von zusätzlicher inkrementeller Innovation aber betont.	Behindern der IF durch fehlende duale Strukturen; exzessive Bürokratie ohne Stimulation der Motivation beeinträchtigt Kreativität; Mangel an Kooperation zwischen relevanten Teileinheiten und mit trendbewussten Partnern sowie ungeeigneter Innovationsprozess sind negativ für IF.

Tabelle 3 (Fortsetzung): Aktuelle Studien zur Innovationsfähigkeit (Quelle: eigene Darstellung).

			Erkenntnisse zur Innovationsfähigkeit (IF)			
Publikation	**Art**	**Inhalt***	**Definition der IF**	**Wissens- und lernbezogene Vorbedingungen der IF**	**Ergebnisse der IF**	**Organisatorische Charakteristika****
Carlisle und McMillan 2006	Theoretisch	Konzeption einer systemtheoretischen Begründung simultaner inkrementeller und radikaler Innovation sowie dafür geeignete Organisationsformen.	"Innovation ability is a key property of complex adaptive systems operating on 'the edge of chaos'. This assists them survive over both long and short term futures. (…) Sustaining short-term performance can mean increasing the pace of incremental change, securing long term survival may mean simultaneous radical innovation." (2-5)	Exploitation (Ausschöpfen des bestehenden Wissens) und Exploration (Generieren von neuem Wissen).	Kontinuierliche Anpassung durch inkrementelle Innovation als auch radikale Innovation zur Sicherung der kurz- und langfristigen Existenz des Unternehmens.	Flexible, fluide Organisation (weder volatil noch rigide), intern und extern vernetzt. Steuerung durch Selbstorganisation, keine exzessive Bürokratie. Strukturelle Trennung von Exploration und Exploitation.
Yang et al. 2006	Empirisch quantitativ HT	Survey mit 190 Managern von High-Tech Unternehmen in China zum Zusammenhang von Wissensmanagement, IF und langfristigem Wachstum.	"(…) innovation capability refers to the potential ability of an organisation to position itself in an arena of modernism, such as new product development, technology, and other advancements that result in competitive advantages over its rivals." (306)	„Wissensakquisition" von externen Quellen und „Wissensinnovation" i.S. revolutionärer neuer Ideen tragen zur Betonung von Kreativität, Schaffen neuer Lösungen für Kunden und organisationaler Intelligenz bei.	Kontinuierliche Produkt-, Dienstleistungs- und Prozessinnovationen führen zu langfristigem Wachstum des Unternehmens.	k.A.
Persaud 2005	Empirisch Quantitativ und Qualitativ	Telefoninterviews (Experten); Survey mit 79 FuE-Teilbereichen zur Untersuchung, wie trotz deren Dezentralisation in globalen Unternehmen synergetische IF entwickelt und genutzt werden kann.	"(…) synergistic innovative capability is conceptualized as the ability of the MNC *[HG: multi-national corporation]* to accumulate and deploy new knowledge or to recombine existing knowledge to create new products, processes, and technologies more effectively or efficiently through collaboration among its global R&D units." (414)	Synergien im Innovationsprozess hinsichtlich FuE-Strategie (gemeinsame Projekte der FuE-Teilbereiche), Management und Operations (Effizienz durch Nutzen kollektiver FuE-Ressourcen, Zeit-/Kostenvorteile) und Wissensmanagement; gefördert durch persönliche/elektronische Kommunikation zwischen FuE-Teilbereichen und Sozialisation.	IF als kollektives Ergebnis in Form von Produkt- und Prozessinnovationen.	Autonomie der FuE-Teilbereiche fördert Synergien, sofern kollektiver Nutzen von Kollaboration erkannt wird; gemischte Ergebnisse für Formalisierung (fördert Management/Operations-Synergien, behindert Nutzen von Zeit- und Kostenvorteilen bei wenig strukturierbaren FuE-Aufgaben).
Subramaniam und Youndt 2005	Empirisch Quantitativ	Survey mit 93 Unternehmen zur Untersuchung des Einflusses der Arten des intellektuellen Kapitals auf die IF.	"(…) incremental innovative capability is defined as the capability to generate innovations that refine and reinforce existing products and services. (…) radical innovative capability is the capability to generate innovations that significantly transform existing products and services." (425)	Arten des intellektuellen Kapitals beeinflussen Innovation unterschiedlich: Humankapital allein behindert radikale Innovation, organisationales Kapital fördert v.a. inkrementelle Innovation, soziales Kapital fördert inkrementelle und radikale Innovation.	Inkrementelle als auch radikale Innovationen (neue Produkte/Dienstleistungen).	Organisationales Kapitel erfordert Strukturen und Prozesse zur Institutionalisierung von Wissen, soziales Kapital interne und externe Netzwerke.

Tabelle 3 (Fortsetzung): Aktuelle Studien zur Innovationsfähigkeit (Quelle: eigene Darstellung).

			Erkenntnisse zur Innovationsfähigkeit (IF)			
Publikation	**Art**	**Inhalt***	**Definition der IF**	**Wissens- und lernbezogene Vorbedingungen der IF**	**Ergebnisse der IF**	**Organisatorische Charakteristika****
Chapman und Hyland 2004	Empirisch Quantitativ HT	Survey mit 70 Unternehmen zur Untersuchung ihrer IF Praktiken.	"Successful product innovation and the ability of companies to continuously improve their innovation processes are rapidly becoming essential requirements for competitive advantage and long-term growth. These Continuous Product Innovation (CPI) capabilities are closely associated with a company's knowledge management systems and processes." (553)	Ausgeprägtes Lernverhalten (v.a. in High-Tech Unternehmen) durch Formulierung strategischer Ziele, semi-strukturierte Innovationsprozesse, frei verfügbare Ressourcen (Slack), Wissenstransfer zwischen Individuen und Projekten, Erfahrungslernen, Kodifizierung, Wissensassimilation von Externen.	Kontinuierliches Generieren von Produktinnovationen.	High-Tech Firmen: Verbessern des Lernens durch Fokus auf Planungs- und Kontrollmechanismen (Projektplanung, Standard-Design-Tools, computerbasierte Technologien); neigen zur Vernachlässigung wichtiger Human Resource (HR) Praktiken wie Job Rotation, Anreizsystemen und Empowerment.
Yam et al. 2004	Empirisch Quantitativ	Survey mit 213 Unternehmen in China zur Untersuchung der Korrelation zwischen IF und Unternehmensleistung.	"TICs *[HG: technical innovation capabilities]* are a kind of special assets or resources that include technology, product, process, knowledge, experience and organization." (1124)	Technologische Innovation wird v.a. durch Fähigkeiten in der FuE sowie der Ressourcenallokation gefördert.	Kontinuierliches Innovieren: Hohe Anzahl von Produktinnovationen über einen Zeitraum von drei Jahren.	FuE-Fähigkeiten erfordern Anreizsysteme, klares Projektmanagement und Designmethoden, cross-funktionale Teams, effiziente Kommunikation innerhalb der FuE als auch zwischen verschiedenen Funktionen.
Cavusgil et al. 2003	Empirisch Quantitativ	Survey mit 182 Industrie- und Dienstleistungsunternehmen in den USA hinsichtlich des Transfers von tazitem Wissen zwischen Firmen und Wirkung auf IF/die Innovationsleistung.	„(…) a firm with a high innovation capability employs a learning by doing effect which makes it very difficult for suppliers to buy this knowledge in the market (…). The difficulties of imitating this know-how are further exuberated by the large tacit component of R&D." (10)	Transfer von tazitem Wissen zwischen Partnerunternehmen fördert die IF, da es für Wettbewerber weniger leicht zugänglich ist als explizites Wissen.	Häufige Innovationen und Eintritt in verschiedene neue Märkte verbessern die Innovationsleistung (Erreichen finanzieller Ziele von Innovationsprojekten).	Enge Beziehungen (häufige Interaktion, Vertrauen etc.) zwischen Firmen fördern den Transfer von tazitem Wissen.
Peeters und Pottelsberghe de la Potterie 2003	Empirisch Quantitativ	Survey von 148 großen Unternehmen in Belgien zur Messung von deren IF und Innovationsleistung.	"The differences observed among firms in terms of innovation performances might be due to different competencies. (…) These competencies are the development of a culture of innovation, the generation of innovative ideas, the implementation of ideas, and the management of intellectual property." (5)	IF im Sinne der Entwicklung einer Innovationskultur, Ideengenerierung und Ideenimplementierung, Management von geistigem Eigentum; Kosten und Risiken sind nach wie vor eine der größten Barrieren von Innovationen.	Hohe Innovationsleistung im Sinne von inkrementell oder radikal neuen Produkten, Dienstleistungen oder Prozessen; hohe FuE-Investitionen*** und Patentanmeldungen.	Ideengenerierung durch interne Vernetzung und Kooperation mit Externen; Ideenimplementierung durch Projektorganisation und cross-funktionale Kollaboration. In großen Unternehmen wird IF durch organisationale Rigidität und Vernachlässigung des Anreizsystems behindert.

Tabelle 3 (Fortsetzung): Aktuelle Studien zur Innovationsfähigkeit (Quelle: eigene Darstellung).

			Erkenntnisse zur Innovationsfähigkeit (IF)			
Publikation	**Art**	**Inhalt***	**Definition der IF**	**Wissens- und lernbezogene Vorbedingungen der IF**	**Ergebnisse der IF**	**Organisatorische Charakteristika****
Calantone et al. 2002	Empirisch Quantitativ und Qualitativ	Interviews (25) und Survey (400) mit Firmen zum Zusammenspiel von Lernorientierung, IF und Unternehmensleistung.	"(…) organizational learning is associated with the development of new knowledge, which is crucial for firm innovation capability and firm performance (…). An organization committed to learning is likely to possess state-of-the-art technology (…) which leads to greater innovation capability in both products and processes." (516)	Lernorientierung, d.h. Verpflichtung zum Lernen, gemeinsame Vision, Offenheit für kritische Evaluation der bestehenden Wissensbasis und intraorganisationaler Wissensaustausch, fördert die IF.	Neue Produkte, Dienstleistungen und Prozesse; steigende Anzahl an Neuprodukteinführungen am Markt in einem Zeitraum von fünf Jahren. Dadurch wird die Unternehmensleistung verbessert.	Kontinuierliche Erneuerung des Unternehmens.
Hagedoorn und Duysters 2002	Empirisch Quantitativ HT	Datenbankanalyse über Allianz- und M&A-Aktivität von 135 Unternehmen als externe Quelle von IF.	"Innovative capability concerns the specific expertise and competence related to the development and introduction of new processes and products." (168)	Ergänzung des unternehmenseigenen Wissens durch Aneignung des Wissens von Externen.	Neue Produkte und Prozesse.	Strategische Allianzen bevorzugt in High-Tech Unternehmen (Wissen wird schneller obsolet) und für Aktivitäten außerhalb des Kerngeschäfts (Wissensabfluss vermeiden).
Romijn und Albaladejo 2002	Empirisch Quantitativ HT	Survey mit 33 kleinen Elektronik-/Software-Herstellern in UK zur Untersuchung interner & externer Einflussfaktoren auf die Bildung von IF.	„Innovation capability is defined as the skills and knowledge needed to effectively absorb, master, and improve existing technologies, and to create new ones." (1054)	FuE-Erfahrung der Manager, universitäre Ausbildung der Mitarbeiter, technologische Aufwendungen (z.B. FuE-Investitionen) und Wissensaustausch mit FuE-Instituten und Lieferanten fördern die IF.	Hohe Anzahl an Produktinnovationen mit unterschiedlichen Neuheitsgrad (innerhalb von drei Jahren); Vielzahl an Patenten.	Zusammenarbeit mit bestimmten externen Partnern kann die IF fördern, dabei ist die räumliche Nähe relevanter als die Häufigkeit der Interaktion.
Lawson und Samson 2001	Theoretisch	Literaturstudie (ergänzt mit einem Fallbeispiel zu Cisco) zur Untersuchung der „Elemente" von IF.	„An innovation capability is (…) defined as the ability to continuously transform knowledge and ideas into new products, processes and systems for the benefit of the firm and its stakeholders. Innovation capability is not just an ability to be successful at running a business newstream, or to manage mainstream capabilities. Innovation capability is about synthesising these two operating paradigms." (384)	Vereinbaren von „Mainstream" (effiziente Wertschöpfungsprozesse) und „Newstream" (Neuheiten durch Kreativität); gefördert durch Verankerung von Innovation in Vision und Strategie, Nutzen der Kompetenzbasis, organisationale Intelligenz (Lernen von Kunden und Wettbewerbern), Kreativitäts-, Ideen- und Technologiemanagement, Kultur.	Kontinuierlicher Strom neuer Produkte, Dienstleistungen und Prozesse (inkrementelle und radikale Innovation).	IF gefördert durch organische Struktur, Anreizsysteme und herausfordernde Ziele, Empowerment und Kommunikation zwischen allen funktionalen, hierarchischen und kulturellen Ebenen des Unternehmens.

Tabelle 3 (Fortsetzung): Aktuelle Studien zur Innovationsfähigkeit (Quelle: eigene Darstellung).

			Erkenntnisse zur Innovationsfähigkeit (IF)			
Publikation	**Art**	**Inhalt***	**Definition der IF**	**Wissens- und lernbezogene Vorbedingungen der IF**	**Ergebnisse der IF**	**Organisatorische Charakteristika****
Hii und Neely 2000	Empirisch Quantitativ	Survey mit kleinen und mittleren Unternehmen in England zur Untersuchung der Gründe überragender IF.	"We define the innovative capacity of a firm as its internal potential to generate new ideas, identify new market opportunities and implement marketable innovations by leveraging on existing resources and capabilities." (7)	Die allgemeine Verfügbarkeit von Ressourcen und spezifischen Kompetenzen sowie eine innovationsunterstützende Kultur fördern die Innovationsleistung.	Kontinuierlich hohe Innovationsleistung als Anzahl an Produkt-, Prozess- und organisationalen Innovationen über einen Zeitraum von drei Jahren.	Netzwerke mit Externen fördern die Innovationsleistung.
Sen und Egelhoff 2000	Empirisch Quantitativ und Qualitativ[HT]	Interviews; Survey mit 27 Unternehmen der Halbleiterindustrie in den USA, Europa und Japan zur Untersuchung der Arten von IF in Zusammenhang mit dem Eingehen von technologischen Allianzen.	" (…) although firms need radical and/or incremental product and process innovation capabilities to compete successfully, they are likely to have core capabilities which are either product focused or process focused." (174)	Fähigkeiten zur Generierung verschiedener Innovationsarten. Ergänzung versus Erweiterung der eigenen, bereits bestehenden Fähigkeiten durch technologische Allianzen (d.h. Partner mit identischen vs. mit intern fehlenden Fähigkeiten).	Radikale und inkrementelle Produktinnovationen und Prozessinnovationen. Unabhängig vom Neuheitsgrad sind Produkt- und Prozessinnovationen nur schwer vereinbar.	Eingehen von technologischen Allianzen; eher zur Ergänzung der bestehenden unternehmenseigenen Fähigkeiten als zu deren Erweiterung.

Legende:
[HT] = Expliziter Bezug zu High-Tech Industrien.
* Spezifika zu Untersuchungsobjekten werden nur bei entsprechenden Angaben genannt, ansonsten bezieht sich die Studie auf verschiedene Branchen, Größenklassen und/oder Länder.
** Es werden nur Hinweise zum Organisationsdesign aufgeführt, d.h. z.B. keine Makro-Level Faktoren wie Unterstützung durch externe Institutionen oder Vorliegen externer Standards (z.B. Amara et al. 2010; Romijn und Albaladejo 2002). K.A. = keine Angaben vorhanden.
*** FuE-Investitionen sind kein Ergebnis im eigentlichen Sinn, sondern als Input-Größe des Innovationsprozesses eher den Voraussetzungen des Innovierens zuzuordnen.

Tabelle 3 (Fortsetzung): Aktuelle Studien zur Innovationsfähigkeit (Quelle: eigene Darstellung).

Der *dritte Schritt* der Literaturanalyse umfasst die *eingehende Untersuchung und Diskussion* der ausgewählten Studien, die in Teilkapitel 3.2 (Innovationsfähigkeitsbegriff) und Teilkapitel 3.3 (organisatorische Voraussetzungen der Innovationsfähigkeit) vorgenommen wird. Mit Blick in Tabelle 3 ist zum jetzigen Zeitpunkt schon zu erkennen, dass alle Studien sowohl Hinweise zur Innovationsfähigkeit im Sinne wissens- und lernbezogener Dimensionen als auch im Sinne realisierbarer Ergebnisse liefern; Hinweise zum geeigneten organisatorischen Rahmen sind hingegen seltener.
Die eingehende Literaturanalyse beginnt im kommenden Teilkapitel mit der Entwicklung einer engeren und einer weiteren Sichtweise von Innovationsfähigkeit. Aufgrund der häufigen Verwendung des Begriffs wird „Innovationsfähigkeit" im Folgenden auch in abgekürzter Form („IF") verwendet.

3.2 Konzeptionalisierung und Präzisierung des Begriffes Innovationsfähigkeit

3.2.1 Innovationsfähigkeit i.e.S.

In diesem Teilkapitel sollen zunächst die in den Studien enthaltenen ergebnisbezogenen Hinweise zur Innovationsfähigkeit (vgl. Spalte 6 in Tabelle 3) erläutert und zur Entwicklung einer Arbeitsdefinition der *Innovationsfähigkeit im engeren bzw. ergebnisbezogenen Sinne (i.e.S.)* herangezogen werden. Die von der Autorin gewählte Bezeichnung „ergebnisbezogen" meint, dass tatsächlich beobachtbare Resultate des Innovierens angesprochen werden. Da diese leicht greifbar sind und sich in der Regel auch operationalisieren lassen, sollen sie im Folgenden als Innovationsfähigkeit i.e.S. verstanden werden. In der Literaturanalyse ließ sich recht eindeutig ermitteln, dass sich diese sowohl auf die Dauer des Innovierens als auch auf den Neuheitsgrad und das Objekt der generierten Innovationen (vgl. Teilkapitel 2.3) bezieht. Diese drei Kriterien, die überblickartig in Tabelle 4 dargestellt sind, werden nun kurz charakterisiert.

Dauer des Innovierens: Kontinuierlich

Elf der 22 untersuchten Studien verwenden explizit den Begriff der *Kontinuität* um zu betonen, dass Innovationsfähigkeit kein einmaliges, sondern ein wiederholtes oder sogar ständiges Erzeugen von Innovationen beschreibt (z.B. Yam et al. 2004; Hii und Neely 2000). Andere Autoren legen bei der Einschätzung der Innovationsfähigkeit von Unternehmen in ihren meist empirischen Studien einen Betrachtungszeitraum von 3 Jahren (Lisboa et al. 2011; Menguc und Auh 2010; Cakar und Ertürk 2010; Yam et al. 2004; Romijn und Albaladejo 2002; Hii und Neely 2000) bis 5 Jahren (Calantone et al. 2002) zugrunde und beziehen sich zumindest implizit auf kontinuierliches Innovieren. Dazu gehören nicht nur ein Strom von neuen Produkten (Lawson und Samson 2001), sondern auch fortwährende Verbesserungen von bestehenden Produkten (Bell 2009; Sen und Egelhoff 2000) und der hierfür notwendigen Prozesse der Wertschöpfungskette (Chapman und Hyland 2004). Vor allem in dynamischen High-Tech Branchen wird eine solche kontinuierliche Innovationsleistung zum Generieren nachhaltiger Wettbewerbsvorteile als unverzichtbar erachtet (Yang et al. 2006; Lawson und Samson 2001). In volatilen Märkten können sie mangels Gelegenheit, sich dauerhaft eine überlegene Position gegenüber der Konkurrenz zu verschaffen, auch als Summe temporärer Wettbewerbsvorteile durch Innovationen in Serie erreicht werden (vgl. Howaldt et al. 2011:31; Armstrong und Shimizu 2007:961). Dafür müssen Organisationen kontinuierlich lernen bzw. ihre zum Erzeugen von Innovationen benötigten Ressourcen (insbesondere ihre Wissensbasis) stetig rekonfigurieren und weiterentwickeln (vgl. Boerjesson und Elmquist 2011; Lisboa et al. 2011; Assink 2006). Folglich muss der Begriff der Kontinuität nicht nur auf die Ergebnisse des Innovierens, sondern auch auf die hierfür notwendigen wissens- und lernbezogenen Vorbedingungen (siehe Innovationsfähigkeit i.w.S. in Teilkapitel 3.2.2) bezogen werden.

	Dauer des Innovierens	**Neuheitsgrad der Innovation**		**Objekt der Innovation**		
Vertreter	**Kontinuierlich**	**radikal**	**inkrementell**	**Produkt**	**Prozess**	**Etc.**
Boerjesson und Elmquist 2011	X	X	X	X		
Lisboa et al. 2011	X	(X)	(X)	X		X
Amara et al. 2010		(X)	(X)	X^{DL}	X	
Cakar und Ertürk 2010	(X)			X	X	
Menguc und Auh 2010	(X)	X	X	X^{DL}		
Un und Montoro-Sanchez 2010				X	X	
Bell 2009	X	X	X	X	X	
Assink 2006	X	X	X	X		
Carlisle und McMillan 2006	X	X	X			
Yang et al. 2006	X			X^{DL}	X	
Persaud 2005		(X)	(X)	X	X	
Subramaniam und Youndt 2005		X	X	X^{DL}		
Chapman und Hyland 2004	X			X		
Yam et al. 2004	X			X		
Cavusgil et al. 2003			(X)			
Peeters und Pottelsberghe de la Potterie 2003		X	X	X^{DL}	X	
Calantone et al. 2002	(X)			X^{DL}	X	
Hagedoorn und Duysters 2002				X	X	
Romijn und Albaladejo 2002	(X)	(X)	(X)	X		
Lawson und Samson 2001	X	X	X	X	X	
Hii und Neely 2000	X			X	X	X
Sen und Egelhoff 2000	X	X	X	X	X	

Legende: X = explizite Hinweise, (X) = implizite Hinweise. Bei leeren Feldern fehlen spezifische Angaben zu den generierten Innovationen. ^{DL} = Produkte inklusive Dienstleistungen. Etc. = Alternative Objekte der Innovation.

Tabelle 4: Ergebnisbezogene Kriterien der Innovationsfähigkeit (Quelle: eigene Darstellung).

Neuheitsgrad der generierten Innovationen: Radikal und inkrementell

Von den 22 untersuchten Studien zur Innovationsfähigkeit beziehen sich 13 auf den Neuheitsgrad der zu generierenden Innovationen. Die meisten Autoren betonen explizit, dass Unternehmen in der Lage sein müssen, radikale und inkrementelle Innovationen – d.h. Innovationen mit hohem als auch geringem Neuheitsgrad – zu erzeugen. Auf fünf Studien (Lisboa et al. 2011; Amara et al. 2010; Persaud 2005; Romijn und Albaladejo 2002) lässt sich die Aussage aufgrund ähnlich gewählter Begrifflichkeiten („neu“ versus „verbessert“ bzw. geforderte unterschiedliche Neuheitsgrade) entsprechend übertragen. Cavusgil et al. (2003) sprechen nur radikale Innovationen im Sinne des Eintritts in gänzlich neue Märkte an. Diese Innovationen sind aufgrund des notwendigen Brechens mit dem Status Quo besonders schwer zu erreichen und sehr teuer. Hinzu kommt, dass risikoaverse Manager eher inkrementelle Innovation bevorzugen (vgl. Assink 2006; Lawson und Samson 2001) – vor allem wenn, wie in der pharmazeutischen Industrie, Rückflüsse für einmal getätigte FuE-Investitionen besonders ungewiss sind (Ganuza et al. 2009). Um von Innovationsfähigkeit i.e.S. sprechen zu können, sind dennoch sowohl inkrementelle als auch radikale Neuheiten notwendig: Einerseits müssen die bestehenden Marktgelegenheiten durch marginale Verbesserungen bestmöglich ausgeschöpft werden und andererseits gilt es, komplett neue Marktchancen mittels bisher nie dagewesenen, disruptiven Problemlösungen zu erschließen, um sowohl kurzfristig als auch langfristig das Überleben des Unternehmens zu sichern (Lisboa et al. 2011; Carlisle und McMillan 2006). Ob Unternehmen in der Lage sind, Innovationen mit unterschiedlichem Neuheitsgrad zu generieren, hängt entscheidend von den damit einhergehenden wissens- und lernbezogenen Vorbedingungen, vor allem vom Vereinbaren der Lernstrategien Exploration und Exploitation (siehe Teilkapitel 3.2.2) sowie Erfüllen der organisatorischen Voraussetzungen (siehe Teilkapitel 3.3) ab.

Objekt der generierten Innovationen: Produktinnovationen und Prozessinnovationen

Von den 22 untersuchten Studien zur Innovationsfähigkeit wird in 12 davon darauf hingewiesen, dass (technologische[65]) Produkt- als auch Prozessinnovationen als Ergebnisse resultieren müssen. In 8 Studien ist hingegen nur von Produktinnovationen die Rede. Die Fokussierung auf diese Innovationsart könnte zum einen an ihrer vergleichsweise einfachen Messbarkeit liegen, für die beispielsweise der Umsatz mit Neuprodukten (Yam et al. 2004), die Anzahl an Patenten oder kommerzialisierten Neuprodukten sowie qualitative Einschätzungen zu deren Signifikanz (Romijn und Albaladejo 2002) herangezogen werden. Zum anderen könnte die bevorzugte Betrachtung von Produktinnovationen daran liegen, dass Prozessinnovationen unmittelbar mit ihnen verbunden bzw. nur schwer von ihnen zu trennen sind (vgl. Teilkapitel 2.3) und deswegen nicht separat analysiert werden. So erkennen Boerjesson und Elmquist (2011:171), Assink (2006:226) und Yam et al. (2004:1125f.) die Bedeutung von innovativen FuE- sowie Produktionsprozessen als Grundlage für das Erzeugen neuer Produkte zwar an, konzentrieren sich in ihren Studien dann aber doch nur auf Produktinnovationen. Doch auch wenn Produkt- und Prozessinnovationen einander komplementieren, so werden dennoch Kompetenzen für beide Innovationsarten benötigt. In dem Zusammenhang muss auf die Studie von Sen und Egelhoff (2000) zu Unternehmen der Semikonduktoren-Industrie, die wie die Pharma-Industrie zum High-Tech Sektor zählt, verwiesen werden: Die Autoren stellten fest, dass das simultane Handhaben notwendiger Produkt- und Prozessinnovationen problematisch sein kann, was an den jeweils benötigten, unterschiedlichen

[65] Technologische Innovationen sind von organisationalen Innovationen abzugrenzen, was vor allem beim Begriff der Prozessinnovation – die entweder zur ersten oder zu zweiten Kategorie gehören kann – entscheidend ist (siehe Teilkapitel 2.3). Hier sind nur technologische Prozessinnovationen gemeint.

Kernkompetenzen liegt. Demzufolge hatten die betrachteten Unternehmen zwar gelernt, unternehmensintern sowohl radikal als auch inkrementell zu innovieren, aber jeweils nur bezogen auf neue Produkte oder neue Prozesse. Zum Schließen dieser Kompetenzlücke empfehlen Sen und Egelhoff (2000:179-183), die jeweils fehlende Innovationsart von Externen generieren zu lassen und über die Betätigung in technologischen Allianzen in das Unternehmen zu holen. Diese Möglichkeit wird im Zuge der Diskussion der Innovationsfähigkeit i.w.S. (vgl. Teilkapitel 3.2.2) angesprochen.

Alternative Objekte der Innovation werden von Lisboa et al. (2011) im Sinne „neuer Marktbeziehungen" thematisiert, was sich auf den Begriff der Business Model Innovation (vgl. Teilkapitel 2.3) übertragen lässt. Hii und Neely (2000) sprechen kurz organisationale Innovation[66] an, ohne den Begriff aber näher zu bestimmen. Da überwiegend neue Produkte oder Prozesse thematisiert werden, rücken diese in den Mittelpunkt der Untersuchungen dieser Arbeit.

Auffälligkeiten hinsichtlich des Operationalisierungsproblems

Insgesamt ist auffällig, dass in den Studien zwar Innovationsfähigkeit im Sinne tatsächlicher Ergebnisse thematisiert wird, diese aber kaum bzw. unzureichend operationalisiert werden. Im Großteil der empirischen, meist quantitativen Studien wird die Kontinuität des Innovierens, die Neuheit oder Art der Innovation ausschließlich über Selbsteinschätzungen der Unternehmen in Fragebögen erhoben (z.B. Lisboa et al. 2011; Amara et al. 2010; Menguc und Auh 2010; Subramaniam und Youndt 2005; Chapman und Hyland 2004; Sen und Egelhoff 2000), was die Objektivität der gewonnenen Daten durch *Befangenheit („Bias")* schmälern kann (vgl. Smaling 1992:175f.).

Häufig werden zudem nur unternehmensintern bekannte Maße eruiert, die eine begrenzte Aussagekraft hinsichtlich der oben genannten Kriterien der Innovationsfähigkeit i.e.S. haben: Beispielsweise sind FuE-Investitionen (Cakar und Ertürk 2010; Persaud 2005; Peeters und Pottelsberghe de la Potterie 2003) und die Anzahl der FuE-Projekte (Persaud 2005) jeweils nur eine von vielen *Inputgrößen* des Innovationsprozesses, die nicht zwangsläufig zu Innovationen als tatsächlichem Output führen müssen bzw. bei zu geringem Output ein Zeichen von Ineffizienz wären (vgl. z.B. Adams et al. 2006:26f.; Kleinknecht et al. 2002:110f.). Hingegen sind der Umsatz mit Neuprodukten (Yang et al. 2006; Peeters und Pottelsberghe de la Potterie 2003) oder die Häufigkeit von Innovationen (Cavusgil et al. 2003) zwar *Outputgrößen*, geben aber nur Hinweise zu kurzfristigen Erfolgen, sagen nichts über das Objekt bzw. den Neuheitsgrad der generierten Innovationen aus und erfassen spezifische Innovationsarten wie z.B. neue Geschäftsmodelle gar nicht (z.B. Carayannis und Provance 2008:94f.; Adams et al. 2006:28). Ein interessanter Indikator könnte die relative Innovationsleistung des Unternehmens im Vergleich zu seinen Wettbewerbern sein; dieser wird von Cakar und Ertürk (2010) zwar vorgeschlagen, aber wieder nur als Einschätzung der Interviewees abgefragt.

---

[66] Wie in Teilkapitel 2.3 besprochen, sind organisationale Innovationen zum Vermeiden des Tautologieproblems eher Voraussetzungen des Innovierens, da sie einen Rahmen für technologische Innovationen darstellen und nicht kommerzialisiert werden.

Andere Studien ziehen zwar objektivere, unternehmensextern legitimierte Maße wie *Patente* heran (z.B. Peeters und Pottelsberghe de la Potterie 2003; Romijn und Albaladejo 2002), die in den Datenbanken der Patentämter frei einsehbar sind, doch auch diese sind problembehaftet. Patente werden auf nachweisbare Neuerungen gegenüber dem aktuellen Stand der Technik gewährt, sind aber ein Indikator für Invention anstelle von Innovation – so wie nicht aus allen Patenten Innovationen hervorgehen, so werden auch nicht alle Innovationen patentiert. Darüber hinaus sind Patente je nach Industrie unterschiedlich relevant und können nicht für alle Erfindungen gewährt werden (Carayannis und Provance 2008:95; Smith 2005:158-160; Kleinknecht et al. 2002:112f.). Demzufolge geben sie als alleiniger Indikator kaum Aufschluß darüber, ob Innovationsfähigkeit i.e.S. vorliegt oder nicht.
An dieser Stelle ist festzuhalten, dass für die spätere empirische Untersuchung dieser Arbeit geeignete, aussagekräftige Indikatoren für die Innovationsfähigkeit i.e.S. gefunden werden müssen. Dazu könnte die Verwendung eines *mehrdimensionalen Indikators* wie bei Romijn und Albaladejo (2002) geeignet sein, um die Schwächen der angesprochenen einzelnen Maße auszugleichen und den genannten Kriterien von Innovationsfähigkeit i.e.S. gerecht zu werden.

Zusammenfassung und Ableitung einer Arbeitsdefinition der Innovationsfähigkeit i.e.S.
Es wurde gezeigt, dass sich aus der Literaturanalyse drei ergebnisbezogene Kriterien von Innovationsfähigkeit ableiten lassen. Fasst man diese zusammen, so kann Innovationsfähigkeit im engeren Sinne (i.e.S.) definiert werden als *das Vermögen eines Unternehmens, kontinuierlich radikale und inkrementelle Produktinnovationen und Prozessinnovationen zu generieren.* Allerdings wurde auch angedeutet, dass diesen Kriterien nicht einfach zu genügen ist: Kontinuierliches Innovieren erfordert kontinuierliches Lernen im Unternehmen und das Vereinbaren von radikaler und inkrementeller Innovation bzw. von Produkt- und Prozessinnovation kann sich wegen unterschiedlichen zugrundeliegenden Logiken als schwierig gestalten. Doch wovon hängt nun ab, ob Innovationsfähigkeit i.e.S. erlangt, aufrechterhalten oder gesteigert werden kann? Als Erklärung finden sich in den analysierten Studien Hinweise zu wissens- und lernbezogenen Vorbedingungen, die im Folgenden erläutert werden.

3.2.2 Innovationsfähigkeit i.w.S.

Im vorherigen Teilkapitel wurde impliziert, dass Innovationsfähigkeit i.e.S. von bestimmten wissens- und lernbezogenen Vorbedingungen (vgl. Spalte 5 in Tabelle 3) abhängt. Die von der Autorin gewählte Bezeichnung „wissens- und lernbezogen“ meint hierbei weichere, nicht direkt beobachtbare Faktoren, die sich auf den der Organisation zur Verfügung stehenden kollektiven Wissensstock beziehen. Dieser muss nicht nur aus dem Wissen der Organisationsmitglieder akkumuliert, sondern auch geplant oder ungeplant weiterentwickelt werden – wobei solche Lernprozesse zu einem besseren Umweltverständnis und dem Ableiten geeigneter Strategien beitragen (vgl. z.B. Von der Oelsnitz 2009:205-210; Chiva und Alegre 2005; Fiol und Lyles 1985). Solche Faktoren scheinen in den 22 Studien auf den ersten Blick sehr breit gefächert zu sein, lassen sich aber nach eingehender Analyse ihrer thematischen Gemeinsamkeiten und unter Hinzunahme ergänzender Literatur in vier *Dimensionen* (siehe Tabelle 5) einteilen: Es geht erstens um den Aufbau und die Pflege einer organisationalen Wissensbasis (z.B. Amara et al. 2010; Romijn und Albaladejo 2002), zweitens die Aneignung von unternehmensexternem Wissen (z.B. Chapman und Hyland 2004; Hagedoorn und Duysters 2002), drittens das Generieren von neuem Wissen durch die Lernstrategien Exploration und Exploitation (z.B. Lisboa et al. 2011; Carlisle und McMillan 2006) sowie viertens um das Betonen der Relevanz von Innovation in der Strategie und Kultur des Unternehmens (z.B. Cakar und Ertürk 2010; Lawson und Samson 2001).

	Dimensionen der IF i.w.S.			
Vertreter	**1) Aufbau und Pflege einer organisationalen Wissensbasis**	**2) Aneignung von unterneh-mensexternem Wissen**	**3) Lernen durch Exploration und Exploitation**	**4) Betonen der Re-levanz von Innova-tion in Strategie und Kultur**
Boerjesson und Elmquist 2011		X	(X)	X
Lisboa et al. 2011		X	X	
Amara et al. 2010	X	X		(X)
Cakar und Ertürk 2010				X
Menguc und Auh 2010			X	(X)
Un und Montoro-Sanchez 2010	X	(X)		
Bell 2009	X		(X)	
Assink 2006		X	X	X
Carlisle und McMillan 2006			X	
Yang et al. 2006		X	X	
Persaud 2005	X			X
Subramaniam und Youndt 2005	X	(X)	(X)	
Chapman und Hyland 2004	X	X		(X)
Yam et al. 2004	X			
Cavusgil et al. 2003		X		
Peeters und Pottelsberghe de la Potterie 2003	X	X		X
Calantone et al. 2002	X			X
Hagedoorn und Duysters 2002		X		
Romijn und Albaladejo 2002	X	(X)		
Lawson und Samson 2001	X	X	X	X
Hii und Neely 2000	X			X
Sen und Egelhoff 2000		X	X	

Legende: X = explizite Hinweise, (X) = implizite Hinweise.

Tabelle 5: Wissens- und lernbezogene Dimensionen der Innovationsfähigkeit (Quelle: eigene Darstellung).

Diese vier Dimensionen sollen insgesamt als *Innovationsfähigkeit im weiteren bzw. wissens- und lernbezogenen Sinne (i.w.S.)* verstanden werden[67]. Zusammen erklären sie, wie das Erreichen

[67] Bei der Einteilung der vier Dimensionen wurden Hinweise herangezogen, die in unmittelbarem Zusammenhang zum Generieren von Innovationen und somit der FuE-Tätigkeit stehen. Ergänzende Fähigkeiten (z.B. eine allgemeine Ressourcenallokationsfähigkeit, vgl. Yam et al. 2004), Einflußfaktoren des Kontexts (z.B. National-

eines nachhaltigen Ergebnisses in Form der Innovationsfähigkeit i.e.S. auf unternehmensinterne Faktoren – und nicht auf Faktoren des Unternehmenskontextes[68] – zurückzuführen ist. Die inhaltlichen Schwerpunkte der vier Dimensionen werden im Folgenden einzeln näher erläutert.

3.2.2.1 Aufbau und Pflege einer organisationalen Wissensbasis

Wissen kann verstanden werden als „(...) a dynamic human process of justifying personal beliefs as part of an aspiration for the 'truth'" (Nonaka 1994:15) und setzt sich aus Informationen als „Know-What", z.B. ohne Sinnverlust direkt übermittelbare Daten, Fakten und Symbole, sowie erlernten und eingeübten, anwendungsbezogenen Praktiken als „Know-How" zusammen[69] (Kogut und Zander 1992). Mittlerweile wird Wissen in der Literatur als Grundlage jeglicher Innovation akzeptiert: Es trägt zum Lösen auftretender Problemstellungen bei, da relevante Zusammenhänge erkannt werden können (Vahs und Burmester 2005:11f.) und ist eine strategische Ressource zur Orientierung in turbulenten Umwelten (De Castro et al. 2010:46f.). Außerdem steigen mit der Akkumulation von Wissen auch die Chancen, Innovationen zu generieren (Pervaiz und Sheperd 2010:30). Das kann damit begründet werden, dass es sich bei vielen für Innovationen relevanten Wissensarten wie z.B. der speziellen Expertise einer Geschäftseinheit oder einer unternehmensweiten Innovationsstrategie um Güter handelt, die sich durch Gebrauch nicht abnutzen, sondern vermehren[70] (vgl. z.B. Frost et al. 2010a; Frost und Morner 2010).

Deswegen verwundert es wenig, dass laut 12 der untersuchten 22 Studien Innovationsfähigkeit zunächst einmal auf dem Aufbau einer organisationalen Wissensbasis aus dem Wissen von Individuen sowie ihrer Pflege basiert (vgl. z.B. Persaud 2005:414; Chapman und Hyland 2004:554f.; Calantone et al. 2002:517; Hii und Neely 2000:4). So argumentieren Un und Montoro-Sanchez (2010), dass zunächst das tazite Wissen von Mitarbeitern und Partnern des Unternehmens – das

kultur, vgl. Cakar und Ertürk 2010) oder Kontingenzfaktoren wie die Unternehmensgröße (z.B. Chapman und Hyland 2004) werden dabei nicht explizit berücksichtigt.

[68] Somit lässt sich Innovationsfähigkeit i.w.S. in die Tradition der ressourcenorientierten (*Resource-Based View*, z.B. Peteraf 1993; Wernerfelt 1984) bzw. der wissensorientierten (*Knowledge-Based View*, z.B. Eisenhardt und Santos 2002; Grant 1996) Perspektive des strategischen Managements einordnen. Diese gehen im Gegensatz zur marktorientierten Perspektive (*Market-Based View*, z.B. Porter 1980, 1981, 2008) davon aus, dass das Bestehen von Unternehmen im Wettbewerb weniger auf dem Erkennen und Ausnutzen von Marktunvollkommenheiten, sondern mehr auf der Pflege unternehmenseigener, in der internen Ressourcen- und Wissensbasis verankerter Fähigkeiten beruht (z.B. Artz et al. 2010:725; Von der Oelsnitz 2009:205f.; Smith 2005:151). Diese Orientierung des Unternehmens an den eigenen Stärken und deren Nutzung zur Anpassung an interne und externe Veränderungen macht gerade in dynamischen, von nur kurzlebigen Wettbewerbsvorteilen geprägten Branchen Sinn (z.B. Henard und McFadyen 2012:193; Johannessen 1997:96f.).

[69] Neben „Know-What" als *substanziellem Wissen* wird gelegentlich noch „Know-How" von „Know-Why" unterschieden. Beides ist *prozedurales Wissen*, doch während Know-How (z.B. Abfolge nötiger Schritte eines Arbeitsprozesses) meist in kodifizierter Form vorliegt, ist Know-Why impliziter und bezieht sich auf kontextuell verankertes Vorwissen, warum Routinen und Praktiken in ihrer Form überhaupt vorliegen (z.B. Nooteboom 2004:511; Galunic und Rodan 1998:1193f.; Lane und Lubatkin 1998; Kogut und Zander 1992:391).

[70] Allerdings wird Wissen, sofern es Eigenschaften von *Kollektivgütern* (keine Rivalität im Konsum, fehlende Ausschließbarkeit vom Konsum) aufweist, im Unternehmen oft zu wenig genutzt („Clubgüter", z.B. spezielle Expertise einer Geschäftseinheit) oder zu wenig zur Verfügung gestellt („konzernweite öffentliche Güter", z.B. unternehmensweite Innovationsstrategie). Frost et al. (2010a) sowie Frost und Morner (2010) diskutieren diese Problematik ausführlich.

wertvoll, selten, schwer zu imitieren/zu handeln oder zu substituieren ist – identifiziert, nutzbar gemacht und neu kombiniert werden muss („Wissensmobilisierung"), bevor es verarbeitet und zum organisationalen Wissensstock transformiert werden kann („Wissensgenerierung"). Sie lehnen sich dabei an die *Wissensspirale von Nonaka* an (Abbildung 5), welche die beiden genannten Prozesse beinhaltet: Tazites Wissen wird durch vier Modi der Wissensbildung „entwirrt", in explizites Wissen[71] umgewandelt (und vice versa) sowie in einem fortlaufenden Prozess auf immer höhere Ebenen – vom Individuum auf Gruppen, die Gesamtorganisation bis hin mehreren Organisationen – aggregiert. Dabei wird tazites Wissen durch Beobachten, Imitieren oder Einüben zwischen Individuen geteilt (Sozialisation) und in explizites Wissen umgewandelt (Externalisation), indem z.B. bislang nur schwer begreifbare Praktiken in einer verständlichen Art und Weise ausgedrückt werden. Solch explizites Wissen kann in verschiedener Form neu kombiniert werden (Kombination) und wird letztlich wieder unterbewusst verfeinert und mittels Internalisation in tazites Wissen überführt (vgl. Nonaka 2007, 1994).

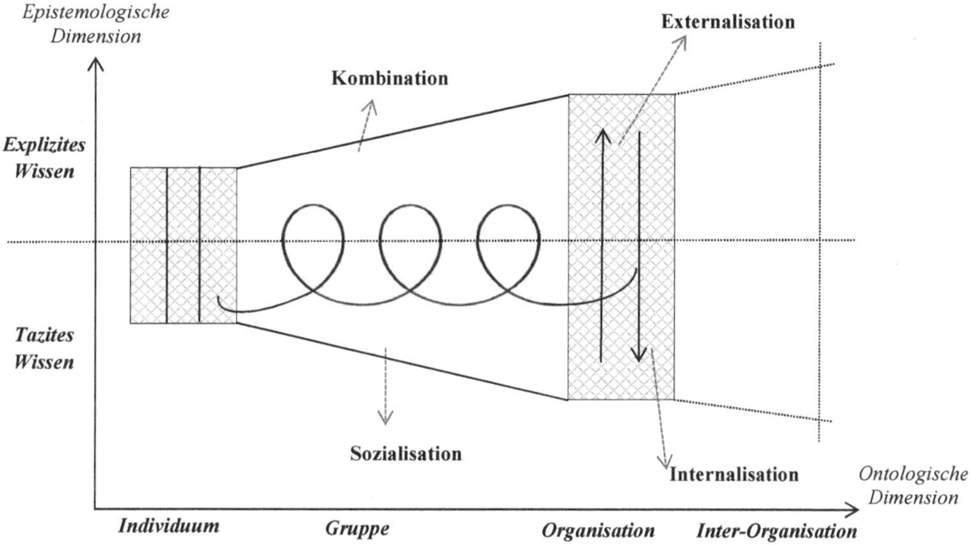

Abbildung 5: Spirale der organisationalen Wissenskreation (Quelle: Nonaka 1994:20).

Folglich basieren Aufbau und Pflege einer organisationalen Wissensbasis darauf, dass das Wissen von Individuen durch geeignete Bedingungen innerhalb einer Organisation verstärkt und durch Vernetzung sowie Austausch der Individuen untereinander herauskristallisiert wird (Nonaka 1994). Ergebnis ist eine Art *„kollektives Gedächtnis"*, das das geteilte Wissen der Organisationsmitglieder, Wissenskomplementaritäten zwischen einzelnen Spezialisten sowie gemeinsame

[71] *Tazites Wissen*, das manchmal auch als implizites Wissen bezeichnet wird, ist tief im Individuum und dessen Einbindung, Verpflichtungen und Handlungen innerhalb eines spezifischen Kontexts verwurzelt. Polanyi (1967:4) bemerkte in diesem Zusammenhang „we can know more than we can tell" und erklärte, dass sich tazites Wissen nur sehr schwer artikulieren lässt. Im Gegensatz dazu ist *explizites Wissen* kodifizierbar und kann leicht formalisiert, systematisiert und damit übertragen werden.

Artefakte wie z.B. Produkte oder Regelwerke umfasst (Hecker 2012). Dieses Verfügbarmachen, Verarbeiten und Umwandeln von individuellem Wissen in organisationales Wissen ist zentral für innovierende Unternehmen. Hierbei ist vor allem *tazites Wissen* der Ursprung kreativer neuer Ideen und wird in der Studie von Un und Montoro-Sanchez (2010) auch besonders betont: Bei erfolgreichem Erschließen durch das Unternehmen stellt tazites Wissen die Grundlage von Wettbewerbsvorteilen wie z.B. einer besonderen Stärke in der Neuproduktentwicklung dar, da es aufgrund seiner „Verborgenheit" im Individuum der Konkurrenz weniger bekannt ist als explizites Wissen (vgl. z.B. Seidler-de Alwis und Hartmann 2008; Eisenhardt und Santos 2002). In diesem Zusammenhang sei auf die quantitative Studie von Subramaniam und Youndt (2005) verwiesen, die zeigt, dass die Arten von intellektuellem Kapital (Humankapital, organisationales Kapital und soziales Kapital) das Erzeugen von Innovationen unterschiedlich beeinflussen. Demnach ist die individuelle Expertise von Mitarbeitern zwar der Ansatzpunkt für kreative Neuerungen durch Hinterfragen des Status Quo; da Mitarbeiter das Unternehmen aber auch wieder verlassen können, reicht dieses *Humankapital* allein zum kontinuierlichen Generieren von Innovationen noch nicht aus. Die Autoren weisen nach, dass Humankapital sogar einen negativen Einfluss auf die Fähigkeit, radikale Innovationen zu generieren, haben kann:

> "In fact, having fiercely independent experts reluctant to share their ideas with their colleagues may be counterproductive for organizations. (...) That is, unless individual knowledge is networked, shared, and channeled through relationships, it provides little benefit to organizations in terms of innovative capabilities." (Subramaniam und Youndt 2005:459)

Erst die Verknüpfung von Humankapital und *sozialem Kapital*, d.h. dem aufgrund der Interaktion von Individuen in Beziehungsnetzwerken austauschbarem Wissen, erlaubt das Kreieren radikaler Innovationen: Durch Kollaboration innerhalb des Unternehmens als auch über die Unternehmensgrenzen hinweg diffundieren komplett neue Ideen, werden legitimiert und weiterentwickelt. Inkrementelle Innovationen werden von *organisationalem Kapital* – d.h. dem institutionalisierten, in Regelwerken, Strukturen und Prozessen kodifizierten Wissen – gefördert, da dieses zur Verfeinerung bereits existierender Praktiken beiträgt. Allerdings können sie auch von sozialem Kapital begünstigt werden[72], was dessen Versatilität und Relevanz für Innovationen mit unterschiedlichem Neuheitsgrad demonstriert. Diese Resultate von Subramaniam und Youndt (2005) zeigen, dass Innovation vor allem auf kollektiver Anstrengung beruht und dass Organisationen aufgrund der besonderen Relevanz des sozialen Kapitals die Vernetzung von Individuen fördern sollten.

Einige Studien geben Auskunft darüber, welche Arten von *Spezialistenwissen* zum Innovieren besonders benötigt werden. Wenig überraschend ist, dass Kompetenz in der FuE als dem Organisationsbereich, der Innovationen initiiert, generiert und verantwortet (vgl. z.B. Leitner 2006:14-19; Brockhoff 1992:35-47; Bleicher 1990:11-14) am häufigsten genannt wird: Sie umfasst im engen Sinne spezialisierte und erfahrene FuE-Mitarbeiter sowie Manager mit tiefer Erfahrung in

[72] Da miteinander vernetzte Individuen sowohl bereits existierendes Wissen austauschen, verfeinern und zur Problemlösung anwenden als auch gemeinsam neues Wissen generieren, entdecken oder akquirieren können, kann soziales Kapital inkrementelle als auch radikale Innovation fördern (vgl. Hsu und Sabherwal 2011).

Wissenschaft und Engineering, die das Kreieren von Innovationen überhaupt ermöglichen (Romijn und Albaladejo 2002) – wobei, wie oben geschildert, diese Humanressourcen entsprechend miteinander vernetzt werden müssen. Im weiten Sinne bezieht sich die FuE-Kompetenz allgemein auf Expertise in der Entwicklung neuer Technologien sowie das Vermögen, Fähigkeiten im Ideengenerieren, Experimentieren und Problemlösen sowie die FuE-Strategie und das Projekt- und Portfoliomanagement mit den dafür zur Verfügung stehenden Ressourcen[73] in Einklang zu bringen (vgl. Bell 2009; Yam et al. 2004; Peeters und Pottelsberghe de la Potterie 2003; Romijn und Albaladejo 2002; Lawson und Samson 2001; Hii und Neely 2000).

Darüber hinaus weist Bell (2009) darauf hin, dass Innovationen nicht auf der FuE-Kompetenz allein, sondern auf ihrer Verknüpfung mit Kompetenzen wie dem „Design" (Umsetzen von Lösungsansätzen in Prototypen) und dem „Engineering" (Fertigung und Integration verschiedener Teilelemente zu einem Endprodukt) abhängen. Um das fertige Endprodukt letztlich zu kommerzialisieren, ist neben der Produktion auch eine Anbindung der FuE an das Marketing notwendig (vgl. z.B. Un und Montoro-Sanchez 2010; Peeters und Pottelsberghe de la Potterie 2003). Folglich gelingen Aufbau und Pflege der organisationalen Wissensbasis nicht allein durch den Austausch zwischen Individuen innerhalb einer abgeschlossenen funktionsspezifischen Organisationseinheit, sondern bedürfen auch der cross-funktionalen Zusammenarbeit verschiedener Organisationsbereiche – ein organisatorisches Charakteristikum, das in Teilkapitel 3.3 näher behandelt wird. Ein wissensbezogenes Problem der cross-funktionalen Kollaboration muss aber an dieser Stelle angesprochen werden: Damit Individuen, vor allem wenn sie verschiedenen Organisationsbereichen wie FuE, Produktion und Marketing angehören – in der Lage sind, miteinander zu kommunizieren und sich auszutauschen, wird neben ihrem bereichsspezifischen Spezialistenwissen eine Art *überlappendes Verknüpfungswissen*[74] benötigt. Es schafft ein gemeinsames Grundverständnis, um sich in die Perspektive einer anderen Disziplin zu versetzen und erhöht die Aufnahmefähigkeit von eigentlich fachfremden Wissen[75] (Un und Montoro-Sanchez 2010).

---

[73] Laut Yam et al. (2004) ist die Ressourcenallokationskompetenz bei nicht im Fokus dieser Arbeit stehenden kleineren Unternehmen, die über relativ knappe Kapital- und Humanressourcen verfügen, am wichtigsten zum Generieren von Innovationen; für große Unternehmen spielt hingegen die FuE-Kompetenz eine stärkere Rolle. Aus dem Grund können Kollaborationen zwischen Firmen unterschiedlicher Größenordnung, so wie es im Bereich Biotechnologie üblich war (z.B. Powell et al. 1996), eine Win-Win-Situation sein, wenn sich flexible und deswegen oft als innovativer geltende kleine Unternehmen und ressourcenstarke große Unternehmen gegenseitig ergänzen (z.B. Lawton Smith et al. 1991). Allerdings betrachten auch große Unternehmen das ökonomische Risiko und die hohen Entwicklungskosten als eine der Hauptbarrieren von Innovation (Peeters und Pottelsberghe de la Potterie 2003) und müssen sich um eine effiziente Ressourcenallokation bemühen.

[74] Fachlich spezialisierte Wissensbestände werden auch „Komponentenwissen" genannt und können durch das überlappende Verknüpfungswissen integriert werden (vgl. Frost 1998:254-247). Die Begriffe entstammen der Vorstellung von Henderson und Clark (1990), dass sich einzelne Produktkomponenten auch in separaten Wissenskomponenten im Unternehmen widerspiegeln, die durch übergeordnetes „architektonisches Wissen" miteinander verbunden werden müssen.

[75] Ist in den kognitiven Strukturen einer Person *Vorwissen* verankert, dann kann verwandte neue Information leichter aufgenommen und verarbeitet werden. So ist der Austausch zwischen Mitarbeitern desselben Organisationsbereichs aufgrund ähnlicher Wissensbestände leichter als zwischen Mitarbeitern verschiedener Organisationsbereiche, die sich z.B. entsprechend stärker verständigen müssen. Basierend auf diesen Erkenntnissen zur Wissensverarbeitung auf Individualebene wurde der Begriff der *absorptiven Kapazität* (vgl. Teilkapitel

Obwohl überlappendes Wissen eigentlich eine überschüssige und redundante Ressource darstellt (Nonaka 1994), ist es zur synergistischen Verknüpfung heterogener Wissensbestände notwendig und erleichtert cross-funktionale Kollaboration zum gemeinsamen Erreichen der Unternehmensziele (Un und Montoro-Sanchez 2010). Persaud (2005:414-423) rückt solche *Synergien* als Ergebnisse kollaborativer Beziehungen zwischen organisatorischen Teilbereichen, die sie allein nicht erreichen können, sogar in den Mittelpunkt seiner empirischen Studie. Er betrachtet „synergistische Innovationsfähigkeit“ als das Vermögen des Unternehmens, das Wissen der FuE-Einheiten selbst bei räumlicher Trennung effektiv und effizient zum Innovieren zu nutzen, indem gemeinsame Projekte verfolgt, Ressourcen für Management/operative Aufgaben sowie Wissensbestände kollektiv genutzt und dadurch Zeit- und Kostenvorteile erzielt werden. Interessanterweise scheint eine hohe Autonomie der FuE-Einheiten hierbei nicht schädlich zu sein, sofern sie alle das kollektive Ziel und den Nutzen von Kollaboration für das Gesamtunternehmen kennen (ebd. S. 423f.).

Zuletzt fällt hinsichtlich des Aufbaus und der Pflege der organisationalen Wissensbasis auf, dass einige Studien explizit auf die Bedeutung des *Wissensmanagements* hinweisen. Demnach sollen Unternehmen neben dem Fördern der Kommunikation zwischen den Organisationsmitgliedern auch dafür Sorge tragen, dass deren Wissen und Erfahrungen expliziert, generalisiert, mittels Nutzen und Pflegen immer wieder abrufbarer Speichermedien (z.B. Reports, Datenbanken) kodifiziert und so einem gewünschten Mitgliederkreis zugänglich gemacht werden (Amara et al. 2010; Persaud 2005; Chapman und Hyland 2004; Peeters und Pottelsberghe de la Potterie 2003). Letzterer hat eine besondere Bedeutung, da ein unerwünschter Abfluss von unternehmensinternem Wissen an Dritte durch gezieltes „Intellectual Property (IP) Management“ – das Schutzrechte wie Patente, Geheimhaltungsbestimmungen oder Imitationsbarrieren (z.B. komplexe Designs) beinhaltet – zu vermeiden ist (Amara et al. 2010; Peeters und Pottelsberghe de la Potterie 2003). Nach dem Verständnis der untersuchten Studien ist Wissensmanagement also mehr als das reine Sammeln und Administrieren von Informationen, sondern meint, dass Unternehmen günstige Bedingungen zur Anwendung und Weiterentwicklung ihres Wissensstocks schaffen müssen (vgl. Beerheide und Katenkamp 2011:81f.) – was durch Förderung des Austauschs zwischen Individuen, Kodifizierungsmaßnahmen sowie Veranlassen bestimmter Schutzmechanismen geschehen kann.

Als Zwischenfazit lässt sich festhalten, dass der Aufbau und die Pflege einer organisationalen Wissensbasis eine entscheidende Dimension der Innovationsfähigkeit i.w.S. ist. Die nächste vorzustellende Dimension geht über die bislang rein interne Betrachtung der Wissensbestände des Unternehmens hinaus.

3.2.2.2) entwickelt, der diesen Prozess auf Ebene der Organisation beschreibt (z.B. Nooteboom et al. 2007; Cohen und Levinthal 1990).

3.2.2.2 Aneignung von unternehmensexternem Wissen

In 14 der untersuchten 22 Studien (siehe Tabelle 5) finden sich Hinweise, dass die Aneignung von externem Wissen eine weitere wichtige Vorbedingung zum Innovieren darstellt und aus verschiedenen Gründen notwendig ist:

> "A firm relies on external sources when it does not possess the relevant competence internally, when the development costs are too high, or when the technology is protected by intellectual property rights." (Peeters und Pottelsberghe de la Potterie 2003:8)

Mit „Aneignung" ist gemeint, dass nicht nur der Zugriff auf Wissen außerhalb der Unternehmensgrenzen gelingen muss, sondern dass es auch entsprechend zu verarbeiten und mit der internen Wissensbasis zu verknüpfen ist (vgl. z.B. Chapman und Hyland 2004:556). Aus ressourcenorientierter Perspektive sollte das externe Wissen dafür möglichst *komplementär* zu den bereits vorhandenen Ressourcen sein – was erfordert, dass sich das Unternehmen zunächst über die eigenen technologischen Kernkompetenzen im Klaren ist. Nur so kann es erkennen, in welchen Bereichen die eigene Ressourcenbasis erweitert, ergänzt oder gepoolt werden kann und welche Partner dazu in Frage kommen (vgl. z.B. Gemünden und Salomo 2004:510; Miotti und Sachwald 2003). In dem Zusammenhang stellen Amara et al. (2010:164), die Innovationsfähigkeiten als reine Kombinationen von Ressourcen und Wissen zur Problemlösung in Innovationsprozessen verstehen, in ihrer empirischen Studie fest, dass es solche Komplementaritäten vor allem zwischen interner und externer FuE, teilweise zwischen externer FuE und Wissensakquisition (z.B. Kauf von Patenten, Lizenzen etc.) sowie zwischen Wissensakquisition und innovationsbezogenen Trainings gibt. Sie schlussfolgern daraus, dass innovationsfähige Unternehmen sich nicht auf nur eine Quelle zum Generieren und Umsetzen von Ideen verlassen können (ebd. 179).

In den Studien zur Innovationsfähigkeit werden vielfältige *Möglichkeiten des Zugangs* zu externem Wissen zur Unterstützung unternehmensinterner Innovationsprozesse genannt, wie z.B. die Informationsbeschaffung über Wettbewerber und Kunden durch Benchmarkings, Technologieprognosen und Marktanalysen (z.B. Lawson und Samson 2001:391f.), die Akquisition von externem Wissen (z.B. Amara et al. 2010; Yang et al. 2006) oder gezielte Kollaborationen zwischen zwei bis mehreren Partnern (z.B. Hagedoorn und Duysters 2002; Sen und Egelhoff 2000). Da die erstgenannte Variante noch keinen aktiven Einbezug Dritter erfordert, dürften die neuartigen Einsichten deswegen begrenzt sein. Wissensakquisition, die zweite genannte Möglichkeit, wird vor allem von kapitalstarken großen Unternehmen getätigt (Peeters und Pottelsberghe de la Potterie 2003:8). Besonders häufig und ausführlich widmen sich die Studien *Kollaborationen mit externen Partnern*, bei denen es nicht um reinen Erwerb von Informationen, sondern um das Verfolgen gemeinsamer Ziele wie der Entwicklung neuer Technologien geht. Damit solche Kollaborationen nutzenstiftend sind, müssen die beteiligten Unternehmen ausreichend *absorptive Kapazität* besitzen, die mit dem vorhandenen Vorwissen bei Individuen vergleichbar ist. Absorptive Kapazität beschreibt demzufolge, inwiefern auf Organisationsebene – basierend auf der bereits existierenden organisationalen Wissensbasis (vgl. Teilkapitel 3.2.2.1) – internes oder externes neues Wissen aufgenommen, verarbeitet und verwertet werden kann (Cohen und Levinthal 1990:131f.). Hierzu passt das Ergebnis der Studie von Sen und Egelhoff (2000:182), dass vor allem Firmen mit herausragenden Fähigkeiten im Erzeugen radikaler Innovationen strategische Allianzen eingehen und besonders erfolgreich nutzen können:

> "Their capability makes them attractive to a potential alliance partner; additionally, their strength in one area will give them a potential for success which they may wish to complement with a partner's strength in other areas. (...) In particular, they can *recognize* the value of external information, *assimilate* it, and *convert* it to commercial ends. This gives them a learning advantage in cooperative ventures such as technical alliances." (Sen und Egelhoff 2000:177; eigene Hervorhebung)

Folglich determinieren in Innovationspartnerschaften die eigenen Kompetenzen eines Unternehmens beim Innovieren dessen absorptive Kapazität. Sie bestimmt, ob und wie es neuartiges externes Wissen absorbieren und integrieren kann (Lawson und Samson 2001:379f.). Die absorptive Kapazität ist umso höher, je ähnlicher das bereits vorhandene Wissen dem zu absorbierenden Wissen ist, d.h. je stärker sich die organisationalen Wissensbestände der Partner überlappen (z.B. Lane und Lubatkin 1998). Das bedeutet zum Beispiel in Innovationspartnerschaften, dass die Existenz einer eigenen starken FuE in Form von gut ausgebildetem, spezialisiertem Personal die Zusammenarbeit mit den FuE-Bereichen anderer Unternehmen erleichtert (Escribano et al. 2009:97f.; Miotti und Sachwald 2003:1483f.).

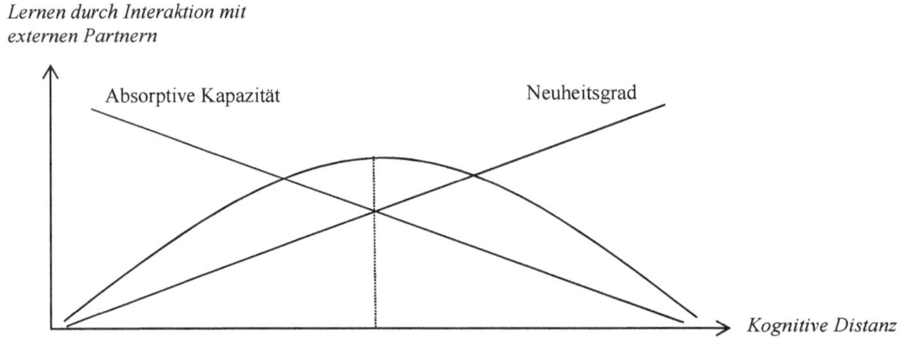

Abbildung 6: Optimale kognitive Distanz (Quelle: Nooteboom et al. 2007:1018, leicht modifiziert)

Problematisch hierbei ist, dass die absorptive Kapazität in einem inversen Verhältnis zur *kognitiven Distanz* steht, die den Grad der Heterogenität der Ressourcen und Wissensbestände zwischen zwei oder mehreren Unternehmen beschreibt: Einerseits ist eine hohe kognitive Distanz gemeinsamen Innovationsbemühungen zuträglich, da das Wissen der Partner besonders neuartig füreinander ist und man durch Interaktion viel voneinander lernen kann (Nooteboom et al. 2007:1017). So argumentierten Boerjesson und Elmquist (2011) in ihrer qualitativen Einzelfallstudie zu einem Innovationsprojekt, dass gerade der durch externe Partner angeregte Perspektivenwechsel einer der größten Vorteile für Unternehmen sei. Andererseits beeinträchtigt eine zu hohe kognitive Distanz die absorptive Kapazität und der Wissensaustausch kann mangels ausreichend Vorwissen scheitern. Folglich darf die „optimale kognitive Distanz" nicht zu hoch, aber auch nicht zu gering sein und es müssen Partner mit ausreichend neuem, aber von der eigenen Wissensbasis nicht zu distantem Wissen gefunden werden (Nooteboom et al. 2007:1017). Dieses

Abwägeproblem wird vereinfacht in Abbildung 6 dargestellt. In der Praxis scheinen Unternehmen dennoch Partner mit ähnlichen Kompetenzen zu bevorzugen, die ihre bereits existierende Kompetenzbasis erweitern, aber nicht um tatsächlich neues Wissen ergänzen können. Solche Kollaborationen haben nicht die Co-Entwicklung neuer Technologien, sondern eine Bündelung bekannter Kompetenzen zur Festigung der Marktstellung zum Ziel (Sen und Egelhoff 2000) – was eine hohe absorptive Kapazität erfordert. Im Gegensatz dazu ist eine hohe kognitive Distanz notwendig, wenn es wie in der Studie von Cavusgil et al. (2003) um den interorganisationalen Transfer von tazitem Wissen geht, das Ursprung kreativer Ideen ist. Allerdings gehen die genannten Autoren nicht von einer bereits zu Beginn der Beziehung vorhandenen hohen kognitiven Nähe aus – sondern empfehlen, diese durch häufige, enge und vertrauensvolle Interaktion der Partner[76] inklusive regelmäßiger Feedbackschleifen erst gemeinsam zu entwickeln. Folglich kann die absorptive Kapazität auch während der Kollaboration mit externen Partnern durch einen bestimmten Modus der Zusammenarbeit erhöht werden (vgl. Cohen und Levinthal 1990:133f.).
Schließlich geben die Studien zur Innovationsfähigkeit Auskunft darüber, welche *Arten von Partnern* zur Aneignung von externem Wissen besonders wertvoll für Unternehmen sind. Allgemein ermöglicht die Kombination von unternehmensinternem Wissen mit der Expertise relevanter externer Anspruchsgruppen, die Marktbedingungen und Quellen möglicher Wettbewerbsvorteile besser einzuschätzen (Un und Montoro-Sanchez 2010:415) und hilft zumindest zum Teil, die Unsicherheit und Ambiguität des Innovationsprozesses zu reduzieren (Lawson und Samson 2001:391). Doch welche externen Partner sind nun besonders relevant? Neben dem Einbezug flexibler lokaler Lieferanten (Subramaniam und Youndt 2005:455; Romijn und Albaladejo 2002:1062) sollten High-Tech Unternehmen aufgrund des hohen Bedarfs an Grundlagenforschung bzw. angewandter Forschung Kontakte zu unabhängigen *Forschungsinstitutionen und Universitäten* anstreben (Peeters und Pottelsberghe de la Potterie 2003:7). Romijn und Albaladejo (2002:1061f.) fanden heraus, dass die Kontakte erfolgreich innovierender Unternehmen zu solchen wissensgenerierenden Institutionen oft historisch gewachsen und auf das Beziehungsnetzwerk der Geschäftsführung zurückzuführen sind.
Besonders häufig wurde in den Studien die Rolle von *Kunden* als Quellen externen Wissens betont (z.B. Subramaniam und Youndt 2005:455; Peeters und Pottelsberghe de la Potterie 2003:6f.). Um den Markterfolg von Innovationen zu fördern, ist eine kontinuierliche Kundenorientierung zur Identifikation sich ändernder Bedürfnisse und somit obsolet werdender Produkte in High-Tech Branchen sehr wichtig (Lisboa et al. 2011:1158). Dazu trägt das Kooperieren mit *Lead-Usern* als fortschrittlichen, anspruchsvollen Kunden mit besonders frühen Bedürfnissen und einem hohen Nutzen von neuen Problemlösungen bei (Lawson und Samson 2001:392; vgl. auch Urban und von Hippel 1988). Derartig qualifizierte Kunden generieren Trends; sie sind nicht mehr nur reine Informationsquellen für Unternehmen, sondern können als Co-Entwickler eingesetzt werden und sogar Quellen radikaler Innovationen sein (vgl. Lisboa et al. 2011:1157). Im

[76] Folglich hängt die *Intensität der Kollaboration* vom Gegenstand und der verfolgten Zielsetzung ab. Zusätzlich kommt es auf die Art des Partners an, da räumliche Nähe und/oder häufige Interaktionen z.B. bei Lieferanten und Forschungsinstituten wichtig sind, weil sie flexibel in den Innovationsprozess mit einbezogen werden müssen und sensible Inputfaktoren zur Verfügung stellen (Romijn und Albaladejo 2002).

Gegensatz dazu verweist Assink (2006:225) auf die Grenzen der klassischen Marktforschung, die eher für inkrementelle Innovationen funktioniert: Der durchschnittliche Kunde kennt seine zukünftigen Bedürfnisse zum Zeitpunkt der andauernden Entwicklung radikaler Innovationen oftmals noch gar nicht oder kann sie nicht artikulieren; außerdem können sich seine Bedürfnisse bis zur Kommerzialisierung kompletter Neuheiten schon wieder geändert haben. Folglich sollten sich Unternehmen in ihren Innovationsaktivitäten nicht ausschließlich an ihren aktuellen Kunden orientieren, sondern z.B. auch die erwähnten Lead User oder weitere externe Quellen wie Forschungsinstitute mit einbeziehen. Trotzdem müssen die Ansprüche der typischen Kunden und ihr Nutzenempfinden bezüglich Produktneuheiten schon während der FuE eruiert werden, um potenzielle Akzeptanzprobleme bei der Kommerzialisierung der Innovationen aufzudecken (vgl. Peeters und Pottelsberghe de la Potterie 2003:11) sowie mögliche Gegenmaßnahmen[77] abzuleiten. Assink (2006) empfiehlt zudem, nicht nur Marktsignale als Auslöser von Innovationen zu nutzen, sondern auch die eigene technologische Expertise (vgl. Teilkapitel 2.3, Market-Pull vs. Technology-Push), da das Unternehmen durch Informationsvorsprünge zukunftsträchtige Technologien mitunter besser beurteilen kann.

Zu guter Letzt wird in den Studien noch der Zugang zu Informationen über *Wettbewerber* erwähnt, der durch Benchmarkings, Monitoring oder Marktanalysen erlangt werden kann und die Einschätzung der eigenen Marktposition verbessert (Lisboa et al. 2011:1158; Lawson und Samson 2001:392). Direkte Interaktionen mit ihnen werden seltener in Betracht gezogen als mit den anderen Arten von Partnern (Peeters und Pottelsberghe de la Potterie 2003:7), was der Vermeidung eines unerwünschten Abflusses von sensiblem Wissen geschuldet sein kann. Dieser kann aber durch Schutzrechte oder die Auswahl des Partners zumindest bedingt vermieden werden (vgl. Hagedoorn und Duysters 2002).

Zusammenfassend lässt sich feststellen, dass die Aneignung von unternehmensexternem Wissen auf vielfältige Möglichkeiten erreicht werden kann, aber eine ausreichend hohe absorptive Kapazität erfordert. Generell steht diese zweite Dimension der Innovationsfähigkeit i.w.S. im Zusammenhang mit der Forderung nach *„Open Innovation"* als Öffnung des Innovationsprozesses nach außen, die gerade in wissensintensiven High-Tech Branchen eine große Rolle spielt (z.B. Howaldt et al. 2011:17f.; Reichwald und Piller 2009:117f.; Chesbrough und Appleyard 2007; Chesbrough 2003).

Die nächste Dimension befasst sich ausführlicher damit, wie Unternehmen lernen können.

---

[77] Ein zu hoch *empfundener Neuheitsgrad* des Produktes (siehe Kapitel 2.3) kann dazu führen, dass Kunden Innovationen ablehnen. Rindova und Petkova (2007:219f.) führen das auf die Inkongruität völlig neuer Produkte mit bestehenden kognitiven Schemata der Kunden zurück – was in den Worten von Nooteboom et al. (2007) an der zu hohen kognitiven Distanz und der somit geringen absorptiven Kapazität des Individuums liegt. Deshalb müssen Unternehmen ihren Kunden den Zugang zu radikalen Innovationen erleichtern, indem sie z.B. trotz extremen technologischen Fortschritts bekannte Designs besitzen. Ein Beispiel dafür ist Edisons Glühbirne, die in ihrer Form bewusst der klassischen Kerosin-Lampe ähnelte (Rindova und Petkova 2007:223).

3.2.2.3 Lernen durch Exploration und Exploitation

Das Vereinbaren der beiden Lernstrategien Exploration und Exploitation stellt die dritte Dimension von Innovationsfähigkeit i.w.S. dar und wird in 10 der 22 untersuchten Studien genannt. *Organisationales Lernen* lässt sich zwar nicht von lernenden Individuen separieren, ist aber dennoch mehr als die Summe der kumulierten Lernprozesse der Organisationsmitglieder: Organisationen entwickeln im Laufe der Zeit eigene kognitive Systeme und eine Art Gedächtnis, in dem Wissen, Schemata, Normen und Werte gespeichert werden. Die Organisation lernt, wenn sie auf Grundlage dieses Gedächtnisses bestimmte Umwelteinflüsse aufnehmen, interpretieren und darauf in neuer Art und Weise reagieren kann (Fiol und Lyles 1985:804; Daft und Weick 1984:285f.). Damit basiert Lernen[78] im organisationalen Kontext auf der Verwendung der bereits existierenden Wissensbasis, um neues Wissen zu generieren (Pervaiz und Sheperd 2010:508) – was geplant als auch ungeplant geschehen kann (Von der Oelsnitz 2009:205) – und hilft Unternehmen, sich innerhalb ihrer Umwelt zu orientieren (Frost 1998:163). Da das Erschaffen nutzenstiftender neuer Problemlösungen immer auf dem Erzeugen und Umsetzen von neuen Ideen bzw. neuem Wissen fußt, ist organisationales Lernen eine Grundvoraussetzung für alle Arten von Innovation (Von der Oelsnitz 2009:205f.; Smith 2005:149; Calantone et al. 2002:515). In diesem Zusammenhang sind *Exploration und Exploitation* als zwei Lernstrategien zu begreifen, die beide vom Unternehmen benötigt werden, obwohl sie aufgrund unterschiedlicher Aufgaben, Wahrnehmungsmuster und organisatorischer Anforderungen eigentlich in einem paradoxen Verhältnis zueinander stehen (z.B. Kauppila 2010; Lavie et al. 2010; Jansen et al. 2009; Van Looy et al. 2005):

> "Exploration includes things captured by terms such as search, variation, risk taking, experimentation, play, flexibility, discovery, innovation. Exploitation includes such things as refinement, choice, production, efficiency, selection, implementation, execution." (March 1991:71)

Damit impliziert March (1991:72), dass „echte“ Innovation mittels Exploration in der Entwicklung komplett neuer Technologien besteht; er weist aber auch auf die Möglichkeit der Verfeinerung der bestehenden Technologien mittels Exploitation[79] hin und räumt damit Innovationsarten mit unterschiedlichem Neuheitsgrad (vgl. Teilkapitel 2.3) ein.

Neben allgemeinen Hinweisen zur Bedeutung des organisationalen Lernens (Yang et al. 2006:309; Yam et al. 2004:1133) folgen dieser Logik auch die meisten untersuchten Studien und betonen, dass Innovationsfähigkeit i.w.S. beide Lernstrategien gleichermaßen erfordert: Exploration wird mit *radikaler Innovation* (z.B. komplett neue, bislang nicht dagewesene Produkte) assoziiert, die das Brechen des Status Quo zur Entwicklung von komplett neuem Wissen erfor-

---

78 Auf eine ausführliche Diskussion unterschiedlicher *Lerntheorien* wie z.B. im Beitrag von Chiva und Alegre (2005) soll an dieser Stelle verzichtet werden, da es hier primär und die Relevanz der Lernstrategien Exploration und Exploitation gehen soll.

79 Laut Lavie et al. (2010:113f.) kann der Uneinigkeit im wissenschaftlichen Diskurs zur Abgrenzung von Exploration und Exploitation am besten mit der ursprünglichen Definition von March (1991) begegnet werden: Solange sich das Unternehmen im bestehenden technologischen Trajektorium bewegt – wozu das Verfeinern der existierenden Kompetenzen gehört – soll von *Exploitation* gesprochen werden; *Exploration* bedeutet hingegen eine Abkehr von der bisherigen Wissensbasis hin zu neuen Technologien. Damit ist die Unterscheidung beider Lernstrategien vergleichbar mit dichotomen Lernkonzepten wie Single-Loop Lernen versus Double-Loop Lernen oder adaptivem Lernen versus generativem Lernen (Raisch und Birkinshaw 2008:378).

dert; Exploitation führt mit der Ausschöpfung und Verbesserung von bisherigem Wissen hingegen zu *inkrementeller Innovation* (z.B. Produktverbesserungen/-erweiterungen). Während Exploitation eher auf kurzfristige Erfolge, Effizienz und Qualität sowie das Aufrechterhalten von Routinen und Stabilität abzielt, ist Exploration mehr auf langfristige Erfolge ausgerichtet und verlangt nach Risikobereitschaft, Flexibilität, Kreativität und Experimentierfreude (Boerjesson und Elmquist 2011:180; Lisboa et al. 2011:1157f.; Menguc und Auh 2010:821f.; Bell 2009:33f., Carlisle und McMillan 2006:3; Subramaniam und Youndt 2005:459; Lawson und Samson 2001:381-385; Sen und Egelhoff 2000:176). Warum trotz ihres paradoxen Verhältnisses sowohl Exploration als auch Exploitation benötigt werden, zeigt Nootebooms sogenannter *„Cycle of Discovery"* in Abbildung 7.

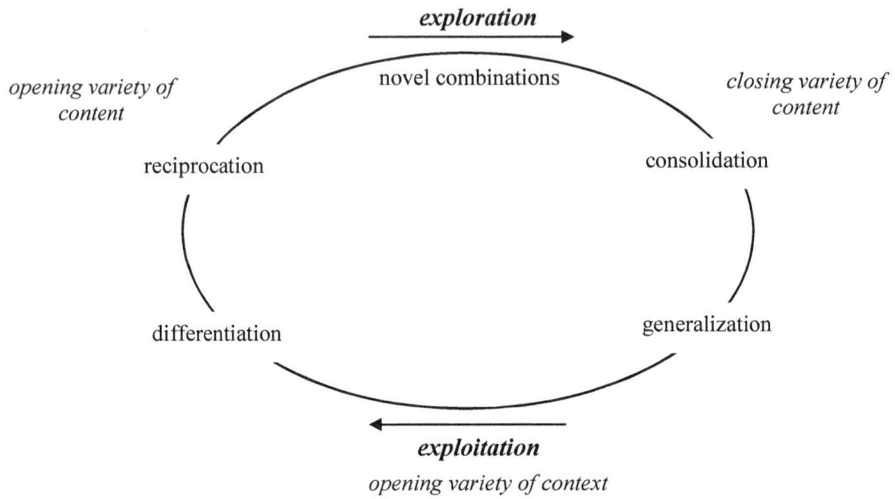

Abbildung 7: Cycle of Discovery
(Quelle: Gilsing und Nooteboom 2006:3; Nooteboom 2000a:184)

Innovation entsteht in einem Kreislauf von Öffnungs- und Schließungsprozessen, welche die inhaltliche Vielfalt des eingebrachten Wissens bzw. die Vielfalt des Anwendungskontexts erweitern oder reduzieren. Exploitation beginnt, wenn die Wissensvielfalt durch Standardisierungsprozesse reduziert wird und sich eine Art dominantes Design herausbildet, an dem sich ein Unternehmen bzw. eine ganze Industrie orientiert *(Konsolidierung)*. Alsdann wird versucht, das dominante Design in einem erweiterten Anwendungskontext (z.B. neue Märkte/Funktionen) zu etablieren, indem kleinere Adaptionen vorgenommen werden *(Generalisierung)*. In diesem Schritt manifestieren sich die Grenzen etablierter Problemlösungen und leiten zur Exploration über, wenn in neuen Anwendungsfeldern die bestehenden Praktiken überdacht und rearrangiert werden müssen *(Differenzierung)*. Wenn diese Strategie in neuen Kontexten nicht mehr ausreicht, müssen bislang völlig unbekannte Praktiken und Problemlösungen erschlossen werden *(Reziprokation)*, was das Höchstmaß an Exploration darstellt und im Schumpeterschen Sinne zu echter Innovation durch neue Zweck-Mittel-Kombinationen führt (Gilsing und Nooteboom 2006:2-5; Nooteboom 2000a:170-189).

Neben den oben genannten Studien, die das simultane Handhaben beider Lernstrategien betonen, konzentriert sich Assink (2006:220-222) aufgrund der Notwendigkeit radikaler, „disruptiver" Innovationen für dynamische Branchen und der gleichzeitigen Schwierigkeit, diese zu erzeugen, auf Exploration und ihre Barrieren. Er argumentiert, dass Unternehmen aufgrund etablierter dominanter Designs und Pfadabhängigkeiten zur Überbetonung von exploitativen Aktivitäten und inkrementeller Innovation neigen: Sie versuchen, den Status Quo zu wahren, können einmal angeeignete Logiken nicht mehr verlernen und sind deswegen in obsolet werdenden Denkmustern und im Wettbewerb nicht mehr zeitgemäßen Kernkompetenzen („Kernrigiditäten") gefangen. Dieses Phänomen kann auch als „Competence Trap" (Carlisle und McMillan 2006:3), „Success Trap" (Levinthal und March 1993:106) oder als vor allem reife Unternehmen treffender *Selbstverstärkungseffekt der Exploitation*[80] (Lavie et al. 2010:124f.) beschrieben werden. Es spiegelt sich auch darin wider, dass Unternehmen sich auf kurzfristige finanzielle Ziele zu Lasten einer langfristigen strategischen Ausrichtung konzentrieren, riskante Projekte vermeiden und sich zu stark nach innen orientieren – was zum „Not-Invented-Here"-Syndrom und der Vernachlässigung wertvoller externer Wissensquellen führt. Unter diesen Umständen vertrauen Unternehmen zu sehr auf die klassische Marktforschung, die nur für inkrementelle Innovation gut funktioniert (vgl. Teilkapitel 3.2.2.2); sie nehmen schwache und unsichere Signale am Markt als potenzielle Gelegenheiten für die nächsten radikalen Innovationen nicht wahr oder nutzen ihre eigene technologische Expertise nicht genug aus (Assink 2006:223-225).

Neben der Tendenz großer bzw. reifer Unternehmen, exploitative Aktivitäten zu bevorzugen, kann die Innovationsfähigkeit auch darunter leiden, dass beide Lernstrategien sich wegen ihrer *paradoxen Anforderungen* – Stabilität, Effizienz, Betonen von Routinen und kurzfristigen finanziellen Zielen (Exploitation) versus Flexibilität, Effektivität, Betonen von Kreativität und langfristigen strategischen Gelegenheiten (Exploration) – nur schwer miteinander vereinbaren lassen (vgl. Lavie et al. 2010:115-117; Assink 2006:220; Carlisle und McMillan 2006:3; Lawson und Samson 2001:381f.). So kann beispielsweise die Suche nach komplett neuen Problemlösungen das Verfeinern bestehender Problemlösungen verlangsamen oder eine Verbesserung bisheriger Kompetenzen die Entwicklung von neuen Kompetenzen weniger attraktiv erscheinen lassen (March 1991:72). Zusätzlich stellen sich auch unterschiedliche Bedingungen an die Organisation, da Exploration z.B. eher unter einem gewissen Chaos und in informalen Strukturen floriert, während Exploitation von stark strukturierten Prozessen und formalen Strukturen profitiert und von informalen Strukturen sogar beeinträchtigt wird (Menguc und Auh 2010:829f.; Carlisle und McMillan 2006:4f.). Dennoch müssen Unternehmen beide Lernstrategien gleichermaßen beherrschen, da nur so die aktuelle und die zukünftige *Wettbewerbsfähigkeit* des Unternehmens

80 March (1991:105f.) argumentiert, dass es auch zur *Selbstverstärkung der Exploration* kommen kann, wenn Unternehmen exzessiv experimentieren und scheiternde Ideen durch ständig neue Produkte und Technologien ersetzen wollen („Failure Trap"). Allerdings finden sich bislang nur theoretische Simulationsstudien (Walrave et al. 2011; Siggelkow und Rivkin 2006), aber kaum praktische Hinweise zu diesem Phänomen. Der Selbstverstärkungseffekt der Exploitation wird häufiger diskutiert und als dominanter Effekt betrachtet (vgl. z.B. Lavie et al. 2010:124f.; March 1991:73).

erhalten werden kann (Lisboa et al. 2011:1158; Lavie et al. 2010:126f.; Menguc und Auh 2010:829; Carlisle und McMillan 2006:3; Lawson und Samson 2001:385; March 1991:71):

> "On the one hand exploitative capabilities provide the immediate capital flow that enables firms to perform in the present. Improvements in existing products enable firms to extend the product life with minor costs and risk. (...) On the other hand, explorative capabilities ensure a firm's renewal. The development of completely new products enables the firm to stay technologically ahead of competitors." (Lisboa et al. 2011:1061)

Doch wie kann eine solche Balance zwischen Exploration und Exploitation, die auch als „Ambidexterität" bezeichnet wird (vgl. Lavie et al. 2010; Tushman und O'Reilly 1996), erreicht werden? Ein gängiger Vorschlag, der sich auch in den Studien zur Innovationsfähigkeit wiederfindet, ist eine strukturelle Trennung *(strukturelle Ambidexterität)* durch verschiedene Organisationsbereiche. So können mittels Einrichtung dualer Strukturen exploitative und eine stärkere Strukturierung bzw. Formalisierung erfordernde Routineaufgaben von explorativen Aufgaben, die in freier agierenden Teileinheiten gebündelt sind, separiert werden. Diese Logik erklärt, warum Exploration als exklusive Aufgabe der FuE gilt, während Exploitation eher mit den Routineaufgaben von Marketing und Produktion bzw. Design und Engineering assoziiert wird (Lawson und Samson 2001:380-384; Bell 2009:33f.) oder weshalb Unternehmen ihre Forschungsaktivitäten in relativ autonome Spin-Offs jenseits der Routineorganisation auslagern (Assink 2006:220; Carlisle und McMillan 2006:5f.). Die Auslagerung explorativer Aktivitäten kann ebenso mittels Betätigung in Netzwerken zum Aneignen des Wissens externer Partner[81] (vgl. Teilkapitel 3.2.2.2) erfolgen (z.B. Lisboa et al. 2011; vgl. Kauppila 2010). Lawson und Samson (2001:382-387) lehnen diese Form der Ambidexterität allerdings ab und argumentieren, dass eine strukturelle Trennung zu dysfunktionalen Effekten führt: Es sei zu befürchten, dass dadurch der Selbstverstärkungseffekt der Exploitation gefördert wird und die explorativen Einheiten mit zu wenig Ressourcen ausgestattet werden. Besonders problematisch sei, dass der Übergang von bzw. hin und her wechseln zwischen Exploration und Exploitation – wie z.B. die Übersetzung radikal neuer Ideen aus der FuE in produzierbare und kommerzialisierungsfähige Produkte – extrem behindert wird. Stattdessen empfehlen die Autoren, beide Lernstrategien

---

81 Inwiefern *externe Partnerschaften* zum explorativen Lernen beitragen, hängt von der Art des Partners ab (vgl. Teilkapitel 3.2.2.2). Eine starke *Kundenorientierung* kann sowohl zu Exploration als auch Exploitation führen (Lisboa et al. 2011:1160f.): In Zusammenarbeit mit Kunden können neben Verbesserungspotenzialen für bereits existierende Produkte und Leistungen auch komplett neue Marktgelegenheiten identifiziert werden, wenn es sich z.B. um fortschrittliche Lead User (vgl. z.B. Urban und Von Hippel 1988:569f.) handelt. Eine starke *Wettbewerberorientierung* wird hingegen eher Exploitation fördern, da mit Konkurrenten aufgrund des befürchteten Wissensabflusses eher weniger intensiv zusammengearbeitet wird (vgl. z.B. Hagedoorn und Duysters 2002:171f.). Frei zugängliche Informationen über die Konkurrenz eignen sich nur zum Vergleich aktueller Leistungsangebote und Marktpositionen, während die Akteure in potenziellen neuen Märkten noch gänzlich unbekannt sind (Lisboa et al. 2011:1160f.). Umgekehrt hängt der Zugang zu Partnern aber auch von den eigenen Qualitäten ab, da radikale Innovatoren (d.h. Unternehmen mit nachweislich explorativen Fähigkeiten) für die Zusammenarbeit in Allianzen bevorzugt werden (vgl. Sen und Egelhoff 2000). Somit kann eine Überlappung zwischen der Aneignung von unternehmensexternem Wissen (Dimension 2 der IF i.w.S.) und Lernen durch Exploration und Exploitation (Dimension 3 der IF i.w.S.) identifiziert werden, die der Komplexität von Wissen und Lernen als Forschungsthemen geschuldet ist.

simultan zu handhaben und durch „Dynamic Capabilities" zu integrieren[82] (ebd. 379; vgl. auch Raisch et al. 2009:687f.). Andere Autoren argumentieren, dass die genannten Probleme durch verstärkte intra- bzw. interorganisationale Kollaboration behoben werden können (vgl. z.B. Jansen et al. 2009; Dittrich und Duysters 2007; Nooteboom 2000b). Eine entsprechende Alternative zur strukturellen Trennung, die den Forderungen Lawson und Samsons (2001) nachkommt, ist *kontextuelle Ambidexterität*: Exploration und Exploitation werden in einer Organisationseinheit vereint, deren Mitglieder aufgrund des unterstützenden organisationalen Kontextes wie einer innovationsförderlichen Struktur und Kultur ihre Zeit zwischen der Verfeinerung bisheriger Kompetenzen oder dem Aufbau neuer Kompetenzen selbst aufteilen können (Gibson und Birkinshaw 2004). Diese Idee würde allerdings erfordern, dass Individuen jederzeit zwischen den beiden eigentlich konfliktären Lernstrategien hin und her wechseln können – was aufgrund ihrer begrenzten Rationalität als unwahrscheinlich gilt und kontextuelle Ambidexterität[83] schwer umsetzbar macht (z.B. Lavie et al. 2010:131; Schreyögg und Sydow 2010:1257).
Zusammenfassend lässt sich feststellen, dass sich Lernen durch Exploration und Exploitation als dritte Dimension der Innovationsfähigkeit i.w.S. unmittelbar auf das Generieren von Innovationen mit unterschiedlichem Neuheitsgrad auswirkt – das Balancieren beider Lernstrategien aber schwierig zu sein scheint. Umso spannender dürfte sein, wie innovationsfähige Unternehmen der Praxis dieses Dilemma handhaben.

3.2.2.4 Betonen der Relevanz von Innovation in Strategie und Kultur

Die vierte Dimension der Innovationsfähigkeit i.w.S. ist das Betonen der Relevanz von Innovation in Strategie und Kultur des Unternehmens und ihr wird von 11 der 22 untersuchten Studien Bedeutung beigemessen. Strategie und Kultur stehen in engem Zusammenhang miteinander und schaffen gemeinsam einen Rahmen für Innovationsaktivitäten, der den Umgang mit internem oder externem Wissen sowie Lernprozesse im gesamten Unternehmen beeinflusst (vgl. z.B. Naranjo-Valencia et al. 2011; Leonardi 2010; Chiva und Alegre 2005; Glynn 1996), wobei das Zusammenspiel zwischen beiden Faktoren entscheidend ist.
Begonnen werden soll mit der *strategischen Betonung von Innovation*, auf die die Entscheidungsträger des Unternehmens Einfluß haben. Ein Negativbeispiel liefern Boerjesson und Elmquist (2011:180f.) mit der Studie eines Automobilherstellers, der die Innovationsfähigkeit durch ein

---

82 *Dynamic Capabilities* sind „(...) the firm's ability to integrate, build, and reconfigure internal and external competences to address rapidly changing environments" und beschreiben, wie ein Unternehmen innovative Quellen von Wettbewerbsvorteilen trotz existierender Pfadabhängigkeiten und Marktpositionen erschaffen kann (Teece et al. 1997:516). Das Konzept wird in der Studie von Lawson und Samson (2001) zwar benannt, im Zuge ihrer Untersuchung – ebensowenig wie in anderen Studien – aber nicht weiter vertieft. Deswegen sind Dynamic Capabilities kein Theoriekonzept, das elementar für diese Arbeit ist.

83 Es existieren zwei weitere Ambidexteritätsformen, zu denen es in den Studien zur Innovationsfähigkeit keine Hinweise gibt: Sowohl bei der *temporalen Ambidexterität* als auch bei der *Domänen-Ambidexterität* finden Exploration und Exploitation in einer Organisationseinheit statt, aber im ersten Fall zeitlich getrennt voneinander und im zweiten Fall in verschiedenen Wissensdomänen. Folglich liegt auch hier eine Separation – nicht auf struktureller, sondern auf zeitlicher bzw. wissensbezogener Ebene – vor (vgl. Lavie et al. 2010:133-135). Somit dürfte die Frage des Übergangs von bzw. des Wechsels zwischen Exploration und Exploitation auch bei diesen Formen der Ambidexterität kritisch sein.

strategisches Veränderungsprojekt verbessern wollte: Obwohl Experimentieren in der Organisation danach stärker gefördert wurde, mangelte es an der ausdrücklichen Unterstützung und klaren strategischen Zielsetzung des Top-Managements; deswegen blieben die Zuständigkeiten für die Integration neuer Ideen in den Produktentwicklungsprozess ungeklärt und die Organisationsmitglieder arbeiteten weiterhin an individuellen Zielen anstelle am kollektiven Innovationsziel. Im Gegensatz dazu meint eine klare *Innovationsstrategie*, dass Innovation als langfristig bindendes Unternehmensziel formuliert, zur Ausrichtung der Innovationsaktivitäten herangezogen und regelmäßig mit der Wettbewerbsstrategie abgeglichen wird (Gemünden und Salomo 2004:511). Sie unterstützt die Mitarbeiter, ihre Lernaktivitäten zu fokussieren und zu priorisieren (Chapman und Hyland 2004:556) und dient der Harmonisierung von Innovationsaktivitäten mehrerer, eventuell räumlich getrennter FuE-Teilbereiche in internationalen Großkonzernen (vgl. Persaud 2005:420-424). In dem Zusammenhang betrachten Calantone et al. (2002:516f.) auch eine *gemeinsame Vision* als sinnvoll, um Organisationsmitgliedern trotz unterschiedlicher Ansätze und Interessen beim Generieren, Interpretieren und Anwenden von Wissen eine gemeinsame Richtung aufzuzeigen:

> "Great ideas fail to be translated into action because of diverse interests in the organization. (…) For example, a marketer is more concerned about market information, whereas someone in R&D may focus on the technical aspects of innovation. This may lead to varying interpretations, even of the same information. A shared vision coordinates the focus of various departments and enhances the quality of learning." (Calantone et al. 2002:517)

Demzufolge kann eine geteilte *Vision*[84] ein gemeinsames geschäftliches Grundverständnis von unterschiedlich spezialisierten Organisationseinheiten schaffen.

Außerdem determiniert die Innovationsstrategie, mit welchen Konfigurationen von Ressourcen, Produkten, Prozessen und Systemen das Unternehmen innoviert und welchen Märkte mit diesen Innovationen bearbeitet werden sollen. Idealerweise sollten bei der Formulierung der Innovationsstrategie die Anforderungen von *Exploration und Exploitation* integriert werden (Lawson und Samson 2001:389f.), was aufgrund der damit verbundenen Paradoxa ein kompliziertes Unterfangen ist und die Berücksichtigung kurz- als auch langfristiger Ziele[85] erfordert. Da aufgrund des Selbstverstärkungseffektes der Exploitation (vgl. Teilkapitel 3.2.2.3) eher die Gefahr einer zu kurzsichtigen strategischen Planung besteht, sollte das Top-Management bei der Formulierung der Innovationsstrategie eine gewisse Risiko- und Investitionsbereitschaft zeigen,

---

[84] Die *Vision* gibt Aufschluss über die angestrebte zukünftige Wettbewerbsposition des Unternehmens, während die *Gesamtunternehmensstrategie* („Corporate Strategy") konkretere Ziele und Umsetzungsmaßnahmen beinhaltet (vgl. z.B. Raynor 1998). Wie in der Studie von Lawson und Samson (2001) werden beide Begriffe oftmals nicht ausreichend voneinander unterschieden. Die Innovationsstrategie kann als besondere Art der Gesamtunternehmensstrategie begriffen werden (vgl. z.B. He und Wong 2004:481).

[85] In diesem Zusammenhang wird in der Literatur „*managerial ambidexterity*" diskutiert, d.h. inwiefern Manager in der Lage sind, in ihren Entscheidungen exploitative als auch explorative Lernmodi zu integrieren. Eine solche individuelle Ambidexterität erfordert das Kombinieren von Kurz- und Langfristorientierung und soll sich positiv auf die Ambidexterität auf Organisationsebene auswirken. Sie basiert auf ausgeprägten Fähigkeiten der Wissensverarbeitung sowie bestimmten Persönlichkeitsmerkmalen (vgl. Raisch et al. 2009:687f.; Tushman und O'Reilly 1996:27f.).

um auch radikalen Innovationen Raum zu geben (vgl. Assink 2006:224). Eine solche bewusste Stärkung explorativer Aktivitäten kann sich darin äußern, dass über die Effizienzgrenze hinaus *„Slack-Ressourcen"* (z.B. zusätzliche Mitarbeiter oder frei verfügbare finanzielle Mittel) zur Verfügung gestellt werden (vgl. Lavie et al. 2010:121f.; Nohria und Gulati 1996:1246). Slack fördert Lernprozesse und das Generieren von Innovationen, indem Mitarbeiter z.B. die Freiheit haben, einen Teil der Arbeitszeit zum Experimentieren bzw. Entwickeln neuer Problemlösungen zu nutzen (Chapman und Hyland 2004:556), dafür Funding, Einrichtungen und eine kreative Umgebung zur Verfügung stehen (Lawson und Samson 2001:394) und das Aneignen von Wissen außerhalb des eigenen Arbeitsbereiches explizit ermutigt wird (Calantone et al. 2002:516). Dennoch sei darauf hingewiesen, dass großzügiger Slack auch kontraproduktiv für die Innovationsleistung sein kann: Einerseits besteht bei geringem Wettbewerbsdruck und mangelnden Anreizen zur Exploration die Gefahr, mit überschüssigen Ressourcen eigentlich obsolete Aktivitäten fortzuführen anstelle neue zu entwickeln; andererseits neigen Unternehmen im Falle mangelnder Rationalität und Disziplin dazu, hochriskante und wenig erfolgsversprechende neue Projekte einzugehen. Folglich sollten Slack-Ressourcen weder in zu hohem noch in zu geringem Maße vorhanden sein, um Innovationen zu fördern (Lavie et al. 2010:122; Nohria und Gulati 1996:1260).

Neben der strategischen Verankerung sollte die Relevanz von Innovation auch in der *Unternehmenskultur* betont werden. Mit „Kultur" sind die Normen, Werte und Grundannahmen gemeint, die die Mitglieder einer Organisation teilen und die ihre Wahrnehmung, ihr Denken sowie ihr Problemlösungsverhalten determinieren. (z.B. Schein 1996:229; Schein 1990:111). Sie kann je nach Ausgestaltung die Lernprozesse und somit die Innovationsleistung einer Organisation fördern oder behindern (vgl. Naranjo-Valencia et al. 2011; Schein 1996). Aus diesem Grund ist es wenig verwunderlich, dass sich in den Studien zur Innovationsfähigkeit Überlegungen zur Organisationskultur finden. Cakar und Ertürk (2010:345) resümieren:

> „Innovative culture is a way of thinking and behaving that creates, develops, and establishes values and attitudes within a firm that may require rising, accepting, and supporting new ideas involving an improvement in the functioning and management of the firm." (Cakar & Ertürk, 2010:345)

Doch durch welche gemeinsamen Werte und Verhaltensannahmen zeichnen sich solche innovationsförderlichen Organisationskulturen nun aus? Cakar und Ertürk (2010) untersuchten die Wirkung der Kulturdimensionen nach Hofstede und stellten fest, dass Innovationsfähigkeit unter einer ausgeprägten *Unsicherheitsvermeidung*[86], die sich in der Bevorzugung klarer Ziele und formaler Richtlinien widerspiegelt, leidet. Zu einem ähnlichen Ergebnis kommen auch andere Studien, die *Risikotoleranz* und die damit zusammenhängende langfristige Orientierung als wichtige Merkmale von Organisationskulturen betonen, da Ambiguität und Unsicherheit (vgl. Teilkapitel 2.5) hinsichtlich Marktentwicklung und Erfolgsaussichten in der Natur von Innovationen

[86] Andere Ergebnisse zeigten die restlichen Kulturdimensionen: Machtdistanz (Akzeptanz von Hierarchiegefällen bzw. der Macht ranghöherer Manager), Kollektivismus (Unterordnen persönlicher Ziele unter Gruppenziele) und Maskulinität (aggressive Zielorientierung) haben zwar einen potenziell negativen Einfluss auf die Innovationsfähigkeit, lassen sich aber durch Empowerment der Mitarbeiter mediieren (Cakar und Ertürk 2010).

liegen (Amara et al. 2010:177f.; Menguc und Auh 2010:820; Assink 2006:223f.). Beides muss nicht nur in Kauf genommen, sondern kann sogar positiv betrachtet werden, da sich gerade aus Zufällen radikale Innovationen ergeben können. Dieses Phänomen ist als „Serendipität" bekannt (vgl. Dew 2009; Godoe 2000) und war z.B. bei dem Pharma-Konzern Pfizer ursächlich für die Entdeckung des Medikaments Viagra als „Nebenprodukt" der Forschung zu Blutdruckmitteln (Gassmann et al. 2008:IX). Die Frage ist demnach, wie man solche günstigen Zufälle zulassen oder aus ggf. auftretenden Fehlern lernen kann, ohne blindlings Unsicherheiten bzw. Risiken oder Ambiguitäten in Kauf zu nehmen, die sich durch gezielte Informationsbeschaffung und ein strukturiertes Projektmanagement vermeiden lassen (vgl. Lawson und Samson 2001:394).

Doch wie können Unternehmen eine Innovationskultur schaffen? Unter anderem wird in den Studien genannt, die Relevanz von Innovation und kontinuierlichem Lernen explizit als *Werte* des Unternehmens zu betonen, Offenheit für neue kreative Ideen und Veränderungen zu signalisieren (vgl. Assink 2006:225; Peeters und Pottelsberghe de la Potterie 2003:5; Calantone et al. 2002:516) sowie eine *gemeinsame Sprache* zu entwickeln. Das Verwenden innovationsbezogener Termini wie „Experimentieren" oder „Paradigmenwechsel" z.B. in strategischen Veränderungsinitiativen trägt dazu bei, dass die Belegschaft deren Bedeutung verinnerlicht und als Ankerpunkte für gemeinsamen Diskussionen verwendet (Boerjesson und Elmquist 2011:119f.). Diese kommunikationsbezogenen Aktionen demonstrieren, dass sich auf die Innovationskultur nur bedingt Einfluß[87] nehmen lässt: Obwohl sie in der Praxis als notwendig betont wird, lässt sie sich mangels konkreter Umsetzungsmaßnahmen oder wegen organisationaler Rigidität schwer implementieren (Peeters und Pottelsberghe de la Potterie 2003:5f.).

Zusammenfassend zu dieser letzten Dimension der Innovationsfähigkeit i.w.S. lässt sich feststellen, dass das Betonen der Relevanz von Innovation in der Strategie des Unternehmens leichter fällt als in seiner Kultur.

Nachdem alle vier Dimensionen der Innovationsfähigkeit i.w.S. entwickelt und erläutert wurden, sollen im abschließenden Teilkapitel beide Sichtweisen von Innovationsfähigkeit zueinander in Beziehung gesetzt werden.

---

[87] Die Gestaltbarkeit der Unternehmenskultur wird in der Literatur kontrovers diskutiert. Aus Sicht der „Kulturingenieure" lassen sich Organisationskulturen ebenso gezielt entwickeln und ändern wie andere Instrumente des strategischen Managements; „Kulturalisten" gehen hingegen von organisch gewachsenen und damit kaum gezielt beeinflussbaren Organisationskulturen aus. Wahrscheinlich realistischer als diese beiden Extrempositionen ist die „Kurskorrektur", bei der zumindest kulturelle Entwicklungsanstöße als möglich gelten. Insgesamt sind Unternehmenskulturen zu komplex und unsichtbar, als dass sie gänzlich planerisch gestaltet werden könnten (Schreyögg und Koch 2010:350f.).

3.2.3 Innovationsfähigkeit i.e.S. versus Innovationsfähigkeit i.w.S.

Innovationsfähigkeit im engeren bzw. ergebnisbezogenen Sinn (i.e.S.) konnte definiert werden als das Vermögen eines Unternehmens, kontinuierlich radikale und inkrementelle Produkt- und Prozessinnovationen zu generieren (vgl. Teilkapitel 3.2.1). Das Erreichen dieser engeren Sichtweise von Innovationsfähigkeit ist an das Erfüllen bestimmter wissens- und lernbezogener Vorbedingungen gekoppelt, die gebündelt als *Innovationsfähigkeit im weiteren bzw. wissens- und lernbezogenen Sinn (i.w.S.)* beschrieben werden können (vgl. Teilkapitel 3.2.2).

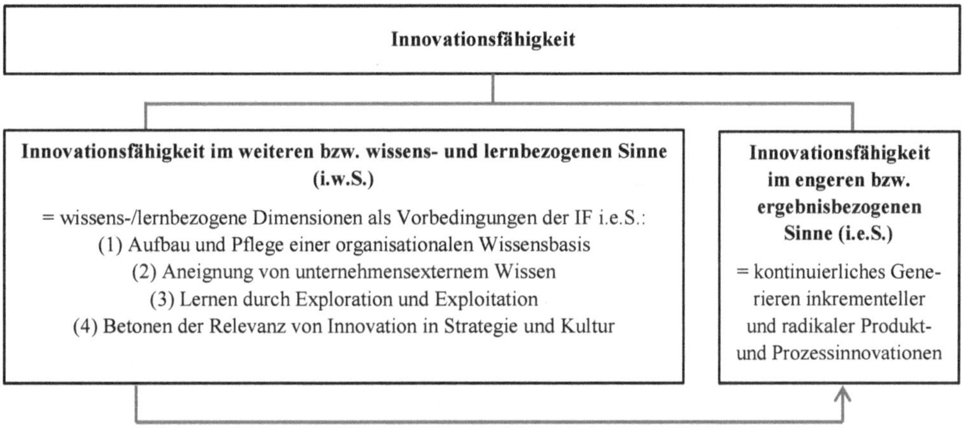

Abbildung 8: Präzisierung des Begriffes der Innovationsfähigkeit (Quelle: eigene Darstellung).

Zusammen erklären sie, wie sich Unternehmen in ihrer Umwelt orientieren[88], indem sie das für Innovationen notwendige Wissen generieren, verarbeiten, teilen und weiterentwickeln. Wie gezeigt werden konnte, umfasst Innovationsfähigkeit i.w.S. die folgenden vier Dimensionen: (1) Aufbau und Pflege einer organisationalen Wissensbasis, (2) die Aneignung von unternehmensexternem Wissen, (3) Lernen durch Exploration und Exploitation sowie (4) das Betonen der Relevanz von Innovation in der Strategie und Kultur des Unternehmens. Die Breite dieser Definition demonstriert, dass Innovationsfähigkeit i.w.S. wesentlich schwieriger zu operationalisieren sein dürfte als der engere Innovationsfähigkeitsbegriff, da es sich bei den wissens- und lernbezogenen Vorbedingungen im Gegensatz zu den generierten Innovationsarten nicht um direkt beobachtbare oder messbare Konstrukte handelt. Nichtsdestotrotz müssen diese Dimensionen erfüllt werden, um überhaupt kontinuierlich Innovationen erzeugen zu können. Dieser Zusammenhang zwischen beiden Sichtweisen von Innovationsfähigkeit wird in Abbildung 8 dargestellt. Der ehemals tautologische Eindruck des Innovationsfähigkeitsbegriffes kann somit durch die Unterscheidung zwischen einer engeren und einer weiteren Sichtweise (Innovationsfähigkeit i.e.S. vs. Innovationsfähigkeit i.w.S.) aufgelöst werden.

Nun gilt es zu überlegen, inwiefern diese beiden Sichtweisen von bestimmten organisatorischen Voraussetzungen beeinflusst werden, die im folgenden Teilkapitel untersucht werden.

---

88 Frost (1998) und Osterloh und Frost (1998) sprechen dabei von den *Orientierungsaufgaben* der Organisation.

3.3 Bestimmung relevanter Charakteristika der FuE-Organisation

In der Einleitung dieser Arbeit wurde bereits geschildert, dass Innovationsfähigkeit an bestimmte organisatorische Voraussetzungen geknüpft sein muss, sich in der Literatur bislang aber nur wenige bzw. nur unsystematische Hinweise zu deren Ausgestaltung und Wirkung finden lassen. Das vorhergehende Teilkapitel macht die Beschäftigung mit diesem Organisationsproblem noch einmal mehr plausibel. Erstens ist unwahrscheinlich, dass gerade kontinuierliches Generieren verschiedener Innovationsarten *(Innovationsfähigkeit i.e.S.)* ohne eine bestimmte organisatorische Gestaltung auskommt – da es meist nicht auf der Leistung einzelner Genies, sondern den gebündelten und zu koordinierenden Anstrengungen einer Vielzahl von Individuen beruht. Für ihre Arbeit müssen je nach Phase des Innovationsprozesses geeignete Arbeitskonstellationen gefunden und organisatorische Charakteristika, die sowohl hemmend als auch begünstigend wirken können, beachtet werden (vgl. Möslein 2009:13f.; Damanpour 1991). Das Unternehmen kann nur dann kontinuierlich bzw. nachhaltig innovieren, wenn dieses Ziel auch von Strukturen und Prozessen der Organisation getragen wird. Dabei muss ein Gleichgewicht zwischen kurz- und langfristigen Unternehmensinteressen gewahrt werden und es sind andere als rein auf Effizienz ausgerichtete Organisationsmuster anzuwenden (vgl. z.B. Dougherty 2006; Johannessen et al. 1997; Dougherty und Hardy 1996). Zweitens ergibt sich der Organisationsbedarf auch aus den zuvor erörterten, notwendigen wissens- und lernbezogenen Dimensionen der *Innovationsfähigkeit i.w.S.*, da die Orientierung eines Unternehmens[89] in der Umwelt unmittelbar mit seinem Organisationsdesign verknüpft ist (vgl. z.B. Osterloh und Frost 2000; Frost 1998; Osterloh und Frost 1998): Der Aufbau und die Pflege einer organisationalen Wissensbasis *(Dimension 1 der IF i.w.S.)* erfordert z.B. gewisse Redundanzen in Form überlappender Beziehungen zwischen den Wissensträgern verschiedener Teams und Organisationsbereiche (vgl. z.B. Hansen 2002; Nonaka 1990) und die Aneignung von unternehmensexternem Wissen *(Dimension 2 der IF i.w.S.)* verlangt eine stärkere Durchlässigkeit der bisherigen Grenzen der Unternehmung (vgl. z.B. Brusoni 2005; Coombs und Metcalfe 2002). Die Handhabung der beiden mit paradoxen Anforderungen einhergehenden Lernstrategien *(Dimension 3 der IF i.w.S.)* hängt ebenso von organisatorischen Fragestellungen ab, z.B. ob Exploration und Exploitation strukturell voneinander getrennt werden sollen und wie in dem Falle ihre Reintegration erfolgen soll (z.B. Lavie et al. 2010; Tushman et al. 2010). Zu guter Letzt trägt der organisatorische Rahmen auch maßgeblich zur strategisch und kulturell verankerten Innovationsorientierung des Unternehmens *(Dimension 4 der IF i.w.S.)* bei, indem z.B. innovatives Verhalten durch bestimmte Anreize gefördert wird (vgl. z.B. Naranjo-Valencia et al. 2011; Dombrowski et al. 2007; Pohlmann et al. 2005). Aus diesen Gründen müssen sich Firmen zur Erhaltung bzw. Steigerung ihrer Innovationsfähigkeit grundsätzlich mit

---

[89] Nachdem in der Organisationsforschung lange Zeit nur *Koordinations- und Motivationsaufgaben* der Organisation thematisiert wurden (vgl. z.B. Schreyögg und Kliesch 2003; Kieser und Kubicek 1992; Mintzberg 1980; March und Simon 1958), gelten heute auch die Lern- und Wissensdimension (z.B. Frese 2000, 2001) bzw. synonym *Orientierungsaufgaben* (z.B. Osterloh und Frost 2000; Frost 1998; Osterloh und Frost 1998) als zentraler Teil des organisatorischen Aufgabenspektrums. „Orientierung“ meint das Zurechtfinden in der Umwelt, indem die Organisation Informationen selektiert, verarbeitet und in Wissen transformiert, das entsprechend geteilt, weiterentwickelt und zum Sichern von Wettbewerbsvorteilen angewendet werden muss (Frost 1998:91-93).

den hierfür notwendigen Voraussetzungen der Organisation – insbesondere des FuE-Bereiches als Initiator von Innovationen – beschäftigen.

3.3.1 Der FuE-Bereich als Innovationsmotor des Unternehmens

Trotz der Diskussion über Sinn[90] und Möglichkeiten, *Organisation* zu definieren und heterogener Strömungen der Organisationstheorie[91], die diesen Versuch auf Basis unterschiedlicher Grundannahmen unternehmen, wird es für den weiteren Gang der Arbeit als sinnvoll erachtet, zumindest ein grobes Begriffsverständnis zugrunde zu legen:

> „Organisation bedeutet die Existenz einer *Ordnung*, die *zielgerichtet* arbeitsteilige Aufgaben und Tätigkeiten regelt. Das Ziel ist, dass die Zusammenarbeit der Organisationsmitglieder mehr Wert schafft als die Summe der einzelnen Akteure oder die Koordination von Aktivitäten über den Markt erbringen würde." (Osterloh und Frost 1998:168; eigene Hervorhebung)

Das bedeutet, dass Organisation *kein Selbstzweck* ist, sondern der Ausrichtung der Handlungen aller Organisationsmitglieder auf übergeordnete Unternehmensziele[92] dienen muss (vgl. z.B. Frese et al. 2012:20; Dunbar und Starbuck 2006). Dafür muss die Gesamtaufgabe des Unternehmens auf geeignete Art und Weise in Teilaufgaben zerlegt und diese zielgerichtet aufeinander abgestimmt werden (Reichwald und Möslein 1997:3). Im Zusammenhang zur Innovationfähigkeit lässt sich die Rolle der Organisation als *„Focusing Device"* beschreiben, das ähnlich wie der Zoom bei einem Fotoapparat die Anstrengungen aller Organisationsmitglieder auf das Erreichen übergeordneter Innovationsziele des Unternehmens lenken soll. Hierfür muss die kognitive Distanz zwischen den benötigten, verschiedenartig spezialisierten Aufgabenträgern reduziert und eine gemeinsame Kognition geschaffen werden, damit Komplementaritäten durch Kooperation und Lernen mittels Interaktion nutzbar werden[93] (vgl. Nooteboom 2007:154, 2000a:71, 2000c:917). Diese Kernaufgabe obliegt in erster Linie dem Organisationsbereich der *Forschung und Entwicklung (FuE)*, der als Hauptakteur des Innovationsmanagements für das Initiieren und Lenken von Innovationen im Unternehmen verantwortlich ist und dabei die Zusammenarbeit diverser interner und externer Experten koordinieren muss (vgl. z.B. Hauschildt und Salomo

---

90 Selbst anerkannte Organisationsforscher wie Karl Weick und James March lehnen eine einheitliche Definition von Organisation ab. Sie plädieren stattdessen dafür, das Wesen einer Organisation nach und nach zu erkunden und dabei den „Prozessgedanken" in den Mittelpunkt zu stellen (vgl. Frese et al. 2012:20f.).

91 Einen Überblick bietet beispielsweise Schreyögg (2004:1069-1087), der zwischen der klassischen (z.B. Bürokratieansatz), der neoklassischen (z.B. Human Relations Ansatz) und der modernen *Organisationstheorie* (z.B. Entscheidungsforschung, systemtheoretische Ansätze) unterscheidet.

92 Mit seinem Leitsatz *„Structure follows Strategy"* umschrieb bereits Chandler (1962), dass die Organisationsstruktur die existierende bzw. emergente Strategie des Unternehmens – ob diese nun Innovationen oder andere längerfristige Ziele in den Fokus stellt – unterstützen muss. Heute gilt aber auch umgekehrt die Sichtweise *„Strategy follows Structure"* als akzeptiert, da existierende bzw. neuartige Strukturen sich ebenfalls auf die Wahl und Implementierung der Strategie auswirken bzw. strategische Veränderungen nach sich ziehen können (vgl. z.B. Christensen 2002:1319; Osterloh und Frost 1998:212).

93 Nooteboom (2006) schlägt dafür die Entwicklung einer *„Cognitive Theory of the Firm"* vor, die die Existenz von Unternehmen als Quellen der Innovation begründet. Sie soll an den ressourcenorientierten Ansatz von Penrose (1959) anknüpfen, aber nicht die Nutzung von existierenden, sondern den Aufbau von neuen Ressourcen und Fähigkeiten sowie die Möglichkeit interorganisationaler Kooperation in den Mittelpunkt rücken.

2007:125-138; Pleschak und Sabisch 1996:277-284; Brockhoff 1992:35-47; Bleicher 1990:11-14). Um besser zu verstehen, in welchem Ausmaß der FuE-Bereich für die verschiedenen Stufen des Innovationsprozesses (vgl. Teilkapitel 2.4) zuständig ist, müssen dessen Aufgaben begrifflich vom Innovationsmanagement und Technologiemanagement (vgl. Abbildung 9) abgegrenzt werden.

Wird vom *Innovationsmanagement* gesprochen, so ist damit das betriebswirtschaftlich orientierte Ausführen und Steuern aller Innovationsaufgaben gemeint, aber auch die Gestaltung des Innovationssystems. Letzteres dient als Rahmen des Innovationsprozesses und bezieht sich auf die innovationsorientierte Gestaltung der Strategie und Kultur des Unternehmens (Gemünden und Salomo 2004:506). Das Innovationsmanagement ist in das gesamte Unternehmen einzubinden: Es erfordert Entscheidungen der Geschäftsführung und tangiert alle Bereiche der Wertschöpfungskette, d.h. FuE, Produktion und Marketing/Vertrieb, als auch unterstützende Bereiche wie Human Resources und Finance (vgl. Hauschildt und Salomo 2007:32f.; Vahs und Burmester 2005:49).

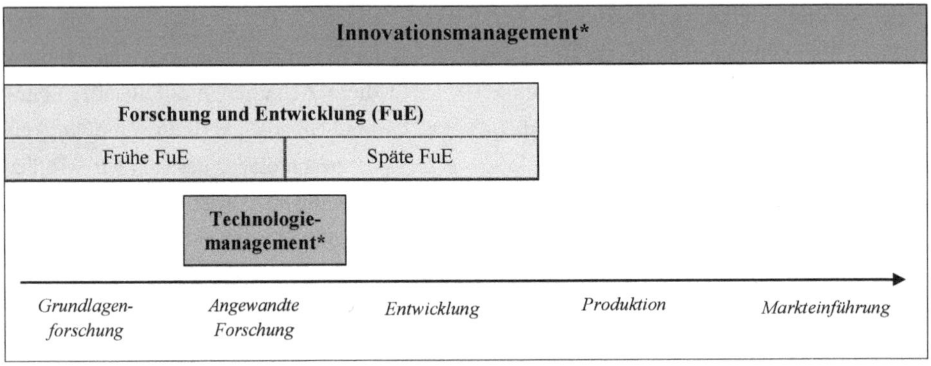

Legende: *Querschnittsaufgabe; FuE ist im Gegensatz dazu eine bereichsspezifische Aufgabe.

Abbildung 9: FuE versus Innovations- und Technologiemanagement (Quelle: Vahs und Burmester 2005:50, leicht modifiziert).

Die *Forschung und Entwicklung (FuE)* umfasst die unsichersten und riskantesten Aufgaben zu Beginn des Innovationsprozesses und nimmt als Kernfunktion eine besonders zentrale und weitreichende Position im Innovationsmanagement ein. Deswegen lässt sich argumentieren, dass die Intensität der FuE als Spiegel der gesamten Innovationsaktivitäten eines Unternehmens oder einer Branche betrachtet werden kann (Pleschak und Sabisch 1996:7). Brockhoff (1992:35) beschreibt die Aufgabe der FuE relativ generisch als „(…) die Kombination von Produktionsfaktoren, die die Gewinnung neuen Wissens ermöglichen soll." Damit geht die effiziente und effektive Planung, Organisation und Kontrolle sämtlicher FuE-Tätigkeiten einher (Pleschak und Sabisch 1996:7), die sich in die *Grundlagenforschung* (experimentelle und theoretische Gewinnung neuer wissenschaftlicher Erkenntnisse), die *angewandte Forschung* (Generierung von neuen wissenschaftlichen und technischen Erkenntnissen mit konkretem Anwendungsbezug) und die *Entwicklung* (Anwendung neuer Erkenntnisse zum Kreieren neuer Produkte oder Prozesse) untergliedern (Vahs und Burmester 2005:48). Selbige Aufgaben obliegen dem Organisationsbereich FuE, der Innovationen generiert und deren Diffusion im Unternehmen maßgeblich verantwortet (vgl. z.B. Brockhoff 2004; Pleschak und Sabisch 1996:7; Bleicher 1990:11f.; Howells 1990). Aufgrund unterschiedlicher inhaltlicher Anforderungen wird oftmals zwischen den frühen FuE-Phasen und den späten FuE-Phasen[94] unterschieden, wobei letztere mit der Entwicklung beginnen (z.B. Verworn und Herstatt 2007a).

Zu guter Letzt befasst sich das *Technologiemanagement* mit der Aneignung neuer und dem Erhalt bestehender Technologien, wozu die Pflege des unternehmenseigenen Technologieportfolios, dessen Sicherung durch Patente und Personalmaßnahmen sowie Weiterentwicklungen und Prognosen gehören (Hauschildt und Salomo 2007:34). Es ist relevant für die angewandte Forschung und die Vorentwicklung, bezieht sich aber nicht auf konkrete Innovationsprozesse (Vahs und Burmester 2005:49). Bei dem Technologiemanagement handelt es sich ebenso wie bei dem Innovationsmanagement um eine Querschnittsaufgabe im Unternehmen (Pleschak und Sabisch 1996:8). Da es mehrere Teilbereiche der FuE tangiert, kann es beispielsweise von einer Stabsstelle[95] wahrgenommen werden (Gruber und Venter 2006).

Die bisherigen Ausführungen haben verdeutlicht, dass der FuE-Bereich den entscheidenden Akteur des Innovationsmanagements darstellt. Da somit anzunehmen ist, dass die FuE als spezifisches „Focusing Device“ der Gesamtorganisation für die Innovationsfähigkeit eine wesentliche Rolle spielt, sollen nun auf Basis der selektierten Studien relevante Charakteristika der FuE-Organisation abgeleitet und erläutert werden.

3.3.2 Klassifizierung von Charakteristika der FuE-Organisation

Ausgangspunkt zur Erarbeitung relevanter Charakteristika der FuE-Organisation sind erneut die im Rahmen der Literaturanalyse selektierten Studien zur Innovationsfähigkeit (vgl. Tabelle 3, Spalte 7), aus denen organisatorische Hinweise herausgefiltert, nach gemeinsamen Themen sortiert und unter Einbezug aktueller Literatur aus dem Innovationsmanagement diskutiert werden. Die Bezeichnung *Charakteristika der FuE-Organisation* wurde gewählt, da sie einer modernen Perspektive der Organisationsforschung “(...) from the comparative assessment of historically given, frequently occurring, ‘forms’ of organization able to fit certain recurring circumstances (...) to the definition of design rules and processes capable of generating solutions, able to fit any given particular situation” (Grandori und Furnari 2008:459) entspricht. Damit wird die Suche nach idealtypischen Organisationsformen abgelehnt, bei denen es sich trotz unterschiedlicher Begrifflichkeiten meist um organisationsgestalterisch miteinander verwandte Konzepte handelt (vgl. z.B. Pettigrew und Massini 2003:6; Grandori und Furnari 2008). Stattdessen sollen nach dem

94 Die in der Praxis und gerade in der Pharma-Industrie oft verwendeten Begriffe der *frühen und späten FuE* sind nicht rein aufgabenbezogen, sondern organisationsbezogen gemeint (denn in den späten Phasen findet keine Forschung mehr statt). Sie grenzen den späten vom frühen Teilbereich der Gesamt-FuE ab (z.B. Paul et al. 2010; Kola und Landis 2004). Wie die Falldaten später zeigen werden, gibt es dabei kleinere unternehmensspezifische Unterschiede, wo exakt die Trennlinie zwischen den beiden Teilbereichen gezogen wird.

95 In ähnlicher Weise können auch Aufgaben des *Innovationsmanagements* in einer zentralen oder dezentralen Stabsstelle zusammengefasst werden, die die oben genannten Bereiche wie die FuE unterstützen kann (Gaubinger 2009; Pleschak und Sabisch 1996:271).

konfigurativen Organisationsverständnis[96] alternative Konfigurationen als Resultat bestimmter Kombinationen von organisatorischen Charakteristika das Erreichen ausgewählter Zielgrößen ermöglichen (z.B. Fiss 2011, 2007; Gresov und Drazin 1997). In Anlehnung an diese Logik verfolgt die Forscherin nicht das Ziel, aus der Literatur eine „optimale" Art der Aufbauorganisation (z.B. vollständig zentralisierte FuE, vgl. Pleschak und Sabisch 1996:279) und Ablauforganisation (z.B. FuE als Stage-Gate-Prozess, vgl. Cooper und Kleinschmidt 1993) abzuleiten, sondern vielmehr für die Innovationsfähigkeit relevante Charakteristika der FuE-Organisation als eine Art organisatorische „Stellschrauben" zu erarbeiten, die in Kombination zu unterschiedlichen Konfigurationen der FuE führen und sich je nach Situation anpassen lassen. Das Augenmerk liegt damit auf Parametern der *Organisationsdesigns*, die von den Entscheidungsträgern des Unternehmens direkt regulierbar sind[97] (vgl. z.B. Cornelissen und Kafouros 2008; Grandori und Furnari 2008; Dunbar und Starbuck 2006) und in bestimmter Ausprägung die wissens- und lernbezogenen Dimensionen der Innovationsfähigkeit (Innovationsfähigkeit i.w.S.) fördern, aber auch behindern können.

Wie bereits in der Einleitung erwähnt, demonstriert die Untersuchung der Studien zur Innovationsfähigkeit (siehe Tabelle 6; vgl. Tabelle 3) allerdings, dass organisatorische Fragestellungen eine Forschungslücke darstellen und im Gegensatz zur Innovationsfähigkeit i.e.S. bzw. i.w.S. wesentlich weniger detailliert behandelt werden. Nur wenige Studien geben hierzu ausreichend

---

96 Einer ähnlichen Logik folgen Kieser und Kubicek (1992) mit ihrem vorgeschlagenen Möglichkeiten- bzw. Merkmalsraum organisatorischer Strukturdimensionen, aus denen sich je nach Ausprägung verschiedene Strukturen ergeben (S. 68-73). Ebenso führen Mintzberg (1980) sowie Hungenberg und Wulf (2011) idealtypische Organisationsformen auf die Kombination bestimmter organisatorischer Gestaltungsparameter zurück. Allerdings gehen die genannten Autoren von begrenzten Kombinationsmöglichkeiten aus und die Frage, wie diese verändert werden können, wird nicht näher betrachtet. Die neueren *konfigurativen Organisationsansätze* versuchen diese Lücke zu schließen, da die Anzahl an Konfigurationen als unbegrenzt gilt und ihre Dynamik berücksichtigt wird (vgl. Fiss 2007, 2011). Gerade der letzte Aspekt ist für das Thema dieser Arbeit wichtig, da in dynamischen Umwelten mit regelmäßig notwendigen Anpassungen der Organisation im Allgemeinen (vgl. z.B. Schreyögg und Sydow 2010) und der FuE im Besonderen (vgl. z.B. Brockhoff 2004) zu rechnen ist.

97 Die Suche nach organisatorischen Parametern steht in Verbindung zum traditionellen *instrumentellen Organisationsbegriff* („Das Unternehmen *hat* eine Organisation"), wonach Organisation als eine der Planung nachgeordnete Tätigkeit (funktionale Sichtweise) oder als Konfiguration (konfigurative Sichtweise) im Sinne einer dauerhaften Gestaltgebung betrachtet wird. Im Gegensatz dazu werden nach dem jüngeren *institutionellen Organisationsbegriff* („Das Unternehmen *ist* eine Organisation") Organisationen nicht mehr als Instrument, sondern als zweck- und leistungsorientierte soziale Gebilde mit einer eigenen Persönlichkeit aufgefasst, die sich von ihrer Umwelt abgrenzen lassen. Unter dieser Prämisse besteht das wissenschaftliche Erkenntnisinteresse weniger in der Ableitung organisatorischer Gestaltungsempfehlungen, sondern in der Beobachtung und Erklärung des Verhaltens der Organisationsmitglieder sowie informaler Phänomene, z.B. dem Enstehen von Vertrauen oder der Auffassung von Gerechtigkeit (vgl. Von der Oelsnitz 2009:18f.,20-22; Osterloh und Frost 1998:186-188; Reichwald und Möslein 1997:4f.). Obwohl beide Organisationsbegriffe ihre Daseinsberechtigung haben, wird sich in dieser Arbeit auf den erstgenannten konzentriert, da konkrete Gestaltungsempfehlungen für eine der Innovationsfähigkeit zuträgliche FuE-Organisation abgeleitet werden sollen. Dennoch wird eingeräumt, dass Innovation auch trotz bzw. unabhängig von der formalen Organisation entstehen kann (z.B. Hauschildt und Salomo 2007:115; Dougherty und Hardy 1996), da *Serendipitäten* im Sinne ungeplanter explorativer Einzelleistungen eine große Rolle spielen (z.B. Bharadwaj und Menon 2000; Godoe 2000). Dafür müssen Möglichkeiten gefunden werden, wie die FuE- bzw. Innovationsaufgaben sich sinnvoll organisieren lassen, ohne den kreativen Freiraum der Organisationsmitglieder zu eliminieren (vgl. z.B. Fagerberg 2005:11).

tiefe Hinweise: In einer Studie wird die Organisation von Innovationsfähigkeit gar nicht thematisiert (Lisboa et al. 2011), manchmal werden organisatorische Charakteristika ohne nähere Erläuterung ihrer Wirkung nur genannt (z.B. Hii und Neely 2000) und oft wird nur ein Teilaspekt des organisatorischen Gesamtproblems wie z.B. die Zusammenarbeit mit externen Partnern betrachtet (z.B. Hagedoorn und Duysters 2002; Sen und Egelhoff 2000). Umfassendere Hinweise zur Organisation wie in den Studien von Un und Montoro-Sanchez (2010) oder Lawson und Samson (2001) verbleiben meist auf einer rein theoretischen Ebene.

Vertreter	DEZ	STEU	FLEX	PROJ	INT KOLL	ANREIZ	EXT KOLL
Boerjesson und Elmquist 2011					X		(X)
Lisboa et al. 2011							
Amara et al. 2010			(X)		(X)		X
Cakar und Ertürk 2010	X					(X)	
Menguc und Auh 2010		X	X				
Un und Montoro-Sanchez 2010				X	X	X	
Bell 2009	(X)			(X)	X		(X)
Assink 2006	(X)	X	(X)	(X)	X	(X)	X
Carlisle und McMillan 2006		X	X	(X)	(X)		(X)
Yang et al. 2006				(X)			
Persaud 2005	X	X			X		
Subramaniam und Youndt 2005					X		X
Chapman und Hyland 2004	X	X		(X)		(X)	
Yam et al. 2004	(X)	(X)		X	(X)	(X)	
Cavusgil et al. 2003							X
Peeters und Pottelsberghe de la Potterie 2003			(X)	X	X	(X)	X
Calantone et al. 2002			(X)				
Hagedoorn und Duysters 2002				X			X
Romijn und Albaladejo 2002				(X)			X
Lawson und Samson 2001	X	(X)	(X)	X	(X)	X	
Hii und Neely 2000				(X)			
Sen und Egelhoff 2000							X

Legende: DEZ = Dezentralisation der FuE, STEU = Steuerungsmechanismen, FLEX = Flexibilität der FuE-Organisation, PROJ = Arbeit in Projektteams, INT KOLL = Interne Kollaboration (FuE-intern/cross-funktional), ANREIZ = Anreizsystem, EXT KOLL = Externe Kollaboration. X = Vertiefend behandelt/explizite Hinweise, (X) = bloße Nennung ohne Erläuterung/implizite Hinweise.

Tabelle 6: Relevante Charakteristika der FuE-Organisation (Quelle: eigene Darstellung).

Immerhin stimmen die Ergebnisse der Literaturanalyse mit der bisherigen Argumentation insofern überein, als dass der *FuE-Bereich* die Innovationsfähigkeit eines Unternehmens am stärksten zu determinieren scheint. Der Großteil der Studien bezieht sich unmittelbar auf die Organisation des FuE-Bereiches (Bell 2009; Persaud 2005; Romijn und Albaladejo 2002) oder auf dessen Aufgaben und Kompetenzen, d.h. dem effizienten und effektiven [98] Ausführen von FuE-

[98] Gemeint ist Zielorientierung (Effektivität) und ökonomische Ressourcenallokation (Effizienz als Input-Output-Relation) bei Erfüllung der FuE-Aufgaben (vgl. z.B. Cakar und Ertürk 2010; Hagedoorn und Duysters 2002).

Tätigkeiten als Startpunkt und wesentlichen Teil des Innovationsprozesses (vgl. Teilkapitel 2.4). Sie tragen zum Generieren von Innovationen bei (Amara et al. 2010; Menguc und Auh 2010; Cakar und Ertürk 2010; Yam et al. 2004) und erfordern teilweise auch Kooperationen mit externen Partnern (Hagedoorn und Duysters 2002; Sen und Egelhoff 2000). Manche Autoren thematisieren Aufgaben und Kompetenzen, die zwar nicht explizit als der Verantwortung des FuE-Bereiches obliegend bezeichnet werden, diesem aber inhaltlich zuordenbar sind, da sie das Kreieren und Transformieren von neuen Ideen in innovative Problemlösungen zum Gegenstand haben (vgl. Un und Montoro-Sanchez 2010; Peeters und Pottelsberghe de la Potterie 2003; Assink 2006; Carlisle und McMillan 2006; Chapman und Hyland 2004; Lawson und Samson 2001). Hierzu ist die Studie von Boerjesson und Elmquist (2011) zu zählen, die den Fall eines strategischen Veränderungsprojekts für mehr Exploration als Kernthema der frühen FuE beschreibt. Überdies gibt es Studien, die Manager und/oder Mitarbeiter der FuE als Zielgruppe von Befragungen wählt (Subramaniam und Youndt 2005; Cavusgil et al. 2003; Calantone et al. 2002) und somit aus Sicht von FuE-Experten für die Innovationsfähigkeit relevante organisatorische Charakteristika erhebt. Folglich steht die FuE als Organisationsbereich im Mittelpunkt der folgenden Ausführungen sowie der eigenen empirischen Untersuchung.
Im Folgenden werden die in den Studien zur Innovationsfähigkeit zu findenden Hinweise zur FuE-Organisation thematisch gebündelt als einzelne Charakteristika der FuE-Organisation vorgestellt. Da in den Studien detaillierte Erläuterungen oft fehlen, werden ergänzende Hinweise aus der Literatur zum Innovationsmanagement bzw. der Organisationsforschung zur Ergänzung[99] herangezogen. Diese Systematisierung dient später als Ausgangspunkt der eigenen qualitativen Fallstudien (ab Kapitel 6): Zum einen wird so geklärt, welche Ebenen der FuE-Organisation überhaupt untersucht werden müssen und zum anderen können durch Finden von „Mustern" in der Literatur Ansätze für relevante Fragestellungen der Praxis aufgedeckt werden, die in Interviews mit den Praktikern näher zu beleuchten sind.

3.3.2.1 Dezentralisation der FuE

Sofern sich in den Studien Hinweise zur Vorteilhaftigkeit der Zentralisation bzw. Dezentralisation der FuE für die Innovationsfähigkeit finden, wird einvernehmlich letzteres befürwortet. Dabei wird nicht nur von „Dezentralisation" (Bell 2009:14; Assink 2006:220), sondern synonym auch von „Autonomie" (Persaud 2005) oder „Empowerment" (Cakar und Ertürk 2010; Chapman und Hyland 2004:558; Lawson und Samson 2001:394) gesprochen, was eine kurze Einordung der Begriffe sinnvoll erscheinen lässt. Ursprünglich beschreibt Zentralisation, dass ein Merkmal in einem Zentrum konzentriert und Dezentralisation, dass ein Merkmal auf mehrere Einheiten verteilt wird (Frese et al. 2012:214). In Organisationen ist die Entscheidungsgewalt das Merkmal[100],

---

[99] Die auf Basis der Literaturanalyse vorgeschlagenen Charakteristika erheben keinen Anspruch auf Vollständigkeit, werden in ähnlicher Form aber durchaus in Standardwerken des Innovationsmanagements vorgeschlagen (z.B. Hauschildt und Salomo 2007; Vahs und Burmester 2005; Brockhoff 2004; Pleschak und Sabisch 1996).

[100] Zentralisation und Dezentralisation können nicht nur *Entscheidungen*, sondern auch *Aufgaben* betreffen, die nach dem Objekt- oder Verrichtungsprinzip unterschiedlich stark auf Organisationseinheiten konzentriert werden. In der Literatur wird zur begrifflichen Abgrenzung das Ausmaß der Bündelung von Aufgaben häufig als

auf das beide Begriffe zu beziehen sind: So beschreibt *Zentralisation*, dass Entscheidungen eher konzentriert auf den höheren Ebenen des Unternehmens getroffen werden während *Dezentralisation* meint, dass Entscheidungen vom Management delegiert bzw. gleichmäßig auf die unteren Ebenen des Unternehmens verteilt werden. Dezentralisation lässt sich somit über das Maß an *Entscheidungsautonomie* definieren, d.h. der Freiheit von Organisationseinheiten bei der Lösung von Entscheidungsproblemen (vgl. Frese et al. 2012:209-214; Frost et al. 2010c:33f.; Drumm 2004:179-184; Damanpour 1991:558). Der gleiche Sachverhalt wird mit dem Begriff *„Empowerment"* beschrieben, der im Zuge der motivationsorientierten Organisationsgestaltung als „Ermächtigung" der Mitarbeiter diskutiert wird (z.B. Schreyögg 2012:129f.).
Bezogen auf den Organisationsbereich der FuE wird in den Studien zur Innovationsfähigkeit allgemein für eine stärkere Dezentralisation plädiert, z.B. damit die FuE-Einheiten an die lokale Produktion in Teilmärkten angebunden sind bzw. außerhalb der restriktiven Routine-Organisation mehr Freiheiten zum Experimentieren haben (Bell 2009:14; Assink 2006:220). Persaud (2005) widmet sich dem Thema ausführlich und stellt eine positive Wirkung von Autonomie auf die Innovationsleistung des Unternehmens fest. Er argumentiert, dass FuE-Einheiten mit eigenen technologischen Kompetenzen weitestgehend unabhängig von der Zentrale sein und strategische als auch operative Entscheidungen möglichst dezentral getroffen werden sollten. Während die Kommunikation mit der Zentrale auf ein Minimum beschränkt wird, sollten sich die dezentralen FuE-Einheiten untereinander hingegen freiwillig vernetzen, um Wissen zu tauschen, Ressourcen zu teilen und Entscheidungen zu beschleunigen. Der Befürchtung, dass derartig autonome FuE-Einheiten opportunistisch agieren, ihr Wissen zurückhalten und somit Synergiepotenziale ungenutzt bleiben entgegnet er, dass es zum Nutzen neuer Marktgelegenheiten gerade um die *Exploration lokaler Wissensbestände* und weniger um die reine Exploitation von Unternehmensressourcen gehe. Zudem würden sich Autonomie und Kollaboration der FuE-Einheiten nicht widersprechen, sofern diese kollektive Ziele besitzen, kennen und teilen; deswegen sei die Bedeutung einer gemeinsamen Sozialisation, d.h. der Aneignung von Werten, Normen und Verhaltensweisen des Unternehmens, hervorzuheben (ebd. 415-424). Lawson und Samson (2001:394) sehen Empowerment als Mittel zur Entwicklung einer offenen *Innovationskultur*, die entstehen soll, indem Mitarbeiter ihr jeweiliges Fachwissen frei anwenden und in die Arbeit an gemeinsamen Innovationszielen einfließen lassen dürfen. Cakar und Ertürk (2010) greifen diese Idee auf und weisen nach, dass das Delegieren von Entscheidungsrechten bei der Neuproduktentwicklung die negative Wirkung der Kulturdimensionen Machtdistanz, Unsicherheitsvermeidung und Kollektivismus auf die Innovationsfähigkeit mediiert: „Ermächtigte" Mitarbeiter nehmen aufgrund des Einflussgewinns das Hierarchien inhärente Machtungleichgewicht weniger

„organisatorische Spezialisierung" bzw. „Differenzierung" bezeichnet, während Zentralisation/Dezentralisation eher auf die Delegation bzw. Verteilung von Entscheidungsbefugnissen gerichtet sind (Frese et al. 2012:214f.; Kieser und Kubicek 1992:157f.; vgl. auch Walgenbach und Beck 2004; Mintzberg 1980). Nichtsdestotrotz lassen sich beide (De-)zentralisationsarten nicht gänzlich voneinander trennen (z.B. Drumm 2004:179-184; Beuermann 1992:2611-2617): So kann z.B. eine FuE-Teileinheit ihre Entscheidungsautonomie in einem bestimmten Bereich nur dann wahrnehmen, wenn sie auch die entsprechende Aufgabenhoheit besitzt (vgl. z.B. Gassmann und Reepmeyer 2006; Persaud 2005).

wahr, gehen mehr Risiken ein, treffen Entscheidungen schneller und generieren deswegen mehr Innovationen. Aus den Studien von Persaud (2005), Lawson und Samson (2001) und Cakar und Ertürk (2010) lässt sich schlussfolgern, dass eine dezentrale FuE-Organisation sich dann positiv auf Innovationsergebnisse (vgl. IF i.e.S.) auswirkt, wenn sie in Zusammenhang mit wissens- und lernbezogenen Vorbedingungen wie der strategischen und/oder kulturellen Verankerung von Innovation (Dimension 4 der IF i.w.S.) betrachtet wird.

Während die Vorteile dezentralisierter FuE-Einheiten in den Studien näher erörtert werden, finden die damit einhergehenden Nachteile weniger Berücksichtigung. Unabhängig vom Grad der Dezentralisation wird die Herausforderung erwähnt, die sich Managern bei der Integration der Beiträge unterschiedlich spezialisierter Teilbereiche im Innovationsprozess stellt. Hierzu zählt vor allem die Vermittlung zwischen explorativen, auf kreative Aufgaben ausgerichteten Einheiten der FuE und exploitativen Einheiten mit Routineaufgaben aus Produktion und Marketing, da erst deren Abstimmung in Innovationen resultieren kann (vgl. Bell 2009:32; Yam et al. 2004:1137f.; Lawson und Samson 2001). In dem Zusammenhang ist aus der Innovationsmanagementliteratur bekannt, dass *Koordinationsanstrengungen*[101] des Managements erforderlich sind, um frühzeitig auf die Tätigkeit der einzelnen, im Innovationsprozess involvierten Einheiten Einfluss nehmen zu können und diese sachlich, zeitlich und personell auf gemeinsame Innovationsziele auszurichten (z.B. Hauschildt und Salomo 2007:144; Pleschak und Sabisch 1996:266). Allerdings ist die Erfüllung dieser Koordinationsaufgaben umso schwieriger, je dezentralisierter – d.h. fragmentierter, autonomer und weniger unter einheitlicher Leitung stehend – FuE-Einheiten sind (z.B. Vahs und Burmester 2005:324; Chiaromonte 2002; Hill et al. 2000; Brockhoff und Schmaul 1986). Auf dieses Problem bezieht sich in den Studien zur Innovationsfähigkeit nur Persaud (2005:421-424) und räumt zumindest ein, dass kollektives, auf Synergien ausgelegtes Innovieren der dezentralen FuE-Einheiten ein anderes Koordinationsverständnis erfordert:

> "As the nerve center, HQ's *[HG: Head Quarter's]* primary role shifts from micromanaging R&D units to coordinating knowledge flows, resource deployment, and marketing and technological expertise. This requires that global R&D managers view their roles differently by changing their perception of being merely managers of people, processes, and budgets to becoming initiators and facilitators of purposeful learning and innovations across the global R&D organization." (Persaud 2005:423)

Aufgrund der damit verbundenen anspruchsvollen Aufgaben der FuE-Leitung empfiehlt er, die FuE-Einheiten nur dann mit einer hohen Autonomie auszustatten, wenn es der Erledigung ihrer Aufgaben tatsächlich zuträglich ist. Das wäre beispielsweise der Fall, wenn diese an lokale Besonderheiten gekoppelt sind (ebd. 423f.).

Insgesamt lässt sich feststellen, dass in den Studien zur Innovationsfähigkeit eher auf Vorteile der FuE-Dezentralisation, wie hohe Marktnähe und effektive lokale Informationsverarbeitung, aber weniger auf damit verbundene Nachteile eingegangen wird. Vor allem das Ausschöpfen von Synergiepotenzialen kann sich trotz optimistischer Haltung von Persaud (2005) durch die

[101] Die Koordination kollektiver Handlungen geht mit dem Einsatz verschiedener Koordinationsinstrumente bzw. *Steuerungsmechanismen* einher (z.B. Frost et al. 2010b:205-222; Kieser und Kubicek 1992:103-167). Eine nähere Diskussion erfolgt im nächsten Teilkapitel.

erschwerte Koordination als problematisch erweisen (vgl. z.B. Argyres und Silverman 2004; Hill et al. 2000; Pleschak und Sabisch 1996:278). Vor dem Hintergrund der Diskussion in der Innovationsmanagementliteratur, dass je nach Aufgabenart sowohl Zentralisation (z.B. zur Technologieentwicklung) als auch Dezentralisation (z.B. für lokale Anwendungen) zweckmäßig sein können (vgl. z.B. Argyres und Silverman 2004; Brockhoff 2004:287f.; Howells 1990:136f.) und sich deswegen eher Mischformen durchsetzen (z.B. Hauschildt und Salomo 2007:131f.; DeSanctis et al. 2002) stellt sich die Frage, wie dezentral[102] die FuE bei innovationsfähigen Unternehmen der Praxis überhaupt ist.

3.3.2.2 Steuerungsmechanismen zur Koordination der FuE-Aktivitäten

Zur Integration der Aktivitäten aller am Innovationsprozess beteiligten Einheiten im Allgemeinen und der FuE im Besonderen können verschiedene Koordinationsinstrumente bzw. Steuerungsmechanismen[103] angewendet werden. Welche das sein können und wie sie sich auf die Innovationsfähigkeit auswirken, wird in den untersuchten Studien zur Innovationsfähigkeit nur teilweise besprochen.

Die meiste Aufmerksamkeit wird der *Formalisierung* gewidmet (z.B. Persaud 2005), womit die schriftliche Fixierung organisatorischer Regeln, z.B. in Form von Handbüchern oder Richtlinien, gemeint ist. Formalisierung ist eine Art der *Verfahrenssteuerung*, bei der fallweise Regeln durch generelle Regeln[104] ersetzt werden, und ein typisches Merkmal bürokratischer Organisationen (z.B. Von der Oelsnitz 2009:35f.; Osterloh und Frost 1998:205; Kieser und Kubicek 1992:159f.). Einerseits wird argumentiert, dass Formalisierung für die Planung, Durchführung und Kontrolle von Innovationsprojekten sinnvoll sei, da sich vor allem technologisch hochkomplexe Prozesse durch die Verwendung von Projektmanagement-Tools (z.B. festgelegte Phasenstandards), Designhandbüchern und standardisierten Entwicklungsmethoden besser strukturieren und Lernfortschritte schneller erzielen lassen (Yam et al. 2004:1137f.; Chapman und Hyland 2004:558). Persaud (2005:416) schlägt Formalisierung als besonders wirksames Koordinationsinstrument zur Ausrichtung stark dezentralisierter FuE-Teilbereiche auf gemeinsame Ziele vor. Das bedeutet, dass durch generelle Verfahrenssteuerung Sachverhalte, die nicht immer wieder neu entschieden

---

102 Versucht man den (De-)Zentralisationsgrad zu optimieren, so ist laut Frost et al. (2010c:36f.) immer ein Abwägen zwischen *Zentralisationsvorteilen* (z.B. Nutzen von Synergien) inklusive Koordinationskosten und *Dezentralisationsvorteilen* (z.B. Nutzen von lokalem Wissen) inklusive Autonomiekosten (Opportunitätskosten wegen nicht genutzter Synergiepotenziale) notwendig.

103 Das *Steuerungsrepertoire* wird in der Literatur trotz identischer Inhalte unterschiedlich benannt. Beispielsweise unterscheiden Kieser und Kubicek (1992:103-167) Koordination durch persönliche Weisungen, Selbstabstimmung, Programme und Pläne. Frost et al. (2010b:207-222) hingegen differenzieren zwischen Verfahrenssteuerung (generelle ≈ Koordination durch Programme; fallweise ≈ Koordination durch Weisungen), Inputsteuerung und Outputsteuerung (≈ Koordination durch Pläne) sowie Selbststeuerung (≈ Selbstabstimmung); im Englischsprachigen wird von Behavior/Bureaucratic/Process Control, Input Control, Output Control sowie Self-Control (z.B. Poskela und Martinsuo 2009; Cardinal 2001) gesprochen. Aufgrund der Aktualität und fast identischer internationaler Bezeichnungen wird der Typologie nach Frost et al. (2010b) gefolgt.

104 Es lassen sich die Strukturformalisierung (schriftliche Verhaltensregeln), die Formalisierung des Informationsflusses („Aktenmäßigkeit“) und Leistungsdokumentationen unterscheiden (Von der Oelsnitz 2009:35f.; Kieser und Kubicek 1992:159-167).

werden müssen, generalisiert und somit persönliche Weisungen ersetzt werden können. So werden Kapazitäten für tatsächlich notwendige Einzelfallentscheidungen freigehalten und die obersten Instanzen entlastet (vgl. Frost et al. 2010b:212f.; Kieser und Kubicek 1992:110f.), was gerade bei einer Vielzahl dezentraler Einheiten eine große Rolle spielt. Laut Persaud (2005:424) werden formale Regeln in der FuE umso eher angewendet, je höher die Interdependenzen[105] zwischen ihren Teileinheiten ausfallen, da dann Synergien in der Nutzung von Managementressourcen und operativen Ressourcen erschlossen werden können.

Andererseits kann *exzessive Formalisierung* aber kontraproduktiv für die Innovationsfähigkeit sein: Gerade die Erledigung unstrukturierbarer FuE-Aufgaben wird vom Einhalten starrer Regeln beeinträchtigt, da die Kreativität der Mitarbeiter, ihre Risikobereitschaft und der notwendige Austausch von Wissen eingeschränkt und Entscheidungen sowie Entwicklungszyklen unnötig verzögert werden (Assink 2006:221; Carlisle und McMillan 2006:5f.; Persaud 2005:416-425). Stark formalisierte, bürokratische Organisationen sind auf Effizienz, routinemäßiges Verhalten und das Wahren des Status Quo ausgelegt und daher kein geeignetes Umfeld zum Kreieren grundlegend neuer Problemlösungen (z.B. Adams et al. 2006:33; Dougherty 2006; Kieser und Kubicek 1992:113). Demzufolge scheint Formalisierung zwar förderlich für Exploitation, aber hinderlich für Exploration (vgl. Teilkapitel 3.2.2.3) zu sein. Aufgrund der Tatsache, dass generelle Verfahrenssteuerung das Generieren von Innovationen also sowohl fördern als auch behindern kann, resümiert Persaud (2005):

> „Hence, the real managerial challenge is not *whether* formalization should or should not be used but *when* and *how*. Insights (…) suggest that it must be used selectively based on the nature of the innovative outcomes sought.“ (Persaud 2005:425; eigene Hervorhebung)

Denkbar ist beispielsweise, neben formal geregelten auch *informale Beziehungen* zwischen den FuE-Einheiten zu fördern, indem ihnen z.B. mehr Autonomie zugestanden wird (z.B. Persaud 2005). Aus dem so möglichen, situationsbezogenen bzw. spontanen Austausch ergeben sich oft zufällig gänzlich neue Ideen als Ansatzpunkte für radikale Innovationsprojekte (vgl. z.B. Saur-Amaral und Kofinas 2010; O'Connor und McDermott 2004; Godoe 2000). In dem Zusammenhang ist die Studie von Menguc und Auh (2010) zu erwähnen, da sie demonstriert, warum innovationsfähige Unternehmen formale auch informale Strukturen benötigen: Formale Strukturen sind mechanistisch, d.h. von institutionalisierten Regeln geprägt und aufgrund etablierter Routinen eher rigide. Durch Fördern von Exploitation und Rekonfiguration bestehender Technologien unterstützen sie inkrementelle Innovationen. Informale Strukturen sind dagegen organisch[106], d.h. Entscheidungen und Arbeitspraktiken werden nicht von formal fixierten, sondern emergenten Regeln und Beziehungen geprägt. Dadurch wird einerseits der Kreativität, Risikofreude sowie der

---

105 Frost et al. (2010a:184f.) erklären, dass mit *Interdependenzen* zwischen Organisationseinheiten, d.h. Überlappungen in Aufgaben, Entscheidungen und Ressourcen, auch die zu realisierenden Mehrwertpotenziale im Konzern steigen. Deshalb muss die Steuerungsintensität an der Intensität der Interdependenzen ausgerichtet werden, um Mehrwertpotenziale ausschöpfen zu können.

106 Die Begriffe der *mechanistischen und organischen Strukturen* sind dem situativen Ansatz der Organisationsforschung nach Burns und Stalker (1961) zuzuordnen, wobei angenommen wird, dass je nach Umweltsituation (stabil vs. flexibel) der erst- oder der zweitgenannte Strukturtyp der Organisation benötigt wird.

Exploration neuer Ideen Raum gegeben, was radikale Innovationen begünstigt[107]. Andererseits können aber dadurch inkrementelle Innovationen behindert werden, da informale Strukturen durch flexible, komplexere Beziehungsgefüge den Aufbau von Routinen hemmen (ebd. 823). Das demonstriert, dass die gleichermaßen benötigten Lernstrategien Exploration und Exploitation (Dimension 3 der IF i.w.S., vgl. Teilkapitel 3.2.2.3) nicht nur hinsichtlich ihrer Anwendung, sondern auch bezüglich ihrer Organisation in einem paradoxen Verhältnis stehen.

Wichtig ist die Anmerkung, dass die der Exploration zuträglichen informalen Strukturen nicht den Verzicht auf Koordinationsinstrumente meinen; vielmehr wird hier anders als bei formalen Strukturen weniger auf fremdbestimmte Steuerung (z.B. durch übergeordnete Instanzen), sondern mehr auf *selbstbestimmte Steuerung* durch die Organisationseinheiten selbst gesetzt (vgl. Frese et al. 2012:161f.; Von der Oelsnitz 2009:27f.). Letztere wird in der Organisationsforschung als „Selbstabstimmung", „Selbststeuerung", „Selbstorganisation" sowie „Selbstkontrolle" diskutiert[108] und soll der Koordination und Integration wissensintensiver Aufgaben dienen (z.B. Frost et al 2010b:217-221, 2010d; Rycroft und Kash 2004; Miles et al. 1997; Kirsch 1996). Obwohl Selbstabstimmung demnach zur Erfüllung der wissens- und lernbezogenen Dimensionen der Innovationsfähigkeit i.w.S. eine hohe Relevanz besitzen dürfte, finden sich in den untersuchten Studien dazu so gut wie keine Hinweise. Allein Carlisle und McMillan (2006:3-7) argumentieren, dass Selbstorganisation den Austausch zwischen Individuen, Organisationseinheiten und ganzen Organisationen sowie gemeinsames Experimentieren und Explorieren fördert.

Insgesamt wird in den Studien zur Innovationsfähigkeit fast nur Formalisierung bzw. Verfahrenssteuerung besprochen. Trotz ihrer Bedeutung für Innovationsaufgaben wird Selbstorganisation kaum thematisiert; noch weniger berücksichtigt wird *Output- bzw. Ergebnissteuerung*, die in zwei Studien nur kurz hinsichtlich des Setzens herausfordernder und konkreter Ziele für Innovationsaufgaben genannt wird (Yam et al. 2004:1137; Lawson und Samson 2001:393f.). Überhaupt nicht diskutiert wird *Inputsteuerung* als formale Zuweisung von Ressourcen bzw. informale Sozialisation oder Bildung von Routinen (vgl. Frost et al. 2010b:209). Diese unausgewogene Diskussion verwundert, da die genannten Steuerungsmechanismen nicht exklusiv, sondern additiv verwendet werden; in der Praxis sind sie als Mix zu finden, wobei ihre Kombination von der Eignung zur Lösung eines Gesamtproblems abhängt (Frost et al. 2010b:206-208; Cardinal 2001:22). Auch zum Generieren von Innovationen dürften je nach Situation, d.h. je nach Phase des Innovationsprozesses oder Art der Aufgaben, unterschiedliche Steuerungsarten angebracht

---

107 Im Gegensatz zu ihrer Entfaltung ist zum Aufbau explorativer Fähigkeiten laut Menguc und Auh (2010:828f.) aber auch formale, organisationsgestalterische Anstrengung notwendig. Diese Erkenntnis lässt sich z.B. so interpretieren, dass explorative Aufgaben vor ihrer Nutzung erst einer Teileinheit zugeordnet werden müssen. Also hemmt Formalisierung nicht zwangsläufig komplett neue Problemlösungen, sondern es kommt darauf an, wann und in welcher Intensität sie angemessen ist.

108 Es lassen sich fallweise (z.B. spontane Abstimmungsmeetings), themenspezifische (z.B. Qualitätszirkel) und institutionalisierte *Selbstabstimmung* (z.B. Linking Pins, d.h. überlappende Teams und Gremien) unterscheiden (Frost et al. 2010b:217-22). Im Innovationsmanagement wird vor allem die letzte Art der Selbststeuerung betont (vgl. z.B. Hauschildt und Salomo 2007:148-160). Allerdings kann auch *Inputsteuerung* informal und damit eher selbstbestimmt erfolgen, z.B. in Form der Sozialisation durch ausgeprägte Unternehmenskulturen oder durch Entwicklung gemeinsamer Routinen (vgl. Frost et al. 2010b:209-211).

sein (vgl. z.B. Dahlgren und Söderlund 2010; Poskela und Martinsuo 2009; Cardinal 2001). Insofern bedarf die Frage nach einem der Innovationsfähigkeit zuträglichen Einsatz der Steuerungsmechanismen weiterer Klärung.

3.3.2.3 Flexibilität der FuE-Organisation

Da Innovationen nutzenstiftende Neuheiten sind, die mit dem Brechen des Status Quo und aktuellen Denkmustern einhergehen (vgl. Teilkapitel 2.2.2), bedürfen sie grundsätzlich der Veränderungsbereitschaft der Organisationsmitglieder, die durch flexible Strukturen und Prozesse in der Organisation getragen werden muss (z.B. Lavie et al. 2010; Tushman et al. 2010; Raisch und Birkinshaw 2008). Dementsprechend ist nicht überraschend, dass in den Studien zur Innovationsfähigkeit – bezogen auf die FuE bzw. das Innovationsmanagement – der negative Einfluss von organisationaler Rigidität angesprochen (z.B. Amara et al. 2010:177; Peeters und Pottelsberghe de la Potterie 2003:6) bzw. *Flexibilität* der Organisation durch kontinuierliche Erneuerung (Calantone et al. 2002:533), permeable Grenzen zwischen Bereichen (Lawson und Samson 2001:393) oder Abkehr von in turbulenten Umwelten ungeeignetem starren, hierarchischen Weisungs- und Kontrolldenken (Assink 2006:226) gefordert wird.

Obschon die Vielfalt der Auffassungen eine einheitliche Begriffsdefinition erschwert, so wird Flexibilität in der Organisationsforschung als *Anpassungsfähigkeit* der Organisation an unerwartete Situationen und sich ändernde Umweltbedingungen (z.B. Eisenhardt et al. 2010; Hill et al. 2000; Volberda 1996) beschrieben und geht mit dem Zulassen von emergenten bzw. fluiden Strukturen, Prozessen und Verhaltensweisen einher. Das Gegenteil von Flexibilität ist *Stabilität* als Ausmaß, in dem eine Organisation strukturell und prozessual Umweltänderungen überdauern kann (z.B. Farjoun 2010; Schreyögg und Sydow 2010; Smith und Graetz 2006). Um Anpassungszyklen handhaben zu können und nicht in Chaos ausarten zu lassen ist es wichtig, Flexibilität und Stabilität zu kombinieren – und dadurch Ambidexterität, d.h. das Balancieren der Lernstrategien Exploration und Exploitation (Dimension 3 der IF i.w.S.), zu erlauben (vgl. z.B. Eisenhardt et al. 2010:1264f.; Schreyögg und Sydow 2010:1256f.; Volberda 1996:360f.). Diese Annahme wird von Carlisle und McMillan (2006:4f.) unterstützt, die Unternehmen in dynamischen Umwelten als komplexe Systeme beschreiben und zum Vereinbaren kurzfristig orientierter exploitativer Aktivitäten mit langfristig ausgerichteten explorativen Aktivitäten für eine flexible Organisationsform „at the edge of chaos" plädieren. Diese liegt zwischen extremer Flexibilität (Volatilität) – die durch zu viele realitätsferne, nicht mehr integrierbare Neuerungen das Gleichgewicht des Systems beeinträchtigt – und extremer Stabilität (Rigidität), bei der sich Veränderungen gar nicht bzw. nur langsam vollziehen und keine grundlegend neuen Ideen toleriert werden (ebd. 5f.):

> "Too many traditional, slow moving and unresponsive departments or units engaging in only single loop learning or testing, may drag the whole enterprise into the stability zone. The converse is also true. Too many areas experimenting frantically and creating huge waves of novelty can overstretch the organization and draw it into instability."(Carlisle und McMillan 2006:6)

Aufgrund des Selbstverstärkungseffekts der Exploitation soll das Unternehmen „vom Rande des Chaos" automatisch zur Stabilität hingezogen werden. Zur Handhabbarkeit beider Lernmodi schlagen die Autoren *strukturelle Ambidexterität*, d.h. das Separieren von Exploration und Exploitation (vgl. Teilkapitel 3.2.2.3), vor: Innerhalb separater Organisationseinheiten sollen sich Teams als engmaschig miteinander vernetze „Zellen“ primär durch Selbstorganisation steuern (Carlisle und McMillan 2006:5-7). In ähnlicher Weise, doch ohne sich auf die Art der Ambidexterität festzulegen, betonen auch Menguc und Auh (2010), dass zum Generieren radikaler und inkrementeller Innovationen sowohl flexible als auch stabile Strukturen benötigt werden, die sich im Formalisierungsgrad (gering vs. hoch) unterscheiden.

Zusammenfassend fällt auf, dass der Bedarf an Flexibilität zur Förderung von Innovationsfähigkeit bekräftigt wird, sich aber kaum konkrete Hinweise zur organisatorischen Umsetzbarkeit finden lassen. Diese werden im FuE-Bereich immer mehr benötigt, da Strukturen und Prozesse hier z.B. wegen Anpassungen der FuE-Strategie, schnell veränderlicher Marktbedingungen sowie des rapiden technologischen Fortschritts besonders flexibel sein müssen (z.B. Brockhoff 2004; Christensen 2002; DeSanctis et al. 2002; Howells 1990). Allgemeine Ansätze zur Flexibilität der Organisation finden sich zwar in der theoretischen Studie von Carlisle und McMillan (2006), doch ist fraglich, inwiefern die vorgeschlagene Selbstorganisation und Strukturen „nahe am Chaos“ in der Praxis auf die FuE übertragen[109] werden können.

3.3.2.4 Arbeiten in Projektteams

In vielen Studien finden sich ohne nähere Erläuterung Hinweise, dass FuE-Aktivitäten in *Projektteams* organisiert werden sollten (z.B. Bell 2009; Yang et al. 2006; Chapman und Hyland 2004; Romijn und Albaladejo 2002; Hagedoorn und Duysters 2002; Hii und Neely 2000). Laut Yam et al. (2004) spiegelt sich die Kompetenz des FuE-Bereiches, die laut ihrer Studie bei großen Unternehmen den stärksten Einfluss auf die Innovationsfähigkeit (i.e.S.) hat, sogar maßgeblich in der Realisierung der FuE-Strategie durch Implementierung geeigneter Projekte und einem strengen Projektportfoliomanagement wider. *Projekte* sind zeitlich begrenzte, einzigartige Vorhaben mit einem klaren Ziel, die aufgrund der damit verbundenen komplexen Aufgaben – z.B. Generieren technologisch anspruchsvoller Innovationen – die Einbindung von Spezialisten unterschiedlichster Disziplinen erfordern (z.B. Von der Oelsnitz 2009:224; Pleschak und Sabisch 1996:125f.). Doch welche organisatorischen Vorteile bieten Projekte und inwiefern sind diese der Innovationsfähigkeit zuträglich?

Peeters und Pottelsberghe de la Potterie (2003:7) argumentieren, dass multidisziplinäre Projektteams eine Alternative zur Hierarchie darstellen. Aus Sicht der Organisationsforschung kann

---

[109] So kritisieren beispielsweise Schreyögg und Sydow (2010) die im wissenschaftlichen Diskurs mittlerweile radikalisierte Forderung nach Flexibilität der Organisation für ihre *Widersprüchlichkeit*: Müssten sich Organisationen zur Anpassung an turbulente Umwelten im ständigen Fluss befinden, dann würde es niemals zur Entwicklung einer organisatorischen Ordnung in Form handhabbarer, komplexitätsreduzierender Strukturen und Prozesse kommen. Ähnlich argumentieren Schoeneborn et al. (2013) mit der Metapher der *„Organizational Insomnia“*, dass Ruhelosigkeit im Sinne ständiger, durch fortwährende Umweltorientierung anregte Wandelprozesse das Lernen in Organisationen und Entwickeln eines organisationalen Gedächtnisses beeinträchtigt. Gerade für die Innovationsfähigkeit i.w.S. wären solche Effekte kontraproduktiv. Beide Artikel zeigen, dass Organisationen ein Mindestmaß an Stabilität benötigen und entscheiden müssen, *wann* Anpassungen Sinn machen und wann nicht.

diese Aussage so interpretiert werden, dass die Arbeit in Projektteams eher von wechselseitiger Kontrolle anstelle von hierarchischer Kontrolle[110] geprägt ist, was zum Abbau vertikaler zugunsten horizontaler Kommunikation und schnelleren Entscheidungen führt (vgl. Von der Oelsnitz 2009:227f.; Teece 2001:131; Osterloh und Frost 1998:209). Diesbezüglich betonen auch Un und Montoro-Sanchez (2010) die Relevanz von Projektteams als planmäßige „just-in-time" Maßnahmen, die zur Verfeinerung bzw. zum gezielten Austausch von Wissen innerhalb als auch zwischen Funktionen und somit dem Generieren von Innovationen gebildet werden. Laut den Autoren müssen aber ebenso in der Linienorganisation, der die Projektmitglieder trotz ihrer Projekttätigkeit zugeordnet bleiben, Maßnahmen zum Fördern von Kommunikation und Wissensaustausch (z.B. gemeinsame Ziele oder Anreize) getroffen werden, da es hier außerplanmäßig zu neuen Ideen kommen kann (ebd. 425-428). Der Einsatz von Projekttams entspricht der Forderung nach *dualistischen bzw. ambidextären Strukturen*, in denen Routine-Aufgaben in der hierarchischen Linienorganisation, Innovationsaufgaben hingegen auf einer anderen organisatorischen Ebene (Assink 2006:220; Carlisle und McMillan 2006:5) ausgeübt werden.

Trotz des Konsenses zur Vorteilhaftigkeit von Projektteams bleiben hinsichtlich ihres Einsatzes aber noch einige Fragen offen, z.B. wie sie an die Linie angebunden werden. Projekte sind innerhalb der permanenten Organisation nur temporäre Konstellationen von Personen mit bestimmten Verantwortlichkeiten und Entscheidungs- bzw. Weisungsrechten (z.B. Lundin 1995; Kieser und Kubicek 1992:138). Sie können als *Sekundärorganisation* verstanden werden, welche die auf Dauer angelegte *Primärorganisation*[111] überlagert. Gerade weil Projekte nur temporärer Natur sind ist zu entscheiden, wie sie in die Primärorganisation integriert werden sollen (Frese et al. 2012:489; Vahs und Burmester 2005:328f.). Es bieten sich verschiedene *Arten der Projektorganisation*[112] mit jeweiligen Vor- und Nachteilen an, die in den Studien zur Innovationsfähigkeit aber nicht thematisiert werden. Da die Innovationsleistung von Unternehmen aber davon abhängt, dass das in Projekten generierte Wissen in die Primärorganisation zurück transferiert wird (z.B. Bakker et al. 2011), muss die für die Praxis geeignete Art der Projektorganisation noch geklärt werden.

---

110 *Hierarchie* meint die Über- und Unterordnungsbeziehungen von Stellen, wobei Inhaber übergeordneter Stellen das Recht haben, Entscheidungen mittels autoritärer Weisungen zu treffen (z.B. Reihlen 2004:408f.). Die geringere Relevanz hierarchischer Weisungen zugunsten stärkerer wechselseitiger Kontrolle in Teams bedeutet, dass Selbstabstimmung als Steuerungsmechanismus an Bedeutung gewinnt (vgl. Teilkapitel 3.3.2.2).

111 Die auf Dauer angelegte *Primärorganisation* ergibt sich aus den Ausprägungen der Strukturdimensionen Spezialisierung (Arbeitsteilung), Koordination (Integration), Konfiguration (Leitungssystem), Kompetenzverteilung und Formalisierung (vgl. z.B. Walgenbach und Beck 2004; Kieser und Kubicek 1992).

112 Bei der *reinen Projektorganisation* werden Projekte völlig aus der Primärorganisation ausgegliedert, was bei Großprojekten aufgrund der klaren Autorität des Projektleiters Sinn macht, aber im Falle mehrerer parallel laufender Projekte zu Doppelarbeiten führen kann. Nachteilig ist auch, dass Projektmitarbeiter wegen ihrer langen Abstellung in wissensintensiven Arbeitsfeldern den Anschluss an neue Entwicklungen verpassen können. Bei der *Stabs-Projekt-Organisation* werden zur Koordination von Projekten Stäbe eingerichtet, während die Projektmitarbeiter weiter der Linie zugeordnet bleiben. Hier ergeben sich Nachteile aufgrund der fehlenden Weisungsbefugnis der Projektstäbe, anders als bei der *Matrix-Projekt-Organisation*: Hier werden Weisungsbefugnisse zwischen der Primärorganisation (z.B. Funktionen oder Divisionen) und den Projekten aufgeteilt, was vorteilhaft für die Vernetzung von Linie und Projekt ist, aber auch zu Konflikten zwischen ihnen führen kann (vgl. Frese et al. 2012:496-499; Vahs und Burmester 2005:330-336; Osterloh und Frost 1998:198-200).

3.3.2.5 Interne Kollaboration

Oft wird in den Studien zur Innovationsfähigkeit der Bedarf an kollaborativen Beziehungen zwischen den (Teil-)Bereichen und Funktionen des Innovationsprozesses thematisiert. Beispielsweise plädieren Subramaniam und Youndt (2005) für stärker vernetzte Organisationen im Sinne intensiver Austauschbeziehungen und begründen das mit einer positiven Wirkung auf die Innovationsfähigkeit (i.e.S. und i.w.S.):

> "(...) unless individual knowledge is networked, shared, and channeled through relationships, it provides little benefit to organizations in terms of innovative capabilities. (...) Given that innovation is fundamentally a collaborative effort, social capital assumes a central role in generating both incremental and radical innovations." (Subramaniam und Youndt 2005:459)

Als besonders relevant wird *cross-funktionale Kollaboration*, d.h. enge Beziehungen sowie die daraus resultierende Zusammenarbeit und Kommunikation zwischen den Funktionsbereichen FuE, Marketing & Sales und Produktion, erachtet (z.B. Amara et al. 2010:177; Bell 2009:32-34; Carlisle und McMillan 2006:6; Yam et al. 2004:1137f.; Lawson und Samson 2001:395). Solche Zusammenarbeit über Funktionsgrenzen hinweg scheint unumgänglich zu sein, um das Erzeugen von Innovationen als Gesamtaufgabe überhaupt gewährleisten zu können. So dient der Transfer und Austausch von heterogenem Wissen und Informationen der Verknüpfung der problemlösungsorientierten FuE mit den umsetzungsorientierten Funktionen der Wertschöpfungskette (Dimension 1 der IF i.w.S., vgl. Teilkapitel 3.2.2.1): Die Kollaboration von *FuE und Produktion* soll sicherstellen, dass verschiedene Technologien integrierbar sind, neue Produktkonzepte designt und in einer großen Stückzahl bzw. zu adäquaten Kosten produziert werden können; die Kollaboration von *FuE und Marketing* soll die Aufnahme der Innovation am Markt verbessern (vgl. Un und Montoro-Sanchez 2010:419-421; Bell 2009:32-34; Assink 2006:226; Lawson und Samson 2001:395). Allerdings gibt es neben der Bemerkung, dass cross-funktionale Beziehungen nicht rein linear ablaufen sollten (Bell 2009:33f.), kaum Hinweise zu ihrer Gestaltung in der Praxis und wie mit dem Problem der eventuell zu hohen kognitiven Distanz[113] zwischen den Funktionen umgegangen werden kann.

Überraschenderweise wird in den Studien zur Innovationsfähigkeit *Kollaboration innerhalb des FuE-Bereiches* kaum näher erwähnt (z.B. Yam et al. 2004:1138). Neben Bell (2009:14), der anspricht dass im Falle mehrerer räumlich getrennter FuE-Standorte zumindest die Beziehungen zwischen ihnen engmaschig sein sollten, geht nur Persaud (2005) näher auf diese Thematik ein. Er argumentiert, dass die Innovationsfähigkeit von multi-nationalen Unternehmen stark von den kollaborativen Beziehungen ihrer lokalen FuE-Teilbereiche anhängt und sich in Synergien, wie z.B. gemeinsamen Innovationsprojekten, kollektiv genutzten Ressourcen, effizientem Wissens-

[113] Obwohl ein paar Studien herausfinden, dass *Job Rotation* bislang von Unternehmen vernachlässigt wird und dass *Projektteams* (vgl. Teilkapitel 3.3.2.4) mit Mitgliedern aus verschiedenen Funktionen besetzt werden können (Chapman und Hyland 2004:558; Peeters und Pottelsberghe de la Potterie 2003:7f.), so wird nicht überlegt, dass dies geeignete Maßnahmen zum Reduzieren der kognitiven Distanz bzw. zum Aufbau von Verknüpfungswissen zwischen den Funktionsbereichen sein könnten (z.B. Cohen und Levinthal 1990:134f.). Un und Montoro-Sanchez (2010) überlegen zwar, dass Individuen mit Wissen aus verschiedenen Funktionen eine hohe absorptive Kapazität besitzen, leiten aber keine organisatorischen Implikationen von dieser Feststellung ab.

management sowie schneller und günstiger Umsetzung von Innovationen, manifestiert. Entscheidend ist der Hinweis, dass die Ausprägung dieser Beziehungen von Vertrauen und der gemeinsamen Sozialisation der FuE-Teilbereiche, d.h. geteilten Werten, Normen und Verhaltenserwartungen, sowie von den Koordinations- bzw. Integrationsbemühungen der Zentrale abhängt (ebd. 416-424). Zur Sozialisation dürfte die strategische und/oder kulturelle Verankerung der Relevanz von Innovation im Unternehmen (Dimension 4 der IF i.w.S., vgl. Kapitel 3.2.2.4) eine große Rolle spielen.

Insgesamt verwundert es, dass die FuE-interne Kollaboration so selten Thema der Studien zur Innovationsfähigkeit ist: Einerseits ist sie grundlegend für den Aufbau technologischer Kernkompetenzen und die Innovationsleistung des Gesamtunternehmens (z.B. Cardinal und Hatfield 2000; Howells 1990) und sollte bei hochinterdependenten Teilaufgaben sehr eng ausfallen (z.B. Ethiraj und Levinthal 2004). Andererseits stellt sie wegen der steigenden Internationalisierung der FuE-Aufgaben (z.B. Gassmann und Reepmeyer 2006), einer immer tieferen Spezialisierung und Arbeitsteilung sowie der damit verbundenen hohen Anzahl zu managender Schnittstellen (z.B. Pleschak und Sabisch 1996:281-284) eine organisatorische Herausforderung dar. Damit die Kollaboration innerhalb der FuE gelingt, müssen neue (ggf. nicht hierarchische) Koordinationsformen gefunden werden (z.B. Hauschildt und Salomo 2007:150f.), zu den in den Studien ebenfalls kaum Hinweise (vgl. Teilkapitel 3.3.2.2) vorliegen. Außerdem ist die Koordination fragmentierter FuE-Teilbereiche bzw. die Integration ihrer Teilleistungen umso schwieriger, je dezentraler sie aufgestellt sind und je autonomer sie arbeiten dürfen (z.B. Vahs und Burmester 2005:321-324; Chiaromonte 2002; Hill et al. 2000).

3.3.2.6 Anreizsystem zur Motivation von FuE-Leistungen

In einigen der untersuchten Studien gibt es nicht näher erläuterte Hinweise, dass Innovationsfähigkeit von der Motivation innovativen Verhaltens (z.B. Ermutigung zum Wissensaustausch, Finden neuer Problemlösungen und Weiterentwicklung zu Innovationen) durch die Gestaltung geeigneter Anreizsysteme abhängt (z.B. Yam et al. 2004:1137), diese Aufgabe in der Praxis aber oft vernachlässigt wird (z.B. Chapman und Hyland 2004:558f.). Vor allem große Unternehmen scheinen dabei Schwierigkeiten zu haben, da aufgrund ihrer im Vergleich zu kleinen Unternehmen stärker betonten Routinen kreative, disruptive Ideen oft versickern (vgl. Assink 2006:225) und weniger Bereitschaft besteht, diese explizit anzuerkennen und zu belohnen[114] (Peeters und Pottelsberghe de la Potterie 2003:5f.). Folglich scheint das Motivieren von Exploration und radikaler Innovation besonders herausfordernd zu sein.

Unter *Motivation* kann grundsätzlich die Richtung, Intensität und Ausdauer von menschlichem Verhalten verstanden werden. Zur Aktivierung des Verhaltens sind *Anreize* als Merkmale der Situation notwendig, die zu den Bedürfnissen und Motiven (Wertungsdispositionen zur Art der Bedürfnisbefriedigung und angestrebten Zielzuständen) eines Individuums passen müssen (vgl.

[114] Diese Neigung kann auf die *Überbetonung von Koordinationsaufgaben* zu Lasten der Motivationsaufgaben zurückgeführt werden. Damit einher gehen innovationsfeindliche Beharrungseffekte, z.B. Änderungsresistenz zwecks Ausschöpfung aktueller Ressourcen- und Marktpotenziale, das Beschränken auf lokale Suchräume sowie die Verfestigung bewährter Wahrnehmungs- und Problemlösungsmuster (Frese 2005:609-612, 2000:75).

z.B. Nerdinger 2004:905f.). Sofern eine Tätigkeit selbst motivierend wirkt, da sie Spaß macht oder spannend ist, wird von *intrinsischer Motivation* gesprochen; wenn hingegen bestimmte Konsequenzen einer Tätigkeit motivieren und diese nur Mittel zum Zweck ist, dann ist *extrinsische Motivation* gemeint (z.B. Ryan und Deci 2000:55-60). Obwohl Motivation von individuellen Präferenzen abhängt, müssen Unternehmen das Verhalten ihrer Mitarbeiter durch Gewähren extrinsischer Anreize (z.B. Leistungsentgelt, Anerkennung[115], angenehme Arbeitsumgebung) sowie intrinsischer Anreize (z.B. interessante Arbeitsgestaltung, Verantwortung und Entfaltungsraum) auf die Unternehmensziele ausrichten. Folglich sind Motivationsaufgaben Bestandteil des organisatorischen Aufgabenspektrums (vgl. z.B. Frese et al. 2012:133f.; Osterloh und Frost 1998:216f.; Frey und Osterloh 1997:308f.). Bezogen auf die Innovationsfähigkeit stellt sich somit die Frage, wie Anreize in der FuE bzw. im Innovationsmanagement zum Harmonisieren von Mitarbeiter- und Unternehmenszielen (z.B. Brockhoff 2004:287; Judge et al. 1997:76-79), Fördern der Lernorientierung (z.B. Von der Oelsnitz 2009:220f.) sowie Anregen von Kreativität und praktischen Problemlösungs- bzw. Umsetzungskompetenzen (z.B. Glynn 1996:1100-1106; Amabile 1997) beitragen können.

In manchen untersuchten Studien zur Innovationsfähigkeit wird überlegt, wie die *individuelle Leistung* von Mitarbeitern beim Innovieren durch Setzen bestimmter Anreize gesteigert werden kann. Genannt werden monetäre und nicht-monetäre extrinsische Anreize wie an die Zielerreichung gekoppelte Boni (Leistungsentgelt), Jobsicherheit, Anerkennung für bzw. Feedback über die Arbeitsleistung und Karrieremöglichkeiten[116], aber auch intrinsische Anreize wie Empowerment (Ermächtigen der Mitarbeiter durch Zugestehen von Entscheidungsautonomie, vgl. Teilkapitel 3.3.2.1) oder das Stiften eines Gefühls der Zugehörigkeit (vgl. Cakar und Ertürk 2010:346; Lawson und Samson 2001:393f.). Leider fehlen Hinweise, für welche Aufgaben bzw. zu welchem Zeitpunkt im Innovationsprozess diese Anreize eingesetzt und wie sie miteinander kombiniert werden sollten. Lawson und Samson (2001:393) warnen zwar davor, dass ein nicht adäquat ausgestaltetes Anreizsystem mit *unerwünschten Verhaltenswirkungen* wie zu starker Risikoaversion und Konzentration auf inkrementelle Innovationen einhergehen kann, sonst wird aber nicht näher auf den geeigneten Anreizmix eingegangen. Dabei ist die Zusammensetzung des Anreizsystems gerade aufgrund der Tatsache, dass extrinsische Anreize die intrinsische Motivation fördern („Crowding-In"), aber auch behindern („Crowding-Out") können, entscheidend. Zum wünschenswerten *Crowding-In-Effekt* kommt es, wenn extrinsische Anreize informierend

115 Bei *Anerkennung* herrscht in der Literatur Uneinigkeit, ob es sich um einen extrinsischen (z.B. Amabile 1997) oder intrinsischen Anreiz handelt (z.B. Judge et al. 1997). Die Autorin dieser Arbeit schließt sich der ersten Meinung an, da Anerkennung für Resultate erfolgt und Arbeit demzufolge instrumentalisiert werden kann. Die generell *schwierige Trennbarkeit beider Motivationsarten* und ihrer Anreize lässt sich darauf zurückführen, dass das Erfüllen intrinsisch motivierter Aufgaben oft auch das Erreichen extrinsischer Anreize fördert (z.B. Bergbesteigung aus Freude und dafür erhaltene Anerkennung, Frey und Osterloh 1997:310) bzw. dass extrinsische Anreize die intrinsische Motivation verstärken oder verdrängen können (z.B. Amabile 1997:44f.).

116 Ebenso wie die Anerkennung werden auch *Karrieremöglichkeiten* kontrovers diskutiert und gelten teilweise als extrinsischer Anreiz, der die intrinsische Motivation fördern kann (z.B. Von Krogh et al. 2012:653; Ryan und Deci 2000:60) oder als gemischter Anreiz (Sauermann und Cohen 2010:2138). Hier werden sie den extrinsischen Anreizen zugeordnet, da sie außerhalb des Inhalts der aktuellen Tätigkeit liegen.

(z.B. Feedback vom Vorgesetzten) bzw. befähigend (z.B. Gewähren von Ressourcen zur Zielerfüllung) wirken und so die Selbstbestimmung stärken; der zu vermeidende *Crowding-Out-Effekt* tritt hingegen bei kontrollierend wirkenden und die Selbstbestimmung[117] untergrabenden Anreizen (z.B. Leistungsentgelt) auf (z.B. Frost et al. 2010d:129f.; Osterloh und Frey 2000:540-544; Amabile 1997:44f., 1993:194-197).

Neben dem Anregen individueller Leistungen in der FuE bzw. im Innovationsmanagement wird in zwei theoretischen Studien die relevante Motivation *kollektiver Leistungen* thematisiert, wobei Hinweise zu denkbaren Anreizen vage bleiben. Un und Montoro-Sanchez (2010:417-426) gehen davon aus, dass zum Erschließen individuellen Wissens, seiner Integration in die organisationale Wissensbasis sowie zum Wissenstransfer zwischen Individuen (Dimension 1 der IF i.w.S., vgl. Teilkapitel 3.2.2.1) gezielt Anreize gesetzt werden müssen: Nach dem Vorbild japanischer Unternehmen, die das Verarbeiten und Nutzen von Wissen perfektioniert haben (vgl. z.B. Nonaka 2007, 1990), sollen Projektteammitglieder zum Schaffen einer kooperativen Grundhaltung nicht nur für Einzelleistungen, sondern auch für Beiträge zum Erreichen gemeinsamer Projektziele monetär oder nicht-monetär (z.B. berufliche Entfaltungsmöglichkeiten) belohnt werden. Dazu muss den Projektleitern auf Gesamtorganisationsebene neben den Linienvorgesetzten zumindest teilweise die Kontrolle über die Vergabe von Anreizen zugestanden werden. Ebenso betonen Lawson und Samson (2001:393-395) die Relevanz von individuellen als auch gruppenbezogenen bzw. kollektiven Anreizen, wobei erstere besonders zum Finden und letztere zum Umsetzen von Ideen beitragen sollen:

> "Communication facilitates knowledge sharing by combining the wide variety of experiences, opening dialogue, building on others ideas and exploring issues relevant to innovation. Innovative firms reward cross-functional, cross-hierarchical, cross-cultural and cross-technological exchange of information and knowledge. They recognise that it is not just the original technology or discovery which is important (…)." (Lawson und Samson 2001:395)

Folglich sollen kollektive Anreize nicht nur die Kollaboration innerhalb, sondern auch über die Grenzen von Organisationsbereichen hinweg anregen und könnten zur Erreichung der von Persaud (2005) geforderten Synergien zwischen dezentralen FuE-Teilbereichen (vgl. Teilkapitel 3.3.2.1) beitragen. Doch obwohl der Bedarf an kollektiven Leistungen in den Studien zur Innovationsfähigkeit Erwähnung findet, gibt es keine konkreten Empfehlungen zur Ausgestaltung und Relevanz entsprechender Anreize in der Praxis. Das verwundert angesichts der Tatsache, dass Innovationen auf FuE-interner und cross-funktionaler Zusammenarbeit von Individuen beruhen

---

117 *Selbstbestimmung* meint, dass das Individuum einen internen *Locus-of-Control/Causality (LOC)* besitzt, d.h. es ist intrinsisch motiviert und glaubt, seine Handlungen und Handlungserfolge selbst leiten zu können. Die Verwendung extrinsischer, kontrollierend wirkender Anreize führt zur Verschiebung des LOC von innen nach außen (externer LOC), d.h. von Selbstbestimmung zur Fremdbestimmung des Handelns. Im Umkehrfall führen informierende bzw. befähigende extrinsische Anreize zu einer Verlagerung des LOC von außen nach innen (vgl. z.B. Gagné und Deci 2005; Deci und Ryan 2000; Osterloh und Frey 2000; Ryan und Deci 2000). Beide Effekte lassen sich durch organisationsgestalterische Maßnahmen beeinflussen. So bestimmt der Einsatz von Steuerungsmechanismen darüber, ob es zum Crowding-Out (z.B. exzessive hierarchische Kontrolle, Tolerieren von Bummlern im Team) oder zum Crowding-In der intrinsischen Motivation (z.B. Monitoring, pro-soziale Standards, Selbststeuerung zum Disziplinieren von Bummlern) kommt (Frost et al. 2010d:129f.).

und kollektive Motivationsansätze immer mehr gefragt sind (vgl. z.B. Lindenberg und Foss 2011; Dougherty und Takacs 2004; Pervaiz und Sheperd 2010:307f.).
Zusammenfassend ist auf individueller und kollektiver Ebene zu bemängeln, dass auf den wegen denkbarer Crowding-In/Out-Effekte herausfordernden *Mix* extrinsischer und intrinsischer Anreize zu wenig eingegangen wird: Für den Aufbau und die Pflege einer organisationalen Wissensbasis (Dimension 1 der IF i.w.S., vgl. Teilkapitel 3.2.2.1) muss intrinsische Motivation (zum Erschließen und Explizieren von tazitem Wissen) als auch extrinsische Motivation (zum Austausch und Verinnerlichen von explizitem Wissen) anregt werden, wobei sich beide Motivationsarten unter unterschiedlichen organisatorischen Bedingungen entfalten (z.B. Osterloh und Frey 2000:544-546) und zu unterschiedlichen Zeiten im Innovationsprozess zu betonen sind (vgl. Amabile 1997:46). Außerdem wird bislang noch zu wenig auf den Einsatz intrinsischer Anreize eingegangen, obwohl sie grundlegend für die Erfüllung kreativer wissensintensiver Aufgaben (vgl. Frost et al. 2010d; Osterloh und Frey 2000:540; Amabile 1997; Amabile et al. 1996) und somit für den Tätigkeitsbereich der FuE sind (vgl. Sauermann und Cohen 2010:2150f.; Brockhoff 2004:287). Wegen ihrer längerfristigen Wirkung (z.B. Deci und Ryan 2000) dürfte intrinsische Motivation gerade zum kontinuierlichen Innovieren (Innovationsfähigkeit i.e.S.) entscheidend sein, ist aber im Sinne der Unternehmensziele auch schwierig zu erzeugen und zu steuern (z.B. Frey und Osterloh 1997).

3.3.2.7 Externe Kollaboration der FuE mit Partnern

Die Aneignung von unternehmensexternem Wissen wurde als Vorbedingung des kontinuierlichen Innovierens (Dimension 2 der IF i.w.S., vgl. Teilkapitel 3.2.2.2) vorgestellt und damit verbundene wissensbezogene Aspekte (z.B. absorptive Kapazität, Partnerwahl) erläutert. Deswegen verwundert es nicht, dass in den untersuchten Studien häufig auf die relevante Kollaboration der FuE mit externen Partnern hingewiesen wird. Sich dabei stellende organisatorische Fragen z.B. zur Art des Zugangs zu externem Wissen und zur Intensität kollaborativer Beziehungen sollen nun in diesem Abschnitt besprochen werden.
Grundsätzlich führen Kollaborationen zum Durchbrechen der Unternehmensgrenzen und zur Bildung *hybrider Organisationsformen* zwischen Markt und Hierarchie. Sie lassen sich im Vergleich zum hierarchischen Unternehmen wegen des geringeren Einflusses der visiblen Hand des Managements [118] zwar weniger gut koordinieren und kontrollieren, aber sind aufgrund des freieren und reicheren Informationsflusses wesentlich anpassungsfähiger an sich ändernde Umweltbedingungen (z.B. Williamson 1991; Powell 1990). In Anlehnung an die komplexen Beziehungsmuster zwischen den beteiligten Institutionen und deren Mitgliedern werden diese

[118] Während Märkte über den Preismechanismus und Unternehmen durch Verträge und die Autorität des Managements reguliert werden, sind in hybriden Formen zwischen Markt und Hierarchie Reziprozität, d.h. gleichwertige Austauschbeziehungen zwischen Partnern, sowie Reputation und Ressourceninterdependenzen ausschlaggebend (vgl. Williamson 1991; Powell 1990).

Hybride in der Managementforschung oft generisch als „Netzwerke" bezeichnet[119], worunter Formen wie z.B. Konsortien, Joint Ventures, Outsourcing-Vereinbarungen, Franchising oder strategische Allianzen (als prominenteste Form) subsummiert werden (z.B. Gulati 1998; Podolny und Page 1998; Grandori und Soda 1995).

In den meisten hier analysierten Studien wird nur allgemein und ohne Nennung konkreter Formen von der Zusammenarbeit mit verschiedenen externen Partnern (Boerjesson und Elmquist 2011:178; Bell 2009:12-14; Carlisle und McMillan 2006:6; Cavusgil et al. 2003:9f.) bzw. von Netzwerken (Amara et al. 2010:169-178.; Subramaniam und Youndt 2005:455-459; Romijn und Albaladejo 2002:1055f.) gesprochen, welche die Innovationsfähigkeit z.B. durch Schließen unternehmensinterner Wissenslücken, Nutzen von Wissenskomplementaritäten sowie Zugang zu oder gemeinsame Erarbeitung von neuen Ideen fördern sollen. Neben dem allgemeinen Bezug auf externe Informationsquellen verweisen Peeters und Pottelsberghe de la Potterie (2003:6-8) auf kollaborative Vereinbarungen über gemeinsame FuE-Projekte mit Kunden, Lieferanten, branchenfremden Firmen – und seltener Wettbewerbern oder Unternehmensberatungen – und die Vergabe eigener Forschungsprojekte an Subkontraktoren.

Weiterführende Hinweise zur Organisation der externen Kollaboration und ihrer Bedeutung für die Innovationsfähigkeit geben aber nur wenige Studien. Ein wesentlicher Faktor scheint die *Intensität der Beziehungen* zu sein, die sich im Zugang zum Partner und der Qualität der Kommunikation (Carlisle und McMillan 2006:6) sowie gegenseitiger Wertschätzung widerspiegelt. Beziehungen können durch eine gemeinsame Historie, Häufigkeit der Interaktion, vertrauensbildende Maßnahmen und räumliche Nähe[120] intensiviert werden. Unter diesen Umständen wird tazites Wissen besser erschlossen und transferiert, weil Dialog- und Feedbackprozesse unkomplizierter sind und leichter ein gemeinsames Grundverständnis der Partner („Mental Models[121]") geschaffen werden kann (Cavusgil et al. 2003:9-15; Romijn und Albaladejo 2002:1055-1063). Diese Art der Kollaboration entspricht *relationalen Verträgen*, die in unsicheren Situationen wie der gemeinsamen Arbeit an grundlegend neuen Problemlösungen angewendet werden. Hier versagen *transaktionale Verträge*, da Input- und Outputgrößen nicht vollständig ex-ante bestimmbar sind, sondern sich erst im Laufe der Kooperation näher spezifizieren lassen (z.B. Grandori und Furlotti 2009:81f.; Grandori 2006:128).

---

119 Der Begriff „*Netzwerk*" wird interdisziplinär verwendet und beschreibt auf der abstraktesten Ebene eine Menge an Knoten (z.B. Individuen, Organisationseinheiten, Firmen) und Kanten als Beziehungen zwischen den Knoten (z.B. Fluss an Informationen oder Gütern) (z.B. Brass et al. 2004:795; Grandori und Soda 1995:184).

120 Laut Romijn und Albaladejo (2002:1062-1065) spielt *räumliche Nähe* bei bestimmten Partnern eine größere Rolle als die Häufigkeit der Interaktion, was sie auf die Möglichkeit der flexiblen persönlichen Kommunikation zurückführen. Diese Annahme entspricht der Auffassung der Managementliteratur, wobei zusätzlich *organisationale Nähe* (z.B. Ähnlichkeit in Strukturen, Prozessen, institutionellen Rahmenbedingungen und Kulturen) und *technologische Nähe* (vgl. absorptive Kapazität) zu beachten sind (Knoben und Oerlemans 2006).

121 *Mental Models* sind kognitive Muster zum Speichern, Wiedergeben und Anwenden von Wissen. Basierend auf bestimmten Wertesystemen, Normen und Interessen helfen sie, Verknüpfungen zwischen separaten Wissensbeständen herzustellen; sie erlauben Individuen, Situationen einzuschätzen und leiten deren Handlungen (z.B. Hecker 2012:432; Hill und Levenhagen 1995:1059). Somit bestimmt die Intensität der Beziehungen den Aufbau *absorptiver Kapazität*, die zum Aneignen des externen Wissens notwendig ist (vgl. Teilkapitel 3.2.2.2).

Als der Innovationsfähigkeit zuträgliche, konkrete Form von Netzwerken werden einzig *strategische Allianzen* näher behandelt (Hagedoorn und Duysters 2002; Sen und Egelhoff 2000), die als kooperative Inter-Firm-Beziehungen verstanden werden können. Sie dienen dem Erreichen gemeinsamer Ziele der Partner, z.B. Austauschen, Teilen oder Co-Entwickeln neuer Technologien, Produkte oder Dienstleistungen, und gehen mit dem Poolen notwendiger firmenspezifischer Ressourcen und Aktivitäten einher (z.B. Grant und Baden-Fuller 2004:62; Gulati und Singh 1998:781; Gulati 1998:293). Strategische Allianzen sind ein Beispiel dafür, wie Unternehmen ihre Innovationsfähigkeit durch enge Beziehungen mit Partnern verbessern können. So fanden Hagedoorn und Duysters (2002:169-183) heraus, dass in High-Tech Branchen wie der pharmazeutischen Industrie, in denen Wissen schnell obsolet wird und zügige Reaktionen auf technologische Veränderungen gefragt sind, flexible Netzwerkformen wie strategische Allianzen gegenüber den endgültigeren M&A bevorzugt werden. Wegen der relativ losen Strukturen und Vereinbarungen sind strategische und organisatorische Anpassungen in unsicheren Umwelten leicht möglich und das Risiko unerwünschter Wissensabflüsse („Spillover") zum Partner lässt sich durch Schutzrechte (z.B. Patente) begrenzen. Entscheidend hierbei ist, dass strategische Allianzen eher für Aktivitäten außerhalb des unmittelbaren Kerngeschäfts des Unternehmens eingegangen werden sollten. Steht das anzueignende externe Wissen in Bezug zu den unternehmenseigenen Kernkompetenzen, so sind M&A, bei denen ganze Unternehmens(-teile) gekauft (Akquisition) bzw. mit dem bestehenden Unternehmen zusammengeschlossen (Merger) werden, wegen der stärkeren Kontrollmöglichkeiten die bessere Option. Auf den ersten Blick nicht dazu passt die Studie von Sen und Egelhoff (2000:175-181), laut der Unternehmen der hochtechnologischen Semikonduktoren-Branche strategische Allianzen bevorzugt mit Partnern eingehen, die vergleichbare Kernkompetenzen in der Neuproduktentwicklung haben. Die Autoren schlussfolgern, dass Allianzen nicht zwangsläufig der gemeinsamen Technologieentwicklung dienen müssen, sondern manchmal einfach aus effizienzgeleiteten Gründen wie der Ressourcenbündelung oder zum Erreichen einer marktbeherrschenden Stellung eingegangen werden (ebd. 180f.). In dem Fall agieren die Partner weniger intensiv und neigen weniger zum Austausch von sensiblem Wissen, was die Gefahr von unbeabsichtigten Spillover-Effekten und opportunistischem Verhalten[122] eingrenzt. Diese beiden Studien zeigen, dass strategische Allianzen je nach Intensität der Beziehungen entweder zu den relationalen oder zu den transaktionalen Verträgen zählen können (z.B. Faems et al. 2008).

Zusammenfassend ist festzustellen, dass die Kollaboration mit externen Partnern in FuE-Aufgaben als grundlegend für die Innovationsfähigkeit gesehen wird. Dieser Konsens der untersuchten Studien deckt sich mit der generellen Auffassung der Managementliteratur (z.B. Leitner 2006:26-29; Chiaromonte 2002; Kreiner und Schultz 1993). Bislang relativ ungeklärt ist aber, in welcher Phase des FuE-/Innovationsprozesses mit welcher Art von Partner wie intensiv zusammengearbeitet werden sollte. Diese Frage ist nicht trivial, weil sich Unternehmen mit dem

---

122 Das Risiko von opportunistischem Verhalten der Partner in Allianzen hängt auch stark von den Eigenschaften des auszutauschenden Wissens (tazit vs. explizit) ab sowie davon, ob Aufgaben sich modularisieren und somit ohne überlappende Zuständigkeiten auf die Partner übertragen lassen (z.B. Jordan und Lowe 2004:256).

Eingehen von Netzwerkbeziehungen immer in ein Abhängigkeitsverhältnis begeben und Risiken des unerwünschten Wissensabflusses, des Verlustes an Wissensvorsprüngen sowie die Gefahr des opportunistischen Partnerverhaltens nicht zu unterschätzen sind (z.B. Vahs und Burmester 2005:313-315; Pleschak und Sabisch 1996:286f.).

3.3.3 Zusammenführung der organisatorischen Charakteristika

Die vorhergehenden Ausführungen haben relevante Charakteristika der FuE-Organisation aufgezeigt aber auch demonstriert, dass sich in den Studien zur Innovationsfähigkeit bislang kaum detaillierte Hinweise zu ihrer Ausgestaltung finden lassen. Aus diesem Grund ist eine Ableitung von theoretischen Propositionen, wie die FuE-Organisation gestaltet sein sollte um die Innovationsfähigkeit zu fördern, an dieser Stelle noch nicht möglich. Zur Klärung dieser Zusammenhänge bedarf es der ab Kapitel 6 folgenden empirischen Untersuchung von pharmazeutischen Unternehmen, bei der qualitative Fallstudien als geeigneter Forschungsansatz zur theoretisch-analytischen Generalisierung (vgl. z.B. Yin 2009:14-16; Diefenbach 2008) verwendet werden. Die beiden folgenden konzeptionellen Schritte sollen der Zusammenfassung der Erkenntnisse zu den Charakteristika der FuE-Organisation dienen, sie übersichtlich darstellen und – neben der theoretischen Konzeption der zwei Sichtweisen von Innovationsfähigkeit (vgl. Teilkapitel 3.2) – Ausgangspunkt für die spätere Datenerhebung/-analyse sein.

Zuordnung der Charakteristika auf drei Bezugsebenen der FuE-Organisation

Als Ergebnis der abgeschlossenen Literaturanalyse lassen sich die aufgezeigten Charakteristika der FuE-Organisation und die jeweils identifizierten Fragestellungen insgesamt drei Bezugsebenen der FuE-Organisation zuordnen (siehe Tabelle 7). Sie demonstrieren die wirkungsbezogene Reichweite der Charakteristika im Unternehmen und finden sich in ähnlicher Weise in der Innovationsmanagementliteratur wieder (vgl. z.B. Vahs und Burmester 2005:304-336; Brockhoff 2004; Pleschak und Sabisch 1996:270-293; Howells 1990).

Die *kleinste Bezugsebene* ist die *Binnenorganisation der FuE*, die ausschließlich die Gestaltung der Strukturen und Prozesse des FuE-Bereiches selbst sowie ggf. informale Faktoren der FuE-Organisation umfasst. Bezogen auf die empirische Untersuchung fallen hierunter unmittelbare Hinweise zur FuE-Organisation oder zu den frühen Phasen des Innovationsprozesses, die der FuE-Bereich verantwortet (vgl. z.B. Verworn und Herstatt 2007a; Vahs und Burmester 2005:48-51). Zur Binnenorganisation der FuE zählen von den vorgestellten organisatorischen Charakteristika die Dezentralisation der FuE, Steuerungsmechanismen zur Koordination der FuE-Aktivitäten sowie die FuE-interne Kollaboration. Ebenso dazu gehört die Flexibilität der FuE-Organisation, die eventuell auch informale Elemente („edge of chaos") enthalten kann.

Binnen-organisation der FuE	Verankerung der FuE im Gesamt-unternehmen	Verankerung der FuE im Unternehmens-kontext	Charakteristika der FuE-Organisation & wesentliche Fragen
x			*1) Dezentralisation der FuE:* Wie zentralisiert/dezentralisiert sollte die FuE sein? Welche Vorteile und Nachteile gehen damit einher?
x			*2) Steuerungsmechanismen zur Koordination der FuE:* Welche Art/welcher Mix von Steuerungsmechanismen werden in der FuE wann und für welche Aufgaben angewendet? Welche Probleme treten hierbei auf?
x			*3) Flexibilität der FuE-Organisation:* Worin spiegelt sie sich wider? Welche Probleme treten hierbei auf?
x	x		*4) Projektteams:* Wie werden FuE-Projekte an die Gesamtorganisation angebunden (Art der Projektorganisation)? Welche Probleme treten hierbei auf?
x			*5.a) Interne Kollaboration/FuE-Intern:* Wie lässt sich die FuE-Interne Kollaboration in der Praxis gestalten? Welche Probleme treten hierbei auf?
	x		*5.b) Interne Kollaboration/cross-funktional:* Wie lässt sich die cross-funktionale Kollaboration in der Praxis gestalten? Welche Probleme treten hierbei auf?
x	x		*6) Anreizsystem zur Motivation von FuE-Leistungen:* Welche extrinsischen/intrinsischen Anreize werden verwendet, um individuelle und/oder kollektive Leistungen anzuregen? Welche Probleme treten hierbei auf?
		x	*7) Externe Kollaboration der FuE mit Partnern:* Wann (in welcher Phase des Innovationsprozesses) sollte mit welcher Art von Partnern wie intensiv zusammengearbeitet werden?

Tabelle 7: Drei Bezugsebenen der FuE-Organisation (Quelle: eigene Darstellung).

Die *mittlere Bezugsebene* betrifft die *Verankerung der FuE im Gesamtunternehmen*, d.h. die Anbindung der FuE-Tätigkeit an andere Funktionen, die gerade in den späteren Phasen des Innovationsprozesses (vgl. Teilkapitel 2.4) relevant werden. Bezogen auf die empirische Untersuchung können hierunter auch Hinweise der Praktiker zum internen Innovationsmanagement fallen – das die FuE als zentralen, aber nicht als einzigen Teil beinhaltet (vgl. z.B. Vahs und Burmester 2005:50; Pleschak und Sabisch 1996:7f.) – sowie Aussagen zur allgemeinen Wertschätzung von Innovation im Unternehmen (vgl. z.B. Dougherty 2006; Nonaka 1990). Von den vorgestellten Charakteristika der FuE-Organisation fällt hierunter zunächst die cross-funktionale Kollaboration. Zwei Charakteristika der FuE-Organisation berühren sowohl die kleinste als auch die mittlere Bezugsebene: Zum einen Projektteams als temporäre Konfigurationen, die die FuE-Linienorganisation und die Gesamtorganisation (z.B. cross-funktionale Teams) überlappen können und an diese zurückgebunden werden müssen; zum anderen das Anreizsystem, da individuelle und/oder kollektive Anreize nicht rein FuE-spezifisch sein müssen, sondern eventuell einheitlich im gesamten Unternehmen gewährt werden.

Die *höchste Bezugsebene* ist die *Verankerung der FuE im Unternehmenskontext* und thematisiert die Beziehungen der FuE über die Unternehmensgrenzen hinaus – ein Thema, das aufgrund immer komplexer werdender Innovationsprozesse und dem Bedarf an vielfältigen Kompetenzen an Bedeutung gewinnt (vgl. z.B. Chesbrough 2003; Coombs und Metcalfe 2002). Hierunter fällt das Charakteristikum der externen Kollaboration der FuE mit Partnern.
Diese drei Bezugsebenen dienen als eine Grundlage der empirischen Untersuchung, in der der Zusammenhang zwischen Innovationsfähigkeit i.e.S. und i.w.S. sowie den Charakteristika der FuE-Organisation zu klären ist.

Exkurs: Verhältnis der Charakteristika der FuE-Organisation zueinander
Obschon dies kein ausdrückliches Ziel dieser Arbeit ist, implizieren die Ausführungen zu den einzelnen organisatorischen Charakteristika, dass sie teilweise in Zusammenhang miteinander stehen – was nicht auf inhaltliche Redundanz, sondern vielmehr auf erklärbare Wirkungsbeziehungen zurückzuführen ist. Aus diesem Grund zeigt Abbildung 10 ausgewählte, d.h. anhand der Studien zur Innovationsfähigkeit erkennbare, Beziehungen zwischen den Charakteristika der FuE-Organisation. Ziel ist keine erschöpfende Darstellung[123], sondern eine Veranschaulichung, wie die drei Bezugsebenen der FuE über die ihnen zugeordneten organisatorischen Charakteristika verbunden sind. Ausgehend vom jeweiligen Charakteristikum sei auf folgende Beziehungen hingewiesen:
Die *Dezentralisation der FuE* steht in engem Verhältnis zum Einsatz von Steuerungsmechanismen, da die Aktivitäten stark dezentraler FuE-Einheiten schwieriger zu koordinieren sind. In solchen Fällen bietet es sich an, fallweise durch generelle, formalisierte Regeln zu ersetzen und sich um eine gemeinsame Sozialisation in Form geteilter Werte zu bemühen (Persaud 2005; vgl. auch Frost et al. 2010b:205-215; Hill et al. 2000). Zudem geht Empowerment von Mitarbeitern mit einer erhöhten Übernahme von Verantwortung einher, was die intrinsische Motivation fördern kann (z.B. Cakar und Ertürk 2010; vgl. auch Osterloh und Frost 1998:217f.) und die Beziehung dieses Charakteristikums zum Anreizsystem erklärt.
Von den *Steuerungsmechanismen* zur Koordination der FuE-Aktivitäten hat vor allem Outputsteuerung einen starken Einfluss auf das Anreizsystem, wenn das Erreichen von Zielvorgaben mit monetären (z.B. Leistungsentgelt) oder nicht-monetären (z.B. Anerkennung) Benefits und somit extrinsischen Anreizen einhergeht (z.B. Lawson und Samson 2001:393f.; vgl. auch Osterloh und Frost 1998:217-220; Frey und Osterloh 1997). Darüber hinaus kann die Zusammenarbeit inhaltlich und/oder räumlich separierter FuE-Teilbereiche z.B. durch Formalisierung (Verfahrenssteuerung) oder Maßnahmen zum Festigen gemeinsamer Unternehmenswerte (informale Inputsteuerung, vgl. Frost und Morner 2010:205-215) anregt werden (Persaud 2005).

123 Neben den aufgeführten Beziehungen kann es weitere, in den Studien zur Innovationsfähigkeit nicht genannte Beziehungen zwischen den Charakteristika der FuE-Organisation geben. Beispielsweise ist denkbar, dass externe Kollaboration von einer dezentralen FuE profitiert, weil mehrere regionale FuE-Hubs bessere Zugangsmöglichkeiten zu lokalen Partnern haben (vgl. z.B. Gassmann und Reepmeyer 2006), oder dass dezentrale FuE-Teilbereiche besonders flexibel sind, da sie aufgrund weitreichender Entscheidungsbefugnisse – sofern richtig eingesetzt – schnell auf Marktveränderungen reagieren können (vgl. z.B. Hill et al. 2000).

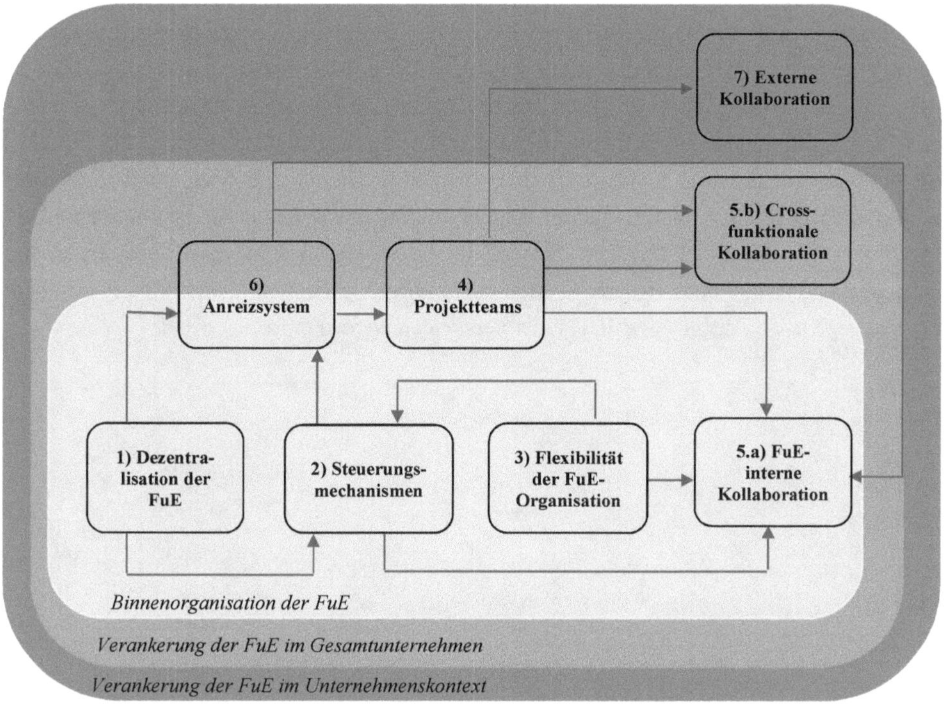

Abbildung 10: Beziehungen zwischen den Charakteristika der FuE-Organisation (Quelle: eigene Darstellung).

Die *Flexibilität der FuE-Organisation* spiegelt sich in der weniger rigiden Steuerung nach dem „Command-and-Control-Model" wider, d.h. der Abkehr vom generellen Einsatz persönlicher Weisungen (z.B. Assink 2006:226), die in dynamischen Umwelten das Handlungspotenzial der Mitarbeiter eingrenzen. Carlisle und McMillan (2006) empfehlen stattdessen, Selbstabstimmung zur Koordination zuzulassen. Außerdem können auch durchlässige Grenzen zwischen FuE-Teilbereichen ein Zeichen von Flexibilität sein (vgl. Persaud 2005), was wiederum die FuE-interne Kollaboration verbessern dürfte.

Hinsichtlich des *Anreizsystems* sei auf die bislang in der Literatur noch wenig berücksichtigte Relevanz kollektiver Anreize zum Anregen und Belohnen von Gruppenleistungen verwiesen, welche die Zusammenarbeit der Mitglieder von Projektteams (Un und Montoro-Sanchez 2010) bzw. allgemein die Kollaboration innerhalb und zwischen Funktionen (vgl. Lawson und Samson 2001:395) stärken können (vgl. auch Lindenberg und Foss 2011).

Arbeiten in *Projektteams* kann je nach Zusammensetzung der Projekte – z.B. mit Mitgliedern aus verschiedenen FuE-Abteilungen und Funktionen (Un und Montoro-Sanchez 2010) – beide Arten der internen Kollaboration fördern. Denkbar wäre auch, durch Einbezug Dritter in die Projekte die externe Kollaboration zu verbessern (Peeters und Pottelsberghe de la Potterie 2003; vgl. auch Sapsed et al. 2002).

In diesem Kapitel wurde der Begriff der Innovationsfähigkeit durch Unterscheiden einer engeren und einer weiteren Sichtweise (Innovationfähigkeit i.e.S. versus Innovationsfähigkeit i.w.S.) präzisiert und somit die bisherige begriffliche Tautologie aufgelöst. Außerdem wurden entsprechende organisatorische Voraussetzungen von Innovationsfähigkeit in Form der Charakteristika der FuE-Organisation kategorisiert und diskutiert. Damit sind wichtige theoretische Vorüberlegungen abgeschlossen, die für die Datenerhebung im Rahmen der qualitativen Fallstudien notwendig sind. Doch vor dem Einstieg in die Fallkonstruktion und Fallanalyse am Beispiel ausgewählter pharmazeutischer Unternehmen wird zunächst ein kurzer Überblick über die Industrie gegeben, da deren Spezifika besser verstanden werden müssen.

4 Innovation in der pharmazeutischen Industrie? Ein Branchenportrait

Nachdem die Zubereitung von Medikamenten lange in den Händen von Apothekern lag, ging die pharmazeutische Industrie im Zuge der Industrialisierung aus der chemischen Industrie und der Nutzung chemischer Prozesse zur Synthese von Substanzen hervor. Heute wird sie zusammen mit dem Gesundheitswesen, der Medizintechnik und der Biotechnologie zum breiten Sektor *„Life Sciences"* als Biowissenschaften, die in metabolische Prozesse lebender Organismen eingreifen, gezählt (Fischer und Breitenbach 2010:2-23; Gassmann et al. 2008:19f.). Allgemein gehören zur *pharmazeutischen Industrie* alle Unternehmen, die Arzneimittel zum Erhalt der Gesundheit herstellen und/oder vermarkten (VfA 2011b:2). Das Statistische Bundesamt (2008) unterscheidet die Wirtschaftsaktivitäten sogar noch genauer und differenziert zwischen der Herstellung von pharmazeutischen Erzeugnissen und Grundstoffen und der hierfür notwendigen Forschung und Entwicklung (FuE); die Trennung beider Aufgabenbereiche bedeutet, dass nicht alle Pharma-Unternehmen (z.B. Hersteller von Generika) auch zwangsläufig FuE-Aktivitäten ausführen. Für innovierende Pharma-Unternehmen, die im Fokus dieser Arbeit stehen und in Deutschland in der Interessengemeinschaft VfA organisiert sind, ist eine Verknüpfung beider Aufgabenbereiche allerdings unerlässlich (vgl. VfA 2012, 2011a). Ihr klassisches *Geschäftsmodell* lässt sich relativ einfach beschreiben:

> "The business model of Big Pharma is straightforward. New products are discovered, developed, launched, and protected by various patents. Initially the products benefit from monopolistic – or at least oligopolistic – pricing. After 10 or 12 years, in general, patents expire and lower-priced generics come in, wiping out the revenues of blockbuster drugs in a matter of weeks. R&D must continually replace older products with new ones to stop the revenue base from shrinking." (Garnier 2008:70)

Das Geschäft von Pharma-Unternehmen basiert auf dem regelmäßigen Generieren von Innovationen und der FuE als damit verbundener Kernaufgabe (vgl. z.B. Lundberg und Reilly 2009; Gassmann et al. 2008:1-18; LaMattina 2008:39-67; Coombs und Metcalfe 2002:261f.). Dementsprechend hoch sind die FuE-Investitionen, die zur Einordnung der Pharma-Branche in die Kategorie der High-Tech Industrien führen und nur noch von der Luft- und Raumfahrindustrie übertroffen werden (OECD 2011:5). Wie von Garnier (2008:70) angesprochen, sind *Blockbuster* das Ziel der FuE-Bemühungen von Pharma-Unternehmen. Diese neuen Medikamente erzielen mindestens eine Milliarde US-Dollar pro Jahr und damit den Großteil der jährlichen Umsatzerlöse (Gassmann et al. 2008:4). Zum Schutz des geistigen Eigentums an so „großen" Erfindungen müssen Pharma-Unternehmen schon im frühen Entwicklungsstadium Patente[124] anmelden. Aufgrund des langen Innovationsprozesses (siehe Abbildung 12) vergeht bis zur Kommerzialisierung aber noch einige Zeit, was zur Folge hat, dass von eigentlich 20 Jahren

---

124 *Patente* werden Pharma-Unternehmen für ihre technologischen Erfindungen erteilt, wenn die eigene erfinderische Leistung und Neuheit gegenüber dem Stand der Technik nachgewiesen wird. Neben den üblicherweise landesbezogenen Patenten (z.B. Deutschland, USA) gibt es heute auch überregionale Patente (z.B. europäisches Patent), bei dem die Mitgliedsstaaten eines Patentübereinkommens sich Patente gegenseitig anerkennen. Patente schützen geistiges Eigentum vor der unentgeltlichen Nutzung Dritter und sind auch Grundlage von Lizenzvereinbarungen (Fischer und Breitenbach 2010:220-246).

Patentschutz nur zwischen 10 und 14 Jahre für die exklusive Vermarktung genutzt werden können (VfA 2011a:30; Schreyögg und Stargardt 2010:131). Mit zunehmender Entwicklungsdauer, z.B. wegen der Konzentration auf neuartige und daher unsichere Therapiegebiete (z.B. Pammolli et al. 2011), verkürzt sich die Vermarktungsperiode entsprechend (Gassmann et al. 2008:57).

Um trotz des begrenzten Patentschutzes zu funktionieren, sind an das Blockbuster-Modell daher Voraussetzungen gekoppelt: *Erstens* sollte die Dauer der FuE durch effiziente Prozesse möglichst kurz gehalten werden (z.B. Carleysmith et al. 2009). *Zweitens* muss eine schnelle, möglichst vollständige Marktdurchdringung und somit ein ausgefeiltes Marketing erfolgen (Fischer und Breitenbach 2010:12). *Drittens* muss zur Deckung der immensen FuE-Ausgaben noch während der Marktlaufzeit der aktuellen Blockbuster bereits an einer Vielzahl potenzieller neuer Innovationen gearbeitet werden, die die obsolet werdenden Produkte rechtzeitig ablösen (vgl. Nightingale und Mahdi 2012:82f.; Garnier 2008:70f.; Grewal et al. 2008:264f.) – denn nach Ablauf des Patentschutzes fällt deren Marktanteil den Generika-Herstellern mit ihren kostengünstigen Nachahmer-Präparaten zu (Fischer und Breitenbach 2010:31f.; Gassmann et al. 2008:21f.). Laut Roberts (1999) wirkt sich die letztgenannte Voraussetzung langfristig besonders stark auf die Wettbewerbsfähigkeit und Profitabilität von Pharma-Unternehmen aus, da sie sich der Konkurrenz gegenüber nicht durch Ausweichen, sondern nur durch eine dauerhafte Innovationsorientierung (d.h. multiple Innovationen über Jahre hinweg und hoher Umsatz mit Neuprodukten) behaupten können. Aus diesem Grund ist das Vermögen, im Sinne der *Innovationsfähigkeit i.e.S.* kontinuierlich zu innovieren (vgl. Teilkapitel 3.2.1), unverzichtbar für Unternehmen der Pharma-Industrie (vgl. z.B. Lundberg und Reilly 2009:440f.; Gassmann et al. 2008:52f.; Grewal et al. 2008; Blau et al. 2004:227) und macht sie zu geeigneten Forschungsobjekten für diese Arbeit. Welche der zuvor theoretisch als wichtig ermittelten Innovationsarten (radikale und inkrementelle Produkt- und Prozessinnovationen) dabei im Interesse der Branche stehen bzw. stehen sollten, wird später bei der Erläuterung des Pharma-Innovationsprozesses betrachtet.

Im folgenden Teilkapitel sollen die Wettbewerbskräfte der Industrie[125] näher vorgestellt werden. Ziel soll das Schaffen eines entsprechenden Grundverständnisses für die später folgenden Detailprobleme der empirischen Untersuchung sein.

4.1 Wettbewerbskräfte in der Pharma-Industrie

Die Pharma-Industrie gilt nicht nur wegen des Bedarfs an ständiger Innovation, sondern vor allem wegen schwieriger Wettbewerbsbedingungen als herausfordernd. Sie lassen sich anhand Michael Porters *Modell der fünf Wettbewerbskräfte* – ergänzt um eine sechste Wettbewerbskraft

---

125 Da die Pharma-Branche bzw. das Gesundheitswesen sehr komplex sind und es landesspezifische Besonderheiten gibt, beschränkt sich die Autorin hier auf die wichtigsten Informationen. Einen detaillierten Überblick über das Gesundheitswesen bieten Busse et al. (2010) im Buch „*Das Management des Gesundheitswesens*"; ausführliche Informationen zur Pharma-Industrie sind in den Werken von Fischer und Breitenbach (2010), Gassmann et al. (2008) sowie LaMattina et al. (2008) zu finden.

in Form regulierender staatlicher Behörden[126] (siehe Abbildung 11) – erklären, die ein Unternehmen innerhalb der Branche jeweils unterschiedlich stark beeinflusssen.

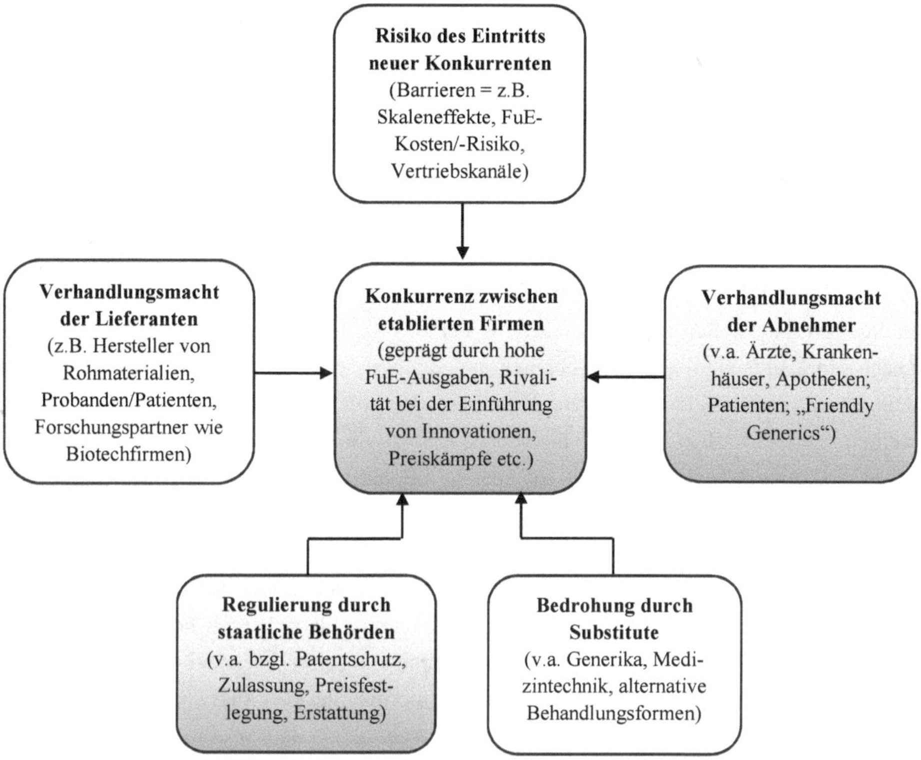

Legende: weißes Feld = geringer bis moderater Einfluss, graues Feld = starker Einfluss.

Abbildung 11: Wettbewerbskräfte der Pharma-Industrie (Quelle: Gassmann et al. 2008:23, leicht modifiziert[127]).

---

126 Das Modell der *„Five Forces"* (Porter 1980) ist der marktorientierten Perspektive des strategischen Managements (Market-Based View) zuzuordnen und führt die Branchenattraktivität sowie die Ableitung geeigneter Wettbewerbsstrategien auf die Stärke der vertretenen Wettbewerbskräfte zurück. Porter steht dem Vorschlag, eine *weitere Wettbewerbskraft* in Form der Regierung oder den Anbietern komplementärer Leistungen zu ergänzen, zwar kritisch gegenüber; er schlägt aber vor, sie als wichtige Einflussgröße zu berücksichtigen (Stonehouse und Snowdon 2007:264) und auf die Art ihres Einflusses in der spezifischen Branche einzugehen (Porter et al. 2002:46). Andere Wissenschaftler fordern ausdrücklich, dass die Regierung in Märkten, in denen staatliche Regulierung das Verhalten bzw. die Leistung und Profitabilität von Unternehmen beeinflusst, als sechste Wettbewerbskraft berücksichtigt werden muss (z.B. Vining et al. 2005; Rugman und Verbeke 2000).

127 Die größte Abwandlung der Grafik ist, dass die Bedrohung durch *potenzielle Konkurrenten* nur als moderat eingestuft wird. Gassmann et al. (2008:23) stellen diese Wettbewerbskraft zwar grafisch als starke Bedrohung dar, argumentieren aber mit Verweis auf die starken Markteintrittsbarrieren nicht dementsprechend. Auch in weiteren umfassenden Publikationen zur Pharma-Industrie (z.B. Fischer und Breitenbach 2010; LaMattina 2008) finden sich keine Hinweise zur besonderen Bedrohung durch neue Markteintritte. Weiterhin werden *Generika-Hersteller* entgegen der Argumentation von Gassmann et al. (2008:27) von der Autorin dieser Arbeit nicht als potenzielle Konkurrenz, sondern als Substitute eingestuft. Der Grund dafür ist, dass das Generika-Geschäft dort beginnt, wo das klassische pharmazeutische Geschäft endet (vgl. z.B. Haßel et al. 2010).

Eher eine geringe Bedrohung stellen die *Lieferanten von Inputfaktoren* dar: Probanden (gesunde Testpersonen) für frühe klinische Studien sind relativ einfach auszuwählen und werden nach ethischen Maßstäben bezahlt; die an späteren klinischen Studien teilnehmenden Patienten (erkrankte Testpersonen) haben als Betroffene oft großes Interesse an Tests neuer Arzneimittel zum Bekämpfen einer Krankheit (vgl. Fischer und Breitenbach 2010:101-107). Ebenso unproblematisch dürfte der Zugang zu Rohstoffherstellern sein, da in der Pharma-Industrie kein knappes oder spezifisches Material, sondern in erster Linie die Intelligenz des Humankapitals kritisch ist (ebd. 9). Eine steigende Abhängigkeit zu Forschungspartnern aus der in den 80er Jahren entstandenen *Biotechnologie*[128] kann aber nicht bestritten werden, da es zwischen ihr und der Pharmazeutik grundsätzlich geschäftsbezogene Überschneidungen und Komplementaritäten gibt (vgl. Gassmann et al. 2008:24). Sowohl die Pharmazeutik als auch die Biotechnologie befassen sich mit Behandlungsmöglichkeiten für Krankheiten, wobei sich die jeweils verwendeten Lösungsansätze unterscheiden: Biotechnologie-Unternehmen nutzen primär Wissen aus Disziplinen wie der Genetik, Molekularbiologie und Immunologie bzw. davon abgeleitete biologische Verfahren zur Herstellung „großer Moleküle“ (large molecules, z.B. Insulin); Pharma-Unternehmen stellen hingegen eher „kleine Moleküle“ (small molecules, z.B. Schmerzmittel ASS) mittels organisch-chemischer Verfahren her (vgl. VfA 2011a:8f.; Gilsing und Nooteboom 2006:7; Kaplan et al. 2003:207f.; Powell et al. 1996:117). Da beide Lösungsansätze ihre Vorteile und Nachteile haben – beispielsweise sind nur kleine Moleküle oral vom Körper aufnehmbar, aber großmolekulare Biopharmazeutika gelten wegen ihres natürlichen Ursprungs als sicherer – konkurrieren sie nicht direkt miteinander, sondern können alternative Therapiekonzepte[129] darstellen (z.B. Nightingale und Mahdi 2012:79; LaMattina 2008:27). Pharma-Unternehmen sind zum Gewinnen neuer Wirkstoffe heute mehr und mehr auf Partner aus der Biotechnologie angewiesen, gerade wenn es um seltenere Krankheiten und nicht nur um die für Big Pharma interessanten Volkskrankheiten geht (Gassmann et al. 2008:33-37; LaMattina et al. 2008:59-61). Biologische Verfahren bieten die Möglichkeit einer diversifizierteren Arzneimittelentwicklung und ergänzen die traditionellen chemischen Verfahren, da die Suche nach neuen Molekülen mit einem tiefen biochemischen bzw. molekularen Verständnis der Krankheitsursachen besser eingegrenzt werden kann (Gilsing und Nooteboom 2006:7f.). Um Zugang zu entsprechendem Know-How zu erlangen, sind Pharma-

---

128 Das Statistische Bundesamt (2008) zählt die Herstellung biotechnischer Erzeugnisse mit zu den pharmazeutischen Spezialitäten, während die biotechnologische Forschung als eine eigene Wirtschaftsaktivität genannt wird. Das liegt daran, dass biotechnologische Verfahren nicht nur Anknüpfpunkte für die Pharma-Industrie, sondern auch für andere Branchen wie die Agrar- oder Nahrungsmittelindustrie liefern (z.B. Gilsing und Nooteboom 2006:6f.). Je nach Anwendungszweck lässt sich rote (Medizin), grüne (Landwirtschaft) und weiße (sonstige Industrie) Biotechnologie unterscheiden (Bundesministerium für Bildung und Forschung [BMBF] 2012:10-12). Der Einsatz von *roter Biotechnologie* für pharmazeutische Zwecke führt zu einer begrifflichen Verschmelzung beider Betätigungsfelder, da z.B. von „Biopharmazeutika“ (z.B. Lim et al. 2006) oder „pharmazeutischer Biotechnologie“ (z.B. Gilsing und Nooteboom 2006) gesprochen wird.

129 In den Anfängen der Biotechnologie wurden zunächst bislang chemisch extrahierte Wirkstoffe gentechnisch hergestellt, wie im Fall der Ablösung des tierischen Insulins durch das Humaninsulin (Fischer und Breitenbach 2010:26f.). Nach Abarbeitung dieser „low-hanging fruits“ (Nightingale und Mahdi 2012:79f.) wurden später mit Hilfe der Biotechnologie neue Wirkstoffe gefunden, die mit herkömmlichen Ansätzen der Pharmaforschung nicht denkbar waren. Dazu zählen z.B. vom Immunsystem abgeleitete Antikörper gegen bestimmte Krebsarten oder Antigene gegen Krankheiten wie Malaria (VfA 2011a).

Unternehmen heute weniger an teuren und riskanten M&A, sondern verstärkt an der Zusammenarbeit mit Biotechnologie-Partnern in Netzwerken und Allianzen bzw. an gemeinsamen Entwicklungsvereinbarungen und Einlizensierungen interessiert (z.B. Gassmann et al. 2008:75-80; LaMattina 2008:114; Gilsing und Nooteboom 2006; Kaplan et al. 2003; Valle und Gambardella 1993; Arora und Gambardella 1990). Doch auch die (meist kleineren) Biotech-Firmen[130] profitieren von der Zusammenarbeit, da sie die breite Ressourcenbasis der Pharma-Giganten, z.B. zum Durchführen klinischer Studien oder für großflächige Marketing-und Vertriebsaktivitäten, benötigen. Da aufgrund ihrer tiefen Spezialisierung das Eindringen von Biotech-Firmen in den Geschäftsbereich von Big Pharma unwahrscheinlich sein dürfte, kann von einem beiderseitigen Abhängigkeitsverhältnis ausgegangen werden (Gassmann et al. 2008:24; LaMattina 2008:59-62).

Die letztgenannten Fakten zeigen, dass Biotechnologie-Firmen als *potenzielle Konkurrenten* von klassischen Pharma-Unternehmen eher nicht gefürchtet werden müssen, da sie symbiotische Beziehungen anstreben (vgl. Hopkins et al. 2007; Gilsing und Nooteboom 2006). Neue Markteintritte könnten hingegen von Firmen wie den sogenannten *„Contract Research Organizations" (CRO),* die als klassische Dienstleister der Pharma-Industrie bestimmte Aufgaben der Arzneimittelentwicklung übernehmen (Fischer und Breitenbach 2010:32) gewagt werden, indem das bisherige Geschäft vertikal ausgedehnt wird. Allerdings sind die *Markteintrittsbarrieren* in das klassische pharmazeutische Geschäft in Form von hohen FuE-Investitionen (z.B. Subramanian et al. 2011:67-71), Skaleneffekten, Image und Marken, Beziehungen zu den Zulassungsbehörden sowie etablierten Produktions- und Vertriebssystemen insgesamt sehr hoch und nur schwer zu überwinden (Gassmann et al. 2008:26f.), was Marktneueintritte insgesamt eher schwierig macht.

Im Gegensatz zu den Lieferanten besitzen die *Abnehmer der erstellten Leistungen* in der Pharma-Industrie eine hohe Verhandlungsmacht. Wegen der mehrstufigen Nachfragestruktur sind im Fall der verschreibungspflichtigen Medikamente allerdings nicht die konsumierenden Patienten die direkten Kunden: Sie verfügen nur über begrenzte Informationen zur Wirkungsweise von Arzneimitteln und haben kaum Einfluss darauf, welches Medikament ihnen vom Arzt verordnet wird. Außerdem tragen Patienten zwar einen Teil der entstehenden Kosten selbst[131], aber der „Löwenanteil" fällt den versichernden Krankenkassen (siehe Regulatoren) zu. Daher sind vielmehr die verschreibenden und behandelnden *Ärzte* in Praxen und Krankenhäusern sowie *Apotheken und Großhändler* als unabhängige Vertriebsorgane die Hauptkunden der Pharma-Unternehmen (z.B. Mayer und Trommsdorff 2010:197; Schreyögg und Stargardt 2010:134; Gassmann et al.

---

130 Reine Biotech-Firmen sind häufig kleine Startups mit weniger als 50 Mitarbeitern, die als Ausgründungen aus Universitäten oder Forschungsinstituten hervorgehen und zumindest im Anfangsstadium durch Venture Capital oder öffentliche Fördermittel finanziert werden (z.B. BMBF 2012; Fischer und Breitenbach 2010:28; Maurer und Ebers 2006; Powell 1998).

131 Solche Zuzahlungen sollen Patienten nicht nur für die Ausgaben des Gesundheitssystems sensibilisieren oder Versorgungsleistungen teilfinanzieren. Durch sie wird auch moralisches Fehlverhalten *(„Moral Hazard")* der Patienten und Ärzte in preiselastischen Produktsegmenten verringert, d.h. dass mehr Leistungen als nötig nachgefragt und die Ausgaben der Krankenkassen in die Höhe getrieben werden (Schreyögg und Busse 2010:31f.; Schreyögg und Stargardt 2010:126).

2008:23-25). Als diejenigen, die Rezepte ausstellen, stehen Ärzte somit im Mittelpunkt von Marketing- und Vertriebsaktivitäten. Ihre Verhandlungsmacht ist hoch, da die Wechselkosten (Umstellung auf ein anderes Medikament mit gleicher Wirkung) gering ausfallen (z.B. Gassmann et al. 2008:25f.; Angell 2005:135f-138). In letzter Zeit scheint aber eine „Emanzipierung" der *Patienten* stattzufinden, da sie angesichts der schrumpfenden Krankenversicherungsleistungen, individualisierbaren Therapieangeboten und dem Trend zur Selbstmedikation und Lifestyle-Medizin bereit sind, selbst mehr in ihre Gesundheit zu investieren. Ermöglicht wird das auch durch Wahl privater anstelle gesetzlicher Krankenversicherer, deren Leistungsangebot weniger staatlich reguliert ist und in seinem Umfang je nach Zahlungsbereitschaft vom Versicherungsnehmer ausgehandelt werden kann. Patienten fordern heute verstärkt Informationen über medizinische Behandlungsmöglichkeiten ein und versuchen, die Verschreibungsentscheidung der Ärzte stärker zu beeinflussen; zudem werden ihre Interessen gegenüber der Medizin und der Industrie immer mehr in Patientengemeinschaften (Kollektiv der Betroffenen einer bestimmten Krankheit) und Verbänden[132] (z.B. Verbraucherschutz) vertreten. Folglich rückt Werbung für Patienten als Endverbraucher wieder stärker in den Fokus der Pharma-Industrie. Während diese „Direct-to-Consumer" (DTC) Kommunikation in den USA – einem stärker von Patienten bestimmten und finanzierten Pharma-Markt – unter bestimmten Auflagen bereits erlaubt ist, wird in Europa noch über eine Lockerung des bisherigen Werbeverbots diskutiert [133] (Fischer und Breitenbach 2010:304; Mayer und Trommsdorff 2010:200-203; Schreyögg und Busse 2010:27-32).

Den größten Einfluss in der Pharma-Industrie haben heute die sogenannten *Regulatoren.* Dazu zählen staatliche Behörden, die die FuE und Vermarktung von Medikamenten beeinflussen, vor allem in den Bereichen der Patentierung, der nötigen Zulassung vor Kommerzialisierung, der Preisfestsetzung für den Handel sowie der Kostenerstattung durch die Versicherer (z.B. Gassmann et al. 2008:28-30). Dieser extreme Regulierungsbedarf dient dem Patientenschutz, da Medikamente wegen der hohen Informationsasymmetrien zwischen Patient, Arzt und Hersteller oft Vertrauensgüter sind und Fehlentscheidungen extreme Folgen bis hin zum Tod haben können. Außerdem sollen staatliche Eingriffe missbräuchliche Wettbewerbspraktiken (z.B. unlautere

132 Ein Beispiel für den Einfluss von *Interessengemeinschaften und Verbänden* ist der Fall Mifegyne, einer Tablette zum Schwangerschaftsabbruch. Sie konnte 1999 in Deutschland erst nach ausführlichen Verhandlungen mit z.B. kirchlichen Protestgruppen eingeführt werden, wurde aber aufgrund der geringen gesellschaftlichen Akzeptanz schnell wieder vom Markt genommen (Mayer und Trommsdorf 2010:199f.).

133 In Deutschland sind bislang nur unparteiische, wissenschaftlich fundierte Informationen über Krankheiten erlaubt. Im Gegensatz dazu ist *DTC-Werbung* in den USA unter Aufsicht der Zulassungsbehörde FDA gestattet, die die Darstellung von Risiken und Nutzen eines Medikaments in Werbemaßnahmen prüft. Als Argumente für DTC-Werbung werden die Informationswirkung für den Patient, die Verbesserung des Dialogs zwischen Patient und Arzt sowie die Umsatzsteigerung für ganze Wirkstoffklassen genannt. Gegenargumente sind, dass DTC-Werbung die Kosten des Gesundheitswesens durch Bevorzugung teurer Präparate in die Höhe treibt, Ärzte in ihrer Verschreibungshoheit beeinträchtigt bzw. Patienten irreführt, da es schon jetzt Medien zur Patienteninformation (z.B. Beipackzettel, Internetauftritte der Firmen, Wartezimmerposter) gibt (Fischer und Breitenbach 2010:304; Mayer und Trommsdorff 2010:200-202; LaMattina 2008:93-95; Angell 2005:132-135).

Werbung oder Preisgestaltung), die gerade bei geringer Nachfrageelastizität[134] zu befürchten sind, unterbinden und den Zugang zu den benötigten Medikamenten gewährleisten (Orsenigo et al. 2012:406-408; Schreyögg 2010:152; Angell 2005:132-138).

Patente sind notwendig, um wissenschaftliche Erkenntnisse zu kodifizieren und der Öffentlichkeit zugänglich zu machen. Sie sichern Pharma-Unternehmen bei erfolgreicher Beantragung gegen Imitation durch die Konkurrenz ab – die die Bestandteile eines Arzneimittels leicht analysieren kann – und garantieren eine gewisse Zeit an Marktexklusivität. Insofern besitzen *Patentämter* zwar Verhandlungsmacht, aber es gibt je nach Land rechtliche Unterschiede und nicht immer ist klar geregelt, ab wann neue Erkenntnisse überhaupt patentierbar sind (z.B. Orsenigo et al. 2012:411-416; Gassmann et al. 2008:30). Zudem sind „Patentspielereien" in Form sekundärer Patente (z.B. auf Wirkstoffkombinationen oder weitere Indikationen) möglich, die Unternehmen auch nach Ablauf der eigentlichen Marktexklusivität vor dem Wettbewerb schützen (Fischer und Breitenbach 2010:251f.; Angell 2005:175-186).

Weitaus weniger Spielräume gibt es bei der *Zulassung*, da das nationale und internationale Recht umfassende Maßnahmen und Dokumentationen zur Wirksamkeit, Sicherheit und Qualität von neuen Arzneimitteln vorschreibt (Fischer und Breitenbach 2010:VIII). Über die Einhaltung der damit verbundenen Standards entscheiden die zuständigen *Zulassungsbehörden*. Auf nationaler Ebene sind das in den USA die FDA und in Deutschland das Bundesinstitut für Arzneimittel- und Medizinprodukte (BfArM) sowie das Paul-Ehrlich-Institut; auf supranationaler Ebene ist die EMA für die EU-Mitgliedsstaaten[135] relevant. Da die Zulassungsbehörden nicht nur über die Zulassung der Medikamente bestimmen, sondern diese bei auftretenden Risiken nach Kommerzialisierung auch wieder entziehen können, besitzen sie eine starke Verhandlungsmacht (Fischer und Breitenbach 2010:99-144; Schreyögg und Stargardt 2010:122-124; Gassmann et al. 2008:29f.). Erschwerend kommt hinzu, dass in den letzten Jahren die weltweiten Zulassungsraten wegen immer strengerer Erfordernisse für Wirksamkeits- und Sicherheitsnachweise, z.B. zum Test ganz neuer Moleküle, stetig abnehmen (z.B. International Federation of Pharmaceutical Manufacturers & Associations [IFPMA] 2011:13f.; Pammolli et al 2011:428f.; Fischer und Breitenbach 2010:104; Paul et al. 2010:203; Lundberg und Reilly 2009:439; Kola 2008:227).

Gelingt die Zulassung trotz aller Widrigkeiten, so müssen die *Preisfestsetzung* für und *Erstattbarkeit* von neuen Medikamenten (grundsätzlich in allen Ländern außer den USA und

---

134 Die *Nachfrageelastizität* ist gering, wenn die Nachfrage nicht auf Preisänderungen reagiert. Je mehr Krankenkassen für die Gesundheitsleistungen ihrer Versicherten zahlen, desto preisunempfindlicher sind Patienten und Ärzte. Doch auch wenn Patienten selbst einen hohen Kostenanteil tragen müssen, kann ihre Nachfrage unelastisch sein – z.B. wenn es für lebensbedrohliche Erkrankungen nur ein Medikament gibt und jeder Preis des Anbieters akzeptiert werden muss (vgl. z.B. Orsenigo et al. 2012; Ganuza et al. 2009).

135 Es gibt in Europa somit drei Zulassungsverfahren: Im *nationalen Verfahren* wird die Zulassung für ein Land erteilt, im *dezentralen Verfahren* wird die in einem EU-Land gewährte Zulassung von den anderen EU-Ländern anerkannt und im *zentralen Verfahren* entscheidet die EMA direkt über die EU-weite Zulassung. Letztere erlangt zur Stärkung des EU-Binnenmarktes und zum Sichern des sofortigen Marktzugangs in mehreren Ländern sowohl für den Staat als auch für Pharma-Unternehmen immer mehr an Bedeutung und ist für bestimmte Therapiegebiete sogar vorgeschrieben. Eine EU-Zulassung hat auch eine starke Signalwirkung für Nicht-EU-Länder (VfA 2011a:26f.; Fischer und Breitenbach 2010:99-144; Schreyögg und Stargardt 2010:122-124).

Neuseeland) mit den Gesundheitsbehörden verhandelt[136] werden, wobei es bei der Art und Weise der Verhandlungen länderspezifische Unterschiede gibt (Gassmann et al. 2008:30). Weltweit wächst der Preisdruck auf Pharma-Unternehmen, da private und öffentliche Zahler nur noch für innovative Produkte mehr investieren wollen, sich der Neuheitsgrad eines Medikaments aber nur schwer bestimmen lässt (Garnier 2008:71). Für europäische Länder gilt mittlerweile das Modell aus Deutschland, dem größten Arzneimittelmarkt in Europa, als Vorbild (z.B. Holmes 2012:1864): Der gemeinsame Bundesausschuss (GBA) entscheidet im Rahmen des AMNOG auf Grundlage von Herstellerdossiers, Anhörungen der Unternehmen bzw. Fachverbände sowie Bewertungen des Instituts für Qualität und Wirtschaftlichkeit im Gesundheitswesen (IQWIG), inwiefern ein neues Medikament einen Zusatznutzen im Vergleich zum aktuellen Marktangebot derselben Therapieklasse aufweist und wann es verordnet werden darf. An dieser Bewertung orientieren sich die versichernden Krankenkassen bei der Kostenübernahme[137](BMG 2012; BPI 2012; Herr 2012). In jenem Modell der *Referenzpreise* (d.h. maximal von den Versicherern gedeckte Preise) werden für „echte" Innovationen höhere Kosten erstattet und es können von der Industrie entsprechend höhere Verkaufspreise angesetzt werden. Doch je mehr die Patienten selbst bezahlen müssen, umso geringer fällt ihre Nachfrage aus – was Pharma-Hersteller veranlasst, für sie unprofitable Medikamente gar nicht erst auf den Markt zu bringen und ihre Motivation, zu innovieren, bremst[138] (vgl. z.B. Pammolli et al. 2011:436; Ganuza et al. 2009:546; Gassmann et al. 2008:93). Insgesamt ist der starke Einfluss von Regulatoren in der Pharma-Industrie offensichtlich.

Substitutionsprodukte scheinen in der Branche hingegen eine eher geringe Bedrohung darzustellen (Gassmann et al. 2008:27). Wesentliche Substitute sind *Generika* als billigere[139] Versionen eines Originalpräparats, die diesem in den Leistungsmerkmalen (Qualität, Art und Dosierung des Wirkstoffs, Darreichungsform etc.) in nichts nachstehen. Sie kommen nach Patentablauf eines geschützten Medikaments auf den Markt und kündigen das Ende seines Lebenszyklus an,

---

136 Neben der staatlichen Intervention bei der Festlegung der Preise neuer Medikamente gibt es noch weitere Mechanismen zur Preisregulierung, wie z.B. Moratorien (Verbot von Preiserhöhungen für einen bestimmten Zeitraum), das Fördern von Parallelimporten (Reimporte von Medikamenten aus Ländern mit günstigeren Abgabepreisen) oder feste Zuzahlungen der Patienten (Schreyögg und Stargardt 2010:126f.).

137 Sofern kein *Zusatznutzen* vorliegt, wird ein Festbetrag angesetzt, den die Krankenkassen maximal bezahlen; die über den Festbetrag hinausgehenden Kosten werden dem Patienten auferlegt. Im Falle eines anerkannten Zusatznutzens werden die Preise zwischen den Herstellern und der gesetzlichen Krankenversicherung ausgehandelt, wobei dieser Preis dann auch für die private Krankenversicherung gilt (BMG 2012; Bundesverband der Pharmazeutischen Industrie [BPI] 2012; Herr 2012).

138 Deswegen kann Preisregulation auch zu unerwünschten *Wohlfahrtsverlusten* führen: Kurzfristig werden durch Preiskontrollen zwar Kosten im Gesundheitssystem gespart. Wegen der geringeren Rückflüsse aus der Innovationstätigkeit werden aber die FuE-Investitionen der Pharma-Industrie reduziert, was längerfristig zum Mangel an neuen Medikamenten und der Erhöhung von Sterblichkeitsraten bzw. Kosten für Krankenhausaufenthalte führen kann (Lichtenberg 2012:61; vgl. auch IFPMA 2011:31f.; LaMattina 2008:50f.). Dabei gehen gerade die von kleineren Patientenpopulationen benötigten Spezialpräparate, die auf neuen biologischen Molekülen basieren, mit hohen Entwicklungskosten einher (Fischer und Breitenbach 2010:274).

139 Der Preisvorteil von *Generika* liegt am entfallenden FuE-Aufwand, da die Bestandteile von Originalpräparaten leicht analysiert und repliziert werden können (z.B. BPI 2012:12; Gassmann et al. 2008:21f.). Zudem sind trotz der erforderlichen Zulassung langwierige und teure Studien nicht mehr notwendig (z.B. Angell 2005:258).

da die Hersteller des Originalpräparats innerhalb weniger Wochen bis Monate den gesamten Marktanteil verlieren (Fischer und Breitenbach 2010:285; Haßel et al. 2010:207; Garnier 2008:70f.). Einerseits stellen Generika-Hersteller also durchaus eine Bedrohung für Pharma-Unternehmen dar und profitieren vom im Gesundheitswesen herrschenden Kostendruck. In vielen Ländern wird die Ausgabe von Generika sogar staatlich gefördert, indem z.B. Apotheken abweichend von der ärztlichen Verordnung vergleichbare günstigere Medikamente ausgeben dürfen bzw. müssen („Aut-Idem-Regelung" in Deutschland, ähnliche Gesetzesgrundlage in den USA) oder Festbeträge bei der Erstattung von Arzneimitteln durch die Krankenkassen die Nachfrage von Markenprodukten wegleiten (Herr 2012:2-4; Fischer und Breitenbach 2010:285-287; Garnier 2008:71). Andererseits hängt das Drohpotenzial von Generika davon ab, wie Pharma-Unternehmen damit umgehen. Eine Gegenmaßnahme kann gezieltes Abwehren sein, indem in aufwendiger zu testende und weniger leicht nachahmbare Biopharmazeutika investiert wird (z.B. BPI 2012:50). Darüber hinaus können Generika mit Langzeitverträgen zwischen Herstellern und Krankenkassen oder einer Vielzahl sekundärer Patente[140] abgewehrt werden – auch wenn solche Aktionen aus gesamtgesellschaftlicher Sicht nicht wünschenswert sind (z.B. Herr 2012:8; Angell 2005:179-186). Eine andere Maßnahme kann das Investieren in Generika als Ergänzung zum eigenen Pharma-Geschäft sein. Denkbar ist, dass der Hersteller des Originals zum Patentablauf ein günstiges *Eigengenerikum* unter einem anderen Markennamen anbietet, um die Substanz und die Generika-Umsätze im Unternehmen zu halten (z.B. Fischer und Breitenbach 2010:249). Diese Strategie fährt erfolgreich das Pharma-Unternehmen Novartis, das unter dem Namen „Sandoz" eine eigene Generika-Sparte aufgebaut (Gassmann et al. 2008:27) und mit Akquisitionen (Hexal, Eon Labs) um weitere Marken ergänzt hat (Fischer und Breitenbach 2010:305). Eine weitere Möglichkeit sind *„Friendly Generics"*: Indem rechtzeitig ein Generika-Hersteller als Partner gesucht und die eigene Substanz an ihn auslizensiert wird, kann sich der Hersteller des Originals Royalties und der Generika-Partner einen zeitlichen Vorsprung bei der Markteinführung sowie eventuell ein geschütztes Herstellungsverfahren sichern (ebd. 249).

Verschreibungspflichtige Medikamente („Rx-Präparate") können außerdem durch verschreibungsfreie Arzneimittel („Over-The-Counter", OTC) substituiert werden. *OTC-Präparate*, zu denen auch Naturheilmittel und pflanzliche Arzneimittel gehören, können apothekenpflichtig oder frei verkäuflich sein. Sie sind immer rezeptfrei und nicht verordnungspflichtig, aber dennoch verordnungsfähig. Sofern sie vom Arzt verordnet werden, sind sie durch die Krankenkassen erstattbar. Typische OTC-Präparate (wie Antigrippe-Mittel) dienen der Behandlung unkomplizierter Erkrankungen und erlangen mit dem steigenden Trend zur Selbstmedikation an Bedeutung, der teilweise der Überlastung des öffentlichen Gesundheitswesens geschuldet ist (Fischer

[140] Insbesondere in den USA sind „Patentspielerein" zum Abwehren generischer Konkurrenz durch sekundäre Patente gängige Praxis, die sich nicht nur auf den Wirkstoff eines Medikaments, sondern auch auf Darreichungsformen, Kombinationen, Herstellverfahren etc. beziehen. Unter dem *Waxman-Hatch-Act* wird damit der Spielraum, Klage gegen einen Generika-Hersteller einzureichen und somit das Recht, dessen Zulassung einmalig um 30 Monate zu verzögern, erweitert. Verlängerungen der Patentlaufzeit sind auch möglich, wenn Medikamente an Kindern getestet oder besonders lange von der amerikanischen Zulassungsbehörde geprüft werden (vgl. Fischer und Breitenbach 2010:288; Angell 2005:179-190).

und Breitenbach 2010:11-17; Schreyögg und Stargardt 2010:122-125; Gassmann et al. 2008:21; Harms und Drüner 2003:28f.). Dennoch dürften sie kaum als problematisch für die Pharma-Industrie gelten, da viele große Unternehmen wie Pfizer, Bayer oder Wyeth eigene OTC-Sparten haben (z.B. Fischer und Breitenbach 2010:26). Grundsätzlich ist die Entlassung eines Medikaments aus der Verschreibungspflicht („Rx-OTC-Switch"), die nach einigen Jahren an Marktlaufzeit bei den Zulassungsbehörden beantragt werden kann, gängige Praxis der Pharmahersteller. Dafür eignen sich Medikamente, deren Sicherheit z.B. aufgrund einer leichten Anwendbarkeit, wenigen Nebenwirkungen und einer erwiesenen Effektivität gewährleistet wird und deren Patentschutz abläuft. In dem Fall kann durch einen Rx-OTC-Switch weiterhin Umsatz generiert werden, da es für verschreibungsfreie Medikamente mehr Werbe- und Vertriebsmöglichkeiten gibt und bei Beibehaltung des Markennamens – und markentreuen Kunden – Generika-Herstellern nicht der gesamte Marktanteil zufällt (Fischer und Breitenbach 2010:251-266; Schreyögg und Stargardt 2010:135; Grosshans 2009; Kojda 2000). Sonstige Mittel zur Steigerung der Gesundheit wie Medizintechnik, Krankenhausaufenthalte oder alternative Therapien (z.B. Homöopathie, Akupunktur) können Substitute für Arzneimittel sein, sind aber oftmals teurer und werden von Versicherern ebenfalls nur bei einem nachweislichen Zusatznutzen erstattet (Gassmann et al. 2008:27). Diese Ausführungen zeigen, dass von Substituten eine eher geringere Gefahr ausgeht.

Wesentlich mehr Gefahr geht von den *aktuellen Konkurrenten* innerhalb der Pharma-Branche aus. Global gesehen ist der Markt immer noch relativ fragmentiert und von einem moderaten Wettbewerb geprägt, da keines der Unternehmen über 9% Marktanteil hält (Bradfield und El-Sayed 2009:196; Gassmann et al. 2008:28). Verschärft wird die Situation durch die intensive staatliche Regulierung, die zu einer immer kürzeren Marktexklusivität, geringeren Zulassungsraten und vorgegebenen preislichen Obergrenzen für neue Medikamente führt. Folglich ist die Branche geprägt von Kostendruck und Preiskämpfen, einem zunehmenden Verdrängungswettbewerb (mit M&A zur Beseitigung von Überkapazitäten), Werbeschlachten (im gesetzlich erlaubten Rahmen) sowie dem Streben nach immer mehr *Innovation* durch intensive FuE (z.B. Herr 2012; Pammolli et al. 2011; Fischer und Breitenbach 2010:24.f; Garnier 2008; Gassmann et al. 2008:13-28; Elmquist und Segrestin 2007). Trotz Skaleneffekten z.B. in der Entwicklung und Kommerzialisierung (z.B. Gilbert et al. 2003) hängt die Positionierung und Profitabilität von Unternehmen der Pharma-Industrie vor allem von ihrer Innovationsleistung ab, für die die Pflege und Nutzung des bestehenden Wissens als auch die Aneignung von neuem Wissen unumgänglich ist (vgl. z.B. Orsenigo et al. 2012; Bierly und Chakrabarti 1996): Zum einen lassen sich nur für wirklich innovative Medikamente adäquate Preise bei den staatlichen Behörden sowie am Markt durchsetzen (z.B. Garnier 2008:71; Gassmann et al. 2008:28); zum anderen muss kontinuierlich innoviert, d.h. an einem Portfolio neuer Wirkstoffkandidaten gearbeitet werden, um trotz langwieriger Innovationsprozesse obsolet werdende Produkte rechtzeitig zu ersetzen (vgl. z.B. Grewal et al. 2008; Blau et al. 2004; Roberts 1999). Mit diesem Ziel geht in der Branche auch Wettbewerb um geeignete Kooperationspartner als Quellen externen Wissens einher. Dabei ist nicht immer klar, wer in welcher Situation ein Partner oder ein Konkurrent ist und wann wie (z.B.

formal versus informal) zusammengearbeitet werden sollte (z.B. Powell 1998; Powell et al. 1996). Da Ideen für Innovationen nicht selten von außerhalb der Unternehmensgrenzen kommen, dürfte das Konkurrieren um geeignete Partner noch zunehmen (z.B. Berggren et al. 2012:435). Generell richtet sich die Wettbewerbsintensität der Pharma-Branche nach der Anbieterkonzentration je *Therapiegebiet*, da der Preisdruck mit Anzahl der Konkurrenten steigt und Innovationen schwieriger zu implementieren sind (z.B. Garnier 2008:71; LaMattina 2008:15; Wertheimer et al. 2001). In bereits gesättigten Therapiegebieten (z.B. Atemwegserkrankungen, Herz-/Kreislauferkrankungen, Schmerzen, Frauengesundheit) ist der Wettbewerb sehr intensiv. In Wachstumssegmenten[141] (z.B. Onkologie, Autoimmunkrankheiten, Entzündungen, Alzheimer) fällt er moderater aus, was sich allerdings mittel- bis langfristig ändern dürfte – da trotz des größeren Risikos nur hier noch hohe Wachstumsraten für Blockbuster-Medikamente der nächsten Generation zu erwarten sind (Pammolli et al. 2011; Gassmann et al. 2008:9-28). Tatsächlich betonen fast alle Pharma-Unternehmen, ihre Geschäftsaktivitäten auf ungedeckte medizinische Bedarfe zu konzentrieren (z.B. Bennani 2011:780) und weisen in ihren FuE-Pipelines besonders viele Wirkstoffkandidaten aus den oben genannten wachsenden Segmenten auf (z.B. Berggren et al. 2012; Pammolli et al. 2011; VfA 2011a). Das führt dazu, dass mehr Firmen an denselben Targets, d.h. Angriffspunkten eines Wirkstoffes im Krankheitsgeschehen (VfA 2011a:22), arbeiten und diese im gleichen Zeitraum auf den Markt bringen (z.B. Bennani 2011:780-782; Gassmann et al. 2008:67f.; Powell et al. 1996:117). Dadurch überlappen sich die Tätigkeitsfelder der Branchenmitglieder, die ohnehin zur Fokussierung auf bestimmte ertragsreiche Krankheitsbilder[142] neigen, immer mehr. Inzwischen ist das FuE-Niveau der Pharma-Industrie derartig hoch, dass immense Anstrengungen notwendig sind, um trotz des scharfen Wettbewerbs weiterhin innovative Blockbuster zu generieren. Neue Arzneimittel sind zwar leistungsfähiger, aber sie verdrängen sich gegenseitig auch immer schneller vom Markt (Fischer und Breitenbach 2010:12-30). Um miteinander Schritt zu halten, müssen Pharma-Unternehmen ständig in hohem Maße in ihre FuE und in geeignete Partnerschaften investieren. Die Situation wird von Powell (1998) als schnelles *„Rennen um Lernvorteile"* und von Subramanian et al. (2011) als aggressives „Kopf-an-Kopf Rennen" beschrieben:

---

141 *Wachstumssegmente* basieren auf *ungedeckten medizinischen Bedarfen*, d.h. dass für eine ausreichend große Patientenpopulation bislang kein Medikament verfügbar ist oder verfügbare Medikamente immer noch Einschränkungen in ihrer Wirksamkeit und/oder Sicherheit aufweisen (Gashaw et al. 2012:528). Das können erstens neue Krankheiten wie z.B. SARS oder mutierte Grippeerreger sein, die sich aufgrund der Urbanisierung und hohen Mobilität sehr schnell verbreiten (z.B. PriceWaterhouseCoopers [PWC] 2012:2; VfA 2011a:9). Zweitens gehören hierzu Krankheiten wie Krebs, die sich mit dem heutigen wissenschaftlichen Erkenntnisstand z.B. zur Entschlüsselung des menschlichen Genoms besser analysieren lassen als früher (z.B. Grabowski 2011:165; LaMattina 2008:108-120). Drittens fallen hierunter komplexe, chronische Erkrankungen wie Alzheimer oder rheumatische Beschwerden, die häufig die ältere Bevölkerung als größte, am stärksten wachsende Patientengruppe betreffen (VfA 2011a:10; Grabowski 2011:166-173; Pammolli et al. 2011:431-433).

142 Weniger populär, weil unrentabler, sind seltene Krankheiten mit kleinen Patientenpopulationen *(„Orphans")*, obwohl die Zulassungsbehörden für ihre Entwicklung Anreize (z.B. Erlass der Zulassungsgebühr, Alleinvertriebsrechte) anbieten (Fischer und Breitenbach 2010:100; Flochel und Kumli 2010:160; Gassmann et al. 2008:22). Die EMA zählt auch vernachlässigte tropische Krankheiten zu den Orphans (EMA 2012d).

> "As pharmaceutical firms ramp up their investment in R&D, they often find that their competitors are also doing likewise. This is akin to Alice's confrontation with the Red Queen in Lewis Carroll's classic *Through the Looking Glass*. Alice realises that no matter how fast she walks, she never moves forward since the landscape is moving at her speed in the same direction." (Subramanian et al. 2011:66)

Noch bevor das erste Medikament eines völlig neuen Typs („first-in-class", vgl. BPI 2012:81) zugelassen wird, haben die Mitbewerber schon ebenbürtige Wirkstoffkandidaten in den späten klinischen Phasen und können oft den Vorsprung, den sich der Pionier im FuE-Prozess erarbeitet hat, bis zur Kommerzialisierung aufholen (vgl. LaMattina 2008:15). Dabei ist der Markteintrittszeitpunkt für den Innovationserfolg extrem wichtig, da der Marktanteil unter den ersten Anbietern schnell verteilt und die Patentlaufzeit optimal zu nutzen ist (Fischer und Breitenbach 2010:24). Somit ist der Branchenwettbewerb als sehr intensiv zu bezeichnen.

Zusammenfassend lässt sich zu den Wettbewerbskräften der Pharma-Industrie festhalten, dass vor allem die Abnehmer der erstellten Leistungen, die Regulatoren sowie die Konkurrenten innerhalb der Industrie einen hohen Einfluss auf die Innovationsbemühungen von Pharma-Unternehmen ausüben. Hinzu kommt, dass der FuE-Prozess (der einen Großteil des Innovationsprozesses einnimmt, vgl. Teilkapitel 2.4) in der Branche sehr komplex ist und sich aktuell besondere Herausforderungen im Innovationsmanagement stellen. Beides soll in den folgenden Teilkapiteln näher erläutert werden.

4.2 Der pharmazeutische FuE-Prozess

Die Ausführungen des vorherigen Teilkapitels haben gezeigt, dass Pharma-Unternehmen nicht gelegentlich, sondern kontinuierlich innovieren müssen, um in der Industrie Schritt halten zu können – passend zur Argumentation dieser Arbeit wird ihnen also *Innovationsfähigkeit i.e.S.* abverlangt. In der Branche bedeutet das, dass die *Pipeline* als Repertoire an Nachwuchsprodukten ständig nachgefüllt und weiterentwickelt werden muss, um langfristig die hohen FuE-Kosten zu decken und sich stets mit innovativen Arzneimitteln gut am Markt zu positionieren (Filmore et al. 2004). Damit gehen Portfoliomanagement-Entscheidungen als Trade-Off zwischen Umsatzmaximierung und Risikominimierung einher, die durch knappe Ressourcen in Kombination mit Erfolgsunsicherheit und ex-ante nur schwer kalkulierbaren FuE-Kosten erschwert werden (vgl. z.B. Gassmann et al. 2008:67-71; Grewal et al. 2008; Blau et al. 2004; Filmore et al. 2004).
Hinzu kommt, dass der pharmazeutische FuE-Prozess von hoher Komplexität geprägt ist: Sie ist zum einen den Untersuchungsobjekten geschuldet *(biologische Komplexität)*, nämlich auf komplizierten biologischen Zusammenhängen basierenden Krankheiten und den damit verbundenen Funktionen des menschlichen Organismus (z.B. Nightingale und Mahdi 2012:86f.). Zum anderen ist die Forschung an und Entwicklung von neuen Medikamenten selbst komplex, da sie durch hochinterdependente, d.h. sich gegenseitig bedingende bzw. beeinflussende, Aufgaben und Entscheidungen *(Aufgaben- und Entscheidungskomplexität)* charakterisiert ist (z.B. Colvin und Maravelias 2011; Blau et al. 2004; Thomke und Kuemmerle 2002). Eine komplexe Gesamtaufgabe wie die pharmazeutische FuE stellt eine organisatorische Herausforderung dar: Teilaufgaben müssen eng genug abgesteckt werden, um für begrenzt rationale, spezialisierte Individuen hand-

habbar zu sein, sie sollten sich wegen (un-)bekannter Interdependenzen aber auch ein stückweit überlappen[143] (vgl. z.B. Picot und Baumann 2007). Abbildung 12 zeigt, welche Aufgabenbereiche bzw. Phasen im pharmazeutischen FuE-Prozess von der Idee bis zum neuen Arzneimittel zu unterscheiden sind.

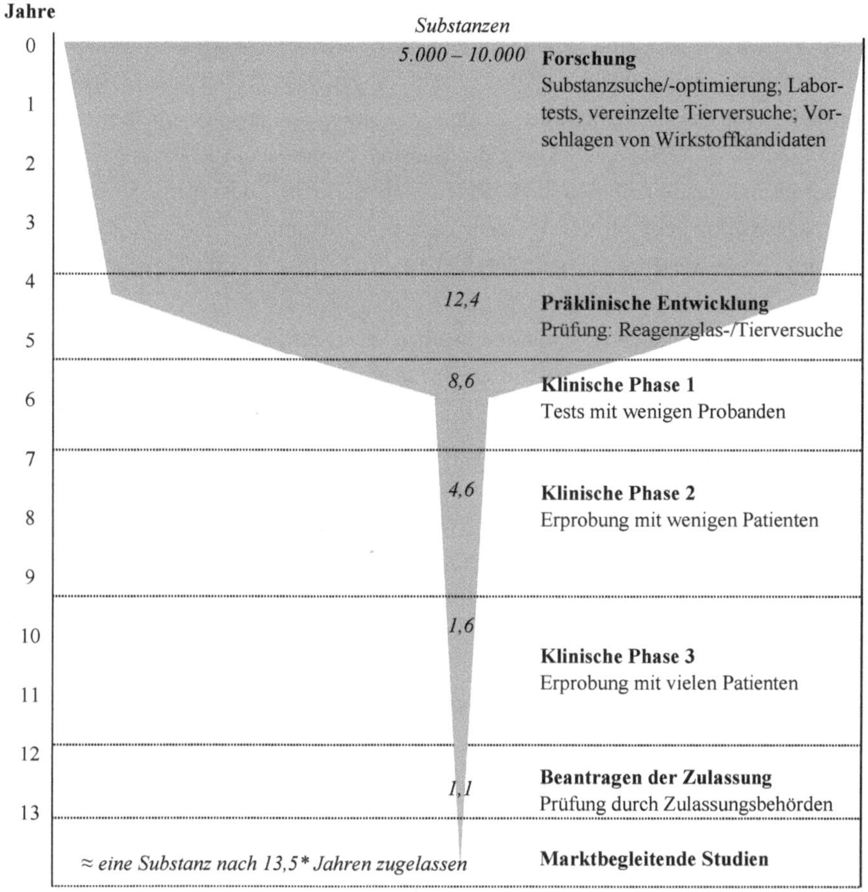

*Je nach Medikament/Land ist ein unterschiedlicher Zeitbedarf möglich, es gibt auch Angaben von 9 und 16 Jahren (z.B. Sternitzke 2010:812; LaMattina 2008:24).

Abbildung 12: Der pharmazeutische FuE-Prozess (Quellen: VfA 2011a:28; ergänzt nach Fischer und Breitenbach 2010:38-45; Schreyögg und Stargardt 2010:130-132).

Wie grafisch dargestellt, gleicht der FuE-Prozess in der Pharma-Industrie einem *Trichter*: Zu Beginn werden viele geeignete Lösungsansätze parallel verfolgt, die Gesamtheit der Alternativen wird im Zeitverlauf nach Kriterien wie Umsetzbarkeit und Profitabilität aber nach und nach ver-

143 Nach Simons (1962) Theorie komplexer Systeme sollen Beziehungen innerhalb von Subsystemen intensiver ausgeprägt sein als zwischen Subsystemen („near decomposability"). Die Unterteilung in Subsysteme (z.B. abgrenzbare Aufgabenblöcke) ist bei einem komplexen System (z.B. Gesamtaufgabe) und hohen Interdependenzen zwischen dessen Elementen (z.B. Einzelaufgaben) aber schwierig (Stieglitz und Heine 2007:6).

engt. Mit dem trichterartigen[144] FuE-Prozess ist somit auch die Pipeline als das Repertoire an Nachwuchsprodukten gemeint (Ding und Eliashberg 2002; vgl. auch Gemünden und Salomo 2004:508).

Als erste Phase beginnt die *Forschung* mit der Identifikation eines medizinischen Bedarfs. Die anschließende Wirkstoffsuche beinhaltet das Ermitteln von Angriffspunkten im Krankheitsgeschehen und Substanzen, die eine Bindung mit diesen Targets im Körper eingehen und die Krankheit lindern bzw. heilen können. Über Jahre hinweg werden im computergestützten Screening Millionen von Substanzen mit den Targets kombiniert und aus den erhaltenen Treffern Muster für die Neu- bzw. Weiterentwicklung der Substanzen gesucht. Vielversprechende Substanzen sind auf grundlegende Kriterien (z.B. gezielte Interaktion mit dem Target, Abbaubarkeit und riskante Nebenwirkungen) mittels Reagenzglastest (Zellkulturen) und ggf. ersten Tierversuchen zu prüfen, verwerfen oder optimieren (VfA 2011a:15-23; Schreyögg und Stargardt 2010:130f).

Sind potenzielle Wirkstoffkandidaten gefunden, werden diese zum Patent angemeldet und von den Wissenschaftlern in die Phase der *präklinischen Entwicklung* gegeben. Dort werden aus den Wirkstoffkandidaten erste Arzneiformen („Prä-Formulierungen") entwickelt, die sich vor ihrem Einsatz im Mensch in den gesetzlich vorgeschriebenen Tierversuchen bewähren müssen. Dabei wird in umfangreichen Testbatterien z.B. ihre zeitliche Verteilung und Veränderung im Körper (Pharmakokinetik) und Wirkungen bzw. Nebenwirkungen bei unterschiedlicher Dosierung (Toxikologie) geprüft. Nur ein Bruchteil von Substanzen erreicht diese Phase, wobei ein Scheitern hier nicht unüblich ist und ggf. zu einer Rückkehr in die Forschung führen kann (VfA 2011a:19; Fischer und Breitenbach 2010:40-42; Schreyögg und Stargardt 2010:131; LaMattina 2008:23).

Haben Wirkstoffkandidaten die präklinischen Tests überstanden, so können sie in die *klinische Entwicklung* gegeben und im Menschen angewendet werden. „Klinisch" meint, dass die Studien gemeinsam mit Ärzten und/oder Kliniken durchgeführt werden, sofern vorher die notwendige Zustimmung der Zulassungsbehörden erfolgt ist (VfA 2011a:21). In *Phase 1* wird mit wenigen Probanden (60-80 gesunden Versuchspersonen) zunächst die Verträglichkeit und Sicherheit des Wirkstoffkandidaten getestet, indem schrittweise die Dosierung erhöht wird. Basierend auf den gewonnenen Daten ist es Aufgabe der Galeniker, je nach Wirkmechanismus eine geeignete Darreichungsform des Wirkstoffs (z.B. Tablette oder Injektion als eigentliches Medikament) zu entwickeln. Treten keine unerwarteten Effekte auf, kann in *Phase 2* an 100-500 Patienten mit der Prüfung der Wirksamkeit des Medikaments – auch gegenüber Vergleichsprodukten (sofern vorhanden) und/oder Placebos – begonnen werden. Zu erfassen sind ebenfalls Informationen zur geeigneten Dosierung, Verabreichung und ggf. unerwünschten Neben- bzw. Wechselwirkungen. Sofern keine Probleme auftreten, können diese Tests in fließendem Übergang in *Phase 3* auf mehrere Tausend Patienten in unterschiedlichen Ländern ausgeweitet werden. In dieser besonders

[144] Je nach Therapiegebiet können für längere Zeit auch das Verfolgen mehrerer Lösungsansätze (d.h. ein *tunnelartiger Verlauf der Pipeline,* z.B. bei neurologischen Erkrankungen) und späte Entscheidungen für eine Alternative sinnvoll sein (Ding und Eliashberg 2002:358). Das dürfte wie im genannten Beispiel auf Wachstumssegmente zutreffen, die unsicher sind und höhere Abbruchquoten haben (Kaitin und DiMasi 2011:188).

teuren Phase werden (gerade bei chronischen Erkrankungen) Langzeitstudien zur Simulation der täglichen Therapiesituation durchgeführt, um auch weniger häufige Nebenwirkungen und Wirksamkeitsunterschiede bei verschiedenen Patientenpopulationen (z.B. gruppiert nach Alter[145] oder Geschlecht) zu entdecken (VfA 2011a:21-25; Fischer und Breitenbach 2010:42f.; LaMattina 2008:24; Blau et al. 2004:229f.).

Verläuft die Phase 3 erfolgreich, kann die *Zulassung* des Medikaments bei den Zulassungsbehörden (z.B. EMA oder nationale Behörden in der EU; FDA in den USA) beantragt werden. Mit dem Antrag müssen ausführliche Nachweise zur Qualität, Wirksamkeit und Unbedenklichkeit erbracht sowie ausreichende wissenschaftliche Erkenntnisse zu (vor-)klinischen Studienergebnissen vorgelegt werden. Oftmals gibt es seitens der Behörden Bedarf an Klärung oder es werden weitere Studien verlangt, bevor im besten Fall die Zulassung gewährt wird. Danach darf das Medikament an Ärzte und Apotheken ausgegeben und in die Preisverhandlungen mit den nationalen Gesundheitsbehörden eingestiegen werden.

Nach der Zulassung sind *marktbegleitende Studien* zur Anwendungsbeobachtung unerlässlich, um die Wirksamkeit und Sicherheit des Medikaments im Alltag nachzuvollziehen und es bekannt zu machen. Sie sind ggf. Auflagen der Zulassungsbehörden (z.B. nach vorzeitig gewährter Zulassung) und bei neuen Präparaten für eine spätere Zulassungsverlängerung ausschlaggebend (VfA 2011a:26f; Fischer und Breitenbach 2010:43f.; Schreyögg und Stargardt 2010:132; LaMattina 2008:24f.).

Eine Besonderheit am pharmazeutischen FuE-Prozess ist, dass hier das Zusammenspiel von *Produkt- und Prozessinnovationen* (vgl. Teilkapitel 2.3) besonders ausgeprägt ist. Die Forschung an bzw. Entwicklung von neuen Medikamenten ist unmittelbar an die Implementierung neuer Prozesse gekoppelt und beide Kategorien sind insofern „fuzzy“, als dass keine klare Trennlinie zwischen ihnen gezogen werden kann (z.B. Gassmann et al. 2008:67; Lim et al. 2006:27). Laut Hansén und Wakonen (1997:353-357) ist Technologie in der Pharma-Industrie omnipotent und muss im FuE-Prozess sowohl als qualifizierendes Kriterium als auch als Ergebnis verstanden werden. Es gibt viele Beispiele für die Einführung neuer Technologien in den Phasen des pharmazeutischen FuE-Prozesses und ihre Relevanz für innovative Therapieansätze: In der Forschung erleichtert z.B. die Gentechnik das Finden, Herstellen und Kombinieren körpereigener Substanzen und Targets; in der präklinischen Entwicklung können Target-Substanz-Kombinationen mittels automatisiertem High-Throughput-Screening (Massentest) in viel größerer Zahl und kostengünstiger geprüft werden als mit den früheren randomisierten, arbeitsintensiven Verfahren (z.B. BPI 2012:44; Nightingale und Mahdi 2012; VfA 2011a:17; Gilsing und Nooteboom 2006:8-10); in den klinischen Studien bietet der Nachweis von Biomarkern bei Patienten

[145] Besondere Anforderungen werden an die Erprobung von Medikamenten an *Minderjährigen* gestellt. In Europa z.B. müssen Medikamente, die die Phase 1 bei Erwachsenen überstanden haben, auch für Kinder unter bestimmten Auflagen getestet werden. Medikamente für reine Kinderkrankheiten beginnen in der klinischen Entwicklung direkt in Phase 2, da der Test an gesunden Kindern verboten ist (VfA 2011a:25).

Ansatzpunkte für die personalisierte Medizin[146] und eine zielgruppenspezifischere Arzneimittelentwicklung (BPI 2012:118f.; VfA 2011a:24). Demzufolge dienen Prozessinnovationen in der Pharma-Industrie nicht nur dem Verbessern der Effektivität, sondern auch der Effizienz beim Erzeugen von Produktinnovationen (vgl. z.B. Lim et al. 2006; Cohen 2005) und lassen sich deshalb nicht strikt von diesen trennen.

4.3 Aktuelle Innovationsprobleme der Pharma-Industrie

Aus den bisherigen Ausführungen ist zu erkennen, dass Pharma-Unternehmen innovationsfähig sein müssen, um erfolgreich zu sein – die Wettbewerbssituation in der Branche aber besonders herausfordernd und der pharmazeutische FuE-Prozess sehr komplex ist. Hinzu kommen weitere Probleme, die sich aktuell beim Generieren von Innovationen stellen.

Geringe FuE-Produktivität und das obsolete Blockbuster-Modell

Abbruchentscheidungen müssen in der Pharma-Branche häufig und in allen Phasen des FuE-Prozesses getroffen werden, wobei im Vergleich zu anderen Industrien nicht nur ökonomische (z.B. schnellere Kommerzialisierung eines ähnlichen Produktes durch Mitbewerber), sondern auch wissenschaftliche Gründe (z.B. geringe Wirksamkeit oder Sicherheit) ausschlaggebend sein können. Oftmals gehen sie mit finanziellen Einbußen sowie negativen Reaktionen des Marktes (z.B. einbrechende Aktienkurse) einher (Gassmann et al. 2008:10f.). Von ursprünglich über 5000 in der Forschung geprüften Substanzen schafft es durchschnittlich nur eine Substanz bis zur Zulassung (vgl. Abbildung 12) – was einer Erfolgsrate von maximal 0,02% entspricht (vgl. VfA 2011a:28). Betrachtet man nur die Anzahl der Substanzen, die das Stadium der klinischen Entwicklung in Form der ersten menschlichen Dosis erreicht haben („first-in-man"), dann werden davon immerhin rund 11% tatsächlich als Medikament zugelassen[147] (Kola 2008:228; Kola und Landis 2004:712f.). Dieses systematische Scheitern liegt in der Natur der pharmazeutischen Forschung und ist zwar teuer, aber zum Trial-und-Error-Lernen unumgänglich (z.B. Magazzini et al. 2012). In den letzten Jahren werden Pharma-Unternehmen trotzdem für ihre *geringe FuE-Produktivität* kritisiert, die neben der allgemeinen Wettbewerbssituation (vgl. Teilkapitel 4.1) auf steigende FuE-Investitionen bzw. immer längere FuE-Prozesse bei sinkendem FuE-Output in Form neu zugelassener Medikamente zurückzuführen sei (z.B. Ernst & Young 2012:4; Orsenigo et al. 2012:421-425; Kaitin und DiMasi 2011; Paul et al. 2010; Pammolli et al. 2011; O'Hagan

---

[146] *Biomarker* sind messbare Indikatoren (z.B. bestimmte Blutwerte, Gensequenzen) im menschlichen Körper. Sie helfen bei der Einteilung von Patienten in Subpopulationen, die auf Medikamente unterschiedlich gut ansprechen und heterogene Krankheitsverläufe zeigen. *Personalisierte Medizin* bedeutet dann, komplexe Krankheiten wie Alzheimer früher und nicht erst im akuten Stadium diagnostizieren zu können und Patienten eher sowie ihren Bedürfnissen entsprechend individueller mit Medikamenten zu behandeln (z.B. BPI 2012:119f.; VfA 2011a:24; Paul et al. 2010:209).

[147] Je nach Therapiegebiet ist eine differenziertere Betrachtung möglich: Die höchsten Erfolgsraten liegen bei 20% im Bereich Herzkreislauferkrankungen, während die geringsten Erfolgsraten von 5% im Bereich Onkologie zu verzeichnen sind. Die Unterschiede können so erklärt werden, dass es sich bei ersterem um ein erschlossenes Segment mit gesicherten wissenschaftlichen Erkenntnissen handelt, während letzteres zu den riskanteren Wachstumssegmenten zählt (Gassmann et al. 2008:9-28; Kola 2008:228f.; Kola und Landis 2004:712f.).

und Farkas 2009:1f.; Garnier 2008). Tatsächlich ist der FuE-Kostenblock so hoch wie in fast keiner anderen Branche: Mittlerweile werden zwischen einer Milliarde und 2,2 Milliarden US-Dollar für die FuE an *einem* grundlegend neuem Medikament inklusive fehlgeschlagener Projekte und Kapitalisierungskosten veranschlagt[148] (z.B. Light und Lexchin 2012; VfA 2011a:29; IFPMA 2011:12; Subramanian et al. 2011:65; Morgan et al. 2011; Paul et al. 2010:207-213; O'Hagan und Farkas 2009:1; Gassmann et al. 2008:2; Kola 2008:227). Im Gegensatz dazu werden nicht nur die Quantität und Qualität der bis dato generierten neuen Arzneimittel, sondern auch die Nachwuchsprodukte in den Pipelines der Pharmahersteller als schwach eingeschätzt – was angesichts der Tatsache, dass kontinuierliches Innovieren zentral für das Geschäftsmodell sein sollte, beunruhigend ist. Ohne einen drastischen Anstieg der FuE-Produktivität gibt es nicht genügend neue Innovationen, um ein adäquates Wachstum sicherzustellen bzw. den Umsatzverlust durch auslaufende Patente auf Blockbuster zu ersetzen (vgl. z.B. Holmes 2012; Bennani 2011; Subramanian et al 2011; Kaitin 2010; Paul et al. 2010; Angell 2005:227f.).

Einige Wissenschaftler sind sogar von der *Obsoleszenz des Blockbuster-Modells* überzeugt: Einerseits sei es kaum noch möglich, heute noch Blockbuster – die die hohen Wachstumserwartungen der Manager und Investoren erfüllen – zu erzeugen; andererseits wäre das Risiko einer reinen Blockbuster-Strategie einfach zu hoch, da alle Jahrzehnte wegen des drohenden Patentauslaufs das gesamte Geschäft wegbricht (z.B. Holmes 2012; PWC 2012:10-27; Bradfield und El-Sayed 2009:202; Gassmann et al. 2008:4-18; Garnier 2008:71; Angell 2005:41f.; Gilbert et al. 2003:2f.). Ein Fokus auf Blockbuster schränkt die Forschungsagenda bzw. das Portfolio zu stark ein und birgt die Gefahr, dass Pharma-Unternehmen auf identische Targets setzen (z.B. PWC 2012:31; Chesbrough 2011). Ressourcen werden exklusiv auf wenige „große" Krankheitsgebiete mit hoch prognostiziertem Marktpotenzial verteilt, während „kleinere" Krankheitsfelder vernachlässigt werden. Synergieverluste entstehen, wenn Ressourcen im Laufe der Zeit immer spezifischer an Blockbuster angepasst werden und sich nicht mehr über mehrere Therapiegebiete hinweg nutzen lassen (Grewal et al. 2008:264). Aus diesem Grund wird heute ein balancierteres Portfolio empfohlen, das auch wertvolle kleinere Patientenpopulationen berücksichtigt und dadurch stärker differenziert ist. Moderne Blockbuster seien eher als „Multi-Buster" (Bedienen eines Therapiegebietes durch mehrere personalisierte Therapien) zu verstehen (Gassmann et al. 2008:43-53,159f.) oder progressiv – durch schrittweises Penetrieren von Anwendungsgebieten – zu entwickeln (Garnier 2008:74f.).

Fokus auf inkrementelle Innovationen

Im Sinne der vorgestellten Definition von Innovationsfähigkeit i.e.S. herrscht Einigkeit darüber, dass Pharma-Unternehmen Innovationen mit unterschiedlichem Neuheitsgrad generieren müssen, um kurzfristig als auch langfristig erfolgreich zu sein und FuE-Risiken auszugleichen (z.B. Bennani 2011:779-784; Subramanian et al. 2011:69; Garnier 2008:70-74; Herrmann 2008:360-362;

148 Als unternehmensinterne Gründe für die geringe FuE-Produktivität werden z.B. eine zu hohe Veranschlagung der FuE-Kosten (z.B. Angell 2005:59-70) oder auch Time Lags zwischen der Aneignung und Umsetzung von neuem Wissen, z.B. aus der Biotechnologie (Orsenigo et al. 2012:424f.), vermutet. Ursächlich kann aber auch eine ungeeignete FuE-Organisation sein (z.B. Garnier 2008), wie später in der Arbeit noch gezeigt wird.

Cohen 2005:84; Filmore et al. 2004:30). *Radikale Innovationen* als „echte“ Neuheiten sollen komplett neue Marktgelegenheiten erschließen und Wachstum über Jahrzehnte hinweg sichern. Sie werden von neuen wissenschaftlichen bzw. technologischen Ansätzen (wie z.B. der Gentechnik) genährt, sind allerdings auch schwer zu finden und sehr riskant (z.B. Bennani 2011; Gassmann et al. 2008:16,159-161). Solche Innovationen sind im pharmazeutischen Sinne bislang nicht dagewesene neue Medikamente („first-in-class“), die einen entscheidenden therapeutischen Fortschritt [149] darstellen (z.B. Cohen 2005:78f.; Cardinal 2001:20; Cardinal und Hatfield 2000:248f.). Im Gegensatz dazu stellen *inkrementelle Innovationen* Verbesserungen, Erweiterungen bzw. Modifikationen bereits existierender Medikamente dar, z.B. als neue Formulierungen und Darreichungsformen („Line Extensions“) oder Indikationsausweitungen[150] (vgl. z.B. Fischer und Breitenbach 2010:250-252; Gassmann et al. 2008:52). Sie sind notwendig, um die bereits getätigten FuE-Investitionen auszuschöpfen sowie die selteneren radikalen Innovationsprojekte zu finanzieren. Außerdem sind ständige Verfeinerungen pharmazeutischer Produkte unverzichtbar, um nach der Kommerzialisierung auftretende Probleme grundlegend neuer Medikamente zu beseitigen. Oft sind inkrementelle Innovationen auch Grundlage radikaler Innovationen wie personalisierter medizinischer Ansätze, da diese Erweiterungen der bisherigen Arzneimittelklassen erfordern (Cohen 2005; Wertheimer et al. 2001).

Obwohl beide Innovationsarten notwendig sind, wird den Pharma-Unternehmen vorgeworfen, sich ausschließlich auf inkrementelle Innovationen zu konzentrieren (z.B. Fischer und Breitenbach 2010:283-285; Bierly und Chakrabarti 1996:129-131). Als einer der Gründe werden die Gegebenheiten des Gesundheitssystems angeführt, das diese Neigung unterstützt: In *preisunelastischen Nachfragesegmenten* kann mit einfachen Line Extensions oder Nachahmerprodukten aufgrund geringerer FuE-Investitionen ein höheres Preis-Premium erzielt werden (Ganuza et al. 2009). Außerdem betonen einige Autoren, dass in besonders stark regulierten Märkten wie Deutschland oder Schweden eher ein *Qualitätswettbewerb* stattfindet und dort inkrementelle Innovationen bevorzugt werden (z.B. Love und Roper 2009:194; Herrmann 2008:346). Dann ist die Durchsetzbarkeit angemessener Preise für die in der FuE teureren radikalen Innovationen unsicher, die somit für Pharma-Unternehmen immer riskanter bzw. unattraktiver werden (Wertheimer et al. 2001:110f.). Andere argumentieren, dass zwar durchaus an komplett neuen Medikamenten – die im Falle eines attestierten Zusatznutzens die größten Wachstumschancen bieten – geforscht wird, diese Projekte wegen höherem Risiko und größerer Komplexität aber mehr Zeit in Anspruch nehmen. Unter diesem Umständen wäre der Mangel an radikalen Innovationen nur temporär und auf *Time Lags* zwischen FuE-Aktivitäten und FuE-Ergebnissen zurückzuführen (z.B. Orsenigo et al. 2012:424f.; Pammolli et al. 2011).

---

149 Ein Medikament gilt als radikal neu, wenn dessen Wirkstoff bislang noch nicht zugelassen ist. Die FDA spricht dann von einer „New Chemical Entity“ (NCE) bzw. „New Biological Entity“ (NBE) und die EMA von einer „New Active Substance“ (NAS) (z.B. Wang und McAuslane 2012; EMA 2012b; Cardinal 2001:20). Nähere Angaben sind in Teilkapitel 6.3 im Rahmen des theoretischen Samplings zu finden.

150 Für diese Formen der inkrementellen Innovation können Pharma-Unternehmen nach der Zulassung zusätzliche klinischen Studien (Phase 2 und 3) durchführen (VfA 2011a:27).

Darüber hinaus lassen sich auch unternehmensspezifische Gründe zur Bevorzugung inkrementeller Innovationen finden, wie z.B. die *Konzentration auf kurzfristige Erfolge*[151] anstelle langfristiger Potenziale (z.B. Weiss et al. 2009; Cohen 2005:78f.). Hierzu zählen Produktvariationen, die in erster Linie der „Optimierung des Patentschutzes“ dienen (Sundgren et al. 2005:360) – indem am Ende der Lebensdauer eines Blockbusters eine nahezu identisches Produkt herausgebracht, patentiert und der Anwender darauf umgestellt wird (Angell 2005:92-98). Nach einer solchen Logik entstehen „neue“ Medikamente, die kaum therapeutische Vorteile gegenüber ihren Vorgängern haben (z.B. Light und Lexchin 2012; Gilbert et al. 2003). Derartige Aktivitäten sind kurzfristig gesehen sinnvoll, senken aber insgesamt die FuE-Produktivität, da die Aufmerksamkeit von längerfristig wertvolleren Projekten abgelenkt wird (Gassmann et al. 2008:51-53). Deswegen wird empfohlen, die frühen FuE-Phasen stärker zu fördern und hierfür Rückflüsse aus inkrementellen Innovationsprojekten zu nutzen (z.B. Paul et al. 2010:213f.; Weiss et al. 2009) – was erneut den Bedarf an Innovationen mit unterschiedlichem Neuheitsgrad zeigt.

Innovationsbarrieren der FuE-Organisation

Mittlerweile wird die Organisation der FuE-Bereiche in wissenschaftlichen Beiträgen als grundlegender Faktor diskutiert, der die Innovationsfähigkeit von Pharma-Unternehmen je nach Ausgestaltung fördern oder beeinträchtigen kann (vgl. z.B. Kaitin 2010; Garnier 2008). Doch obwohl die Firmen wegen des Bedarfs an ständiger Innovation besonders wissensorientiert sein sollten, existieren nach herrschender Meinung immer noch strukturelle und prozessuale Barrieren (z.B. rein funktionale Gliederung, Kommunikationsprobleme zwischen Teilbereichen) für die Aufnahme, Verarbeitung und den Transfer von Wissen (z.B. Lilleoere und Hansen 2011; Banerjee et al. 2001) in der FuE. Insbesondere bei den frühen, extrem unsicheren FuE-Phasen – die kreatives Chaos, aber auch ein Mindestmaß an Ordnung brauchen – stellt sich die Frage, wie diese zu organisieren sind (z.B. Elmquist und Segrestin 2007). Die in der Literatur zu findenden Kritikpunkte lassen sich den in Teilkapitel 3.3 eingeführten organisatorischen Voraussetzungen der Innovationsfähigkeit zuordnen: Auf Ebene der *Binnenorganisation der FuE* wird beispielsweise eine zu starke Zentralisation bemängelt, die zwar Skalenvorteile bietet, aber Entscheidungen und die Informationsverarbeitung verlangsamt (z.B. Filmore et al. 2004:31; Banerjee et al. 2001:19; Howells 1990:135f.); kritisiert wird zudem die Inflexibilität des FuE-Apparates, Umweltveränderungen organisatorisch abzubilden (z.B. Ernst & Young 2012:4; Howells 1990:134). Es ist des Weiteren strittig, welche Steuerungsmechanismen für Innovationsprojekte zur Erforschung und Entwicklung von Arzneimitteln überhaupt geeignet sind (z.B. Dahlgren und Söderlund 2010; Cardinal 2001), wobei Bürokratie als hemmend gilt (Lundberg und Reilly 2009:441; Garnier 2008:72-75). Hinsichtlich der *Verankerung der FuE im Gesamtunternehmen* scheint es immer noch funktionale Silos zu geben, welche die cross-funktionale Kollaboration behindern (z.B. Wong et al. 2010:1269; Garnier 2008:72; Gilbert et al. 2003:8f.). Zudem wird argumentiert, dass

[151] Dieses Problem ist in der Managementliteratur als „*Myopia*“ (Kurzsichtigkeit) bekannt. Myopia bedeutet, dass organisationales Lernen aufgrund des Ausblendens längerfristiger Konsequenzen, der Einschränkung von Suchräumen sowie der Vernachlässigung bisheriger Fehler suboptimal abläuft (Levinthal und March 1993). Es steht in Zusammenhang zur Überbetonung von *Exploitation* (z.B. He und Wong 2004).

bislang zu wenige oder nur ungeeignete Anreize für echte Innovationen gesetzt werden (z.B. Bennani 2011:790; Tollmann et al. 2011:10f.). Zu guter Letzt wird bezüglich der *Verankerung der FuE im Unternehmenskontext* moniert, dass die Kollaboration mit externen Partnern noch nicht ausreichend genutzt wird (z.B. Chesbrough 2011; Subramanian et al. 2011; Wong et al. 2010). Somit scheinen die aus den Innovationsfähigkeitsstudien extrahierten organisatorischen Voraussetzungen höchste Relevanz für die Pharma-Industrie zu besitzen. Die zitierten Autoren – mit Ausnahme der Studie von Cardinal (2001) – beziehen ihre Kritik allerdings auf die gesamte Branche und nicht auf einzelne Unternehmen. Folglich gibt es kaum detaillierte, ausreichend tiefe Hinweise zu konkreten organisatorischen Problemen bzw. ihren Konsequenzen für die Innovationsfähigkeit, was das Ableiten von konkreten Handlungsempfehlungen erschwert und den Bedarf an qualitativen Fallstudien aufzeigt.

In diesem Kapitel wurde die Pharma-Industrie als geeignetes Forschungsobjekt der Arbeit vorgestellt: Einerseits ist hier ständiges Innovieren erfolgsentscheidend und FuE-Aufgaben stehen im Mittelpunkt des Geschäfts; andererseits handelt es sich um einen herausfordernden Markt, auf dem die konkurrierenden Unternehmen Probleme haben, die hoch gesteckten Innovationsziele zu erreichen. Ob letzteres gelingt, hängt maßgeblich von der FuE-Organisation ab. Demzufolge sollen im empirischen Teil der Arbeit (ab Kapitel 6) die eingangs aufgestellten und bislang nur theoretisch beleuchteten Forschungsfragen auf pharmazeutische Unternehmen bezogen werden: *Erstens* gilt es herauszufinden, worin sich Innovationsfähigkeit i.e.S. und Innovationsfähigkeit i.w.S. bei Pharma-Unternehmen widerspiegeln und inwiefern Zusammenhänge zwischen beiden Sichtweisen aufzeigbar sind. *Zweitens* soll untersucht werden, ob und wie auf eine bestimmte Art und Weise ausgeprägte Charakteristika der FuE-Organisation eine hohe oder eine geringe Innovationsfähigkeit erklären können, wobei Rückschlüsse auf den engeren und weiteren Innovationsfähigkeitsbegriff wünschenswert sind. Es wird angenommen, dass die FuE-Organisation die vier Dimensionen der Innovationsfähigkeit i.w.S. erfüllen muss, um die Grundlagen für Innovationsfähigkeit i.e.S. zu schaffen.

Bevor mit der empirischen Untersuchung begonnen wird, sollen die zugrundeliegenden methodologischen Grundlagen näher vorgestellt werden.

5 Methodologie: Wissenschaftstheoretischer Hintergrund der Fallstudienforschung und Vorgehen in der empirischen Untersuchung

Basierend auf der aktuellen wissenschaftlichen Literatur wurde in Kapitel 3 ein enges und ein weites Verständnis von Innovationsfähigkeit (Innovationsfähigkeit i.e.S. versus i.w.S.) entwickelt sowie hierfür allgemein relevante Charakteristika der FuE-Organisation aufgezeigt. Trotzdem musste festgestellt werden, dass die Zusammenhänge zwischen Innovationsfähigkeit i.w.S. und Innovationsfähigkeit i.e.S. sowie ihren organisatorischen Voraussetzungen noch nicht ausreichend geklärt sind. Die Pharma-Industrie erweist sich aufgrund der besonderen Relevanz von Innovationsfähigkeit und der zentralen Stellung des Organisationsbereiches der FuE als geeignet, um diese Zusammenhänge empirisch zu untersuchen und zu erklären (vgl. Kapitel 4). Dabei ist ein qualitativer Forschungsansatz wie die vergleichende Analyse multipler Fallstudien – bei der jedes betrachtete Unternehmen einen Single Case darstellt – zu bevorzugen, um den Zugang zu „reichen" Informationen zu erhalten und etwaige Muster festzustellen. Vor Beginn der empirischen Untersuchung sollen nun Hintergrund der Fallstudienforschung sowie das hier gewählte Vorgehen dargestellt werden.

5.1 Fallstudien als Element der qualitativen Forschungstradition

Zur Erhebung empirischer Daten eignen sich sowohl quantitative Forschungsmethoden (wie breite Surveys und statistische Auswertungen) als auch qualitative Forschungsmethoden (wie Interviews und Fallstudienanalysen). Für welchen Ansatz sich die Forscherin entscheidet, hängt unter anderem von ihrem wissenschaftstheoretischen Grundverständnis ab, das auf bestimmten epistemologischen und ontologischen Annahmen beruht. Während die *Ontologie*[152] (Theorie des Seins) beschreibt, inwiefern es überhaupt eine absolute Realität bzw. Wahrheit gibt, will die *Epistemologie* (Erkenntnistheorie) erklären, wie diese Wahrheit ermittelt werden kann und nach welchen Kriterien im wissenschaftlichen Sinne etwas als „wahr" oder als „falsch" gilt (z.B. Duberley et al 2012:16-18; King und Horrocks 2010:8-10; Greene et al. 2008; Moulines 1994). Aus der Kombination ontologischer und epistemologischer Annahmen lassen sich verschiedene *wissenschaftstheoretische „Paradigmen"* und damit verbundene Positionen ableiten, die jeweils eine eigene Daseinsberechtigung besitzen und deren Vertreter unterschiedliche Forschungsmethoden präferieren.

Als die bekanntesten Paradigmen[153] werden der Positivismus und Interpretivismus gegenübergestellt. In der *positivistischen Tradition* wird angenommen, dass die Welt unabhängig vom Zutun

---

152 Die beiden Begriffe entstammen der Philosophie. *Epistemologie* ist die Kombination der griechischen Wörter „episteme" (Wissen/Wissenschaft) und „logos" (Wissen/Information/Theorie). *Ontologie* basiert auf den griechischen Wörtern „ontos" (Sein) und „logos" (Duberley et al. 2012:16f.).

153 In der *Wissenschaftstheorie* wird noch eine Vielzahl weiterer Paradigmen unterschieden, die sich aus verschiedenen epistemologischen und ontologischen Annahmen nähren. Sie sind teilweise begrifflich als auch inhaltlich Abwandlungen der zwei vorgestellten Grundhaltungen (z.B. Neo-Positivismus oder Romantizismus) oder werden als eigene Perspektiven (z.B. kritische Theorie, Postmodernismus) eingeführt (z.B. Alvesson und Ashcraft 2012; Duberley et al. 2012). Generell ist festzustellen, dass die Grenzen der wissenschaftstheoretischen

des Menschen existiert und es eindeutige Ursache-Wirkungs-Beziehungen gibt (ontologischer Realismus [154]). Epistemologisch gesehen sollen demnach theoretisch unvoreingenommene Forscher durch Sammeln einer Vielzahl direkt beobachtbarer und objektiv wahrer Daten wissenschaftliche Erkenntnisse erlangen und legitimieren, um eine möglichst allgemeingültige und replizierbare Wahrheit abzuleiten (Objektivismus und Empirismus). Dafür sind *quantitative Forschungsansätze* gut geeignet, da sie die Aggregation großer Datenmengen zum Testen bereits existierender Theorien erlauben. Allerdings wird die positivistisch gefärbte Forschung dafür kritisiert, dass die geforderte Neutralität der Forscherin nicht haltbar sei – weil aufgrund ihres Erfahrungshintergrunds auch ihre Beobachtungen immer theoriegeladen sind. Außerdem würden zugunsten der Generalisierbarkeit der Ergebnisse oft der Kontext als auch subjektive Wahrnehmungen bzw. Verhaltensweisen des Individuums vernachlässigt. Auf diese Art und Weise ist nur ein Erklären, nicht aber ein Verstehen von Phänomenen als Untersuchungsgegenstand möglich[155] (z.B. Duberley et al. 2012:18f.; King und Horrocks 2010:9-14; Myers 2009:8f.; Shah und Corley 2006:1823f.; Howe 1992:237f.).

Letzterem wird im *Interpretivismus* stärker Rechnung getragen, indem die Forscherin eine Insider-Perspektive zum Interpretieren der Bedeutung und Implikationen sozialer Geschehnisse anstrebt (z.B. Howe 1992:238). Dahinter verbirgt sich die epistemologische Annahme, dass Individuen sich in ihrer Umweltwahrnehmung unterscheiden und es somit heterogene, da sozial konstruierte, Auffassungen von der Realität gibt (Konstruktivismus). Ergo ist das Ermitteln der objektiven Wahrheit nach positivistischem Vorbild nicht möglich und es geht vielmehr um das Erklären von Wirklichkeitskonstruktionen. Auf ontologischer Ebene können interpretivistische Forschungsansätze dem Realismus (Existenz einer absoluten Wahrheit) als auch Gegenpositionen wie dem Relativismus (Existenz einer relativen Wahrheit z.B. je nach Subjekt) folgen (z.B. Duberley et al. 2012:20-22; King und Horrocks 2010:9-11). Zum Interpretivismus passt vor allem die *qualitative Forschung,* da ihr Ziel weniger das Testen von Theorien, sondern vielmehr Theoriebildung, Theorieverfeinerung bzw. Theorieelaboration ist. Dafür müssen Phänomene plausibel und begründet untersucht werden, um ein möglichst tiefes Verständnis zu erlangen (z.B. Shah und Corley 2006:1823f.; Vaughan 1992:174f.).

Paradigmen heute kaum noch trennscharf sind bzw. immer mehr verwischen (z.B. Smaling 1994:239-241). Das führt dazu, dass spezifische Forschungsansätze wie z.B. die Fallstudienforschung oder Forschungsmethoden wie Interviews von Wissenschaftlern mit unterschiedlicher Grundhaltung gleichermaßen betrieben werden können (z.B. Alvesson und Ashcraft 2012; Langley und Royer 2006).

154 *Realismus* kann eine ontologische, aber auch eine epistemologische Position darstellen. Letzteres bedeutet, dass die Forscherin die reale Welt unmittelbar enthüllen kann und Erkenntnisse sich z.B. durch ein geeignetes Sampling und Vermeiden von „Bias“ objektivieren lassen. In der Gegenposition des Konstruktivismus wird diese Legitimierung nicht als notwendig erachtet (King und Horrocks 2010:17-23).

155 Karl Popper kritisiert Positivisten für die Annahme, Hypothesen (z.B. „Alle Schwäne sind weiß“) durch eine ausreichend große Fallzahl verifizieren zu können *(„Empirismusvorwurf“)*: Einerseits kann die Gesamtheit aller ein Phänomen beschreibenden Fälle (z.B. Varianz der Gefiederfarbe alle Schwäne weltweit) nicht erhoben werden und andererseits reicht nur ein widersprechender Fall (z.B. ein schwarzer Schwan) zum Falsifizieren der Hypothese aus. Basierend auf diesen Argumenten prägte Popper den *kritischen Rationalismus* (vgl. z.B. Caldwell 1991; Popper 1959).

Trotz der Gegensätzlichkeit der zugrundeliegenden wissenschaftstheoretischen Paradigmen gilt die Annahme, dass qualitative und quantitative Forschungsansätze völlig inkompatibel sind, heute als obsolet (z.B. Shah und Corley 2006; Howe 1992). Im Zuge der Diskussion von *Triangulation* (vgl. Teilkapitel 5.2) wird z.B. argumentiert, dass selbst rein quantitative Studien durch qualitative Fragestellungen legitimiert werden müssen bzw. die Quantifizierung von Phänomenen bereits eine Art qualitative Analyse darstellt (z.B. Valsiner 2000; Smaling 1994). Zudem spielen neben wissenschaftstheoretischen, paradigmatischen Überlegungen auch pragmatische Gründe eine große Rolle bei der Wahl des Forschungsansatzes, der zu den Erfahrungen der Forscherin, dem Forschungsobjekt (z.B. Individuen vs. Institutionen), der Situation (z.B. Geheimhaltungserfordernisse), den Forschungszielen (z.B. praxisorientiert vs. theoretisch) und den Rahmenbedingungen (z.B. Zeit, Budget) passen sowie zur Beantwortung der Forschungsfragen geeignet sein muss (Smaling 1994:243-246). Wichtig ist, dass die Art der Daten, die quantitativ und/oder qualitativ erhoben werden können, das zu analysierende Phänomen adäquat repräsentiert. Das heißt, dass für (nicht) strukturierbare Probleme auch (nicht) strukturierte Daten zu erheben sind (Valsiner 2000:108-112).

Aus den bislang vorgestellten Argumenten wird offensichtlich, dass zum Erreichen des Arbeitsziels eher ein *qualitativer Forschungsansatz* zu wählen ist: Obwohl in der Literaturstudie der vorher mehrdeutige Begriff der Innovationsfähigkeit in eine enge (Innovationsfähigkeit i.e.S.) und eine weite Sichtweise (Innovationsfähigkeit i.w.S.) unterschieden werden konnte, bedarf deren Zusammenhang noch näherer Untersuchung (vgl. Teilkapitel 3.2). Auch die gewonnenen Erkenntnisse zur Ausprägung der relevanten Charakteristika der FuE-Organisation sind bislang zu ungenau und lassen generelle Hinweise zur Ausgestaltung in der Praxis vermissen (vgl. Teilkapitel 3.3). Letztlich trägt auch der identifizierte Mangel an qualitativen Studien zum bislang unzureichenden Verständnis von Innovationsfähigkeit und ihren notwendigen organisatorischen Voraussetzungen bei. Aus diesen Gründen ist ein reines Testen der bestehenden Theorie mittels quantitativer Verfahren nicht möglich, sondern es bedarf ihrer Elaboration bzw. Verfeinerung durch qualitative Forschungsmethoden:

> "Qualitative methods (...) emphasize the fine grained, the process oriented, and the experiential, and provide a means for developing an understanding of complex phenomena from the perspectives of those who are living it (...). The primary benefits (...) are that they allow the researcher to discover new variables and relationships, to reveal and understand complex processes, and to illustrate the influence of the social context." (Shah und Corley 2006:1824)

Indem Phänomene aus Sicht der Beteiligten mittels Interviews untersucht und „weiche" beschreibende anstelle nur „harte" quantifizierbare Daten erhoben werden, lassen sich Forschungsobjekte detailliert studieren und *„thick descriptions"* generieren. Diese sind Ausgangspunkt für weiterführende theoretische Überlegungen zum Kontext, in dem Individuen agieren und Entscheidungen getroffen werden, sowie zur Erklärung der untersuchten Phänomene. Damit ist die qualitative Forschung weitaus flexibler und involvierter als standardisierte quantitative Ansätze (vgl. Myers 2009:5-9; Shah und Corley 2006:1821f.; Flick et al. 2004:3-9). Aus der Vielzahl qualitativer Forschungsansätze soll die *Fallstudienforschung*[156] („Case Study Research") gewählt werden. Fallstudien können wie folgt definiert werden:

> „A *case study* is an empirical enquiry that investigates a contemporary *phenomenon* in depth within its real life *context*, especially when the boundaries between phenomenon and context are not clearly evident." (Yin 2009:18; eigene Hervorhebung)

In diesem Zusammenhang bezeichnen *Phänomene*[157] den Untersuchungsgegenstand als Mittelpunkt des Forschungsdesigns, z.B. bestimmte Ereignisse, Prozesse, Ergebnisse oder ein Zusammenhang zwischen mehreren Faktoren; hier ist das untersuchte Phänomen die Innovationsfähigkeit von Unternehmen und der Einfluss der FuE-Organisation. Die das Phänomen demonstrierenden *Fälle („Cases"),* die möglichst präzise zu beschreiben bzw. rekonstruieren sind, können mehr (z.B. Personen, Gruppen, Unternehmen) oder weniger (z.B. Gemeinschaften, Projekte, Entscheidungen) konkret voneinander bzw. vom Kontext abgrenzbare empirische Analyseeinheiten darstellen (vgl. Buchanan 2012:354f.; Myers 2009:74f.; Yin 2009:29f.; Langley und Royer 2006:81-86; Flick 2004a:147f.; Merkens 2004:170). In der Managementforschung sind, wie auch in dieser Arbeit, oft ganze Unternehmen die Fälle, in denen das (erwartete) Auftreten des Phänomens studiert wird (Myers 2009:76; Vaughan 1992:175). Da der Bedarf an Innovationsfähigkeit stark von der FuE-Intensität der Branche abhängt und deshalb in der pharmazeutischen Industrie besonders hoch ist (vgl. Kapitel 4), ist somit auch die von Yin (2009:18, 2003:13) geschilderte Überlappung von Phänomen und *Kontext* gegeben. Fallstudien sind ein umfassender Forschungsansatz, der auf bestimmte Arten möglich ist (z.B. „Single Cases" vs. „Multiple Cases") sowie mehrere Schritte und Techniken der Datenerhebung/-auswertung beinhaltet (vgl. Teilkapitel 5.2), wobei die resultierenden Evidenzen sowohl quantitativer als auch qualitativer Natur sein können. Sie eignen sich zur Klärung, warum und/oder wie bestimmte zeitgenössische Phänomene (ohne notwendiges oder mögliches Eingreifen der Forscherin[158]) funktionieren, indem sie idealerweise dicht und tief beschrieben werden. Das hat den Vorteil, dass neben *historischen Daten* wie Archivdokumenten auch *aktuelle Daten* z.B. durch Interviews

[156] *Qualitative Forschungsansätze* werden in Disziplinen wie der Soziologie, Psychologie oder den Sozial- und Wirtschaftswissenschaften angewendet und sind ein Sammelbegriff für diverse Verfahren der Datenerhebung und Datenanalyse, die sich im Anwendungszweck unterscheiden. Zu ihnen zählen z.B. die Ethnographie und Diskursanalyse, hermeneutische Ansätze, Beobachtungsstudien und Experimente, Grounded Theory Building und Fallstudien (vgl. z.B. Myers 2009:8f.; Eisenhardt und Graebner 2007:25-28; Flick 2007:12f.; Grbich 2007:187-193; Shah und Corley 2006:1826-1829; Flick et al. 2004:3-7). Da aufgrund dieser begrifflichen Breite in der Wissenschaft unterschiedliche Auffassungen von qualitativer Forschung existieren, empfehlen Eisenhardt und Graebner (2007:28), sich frühzeitig und explizit auf einen Forschungsansatz festzulegen. Wichtig ist, dass der übergreifende Forschungsansatz (hier: Fallstudien) aus einzelnen *Forschungsmethoden* (hier: Interviews/qualitative Inhaltsanalyse und Dokumente/Dokumentenanalyse, vgl. Abbildung 1) gespeist wird (vgl. z.B. Buchanan 2012:355f.; Yin 2009:18,114-118; Yin 2003:14,97-101).

[157] Entgegen des sprachlogischen Sinns sind mit *Phänomenen* nicht zwangsläufig Ausnahmeerscheinungen gemeint, auch wenn „extreme cases" (neben z.B. „typical cases" oder „critical cases") eine Möglichkeit der Fallstudienforschung darstellen (z.B. Saunders 2012:41-44).

[158] Anders verhält es sich bei *Experimenten,* in denen aktive Manipulationen der Untersuchungssituation bzw. des Kontextes erwünscht sind, um etwa die Wirkung von Variablen zu separieren oder den Einfluss verschiedener Behandlungen auf homogene soziale Gruppen zu analysieren (vgl. Yin 2009:11f., 2003:8).

mit beteiligten bzw. betroffenen Personen erhoben werden können und sich dadurch umfassendes, vielfältiges Beweismaterial sammeln und analysieren lässt (Yin 2009:4-20, 2003:3-15). Eisenhardt und Graebner (2007:25) betrachten die Fallstudien als "(...) one of the best (if not the best) of the bridges from rich qualitative evidence to mainstream deductive research" und fordern, dass gute Cases zwischen rein theoriegeleiteter und rein evidenzgeleiteter Forschung vermitteln. Diese Nähe zwischen Theorie und Daten wird erreicht, indem tiefe praktische Erkenntnisse die Anwendbarkeit konzeptioneller Konstrukte illustrieren, bislang ungenaue und/oder widersprüchliche theoretische Zusammenhänge erklären sowie neue Forschungsideen inspirieren (z.B. Myers 2009:71-73; Siggelkow 2007:21f.; Eisenhardt 1989:548). Das setzt zumindest eine grobe theoretische Orientierung der Forscherin vor der Erarbeitung und Analyse der Fallstudien voraus (z.B. Yin 2009:18; Diefenbach 2008:878f.; Eisenhardt 1989:536). Deswegen ist neben dem weniger üblichen Theorietesten, der Deskription sowie der Theoriebildung auch die *Theorieelaboration* ein typischer Anwendungszweck von Fallstudien (z.B. Bluhm et al. 2011:5-8; Eisenhardt und Graebner 2007:25-27; Vaughan 1992) und wird in dieser Arbeit verfolgt. Laut Vaughan (1992) wird darunter das Verfeinern, d.h. das Präzisieren und Spezifizieren, von bestehender Theorie verstanden:

> "Theory elaboration is a method for developing general theories of particular phenomena through qualitative case analysis. By *theory*, I mean theoretical tools in general (theory, models, and concepts) rather than a more restricted formal meaning (...). By *elaboration*, I mean the process of refining a theory, model, or concept in order to specify more carefully the circumstances in which it does or does not offer potential for explanation." (Vaughan 1992:175, eigene Hervorhebungen)

Theorieelaboration erfordert ein Vorgehen, wie es für die Arbeit mit *multiplen Fallstudien* (Yin 2009, 2003; siehe Teilkapitel 5.2) üblich ist: Zunächst werden sequenziell die einzelnen Fälle analysiert, um auf idiosynkratische Besonderheiten bzw. Ergebnisse zu stoßen, die (Teilen) der theoretischen Basis entsprechen, widersprechen oder neue Fragen aufwerfen. Das Ziel besteht neben der theoretischen Spezifikation auch im Aufzeigen mehrdeutiger Resultate, da diese unerklärlichen bzw. nicht erwarteten „loose ends" zur Theorieentwicklung beitragen. Anschließend muss eine übergreifende Analyse der Fälle erfolgen, um letztlich das untersuchte Phänomen durch gefundene Muster demonstrieren, aber auch etwaige Kontraste identifizieren und erklären zu können. Dabei muss die Einbettung der Fälle in den Kontext berücksichtigt werden (Vaughan 1992:175-178).

Charakteristisch für Theorieelaboration ist das *Wechselspiel von Deduktion und Induktion*[159]: Einerseits gibt es eine theoretische Basis, deren Bestandteile durch Vergleich mit den Fällen „getestet" werden; andererseits lassen sich emergente Themen aus den Fällen zur Weiterentwicklung der Theorie aufgreifen. Das theoretische Fundament, an dem sich die Fallstudienanalyse mit dem Ziel der Theorieelaboration nach Vaughan (1992) orientiert, ist das wichtigste Unterscheidungsmerkmal zum rein datengetriebenen Ansatz der *Grounded Theory* nach Glaser

[159] Alternieren zwischen theoriegeleiteter Forschung (*Deduktion*, d.h. Untersuchen empirischer Einzelfälle nach bekannten theoretischen Regeln) und empiriegeleiteter Forschung (*Induktion*, d.h. Schließen auf generelle Regeln auf Basis von Einzelfällen) wird auch als *„Abduktion"* bzw. „analytische Induktion" bezeichnet (z.B. Morgan 2007:69-73; Suddaby 2006:639; Reichertz 2004).

und Strauss (1967)[160] (vgl. Bluhm et al. 2011:5-11; Vaughan 1992:181f.) und wird von Experten der qualitativen Forschung empfohlen (z.B. Yin 2009:18; Siggelkow 2007:21; Eisenhardt 1989:536). Für Vaughan (1992:196f.) ist es eine Art *„sensitizing device"*, welches die Forscherin auf grundlegende Fragen aufmerksam macht und das Sortieren der Daten nach bestimmten Kategorien erlaubt. Dennoch betont sie, dass Cases nicht alle Aspekte der Theorie abbilden und Anpassungen der konzeptionellen Ausgangsüberlegungen zur Folge haben können – weswegen sie anregt, sich in der Diskussion und Interpretation auf festgestellte Besonderheiten in den Daten zu konzentrieren (ebd. 191-195; vgl. Siggelkow 2007:23). Das von Glaser und Strauss (1967) befürchtete Erzwingen des Fits zwischen Daten und Theorie sowie ein unerwünschter Bias sollen durch *systematische theoretische Generalisierung*, die Austausch mit Kollegen, den Einbezug der Sichtweisen von Insidern und Outsidern sowie den Vergleich der Einzelfallstudien einschließt, vermieden werden (Vaughan 1992:195-199).

Die empirische Untersuchung dieser Arbeit dient der Theorieelaboration nach Vaughan (1992). Einerseits basiert sie auf nachvollziehbaren Annahmen und ihre Logik spiegelt sich in den Auffassungen anderer Experten[161] auf dem Gebiet der qualitativen Fallstudienforschung wider. Andererseits passt sie exakt zu den hier zu klärenden Problemen: Mit der Unterscheidung eines engeren und eines weiteren Innovationsfähigkeitsbegriffs sowie dafür wichtigen Charakteristika der FuE-Organisation wurde zwar eine theoretische Basis geschaffen, trotzdem muss sie weiter präzisiert und ggf. angepasst werden. So sollen die Fallstudien zu großen Unternehmen der Pharma-Industrie helfen, die Innovationsfähigkeit i.e.S. zu operationalisieren, den Zusammenhang zu den Dimensionen der Innovationsfähigkeit i.w.S. und organisatorischen Voraussetzungen besser zu verstehen und für die Innovationsfähigkeit förderliche und/oder hinderliche Ausprägungen der Charakteristika der FuE-Organisation zu identifizieren.

---

160 Glaser und Strauss entwickelten 1967 die *Grounded Theory* als eigenen qualitativen Forschungsansatz, der einer induktiven Logik folgt und eine große Neutralität bzw. Offenheit des Forschers verlangt. Ziel ist eine rein datengetriebene Theorieentwicklung mittels systematischer Sammlung, Kodierung und Analyse empirischen Materials. Diese wird solange vorgenommen, bis mangels neuer Erkenntnisse ein theoretischer Sättigungsgrad wahrnehmbar ist (vgl. z.B. Fendt und Sachs 2007; Locke 1996; Strauss und Corbin 1994). Trotz der steigenden Beliebtheit wird der Grounded Theory-Ansatz heftig für seine Annahmen und methodologischen Grundlagen kritisiert: Trotz des rigiden Sets mechanischer Regeln zur Verarbeitung der Daten lasse sich kaum feststellen, wie einzelne Codes zusammenhängen, sich zu übergeordneten Konzepten aggregieren und wann die emergente Theorie als gesättigt gilt. Beim in der Realität kaum möglichen Versuch, theoretische Vorkenntnisse auszublenden, würden Forscher zu rein deskriptiven Arbeiten verleitet, die weder in der aktuellen Literatur verankert sind noch neue Argumente liefern (z.B. Wasserman et al. 2009; Suddaby 2006). So entstehe der Eindruck, dass durch das Fixieren auf die starre Methodik der Grounded Theory das kritische und kreative wissenschaftliche Denken leide, weshalb reine Induktion kaum zu neuen Theorien führen kann (z.B. Alvesson und Ashcraft 2012:250f.; Diefenbach 2008:886f.).

161 Dazu zählen beispielsweise das von Eisenhardt (1989:546) postulierte *„Reframing"* der Theorie durch Aufdecken von Mustern und Widersprüchen in bzw. zwischen Cases, Grbichs (2007:185-194) Vorschlag des *„Theory Directing"* als Mittelweg zwischen dem Testen bestehender und dem Entwickeln neuer Theorie sowie Diefenbachs (2008:877-879) Verständnis der explorativen und doch theoretisch basierten Fallstudienforschung.

5.2 Gütekriterien und Vorgehen der Fallstudienforschung

Obwohl Fallstudien mittlerweile in der Managementforschung weitverbreitet sind und zu den interessantesten und meistzitierten Publikationen zählen, so wird ihr Potenzial z.B. mangels Verständnis des methodologischen Hintergrunds oder der Bevorzugung traditioneller quantitativer Ansätze noch nicht in verdientem Maß anerkannt (z.B. Buchanan 2012:357-366; Eisenhardt und Graebner 2007:25f.; Valsiner 2000:101). Ein erster Kritikpunkt ist, dass Fallstudien unter Umständen auf einer mangelnden *theoretischen Basis* fußen bzw. nicht zur Weiterentwicklung der existierenden Modelle und Konzepte beitragen: Die generierten theoretischen Argumente werden zu komplex, wenn alle Aspekte der reichhaltigen Cases ohne vorherige Aggregation und/oder Fokussierung herangezogen werden; bei der ausschließlichen Betrachtung idiosynkratischer Details der Cases entstehen hingegen zu enge, deskriptive Theorien (z.B. Siggelkow 2007:20f.; Eisenhardt 1989:547). Zur Vermeidung dieser Probleme soll die Theorieelaboration (Vaughan 1992) helfen, indem die erarbeitete theoretische Basis als „roter Faden" verwendet, aber im Verlauf der Untersuchungen spezifiziert, fokussiert oder modifiziert werden kann. Als zweiter Kritikpunkt gilt die *Anpassung der Forschungsfragen,* die sich im Laufe mancher qualitativer Studien beobachten lässt – ein Argument, das sich mit Verstehen des explorativen Charakters der qualitativen Forschung und dem Fortschritt durch spezifischere Fragestellungen entkräften lässt (Diefenbach 2008:877). Ein dritter Kritikpunkt ist die *wissenschaftliche Güte* von Fallstudien, die teilweise als zu gering bzw. als nur schwer beurteilbar gilt. Bemängelt wird z.B. das Fehlen einer nachvollziehbaren Untersuchungsmethodik und die unsystematische Auswahl der Fälle oder Gruppierung der Daten. Diese Aspekte muss die Forscherin durch Anwenden und Schildern eines rigorosen Vorgehens beim theoretischen Sampling, der Datenerhebung und Datenanalyse beachten.

Oft kritisiert wird zudem die mangelnde Repräsentativität des Samples (wegen einer angeblich zu geringen Fallzahl oder Datenmenge) in Zusammenhang mit der nicht möglichen Generalisierbarkeit bzw. Replikation der gewonnenen Erkenntnisse. Darauf sei entgegnet, dass die Anzahl der Fälle nur bei quantitativen Studien, die Aussagen mittels statistischer Verfahren testen und generalisieren, kritisch ist – laut Poppers (1959) Empirismusvorwurf lässt sich aber selbst mit einer großen Datenbasis niemals auf die Gesamtmenge aller Fälle schließen. Hinzu kommt, dass sich Erkenntnisse aus qualitativen Studien durchaus verallgemeinern lassen, aber eben nicht in Bezug auf eine Population oder Menge *(statistische Generalisierung)*, sondern hinsichtlich der Ableitung theoretischer Propositionen *(analytische Generalisierung).* Letztere sind es auch, die zu replizierbaren bzw. quantitativ testbaren neuen Erkenntnissen beitragen, wobei der Einbettung von Fallstudien in den wissenschaftlichen Diskurs eine ebenso hohe Bedeutung zukommt (z.B. Yin 2009:14-16; Diefenbach 2008:877-888; Siggelkow 2007:20f.; Yin 2003:10f.; Eisenhardt 1989:548). Die Reflektion dieser Kritikpunkte zeigt, dass Fallstudien durchaus mehr sein können als „sophisticated storytelling" (Diefenbach 2008), dafür aber neben der bereits gelegten theoretischen Basis eine hohe Sorgfalt im methodologischen Vorgehen beachtet bzw. die Einhaltung von Gütekriterien des wissenschaftlichen Arbeitens gewährleistet werden muss.

Gütekriterien der Fallstudienforschung

Um qualitative Forschungsansätze wie die Fallstudienforschung legitimieren, strukturieren und evaluieren zu können, müssen wissenschaftliche Gütekriterien herangezogen werden. Aufgrund der genannten epistemologischen, ontologischen und methodologischen Unterschiede können aber nicht einfach dieselben Maßstäbe wie bei der quantitativen Forschung angewendet werden. Es gilt zu überlegen, wie sich die klassischen Standards der Validität und Reliabilität auf non-standardisierte qualitative Verfahren übertragen lassen (vgl. z.B. Flick 2007:13-16; Steinke 2007:177f.; Shah und Corley 2006:1829f.). Ebendiese Überlegungen hat Yin (2009, 2003) im Bezug auf die Fallstudienforschung getroffen und Anforderungen in Anlehnung an allgemein akzeptierte wissenschaftliche Gütekriterien formuliert[162], an denen sich auch die empirische Untersuchung dieser Arbeit orientieren soll (vgl. Tabelle 8).

Validität beschreibt "(...) whether the researchers see what they think they see" (Flick 2007:14) und ist ein wichtiges, aber in der Literatur vielfältig definiertes Gütekriterium (Steinke 2007:178f.). Aus diesem Grund sind mehrere Arten zu unterscheiden:

Konstruktvalidität bedeutet, geeignete Indikatoren für den Untersuchungsgegenstand zu identifizieren, verwenden und den Prozess der Datenerhebung zu objektivieren. Dazu muss die Forscherin den Untersuchungsgegenstand vorab spezifizieren und ein nachvollziehbares Vorgehen von den Forschungsfragen bis zu den Schlussfolgerungen auf Grundlage der zu analysierenden Daten („Chain of Evidence") entwickeln (Yin 2009:40-42,122-124; Yin 2003:34-36,105f.). Steinke (2007:181-183) spricht in dem Zusammenhang von der Angemessenheit der gewählten Methoden für die Datenerhebung und -analyse, die in empirischen Untersuchungen einen unterschiedlichen Spielraum lassen und möglichst zueinander passen sollten. Außerdem sollten zur *Triangulation* multiple Datenquellen in die Fallstudien einbezogen werden (Datentriangulation[163]), um die Datenerhebung durch verschiedene Informationen zu demselben

---

[162] Um die notwendige Differenzierung zwischen quantitativer und qualitativer Forschung zu betonen, benennen andere Autorinnen und Autoren die klassischen wissenschaftlichen Gütekriterien um (z.B. Shah und Corley 2006:1829f.) oder schlagen eigenständige, aber ebenfalls unmittelbar vergleichbare Gütekriterien vor (z.B. Steinke 2007:180-187). Diese werden in der Darstellung und folgenden Erläuterung des Schemas von Yin (2009, 2003) mit berücksichtigt. Zusätzlich erwähnte, darüber hinausgehende Kriterien – wie z.B. Originalität und Praxisnutzen (Flick 2007:20f.), Anwendungsorientierung (Miles und Huberman 1994:280) oder eine interessante Gestaltung der Fallstudie (Myers 2009:83f.) – sollen hier nicht weiter diskutiert werden.

[163] Der Begriff *„Triangulation"* entstammt der Navigations- bzw. Militärstrategie und bedeutet, dass verschiedene Referenzpunkte zur exakten Lokalisierung der Objektposition genutzt werden (Jick 1979:602). In der Wissenschaft beschreibt Triangulation metaphorisch, dass ein Forschungsgegenstand zu dessen besserem Verständnis aus mindestens zwei verschiedenen Blickwinkeln betrachtet wird (Flick 2007:40). Als Ansätze bieten sich je nach Arbeitsthema neben der erwähnten *Datentriangulation* außerdem *Forschertriangulation* (Zusammenarbeit mehrerer Forscher an einem Thema), *Theorietriangulation* (Auswertung der Daten aus Sichtweise verschiedener Theorien) sowie *Methodentriangulation* (Verwenden verschiedener Methoden/Teilmethoden) an (vgl. Yin 2009:116; Flick 2007:41-45; Yin 2003:98f.). In der Fallstudienforschung wird vor allem die Datentriangulation als sinnvoll erachtet, da sich durch Kombination qualitativer und quantitativer Daten aussagekräftige „thick descriptions" generieren und Zusammenhänge darstellen lassen sowie theoretischen Überlegungen mehr Substanz verliehen wird (z.B. Yin 2009:114-118; Grbich 2007:195-198; Eisenhardt 1989:537f.; Yin 2003:97-101). Mit der Generierung unterschiedlicher Arten von Daten geht nicht selten die Kombination verschiedener Methoden einher (vgl. z.B. Shah und Corley 2006:1830-1832). Trotz der Vorzüge der Triangulation muss beachtet werden, dass auch sie keine objektive Wahrheit nach positivistischem Vorbild ermöglicht, sondern dem

Phänomen konvergenter zu gestalten (Yin 2009:40-42,114-118; Yin 2003:34-36,97-101). Indem z.B. Informationen von mehreren Personen und über verschiedene Zeitpunkte hinweg einbezogen sowie qualitative mit quantitativen Daten („mixed methods") verknüpft werden (vgl. z.B. Diefenbach 2008:882f.; Flick 2007:92-102; Grbich 2007:195-197; Miles und Huberman 1994:40-42), lässt sich die Beweiskraft der Ergebnisse verbessern. Zur Verbesserung der Konstruktvalidität wurden die Kernbegriffe dieser Arbeit bereits präzisiert (vgl. Kapitel 3), was das Ableiten des konkreten Vorgehens in der empirischen Untersuchung ermöglicht (vgl. Abbildung 13). Da sich Innovationsfähigkeit i.e.S. auf die Arten und den Neuheitsgrad der generierten Innovationen bezieht, kann sie relativ einfach operationalisiert und mittels Sekundärdaten erfasst werden. Im Gegensatz dazu stellen die Innovationsfähigkeit i.w.S. und die organisatorischen Charakteristika der FuE komplexere und diffusere Konstrukte dar, die sich durch tiefergehende, mittels Interviews gewonnene Primärdaten untersuchen lassen. Aus diesen Gründen werden zur *Datentriangulation* qualitative Daten (Interviewtranskripte, Dokumente wie Geschäfts-/Presseberichte) als auch quantitative Daten (Datenbankeinträge der Zulassungsbehörden) herangezogen, was zwangsläufig auch *Methodentriangulation* in der Datenerhebung (Interviews, Selektion von Datenbankeinträgen und Dokumenten) und Datenanalyse (qualitative Inhaltsanalyse, Datenbank- und Dokumentenanalyse) erfordert (vgl. Kapitel 6.2).

Güte-kriterium	**Anforderungen an die Fallstudien**	**Phase der Untersuchung**
Konstrukt-validität	➢ Spezifizierter Untersuchungsgegenstand ➢ Nachvollziehbarer Vorgehensplan ➢ Angemessenheit der Methoden ➢ Multiple Datenquellen (Datentriangulation)	Forschungsdesign Datenerhebung Datenerhebung/-analyse Datenerhebung
Interne Validität	➢ Erschließen des Untersuchungskontextes ➢ Daten- und Methodentriangulation ➢ Empirische Verankerung der Erkenntnisse ➢ Pattern Matching/Cross-Case-Analyse	Datenerhebung Datenerhebung/-analyse Datenanalyse/-interpretation Datenanalyse
Externe Validität	➢ Thick Descriptions zu den Fällen ➢ Theoretische Fundierung der Untersuchung ➢ Theoretisches Sampling (Replikationslogik)	Datenerhebung/-analyse Forschungsdesign Datenerhebung
Reliabilität	➢ Dokumentation des theoretischen Vorwissens ➢ Dokumentation des Vorgehens ➢ Sorgfältiges Datenmanagement ➢ Unterscheiden von Daten und Interpretation	Forschungsdesign Datenerhebung/-analyse Datenerhebung/-analyse Datenanalyse/-interpretation

Tabelle 8: Gütekriterien der Fallstudienforschung (Quellen: Yin 2009:40-45, 2003:33-39, leicht modifiziert; ergänzt nach Diefenbach 2008; Steinke 2007:181-187; Shah und Corley 2006:1829f.; Miles und Huberman 1994:278f.).

Interne Validität (Kredibilität) bezeichnet den Wahrheitsgehalt der mittels Fallstudien gewonnenen Erkenntnisse und befasst sich damit, ob die Ergebnisse Sinn ergeben und ein glaubhaftes, authentisches Portrait des Forschungsgegenstandes sind. Dabei spielt Daten- und Methodentriangulation erneut eine große Rolle (Diefenbach 2008:876; Miles und Huberman 1994:278f.).

Verbessern der Tiefe und Breite der Datenerhebung und Datenanalyse dient (Flick 2004b:179) und ggf. Datendivergenzen zur Folge haben kann (vgl. Buchanan 2012:364).

Intern valide qualitative Forschung ist analytisch generalisierbar und rhetorisch plausibel, indem Daten und Kontext – der sich z.B. mittels Expertenbefragung von der außenstehenden Forscherin erschließen lässt – klar dargestellt werden (Shah und Corley 2006:1830). Im Gegensatz zur quantitativen Forschung stellt der *Kontext* also keinen Störfaktor dar, der durch Ausschließen von Einflussvariablen kontrolliert werden muss, sondern liefert einen Erkenntnisgewinn (vgl. Myers 2009:8; Flick 2007:15; Vaughan 1992:178f.). Zum Erfüllen der internen Validität müssen Überlegungen der Forscherin empirisch verankert sein, was neben datengetriebener Falldiskussion die Rückbindung der Erkenntnisse an die aktuelle Theorie sowie eigene, neuartige Interpretationen[164] beinhaltet (Diefenbach 2008:885f.; Steinke 2007:183-185). Gute Schlussfolgerungen können durch Identifizieren von Mustern *(„Pattern-Matching")* und Zusammenführen von Erkenntnissen in multiplen Fallstudien getroffen werden (Yin 2009:42,136-141,156-160; Yin 2003:36,116-120,133-137). Zum Verbessern der internen Validität musste sich die Autorin dieser Arbeit ein Grundverständnis zur pharmazeutischen Industrie aneignen. Entsprechende Kenntnisse konnten durch literaturbasiertes Einarbeiten (vgl. Kapitel 4), aber auch mittels Ausführen von *Pilotuntersuchungen* (vgl. Teilkapitel 6.1) erlangt werden. Durch das mit der Theorieelaboration verbundene Wechselspiel zwischen theoretischen Grundlagen und Datenmaterial soll die empirische Verankerung der getroffenen Überlegungen sichergestellt werden. Zudem wird der Ansatz der multiplen Fallstudien gewählt, da sich durch eine vergleichende Fallanalyse Muster in den Daten finden und gegenüber Einzelfallstudien robustere Aussagen treffen lassen.

Dem gegenüber befasst sich die *externe Validität* (Verallgemeinerbarkeit, Transferierbarkeit) damit, welche weiterführenden Schlussfolgerungen auf Basis der Empirie getroffen werden können bzw. ob sich die gewonnenen Erkenntnisse auf einen anderen Kontext übertragen lassen. Bei qualitativen Forschungsvorhaben geht es um *analytisch-theoretische Generalisierbarkeit*[165] der Erkenntnisse innerhalb einer bestimmten Domäne (Myers 2009:9; Yin 2009:40-44; Steinke 2007:185f.; Shah und Corley 2006:1830; Yin 2003:34-37; Miles und Huberman 1994:279). In der Fallstudienforschung sind hierfür zum einen „thick descriptions" der Fälle relevant, die eigene Überlegungen des Lesers zur Übertragbarkeit der Ergebnisse fördern (z.B. Steinke 2007:185; Shah und Corley 2006:1830). Zum anderen kommt es besonders auf ein adäquates *theoretisches Sampling* an: Die Fallauswahl darf nicht zufällig sein, sondern muss zweckgeleitet erfolgen, weshalb die theoretische bzw. problembasierte Repräsentativität der Fälle anstelle der quantitativen Repräsentativität entscheidend ist (Diefenbach 2008:879f.; Steinke 2007:185; Miles und Huberman 1994:27-30,279). Yin (2009:54-58, 2003:47-51) bezeichnet das theoretische Sampling als „Replikationslogik", die vor allem bei multiplen Cases eine große Rolle spielt. Zum Wahren der externen Validität wird in der empirischen Untersuchung dieser Arbeit die

164 Es sei noch einmal darauf hingewiesen, dass die Annahmen des Positivismus abzulehnen sind und keine objektive Wahrheit erlangt werden kann. Diefenbach (2008:883f.) schlägt deswegen vor, die interne Validität des Forschungsansatzes danach zu beurteilen, wie die Datenbasis (z.B. subjektiv wahrgenommene Realität in Interviews) von der Forscherin präsentiert und diskutiert wird.

165 Nichtsdestotrotz ist denkbar, dass mittels Methodentriangulation qualitative Daten quantifiziert und statistisch getestet werden (Steinke 2007:186) oder dass die aus qualitativen Studien gewonnenen theoretischen Propositionen Ausgangspunkt für ein nachgeschaltetes quantitatives Design sind (Diefenbach 2008:887f.).

operationalisierbare Innovationsfähigkeit i.e.S. als Kriterium des theoretischen Samplings verwendet, um möglichst kontrastierende Fälle in die Analyse einbeziehen und Erkenntnisse ggf. auf vergleichbare Branchen übertragen zu können (vgl. hierzu z.B. Flick 2007:28f.; Steinke 2007:185). Außerdem werden zunächst alle Einzelfälle dicht beschrieben und auf Besonderheiten geprüft („Single-Case-Analysis"), bevor der übergreifende Fallvergleich („Cross-Case-Analysis") folgt (vgl. Yin 2009:56-60).

Das letzte zu erläuternde Kriterium ist die *Reliabilität* (Objektivität, Nachvollziehbarkeit) als eine Art Qualitätskontrolle des Forschungsprozesses, die demonstriert inwiefern sich die einzelnen Schritte der qualitativen Studie mit ähnlichen Ergebnissen von Dritten wiederholen und bewerten lassen. Dafür muss das Vorgehen über den Zeitverlauf konsistent sein und genau dokumentiert werden: Die Forscherin muss die Daten und ihre Beobachtungen sorgfältig aufzeichnen und managen sowie Angaben zum Forschungsdesign (theoretisches Vorverständnis), zur Selektion und Datenerhebung (z.B. Fallauswahl, Kontakte) sowie zur Datenanalyse (z.B. methodologische und theoretische Entscheidungen, Bewertungskriterien) machen (vgl. Yin 2009:40-45; Steinke 2007:186f.; Shah und Corley 2006:1830; Yin 2003:34-39; Miles und Huberman 1994:278). Zudem muss ersichtlich werden, welche Argumente auf Daten basieren und welche Interpretationen sind (Flick 2007:15f.; Shah und Corley 2006:1830). Deswegen ist in der zur Auswertung angelegten Datenbank zwischen reinen Fallstudiendaten und Notizen der Forscherin zu unterscheiden (Yin 2009:118-122, 2003:101-105). Die Maßnahmen dienen dem Minimieren von Fehlern und Bias zur Wahrung einer neutralen bzw. objektiven Grundhaltung[166] (Yin 2009:45, 2003:37; Miles und Huberman 1994). In dieser Arbeit sollen deshalb nach der bereits erfolgten Darstellung des Forschungsdesigns (vgl. Kapitel 1), der theoretischen Basis (vgl. Kapitel 3) und des Kontexts (vgl. Kapitel 4) zum Stärken der Reliabilität alle Schritte der empirischen Untersuchung dokumentiert werden. Dazu gehört die Erläuterung des theoretischen Samplings mit Angaben zu den herangezogenen Datenquellen, dem Interviewleitfaden und den formulierten Transkriptionsregeln sowie eine Aufführung der verwendeten Dokumente (vgl. Teilkapitel 6.2 und 6.3). Die Datenanalyse mittels der Software MAXQDA unterstützt das Separieren originärer Daten von Notizen und eigenen Interpretationen der Forscherin. Der Reliabilität zuträglich ist auch das Formulieren eines klaren Vorgehensplanes für die empirische Untersuchung (vgl. Yin 2009:79f.), der im Folgenden dargestellt wird.

Vorgehen in der folgenden empirischen Untersuchung

In der folgenden Fallstudienuntersuchung wird dem Vorgehen nach Yin (2009, 2003) gefolgt, welches in vergleichbarer Form Beachtung bei vielen anderen WissenschaftlerInnen findet (z.B. Buchanan 2012; Eisenhardt und Graebner 2007; Langley und Royer 2006; Tripsas und Gavetti 2000; Langley 1999; Fox-Wolfgramm 1997; Eisenhardt 1989). Es wird in Abbildung 13

[166] Obwohl teilweise in der Literatur als eigenes Gütekriterium vorgeschlagen, überschneidet sich Objektivität inhaltlich mit der Reliabilität (vgl. Flick 2007:15; Smaling 1992:178) und wird auch als „externe Reliabilität" bezeichnet (Miles und Huberman 1994:278).

dargestellt. Im Folgenden sollen die einzelnen Schritte kurz besprochen werden, bevor auf sie im Rahmen der empirischen Untersuchung näher eingegangen wird.

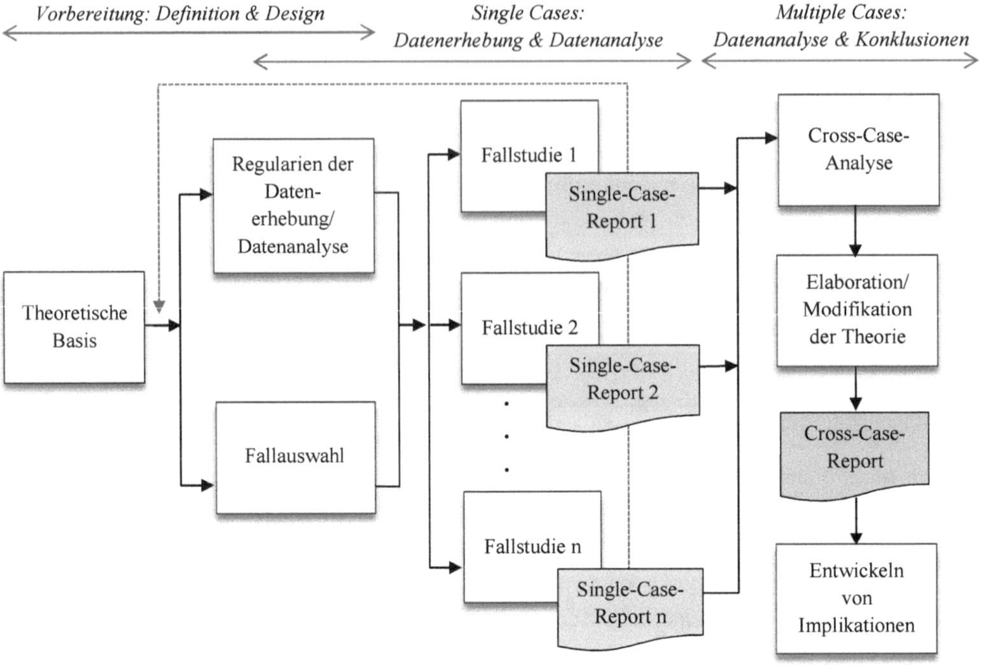

Abbildung 13: Ablauf der Fallstudienforschung (Quelle: Yin 2009:56-58, 2003:49-51, leicht modifiziert[167]).

Der erste Schritt der Untersuchungsvorbereitung, das Entwickeln einer *theoretischen Basis* (inklusive Forschungsfragen und Auswahl pharmazeutischer Unternehmen als Forschungsobjekte, vgl. Kapitel 1-4) wurde bereits abgeschlossen. Nun müssen *Regularien* festgelegt werden, denen während der Untersuchung gefolgt wird und die die Reliabilität der Ergebnisse in multiplen Fallstudien sichern. Laut Yin (2009:79-82, 2003:67-69) und Eisenhardt (1989:537f.) beinhalten sie die anzuwendenden *Methoden der Datenerhebung und -analyse*. Zur Daten- und Methodentriangulation werden hier Informationen aus Zulassungsdatenbanken verwendet, semistrukturierte Interviews durchgeführt und mittels qualitativer Inhaltsanalyse ausgewertet sowie mit Dokumenten ergänzt. Außerdem umfassen die Regularien die theoretisch abgeleiteten Interviewfragen, Angaben zu den ausgewählten Unternehmen und Interviewees sowie Hinweise zu Auswertungsstandards (z.B. Transkriptionsregeln, verwendete Kriterien und Indikatoren; vgl. Teilkapitel 6.2). Darüber hinaus ist es sinnvoll, sich über aktuelle Probleme der ausgewählten Unternehmen zu informieren, um in den Interviews gezielt darauf eingehen zu können. Um die genannten Regularien festzulegen, sind *Pilotstudien* empfehlenswert (Yin 2009:92-94, 2003:78-80), die in dieser Arbeit umfangreich durchgeführt wurden (vgl. Teilkapitel 6.1).

[167] Die Modifikation besteht darin, dass die Untersuchung hier zum Zweck der Theorieelaboration nicht mit dem „Cross-Case-Report" endet, sondern mit dem Entwickeln von theoretischen Implikationen.

Möglichst zeitgleich zur Festlegung der geschilderten Regularien sind notwendige Überlegungen und Maßnahmen zur *Fallauswahl* zu treffen. Nach Aufstellen eines Zeitplans muss Kontakt mit interessanten Unternehmen aufgenommen und ein Zugang zu Kerninformanten hergestellt werden, was sich in der Praxis z.B. aufgrund strenger informationspolitischer Bestimmungen, fehlender Kapazitäten der Unternehmen sowie dem Mangel an Kontaktpersonen als schwierig erweisen kann (vgl. z.B. Saunders 2012:36-38; Myers 2009:78f.; Yin 2009:83-86; Langley und Royer 2006:88f.; Merkens 2004:165f.; Yin 2003:72f.). Diese Problematik ließ sich auch in der pharmazeutischen Industrie beobachten, wo FuE-Themen zu den sensibelsten Daten zählen. Nach Erhalt des Zugangs müssen die potenziellen Fälle einem ersten *Screening* hinsichtlich ihrer Eignung für den Forschungszweck unterzogen werden, was zur Hinzunahme weiterer, aber auch zum Ausschließen bereits teilnehmender Fallunternehmen führen kann (Yin 2009:91f., 2003:77f.). Den wohl wichtigsten Schritt der Fallauswahl stellt das *theoretische Sampling* dar, da die Fälle (hier die pharmazeutischen Unternehmen) nicht zufällig, sondern zweckgeleitet – nach Eignung zur Demonstration des Problems – ausgesucht werden müssen (z.B. Buchanan 2012:361; Saunders 2012:39-44; Eisenhardt und Graebner 2007:27). Bei multiplen Fallstudien müssen die einzelnen Fälle jeweils einen Beitrag zum Besetzen verschiedener theoretischer Positionen bzw. dem Elaborieren, Replizieren und Erweitern der Theorie leisten. Das bedeutet, dass bei der Fallauswahl nicht nur völlig identische Cases einzubeziehen sind, sondern auf Vielfalt geachtet werden muss (z.B. Eisenhardt und Graebner 2007; Yin 2009:54-56; Merkens 2004:167f.; Yin 2003:47-49; Vaughan 1992:176-180; Eisenhardt 1989:533-537). Vielfalt wird hier gewährleistet, indem Innovationsfähigkeit i.e.S. als Kriterium des theoretischen Samplings gewählt wird und Unternehmen mit entsprechend unterschiedlicher Ausprägung in die Untersuchung einbezogen werden. Demzufolge ist das theoretische Sampling zwar Teil der Vorbereitungsphase und dient der Fallauswahl, aber es überlappt sich als wichtiger Bestandteil der Fallkonstruktion ein stückweit mit der Datenerhebungs- und Datenanalysephase [168] (Merkens 2004:167-170).

Im folgenden Schritt beginnt für die ausgewählten Fälle nach den vorab festgelegten Regularien die eigentliche *Datenerhebung,* welche sich bei der Fallstudienforschung oftmals mit der *Datenanalyse* überlappt. Das heißt, dass die Daten während ihrer Erhebung schon sukzessive evaluiert und wichtige Beobachtungen von der Forscherin protokolliert werden. Je nach Bedarf können so theoretische Vorüberlegungen korrigiert bzw. präzisiert und die Datenerhebungsmethodik sowie die Fallauswahl angepasst werden, da sich z.B. auftretende, interessante Aspekte vertiefen und geeignete Fälle hinzunehmen oder ausschließen lassen [169] (vgl. z.B. Vaughan 1992:199; Eisenhardt 1989:538f.). Wichtig ist, die Datenanalyse erst auf Ebene der Einzelfälle (Single Cases) vorzunehmen, bevor die Gesamtzahl der Fälle (Multiple Cases) betrachtet wird. Dabei sollten theoretische Kriterien befolgt und zur Triangulation qualitative als auch quantitative Daten einbezogen werden (vgl. z.B. Yin 2009:125-133, 2003:109-112; Vaughan 1992:175-

---

168 In Abbildung 13 ist diese Tatsache mittels der überlappenden Pfeile zwischen beiden Phasen dargestellt.

169 Diese Möglichkeiten sind in Abbildung 13 mittels der gestrichelten Feedbackschleife dargestellt (vgl. Yin 2009:56-58, 2003:50f.).

178). Im Rahmen der *Single-Case-Analyse* müssen die in sich geschlossenen Einzelfälle (hier die pharmazeutischen Unternehmen) zunächst separat untersucht werden, indem jeweils ein vollständiges Bild entwickelt, Auffälligkeiten erklärt und ein Zwischenfazit in Bezug auf die Fragestellungen der Arbeit getroffen wird („Single-Case-Reports"). Die Schwierigkeit ist dabei, die Waage zwischen Beweisen aus dem Datenreichtum und der entsprechenden Rückbindung an die Theorie zu halten (Yin 2009:56; Eisenhardt und Graebner 2007:29; Yin 2003:50; Miles und Huberman 1994:90f.; Eisenhardt 1989:539f.).

Anschließend gilt es, in der *Cross-Case-Analyse* über die Einzelfälle hinweg Muster zu finden („Pattern Matching"), die zur Generalisierbarkeit der Forschungserkenntnisse auf einem höheren Abstraktionsniveau beitragen. Ziel ist es herauszufinden, ob bzw. in welcher Ausprägung sich das zu untersuchende Phänomen replizieren lässt – indem Ähnlichkeiten als auch Unterschiede zwischen den Fällen festgestellt und interpretiert werden (vgl. Yin 2009:56-59,136-141; Eisenhardt und Graebner 2007:27; Flick 2007:29f.; Langley und Royer 2006:82; Yin 2003:50-53,116-120; Miles und Huberman 1994:172f.; Eisenhardt 1989:533-542). Multiple kontrastierende Cases sind somit robuster als Single Cases und tragen in hohem Maße zur Elaboration und Modifikation der bestehenden theoretischen Basis bei. Die getroffenen Schlussfolgerungen sind Inhalt des abschließenden „Cross-Case-Reports[170]", der einer übersichtlichen Visualisierung dient (vgl. Yin 2009:56f.; Eisenhardt und Graebner 2007:29f.).

Um *Implikationen* aus der Fallstudienuntersuchung abzuleiten, müssen gefundene empirische Beweise wieder theoretisch verdichtet werden. Eine oft gewählte Möglichkeit ist die Ableitung von *theoretischen Propositionen*, die das „wie" und „warum" des Phänomens über alle Cases hinweg erklären. Hierbei spielt die Rückbindung der Erkenntnisse an den aktuellen, bestätigenden oder widersprechenden wissenschaftlichen Diskurs eine große Rolle (vgl. Eisenhardt und Graebner 2007:25-30; Vaughan 1992:175-178; Miles und Huberman 1994:245-262; Eisenhardt 1989:537-545).

Diesem Vorgehen folgend werden die pharmazeutischen Unternehmen erst anhand der Innovationsfähigkeit i.e.S. als Samplingkriterium ausgewählt. Anschließend werden sie einzeln untersucht (Single-Case-Analyse), um ihre jeweilige ergebnisbezogene Innovationsfähigkeit mittels Auffälligkeiten in den Dimensionen der Innovationsfähigkeit i.w.S. und den Charakteristika der FuE-Organisation zu erklären. Da ähnlich große Unternehmen ausgewählt werden, lässt sich anschließend ein Vergleich (Cross-Case-Analyse) anstellen, um fallübergreifende Muster zum Zusammenhang zwischen den beiden Sichtweisen von Innovationsfähigkeit und organisatorischen Voraussetzungen aufzuzeigen. Diese werden abschließend in entsprechende theoretische Propositionen überführt.

Zur Vorbereitung der empirischen Untersuchung folgen im nächsten Kapitel Angaben zu den durchgeführten Pilotstudien, den daraus abgeleiteten Regularien zur Datenerhebung bzw. Datenanalyse sowie der Fallauswahl anhand des theoretischen Samplings.

---

170 Der von Yin (2009, 2003) gewählte Begriff „Report" bezieht sich auf einen abgrenzbaren schriftlichen Teil innerhalb der Datenanalyse: Hier sind „*Single-Case-Reports*" die geschilderten Einzelfallstudien, während der „*Cross-Case-Report*" Auswertungstabellen zu den über alle Fälle hinweg gefundenen Mustern darstellt.

6 Vorbereitung der empirischen Untersuchung und Datenerhebung

6.1 Pilotstudien zur Exploration des Untersuchungskontexts

Zu Beginn der empirischen Untersuchung galt es erstens zu überlegen, wie die bislang nur theoretisch erörterten Sichtweisen der Innovationsfähigkeit als auch die Charakteristika der FuE-Organisation zur Untersuchung der pharmazeutischen Unternehmen operationalisiert werden können. So war zu klären, welche *Indikatoren und Datenquellen* sich zur Bestimmung der Innovationsfähigkeit i.e.S. – messbar anhand des Neuheitsgrades pharmazeutischer Produktinnovationen[171] – eignen. Bei der diffuseren Innovationsfähigkeit i.w.S. und den bislang noch unpräzise beschriebenen Charakteristika der FuE-Organisation boten sich aufgrund des Zugangs zu tiefen Daten zwar offensichtlich Interviews als Erhebungsmethode an, aber konkrete Interviewfragen mussten noch bestimmt und auf ihre Sinnhaftigkeit überprüft werden. Zweitens sollten vor Kontaktieren der pharmazeutischen Unternehmen die *praktische Relevanz* der aufgestellten Forschungsfragen bestätigt sowie aktuelle Herausforderungen beim Generieren von neuen Medikamenten aus Sicht unabhängiger Marktexperten eruiert werden, um darauf in den Interviews eingehen zu können.

Um diesen Anforderungen zu genügen, wurden *Pilotstudien* durchgeführt: Sie ermöglichen das Erlangen eines tieferen Verständnisses für Kontext und Forschungsobjekte, schärfen die zu elaborierenden theoretischen Konzepte und tragen zur Verfeinerung von Inhalt und Methodik der Datenerhebung bei. Darüber hinaus helfen Pilotstudien der Forscherin, Sensibilität für Hürden der Feldarbeit zu entwickeln, ihren „Researcher-Bias" zu verringern als auch Risiken der späteren, fallbezogenen Datenerhebung zu reduzieren. Piloten können zugangsorientiert (z.B. wegen räumlicher Nähe oder bereits bestehenden Kontakten) gewählt, informell geführt und pragmatisch ausgewertet werden, müssen aber einen thematischen oder aufbaubezogenen Bezug zu den zu entwickelnden Cases haben (z.B. Yin 2009:92-94; Sampson 2004; Yin 2003:78-80). Tabelle 9 fasst Art, Umfang und Inhalt[172] der hier durchgeführten Pilotstudien zusammen, die sich je nach Zweck in drei Stufen unterteilen lassen. Die aufgeführten Pilotstudien wurden im Zeitraum von August 2011 bis Februar 2012 durchgeführt. Alle Interviews wurden aufgezeichnet, transkribiert (VfA, Muris) bzw. protokolliert (restliche Unternehmen). Ebenso protokolliert wurden die Telefonate und Mailings (BfArM, EMA); die Ergebnisse aus dem Screening der Annual Reports wurden in einer Übersicht zusammengefasst.

[171] Prozessinnovationen sind in der Pharma-Industrie kaum von Produktinnovationen zu trennen, weshalb vorwiegend letztere einen wichtigen Indikator für die Innovationsfähigkeit i.e.S. darstellen (vgl. Teilkapitel 4.2).

[172] Laut Yin (2009:92-94, 2003:78-80) können *Pilotstudien* wegen ihres breiten Anwendungszwecks mehr Zeit in Anspruch nehmen als die eigentliche Datenerhebung. Da Piloten in erster Linie der Orientierung der Forscherin dienen, müssen sie weniger standardisiert erfasst und ausgewertet werden als die eigentlichen Falldaten.

Stufe	Pilot	Art der Erhebung (Kontaktpersonen)	Nutzen
I[A]	Mittelständisches Unternehmen der chemischen Industrie	1 Telefoninterview (Geschäftsführer, Leiter FuE)	leichter Zugang zum frühen Test des Interviewleitfadens
	Unternehmen aus der Medizintechnikbranche	2 persönliche Interviews (Leiter FuE, HR-Managerin)	Evaluation des Interviewleitfadens mit Unternehmen einer verwandten Industrie; Abgrenzung von Pharma und Medizintechnik; Zugang zu einem Unternehmen der Fallstudie
	Hersteller von Mäusemodellen (Muris)[P] für forschende Pharma-Unternehmen	1 Telefoninterview[T] (Business Development Manager)	Evaluation des Interviewleitfadens; Erweiterung des Innovationsverständnisses; Hinweise zur Relevanz von Innovationen bei Zulieferern der pharmazeutischen FuE
II	Top Ten der größten Pharma-Unternehmen weltweit (Ranking von Agrawal und Jamwal 2012)	Screening der jeweiligen Annual Reports 2011	Sichten von Informationen zur Innovationfähigkeit i.e.S. (unzureichend) und Innovationsfähigkeit i.w.S. (begrenzt); Bestätigung der Relevanz der drei Untersuchungsebenen der FuE-Organisation
III[A]	Verband der forschenden Arzneimittelunternehmen (VfA)	1 Telefoninterview[T] (Vertreterin Bereich FuE & Innovation)	Hinweise zu aktuellen Herausforderungen der Pharma-Industrie bei der FuE/Zulassung von neuen Medikamenten, Bedarf und Möglichkeiten der Innovation, Aspekten der FuE-Organisation und Indikatoren der Innovationsleistung
	Bundesinstitut für Arzneimittel und Medizinprodukte (BfArM)	2 Telefongespräche (Vertreterin der Arzneimittelzulassung)	Hinweise zu (de-)zentralen Zulassungsbestimmungen für neue Medikamente und zugänglichen Datenbanken über Neuzulassungen
	European Medicines Agency (EMA)	Mailings (Vertreter der Arzneimittelzulassung)	Hinweise zur Interpretation der jährlichen Zulassungsreports der EMA und Klären widersprüchlicher Einträge

<u>Legende:</u> [A] Anonymisierung der Institution (Stufe I) und Personennamen (Stufe I + III). [P] Pseudonym zum Schutz der Unternehmensidentität. [T] Transkribiertes Interview, da Inhalte für pharmazeutische Fallstudien relevant.

Tabelle 9: Überblick über die Pilotstudien (Quelle: Eigene Darstellung).

Stufe I der Pilotuntersuchungen umfasste Interviews mit Unternehmen, deren Kerngeschäft der Pharma-Industrie ähnlich (Chemie, Medizintechnik) oder, wie im Fall des Herstellers von Mäusemodellen für die pharmazeutische FuE, sogar unmittelbar damit verknüpft ist. Primär war das Ziel, aus den Forschungsfragen sowie den theoretischen Vorüberlegungen zur Innovationsfähigkeit und den Charakteristika der FuE-Organisation (vgl. Kapitel 2, 3) *Interviewfragen* abzuleiten und durch erste Anwendungen in der Praxis zu testen und zu verfeinern. Darüber hinaus halfen die geführten Interviews, den *Ablauf von Innovationsprozessen* sowie den Aufbau von FuE-Bereichen in der Praxis besser zu verstehen, wobei der Einbezug von Organigrammen (Gesamtunternehmen und FuE) förderlich war. Die Studie mit dem Chemieunternehmen, zu dem vorab bereits Kontakte bestanden, diente dem Sammeln erster Felderfahrungen. Besonders hilfreich war die Studie mit dem Medizintechnikunternehmen, da es sich hierbei um eine Division des Konzerns handelt, zu dem auch eines der pharmazeutischen Fallunternehmen gehört. Hier trugen die Interviews zu der Feststellung bei, dass eine Zusammenarbeit zwischen der Pharma-Sparte und der Medizintechnik-Sparte trotz ihrer offensichtlichen Verwandtschaft – als Geschäftsfelder

der Hochtechnologie (vgl. OECD 2011) und des Gesundheitswesens – nicht zwangsläufig gegeben sein muss, da beide autonom agierten. Außerdem halfen die Gespräche, einen Zugang zum Fallunternehmen herzustellen. Ebenfalls wertvoll war das Interview mit Muris (Pseudonym), einem Hersteller von Mäusemodellen für Tierversuche im Rahmen der pharmazeutischen Forschung. Es trug zur Erweiterung des Innovationsverständnisses der Forscherin bei, da nicht artefakte Produkte und Prozesse, sondern Lebewesen als Objekt der Innovation thematisiert wurden. Außerdem wurde im Interview klar, dass das Generieren neuer Medikamente durch Pharma-Unternehmen auch von Innovationen der Zulieferer wie Muris abhängt, indem z.B. genmodifizierte Mäusekolonien die Beschleunigung und Zielausrichtung von FuE-Prozessen verbessern (vgl. MU1/30-32) und dafür geeignete externe Kollaborationen initiiert werden (vgl. MU1/36,88,96). Da das Interview mit Muris somit auch die Ebene der Verankerung der pharmazeutischen FuE-Organisation im Unternehmenskontext thematisiert, wurde es transkribiert.

Auf der *Stufe II* wurden die letzten Jahresabschlussberichte der zehn weltweit größten Pharma-Unternehmen einem *Screening* (vgl. Appendix A) nach Hinweisen zur Innovationsfähigkeit i.e.S./i.w.S. und der FuE-Organisation unterzogen, um den Informationsgehalt dieser Dokumente einschätzen und die Interviewfragen finalisieren zu können. Insgesamt war festzustellen, dass Pharma-Unternehmen sehr restriktiv mit öffentlich verfügbaren Informationen umgehen, die für den Untersuchungszweck dieser Arbeit relevant wären. Zur Evaluation der *Innovationsfähigkeit i.e.S.* (vgl. Teilkapitel 3.2.1) findet man nur dürftige Angaben, da die Unternehmen zwar FuE-Investitionen als Input-Größe und grobe Informationen über ihre FuE-Pipeline als Potenzialgröße ausweisen, aber neueingeführte Medikamente höchstens auszugsweise nennen. Allerdings betonen alle Top Ten Pharma-Unternehmen nachhaltiges, kontinuierliches Innovieren als wichtiges strategisches Ziel. In Bezug auf die vier Dimensionen von *Innovationsfähigkeit i.w.S.* (vgl. Teilkapitel 3.2.2) erwähnen zwei Unternehmen (Roche, GlaxoSmithKline) explizit kulturelle Aspekte des Innovierens (Dimension 4 der IF i.w.S.). Zudem wird für eine Verknüpfung der internen Wissensbasis mit externem Expertenwissen (Dimension 2 der IF i.w.S.) plädiert (z.B. Pfizer, Johnson & Johnson, Roche) und es ist ein Trend der Fokussierung auf bestimmte Wachstumsfelder bzw. ungedeckte medizinische Bedarfe einhergehend mit der Spezialisierung der FuE zu verzeichnen (Johnson & Johnson, Novartis, Bayer, AstraZeneca). Wenige Angaben gibt es hingegen zur Art und Weise, wie die interne Wissensbasis aufgebaut wird (Dimension 1 der IF i.w.S.) und inwiefern die Ausschöpfung der bestehenden und/oder der Aufbau neuer Fähigkeiten im Vordergrund stehen (Dimension 3 der IF i.w.S.). Zur *FuE-Organisation* sind bei vier Unternehmen gar keine Hinweise zu finden; bei sechs Unternehmen werden zumindest grobe Angaben gemacht, die die praktische Relevanz der theoretisch formulierten organisatorischen Bezugsebenen der FuE (vgl. Teilkapitel 3.3.3) bestätigen. Besonders häufig wird die Zusammenarbeit mit externen Partnern und damit die *Verankerung der FuE im Unternehmenskontext* thematisiert (Pfizer, Bayer, Roche, Sanofi, GlaxoSmithKline, AstraZeneca). Weniger angesprochen wird die *Binnenorganisation der FuE*, z.B. eine Gliederung nach Krankheitsfeldern (Pfizer), Ziele wie Unternehmertum und Flexibilität (Sanofi) oder Reorganisation zur Sicherstellung kontinuierlicher

Innovation (GlaxoSmithKline, AstraZeneca) – wobei letzteres auf das Streben nach Innovationsfähigkeit i.e.S. hindeutet. Am seltensten sind Hinweise zur *Verankerung der FuE im Gesamtunternehmen*, da je nur einmal die Zusammenarbeit mit unterstützenden internen Funktionen (Pfizer) und die Kollaboration zwischen Pharma-Division und Medizintechnik-Division [173] (Roche) betont wird. Zusammenfassend zeigte das Screening, dass die öffentlich zugänglichen Annual Reports der Pharma-Firmen nur begrenzt Hinweise zur Innovationsfähigkeit i.e.S./i.w.S. sowie der FuE-Organisation liefern können, weswegen tiefere Daten erhoben werden müssen.

Stufe III der Piloten bezog sich auf unabhängige Experteninstitutionen der pharmazeutischen Industrie, um mehr über Spezifika der Innovationstätigkeit, insbesondere die Zulassung neuer Medikamente, sowie aktuelle Innovations- und Organisationsprobleme der pharmazeutischen FuE zu erfahren. Aufschlussreich war das Interview mit einer *Vertreterin des VfA* (deutscher Interessen-/Wirtschaftsverband weltweit führender, forschender Arzneimittelunternehmen), das im Vergleich zu den Interviews der ersten Stufe weniger strukturiert, sondern narrativ geführt wurde. Es wurde transkribiert, da es wichtige Hinweise für die vorzunehmende Operationalisierung der Innovationsfähigkeit i.e.S. sowie Empfehlungen zur FuE-Organisation von Pharma-Unternehmen enthält. Im Wesentlichen festigte die VfA-Vertreterin den Eindruck, dass Innovieren in der Pharma-Industrie herausfordernd ist (vgl. Kapitel 4): Zum einen ist es im Rahmen der Nutzenbewertung neuer Medikamente durch staatliche Institutionen wie den deutschen GBA nicht leicht, den „Proof-of-Market" nachzuweisen und hohe FuE-Kosten durch adäquate Marktpreise zu refinanzieren (VfA1/2). Zum anderen könnten *echte Innovationen* nur noch in schwer zu bearbeitenden, multifaktoriellen Krankheitsfeldern wie Alzheimer oder Onkologie und unter Einsatz neuer Technologien (z.B. Gen-/Stammzellentherapie) erzielt werden (VfA1/2,8-10):

> „Also sicherlich [ist] dieser alte Spruch ‚*the low-hanging fruits have been picked*' weiterhin mehr als treffend. Die einfachen Targets (…) sind letztendlich abgegrast. Es besteht immer noch ein hoher medizinischer Bedarf in sehr komplexen Erkrankungen (…). Und sich da ran zu wagen, also diese nächste Stufe zu erklimmen, ist sicherlich eine der großen Herausforderungen auf der Ebene der Forschung und Entwicklung." (VfA1/2; eigene Hervorhebung)

Auffällig war die Auffassung der VfA-Vertreterin, dass vom Markt inkrementelle als auch radikale Produktinnovationen gefordert werden, was sich mit der von der Autorin dieser Arbeit vorgeschlagenen Definition von Innovationsfähigkeit i.e.S. (vgl. Teilkapitel 3.2.1) deckt:

> „Ich denke, das was immer so ein bisschen despektierlich als Schrittinnovation abgewertet wird, das sind natürlich für Patienten zum Teil richtig wichtige Schritte. Also oftmals wird gesagt ‚Was soll's, ob nun der Patient sich jeden zweiten Tag Interferon spritzen muss oder ob er einmal im Monat eine Tablette nimmt (…)?' [Das ist] ein Riesenunterschied! (…) Parallel gibt es weiterhin und wird es auch geben die größeren Innovation[en], sicherlich auf dem Gebiet der Onkologie. Wenn man jetzt das erste Präparat gegen schwarzen Hautkrebs sieht, gegen den seit Jahrzehnten nichts Neues auf den Markt gekommen ist, das ist natürlich schon sensationell. (…) Es sind die kleineren Schritte und es sind die größeren Schritte." (VfA1/30)

---

[173] Bei dem untersuchten Medizintechnik-Hersteller (Stufe I) war diese Zusammenarbeit trotz einer zum Konzern gehörenden Pharma-Sparte nicht gegeben. Das demonstriert, dass etwaige Synergiepotenziale zwischen verwandten Geschäftsfeldern nicht in allen Konzernen gesehen oder gezielt ausgeschöpft werden.

Bei der Diskussion von Einflussfaktoren auf die Innovationsleistung pharmazeutischer Unternehmen wurde darauf hingewiesen, dass neben den klassischen Indikatoren wie den FuE-Investitionen vor allem die *FuE-Organisation* eine große Rolle spielt:

> „Aber dann muss man natürlich auch in die Strukturen der Unternehmen gehen: Wie viel Innovation darf gedacht werden? (…) Über totale Vereinheitlichung der FuE-Strukturen mit ganz viel vorgegebenen Formblättern und Abläufen und sehr stark an-die-Kandare-nehmen, bis hin zu (…) eine[r] Art Think Tank im Unternehmen, wo man wirklich auch den kreativen Köpfen den Freiraum gibt (…) den es auch braucht (…). Also es ist immer die Gratwanderung zwischen dem erforderlichen Reporting – gerade in großen Unternehmen, da kann nicht jeder einfach irgendwie vor sich hin forschen, das funktioniert nicht – aber eben trotzdem auch (…) [der] Möglichkeit, Befunde, die rechts und links auftauchen, zumindest adressieren zu dürfen, vielleicht sogar verfolgen zu können. (…) Auf jeden Fall aber auch Kooperationsaufkommen, Öffnung nach außen, das ist für mich auch ein großer Faktor." (VfA1/62)

Die Einschätzung der VfA-Expertin legt nahe, dass das Generieren neuer Ideen (vgl. Dimension 3 der IF i.w.S.) z.B. vom Grad der Formalisierung und der Kollaboration mit Externen determiniert wird. Somit konnte das VfA-Interview die Relevanz der Innovationsfähigkeit i.e.S./i.w.S. für die Pharma-Industrie bestätigen und den generellen Einfluss der FuE-Organisation beispielhaft verdeutlichen.

Auf Stufe III der Pilotuntersuchungen wurde außerdem Kontakt mit einer nationalen (BfArM) und einer europäischen Zulassungsbehörde (EMA) aufgenommen, um Hinweise zur Operationalisierung der Innovationsfähigkeit i.e.S. zu erhalten. Insbesondere wurde mit den Kontaktpersonen diskutiert, welche öffentlich zugänglichen Informationen der Zulassungsbehörden genutzt werden können und wie diese zu interpretieren sind. Die Ansprechpartnerin des *BfArM* (deutsche Zulassungsstelle des BMG) sprach die Empfehlung aus, sich auf Daten der großen, zentralen Zulassungsbehörden wie EMA und FDA[174] zu konzentrieren, da neue Medikamente heute eher zentral angemeldet[175] und ältere, national zugelassene Medikamente dort nachträglich anerkannt werden. Der Ansprechpartner der *EMA* (Zulassungsstelle der Europäischen Kommission) unterstützte die Forscherin bei der Interpretation der Berichte seiner Institution, um den Neuheitsgrad der darin unterschiedenen Produkttypen einzuschätzen und widersprüchliche Eintragungen[176] zu klären. Die Hinweise der Ansprechpartner des VfA, BfArM und der EMA – die als unabhängige informierte „Outsider" der Branche eine andere Perspektive als die Pharma-Firmen als „Insider" einnehmen (vgl. Vaughan 1992:198f.) – sind für das *theoretische Sampling* relevant und werden an der Stelle vertieft.

---

174 Bei der FDA blieb eine Kontaktanfrage der Forscherin leider erfolglos; allerdings sind bei dieser Behörde die Zulassungsberichte auch eindeutiger als bei der EMA.

175 Laut BfArM sind Pharma-Unternehmen bei einigen neuen Medikamenten sogar verpflichtet, sie zentral bei der EMA zur Zulassung zu melden. Darunter fallen z.B. Arzneimittel gegen Krankheiten mit hohem medizinischem Bedarf, wie z.B. HIV/AIDS, Krebs oder Diabetes, sowie Medikamente die mittels biotechnologischer Verfahren hergestellt werden, auf neuen Technologien wie der Gentherapie beruhen oder der Behandlung seltener Krankheiten („Orphans") dienen (EMA 2013a).

176 Zu Widersprüchen kann es laut EMA kommen, wenn in der Zulassungsdatenbank Eintragungen nach Erstellen der jährlichen Performance Reports modifiziert oder Neuzulassungen fehlerhaft klassifiziert werden.

Insgesamt trugen die Pilotstudien zu einem besseren Verständnis des Untersuchungskontexts bei und waren grundlegend zur Festlegung der Schritte und Regularien der eigentlichen empirischen Untersuchung, die im Folgenden erläutert werden.

6.2 Regularien und Standards der Datenerhebung und Datenanalyse

Vor Festlegung von Regularien der Datenerhebung und Datenanalyse musste überlegt werden, wie die Ausprägungen der theoretischen Kernbegriffe dieser Arbeit operationalisiert und empirisch erhoben werden können. Wie die Pilotstudien nahelegen konnten, eignen sich jeweils unterschiedliche Datenquellen und Methoden, die in Abbildung 14 dargestellt werden. Zur Datentriangulation werden mehrere Datenquellen herangezogen, was zwangsläufig mit Methodentriangulation bei der Datenerhebung und Datenanalyse einhergeht (vgl. Teilkapitel 5.2). Es soll zwischen zweierlei Datenquellen differenziert werden: *Hauptdatenquellen* sind neu zu interpretierende Informationen aus Berichten/Datenbanken der Zulassungsinstitutionen sowie die mittels Interviews eigenständig erhobenen Felddaten. Sie stellen das Fundament der empirischen Untersuchung dar und zeichnen sich durch hohe Güte und Informationsdichte aus. *Ergänzende Datenquellen* sind Dokumente, die als dauerhafter Speicher von z.B. textlichen Darstellungen bestimmter Sachverhalte weiterführende Interpretationen eines Problems erlauben (Lee 2012:391) und zu den Hauptbeweisquellen der Arbeit zusätzliche Hinweise liefern können (z.B. Myers 2009:153f.; Yin 2009:105f., 2003:88f.).

Operationalisierung der theoretischen Kernbegriffe

Innovationsfähigkeit i.e.S. wurde als das Vermögen eines Unternehmens, kontinuierlich radikale und inkrementelle Produktinnovationen und Prozessinnovationen zu generieren (vgl. Teilkapitel 3.2.1) definiert. In High-Tech Industrien allgemein (vgl. Teilkapitel 2.3) als auch der Pharma-Industrie (vgl. Kapitel 4.2) lassen sich Prozessinnovationen kaum von Produktinnovationen trennen (z.B. Gassmann et al. 2008:67; Lim et al. 2006:27; Cohen 2005). Deswegen wird sich bei der Erhebung der Innovationsfähigkeit i.e.S. auf *Produktinnovationen*[177] mit unterschiedlichem Neuheitsgrad konzentriert und dafür ein eigener *gemischter Indikator*[178] entwickelt.

---

177 Ergänzende Hinweise zu Prozessinnovationen als Katalysatoren der eruierten Produktinnovationen können mit Hilfe der Interviewdaten ermittelt werden.

178 Vor Entwicklung des eigenen Indikators wurden mögliche Alternativen geprüft. Die häufig in der Literatur als Maßstab der Innovationsleistung verwendeten Patente (z.B. Amara et al. 2010; Peeters und Pottelsberghe de la Potterie 2003) und FuE-Investitionen (z.B. Persaud 2005; Romijn und Albaladejo 2002) werden nicht als aussagekräftig für die Innovationsfähigkeit i.e.S. erachtet, da es sich um reine Inputgrößen handelt (Adams et al. 2006; Smith 2005). *Patente* sind geistiges Eigentum an kodifiziertem Wissen, welches im Vergleich zu tazitem Wissen nur begrenzt zum Entwickeln neuer Ideen taugt. Sie sind ein Maßstab für Inventionen, müssen aber nicht zwangsläufig zu Produktinnovationen führen (z.B. Adams et al. 2006; Dosi et al. 2006; Smith 2005:158-160). Hohe *FuE-Investitionen* signalisieren zwar das Ausmaß der Innovationsaktivitäten (z.B. Artz et al. 2010), können aber auch auf eine ineffiziente Ressourcennutzung zurückzuführen sein (Adams et al. 2006:26f.). Da sich gerade die Pharma-Industrie durch hohe FuE-Ausgaben auszeichnet (z.B. OECD 2011; VfA 2011b), sind diese kein geeignetes Differenzierungskriterium für einzelne Firmen. Ebenfalls ungeeignet zur Erhebung der Innovationsfähigkeit i.e.S. sind *populäre Innovationsrankings*, da sie nicht auf Innovationsleistungen, sondern Finanzkennzahlen wie Umsatzwachstum und Marktwert (z.B. Forbes 2012; Business Week 2010) oder der subjektiv wahrgenommenen Überlegenheit des Unternehmens (z.B. Fast Company 2012) beruhen.

Kernbegriff (Operationalisierung)	Hauptdatenquellen: Zulassungsberichte und Zulassungs-datenbanken der EMA und FDA	Hauptdatenquellen: Interviewmaterial (Transkripte)	Ergänzende Datenquellen: Unternehmens-dokumente (Annual Reports, Präsentationen...)	Ergänzende Datenquellen: Sonstige Dokumente (Artikel, Teaching Cases...)
IF i.e.S. (gemischter Indikator, theoretisches Sampling)	x	(x)	x	x
IF i.w.S. (Codes im Text)		x	x	(x)
Charakteristika der FuE-Organisation (Codes im Text)		x	x	(x)

Methoden der Daten-erhebung/-analyse	Datenbank-recherche/ Datenbankanalyse	semi-strukturierte Interviews/qualitative Inhaltsanalyse	Dokumentenrecherche/ Dokumentenanalyse
Regularien und Standards	Cross-Checking	Interviewleitfaden, Recording, Transkriptions-regeln, Verarbeitung mit MAXQDA	Auswahlkriterien*: Authentizität, Kredibilität, Repräsentativität, Verständlichkeit; Cross-Checking, Dokumentenübersicht

Legende: (x) = Sofern entsprechende Informationen vorhanden. * Myers 2009:159f.

Abbildung 14: Datenquellen, Methoden und Regularien zur Fallkonstruktion (Quelle: Eigene Darstellung).

Zur Ermittlung der *aktuellen Innovationsleistung* (Teilindikator 1 der IF i.e.S.) der teilnehmenden Fallunternehmen werden hauptsächlich die im Internet öffentlich einsehbaren Datenbanken und Reports der weltweit größten Zulassungsbehörden EMA und FDA herangezogen, um die Anzahl und Art der im Untersuchungszeitraum neu angemeldeten Medikamente zu ermitteln. Da ohne Zulassung kein neues Medikament in Verkehr gebracht werden darf, kann diese Datenbasis als aussagekräftig und verlässlich erachtet werden; auf sie wird in Studien zur Pharma-Industrie regelmäßig verwiesen (z.B. Wang und McAuslane 2012; Grabowski 2011; Gassmann et al. 2008; Schmid und Smith 2005; Kola und Landis 2004). Von der *EMA* werden zum einen deren Jahres-abschlussberichte verwendet, die alle in einem Jahr neu zugelassenen Medikamente auflisten und sie nach ihren Eigenschaften verschiedenen Kategorien (z.B. Generikum, biopharmazeutisches Produkt etc.) zuordnen (z.B. EMA 2012a,b). Zum anderen werden die European Public Assessment Reports (EPARs, vgl. Appendix D), die die EMA für jedes innerhalb der EU neu zugelassene Medikament veröffentlicht, zum Datenabgleich genutzt. Von der *FDA* werden vergleichbare Jahresberichte des Centers for Drug Evaluation and Research (CDER) und des Centers for Biologics Evaluation and Research (CBER) über die in den USA neuzugelassenen Medikamente (z.B. FDA 2012a,b,e) genutzt und mit Einträgen der Datenbanken Drugs@FDA und Vaccines, Blood & Biologics (vgl. Appendix E) abgeglichen[179].

[179] Im Gegensatz zur EMA ist bei der FDA die Zuständigkeit für chemisch-pharmazeutische („small molecules") und biopharmazeutische („large molecules") Produkte zwischen zwei Institutionen (CDER, CBER) aufgeteilt.

Zur Ermittlung des *zukünftigen Innovationspotenzials* (Teilindikator 2 der IF i.e.S.) der teilnehmenden Fallunternehmen werden unternehmenseigene *Pipeline-Dokumente* verwendet. Pipelinedaten sind Inhalt einiger innovationsbezogener Studien zur Pharma-Industrie (z.B. Rusu et al. 2011; VfA 2011a; LaMattina 2008; Blau et al. 2004; Filmore et al. 2004) und zeigen an, wie viele und welche Arten von erfolgsversprechenden Nachwuchsprodukten ein Unternehmen in den späten Phasen des FuE-Prozesses hat. Entsprechende Angaben sind in den aktuellen Geschäftsberichten der Pharma-Hersteller (vgl. Teilkapitel 6.1) sowie in ihren unterjährig aktualisierten Pipelineberichten verfügbar. Da die Evaluation der eigenen Pipeline durch die Pharma-Hersteller naturgemäß optimistisch ausfällt, werden zur Erhöhung der Objektivität der Daten zusätzlich Artikel der pharmazeutischen Fachpresse herangezogen. Diese sind als Kommunikationselemente von Konversationen zu verstehen (vgl. Wolff 2004:286-289), welche der Forscherin bei der Beurteilung des Neuheitsgrades sowie der Erfolgsaussichten von Wirkstoffkandidaten in den FuE-Pipelines helfen.

Die anderen beiden theoretischen Kernbegriffe lassen sich weniger leicht operationalisieren. Erstens besteht *Innovationsfähigkeit i.w.S.* aus vier nicht direkt beobachtbaren Dimensionen: (1) Aufbau und Pflege einer organisationalen Wissensbasis, (2) Aneignung von unternehmensexternem Wissen, (3) Lernen durch Exploration und Exploitation sowie (4) Betonen der Relevanz von Innovation in Strategie und Kultur des Unternehmens (vgl. Teilkapitel 3.2.2). Zweitens gibt es bislang kaum Hinweise zur konkreten, der Innovationsfähigkeit zuträglichen Ausgestaltung der einzelnen *Charakteristika der FuE-Organisation*, die in Form der Dezentralisation der FuE, Steuerungsmechanismen, der Flexibilität der FuE-Organisation, der Arbeit in Projektteams, interner Kollaboration, der Gestaltung des Anreizsystems und externer Kollaboration (vgl. Teilkapitel 3.3) vorgestellt wurden.

Aus diesen Gründen werden die Innovationsfähigkeit i.w.S. und die Charakteristika der FuE-Organisation der teilnehmenden Fallunternehmen primär durch *Interviews mit Experten* aus deren FuE-Organisation ermittelt. Interviews stellen eine der wichtigsten Datenquellen der qualitativen Forschung und vor allem der Fallstudienforschung dar, weil sie Zugang zu dem tiefen Wissen, den Erfahrungen und Eindrücken von Praktikern bieten (z.B. Alvesson und Ashcraft 2012:239f.; Yin 2009:106-108; Alvesson 2003:13f.; Yin 2003:89-92). Auf diese Art und Weise tragen Interviews dazu bei, reale Phänomene in ihrem Kontext bzw. in bestimmten Situationen besser zu verstehen (Miller und Glassner 2012:131f.), "(...) permitting us to see that which is not ordinarily on view and examine that which is looked at but seldom seen (...)" (Myers 2009:121). Zur Interviewdurchführung wurde eine *semi-strukturierte Variante* gewählt, die die Vorzüge komplett strukturierter Interviews („mündliche Fragebögen") mit denen völlig freier Interviews (Narrationen) vereint: Einerseits ermöglicht ein Interviewleitfaden mit Kernfragen eine vergleichbare Struktur aller Interviews sowie eine gewisse Orientierung der Forscherin; andererseits gibt es noch genügend Spielraum, um Fragen je nach Situation in einer anderen Reihenfolge zu stellen

Deswegen werden die Arzneimittel in separaten Datenbanken (Drugs@FDA und Vaccines, Blood & Biologics) und teilweise auch separaten Berichten ausgewiesen.

und interessante Aspekte zu vertiefen. Das semistrukturierte Interview ist also ein Mix aus spezifischen und offenen Fragen, um sowohl die Forschungsfragen beantworten zu können als auch Zugang zu überraschenden, neue Informationen zu erhalten (Alvesson und Ashcraft 2012:247f.; Myers 2009:123-125; Shah und Corley 2006:1828; Bryman 2004:319-321; Hopf 2004:204). Generell wird empfohlen, die Qualität des Beweismaterials durch Einbezug weiterer Datenquellen zu verbessern, da diese z.B. Betrachtungen über den Interviewzeitpunkt hinaus erlauben und zur Klärung missverständlicher Argumente beitragen (Yin 2009:108f.; Diefenbach 2008:881-883; Yin 2003:92). Daher werden hier die mittels *qualitativer Inhaltsanalyse* (vgl. z.B. Mayring 2004; Miles und Huberman 1994:55-76) auszuwertenden Interviewdaten mit Informationen aus Unternehmensdokumenten (z.B. Geschäftsberichte[180]) und sonstigen externen Dokumenten (z.B. Teaching Cases, Artikel zu aktuellen Innovationsproblemen aus Sicht neutraler Beobachter) über die Unternehmen ergänzt.

Regularien und Standards bei der Erhebung und Analyse der Daten

Nach der abgeschlossenen Operationalisierung der theoretischen Kernbegriffe wurden zum Sichern der Reliabilität der Untersuchung je nach Datenquelle Regularien und Standards (vgl. Abbildung 14) festgelegt. Diese werden nun jeweils kurz angesprochen.

„Cross-Checking“ zwischen den Jahresberichten der Zulassungsbehörden und ihren Datenbanken ist ein wichtiges Verfahren, um die Qualität der Daten zur Erfassung der Innovationsfähigkeit i.e.S. zu verbessern (vgl. Teilkapitel 6.1, Stufe III der Piloten). Zusätzlich werden ergänzende Hinweise aus Dokumenten einbezogen, die z.B. in seltenen Fällen einer dezentralen Zulassung eines neuen Medikaments in einem EU-Mitgliedstaat bei noch nicht erfolgter, EU-weiter Anerkennung durch die EMA sinnvoll sein können.

Zur Durchführung der semi-strukturierten Interviews wurde ein *Interviewleitfaden* (vgl. Appendix B) entwickelt, in dem die Dimensionen der Innovationsfähigkeit i.w.S. (vgl. Teilkapitel 3.2.1) und die Charakteristika der FuE-Organisation (vgl. Teilkapitel 3.3) in Interviewfragen heruntergebrochen wurden. Der Interviewleitfaden beinhaltet Protokollfelder für vor dem Interview gesammelte Daten (z.B. aktuelle Probleme des Unternehmens, die ggf. im Interview angesprochen werden sollen) sowie Angaben zu Unternehmen, Interviewee und Absprachen zur Geheimhaltung und Anonymisierung der Daten. Um das Interviewmaterial im Nachhinein besser verarbeiten zu können, werden alle Gespräche bei Einverständnis der Interviewees mittels *Audio-Rekorder* aufgezeichnet. Für die anschließende Transkription der Interviews entwickelte die Forscherin *Transkriptionsregeln* (vgl. Appendix C), um ein einheitliches Vorgehen (z.B. bezüglich Aufnahme, Ergänzen oder Weglassen von Interviewpassagen im Transkript) sicherzustellen. Die Verarbeitung des Interviewmaterials erfolgt mittels der Software *MAXQDA*, die eine systematische Codierung und Auswertung der Transkripte ermöglicht (z.B. Ohlbrecht 2004:379f.) und so unmittelbar mit der qualitativen Inhaltsanalyse (z.B. Mayring 2004) verknüpft ist.

---

[180] Hinweise zum Betonen der Relevanz von Innovation in Strategie und Kultur des Unternehmens (Dimension 4 der IF i.w.S.) lassen sich z.B. in den Geschäftsberichten finden (vgl. Teilkapitel 6.1, Pilotstudie Stufe II).

Auch für die Arbeit mit den ergänzenden Datenquellen in Form der *Dokumente* (Dokumentenrecherche bzw. Dokumentenanalyse[181]) sind gewisse Regularien bzw. Standards zu beachten. Bei der Sammlung relevanter Dokumente werden nach Myers (2009:159f.) zur Qualitätssicherung bestimmte *Auswahlkriterien* zugrunde gelegt: Es ist sicherzustellen, dass die enthaltenen Informationen echt und einwandfreien Ursprungs (Authentizität), valide und fehlerfrei (Kredibilität), für ihre Art/in ihrem Inhalt typisch (Repräsentativität) und leicht zu verstehen bzw. interpretieren sind (Verständlichkeit). Während letzteres sich meist direkt beurteilen lässt, können die drei erstgenannten Kriterien durch Cross-Checking (Absichern der Informationen eines Dokuments durch mindestens eine weitere Quelle) überprüft werden (vgl. Lee 2012:393). Um in der empirischen Analyse nachvollziehbar zu machen, welche Dokumente ergänzende Hinweise für die Argumente liefern, wird eine *Dokumentenübersicht* (vgl. Appendix L) angefertigt[182]. Sie illustriert, mittels welcher Kriterien Dokumente ausgewählt werden (vgl. Lee 2012:406) und fasst die Art der herangezogenen Dokumente und den mit ihnen erlangten Erkenntnisgewinn zusammen.
Nachdem die entwickelten Regularien und Standards der empirischen Untersuchung erläutert wurden, sollen nun generelle Hinweise zum Auswahlprozess der Fallunternehmen gegeben werden. Im Anschluß wird das theoretische Sampling erläutert, das sich mit der Datenanalyse überlappt und somit bereits ein wichtiges Element der Fallkonstruktion darstellt.

6.3 Fallauswahl: Teilnehmende Unternehmen und theoretisches Sampling

6.3.1 Übersicht über die Fallunternehmen

Auswahlkriterien und Eingrenzung

Als Forschungsobjekte dieser Arbeit wurden Unternehmen der pharmazeutischen Industrie, in der Innovationsfähigkeit besonders gefragt ist, bereits identifiziert und festgelegt (vgl. Kapitel 1 und 4). Nichtsdestotrotz ist die Grundgesamtheit dieser Firmen aufgrund von Unterschieden in Faktoren wie der Größe (bezogen auf Umsatz/Mitarbeiterzahlen) oder der Art ihrer Geschäftsfelder (z.B. Tiergesundheit vs. Humangesundheit, verschreibungspflichtige Medikamente vs. OTC-Präparate, vgl. Appendix A) immer noch sehr heterogen. Damit die ausgewählten Fallunternehmen im Rahmen der Cross-Case-Analyse vergleichbar sind, musste von der Forscherin deshalb noch eine weitere Eingrenzung vorgenommen werden:
Erstens werden nur *Großunternehmen* betrachtet, da sie komplexere Strukturen und Prozesse als kleine bis mittelgroße Unternehmen aufweisen (z.B. Camisón-Zornoza et al. 2004). Nicht selten wird ihnen deswegen eine gewisse „Koordinationsdominanz" (Überbetonen von Koordinations-

181 Für die Analyse von Dokumenten gibt es kein einheitliches methodologisches Vorgehen (Lee 2012:405). Deswegen ist mit dem Begriff der *Dokumentenanalyse* nicht unbedingt eine bestimmte Methodik – wie z.B. bei der qualitativen Inhaltsanalyse von Interviewmaterial (vgl. Teilkapitel 7.1) – gemeint, sondern vielmehr der „mode of access" zu schriftlichem Sekundärmaterial (Wolff 2004:285).

182 Mangels einheitlicher Form der Dokumentenanalyse macht eine *Dokumentenübersicht* gerade bei änderungsanfälligen Internetdokumenten Sinn (vgl. z.B. Myers 2009:158). In dieser Arbeit ist sie relevant, weil die ergänzenden Dokumente *anonym zitiert* werden müssen (vgl. Appendix L). Zum Schutz der Identität der Fallunternehmen wird die Dokumentenübersicht mit Originalquellenangaben nur universitätsintern der Prüfungskommission zur Verfügung gestellt.

aufgaben) und das Verfestigen aktueller Problemlösungsmuster zu Lasten von Veränderungsbereitschaft unterstellt (z.B. Frese 2000:75f.), was zur mangelnden Unterstützung neuer Ideen in der Organisation bzw. einer allgemein geringen Innovationsorientierung führt (z.B. Assink 2006; Dougherty und Hardy 1996). Diese Probleme sind auch bei Big-Pharma Unternehmen bekannt (z.B. Garnier 2008; Gilbert et al. 2003). Aus diesen Gründen sollen nur Pharma-Unternehmen in die Fallauswahl einbezogen werden, die die Größenkriterien des Instituts für Mittelstandsforschung (IfM)[183] überschreiten.

Zweitens werden *Generika-Hersteller*, die Originalpharmazeutika nach Patentablauf mit kostengünstigen Nachahmerpräparaten substituieren können (vgl. Teilkapitel 4.1), von der Fallauswahl ausgeschlossen; sie benötigen keinen FuE-Apparat desselben Ausmaßes wie klassische Pharma-Unternehmen (vgl. z.B. Gassmann et al. 2008:21f.). Deshalb beschränkt sich die Untersuchung auf forschende und entwickelnde Pharma-Unternehmen, die als eigener Industriezweig zu verstehen sind (z.B. Fischer und Breitenbach 2010:23-36; vgl. Teilkapitel 4.1).

Drittens soll wegen der heterogenen Geschäftsfelder diversifizierter Pharma-Unternehmen noch eine letzte Eingrenzung vorgenommen werden – und zwar durch die ausschließliche Betrachtung *verschreibungspflichtiger Medikamente des Segments Humangesundheit* („human health“). Damit wird zum einen das Segment *Tiergesundheit* („animal health“) ausgeschlossen, das sich trotz existierender Synergiepotenziale[184] hinsichtlich FuE, Wettbewerb, Regulierung und nicht zuletzt der Zielgruppe wesentlich von Humangesundheit unterscheidet (z.B. Horspool 2013). Ebenfalls nicht einbezogen wird das Segment der *OTC-Präparate* („consumer health“), die verschreibungsfrei sind und zu denen Naturheilmittel sowie pflanzliche Arzneimittel gehören (vgl. Teilkapitel 4.1). Die Gründe dafür sind, dass der OTC-Markt viel unübersichtlicher ist als der Rx-Markt und völlig andere Rahmenbedingungen aufweist, z.B. bei der Zulassung oder beim Marketing und Vertrieb. Außerdem handelt es sich bei OTCs meistens um unveränderte Nachfolger von Medikamenten, die aus der Verschreibungspflicht entlassen wurden und in dem Sinne um ein Segment, in dem es kaum Innovationen gibt (vgl. z.B. Fischer und Breitenbach 2010:251; Grosshans 2009; Lange 2007; Harms und Drüner 2003:28-31; Kojda 2000). Folglich wird sich die empirische Untersuchung nur auf das Segment der verschreibungspflichtigen Medikamente (Humanmedizin) beziehen, auch wenn die teilnehmenden Fallunternehmen eventuell noch andere Geschäftsfelder des Gesundheitswesens in Form eigenständiger Divisionen (vgl. Appendix A) bedienen. Sofern die Pharma-Firmen nur einen Teilkonzern darstellen, bleibt die Datenerhebung/-analyse ebenfalls auf diesen beschränkt.

---

183 Laut IfM (2013) hat ein *großes Unternehmen* über 500 Mitarbeiter und weist über 50 Millionen Euro Jahresumsatz auf. Diese Definition wird gewählt, da sie strenger ist als die Definition der Europäischen Kommission, die bei gleichem Umsatzvolumen (bzw. alternativ einer Bilanzsumme in Höhe von 43 Millionen Euro) bereits bei über 250 Mitarbeitern von einem Großunternehmen ausgeht (European Commission 2012). Die Konzentration auf Großunternehmen impliziert auch, dass die oft kleineren, reinen Biotech-Unternehmen (z.B. BMBF 2012; Fischer und Breitenbach 2010:28) von der Fallauswahl ausgeschlossen werden (vgl. Kapitel 4.1).

184 Synergien zwischen den Segmenten Tiergesundheit und Humangesundheit können von Pharma-Unternehmen beispielsweise genutzt werden, indem sich neue Erkenntnisse der Humanmedizin zur Nutzung bestimmter Wirkstoffe auf das Tier übertragen lassen (Horspool 2013).

Ablauf des Auswahlprozesses

Nach erfolgter Eingrenzung der Auswahlkriterien galt es, einen Kontakt zu interessanten pharmazeutischen Unternehmen aufzunehmen. Allerdings stellt das Erlangen des Zugangs eine große Schwierigkeit bei Feldstudien dar, weil die angesprochenen Unternehmensmitglieder z.B. wegen fehlender Kapazitäten, unternehmenspolitischer Datenschutzpflichten oder Befürchtung negativer Ergebnisse und damit verbundener Imageschäden geneigt sind, den Großteil von Anfragen abzulehnen. Bereits bestehende Kontakte als Gatekeeper sind eine oft gewählte Möglichkeit, diese Barrieren dennoch zu überwinden (z.B. Saunders 2012; Myers 2009:78-81; Diefenbach 2008:880; Langley und Royer 2006:88f.; Merkens 2004:166f.). Leider blieben Versuche der Forscherin, bestehende Kontakte zu Beschäftigten in großen Pharma-Unternehmen als Zugang zu nutzen, erfolglos – da die Anfragen nicht an die FuE weitergeleitet werden konnten. Darum begann der eigentliche Auswahlprozess mit der Suche nach neuen Kontakten im Kreis der ausgewählten Unternehmen, indem das Adressregister des VfA (2011a:54-56, 2009:54-56), Angaben in Broschüren und Präsentationen der Firmen sowie das Business Netzwerk XING genutzt wurden.

Insgesamt wurden Ansprechpartner in 71 Pharma-Unternehmen mit Hauptsitz innerhalb oder außerhalb Deutschlands identifiziert und kontaktiert: Sofern ihre Kontaktdaten bekannt waren, wurden Leiter/-innen in den Bereichen FuE und Innovationsmanagement persönlich angeschrieben, da sie als *Kerninformanten*[185] über den größten Wissens- und Erfahrungsschatz als auch die notwendigen Entscheidungskompetenzen im untersuchten Forschungsgebiet verfügen (z.B. Myers 2009:79; Merkens 2004:168f.). Andernfalls wurde versucht, diesen Personenkreis mittels Schneeballprinzip über Pressestellen, Bereichssekretariate oder Personalabteilungen zu erreichen. Anschreiben wurden per E-Mail versendet und informierten die Empfänger über das Forschungsinteresse, die Zielgruppe, den Zeitaufwand und Ablauf; zudem wurden darin der vertrauliche Umgang mit sensiblen Daten und die Bereitschaft zum Schutz der Unternehmensidentität zugesichert. Die eingangs geschilderten Zugangsschwierigkeiten[186] erwiesen sich bei den Pharma-Unternehmen als besonders massiv, da nach Rückfragen per E-Mail und Telefon sich nur sieben Unternehmen zur Durchführung von Interviews bereit erklärten.

---

[185] Die Arbeit mit *Kerninformanten* ist Bestandteil einiger der in Kapitel 3 analysierten Studien zur Innovationsfähigkeit (z.B. Lisboa et al. 2011; Menguc und Auh 2010; Subramaniam und Youndt 2005) sowie wichtiger empirischer Untersuchungen zu Innovations- und Organisationsproblemen (z.B. Gatignon et al. 2002; Hansen 2002), auch bezogen auf die Pharma-Industrie (z.B. Cardinal 2001). Merkens (2004:169) zählt neben den oben genannten Vorzügen ebenso kommunikative Fähigkeiten sowie die Zeit und Bereitschaft zur Mitwirkung an wissenschaftlichen Studien zu Eigenschaften von Kerninformanten.

[186] Auch Absagen können aufschlussreich für die Untersuchung sein, wenn sich eine Systematik erkennen lässt (Merkens 2004:166). Neben den Fällen, in denen eine Antwort ausblieb, kristallisierten sich hier zwei wesentliche Gründe für den verwehrten Zugang heraus: Einerseits gab es Verbote in den Unternehmensrichtlinien, Interviews (vor allem zu FuE-Themen) mit Externen zu führen – was demonstriert, dass die FuE in Pharma-Firmen ein erfolgskritischer, hochsensibler Bereich ist. Andererseits konnten Ansprechpartner im Inland (meist aus Marketing/Vertrieb, Öffentlichkeitsarbeit oder Personalwesen) mangels Berührungspunkten zu den im Ausland ansässigen FuE-Bereichen keinen Kontakt zu Kerninformanten herstellen. Das deutet auf eine eher geringe Vernetzung zwischen FuE und anderen Funktionen hin.

Teilnehmende Fallunternehmen und geführte Interviews

Ein erster Überblick über die Fallunternehmen und die geführten Interviews – Detailinformationen folgen in der Single-Case-Analyse – ist in Tabelle 10 dargestellt. Alle Interviewees bestanden auf die Anonymisierung der erhobenen Daten, weshalb *Pseudonyme* anstelle der Unternehmensnamen gewählt wurden. Zum Schutz der Personen- und Unternehmensidentitäten dürfen auch zu eindeutige Informationen[187] wie Personennamen, Markennamen der Medikamente und die konkreten Standorte nicht angegeben werden (vgl. Appendix C). Das erfordert auch eine gewisse Vorsicht beim Einbeziehen *ergänzender Dokumente* wie Artikel aus der Fachpresse, die deswegen *anonym zitiert* und in einer Dokumentenübersicht[188] (vgl. Appendix L) mit groben Angaben zu Inhalt und Art administriert werden.

Wie Tabelle 10 zeigt, sind die Interviewees als *Kerninformanten* (vgl. Myers 2009:79; Merkens 2004:168f.) zu betrachten, da sie zum Zeitpunkt der Interviews leitende Positionen in der FuE bzw. im Innovationsmanagement ihrer Unternehmen einnahmen und/oder über umfangreiche Erfahrungen in dem Bereich verfügen. Ziel der Forscherin war, pro Unternehmen mindestens zwei Kerninformanten zu interviewen, um durch deren unterschiedliche Perspektiven die Validität des Beweismaterials zu stärken und Bias einzuschränken[189] (vgl. z.B. Cardinal 2001:25). Oft war es über *Einzelinterviews* möglich, mittels Schneeballprinzip über den ersten Gesprächspartner Zugang zu weiteren Kerninformanten zu erlangen; in anderen Fällen wurden zwei Gesprächspartner in einem *Gruppeninterview* gemeinsam eingebunden.

Zur *Vorbereitung* auf die Interviews diente der Forscherin neben dem Interviewleitfaden (vgl. Appendix B) die Recherche nach aktuellen Informationen zu den Unternehmen – z.B. Presseberichte über aktuelle Innovationsprobleme – um diese ggf. im Gespräch vertiefen zu können (vgl. z.B. Saunders 2012:37). Sofern verfügbar, war auch das vorherige Sichten von Hinweisen zur Organisation der Unternehmen hilfreich, um das Interview gezielter zu führen. Die Interviews wurden in deutscher oder englischer Sprache entweder *persönlich oder telefonisch* geführt, da bei Telefoninterviews gegenüber Face-to-Face Interviews weder Informationsverluste oder Qualitätsunterschiede befürchtet werden müssen (Sturges und Hanrahan 2004).

---

187 Da das Recht der Fallstudienpartner auf *Vertraulichkeit* der Informationen ein zu wahrender ethischer Forschungsgrundsatz ist (vgl. Langley und Royer 2006:89f.), verzichtet die Autorin auf das Ausweisen von zu unternehmensspezifischen Angaben (z.B. konkrete Umsatzzahlen, besondere Ereignisse, Details zur Geschäftsführung etc.). Zudem wird geprüft, dass die Art der angegebenen Informationen tatsächlich keine Rückschlüsse auf die Unternehmensidentität erlaubt.

188 Die *Dokumentenübersicht* (Appendix L) enthält Angaben zu den im Rahmen der Fallkonstruktion verwendeten Quellen (anonymisierte Zitation, Art, Inhalt). Zum Schutz der Identität der Fallunternehmen werden Originalquellenangaben nur für den universitätsinternen Bedarf der Prüfungskommission zur Verfügung gestellt.

189 Selbst bei „Single Key Informants" ist die Gefahr des Bias vernachlässigbar, sofern sie aufgrund ihrer Position in der Organisation ein Problem umfassend beleuchten können – wie es bei FuE-Managern zur Untersuchung von Innovationsfragen der Fall ist (z.B. Gatignon et al. 2002:1120). Somit ist nicht die Anzahl an Interviews, sondern deren Inhalt ausschlaggebend für die Qualität des Beweismaterials (Diefenbach 2008:882f.).

Unternehmen (Pseudonym)	Kerngeschäft* (Therapiegebiete)	Mitarbeiter*	FuE-Intensität* (FuE-Investitionen in % vom Umsatz)	Interviews	Interviewees und Position**
Agon	z.B. Entzündungskrankheiten, Schmerzen	1000 – 5000	25%	3 Einzel-interviews	**AG1:** HR-Leiter, u.a. zuständig für FuE **AG2:** Leiter vorklinische FuE **AG3:** Vizepräsident/Leiter des Gesamt-FuE-Bereichs
Calum	z.B. Atemwege, Entzündungs-krankheiten, Infektionen, Herz-Kreislauf, Magen-Darm, Neurologie, Onkologie	55.000 – 60.000	16%	3 Einzel-interviews	**CA1:** Vizepräsident Geschäftsstrategie an einem Standort **CA2:** HR-Leiterin eines Standorts **CA3:** Vizepräsident FuE/Innovation eines Standorts
Filion* **	z.B. Hämatologie, Herz-Kreislauf, Hautkrankheiten, Infektionen, Immunologie, Magen-Darm, Neurologie, Onkologie, Schmerzen	30.000 – 35.000	21%	3 Einzel-interviews	**FI1:** HR-Managerin eines Standorts, langjährige Leitungs-erfahrung im FuE-Bereich **FI2:** Vizepräsident FuE eines Standorts **FI3:** Leiter des Venture Centers an einem Standort
Salux* **	z.B. Entzündungskrankheiten, Herz-Kreislauf/Stoffwechsel, Hormontherapie, Onkologie	15.000 – 20.000	21%	1 Gruppen-interview	**SA1/1:** HR-Managerin für FuE an einem Standort **SA1/2:** Leiter Innovationsmanagement an einem Standort, langjährige FuE-Erfahrung
Tinus	z.B. Diabetes, Hämatologie, Hormontherapie	30.000 – 35.000	15%	2 Einzel-interviews	**TI1:** Leiter Innovationsstrategie **TI2:** Vizepräsident FuE für ein Therapiegebiet
Vinas	z.B. Atemwege, Herz-Kreislauf/ Stoffwechsel, Immunologie, Infektionen, Neurologie, Onkologie	40.000 – 45.000	19%	1 Gruppen-interview, 1 Einzel-interview	**VI1/1:** Vizepräsident Forschung **VI1/2:** Leiterin Unternehmens-/FuE-Kommunikation **VI2:** Leiter Innovationsmanagement an einem Standort
Lorbis (entfällt)	z.B. Atemwege, Onkologie, Schmerzen	< 1000	?	1 Einzel-interview	**LO1:** Leiter eines FuE-Teilbereichs

Legende: *Quellen: Geschäftsberichte 2011 (Agon 2012a; Calum 2012a; Filion 2012a; Salux 2012a; Tinus 2012a; Vinas 2012a); die Mitarbeiterzahl von Filion basiert mangels Angaben im Geschäftsbericht auf der Aussage eines Interviewees aus dem Unternehmen. Zum Schutz der Unternehmensidentität werden Mitarbeiterzahlen nur innerhalb von Intervallen angegeben, die FuE-Intensität wurde auf Nachkommastellen auf- bzw. abgerundet. **Zum Schutz der Identität der Interviewees werden keine konkreten unternehmensspezifischen Positionsbezeichnungen verwendet, sondern im Wortlaut abgewandelte (aber inhaltlich identische) Bezeichnungen. ***Bei Filion und Salux handelt es sich um Teilkonzerne; alle dem Geschäftsbericht entnommenen Angaben beziehen sich auf den jeweiligen Teilkonzern.

Tabelle 10: Teilnehmende Fallunternehmen (Quelle: eigene Darstellung)

Bei Einverständnis der Gesprächspartner wurden die Interviews mittels *Audiorekorder* aufgezeichnet und konnten dadurch im Nachhinein vollständig transkribiert werden (vgl. Transkriptionsregeln, Appendix C). Nur ein Interviewee (CA3) lehnte die Aufzeichnung ab; hier wurde unmittelbar nach dem Gespräch anstelle des Transkripts ein ausführliches Interviewprotokoll angefertigt. Die Interviews hatten durchschnittlich eine Dauer von einer Stunde (wobei Gruppeninterviews am längsten dauerten) und insgesamt konnte dadurch in Form der Transkripte sowie des Protokolls umfangreiches Datenmaterial generiert werden. Nach einem ersten *Screening* der verfügbaren Cases (vgl. Yin 2009:91f., 2003:77f.) musste Lorbis (in Tabelle 10 grau unterlegt) trotz Bereitschaft zur Teilnahme an der Untersuchung von der Fallauswahl ausgeschlossen werden. Ursächlich war eine zu geringe Informationsbasis, da weder die Möglichkeit bestand, mit mindestens zwei Kerninformanten aus dem Unternehmen zu sprechen, noch genügend ergänzende Dokumente verfügbar waren.

Die verbleibenden *sechs Fallunternehmen* zählen zu den großen Herstellern pharmazeutischer Arzneimittel und sind alle weltweit tätig. Es handelt sich um ein *multi-nationales Sample*, da drei der untersuchten Firmen ihren Stammsitz in Deutschland haben und jeweils eine Firma ihren Stammsitz in England, Belgien und Dänemark hat. Kulturwissenschaftler wie Hofstede argumentieren, dass Unterschiede in der Landeskultur sich in unterschiedlichen Werten und Einstellungen widerspiegeln, die das Verhalten von Individuen leiten[190] (z.B. Hofstede 1999). Allerdings ist heute im Zuge der Globalisierung zu beobachten, dass Kulturunterschiede zwischen Ländern mit ähnlicher Entwicklung immer geringer werden *(Kulturkonvergenzthese)* und kulturelle Faktoren auf Unternehmen einen wesentlich geringeren Einfluß haben als wirtschaftliche sowie technologische Faktoren (z.B. Savanevičienė und Stark 2008). Unter diesen Umständen gleichen sich internationale Geschäftspraktiken gerade in westlichen Ländern[191] immer mehr an (z.B. Leung et al. 2005:358-361). Für diese Untersuchung entscheidend ist die Studie von Rosenblatt (2011): Sie zeigt, dass sich in multi-nationalen Organisationen, die regulatorischen Zwängen (d.h. bestimmte Verhaltensweisen erfordernde Gesetze und Regeln der Umwelt) unterliegen, globale Wertesysteme und Arbeitspraktiken herausbilden. Da die Pharma-Industrie zu ebendiesen regulierten Branchen gehört (vgl. Kapitel 4) und alle Fallunternehmen weltweit tätig sind, können sie trotz Stammsitz in drei verschiedenen Ländern als vergleichbar betrachtet werden.

Obwohl die in Tabelle 10 angegebenen Daten noch sehr breit sind, ermöglichen sie dem Leser trotzdem eine erste Einschätzung der Fälle: Alle Pharma-Unternehmen besitzen die im Branchenportrait (Kapitel 4) angesprochene hohe *FuE-Intensität*, was auf die zentrale Stellung von FuE-Aktivitäten im Kerngeschäft hinweist. Auffällig ist, dass an der Mitarbeiterzahl gemessen nicht die größten Unternehmen der Studie (Calum, Vinas), sondern eher die kleineren (Agon, Salux)

---

190 Trotz seines wissenschaftlichen Beitrags wird Hofstede heute für ungeeignete Annahmen bei der Konzeption von Nationalkulturen und seinen Kulturdimensionen (z.B. die Erforschung von Landeskulturen auf Ebene des Individuums und anhand von Fragebögen; das Vernachlässigen von Subkulturen innerhalb einer Landeskultur etc.) auch stark kritisiert (z.B. McSweeney 2002).

191 Dahinter steht die Feststellung, dass Globalisierung partiell stattfindet und sich wertebezogene Ländercluster herausgebildet haben. So sind sich z.B. westliche Länder untereinander kulturell sehr ähnlich, sie unterscheiden sich aber nach wie vor von asiatischen Ländern oder Entwicklungsländern (Leung et al. 2005).

am stärksten in die FuE investieren – was auf den ersten Blick nicht zur postulierten Ressourcenstärke besonders großer Unternehmen (z.B. Camisón-Zornoza et al. 2004) passt. Interessant dürfte sein, ob sich ein größerer FuE-Input in Form der getätigten Investitionen auch besonders in der Innovationsfähigkeit i.e.S. als Outputgröße manifestiert. Ein Unterschied im geschäftsbezogenen Sinne ist, dass vier der Fallunternehmen (Calum, Filion, Salux und Vinas) neben verschreibungspflichtigen Medikamenten auch OTC-Produkte anbieten; Vinas besitzt darüber hinaus noch eine Sparte, die sich mit Tiergesundheit beschäftigt. Wie bereits bei den Auswahlkriterien erläutert, sind diese Sparten allerdings von der Untersuchung ausgeschlossen. Betrachtet man die *pharmazeutischen Geschäftsfelder* der Fallunternehmen, so sind auf den ersten Blick alle diversifiziert, da sie mehr als nur ein Therapiegebiet bedienen. Dennoch sind in der Fallauswahl relativ eng aufgestellte Firmen mit nur zwei bis drei Therapiegebieten (Agon, Tinus) als auch breit aufgestellte Firmen mit einer Vielzahl von Theraphiegebieten (z.B. Filion, Calum) enthalten. Beide Strategien können Vorteile als auch Nachteile haben: Ein fokussiertes Portfolio erlaubt Spezialisierungsvorteile, aber eine geringere Risikostreuung; eine breiteres Portfolio betont letzteres, erfordert aber auch das Beherrschen vielfältigster Kompetenzen (z.B. Grant und Nippa 2006:568-582).

Nachdem nun die Fallunternehmen eingeführt und eine Übersicht über das Interviewmaterial gegeben wurde, besteht der nächste Untersuchungsschritt im theoretischen Sampling.

6.3.2 Theoretisches Sampling anhand der Innovationsfähigkeit i.e.S.

Wie bereits in Kapitel 5 umfassend erläutert, ermöglicht das theoretische Sampling eine zweckgeleitete anstelle einer rein zufälligen Fallauswahl und überlappt sich mit der Datenanalyse. Bei multiplen Fallstudien soll es im Sinne einer *Replikationslogik* sicherstellen, dass die einzelnen Fälle jeweils einen Beitrag zur Elaboration der Theorie leisten. Dazu dürfen die ausgewählten Fälle einander nicht zu ähnlich sein, sondern müssen eine gewisse *Datenvielfalt* widerspiegeln: Indem kontrastierende – z.B. typische vs. extreme und/oder ein Konstrukt bestätigende vs. abweichende – Fälle einbezogen werden, können verschiedene theoretische Ausprägungen illustriert und erklärt werden (z.B. Saunders 2012:41-43; Yin 2009:54-56; Eisenhardt und Graebner 2007:25-27; Flick 2007:28f.; Merkens 2004:167-170; Yin 2003:47-50; Miles und Huberman 1994:28f.; Eisenhardt 1989:537). Damit richtet sich die Anzahl der notwendigen Cases[192] nach der theoretischen Bandbreite, die abgedeckt werden soll, und hängt von der Wahrnehmung einer theoretischen Sättigung durch die Forscherin ab (z.B. Bryman 2004:334; Merkens 2004:168f.; Yin 2003:51).

Da Kerngegenstand der empirischen Untersuchung das Klären der Frage ist, inwiefern organisatorische Charakteristika des FuE-Bereiches die Innovationsfähigkeit (i.e.S./i.w.S.) von Pharma-Unternehmen beeinflussen, müssen sehr innovationsfähige und weniger innovationsfähige Unternehmen miteinander verglichen werden. Als Kriterium des theoretischen Samplings bietet sich deswegen *die Innovationsfähigkeit i.e.S.* an, die sich im Gegensatz zur Innovationsfähigkeit i.w.S.

---

[192] Nichtsdestotrotz betrachtet Yin (2009:54-62, 2003:47-54) für einen Forschungsansatz mit multiplen Fallstudien zwei bis zehn Fälle als groben Richtwert.

relativ einfach operationalisieren lässt. Wie in Teilkapitel 6.2 geschildert, wird dafür ein eigener gemischter Indikator entwickelt – was generell Sinn macht, da sich Innovationen als komplexe Outputgröße anhand nur einer Dimension kaum ganzheitlich beurteilen lassen (vgl. Adams et al. 2006:22; Hagedoorn und Cloodt 2003). Der hier gewählte Indikator für die Innovationsfähigkeit i.e.S. setzt sich aus der *aktuellen Innovationsleistung (Teilindikator 1)* und aus dem *zukünftigen Innovationspotenzial (Teilindikator 2)* der Fallunternehmen zusammen. Beide Teilindikatoren wurden im Rahmen des Pilotinterviews mit der Vertreterin des VfA auch als geeignet erachtet (VfA1/50-66). Ihre Erhebung wird nun näher erläutert.

Teilindikator 1: Aktuelle Innovationsleistung (Produktinnovationen der letzten 5 Jahre)

Die aktuelle Innovationsleistung der Fallunternehmen wird auf Basis der von ihnen generierten *Produktinnovationen* eingeschätzt, wobei dem Kontinuitätskriterium der Innovationsfähigkeit i.e.S. ein entsprechend *mehrjähriger Zeitraum* betrachtet wird. Als Hauptdatenquelle werden hierfür die Jahresabschlussberichte der zwei weltweit größten Zulassungsbehörden EMA und FDA der letzten fünf dokumentierten Jahre (2007-2011)[193] herangezogen. Gemäß Empfehlung der VfA-Expertin im Rahmen der Pilotstudie (VfA1/64-66) sind die folgenden Schritte unternommen worden:

1.) Die *Reporte* der Zulassungsbehörden wurden nach neu zugelassenen Medikamenten der Fallunternehmen (inklusive relevanter Tochtergesellschaften) durchsucht und im Falle unverständlicher bzw. unvollständiger[194] Angaben mit den Einträgen der *Zulassungsdatenbanken* (vgl. Appendizes D, E) abgeglichen. Von der EMA wurden die Annual Reports inklusive Annexes bzw. Performance Reports (z.B. EMA 2012a,b) herangezogen, von der FDA wurden die Berichte des CDER (z.B. FDA 2011c,d,e) und CBER (z.B. FDA 2012e) verwendet.

2.) Die erhobenen Daten zu den Neuzulassungen wurden in eine Datentabelle eingepflegt und anschließend hinsichtlich des *Neuheitsgrads (radikal versus inkrementell)* analysiert. Hilfreich dabei sind die eigenen Klassifikationen der Zulassungsbehörden: Bei der *EMA* können zum einen die als *„New Active Substance"* (NAS) eingestuften Medikamente als radikale Produktinnovationen verstanden werden, da sie „(...) stand-alone applications for substances never previously authorised in the EU" darstellen. Dazu gehören sowohl gänzlich neue

193 Die Betrachtung eines Zeitraums von fünf Jahren erscheint aufgrund der langen Dauer des pharmazeutischen FuE-Prozesses (vgl. Teilkapitel 4.2) angemessen. Da die Jahresabschlussberichte der EMA und FDA aber teilweise erst gegen Mitte des Folgejahres veröffentlicht bzw. später noch aktualisiert werden (z.B. EMA 2012a,b; FDA 2010a, 2009a), können zum Zeitpunkt der Erstellung dieser Arbeit die Zulassungen des Jahres 2012 noch nicht mit in die Untersuchung einbezogen werden. Zudem stellt die Konzentration auf den europäischen und US-amerikanischen Pharma-Markt eine räumliche Beschränkung der Untersuchung dar. So bleiben Märkte wie Japan, die wegen ihres Wachstums interessant, aber schwer einsehbar sind, unberücksichtigt.

194 Unverständlich können die Angaben sein, wenn es Widersprüche in den Berichten der Zulassungsbehörden gibt, die im Falle der EMA der Grund für das Kontaktieren eines EMA-Experten beim Durchführen der Pilotstudien (Stufe III) waren. Die Widersprüche sind Änderungen im Zulassungsprozess geschuldet und lassen sich in der Regel bei Prüfen der Datenbankeinträge klären. Unvollständig sind die Daten, wenn in den Reporten teilweise wichtige Angaben wie das zulassende Unternehmen (EMA) oder der Markenname des neuen Medikaments (FDA) fehlen – dann können über die Zulassungsdatenbanken mittels Suche nach den Wirkstoffen Ergänzungen vorgenommen werden.

Moleküle chemischen oder biologischen Ursprungs als auch in ihrer Wirkungsweise oder Zusammensetzung neuartige Kombinationen (EMA 2012b:1f.). Zum anderen können laut des im Rahmen der Pilotstudien kontaktierten EMA-Experten auch die sogenannten *„significant innovations"* radikale Innovationen darstellen, falls sie bedeutende Behandlungsalternativen darstellen und/oder auf grundlegend neuen wissenschaftlichen Erkenntnissen oder Technologien basieren (vgl. EMA 2013d). Alle weiteren in den EMA-Berichten ausgewiesenen Klassen von Neuzulassungen stellen hingegen eher inkrementelle Innovationen[195] dar, wie der Ansprechpartner bei der EMA bestätigen konnte. Die *FDA* berichtet jährlich in einem einzelnen Report (z.B. FDA 2011b, 2008b) explizit über *„New Molecular Entities" (NME)* und *„New Biological Approvals"* (auch „New Biologic License Applications"/„New BLA" genannt)[196], die als Pendants zu den NAS der EMA (vgl. EMA 2012b:2) ebenfalls radikale Produktinnovationen sind. Sonstige Neuzulassungen in den USA, die eher inkrementelle Produktinnovationen[197] darstellen, werden allgemein als „Drug and Biologic Approvals", „Biological License Applications" oder separat in den „Efficacy Supplements" ausgewiesen (z.B. FDA 2012e, 2008a,c). Sofern der Neuheitsgrad der Medikamente anhand der Zulassungsberichte der Behörden nicht eingeschätzt werden konnte (z.B. significant innovations, die radikal oder inkrementell neu sein können), wurden sie in den Zulassungsdatenbanken überprüft: Dort kann z.B. eingesehen werden, ob der Hauptwirkstoff bereits zugelassen ist und/oder bereits in einem anderen Medikament verwendet wird – was gegen eine radikale Produktinnovation sprechen würde.

3.) Danach wurde in *ergänzenden Dokumenten* (z.B. Annual Reports/Press Releases der Unternehmen) nach Informationen zu neu zugelassenen Medikamenten gesucht, die nicht in den Reporten der Zulassungsbehörden vorhanden waren. Dieser eher seltene Fall kann z.B.

---

195 Die EMA (z.B. EMA 2013d, 2012b, 2008b) unterscheidet als *inkrementelle Produktinnovationen „Generics"* (Generika, d.h. im Vergleich zu einem Referenzprodukt in Wirkstoffart, Zusammensetzung und Darreichungsform identisches Medikament), *„Biotech/Biosimilars"* (biotechnologische Produkte, die einem Referenzprodukt ähnlich, aber z.B. wegen neuer Rohstoffe oder Verfahren kein Generikum sind), *„Orphans"* (Medikamente für kleine Patientenpopulationen) sowie nicht auf einer NAS basierende *„significant innovations"*. Neben diesen wirkstoffbezogenen Kategorien werden noch zulassungsbezogene Kategorien wie „Mandatory Indication" (neue Medikamente, die pflichtmäßig bei der EMA zugelassen werden müssen), „Article 58 WHO" (Medikamente mit Empfehlung der EMA zur Anwendung in Ländern außerhalb der EU) und „PUMA" (Paediatric Use Marketing Authorization, d.h. erstmalig für Kinder zugelassene Medikamente) vergeben (EMA 2013d, 2012d). Es kann vorkommen, dass ein neues Medikament eine der genannten Zuordnungen (z.B. Orphan) erhält und gleichzeitig als NAS ausgewiesen wird. Im dem Fall wird letzteres gezählt, da für diese Untersuchung der Neuheitsgrad relevant ist.

196 NME sind bislang in noch keiner Form in den USA zugelassene Wirkstoffe (FDA 2012d) und werden häufig als Maß für radikale Innovationen herangezogen; sie sind teilweise auch als „New Chemical Entities" (NCE) bekannt (z.B. Pammolli et al. 2011; Cohen 2005). New BLA, die teilweise auch „New Biological Entities" (NBE) genannt werden, sind ihnen vom Neuheitsgrad her ebenbürtig (z.B. Ernst & Young 2012; Wang und McAuslane 2012; Kaitin und DiMasi 2011; Paul et al. 2010; Lim et al. 2006).

197 Die FDA unterscheidet bei den *inkrementellen Produktinnovationen* z.B. zwischen neuen oder veränderten Indikationsgebieten (d.h. das Medikament wird zur Behandlung zusätzlicher Krankheitsfelder zugelassen), neuen Dosierungsstärken oder veränderten Patientenpopulationen (z.B. Zulassung eines Medikaments auch für Kinder). Ähnlich zur EMA werden neben diesen wirkstoffbezogenen Kategorien noch zulassungsbezogene Kategorien wie Änderungen von Packungsbeilagen oder der Wechsel vom Rx- zum OTC-Medikament unterschieden, die für diese Auswertung aber nicht relevant sind (siehe z.B. FDA 2010b).

auftreten, wenn in der EU ein neues Medikament *dezentral zugelassen* wird; in dem Fall agiert ein EU-Staat als „Reference Member State" (RMS) und erlässt einen nationalen Zulassungsreport, der später von den restlichen EU-Ländern anerkannt wird. Ein anderes Beispiel sind marginale Veränderungen von Medikamenten, die nicht eindeutig in den Zulassungsunterlagen zu finden sind. Sofern zutreffend, wurden diese Daten mit Angaben in weiteren Dokumenten überprüft und ebenfalls mit Quellenangaben in die Datentabelle überführt. In diesen Fällen wurde der Neuheitsgrad durch Recherche der Zulassungshistorie evaluiert.

Unternehmen	Inkrementelle Produktinnovationen	Radikale Produktinnovationen	∑ FuE-Kosten (Mrd. €)*	Mindestanzahl radikaler Produktinnovationen**	Aktuelle Innovationsleistung
Agon	3	2	0,92	1	hoch
Calum	28	6	18,46	14	gering
Filion	33	13	17,68	13	hoch
Salux	8	4	5,76	4	hoch
Tinus	13	1	5,84	4	gering
Vinas	22	3	11,02	8	gering

Legende: *Quellen: Annual Reports (Agon 2012a, 2011a, 2010, 2009a,b; Calum 2012a, 2011a, 2010a, 2009, 2008; Filion 2012a, 2011, 2010a, 2009a, 2008; Salux 2012a, 2011a, 2010a, 2009a, 2008; Tinus 2012a, 2011a, 2010a, 2009, 2008; Vinas 2012a, 2011a, 2010, 2009, 2008a). Für Fallunternehmen, die Finanzdaten in einer anderen Landeswährung (US-$, DKK) angeben, wurde die Umrechnung in Euro auf Basis des durchschnittlichen historischen Wechselkurses (Oanda 2013) für den fünfjährigen Betrachtungszeitraum vorgenommen. **Die Mindestanzahl radikaler Produktinnovationen ergibt sich, indem die kumulierten FuE-Kosten (2007-2011) je Fallunternehmen durch den durchschnittlichen FuE-Kostensatz pro neuer Substanz dividiert werden. Als Kostensatz werden 1,36 Mrd. € (Morgan et al. 2011; Paul et al. 2010; vgl. Appendix G) zugrunde gelegt.

Tabelle 11: Aktuelle Innovationsleistung der Fallunternehmen 2007-2011 (Quelle: eigene Darstellung).

4.) Die vollständige Datenbasis in Form der neuzugelassenen Medikamente und ihrem Neuheitsgrad wurde pro Fallunternehmen analysiert (Details siehe Appendix F/Teilappendizes F.1-F.6) und die jeweilige Anzahl an inkrementellen und radikalen Produktinnovationen im Untersuchungszeitraum ermittelt. Wie die ersten beiden Spalten von Tabelle 11 zeigen, haben alle Fallunternehmen weitaus mehr inkrementelle Produktinnovationen als radikale Produktinnovationen generiert. Ein Blick in die Datenbasis zeigt, warum das der Fall ist: Viele der neuen Medikamente sind *Variationen* eines bereits eingeführten Hauptwirkstoffes. Hat ein Pharma-Unternehmen eine Zulassung für eine radikale Produktinnovation in Form einer komplett neuen Substanz erhalten, so wird versucht, deren Marktreichweite in den Folgejahren zu vergrößern. Das geschieht, indem einer oder mehrere Parameter des ursprünglich zugelassenen Medikaments modifiziert und hierfür eine weitere Zulassung bei den Behörden erwirkt wird. Solche Line Extensions bzw. Maßnahmen des *Life Cycle Managements* sind üblich, um mit vergleichsweise geringem Aufwand[198] die bereits getätigten FuE-Kosten in Milliardenhöhe (vgl. Kapitel 4.2) vor Patentablauf zu amortisieren, generische Konkurrenz länger abzuwehren und neue Investitionen tragen zu können (z.B. Fischer und Breitenbach 2010:250-252; Rusu et al. 2011:431; Ganuza et al. 2009:539f.; Gassmann et al. 2008:52f.; Hong et al. 2005). Typische *inkrementelle Produktinnovationen* der Fallunternehmen (vgl. Teilappendizes F.1-F.6) sind:

- *neue Indikationen*: z.B. Erweiterung der Anwendung des RTP-Medikaments von Calum von der Indikation Schizophrenie auf die Indikation Depressionen
- *neue Dosierungsstärken*: z.B. noch wirkungsstärkeres SSR-Schizophrenie-Medikament von Filion
- *neue Formulierungen*: z.B. Einführen einer Slow Release Variante des ursprünglich als Immediate Release zugelassenen UPT-Schmerzmedikaments von Agon
- *neue Patientenpopulation*: z.B. Genehmigung des ursprünglich für Erwachsene zugelassenen ERN-Medikaments gegen HIV von Filion auch für Kinder/Jugendliche
- *neuartige galenische Formen*: z.B. SSR-Medikament von Filion, das als Tablette und als Lösung erhältlich ist
- *ergänzende Innovationen*: z.B. Entwicklung neuer Injektionspens zur leichteren Verabreichung der Wirkstoffe von Salux (JNF, JTF, TMT)

Radikale Produktinnovationen werden hingegen relativ selten generiert (z.B. neues USM-HIV-Medikament von Salux, neues MRG-Diabetes Medikament von Tinus), wobei Filion hier eine Ausnahme darzustellen scheint. Allerdings muss die absolute Anzahl erbrachter Innovationen noch zur Größe der Fallunternehmen *in Relation* gesetzt werden, um ihre Innovationsleistung vergleichbar zu machen. Als Kriterium werden hierfür die *kumulierten FuE-Investitionen* der Jahre 2007-2011 herangezogen. So lässt sich ein *Sollwert* der mindestens zu erbringenden radikalen Produktinnovationen[199] – die grundlegend für spätere Verfeinerungen in Form der o.g. inkrementellen Produktinnovationen sind – ableiten, indem sie durch den *FuE-Kostensatz* in Höhe von 1,36 Mrd. Euro (Morgan et al. 2011; Paul et al. 2010; zur

[198] Obwohl der Löwenanteil der FuE-Kosten für neue Substanzen anfällt, die alle Phasen des FuE-Prozesses durchlaufen müssen, sind auch Line Extensions – die keinen frühen FuE-Aktivitäten mehr bedürfen – mit Aufwendungen z.B. für zusätzliche klinische Studien verbunden (z.B. VfA 2011b; Gassmann et al. 2008:2f.,60).

[199] Die in Tabelle 11 angegebenen *Mindestanzahlen radikaler Produkinnovationen* pro Fallunternehmen können nur einen Näherungswert darstellen: Idealerweise sollten in die Relation (kumulierte FuE-Kosten je Unternehmen : Ø FuE-Kostensatz pro neuer Substanz) z.B. nur die tatsächlich für radikale Innovationsprojekte angefallenen FuE-Kosten einfließen – doch leider sind solche Angaben nicht verfügbar. Da die Zählergröße somit nicht reduziert werden kann und auch Kosten für inkrementelle Innovationsprojekte enthalten dürfte, macht die Verwendung einer ebenfalls nicht zu gering bemessenen Nennergröße Sinn, um Aufwendungen für das Life-Cycle Management einer Substanz bzw. ihre Line Extensions mit einzukalkulieren. Folglich kann der hier gewählte, zweithöchste FuE-Kostensatz für eine neue Substanz laut Literatur (vgl. Appendix G) als geeignet betrachtet werden. Ebensowenig berücksichtigt werden können Time Lags zwischen FuE-Investitionen und FuE-Outcomes (vgl. z.B. Pammolli et al. 2011:428), da sich entsprechende Zusammenhänge nicht nachverfolgen lassen bzw. die exakte Aufsplittung der FuE-Kosten je Jahr und Zurechnung auf spätere Innovationen nicht möglich ist. Es kann aber argumentiert werden, dass sich dieses Problem aufgrund des mehrjährigen Betrachtungszeitraums sowie dem Einbeziehen des zweiten Teilindikators, mit dem auch das zukünftige Innovationspotenzial der Unternehmen Beachtung findet, relativieren lässt.

Auswahl und Berechnung siehe Appendix G) für eine komplett neue Substanz dividiert werden. Erst jetzt kann die aktuelle Innovationleistung der sechs Fallunternehmen eingeschätzt werden: Es fällt auf, dass nur drei von ihnen (Agon, Filion, Salux) die gemäß ihrer FuE-Investitionen zu erwartende Mindestanzahl radikaler Produktinnovationen generieren konnten und ihre aktuelle Innovationsleistung deshalb als „hoch" bewertet werden kann. Hingegen sind die anderen drei Fallunternehmen in dieser Studie (Calum, Tinus, Vinas) hinter den Erwartungen zurückgeblieben, was zur Einstufung von deren aktueller Innovationsleistung als „gering" führt. Dieses erste Teilergebnis demonstriert, dass die der Pharma-Industrie unterstellten Probleme beim Generieren radikaler Innovationen zumindest teilweise zu bestätigen sind.

Teilindikator 1 der IF i.e.S. widmete sich der *retrospektiven* Beurteilung der Fallunternehmen in Form ihrer bereits erbrachten Innovationsleistung von 2007 bis 2011. Nun sollen die Fälle *prospektiv* untersucht werden, da von ihren Innovationen der Vergangenheit nicht zwangsläufig auf ihre zukünftige Performance geschlossen werden kann. Aus diesem Grund folgt nun die Erhebung des Teilindikators 2 der IF i.e.S. auf Basis von aktuellen FuE-Pipelinedaten.

Teilindikator 2: Zukünftiges Innovationspotenzial (Wirkstoffkandidaten in den Pipelines)

Das zukünftige Innovationspotenzial der Fallunternehmen wird anhand ihrer FuE-Pipeline an Nachwuchsprodukten ermittelt, über die Pharma-Firmen in ihren Annual Reports und unterjährigen Pipelineberichten freiwillig Auskunft geben. Die Untersuchung soll sich auf *Wirkstoffkandidaten ab der klinischen Phase 3* (d.h. ab Testen einer Substanz mit mehreren Tausend Patienten) beschränken, weil Pharma-Unternehmen über diese eher Bericht erstatten als über sehr frühe Kandidaten und da sie aufgrund bereits genommener FuE-Hürden als erfolgsversprechend gelten (vgl. VfA1/50; Grewal et al. 2008:264f.). Im pharmazeutischen FuE-Prozess (vgl. Teilkapitel 4.2) stehen Wirkstoffkandidaten zu diesem Zeitpunkt unmittelbar vor Beantragung der Zulassung, die Grundlage für die Kommerzialisierung ist, und stellen somit *Inventionen* bzw. „Innovationen in spe" dar. Nichtsdestotrotz ist die Analyse von Pipelinedaten aufgrund ihrer höheren Unsicherheit und geringerem Informationsstand aufwendiger als die Analyse von Zulassungsdaten. Daher muss die Pipeline-Analyse der Fallunternehmen über rein quantitative Betrachtungen hinausgehen und sich vor allem mit *qualitativen Aspekten* der Wirkstoffkandidaten (z.B. Art und Erfolgsaussichten) befassen (z.B. Filmore et al. 2004). Folgende Schritte sind im Einzelnen unternommen worden:

1.) Aus den aktuellsten *FuE-Pipelineberichten* der Fallunternehmen wurden die relevanten Wirkstoffkandidaten herausgesucht und in eine Datentabelle eingepflegt. Alle Pipeline-Berichte haben einen vergleichbaren zeitlichen Stand (Mitte bis Ende 2012/Januar 2013) und knüpfen somit unmittelbar an die Datenbasis von Teilindikator 1 (Neuzulassungen 2007-2011)[200] an;

[200] Wie bereits geschildert, konnten bei der Erhebung von Teilindikator 1 der IF i.e.S. nur Zulassungsdaten von 2007 bis 2011 berücksichtigt werden, da die Zulassungsbehörden erst gegen Mitte des Folgejahres ihre Jahresberichte zum Kalenderjahr 2012 erstellen bzw. später noch aktualisieren. Da die Pipelinedaten der betrachteten Fallunternehmen sich aber auf das Jahr 2012 beziehen – und aufgrund der langen FuE-Prozesse unterjährig

falls die Pipelinedaten wie im Fall von Agon älter sind, wird ihr Status zusätzlich in der *Datenbank über klinische Studien* (ClinicalTrials.gov 2013) überprüft. Die für diese Untersuchung relevanten Pipelinekandidaten befinden sich entweder in der letzten Phase der klinischen Studien oder wurden im Jahr 2012 zur Zulassung in der EU oder den USA eingereicht. Um konsistent vorzugehen, werden andere Märkte (z.B. Japan) bei dieser Untersuchung wieder ausgeklammert.

2.) Anschließend wurde der *Neuheitsgrad* der Wirkstoffkandidaten beurteilt, wobei in Anlehnung an die Beurteilungskriterien von EMA und FDA (vgl. Teilindikator 1) eine bislang nicht dagewesene Substanz als radikal neu, Modifikationen von bereits existierenden bzw. als Einzelwirkstoff bereits erfassten Substanzen als inkrementell neu betrachtet werden[201]. Hilfreiche Beurteilungsgrundlagen hierfür sind die angelegte Datenbasis (vgl. Teilappendizes F.1-F.6) über die von 2007 bis 2011 generierten Innovationen der Fallunternehmen sowie die Zulassungsdatenbanken der EMA (2013b) und FDA (2013a,c), da sie Auskunft über bereits zugelassene Wirkstoffe geben und damit die Identifikation inkrementell neuer Pipelinekandidaten unterstützen. Darüber hinaus lässt sich in den Zulassungsdatenbanken nachvollziehen, welche Erstzulassungen momentan diskutiert oder beschlossen werden. Um den Neuheitsgrad und vor allem die Erfolgsaussichten solcher, schon zur Zulassung eingereichter oder sich noch in Phase 3 befindender, unbekannter Wirkstoffkandidaten einzuschätzen, werden ergänzende Hinweise aus Dokumenten der pharmazeutischen Fachpresse verwendet – da z.B. bei völlig neuen Wirkstoffen, die wegen Sicherheitsrisiken keine Chance auf eine Zulassung haben, nicht von zukünftigem Innovationspotenzial gesprochen werden kann.

3.) In der darauf folgenden Auswertung der Datenbasis je Fallunternehmen (vgl. Appendix H/Teilappendizes H.1-H.6) wurde überlegt, inwiefern die späten Pipelinekandidaten in der Zukunft ein *kontinuierliches Innovieren* sicherstellen können. Zur Bewertung der Pipelinequalität wurden die folgenden Bewertungskriterien aus der Literatur herangezogen:
Um in Zukunft mittels Innovationen wettbewerbsfähig sein zu können, sollten Pharma-Unternehmen jedes Jahr eine *Mindestzahl* an grundlegend neuen Substanzen in den späten Phasen der FuE-Pipeline haben. Wissenschaftler argumentieren, dass je nach Wachstumserwartung und Unternehmensgröße eine bis sechs potenzielle NCE/NBE bzw. NAS pro Jahr benötigt werden – einen Wert, den die meisten Pharma-Firmen im Durchschnitt aber weit unterschreiten (vgl. Paul et al. 2010; Gassmann et al. 2008:51-74; Bolten und DeGregorio 2002; Banerjee et al. 2001). Allerdings ist in den zitierten Publikationen die Grenze zwischen den als klein, mittelgroß oder groß eingestuften Pharma-Unternehmen nicht ersichtlich oder beruht auf unterschiedlichen Maßstäben; zudem sind der Forscherin die Wachstumsziele der

---

kaum große Veränderungen zu beobachten sind – knüpfen sie direkt an die Zulassungen von 2011 an und es entstehen keine größeren Lücken in der Datenbasis.

201 Schwierig einzuschätzen sind *Wirkstoffkombinationen*, da sie von den zuständigen Zulassungsbehörden als inkrementell oder radikal neu klassifiziert werden können (z.B. Teilappendix F.6: unterschiedliche EMA- vs. FDA-Bewertung für vergleichbare Kombinationen UMS/AB und UMS/A). Sofern sich Wirkstoffkombinationen in den hier untersuchten Pipelines befinden, sollen sie bei *ausschließlicher* Verwendung bereits zugelassener Wirkstoffe als inkrementell neu, bei Verwenden von *mindestens* einem bislang unbekannten Wirkstoff als neue Kombination – deren Neuheitsgrad zwischen inkrementell und radikal liegen kann – erfasst werden.

Fallunternehmen nicht bekannt. Um dennoch eine Differenzierung der Fälle zu ermöglichen, werden sie erneut nach Höhe ihrer kumulierten *FuE-Investitionen* unterschieden und es soll das absolute Mindestmaß an neuen Substanzen (vgl. Gassmann et al. 2008:51-74; Banerjee et al. 2001:5) angesetzt werden: In ihren Pipelines ab Phase 3 müssen die kleineren Fallunternehmen (Agon, Salux, Tinus) *mindestens eine grundlegend neue Substanz*, die größeren Fallunternehmen (Calum, Filion, Vinas) *mindestens zwei grundlegend neue Substanzen* aufweisen. Wichtig ist, dass diese Substanzen auch erfolgsversprechend im Sinne einer baldigen Aussicht auf Zulassung sind.

Eine gute FuE-Pipeline zeichnet sich durch *Balance* zwischen hochriskanten Wachstumsprojekten und weniger riskanten Optimierungsprojekten aus. Das bedeutet einerseits, dass sie nicht nur radikal neue Wirkstoffkandidaten enthalten sollte, sondern auch inkrementell neue Substanzen in Form geplanter Life Cycle Management-Aktivitäten, Me-Too-Innovationen oder Line Extensions (Blau et al 2004:230f.; Filmore et al. 2004:30). So erklären Gassmann et al. (2008:68) den Erfolg des weltweit größten Pharmakonzerns Pfizer damit, dass das Unternehmen nicht nur sicherstellt genügend radikal neue Substanzen in der FuE-Pipeline zu haben, sondern auch deren kommerziellen Erfolg maximiert – was durch die unter Teilindikator 1 aufgeführten inkrementellen Modifikationen (z.B. neue Indikationen, Dosierungen und Formulierungen von Wirkstoffen) möglich ist. Andererseits werden Pipelinerisiken durch ein ausreichend *breites Portfolio* ausbalanciert: Obwohl eine Fokussierung auf bestimmte Marktsegmente gerade bei kleineren, spezialisierten Pharma-Unternehmen sinnvoll ist, sollten grundsätzlich Wirkstoffe für mehr als nur ein Therapiegebiet entwickelt werden – was eine Priorisierung und ggf. Aufgabe von Neuproduktprojekten während des FuE-Prozesses nicht ausschließt (z.B. Rusu et al. 2011:438f.; Filmore et al. 2004:30). Somit sollen die Pipelines der Fallunternehmen auch hinsichtlich ihrer Balance beurteilt werden, die bei *Existenz radikal als auch inkrementell neuer Wirkstoffkandidaten* sowie dem *Abzielen auf mehr als nur ein Therapiegebiet* zu vermuten ist.

Unternehmen	**∑ FuE-Kosten (Mrd. €)***	**Inkrementell neue Wirkstoffkandidaten****	**Neue Kombinationen****	**Radikal neue Wirkstoffkandidaten****	**Zukünftiges Innovationspotenzial**
Agon	0,92	3	-	-	gering
Calum	18,46	16	2	1	gering
Filion	17,68	24	4	5	hoch
Salux	5,76	2	-	2	hoch
Tinus***	5,84	1	2	3	hoch
Vinas	11,02	5	-	5	hoch

Legende: *Quellen: Annual Reports (vgl. Tabelle 11). **Nur erfolgsversprechende Wirkstoffkandidaten werden berücksichtigt. ***Im Fall von Tinus fehlen zwei mangels Angaben nicht einschätzbare Kandidaten.

Tabelle 12: Zukünftiges Innovationspotenzial der Fallunternehmen (Quelle: eigene Darstellung).

Die Zusammenfassung der Pipeline-Analyse und Einschätzung des zukünftigen Innovationspotenzials der Fallunternehmen ist in Tabelle 12 dargestellt (zur Datenbasis und Auswertung siehe Teilappendizes H.1-H.6). Es wird ersichtlich, dass das zukünftige Innovationspotenzial zweier Unternehmen derzeit als *gering* eingestuft werden muss: *Agon* hat in der späten FuE-Pipeline keine radikal neuen, sondern ausschließlich inkrementell neue Wirkstoffkandidaten; gänzlich neue Substanzen befinden sich derzeit noch in den hochriskanten frühen FuE-Phasen. *Calum* kann trotz der hohen FuE-Aufwendungen nur eine grundlegend neue Substanz in der Pipeline aufweisen, welche aufgrund der Sicherheitsbedenken der FDA zudem nur bedingt erfolgsversprechend ist. Da sie Hauptbestandteil der beiden neuen Kombinationen ist, sind auch diese als eher riskant zu bezeichnen. Auffällig bei Calum sind der derzeitige Fokus auf inkrementelle Nachwuchsprodukte sowie drei radikale Wirkstoffkandidaten, die wegen verfehlter Studienziele in einem relativ späten Stadium aufgegeben werden mussten (vgl. Teilappendix H.2).
Das zukünftige Innovationspotenzial von *Filion*, dessen FuE-Apparat hinsichtlich des Investitionsvolumens ähnlich groß wie der von Calum ist, kann hingegen als *hoch* eingestuft werden: Neben einer Vielzahl inkrementeller Wirkstoffkandidaten hat das Unternehmen fünf grundlegend neue Substanzen für verschiedene Therapiegebiete in der späten FuE-Pipeline, die erfolgreiche Ergebnisse in den späten klinischen Studien erzielen und teilweise sogar als neue Blockbuster gehandelt werden. Zudem dienen sie als Ausgangspunkt für neuartige Kombinationen mit bekannten Wirkstoffen. Interessant bei Filion ist die häufige Kollaboration mit externen Partnern bei der FuE an Pipelinekandidaten. Auch Salux und Tinus, beide mit ähnlich hohem FuE-Investitionsvolumen, weisen ein hohes zukünftiges Innovationspotenzial auf: *Salux* hat trotz kürzlicher Aufgabe zweier radikal neuer Substanzen wegen einer Portfoliostraffung bzw. negativen Studienergebnissen noch zwei weitere neue Wirkstoffe (gegen Krebsarten, die als unterschiedliche Therapiegebiete gelten) mit guten Erfolgsaussichten in der Pipeline. Ähnlicherweise musste *Tinus* einen neuen Wirkstoff in Phase 3 aufgeben, hat aber drei weitere neue Substanzen gegen Hämophilie und Diabetes in der späten Entwicklung. Einer davon ist allerdings wegen Sicherheitsbedenken der FDA – entgegen der Meinung der EMA – nur bedingt erfolgsversprechend. Zu guter Letzt ist *Vinas* ein besonders hohes zukünftiges Innovationspotenzial zu bescheinigen: Trotz Aufgabe einer Substanz und eines investitionsmäßig kleineren FuE-Apparates als Filion hat das Unternehmen ebenso viele radikal neue, erfolgsversprechende Wirkstoffkandidaten in der späten Entwicklung. Zudem scheint die FuE-Pipeline ausbalanciert zu sein, da sie eine identische Zahl inkrementeller Innovationsprojekte enthält und eine Vielzahl von Therapiegebieten bedient.

Zusammenführung der beiden Teilindikatoren

Zur Bestimmung der Innovationsfähigkeit i.e.S. der Fallunternehmen werden die Ergebnisse des besprochenen Teilindikators 1 (aktuelle Innovationsleistung) und Teilindikators 2 (zukünftiges Innovationspotenzial) in Tabelle 13 zusammengeführt: Hohe Innovationsfähigkeit i.e.S. wird nur vergeben, wenn das Fallunternehmen beide Teilindikatoren hoch erfüllt; sofern ein Teilindikator gering und der andere hoch erfüllt ist, wird mittlere Innovationsfähigkeit i.e.S. attestiert. Geringe Innovationsfähigkeit i.e.S. liegt vor, wenn beide Teilindikatoren nur gering erfüllt wurden.

Unternehmen	Teilindikator 1: Aktuelle Innovations-leistung	Teilindikator 2: Zukünftiges Innovations-potenzial	Gesamtbetrachtung: Innovationsfähigkeit i.e.S.*
Agon	hoch	gering	mittel
Calum	gering	gering	gering
Filion	hoch	hoch	hoch
Salux	hoch	hoch	hoch
Tinus	gering	hoch	mittel
Vinas	gering	hoch	mittel

Legende: *Die IF i.e.S. ist hoch (gering), wenn beide Teilindikatoren hoch (gering) ausfallen; die IF i.e.S. ist mittel, falls die Teilindikatoren unterschiedlich ausgeprägt sind.

Tabelle 13: Innovationsfähigkeit i.e.S. der Fallunternehmen (Quelle: eigene Darstellung).

Aus Tabelle 13 wird ersichtlich, dass die ausgewählten Fallunternehmen im ergebnisbezogenen Sinne unterschiedlich innovationsfähig sind: Ein Unternehmen (Calum) hat eine niedrige Innovationsfähigkeit i.e.S., zwei Unternehmen (Filion, Salux) besitzen eine hohe Innovationsfähigkeit i.e.S. und drei Unternehmen (Agon, Tinus, Vinas) sind im mittleren Bereich anzusiedeln. Letztere waren in der Vergangenheit sehr innovativ, lassen aber zukünftiges, radikales Innovationspotenzial vermissen (Agon) oder sie haben trotz weniger radikaler Innovationen in den letzten 5 Jahren gute Zukunftsperspektiven (Tinus, Vinas).

Somit konnte das Ziel des theoretischen Samplings, eine Bandbreite theoretischer Ausprägungen in der Fallauswahl abzudecken, erreicht werden. Aufgrund heterogener Innovationsfähigkeiten i.e.S. der Fallunternehmen bei stellenweise identischen FuE-Investitionen ist die Voraussetzung, dass die einzelnen Fälle jeweils einen eigenen Beitrag zur Theorieelaboration leisten, erfüllt und es soll nun in die detaillierte Fallanalyse eingestiegen werden.

7 Empirische Fallstudien: Innovationsfähigkeit und Charakteristika der FuE-Organisation in pharmazeutischen Unternehmen

In der nun folgenden Analyse des Interviewmaterials soll geklärt werden, inwiefern die im vorherigen Teilkapitel erhobenen, unterschiedlichen Innovationsfähigkeiten i.e.S. der Fallunternehmen auf bestimmte förderliche oder hinderliche Muster ihrer Innovationsfähigkeit i.w.S. sowie auf heterogen ausgeprägte Charakteristika der FuE-Organisation zurückzuführen sind. Zudem soll in den Interviewtranskripten nach Hinweisen zu eventuell existierenden Prozessinnovationen – die aufgrund ihrer Verknüpfung mit den erfassten Produktinnovationen der Fallunternehmen nicht einzeln eruierbar waren – gesucht werden. Vor Beginn der Einzelfallanalyse und der darauf folgenden Cross-Case-Analyse soll zunächst das Vorgehen bei der Untersuchung der Interviewtranskripte in Form der qualitativen Inhaltsanalyse nach Mayring erläutert werden.

7.1 Datenanalyse: Qualitative Inhaltsanalyse des Interviewmaterials

Die Methode der qualitativen Inhaltsanalyse (im Englischen „content analysis") nach Mayring ist ein systematisches Vorgehen zur Untersuchung großer Mengen an Kommunikationsmaterial[202] – hauptsächlich Texten, aber auch Bildern oder Videos – nach vorab definierten Schritten in einer bestimmten Reihenfolge (z.B. Mayring 2010:602, 2004:266f.). Heute sind inhaltsanalytische Verfahren als „state-of-the-art" der qualitativen Forschung anerkannt (z.B. Bluhm et al. 2011:18; Grbich 2007:111-123; Steinke 2007:183) und finden als induktive oder deduktive Varianten[203] in der Innovations- und Organisationsforschung breite Anwendung (z.B. Prahalad 2012; Bakker et al. 2011; Garud et al. 2011; Frost und Morner 2010; Dougherty und Takacs 2004; Ahuja und Carley 1999). Um das vorgestellte Interviewmaterial (vgl. Tabelle 10) strukturiert zu untersuchen, wird auch in dieser Arbeit die qualitative Inhaltsanalyse herangezogen. Die Forscherin folgt dabei Mayring, da er im Vergleich zu pragmatischeren Ansätzen (z.B. Myers 2009:165-180; Grbich 2007:111-123; Miles und Huberman 1994:55-65) bei identischen Grundannahmen und ähnlicher Vorgehensweise ein besonders systematisches, in Einzelschritte zerlegbares Verfahren vorschlägt (vgl. Abbildung 15). Wichtig dabei ist, so Mayring (2008:44f.), das *Anpassen* seiner idealtypischen inhaltsanalytischen Modelle an den Gegenstand der empirischen Untersuchung, da inhaltliche Argumente immer Vorrang vor Verfahrensargumenten hätten. Das regelgeleitete Vorgehen soll einen Analyserahmen bieten, in dem Raum für Vereinfachungen und/oder Präzisierungen der einzelnen Schritte ist. So wurde das in Abbildung 15 dargestellte inhaltsanalytische

---

202 Inhaltsanalysen wurden ursprünglich in den Kommunikationswissenschaften angewendet, um Texte der Massenmedien quantitativ (z.B. mittels Häufigkeits-, Valenz- oder Kontingenzanalysen) zu untersuchen. Unter Einbezug von Erkenntnissen aus verwandten Bereichen wie Hermeneutik, Literaturwissenschaft, qualitativer Sozialforschung sowie Psychologie der Textverarbeitung entwickelte sich daraus später die qualitative Inhaltsanalyse mit dem Bestreben, die wissenschaftliche Interpretation von Texten mittels expliziten Kriterien und Regeln nachvollziehbarer zu machen (Mayring 2010:601f., 2008:24-41, 2005:9f., 2004:266f.).

203 Bei induktiven inhaltsanalytischen Verfahren werden Kategorien aus dem Textmaterial gebildet, während bei deduktiven inhaltsanalytischen Verfahren die Kategorien vorab aus der Theorie entwickelt werden. Je nach Untersuchungszweck, z.B. Zusammenfassen (induktiv) versus Strukturierung (deduktiv) von Textmaterial, sollte das ein oder andere Vorgehen gewählt werden (Mayring 2010:602, 2008:56-59, 2005:10f., 2004:268f.).

Ablaufmodell nach Mayring im Sinne des Forschungsdesigns adaptiert. Im Einzelnen umfasst es die folgenden Arbeitsschritte:

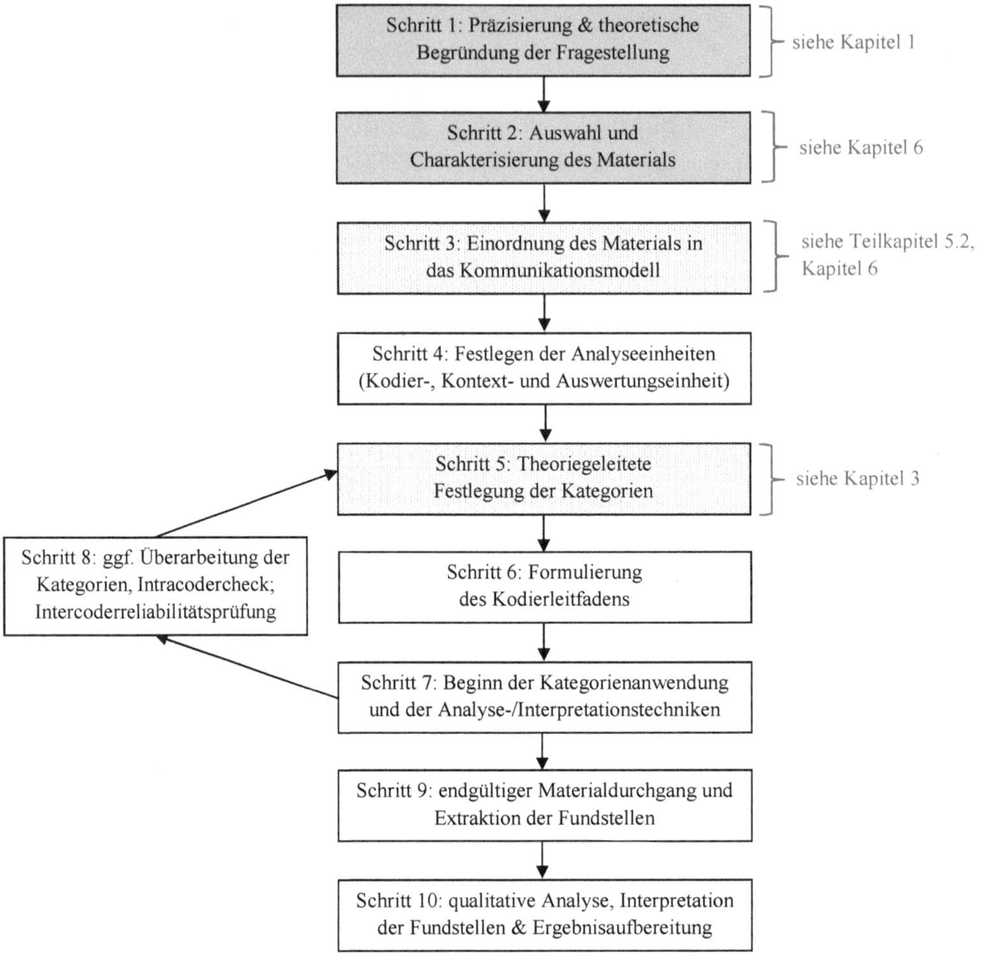

Legende: grau = Schritt bereits abgeschlossen; grau schraffiert = Schritt teilweise abgeschlossen.

Abbildung 15: Ablaufmodell der qualitativen Inhaltsanalyse (Quelle: in Anlehnung an Mayring 2010:605, 2008:84).

Schritt 1 (Präzisierung und Begründung der Fragestellung, vgl. Kapitel 1) und *Schritt 2* (Vorstellung des Materials, vgl. Kapitel 6) sind bereits vollzogen worden und bedürfen deswegen keiner erneuten Erläuterung. Daran knüpft *Schritt 3* in Form der Einordnung des Materials in das sogenannte „Kommunikationsmodell“ an, womit Mayring (2008:42-52, 2005:10) die Einbettung in den Kommunikationszusammenhang (d.h. Hinweise zur Entstehungssituation sowie zur Richtung der Analyse) meint. Dieser Schritt ist zumindest teilweise abgeschlossen, da die Art und Weise der Datenerhebung bereits eingehend geschildert wurde (vgl. Teilkapitel 5.2, Kapitel 6). Es fehlen noch Angaben zur *Richtung der Inhaltsanalyse*, d.h. welche Art von Aussagen auf

Basis des Textmaterials getroffen werden soll. In dieser Untersuchung dienen die Interviewtranskripte keiner personenorientierten Untersuchung, da weder befragte Individuen selbst (z.B. sozio-kulturelle Hintergründe, Handlungsagenden, Emotionen) noch etwaige Kommunikationsbeziehungen im Vordergrund stehen. Vielmehr handelt es sich um eine *gegenstandsorientierte Untersuchung*: Die Forscherin ist an Fakten zu den Charakteristika der FuE-Organisation sowie den Dimensionen der Innovationsfähigkeit i.w.S. interessiert, zu denen die Interviewees als Repräsentanten und Experten der jeweiligen Fallunternehmen Aussagen treffen können[204].

Nach den getroffenen Vorüberlegungen beginnt mit *Schritt 4* die eigentliche Inhaltsanalyse, indem die *Analyseeinheiten* des Interviewmaterials festgelegt werden. Zu unterscheiden ist zwischen der Kodiereinheit und der Kontexteinheit (kleinstmöglich und größtmöglich auswertbarer, zu codierender Textbestandteil) sowie der Auswertungseinheit als Bearbeitungsreihenfolge der Textbestandteile (Mayring 2008:53-55). Hier soll ein Satz die *Kodiereinheit* darstellen, da die Interviews in ebendieser Form transkribiert wurden und die zu analysierenden Fakten[205] transportieren. Die *Kontexteinheit* ist das gesamte Interviewmaterial je Fall, um ggf. mißverständliche Aussagen von Interviewee A (z.B. unternehmensinterner Fachbegriff) durch die Aussagen von Interviewee B desselben Unternehmens explizieren zu können. Als *Auswertungseinheit* wird ein Interviewtranskript verstanden: Für die Einschätzung der Kategorien je Interviewee werden alle Fundstellen seiner bzw. ihrer verschriftlichten Antworten herangezogen, um zunächst konsistente Aussagen pro Person zu erhalten. Im Anschluß daran lassen sich die Fundstellen je Kategorie zwischen den Interviewees vergleichen, um entweder eine einheitliche Meinung oder konfliktäre Auffassungen zu identifizieren.

Im Mittelpunkt der qualitativen Inhaltsanalyse steht mit *Schritt 5* die *Entwicklung der Kategorien* (auch „Codes" genannt), die den Analyseeinheiten eine Bedeutung zuordnen und als zentrale Referenzpunkte der Materialauswertung genau zu definieren sind. Oftmals wird bei der Kategorienkonstruktion theoriegeleitet (deduktiv) vorgegangen, was notwendige Anpassungen und Rücküberprüfungen während der Zuordnung der Kategorien zum Material (Kodieren) nicht ausschließt. So können z.B. neue Kategorien (induktiv) aus dem Material hinzugefügt, Kodierungen wegen veränderter Kategoriendefinitionen angepasst oder Subkategorien wegen neu entdeckter Beziehungen rekonfiguriert werden. Deswegen beinhaltet die Inhaltsanalyse zirkuläre Schleifen und mit Schritt 5 sind beide darauffolgenden Arbeitsschritte unmittelbar verbunden:

In *Schritt 6* wird ein *Kodierleitfaden* entwickelt, der sich aus Kategoriendefinitionen, Ankerbeispielen und eventuell Kodierregeln zusammensetzt. Dieser wird mit *Beginn des Kodierens*[206] in *Schritt 7* sukzessive weiterentwickelt, wobei im Sinne einer regelgeleiteten Interpretation bestimmte Analyse- bzw. Interpretationstechniken (Zusammenfassung, Explikation und/oder Strukturierung) angewendet werden können (Mayring 2010:602-605, 2008:53-89; Miles und

---

204 Wie Mayring (2008:46-52) selbst bei einer ähnlich gegenstandsbezogenen Untersuchung demonstriert, dürfen in dem Fall Angaben zum Kommunikationsmodell kurz gehalten werden.

205 Eine kleinere *Kontexteinheit* (Silbe, Wort oder Wortguppe) kann z.B. bei sprachwissenschaftlichen Erkenntniszielen oder bei der Untersuchung stichpunktartiger Texte (z.B. Meetingprotokolle) sinnvoll sein.

206 Zum Vermeiden eines Data Overload ist nicht das gesamte Textmaterial zu kodieren, sondern es wird sich auf die inhaltlich relevanten Aspekte (Fundstellen) konzentriert (Miles und Huberman 1994:65).

Huberman 1994:56-69). Nach diesem Vorbild stellen hier die theoretischen Vorüberlegungen zur Innovationsfähigkeit i.w.S.[207] sowie zu den Charakteristika der FuE-Organisation (vgl. Kapitel 3) den Ausgangspunkt des Kategoriensystems dar, welches im Sinne der Theorieelaboration (vgl. Vaughan 1992) während des Kodierens weiter verfeinert und um zuvor nicht berücksichtigte Aspekte ergänzt wird. Um den Kodier- und Auswertungsprozess systematischer zu gestalten, wird die Software *MAXQDA* verwendet, mit der Codes aller Fälle tabellarisch miteinander verglichen und je nach Bedeutung gewichtet werden können. Während des Kodierens konzentriert sich die Forscherin auf die *inhaltliche Strukturierung* als wichtigste inhaltsanalytische Technik, indem mittels des konstruierten Kategoriensystems die interessantesten Aspekte aus dem Interviewmaterial herausgefiltert werden. Im Falle un- oder mißverständlicher Aussagen eignet sich zusätzlich die Technik der *Explikatio*n innerhalb der Kontexteinheit, wobei auch das Heranziehen von geeignetem Sekundärmaterial (ergänzende Dokumente) als zulässig erachtet wird (Mayring 2008:56-89, 2004:268f.). Der finale *Kodierleitfaden* der durchgeführten qualitativen Inhaltsanalyse wird in Appendix I dargestellt. Da das Hauptanliegen dieser qualitativen Inhaltsanalyse die inhaltliche Strukturierung des Interviewmaterials und keine skalierende Strukturierung ist, wurden die verwendeten Kategorien bewusst breit gehalten, um die spätere Fallstudienanalyse nicht durch ein unnötig komplexes Kategoriensystem zu verkomplizieren (vgl. Miles und Huberman 1994:64f.). Wie Appendix I demonstriert, wurden dennoch über 40 größtenteils *deduktive* Kategorien gebildet, welche die definierten Themen jeweils inhaltlich – und nicht hinsichtlich der Stärke ihrer Ausprägung – beschreiben. Ein Teil der Kategorien wurde *induktiv* aus dem Material entwickelt, z.B. Sub-Kategorien des theoretisch schwer greifbaren Charakteristikums „Flexibilität der FuE-Organisation“. *Kodierregeln* werden immer dann formuliert, wenn sie zur Abgrenzung der Kategorien[208] untereinander (z.B. „unternehmensexternes Wissen“ versus „externe Kollaboration“) sinnvoll sind (vgl. Mayring 2008:82-99).

Vor der *finalen Kodierung* des Textmaterials und der Extraktion der Fundstellen in *Schritt 9* werden in das inhaltsanalytische Ablaufmodell *Rückkopplungsschleifen (Schritt 8)* eingebaut: Erstens soll die *Intracoderreliabilität* gewährleistet werden, indem nach dem ersten Materialdurchgang ein Teil der Interviewtranskripte erneut kodiert und die Sinnhaftigkeit des Kodierleitfadens überprüft wird; andererseits wird zum Verbessern der *Intercoderreliabilität* wenigstens ein Teil des Materials von einem zweiten, eingewiesenen Kodierer bearbeitet und fehlende Übereinstimmungen zur Erstkodierung der Forscherin diskutiert. Im Fall der Aufdeckung begründeter Inkonsistenzen werden das Material und der Kodierleitfaden erneut überarbeitet (Mayring 2010:603f., 2005:12f.; Miles und Huberman 1994:64).

207 Auch die im Rahmen des theoretischen Samplings bereits ermittelte Innovationsfähigkeit i.e.S. wird im Kategoriensystem berücksichtigt, sofern sich ergänzende Hinweise (z.B. zu Prozessinnovationen) finden lassen.

208 Separate *Kategorien* werden definiert, wenn sie jeweils ein bestimmtes Thema beinhalten. Dennoch können sie sich ein stückweit überschneiden, was aber für den Untersuchungszweck unproblematisch ist: Beispielsweise beschreibt die Subkategorie „Zentralisationsmerkmale“ das *Ausmaß* der Aufgaben- oder Entscheidungskonzentration bei den oberen Leitungsebenen und die Kategorie „Steuerungsmechanismen“ die *inhaltliche Art* der Koordination durch größtenteils zentrale Entscheidungsträger. Beides spricht unterschiedliche, aber miteinander verwandte Teilaspekte (z.B. in einer zentralisierten FuE leichter umsetzbare Steuerungsmechanismen als in einer dezentralisierten FuE) an.

Den finalen *Schritt 10* der Inhaltsanalyse stellt die *Ergebnisaufbereitung* dar, wobei der gewählte Ablauf des Fallstudienansatzes nach Yin (vgl. Abbildung 13) gut zu Mayrings (2008:58-89) Empfehlungen der inhaltlichen Strukturierung passt: Basierend auf den Fundstellen im Interviewmaterial werden zunächst die Fallunternehmen in der *Single-Case-Analyse* vorgestellt, indem Besonderheiten hinsichtlich der Innovationsfähigkeit i.w.S. sowie den Charakteristika der FuE-Organisation verdichtet und erläutert werden. So wird präzisiert, welche Art von Fall die einzelnen pharmazeutischen Unternehmen repräsentieren (vgl. Yin 2009:53-60; Vaughan 1992). Anschließend sollen die Fallunternehmen durch Querbezüge in der *Cross-Case-Analyse* miteinander verglichen und Muster herausgefiltert werden, die einen Erklärungsbeitrag zu der unterschiedlichen Innovationsfähigkeit i.e.S. leisten. Im folgenden Teilkapitel wird mit der Einzelfallanalyse begonnen.

7.2 Einzelfallanalyse (Single-Case-Analyse)

Rückblickend auf Teilkapitel 6.3 erinnern wir uns, dass Innovationsfähigkeit i.e.S. als Kriterium des theoretischen Samplings bereits erhoben wurde und von den untersuchten pharmazeutischen Unternehmen zwei ein hohes (Filion, Salux), drei ein mittleres (Agon, Tinus, Vinas) und eines ein geringes (Calum) Ergebnis erzielen konnten. Mittels Analyse des Interview- und Dokumentenmaterials zu den einzelnen Firmen soll nun geklärt werden, um was für einen Case von Innovationsfähigkeit es sich jeweils handelt: Wie kann die ermittelte Innovationsfähigkeit i.e.S. eines Fallunternehmens durch *Auffälligkeiten* hinsichtlich der Innovationsfähigkeit i.w.S. sowie des Einflußes der FuE-Organisation erklärt werden? Ziel ist also keine erschöpfende Darstellung, von der zur Vermeidung eines Dataoverload sowie großer Redundanzen zur Cross-Case-Analyse abzuraten ist. Vielmehr gilt es, sich mit dem Einzelfall als *„stand-alone entity"* durch Deskription vertraut zu machen (Eisenhardt 1989:540). Durch Konzentration auf Kernthemen wird die jeweilige „Fallgeschichte" aufgedeckt und dabei wichtige Aussagen der befragten Experten sowie weiterführendes Beweismaterial mit der Theorie verknüpft (Eisenhardt und Graebner 2007:29). Somit konzentrieren sich die folgenden Single-Case-Reports auf besonders prägnante[209] Dimensionen der Innovationsfähigkeit i.w.S. oder Charakteristika der FuE-Organisation.

7.2.1 Agon: Schmerzspezialist mit zentralisierter FuE

Agon ist hinsichtlich der Mitarbeiterzahl das kleinste der Pharma-Unternehmen in der Fallauswahl, investiert aber nach dem prozentualen Anteil vom Umsatz am stärksten in FuE-Aktivitäten (vgl. Tabelle 10). Dennoch wurde Agon nur eine mittlere Innovationsfähigkeit i.e.S. attestiert (vgl. Tabelle 13). Das Unternehmen konzentriert sich seit Jahren auf verschreibungspflichtige Schmerzmittel, wobei sich aktuell ein zusätzliches Therapiegebiet im Bereich

[209] Nicht am Fall erläuterte Dimensionen der Innovationsfähigkeit i.w.S. oder Charakteristika der FuE-Organisation deuten nicht auf fehlende Hinweise, sondern auf eine jeweils untergeordnete Relevanz in der Einzelfallanalyse hin. In der späteren Cross-Case-Analyse werden alle Teilkonstrukte pro Fall berücksichtigt und mit den anderen Fällen verglichen.

Inflammation im Aufbau befindet, und ist vor allem auf dem europäischen Markt tätig (Agon 2012a). Hinsichtlich Agons *FuE-Organisation* fällt auf, dass alle Aktivitäten an einem Standort *zentralisiert* werden (AG2/17f.). So können allein schon aufgrund des räumlichen Vorteils selbst komplexe Matrix-Strukturen gelebt (AG1/22) und informale Beziehungen unter den FuE-Mitarbeiter gefördert werden:

> „Und wir haben eine große Chance, wir haben halt diesen einen Campusgedanken hier (...), dass halt die gesamte Forschung sich mehr oder weniger hier auf der Terrasse in der Sonne vor dem Casino treffen können und quatschen können. (...) Wir bauen Gebäude, um Transparenz und Kommunikation zu schaffen. Unsere alten Gebäude, (...) das ist wie in einem Hasenstall, da haben Sie ein $8m^2$ Büro und davon 22 Stück in einer Reihe. (...) Da sitzt also jeder in seinem Hasenkasten vor seinem PC und da ist alles voll mit Literatur (...). Wir bauen ein neues Forumsgebäude, (...) wo wir sagen, genau das lösen wir auf. Wir wollen eine Science Lounge haben, wo sich die Kollegen zum Kaffee zurückziehen können und quatschen können und dabei kommen eigentlich die Gedanken. Deswegen wird es nicht so viel besser, aber es ist zumindest der richtigere Weg, als zu glauben (...) der Forscher sitzt in seinem Kabuff und dann kommt ihm der geniale Einfall. Das ist doch gar nicht so." (AG2/98)

Dementsprechend hat Agon beim *Aufbau und Nutzen seiner organisationalen Wissensbasis (vgl. Dimension 1 der IF i.w.S.)* den Vorteil, dass persönlicher Austausch innerhalb der FuE relativ leicht möglich ist und daraus ggf. Serendipitäten im Sinne ungeplanter Ideen entstehen können. Letzteres kann bei entsprechender Weiterverfolgung und je nach Neuheit der Idee Exploration und Exploitation begünstigen. Besonders an Agon ist auch, dass die frühe FuE als Profit Center, die späte FuE hingegen als Funktion aufgestellt ist. Das bedeutet vereinfacht, dass der Forschung und präklinischen Entwicklung Einnahmen z.B. für Auslizensierungen sowie vertraglich geregelte Meilensteinzahlungen aus Partnerschaften gutgeschrieben werden, während der späte FuE-Teilbereich seine erfüllten Entwicklungs- und Marktvorbereitungsaufgaben der frühen FuE in Rechnung stellt (AG1/4; AG2/4,8,50; AG3/4; Agon 2012c):

> „Was eigentlich eine verrückte Konstruktion ist. Aber die Überlegung war, dass man sozusagen die Benefits, die aus der Forschung herauskommen, auch wieder zurückspielt in die Forschung. Weil normalerweise (...) wird die Forschung als Cost Block gesehen, aber wir haben gesagt, Ja Moment einmal, aber die gesamten Umsätze die dann später erwirtschaftet werden kommen ja aus der Forschung. Also müssen die ja auch die Früchte ihrer Arbeit, ihres Schweißes ernten." (AG2/6)

Das Profit Center signalisiert für die Interviewees ein klares *strategisches Commitment* von Agon gegenüber der FuE als Kernaufgabe und soll zu mehr finanzieller Transparenz sowie einem stärkeren Geschäftsfokus führen (AG3/44,72). Typischerweise gehen Profit Center als „Unternehmen im Unternehmen" zwecks Ermittlung und Sicherstellung des Periodengewinns aber mit notwendiger Kontrolle über die Kosten für Inputfaktoren als auch der Einhaltung von Outputzielen einher (vgl. z.B. Drongelen et al. 2003; Osterloh und Frost 1998:220-222). Wenig überraschend ist daher, dass das von Agon gewählte Konstrukt in einer intensiven *Outputsteuerung* gipfelt, was sich in der intensiven FuE-Kostenplanung und -kontrolle[210], dem komplexen Verrechnungspreismodell zwischen dem frühen und späten FuE-Teilbereich (AG2/8,50,82) sowie

---

[210] Outputsteuerung bezieht sich nicht nur auf erfolgsbasierte Ergebnisgrößen wie z.B. den Umsatz oder den persönlichen Zielerreichungsgrad, sondern auch auf kostenbasierte Ergebnisgrößen (vgl. z.B. Frost et al. 2010b:215-217,235-237,239f.).

den Top-Down über alle FuE-Teilbereiche kaskadierten, aggressiven Zielen (AG2/94,140) widerspiegelt. Herausfordernd für Agon ist dabei, die Effizienz der FuE-Aktivitäten zu gewährleisten, ohne die kreative Forschung durch Steuerungsmaßnahmen einzuschränken oder sogar zu verdrängen (AG2/140) – was das diskutierte paradoxe Verhältnis von *Exploitation und Exploration* zeigt. Der Leiter des frühen FuE-Teilbereiches hält diesen „Spagat" für essenziell:

> „Und für mich stand im Vordergrund, jetzt die Balance so hinzubekommen, dass das Ganze nicht geschäftlich durch die Gewinn- und Verlustrechnung zu stark dominiert wird, sondern dass die Wissenschaft immer noch den ausreichend hohen Stellwert hat gegenüber den rein finanziellen Zahlen. Das ist, was für mich jetzt eine Herausforderung ist, in diesem neuen Setting dafür zu sorgen nicht das Ganze nur finanztechnisch zu sehen, sondern immer noch über die Inhalte zu kommen." (AG3/64)

Das zitierte „neue Setting" bezieht sich auf die beschriebene Art der FuE-Organisation, die aus einer erst kürzlich abgeschlossenen *Reorganisation* resultiert. Sie wird als Grund angeführt, warum das Unternehmen kurzfristig an „Kraftmoment" verloren hat, da sich die Mitarbeiter erst in der komplexen neuen Struktur zurechtfinden und das geforderte Kostenbewusstsein entwickeln müssen (AG2/140-142). Eine *Innovationskultur* ist im Unternehmen deswegen momentan noch nicht greifbar (AG3/64) und braucht ebenso wie die Arbeitsprozesse noch Zeit, um zu reifen:

> „Also wir heißen jetzt schon Agon Innovation und schreiben überall ‚Think Innovation' auf die Folien drauf und so weiter. Nur wir müssen auch das Arbeitsumfeld ändern und das Wesen... Wenn Sie in die Organisation reingehen und die Kollegen so befragen, die sagen Ihnen alle ‚Ja das ist ja alles schön und gut. (...) Ich hab aber gar keine Zeit.' Weil jeder ist natürlich mit seinen zig operativen Aktivitäten im Labor und in den Projektteams so beschäftigt (...). Ziel muss deswegen [sein] gerade die Kollegen, die noch knietief in der Forschung drin stecken, zu entlasten mit administrativen Aufgaben und Dingen, die nicht zu ihrem Kerngeschäft gehören. Das ist für mich persönlich ganz wichtig. Deswegen sage ich oft komm, ich mache den Blödsinn selber, damit ich nicht jemanden anderes noch damit belämmere. Das ist also eine Möglichkeit, um dann halt ein bisschen Freiraum auch zu schaffen. Die brauchen auch Zeit zum Denken, man kann ja nicht irgendwie unter Hochdruck Ideen generieren." (AG2/98)

Das Schaffen von Freiräumen für *Exploration* ist bei Agon also ein wichtiges Thema, wobei AG2 als Leiter der kreativen vorklinischen FuE seine wichtige Rolle als Führungskraft betont. Obwohl Agons FuE-Experten argumentieren, dass Innovationen mit unterschiedlichem Neuheitsgrad und somit explorative als auch exploitative Aktivitäten langfristig wichtig für das Unternehmen sind (AG1/54; AG3/58), wird aus Gründen wie Risikostreuung, der einfachen Realisierbarkeit (AG1/60; AG2/108) oder dem Scheitern von Pionieren in der Substanzentwicklung (AG3/56) öfters auf *inkrementelle Innovationen* hingewiesen. Diese werden von Agon z.B. in Form neuer Formulierungen (vgl. Teilappendix F.1), alternativer Darreichungsformen oder neuer galenischer Formen – wie einem bekannten Antibiotikawirkstoff als Strohhalm für Kinder (AG1/54-56) – entwickelt. Eine zum Zeitpunkt ihrer Markteinführung radikal neue Darreichungsform war Agons „unkaputtbare Tablette", mit der Opiode zur Einschränkung des Medikamentenmissbrauchs verabreicht werden können. Für das Unternehmen ist diese Technologieplattform eine der wichtigsten Innovationen, da sie durch Auslizensierung an externe Partner einen ständigen Einkommensfluß zur Finanzierung neuer FuE-Projekte sichert (AG2/118-120; AG3/50-52,56) – vor allem, falls sie zum Industriestandard erklärt wird (AG1/56). Seit ihrer Etablierung am Markt[211] konnte diese Technologieplattform für weitere Applikationen problemlos verfeinert werden (AG2/136). Damit ist die unkaputtbare Tablette für Agon heute eine weitere Möglichkeit, mittels Verfeinerung der bisherigen Kompetenzen exploitativ zu lernen und relativ einfach Varianten anzubieten. Zudem ist sie ein Beispiel für das umfangreiche Lizenzgeschäft, welches zeigt, wie stark transaktionale Beziehungen zu *externen Partnern* mit Agons Geschäftsmodell verflochten sind (AG2/144; AG3/72).

Zusammenfassend lässt sich festhalten, dass Agons mittlere Innovationsfähigkeit i.e.S. anhand von Herausforderungen in den Dimensionen der Innovationsfähigkeit i.w.S. erklärt werden kann: Erstens wird momentan *Exploitation (vgl. Dimension 3 der IF i.w.S.)* betont, da die FuE-Aktivitäten verstärkt auf inkrementelle Innovationen gelenkt werden und aufgrund der Profit Center-Organisation Effizienz und finanzielle Zielsetzungen im Mittelpunkt stehen. Zweitens wird Innovation noch nicht stark bzw. spürbar genug in der *Kultur (vgl. Dimension 4 der IF i.w.S.)* von Agon betont, da sich die FuE nach der umfassenden Reorganisation noch in der Reorientierungsphase befindet.

7.2.2 Calum: Big Pharma-Player mit funktionalen Silos

Calum ist hinsichtlich der Anzahl seiner Mitarbeiter (vgl. Tabelle 10) das größte Pharma-Unternehmen im Sample, aber weist die geringste Innovationsfähigkeit i.e.S. (vgl. Tabelle 13) auf. Momentan ist der börsennotierte Big Pharma Player, der aus einem „merger of equals“ zweier ehemals eigenständiger Hersteller zum Ausschöpfen von Synergien bzw. Erreichen einer kritischen Marktmasse hervorging (Anonym 2004a; Anonym 2002), in den Schlagzeilen der Wirtschaftspresse: Durch einen *massiven Rationalisierungsprozess* mit organisatorischen Umbaumaßnahmen – inklusive Stellenabbau und Leitungswechsel an der Unternehmensspitze sowie in wichtigen Managementpositionen – will Calum seine Umsatzprobleme wegen auslaufender Patente auf Blockbustermedikamente und der nicht zufriedenstellenden Innovationsleistung[212] in den Griff bekommen (z.B. Market Watch 2013; The Deal Pipeline 2013; Calum 2012c). Damit steht der FuE-Bereich im Mittelpunkt der Transformation von Calum. In dem Zusammenhang wurden *spezialisierte FuE-Kompetenzen* als Felder für Verbesserungen identifiziert (z.B. Fähigkeiten in personalisierten Diagnosemethoden und im Design klinischer Studien) und das Portfolio durch Refokussierung auf aussichtsreiche Therapiegebiete mit großen Patientenpopulationen gestrafft. Zudem soll die FuE-Organisation durch Kombination kleiner spezialisierter Teileinheiten in der frühen FuE mit einer *zentralisierten* Spätentwicklung sowie das Schließen einiger Standorte gleichzeitig flexibler und effizienter werden (Anonym 2012; Calum 2012c, 2011d). Die Agenda des FuE-Veränderungsprozesses demonstriert, dass aus Sicht

---

211 Von der FDA wurden bereits Medikamente von Unternehmen zugelassen, die Agons Technologie der unkaputtbaren Tablette verwenden (Reuters 2012; Medscape Medical News 2011; vgl. auch Teilappendix F.1).

212 Dazu zählen beispielsweise Fehlschläge in den späten FuE-Phasen, d.h. dass kostspielig geförderte Nachwuchssubstanzen in der Pipeline z.B. wegen verwehrter Zulassung oder nicht signifikanten bzw. negativen Ergebnissen in großen Patientenstudien aufgegeben werden mussten (Anonym 2012; Calum 2012c; vgl. auch Teilappendix H.2).

Calums der Schlüssel zu mehr Innovation in der Präzisierung von Fähigkeiten liegt und das Unternehmen trotz seiner Größe den *Dezentralisationsgrad* der FuE-Aufgaben zum Ausnutzen von Synergiepotenzialen reduziert. In den Interviews wurden neben der Notwendigkeit der „Verschlankung" weitere Argumente für die Transformation der FuE-Standorte genannt:

> „Wir haben dort sehr viel verändert im Hinblick, dass wir viele neue Leute da rein geholt haben, also dass wir gesagt haben, (...) ein wesentlicher Erfolgsfaktor könnte für uns sein, dass wir hier einfach nochmal die *Mannschaft auffrischen*. Das heißt (...) bedingt durch diese langen, langen Phasen bis ein Produkt zur Reife gelangt, hat man natürlich im Bereich Forschung und Entwicklung in der Regel lange Zugehörigkeitszeiten von Mitarbeitern zum Unternehmen (...). Und gleichzeitig ist natürlich dann immer die Gefahr da, (...) dass man sich *mental einrichtet*, dass vielleicht die *Innovationskraft nachlässt*, dass man die eigenen Dinge vielleicht weniger in Frage stellt. (...). Jetzt war (...) eine Überlegung zu sagen, lasst uns dort auch die Mannschaft auffrischen, auch bewusst Leute quer aus anderen Unternehmen holen (...)." (CA2/26; eigene Hervorhebung)

Demzufolge will Calum durch *größere organisatorische Veränderungen* das Stammpersonal nicht nur aus Effizienzgründen reduzieren, sondern sich dadurch auch *externes Wissen* über neue Mitarbeiter aneignen – was allerdings mit dem Verlust von individuellen, nicht organisational verankerten taziten Fähigkeiten einhergehen kann (vgl. z.B. Coff 1997; Kogut und Zander 1992). Ebenso die Humanressourcen des Unternehmens betrifft das *Kulturwandelprogramm* als weiterer Bestandteil des Transformationsprozesses von Calum, der zu mehr Innovation führen soll. Es entstand aus der Erkenntnis, dass es den Organisationsmitgliedern an *strategischer Orientierung* mangelte und soll ein für neue Ideen offeneres, kreatives Klima und einen partizipativeren Führungsstil etablieren. Dafür werden z.B. Steuerungsgruppen an den lokalen Standorten als „Horchposten" eingesetzt, Trainings angeboten, neue Führungskräfte rekrutiert und Kulturaudits zum Nachvollziehen der bislang erzielten Fortschritte genutzt (CA2/28; CA3/40,56-58; Anonym 2012; Calum 2012c). Alle diese Maßnahmen sind der *Inputsteuerung* zuzuordnen, die formal z.B. durch Auswahl und Schulung des Personals, aber auch informal durch den Versuch der Herausbildung gemeinsamer Routinen erfolgen kann. Letztere Variante nimmt aber viel Zeit in Anspruch und ist wesentlich weniger beeinflussbar (vgl. Frost et al. 2010b:209-212; Cardinal 2001). Calums Kulturwandelprogramm stützt sich außerdem auf die Weiterentwicklung des *Anreizsystems*, das auf extrinsischen Anreizen wie Aufbau eines Karrieresystems für Wissenschaftler oder ausgelobten Auszeichnungen für Innovationen im Unternehmen basiert (Calum 2011d). Zwei Aspekte, die Kern der neuen Kultur werden sollen, können aus Sicht der Interviewees bislang aber noch nicht bestätigt werden: Erstens soll die „Kulturreise" (CA2/28) zu einer stärkeren Zusammenarbeit der Organisationsmitglieder ungeachtet von Bereichs- und Unternehmensgrenzen führen, um internen und externen Austausch von Wissen zu fördern (Calum 2013b, 2012a; Anonym 2012). Hinsichtlich der Kollaboration über funktionale Bereichsgrenzen hinweg wird die Situation momentan aber wie folgt eingeschätzt:

> „Wenn Sie jetzt sozusagen fragen, welche Rückkopplungen gibt es denn dennoch in die internationale Organisation, dann gibt es (...) weniger sozusagen (...) zwischen diesen drei *funktionalen Einheiten*, die wir eingangs benannt haben. Also Forschung und Entwicklung, Produktion, Marketing und Sales, da gibt es leider wenig Austausch zwischen diesen drei funktionalen Bereichen. Die werden also jeweils sozusagen gemessen innerhalb ihrer *eigenen Logiken*." (CA2/30; eigene Hervorhebung)

Es gibt also nach wie vor Probleme hinsichtlich der *cross-funktionalen Kollaboration*, da Calums Produktion und Marketing & Sales – obwohl beide Funktionen gerade in den letzten Phasen des Innovationsprozesses wichtig sind – kaum bzw. erst zu spät Berührungspunkte mit der FuE haben (CA1/12,22,59f.,89f.). In einer solchen Situation spricht man von *funktionalen Silos*, zwischen denen keine Kommunikation stattfinden kann und die seit langem als Problem von Big Pharma gelten (z.B. Garnier 2008; Sundgren et al. 2005). Hier können sie einen Erklärungsbeitrag zur bislang geringen Innovationsfähigkeit i.e.S. von Calum[213] liefern, da ohne entsprechendes *Verknüpfungswissen* (vgl. z.B. Nonaka 1994) zwischen den Funktionen die Belange außerhalb des eigenen Zuständigkeitsbereiches nur schwer verstanden werden können (vgl. z.B. Dombrowski et al. 2007; Johannessen et al. 1997). Im schlimmsten Fall werden funktionsübergreifende Probleme ignoriert, suboptimale Produkte entwickelt oder Innovationsaktivitäten verzögert. Zweitens sollen durch Calums Kulturwandelprogramm auch Wege zum Generieren von Ideen im Gesamtunternehmen aufgezeigt werden (Anonym 2012). Bislang gibt es aber offensichtlich noch Nachholbedarf, da das Unternehmen laut eines Interviewees noch keine *unternehmensweite Innovationsinitiative* besitzt:

> „Es gibt ja so Firmen, die haben so richtig Innovationsprozesse, wo es so Ausschreibungen gibt, wo jeder was machen kann und was einschicken kann, so eine richtig schöne Competition und dann gibt es Preise (…)… Das haben wir irgendwie eigentlich eher nicht, es ist zum einen der großen Heterogenität geschuldet (…). Wobei, ich vermisse es nur eingeschränkt, weil es nützt mir nichts, wenn jemand dann kommt und sagt, wir brauchen unbedingt was weiß ich, drei Bruchrillen in der Tablette anstatt von einer, aus irgendwelchen Gründen, wo ich genau weiß, das geht nicht oder das kann man nicht machen oder so. Ich brauche dann ja wirklich auch irgendwo Ideen mit einer gewissen Traktion (…).“ (CA1/74)

Dieses Zitat zeigt, dass nicht nur bei der kulturellen, sondern auch bei der strategischen Betonung der Relevanz von Innovation noch Spielraum bei Calum besteht. Als Zwischenfazit ist festzuhalten, dass die geringe Innovationsfähigkeit i.e.S. von Calum durch Defizite in mindestens zwei Dimensionen der Innovationsfähigkeit i.w.S. in Verbindung mit bestimmten organisatorischen Bedingungen erklärt werden kann: Die schwach ausgeprägte cross-funktionale Kollaboration beeinträchtigt das *Verknüpfungswissen* als wichtigen Bestandteil der organisationalen Wissensbasis *(vgl. Dimension 1 der IF i.w.S)* und das umfassende Transformationsprogramm zeigt, dass Innovation in der *Strategie und Kultur* des Unternehmens noch stärker betont werden muss *(Dimension 4 der IF i.w.S)*. Der Kulturwandelprozess ist aufwendig, da Unternehmenskulturen immer ein stückweit organisch gewachsen und somit nicht komplett steuerbar sind (vgl. z.B. Dombrowski et al. 2007; Schein 1990).

Darüber hinaus konzentriert sich Calum momentan auf die Lernstrategie der *Exploitation (vgl. Dimension 3 der IF i.w.S.)*, was die Vielzahl der generierten bzw. geplanten inkrementellen Innovationen reflektiert (vgl. Teilappendizes F.2, H.2). Ein Interviewee führt Calums‘ Fokus auf Produktverfeinerungen auf die schlechten Marktaussichten zurück:

213 Laut jüngsten Berichten steht das Schließen der bislang existierenden funktionalen Silos auch auf der Agenda des Transformationsprogramms von Calum. So ist z.B. das Einrichten von *Schnittstellenpositionen* zwischen Marketing & Sales und FuE sowie eine stärkere Verknüpfung beider Aufgabenbereiche in gemeinsamen Centern geplant (Calum 2013b; The Deal Pipeline 2013).

„Wenn man sich jetzt die Forschungs- und Entwicklungssituation anguckt weltweit, dann hatten wir früher die Situation, dass wir im Grunde viele, viele Blockbuster aus der eigenen Forschung und Entwicklung (...) auf den Markt gebracht haben. (...) Nun ist es aber so, dass die Märkte auf jeden Fall in der westlichen Hemisphäre extrem gesättigt sind mit Medikationen zu den großen (...) Diseases, die Alterskrankheiten wie Diabetes, Herz-Kreislauf, Atemwegsgeschichten und dergleichen. Das heißt, (...) da haben auch die anderen großen Pharma-Unternehmen jetzt nicht die Knüller in der Pipeline." (CA2/20)

Dennoch gestehen andere befragte Experten Calums den *Bedarf an radikalen Neuheiten* ein (CA3/54). Laut CA1 braucht es „(...) komplett neue Ansätze, um eben aus dieser Schaffenskrise da rauszukommen" (CA1/92), weil in der Pharmaindustrie heute komplett neue Medikamente mit nachweisbarem Zusatznutzen eher zugelassen und mit einem attraktiven Verkaufspreis versehen werden (CA1/6,26,70,84). Er betont, dass zum Generieren echter Neuprodukte gegen komplexe Krankheiten wie Alzheimer auch *Prozessinnovationen* (z.B. Diagnose- und Behandlungsmöglichkeiten auf Basis von Nanotechnologie) benötigt werden (CA1/92) und das klassische pharmazeutische Geschäftsmodell (z.B. durch Kollaboration mit Krankenkassen) zu verbreitern ist (CA1/56-58). Demzufolge ist die Notwendigkeit der Lernstrategie Exploration bei Calum bekannt, wird aber durch den *Selbstverstärkungseffekt der Exploitation* (vgl. Lavie et al. 2010) verdrängt, der sich z.B. im dominanten Effizienzziel des Transformationsprozesses (CA3/48) und dem strengen Budgetmanagement (CA3/30) widerspiegelt. Das Verdrängen von Exploration ist bei Calum auch ein stückweit historisch gewachsen, da eine den Anteilseignerinteressen geschuldete Wertorientierung (Anonym 2004a) und die zu geringe Anerkennung von kreativen Einzelleistungen (Anonym 2004b) bereits in wissenschaftlichen Fallstudien dargestellt wurden.

7.2.3 Filion: Internes FuE-Netzwerk mit externen Partnen

Filion ist hinsichtlich der Mitarbeiterzahl eines der größeren Unternehmen im Sample (vgl. Tabelle 10) und weist eine hoch ausgeprägte Innovationsfähigkeit i.e.S. auf (vgl. Tabelle 13). Als eigenständige Pharma-Sparte[214] gehört Filion zu einem international tätigen Konzern, der auch Medizintechnik und Gesundheits-/Pflegeprodukte aus dem Konsumgüterbereich herstellt (Filion 2012a) und schon immer sehr dezentral aufgestellt ist: Einerseits gliederte man aus dem organisch wachsenden Geschäft immer wieder Spin-Offs aus, sobald die betroffenen Einheiten kommerziell eigenständig waren; andererseits wurden sehr viele Akquisitionen getätigt, wobei die eingekauften Businesses trotz Aufgabe der rechtlichen Selbstständigkeit weiterhin autonom operieren durften (Anonym 1986). Auch Filions FuE-Organisation kann als *dezentralisiertes Gebilde* bezeichnet werden, da die Aufgaben sich auf mehrere weltweite FuE-Center verteilen – von denen einige als Hubs die komplette FuE für bestimmte Therapiegebiete ausführen und andere kleinere Standorte sich auf späte FuE-Aktivitäten in bestimmten Regionen konzentrieren (FI1/53f.; FI2/2-4,8,16; FI3/4,8). Dadurch profitiert Filion von *lokalen Lernvorteilen* (vgl. z.B.

[214] Die pharmazeutische Sparte, hier unter dem Namen Filion angeführt, ging aus den frühen Geschäftsaktivitäten der Konzerngründer im Gesundheitswesen hervor und wurde durch zahlreiche Akquisitionen sukzessive erweitert. Den bedeutendsten Zukauf stellte ein ebenfalls gründergeführtes Pharma-Unternehmen dar, aus dem einige Spin-Offs hervorgingen und unter dessen Namen heute viele Tochtergesellschaften angesiedelt sind (Filion 2012a; Anonym 2007; Anonym 1986). Ein Interviewee bezeichnete jenen europäischen Standort deswegen auch als „Mini-Headquarter" der Pharma-Aktivitäten (FI1/36).

Kusunoki et al. 1998; Levinthal und March 1993), weil sich die einzelnen Center objektspezifisch auf bestimmte Krankheitsfelder bzw. räumliche Marktgegebenheiten spezialisieren können. Daneben gibt es Standorte, die als *„Centers of Excellence"* gebündeltes Know-How in bestimmten FuE-Teilfunktionen (z.B. Diagnostik oder Discovery) besitzen und für die restliche FuE-Organisation beratend tätig als auch richtungsweisend sind (FI2/12-19; FI3/14-18). Solche zentralisierten Cluster können bestimmte technologische Fachexpertisen pflegen und ggf. neue Entwicklungen aufgreifen, die standortübergreifend relevant sind (vgl. z.B. Brockhoff 2004).
Neben den genannten Vorteilen hat eine so hochgradig fragmentierte FuE-Organisation aber den Nachteil, dass sich die Aktivitäten der einzelnen Center nur schwierig im Sinne der Gesamtunternehmensziele integrieren lassen. Es sind besondere Koordinationsanstrengungen notwendig, um die Beziehungen der FuE-Standorte untereinander als auch zwischen der FuE und nachgelagerten Funktionen des Innovationsprozesses zu harmonisieren (vgl. z.B. Persaud 2005; DeSanctis et al. 2002; Hill et al. 2000). Laut eines Interviewees wird bei Filion deswegen die *interne Vernetzung* in den Mittelpunkt des FuE-Geschäfts gestellt:

> "Building relationships and building networks I think is by far the most important asset that you need to have within an organization. What I mean by that is that you need to have the networks and the relationships to capabilities and knowledge within your organization so that you can efficiently tap into the competencies when you need them (…)." (FI3/82)

Dabei spielt unter anderem *Selbstabstimmung* eine große Rolle, die themenspezifisch oder fallweise erfolgen kann: So regelt z.B. ein Kommunikations- und Informationsplan, wann bei klinischen Studien Absprachen zwischen der globalen, planenden FuE-Funktion und den lokalen, ausführenden Standorten erfolgen müssen – was im Fall von Unvorhersehbarkeiten oder Detailproblemen auch Ad-Hoc Klärungen nicht ausschließt (FI1/62-64,100-102). Intensiviert werden die FuE-internen Beziehungen durch ein komplexes, *matrixartiges Entscheidungssystem* aus mindestens dualen Berichtslinien (FI1/52,58; FI2/12-14; FI3/22-24). Diese führen z.B. dazu, dass die frühen FuE-Teilbereiche in Form der Therapiegebiete immer der tonangebende, fachfunktionale „Sponsor" bleiben – selbst wenn FuE-Projekte für späte klinische Studien und zur Marktvorbereitung bereits an lokale Standorte übergeben wurden (FI1/60). Insgesamt ist die FuE-interne Kollaboration also sehr stark ausgeprägt. Möglich wird dies auch durch sich zum Teil *überlappende Wissensbasen* der einzelnen Center, da sie z.B. ähnliche Zuständigkeiten für bestimmte Indikationen haben oder weil die „Centers of Excellence" den lokalen FuE-Teilfunktionen mit ihrer Fachexpertise beratend zur Seite stehen (FI2/8; FI3/18). Nicht weniger intensiv ist bei Filion die Kollaboration zwischen FuE und Produktion, die von Anfang an früh zusammenarbeiten (FI1/66), und FuE und Marketing, die sogar strukturell aneinander gekoppelt sind: Zur Vermeidung von siloartigen Strukturen wie im Fall von Calum werden die Therapiegebiete gemeinsam von einem „Scientific Leader" und einem „Commercial Leader" geführt (FI3/6,20,74). Darüber hinaus gibt es „Market Access Teams" als Schnittstellenakteure, um in gesundheitsökonomischen Fragestellungen zwischen beiden Funktionen zu vermitteln bzw. Konflikte zwischen globalen und lokalen Fachfunktionen zu klären (FI1/68-72). Somit werden auch cross-funktional überlappende Wissensbestände geschaffen. Als Zwischenfazit lässt sich festhalten, dass Filion durch starke FuE-interne und cross-funktionale Vernetzung ausreichend *Verknüpfungswissen* schafft, um die einzelnen FuE-Standorte und Funktionen zur Integration ihrer spezialisierten Wissensbestände mit ausreichend absorptiver Kapazität (vgl. z.B. Cohen und Levinthal 1990) auszustatten. So wird der Aufbau und die Pflege der organisationalen Wissensbasis *(Dimension 1 der IF i.w.S.)* erleichtert. Darüber hinaus ist ausgeprägte interne Kollaboration bei Filion sinnvoll, um den schwierigen Übergang von der frühen explorativen FuE in die spätere exploitative FuE durch rechtzeitiges Klären von Streitpunkten zu meistern:

> „Ich sage mal, die TA *[HG: Therapeutic Area]* guckt darauf, wow, neues Molekül, neue Substanz, wow, in welchen wissenschaftlichen Fragestellungen könnte ich das denn alles untersuchen und dann denken die sich ganz viel aus, was wissenschaftlich absolut legitim ist. Und dann kommt die klinische Forschung und muss das Ganze irgendwie umsetzen und stellt dann fest boah, das ist viel zu komplex, das kriegen die Ärzte gar nicht hin, diese 5000 Untersuchungen durchzuführen, das schaffen die weder zeitlich noch personell, noch haben die das Equipment dafür noch das Know-How. Und dann brizzelt es schon mal *[lacht]*, weil die klinische Forschung zurück kommt und sagt ‚Hey, das ist gar nicht machbar was ihr euch da ausgedacht habt.‘ Und dann sagt die TA ‚Ja, aber das ist wichtig, um die Substanz zu entwickeln.‘ Und das ist schon viel Diskussion teilweise um dann einen Mittelweg zu finden.“ (FI1/80)

So ist der schwere Wechsel zwischen Exploration und Exploitation *(Dimension 3 der IF i.w.S.)*, der als *„Transitivitätsproblem“* bekannt ist (vgl. Lavie et al. 2010), trotzdem möglich. Im Gegensatz zu den bereits vorgestellten Fallunternehmen ließ sich in den Interviews feststellen, dass bei Filion vor allem der *Exploration* sehr viel Raum gegeben wird: Als kulturelles Manifesto des Konzerns fordert der Wertekanon[215] von Managern ausdrücklich eine *langfristige Innovationsorientierung,* selbst wenn entgegen kurzfristige monetäre Ziele gehandelt werden muss (FI1/146; Anonym 2001a; Anonym 1986). Folglich lässt sich Filions hohe Innovationsfähigkeit i.e.S. auch auf das Betonen von Innovation in der Unternehmenskultur *(Dimension 4 der IF i.w.S.)* zurückführen. Als Pharma-Sparte des Konzerns kann bei Filion sogar von einer *„Innovationskultur“* gesprochen werden, da sich im Laufe der Unternehmensgeschichte FuE-spezifische Führungsprinzipien zum Fördern von Serendipität und neuen Ideen herausgebildet haben (z.B. Personen- statt Prozessorientierung, kontinuierlich-kritisches Hinterfragen) und bis heute fortgeführt werden (Anonym 2007). Neben der Kultur spielen für explorative Projekte zudem *funktionsübergreifende Innovationsinitiativen* eine große Rolle, um grundlegend neue Problemlösungen (z.B. Business Model Innovation) jenseits langwieriger Entscheidungswege und bürokratischer Regeln der Linie zu finden (FI1/88; FI3/26-30,68-70). Ein Interviewee fasst das explorative FuE-Ziel zusammen:

> “Yeah, our focus in our strategy is (…) not to go for incremental innovations. We are focusing for [sic] *disruptive innovation*. We are just focusing on the unmet medical needs in very difficult complex diseases: Alzheimer, cancer, diabetes et cetera. There where you need to collaborate very strongly with academic and knowledge centers to unravel the basic understanding of the diseases and come up with really value-additive and different shapes of products. (…) So we are not interested in the ‘me-too-game’, so to speak, nor in generics of research.” (FI2/26; eigene Hervorhebung)

---

215 Der *Wertekanon* wurde von den Gründervätern des Konzerns als Entscheidungsrichtlinie auf Basis wichtiger ethischer Grundsätze entwickelt (Anonym 1986). Zudem wurden in Anlehnung an den Wertekanon Führungsgrundsätze formuliert, die trotz hoher Dezentralisation allen Tochtergesellschaften gemeinsame Verhaltensrichtlinien stiften und unternehmensinterne Kollaboration fördern (Anonym 2001a) – und somit der *informalen Inputsteuerung* dienen (vgl. Frost et al. 2010b:208-212).

Aus dem Zitat wird deutlich, dass Filions starke Innovationsfähigkeit i.w.S. ebenfalls mit der *Aneignung von unternehmensexternem Wissen (Dimension 2 der IF i.w.S.)* zusammenhängt (FI2/26-28). Filions dezentrale FuE-Organisation wirkt dabei unterstützend, da die Vielzahl der regionalen FuE-Center einen besseren Zugang zu lokalen externen Partnern erlaubt (FI2/34). Zudem begünstigt die Spezialisierung der FuE-Center in bestimmten FuE-Teildisziplinen die Aufnahmefähigkeit für externes Wissen: Das Center of Excellence in Bereich Diagnostik ist z.B. in der Lage, modernste bildgebende Verfahren externer Experten zu identifizieren, adoptieren und in der gesamten FuE zu diffundieren (FI2/28) – was ebenso wie beim unternehmensinternen Wissenstransfer nur mit entsprechender absorptiver Kapazität möglich ist (vgl. z.B. Hughes und Wareham 2010). Indem die Unternehmensgrenzen für Ideen von außen durchlässig sind, können interne und externe Innovationsaktivitäten wie bei einem evolutionären DNA-Strang aus überlappenden, institutionellen Wissenssphären („Triple Helix", z.B. Etzkowitz und Leydesdorff 2000) miteinander verwoben werden:

> "Within the pharmaceuticals group, the R&D organization is a global organization where we as a strategy (…) try to match the internal innovation with external innovation. And therefore, we have our own internal basic research, early development and late development, but more and more, of course, there is what we call precompetitive and competitive collaboration with third parties. Many times with a system which we called the ***triple helix***, where we have an involvement of industry, government and academia." (FI2/2; eigene Hervorhebung)

Wie die Fallbeschreibung demonstriert, kann Filions hohe Innovationsfähigkeit i.e.S. durch die Berücksichtigung aller vier Dimensionen der IF i.w.S. sowie Einwirkung der geschilderten FuE-Organisation erklärt werden.

7.2.4 Salux: Agile FuE-Organisation und die Anreizproblematik

Salux ist neben Filion das zweite Unternehmen der Fallauswahl, das eine hohe Innovationsfähigkeit i.e.S. (vgl. Tabelle 13) aufweist, allerdings bei weitaus kleinerer mitarbeiterbezogener Größe (vgl. Tabelle 10). Auch Salux verfügt weltweit über mehrere FuE-Standorte (SA1/61) und ist eine eigenständige Pharma-Sparte eines Konzerns, der zusätzlich noch weitere Sparten in den Segmenten OTC-Medikamente, Chemie und Medizintechnik besitzt. Pharmazeutika sind dabei das traditionsreichste Geschäft, das tief mit dem Unternehmensgründer – einem Apotheker – verbunden ist (Anonym 2006). Trotz langjähriger Historie betrachtet der Konzern die Fähigkeit zu *kontinuierlicher Veränderung* als Kern der Unternehmensstrategie, womit einerseits die Exploration neuer Geschäftsfelder und andererseits exploitativ ausgerichtete Veränderungsprozesse gemeint sind (Salux 2012a). Auch im Interview mit FuE-Experten von Salux waren die ständigen *Reorganisationen,* denen sich das Unternehmen im Allgemeinen bzw. der FuE-Bereich im Besonderen unterzieht, ein wesentliches Kernthema (SA1/27-29,35,94). Aktuell wurde gerade eine Restrukturierung der FuE abgeschlossen, um eine agilere, flexiblere und innovativere Organisation zu schaffen. Kern der Veränderung war das Vereinfachen von Entscheidungsprozessen (SA1/86) und die Reorganisation der ehemals stark funktional gegliederten FuE nach dem Proof-of-Concept-Prinzip: Der erstmalige Wirksamkeitsnachweis einer Substanz im Menschen wurde gewählt, um Aufgabenpakete vor bzw. nach diesem Zeitpunkt zu gruppieren und die Forschung/frühe Entwicklung von der Spätentwicklung zu separieren (SA1/41; Salux 2012a, 2011e). So kann man unterschiedlichen Aufgabenanforderungen besser gerecht werden, da in der frühen pharmazeutischen FuE zum Generieren neuer Ideen und Zulassen von Serendipität Freiräume notwendig sind, während die späte Entwicklung sehr regelgetrieben und prozessorientiert ist (vgl. z.B. Paul et al. 2010). Salux' Reorganisation kann so das gleichzeitige Handhaben von Exploration und Exploitation mittels *struktureller Ambidexterität* ermöglichen (vgl. z.B. Lavie et al. 2010). Laut eines Interviewees befindet sich die FuE-Organisation im ständigen Fluss (SA1/94), um den Wechsel zwischen den FuE-Aufgabenpaketen zu harmonisieren:

> „Es ist ja immer eine ex-post Situation in der Industrie, was ist da die beste Organisation, [um] frühe und späte Phasen übereinander zu bringen. Wir haben hier auch schon diverse Organisationsformen durchlaufen, von einer strikten Trennung Präklinik und Klinik über eine Proof-of-Concept-Organisation über eine Organisation wo Research und Development ganz unter einem Dach zusammengefasst sind. Im Moment ist man auf diese Proof-of-Concept bzw. Proof-of-Confidence-Organisation zurückgekommen." (SA1/15)

Im Schnitt alle 18 Monate werden die *Übergabezeitpunkte* in der FuE (SA1/98) immer wieder angepasst, um den Wechsel zwischen Exploration und Exploitation – jeweils in den frühen versus in den späten Phasen dominierend – zu vereinfachen. Einerseits ist dieser häufige Wandel der FuE-Organisation ein Zeichen von *Flexibilität*, da Prozesse und Denkmuster weniger rigide und stets an Umweltveränderungen anpassbar sind; andererseits besteht die Gefahr der *Volatilität*, falls die Teileinheiten mangels stabiler strategischer Bezugspunkte im Chaos versinken (vgl. z.B. Carlisle und McMillan 2006). Salux muss daher ein Mittelmaß zwischen diesen Extrema finden. Die hohe Innovationsfähigkeit i.e.S. (vgl. Teilappendizes F.4, H.4) des Fallunternehmens zeigt, dass es bislang keine Probleme gab, explorative und exploitative FuE-Aktivitäten zu kombinieren. Heute wird aber eher letzteres betont, da die Organisation verschlankt und die Effizienz gesteigert werden soll (Salux 2012a):

> „Trotzdem ist es natürlich bei uns genauso wie in anderen Firmen auch, dass der Output des R&D Engines in der Vergangenheit, dass man damit nicht zufrieden ist. Das muss man auch klar sagen. (...) Deswegen auch der Umbau und die Baustelle... [Der] Output im Vergleich zu den Investitionen hat nicht das gebracht, was es hätte bringen sollen. Und das ist auf Dauer nicht sustainable. (...) Deswegen auch das strategische und organisatorische Veränderungsprogramm." (SA1/146)

Demzufolge ist Effizienz in der FuE momentan ein wichtiges Thema: Im Zuge einer stärkeren *Zentralisation* zum Vermeiden von Doppelspurigkeiten wurde unter anderem ein teurer europäischer FuE-Standort geschlossen und Personal reduziert bzw. realloziert (Handelsblatt 2012). Laut Konzernberichten haben solche Maßnahmen die finanzielle Leistungsstärke bereits maßgeblich gesteigert (Salux 2013c). Dennoch kann die damit verbundene Kurzfristorientierung für Salux problematisch werden, da das Fordern konkreter Erfolge (SA1/124-126) sowie sich nach unten entwickelnde Budgets (SA1/102,106) den Handlungsspielraum der FuE beim Innovieren einschränken und zu Lasten des *Anreizsystems* gehen:

„Was aber, das muss man schon auch sagen, was ein Problem ist, das sag ich auch ganz offen, gerade in so einer Zeit wo Effizienz und Salux‘ strategisches und organisatorisches Veränderungsprogramm eine Rolle spielen, ist, dass das Unternehmen eine Möglichkeit finden muss, Innovatoren entsprechend zu würdigen und zu belohnen. Also da haben wir eine Riesenbaustelle in meinen Augen im Moment.“ (SA1/110)

Aus Sicht des interviewten FuE-Experten scheinen demnach die bislang gewährten monetären und nicht-monetären extrinsischen Anreize (z.B. leistungsabhängige Vergütung und Innovationspreise) noch nicht zu genügen (SA1/117; Salux 2011c). Insbesondere warnt er vor der falschen Ausgestaltung des Anreizsystems durch zu kleinteilige bzw. quantitative Ziele im Rahmen der *Outputsteuerung*. Mit dem folgenden Beispiel zeigt er, warum z.B. die Anzahl an erreichten Entwicklungsbeschlüssen ein ungeeignetes FuE-Ziel ist (SA1/126):

„[I]ch schreibe den Leuten genau vor, ihr müsst so und so viel DP0, DPLO *[HG: Decision Point Zero, Decision Point Lead Optimization]* und so weiter abliefern. Auch das ist kein Problem, machen die! Machen die. Und das führt aber dazu, dass dann Substanzen von einer Phase in die andere geschoben werden, nur um diese Vorlage zu erfüllen. (…) Obwohl es manchmal sogar viel besser wäre, das Team würde noch mal ein halbes Jahr optimieren, um dann eine Substanz zu haben, die in der Klinik wirklich gut ist. Also mit so Vorgaben, da kann ich unheimlich viel Schaden anrichten. Also (…) da hieß es ‚We don‘t want to play the numbers game.‘ Weil man genau das gesehen hat, viele Firmen wo das gemacht wurde, wo das komplett desaströs war. Da wurden zwar Entwicklungskandidaten vorgestellt wie das Brezelbacken, aber ein halbes Jahr, zwei Jahre später war alles tot.“ (SA1/126)

Als anderes Beispiel nennt der Interviewee die Anzahl an Substanzen, mit welcher der Erfolg bei der Neuentdeckung potenzieller Arzneimittelkandidaten in der frühen FuE gemessen werden kann – was aber unter Umständen dazu führt, dass sich Wissenschaftler auf einfach zu synthetisierende Substanzrekombinationen konzentrieren und die eigentliche Forschungsaufgabe ignorieren (SA1/126). Beide Beispiele demonstrieren Salux‘ Sensibilität für das *„Multiple-Tasking Problem*[216]*“* bei komplexen Aufgabenstellungen, von denen sich nicht alle Teilaspekte eindeutig quantifizieren lassen. So kann z.B. der ideale Übergabezeitpunkt eines Wirkstoffs in die nächste FuE-Phase oder die gewünschte Qualität einer zu optimierenden Substanz nicht exakt beziffert werden. Dann neigen extrinsisch motivierte Individuen dazu, sich auf leicht messbare Kennzahlen zu konzentrieren und schlecht messbare, aber eventuell umso wichtigere Zielkriterien zu vernachlässigen (vgl. Frey und Osterloh 2002:35f.; Osterloh und Frost 2000). SA1/2 zieht einen passenden Vergleich:

„Das ist das klassische (…) sozialistische Planwirtschaftsdenken. Ich kenne auch so Geschichten aus der DDR, da wurde denen vorgegeben, sie müssen mit ihrem Traktor (…) 100 mal auf dem Feld hin und her fahren, also wenn ausgesät werden musste. Ja, dann war hinten dieser Säwagen schon längst leer, da fuhr der aber trotzdem noch seine Bahnen ab, um die Vorgaben zu erfüllen *[lacht]*. (…) Das ist eben die Kunst, diese Zielvorgaben, (…) das richtig zu machen.“ (SA1/126)

216 Zu Schwierigkeiten kann auch das hier nicht genannte *„Fuzzy-Tasking Problem“* führen, bei dem mittels quantitativen Vorgaben entlohnte Individuen nicht gewillt sind, über qualitative Veränderungen von Zielsystemen nachzudenken (vgl. Frost 2005:261; Frey und Osterloh 2002:35f.). Dieses Problem könnte sich in der Grundlagenforschung stellen, da Ziele wegen der hohen Unsicherheit hier besonders schwierig zu formulieren, ständig zu präzisieren bzw. zu ändern und teilweise emergent sind.

Um solche verzerrenden Effekte zu umgehen, sind *intrinsische Anreize*[217] notwendig, da sie nicht auf der Zurechenbarkeit individueller Beiträge zur Leistungserstellung beruhen (z.B. Frost 2005:260f.; Osterloh et al. 2001; Prendergast 1999). Intrinsische Anreize für Innovationsaufgaben werden bei Salux vor allem im Rahmen von *Innovationsinitiativen* gewährt, die konzernweit stattfinden. Mitarbeiter können in Workshops freiwillig eigene Ideen zu Business Plänen weiterentwickeln, nach Selektion durch ein internes Public Voting der Geschäftsführung präsentieren und schließlich in finanzierte Projekte umwandeln (SA1/108-110). Solche Workshops fördern die Zusammenarbeit zwischen Salux und den anderen Teilkonzernen (Salux 2011c) und schaffen damit *Verknüpfungswissen*, das das Versanden neuer Ideen zwischen Spartengrenzen verhindert und zur besseren Nutzung der organisationalen Wissensbasis beiträgt (vgl. z.B. Yayavaram und Ahuja 2008). So konnten durch Stärken der konzernweiten *Exploration* bereits einige neue Ideen in radikale Innovationsprojekte überführt und zur Marktreife gebracht werden (SA/108; Salux 2011d).

Es lässt sich resümieren, dass Salux' hohe Innovationsfähigkeit i.e.S. durch das bislang geglückte Balancieren von *Exploration und Exploitation (Dimension 3 der IF i.w.S.)* erklärt werden kann, wozu sicherlich Sensibilität für eine geeignete Gestaltung des Anreizsystems beiträgt. In Zukunft sind aber die Auswirkungen der effizienzgetriebenen Veränderungsmaßnahmen zu beobachten. Zudem gelingt es Salux, durch ein konzernübergreifendes Innovationsprogramm mehr Dialog zwischen eigentlich getrennten Sparten zu schaffen und somit einerseits die *organisationale Wissensbasis (Dimension 1 der IF i.w.S.)* besser zu nutzen und andererseits durch Anerkennen neuer Ideen aller Mitarbeiter (z.B. Salux 2011c) eine *Innovationskultur (vgl. Dimension 4 der IF i.w.S.)* zu etablieren.

7.2.5 Tinus: Geschlossene FuE als „Performance Engine"

Tinus hat eine ähnliche Mitarbeiteranzahl wie Filion (vgl. Tabelle 10), weist aber „nur" eine mittlere Innovationsfähigkeit i.e.S. (vgl. Tabelle 13) auf. Auf den ersten Blick lassen sich einige Parallelen zu Agon feststellen: Tinus ist ebenso eines der strategisch fokussierteren Unternehmen der Fallauswahl, da es sich auf einige wenige Therapiegebiete wie z.B. Diabetes konzentriert (vgl. Tabelle 10), und Technologieplattformen für Produktvariationen (hier z.B. Insulinstifte) verwendet (Tinus 2012a; Anonym 1993). Zudem ist auch Tinus' FuE eher *zentralisiert*, da FuE-Aufgaben größtenteils am Standort der Unternehmenszentrale stattfinden und die Geschäfts- und FuE-Leitung selbst über kleinere Standorte im Ausland nicht ihren Einfluß verliert[218] (TI1/22-24; TI2/6-8,12,15f.; Tinus 2012c). Bei Tinus zeigt sich wieder, dass aufgrund räumlich gebündelter FuE-Aktivitäten die *FuE-interne Kollaboration* intensiviert werden kann:

---

[217] Intrinsische Anreize sind ebenso zum Bewältigen des „Fuzzy-Tasking Problems" notwendig, da sie individuelles Engagement für Ziele über den eigenen Leistungsbeitrag hinaus fördern (z.B. Frost 2005:260).

[218] Damit nimmt der FuE-Bereich eine Sonderposition im Gesamtunternehmen ein, dessen zahlreiche lokale Produktions- und Marketing-/Vertriebseinheiten in aller Welt (Tinus 2012a) eher autonom agieren dürfen (Anonym 2001b). In der FuE muss hingegen für alle Entscheidungen erst eine Genehmigung der Zentrale erfolgen, bevor Ressourcen freigegeben werden (Anonym 2011). Aufgrund der *Technologiespezifität* (z.B. Brockhoff 2004) ist die FuE bei Tinus zentralisiert und speist alle nachgelagerten Bereiche.

> "I mean, this is why you build these own structures that we (...) have in, you know, for example our offices... [We have] open offices to encourage knowledge transfer, discussions and stuff like that. So the environment out here, the physical environment, is *inviting to discuss* and to meet. And that's really where we believe that (...) a lot of the innovation actually comes around, that's when people meet and (...) *serendipitously* they start talking about a subject and then their *ideas pop open*... (...) So I think we have put less effort on have a central electronically available repository. We have some, but that's not (...) mainly how ideas are generated. That's by interacting with people personally most of the time." (TI2/86; eigene Hervorhebung)

Somit vertraut Tinus maßgeblich auf persönliche Interaktion der Organisationsmitglieder untereinander, um seine *organisationale Wissensbasis (Dimension 1 der IF i.w.S.)* aufzubauen, zu nutzen und Austausch anzuregen. Sogar in Tinus' kulturell bedingten[219] Managementrichtlinien ist die Verpflichtung zur funktionsinternen und cross-funktionalen Kollaboration angelegt (Tinus 2009a; Anonym 2001b). Diese Art von Wissensmanagement über Individuen anstelle kodifizierter Inhaltsmedien hat den Vorteil, dass sich immer neue, unstandardisierte Problemlösungen entwickeln lassen und tazites Wissen erschlossen werden kann (vgl. z.B. Seidler-de Alwis und Hartmann 2008; Hansen et al. 1999). Nachteilig kann sein, dass der Wissenstransfer aufwendiger ist und individuelles Wissen – gerade bei temporären Projektstrukturen – eventuell zu wenig in der Organisation verankert wird. Im Fall fehlender interner Kontakte ist es nicht nutzbar und geht mit abwandernden Mitarbeitern verloren (vgl. z.B. Prencipe und Tell 2001; Hage und Hollingsworth 2000). Auch wenn derartige Probleme bei Tinus nicht genannt wurden, sollte stärker auf die Balance von personalisiertem Wissen und kodifiziertem Wissen geachtet werden, da die frühe FuE mit diffusen Problemstellungen zwar auf ersterem beruht (vgl. z.B. Furukawa und Goto 2006; Cardinal und Hatfield 2000:251-253), die späte und strukturiertere FuE aber durch letzteres vereinfacht werden kann (vgl. z.B. Gilsing und Nooteboom 2006). Eine im Sample einzigartige Besonderheit von Tinus ist, dass *externe Kollaborationen* – neben kleineren Einlizensierungen, gelegentlichem Outsourcing oder vereinzelten Research Grants (TI2/36,110) – trotz der für die Pharma-Industrie postulierten Relevanz von Open Innovation (z.B. Subramanian et al. 2011; Hughes und Wareham 2010) kaum eingegangen werden:

> "Actually most of the innovation that we have done at Tinus in fact comes from internal sources (...). [This is] where we are somewhat different from other pharmaceutical firms where most of it or a lot of it actually comes from external sources. (...) If you go to our website and look at how many partners we have (...), then I think in terms of number of partner use we do per employee or per R&D employee [it] is less actually than you see for other companies. They rely much more on external innovation than we are." (TI2/54-56)

[219] Tinus entstand aus der Fusion zweier eigenständiger und unternehmenskulturell sehr verschiedener Insulinhersteller. Im Zuge der Post-Merger-Integration wurden vom neu zusammengesetzten Top-Management Ziele für eine neue, gemeinsame *Unternehmenskultur* entwickelt und diese weltweit von einem Steuerungsteam implementiert (Anonym 2001b). Durch diese Art der *Inputsteuerung* sollten die eher dezentralisierten Tochtergesellschaften (exklusive der FuE) mittels eines gemeinsamen Grundverständnisses für Tinus' Geschäft integriert werden. Noch heute enthält dieser Wertekanon die wesentlichen strategischen Ziele, ethischen Werte und Verhaltensrichtlinien des Unternehmens, an die sich jeder Manager und Mitarbeiter halten muss (Tinus 2012a; TI2/66).

Der Interviewee begründet diese Konzentration auf interne FuE-Ressourcen damit, dass Tinus erstens durch sein langjährig gewachsenes, tiefes Verständnis für Hauptgeschäftsfelder wie Diabetes weniger auf externes Wissen angewiesen war[220] und alle neuen Substanzen selbst entwickeln konnte. Zweitens führt er Tinus‘ „Closed-Innovation-Ansatz“ auf organisch gewachsene, über Jahrzehnte immer weiter verfeinerte Technologieplattformen in Prozessen der Insulinherstellung zurück (TI2/56-58) – was die aufgestellte Annahme, dass Produktinnovationen in Pharma-Unternehmen kaum von Prozessinnovationen zu trennen sind (z.B. Lim et al. 2006; Cohen 2005; vgl. Teilkapitel 4.2), bestätigt. Damit weist das Fallunternehmen einen entscheidenden Nachteil hinsichtlich der *Aneignung von unternehmensexternem Wissen (Dimension 2 der IF i.w.S.)* auf. Er kann einen Erklärungsbeitrag zur mittleren Innovationsfähigkeit i.e.S. von Tinus leisten – denn heute gilt als akzeptiert, dass die sich immer mehr auf Kernkompetenzen konzentrierenden Pharma-Unternehmen bisherige Denkmuster durch Wissenszuflüsse von ebenso spezialisierten Partnern besser brechen und kontinuierlich innovieren können (z.B. Kaitin und DiMasi 2011:184; Allarakhia et al. 2009; Gassmann et al. 2008:68-71; Chesbrough und Appleyard 2007:71f.). Aber Tinus‘ Fokus auf die *Lernstrategie Exploitation (vgl. Dimension 3 der IF i.w.S.)* ist sogar ein noch offensichtlicherer Grund für die „nur“ mittlere Innovationsfähigkeit i.e.S. des Unternehmens:

> “In that sense, Tinus is a (…) *performance engine*. (…) Because (…) all this [is] about, you know, *optimizing the R&D* (…). And the innovation we get in that box or performance engine, that’s (…) new product development within our current business group. And [in] that we are very well structured. Where we have some *challenges* is if we are going *outside our standard ways of thinking*, (…) because our structures, our processes are so well-structured. Which makes a lot of sense, but if you want to make changes (…) in an area, then most of our companies face some challenges in handling that. Because they go outside a standard process, a defined innovation framework into a more user-driven or design-driven innovation framework. And that’s a challenge to handle that.” (TI1/70; eigene Hervorhebung)

Die Motor-Metapher umschreibt, dass Tinus‘ FuE für einen gleichmäßigen, möglichst störungsfreien Antrieb des Geschäfts sorgen soll – was disruptive, radikale Innovationen und die hierfür notwendige Lernstrategie der *Exploration* natürlich erschwert (TI1/110). Deswegen brilliert das Unternehmen im Generieren inkrementeller Innovationen wie z.B. neuen Formulierungen, Kombinationen oder Dosierungen bekannter Wirkstoffe (TI1/98; vgl. Teilappendizes F.5, H.5), was auch auf die ständige Verfeinerung seiner Technologieplattformen (TI2/56) zurückzuführen ist. So war Tinus z.B. der Design-Pionier in der Einführung neuer Insulinstifte, die unkomfortable Insulinpumpen als damaligen Standard am Markt ablösten und heute noch Grundlage einer Vielzahl von „Device Innovationen“ sind (Anonym 1993). Hinzu kommt, dass das Unternehmen Exploitation durch effizienzgetriebene Maßnahmen, z.B. eng kontrollierte Budgets (TI2/36), Lean Management der FuE-Aktivitäten (TI1/136-138; TI2/88-90) und eng gesteuerte Prozesse (TI1/68,150) verstärkt:

---

220 Interessanterweise war die Grundhaltung, ein von Externen unabhängiges Unternehmen zu bleiben, noch Ende der 90er Bestandteil von Tinus‘ Vision (Anonym 2001b). Die vorsichtige Haltung gegenüber Dritten spiegelt sich auch darin wider, dass zwar vereinzelt Kollaborationen mit externen Partnern z.B. zum Zutritt in neue Märkte eingegangen, aber nach Erfüllen ihres Zweckes prompt beendet wurden (Anonym 1993).

> "[W]e use maybe a fraction of a percent of our resources on finding the ideas for a new drug. And then we spent 99 percent or 95 percent of the resources to take that drug through the development process (…), then everything is defined what you need to do. Of course you need to be creative and innovative when you design (…) the clinical trial protocols or (…) when you make the formulation of the product or when you do the marketing and so on… But is that innovation? Or is it just trying to do that task in the smartest way possible?" (TI1//150)

Zusammenfassend lässt sich feststellen, dass Tinus' Einbußen hinsichtlich der Innovationsfähigkeit i.e.S. nicht nur durch Schwächen in der Aneignung von externem Wissen (Dimension 2 der IF i.w.S.), sondern auch anhand der schwachen Exploration neuer Ideen (Dimension 3 der IF i.w.S.) zu erklären sind – obwohl gerade im Geschäftsfeld Diabetes noch viel Raum für radikale Innovationen ist (vgl. z.B. BPI 2012; Nightingale und Mahdi 2012).

7.2.6 Vinas: Offene FuE mit nutzbarem Synergiepotenzial

Vinas ist hinsichtlich der Mitarbeiterzahl nach Calum das zweitgrößte Unternehmen der Fallauswahl (vgl. Tabelle 10) und besitzt eine mittlere Innovationsfähigkeit i.e.S. (vgl. Tabelle 13). Von den untersuchten Fallunternehmen weist dieses das diversifizierteste Portfolio auf, da es neben mehreren Therapiegebieten im Pharma-Segment zusätzlich noch eine OTC- als auch eine Tiergesundheitssparte besitzt (Vinas 2012a). Nach Vinas' Unternehmensleitbild soll versucht werden, in erster Linie organisch zu wachsen (ebd.); Akquisitionen werden deshalb eher zu Marktzugangszwecken getätigt als aus Gründen der FuE, da hier nach Sicht der Interviewees die Kernkompetenz des Unternehmens liegt (VI1/150,197). Allerdings schließt das *externe Kollaborationen* nicht aus, die Vinas in allen FuE-Phasen mit verschiedensten Partnern eingeht. Ziel kann das Stärken aktueller Kompetenzen mittels vertraglich geregelten Maßnahmen wie z.B. Einkauf forschungsunterstützender Leistungen (VI1/144) oder Tausch von Entwicklungskandidaten sein (VI2/14). Öfters geht es aber um das Aneignen komplett neuer Kompetenzen, die wichtig für das Generieren radikal neuer Produkte sind:

> „Die Grundlagenforschung liefert Akademia und vielleicht die ein oder andere Startup Company. Aber das ist nicht unsere primäre Aufgabenstellung, so dass ich sagen würde, *90% unserer Ideen kommen von außen.* Die kommen zum Teil (…) durch sorgfältiges Literaturlesen, aber vieles kommt auch aus Kooperationen mit Universitäten, Hochschulgruppen. Und nur ein kleiner Prozentsatz unserer Projekte ist wirklich vom Beginn an (…) self-originated." (VI1/157; eigene Hervorhebung)

Bei diesen Win-Win-Kooperationen stehen meist nicht transaktionale, sondern *relationale Verträge* zum Austausch von Wissen im Vordergrund: Kleine Partner bzw. Universitäten stellen ihre tiefe Expertise und therapeutische Ideen zur Verfügung, während Vinas die Infrastruktur, breite FuE-Erfahrungen und ein Netzwerk zu „Meinungsbildnern" und Wissenschaftlern beisteuert (VI1/150-154). Zu solch intensiven Beziehungen mit Dritten zählen auch die Unterstützung von Startups in Gebieten, die dem eigenen FuE-Portfolio zuträglich sind, mit Wagniskapital[221] (VI2/24; Vinas 2012a) sowie Kooperationen mit Wettbewerbern, die sich aber auf den

[221] Das Gewähren von *Corporate Venture Capital* kann zu den relationalen Verträgen gezählt werden: Obwohl das große Unternehmen finanzielle/nicht-finanzielle Mittel zum Fördern der kleineren Partei vertraglich zusagt, bleiben konkrete Ergebnisse als Gegenleistung ungewiss und der Vertrag somit unvollständig. Zudem

präkompetitiven Bereich oder gemeinsame Marketing-Aktivitäten beschränken (VI1/139-141; VI2/18). Dementsprechend scheint Vinas keine Probleme mit der *Aneignung von externem Wissen (Dimension 2 der IF i.w.S.)* zu haben.
Aus den Interviews ging ebenfalls hervor, dass bei Vinas anders als bei bereits betrachteten Unternehmen die Lernstrategie der *Exploration (vgl. Dimension 3 der IF i.w.S)* klar im Fokus der FuE steht. Zum einen sucht die FuE neben dem klassischen Life Cycle Management nach „Sprunginnovationen“ anstelle inkrementeller Neuheiten, da diese trotz höheren Risikos von den heute stark nutzenorientierten Gesundheitsbehörden bevorzugt werden (VI1/188-190). Dafür haben die Wissenschaftler in der Forschung Freiheiten zum Experimentieren: Formale Regeln als Elemente der *Verfahrenssteuerung* werden nur für extern regulierte Aufgabenbereiche (z.B. Tierversuche, Qualitätskontrollen) eingesetzt, um Gestaltungsraum für Finden und Weiterentwickeln neuer Ideen zu schaffen (VI1/107f.,113-125) und Projektteams dürfen selbst entscheiden, wie die im Rahmen der *Outputsteuerung* partizipativ vereinbarten Ziele erreicht werden sollen (VI1/100-102,104-107). Zudem erhält die FuE Rückendeckung durch die *Unternehmensstrategie (vgl. Dimension 4 der IF i.w.S.)*, in der echte Innovationen im Sinne neuer biologischer Wirkstoffe und eigens dafür eingerichteten Kompetenzzentren betont werden (Vinas 2012a). Zum anderen besitzt auch Vinas ein unterstützendes *Innovationsmanagement*, das z.B. Trial-und-Error-Lernen in Projekten und Innovationsinitiativen außerhalb der FuE-Linie fördert (VI2/34,36-38):

> „Also dieser *Spielplatz* schafft die Möglichkeit, Konzepte zu testen, Prototypen und etwas auszuprobieren, bevor es in die Produktion geht. Bevor es in den etablierten Prozess geht der Entwicklung und der Implementierung. Also wir sind (...) *außerhalb* der Budgets der jeweiligen *Fachfunktionen*, die uns nämlich auch zu sehr mitreden möchten *[lacht]*. Also wir sind ja die Anlaufstelle für Leute, die etwas ausprobieren wollen in ihrer Funktion über ihre Linie, und über den Linienvorgesetzten nicht weiterkommen. Da wo wir meinen, das könnte Potenzial haben, statten wir diese Idee mit etwas Geld aus und etwas Personal und *probieren es einfach mal aus*.“ (VI2/38; eigene Hervorhebung)

Doch wenn Vinas einen derartigen Rahmen für explorative Aktivitäten schafft, wie lässt sich dann seine „nur“ mittlere Innovationsfähigkeit i.e.S. – die sich aus einer schwächeren retrospektiven Innovationsleistung, aber starkem prospektiven Innovationspotenzial[222] zusammensetzt (vgl. Tabelle 13) – erklären? Ein möglicher Grund kann sein, dass Vinas‘ aktuelle FuE-Kostenbasis bei der Anzahl generierter bzw. geplanter radikaler Produktinnovationen (vgl. Teilappendizes F.6, H.6) zu hoch ist. So lässt sich momentan feststellen, dass Vinas‘ Gewinn trotz sehr guter Marktaussichten und hohen Umsätzen mit erfolgreichen Medikamenten rückläufig ist – wofür unter anderem gestiegene FuE-Investitionen für Nachwuchsprodukte ursächlich sind (Ärzte Zeitung 2013; Manager Magazin 2013). Außerdem finden sich in den Interviews

---

verbessern kollaborativ-intensive, über Transaktionen hinausgehende Beziehungen zwischen Geber und Nehmer des Venture Capitals die Entwicklungsaussichten des geförderten Kleinunternehmens (vgl. z.B. Grandori und Furlotti 2009; Peirone 2007; Carson et al. 2006).

222 Vinas‘ FuE-Experten verwiesen im Interview auf die momentan „proppenvolle Pipeline“ des Unternehmens, die sich in der Anzahl der Neusubstanzprojekte (vgl. Teilappendix H.6) widerspiegelt. Sie signalisiert exzellente Zukunftsaussichten und wurde als wichtigstes Merkmal der Innovationsfähigkeit des Unternehmens erachtet (VI1/195-198).

Hinweise, dass dem Unternehmen ggf. *Autonomiekosten*[223](z.B. Frese et al. 2012:123-126; Frost et al. 2010c:34-39) durch nicht genügend ausgeschöpfte Synergiepotenziale der *dezentralisierten FuE-Standorte* (VI1/14-16,38; Vinas 2011a) entstehen:

> „Und wir versuchen, stärker der Quervernetzung zwischen den Forschungsstandorten Rechnung zu tragen. (...) Das versuchen wir wesentlich stärker voranzutreiben, weil wir eben auch sehen, dass wir uns in unserer Expertise und unserem Erfahrungshintergrund sehr gut ergänzen. Und was vielleicht das deutsche Forschungszentrum nicht weiß, das weiß vielleicht das amerikanische Forschungszentrum und umgekehrt. Insofern... wir versuchen das also viel stärker zusammenzuführen, wir versuchen auch technologische Entwicklungen viel stärker gemeinsam zu evaluieren und dann konsequent voranzubringen." (VI1/169-171)

Vinas scheint also Nachholbedarf hinsichtlich der *internen Kollaboration* zwischen seinen räumlich getrennten FuE-Standorten zu haben, die zwar gemeinsame Projekte über Therapiegebietsgrenzen hinweg bearbeiten sollen, sich bislang in ihren Kompetenzen aber kaum überschneiden (VI1/38,171-173). Demzufolge muss mehr *Vernüpfungswissen* zwischen den spezialisierten FuE-Centern geschaffen werden, um die vorhandene *organisationale Wissensbasis (vgl. Dimension 1 der IF i.w.S.)* besser zu nutzen bzw. gemeinsam weiterzuentwickeln. Vinas' globales Innovationsmanagement arbeitet deshalb momentan an der Prävention bzw. Bekämpfung von FuE-internen als auch funktionalen Silos:

> „Was wir machen ist zum Beispiel ein Innovation Lab zu bauen mit einer Consulting-Firma zusammen, um Projekte durchzuführen, die mehr Research und Konzeptualisierung (...) benötigen. (...) Und in dem Zusammenhang basteln wir halt (...) Teams, die (...) zusammengesetzt sind aus Vertretern von der Consulting-Firma und (...) aus verschiedenen Businessfunktionen beziehungsweise aus den verschiedenen FuE-Abteilungen. (...) Und die Idee ist schon, einen Mix herzustellen um die Leute über den Tellerrand schauen zu lassen. Was bisher leider nicht übermäßig häufig vorkommt. (...) Untereinander sind die Vernetzungen noch nicht stark genug. (...) Aber das ist eben auch eine der großen Schwierigkeiten, die wir haben. Jeder hat viel zu tun, hat wenig Zeit (...) zu schauen, was die anderen machen, das kommt dann eben immer hinten runter." (VI2/26-28)

Somit kann im Fall von Vinas nur eine Dimension der Innovationsfähigkeit i.w.S. identifiziert werden, die Erklärungen für die mittlere Innovationsfähigkeit i.e.S. des Unternehmens liefert und bei deren Verbesserung das Innovationsmanagement eine wichtige Rolle einnimmt.

Mittels der Single-Case-Analyse wurden die Fallgeschichten der sechs untersuchten Pharma-Unternehmen herausgearbeitet und Erklärungen für deren jeweilige Innovationsfähigkeit i.e.S. gesucht, indem Querbezüge zu den Dimensionen der Innovationsfähigkeit i.w.S. und den Charakteristika der FuE-Organisation hergestellt wurden. In der nun folgenden vergleichenden Fallanalyse werden die bislang nur am Einzelfall ersichtlichen Muster verdichtet.

---

[223] *Autonomiekosten* sind Opportunitätskosten, die in dezentralen Organisationen z.B. wegen Doppelspurigkeiten aufgrund vernachlässigter Möglichkeiten der Ressourcenbündelung oder missachteten Aufgabeninterdependenzen zwischen entkoppelten Organisationseinheiten entstehen. Sie sind der Gegenpart zu Abstimmungskosten, die mit dem Ausnutzen von Zentralisationsvorteilen einhergehen (Frost et al. 2010c:36f.).

7.3 Vergleichende Fallanalyse (Cross-Case-Analyse)

Bei der Cross-Case-Analyse wird die Untersuchungsebene des Einzelfalls verlassen, um bisher gewonnene Eindrücke über alle Fälle hinweg zu verdichten und robustere Aussagen zu treffen. In dem Zusammenhang hilft die Technik des *Pattern Matching* beim Entdecken genereller Muster, indem das gesamte Datenmaterial aller Fälle anhand vorab erarbeiteter theoretischer Kernfaktoren verglichen und darauf basierend Ähnlichkeiten bzw. Unterschiede aufgezeigt werden. Übergreifendes Ziel ist das Entwickeln einer *Replikationslogik*: Es sollen Beziehungen aufgedeckt werden, die sich idealerweise über mehrere Fälle erstrecken (Eisenhardt und Graebner 2007:30; Miles und Huberman 1994:208). Dieser Schritt ist notwendig, um nach abgeschlossener Cross-Case-Analyse theoretische Erklärungen liefern und entsprechende Propositionen ableiten zu können (Buchanan 2012:362f.; Yin 2009:54-56,136-144; Eisenhardt und Graebner 2007:29f.; Eisenhardt 1989:540-545). Hier wird deswegen die erarbeitete theoretische Basis zu den Dimensionen der Innovationsfähigkeit i.w.S. sowie den Charakteristika der FuE-Organisation zum Vergleich der sechs Fälle genutzt, um folgende Frage zu beantworten: Wie kann die Innovationsfähigkeit i.e.S. aller Fallunternehmen durch die Dimensionen der Innovationsfähigkeit i.w.S. erklärt und auf bestimmte Vorteile oder Nachteile der gewählten FuE-Organisation zurückgeführt werden? Die Forscherin nutzt dabei umfangreiche Auswertungstabellen (vgl. Yin 2009:156-160; Miles und Huberman 1994:207f.) "(...) to stay within spatial constraints while also conveying both the emergent theory that is the research objective and the rich empirical evidence that supports the theory" (Eisenhardt und Graebner 2007:29).

Begonnen wird mit Ergänzungen zur Innovationsfähigkeit i.e.S. (vgl. Teilkapitel 3.2.1), die zwar als Kriterium des theoretischen Samplings (vgl. Teilkapitel 6.3.2) ermittelt wurde, zu der sich in den Interviews aber aufschlussreiche Hinweise bezüglich der Relevanz von *Prozessinnovationen* finden. Alsdann werden die Fallunternehmen hinsichtlich ihrer Ausprägungen in den Charakteristika der FuE-Organisation sowie den Dimensionen der Innovationsfähigkeit i.w.S. miteinander verglichen, die in der vorangegangenen Einzelfallanalyse jeweils nur selektiv betrachtet wurden. Begonnen wird mit der *FuE-Organisation* (vgl. Teilkapitel 3.3.2), da im Fallvergleich zunächst ein Verständnis für Gemeinsamkeiten und Unterschiede dieses auf Innovationsziele ausgerichteten „Focusing Device“ (vgl. Nooteboom et al. 2007:154; Nooteboom 2000b:917) erlangt werden muss. Im nächsten Schritt folgt die Cross-Case-Analyse hinsichtlich der *Innovationsfähigkeit i.w.S.* – indem die Relevanz der vier konzipierten Dimensionen (vgl. Teilkapitel 3.2.2) für die Innovationsfähigkeit i.e.S. sowie der Einfluß bestimmter Charakteristika der FuE-Organisation diskutiert wird. Somit lassen sich die in der Einzelfallanalyse ersichtlich gewordenen Wirkungsbeziehungen zwischen den Dimensionen der Innovationsfähigkeit i.w.S. und den Charakteristika der FuE-Organisation verdichten.

7.3.1 Relevanz von Prozessinnovationen für die Innovationsfähigkeit i.e.S.

Trotz der in Teilkapitel 3.2 eingeführten Definition von Innovationsfähigkeit i.e.S. als das Vermögen eines Unternehmens, kontinuierlich radikale und inkrementelle Produktinnovationen und Prozessinnovationen zu generieren, bezog sich deren Erhebung während des theoretischen

Samplings ausschließlich auf das erstgenannte Objekt der Innovation. Hintergrund war, dass Prozessinnovationen in technologieintensiven Branchen wie der pharmazeutischen Industrie als untrennbar von Produktinnovationen gelten und sich aufgrund ihrer meist *fehlenden Kommerzialisierbarkeit*[224] kaum objektiv bestimmen lassen (vgl. z.B. Hopkins et al. 2007; Lim et al. 2006; Cohen 2005; Smith 2005; Damanpour und Gopalakrishnan 2001). Deswegen muss auf das Interviewmaterial zurückgegriffen werden – in dem sich tatsächlich bei allen Fallunternehmen Hinweise finden, dass Prozessinnovationen kein Differenzierungskriterium, sondern eher ein *Qualifizierungsmerkmal* beim Innovieren darstellen. Technologische Prozessinnovationen wurden oft im Zusammenhang zur Steigerung der Effizienz genannt, da kontinuierlich optimierte Prozesse die FuE-Abläufe verschlanken (TI2/88-90; CA3/54) und beschleunigen können (VI1/144,175). Einerseits gibt es Trends in Form *branchenweit eingesetzter neuer Methoden*: So werden z.B. Testbatterien neuer Substanzen durch High-Throughput-Screening ressourcenschonend automatisiert (CA1/92), mittels RNAi-Technologien [225] bestimmte Gene für eine leichtere Suche nach neuen Targets isoliert (FI2/18; vgl. Nightingale und Mahdi 2012:96) und einfach veränderbare klinische Studienmodelle („Bayesian/Adaptive Clinical Trials“) eingeführt (SA1/67; vgl. Orloff und Stanski 2011). Ein großes Thema ist momentan auch die personalisierte Medizin (VfA1/12), bei der durch Einsatz von Biomarkern (z.B. Tumorgen) Patientenkollektive gebildet, gezielter bzw. nebenwirkungsfreier mit neuen Medikamenten behandelt und somit die Erfolgsraten der FuE gesteigert werden können (SA1/49; vgl. auch VfA1/12,52).
Dem gegenübergestellt sind *neue unternehmensspezifische Prozesse*, wie es z.B. bei Agons Herstellverfahren für die Technologieplattform der unkaputtbaren Tablette (AG2/136) oder Tinus‘ Know-How in der Herstellung von Proteinen zum Generieren neuer Insulinprodukte der Fall ist (TI2/56). Tinus ist mit seinem Selbstverständnis der FuE als exploitativer „Performance Engine“ (TI1/70) das Unternehmen, in dem Prozessverbesserungen z.B. durch Lean Management besonders stark betont werden (TI2/88-91). Auf die Frage, ob neue bzw. optimierte Prozesse Katalysatoren für neue Produkte sind, antwortete ein FuE-Experte von Tinus:

> “I certainly think so! Because I mean, the more effective you are, the more ideas you can get, the more things you can test out. So I certainly think it facilitates product innovation by all means. And then I think, we can also say that (…) this is very much coupled to the products that we now have in the market and also in (…) late clinical development. A lot of that is based on technology innovation that we have done internally (…).” (TI2/92)

Auch andere der untersuchten Unternehmen betonen den Bedarf an Prozessinnovationen, da gerade zum Erzeugen neuer Medikamente[226] gegen noch relativ unerschlossene, komplexe

224 Rückflüsse aus Produktinnovationen lassen sich nicht nur wegen ihrer Vermarktbarkeit besser aneignen, sondern auch, weil sie im Gegensatz zu Prozessinnovationen unternehmensspezifischer sind und hierfür leichter ein Patentschutz erwirkt werden kann (Damanpour und Gopalakrishan 2001:59).

225 RNA steht für Ribonucleic Acid (Ribonukleinsäure), die neben der DNA (Deoxyribonucleic Acid) Bestandteil des genetischen Materials ist und bei vielen Viren vorkommt (z.B. Gassmann et al. 2008:180f.). *RNAi (RNA interference) Technologien* legen zur gezielten FuE bestimmte Gene still (z.B. Nightingale und Mahdi 2012).

226 Ein Interviewee forderte auch das „Stack Up Approval“ als phasenweise Zulassung neuer Arzneimittel durch die Behörden (SA1/67) – eine administrative Prozessinnovation über die Unternehmensgrenzen hinaus.

Krankheiten wie Alzheimer z.B. Nanotechnologie oder neue bildgebende Verfahren („neuro/molecular imaging") eingesetzt werden müssen (CA1/92; FI2/28).

Diese Ausführungen zeigen, dass Prozessinnovationen bei allen der untersuchten Pharma-Unternehmen – obwohl diese jeweils eine unterschiedliche Innovationsfähigkeit i.e.S. aufweisen (vgl. Tabelle 13) – gleichermaßen angewendet werden und relevant sind. Somit sind sie zum kontinuierlichen Innovieren notwendig, aber das eigentliche *Differenzierungskriterium* zwischen einer geringen, einer mittleren und einer hohen Innovationsfähigkeit i.e.S. bleibt das zu erreichende Maß an inkrementellen und radikalen *Produktinnovationen.* Somit konnten alle Elemente der Innovationsfähigkeit i.e.S. anhand der Empirie überprüft werden.

7.3.2 Analyse der Charakteristika der FuE-Organisation

In diesem Teilkapitel werden die Fallunternehmen anhand ihrer Ausprägungen in den Charakteristika der FuE-Organisation miteinander verglichen, um Muster im Sinne von Gemeinsamkeiten und Unterschieden herauszuarbeiten. Dieser Schritt wird gezielt vor der Betrachtung der Dimensionen der Innovationsfähigkeit i.w.S. unternommen, da diese von der FuE-Organisation maßgeblich beeinflusst werden. Entsprechende Zusammenhänge wurden bereits in der Einzelfallanalyse ersichtlich. Um inhaltliche Redundanzen zu Teilkapitel 7.3.3 zu vermeiden, soll sich hier auf den reinen Vergleich der organisatorischen Gestaltungselemente der FuE beschränkt und die in Teilkapitel 3.3.2 adressierten Fragestellungen je Charakteristikum geklärt werden. Nach einführenden Hinweisen zur generellen Beschaffenheit der FuE-Organisationen der Fallunternehmen werden die Kernerkenntnisse zu den Charakteristika einzeln anhand des Fallmaterials analysiert. Eine detaillierte Gegenüberstellung der Fallunternehmen kann Appendix J entnommen werden.

7.3.2.1 Allgemeines zur FuE-Organisation der Fallunternehmen

Im Rahmen der vergleichenden Fallanalyse ließen sich Gemeinsamkeiten der FuE-Organisation aller pharmazeutischen Fallunternehmen feststellen, auf die zum besseren Verständnis der späteren detaillierten Diskussion kurz eingegangen werden soll:

Erstens erfolgt in allen Fällen eine *organisatorische Trennung der frühen und späten FuE-*Aktivitäten, wobei die Trennlinie zwischen diesen beiden großen FuE-Teilbereichen sowie deren Aufhängung im Organigramm unterschiedlich ausfallen. Bei Agon, Calum und Salux wird von einer Trennung nach dem *„Proof-of-Concept"* gesprochen, wonach alle FuE-Aufgaben von der Idee bis zur erstmalig erfolgreichen Erprobung der Wirksamkeit einer Substanz im Menschen als „früh" und alle darauffolgenden FuE-Aufgaben (ab der klinischen Phase 3 bis zum Beantragen der Zulassung, vgl. Teilkapitel 4.2) als „spät" gelten (AG2/8; AG3/4; CA3/9f.; SA1/15,41-43). Bei den anderen drei Unternehmen ist diese Trennung ebenso vorhanden, aber weniger explizit: So wird bei Vinas (VI1/6,14-16,90) allgemein Forschung von Entwicklung (inklusive Medizin) abgegrenzt, Tinus unterscheidet die Forschung von klinischen, medizinischen und regulatorischen Aufgaben (TI2/6-10) und Filion differenziert zwischen Forschung/früher klinischer Entwicklung und dem Zeitpunkt ab der „vollen" klinischen Entwicklung (FI2/8). Überraschend ist die organisatorische Trennung nach dem Zeitpunkt der FuE-Aufgaben nicht, da die frühen

Phasen aufgrund diffuser Problemstellungen und hoher Unsicherheit inhaltlich anders charakterisiert sind als die leichter strukturierbaren, aber aufgrund der zunehmenden Akteursdichte dennoch komplexen späten Phasen (vgl. z.B. Verworn und Herstatt 2007a; Gemünden und Salomo 2004:507-509). Sie spiegelt sich im *Organigramm* von vier der Fallunternehmen (Agon, Calum, Salux, Vinas) in zwei direkt unter der FuE-Leitung hängenden großen FuE-Teilbereichen wider, die wiederum in einzelne funktions- oder objektspezifische Abteilungen[227] weiter untergliedert werden (AG3/4; Agon 2012c; CA3/9f.; Calum 2011d; SA1/15; Salux 2011e; VI1/14-16). Bei Filion und Tinus ist im Organigramm der späte FuE-Teilbereich ebenfalls in Form der Entwicklung zu finden, aber anstelle des frühen FuE-Teilbereichs werden die einzelnen Therapiegebiete aufgeführt (FI1/51f.; FI2/8; TI2/4; Tinus 2012c). Neben den Teilbereichen der frühen und späten FuE finden sich bei allen Unternehmen *unterstützende Einheiten*, die meistens der FuE-Leitung als Stäbe direkt unterstellt sind. Dazu zählen abgesehen von allgemeinen betriebswirtschaftlichen Funktionen wie Human Resources oder Finance vor allem Einheiten des *Innovationsmanagements*, wie beispielsweise Patentbüros, Allianzmanagement, Innovationskommunikation, FuE-Strategieabteilungen oder Venture Center (z.B. AG3/4; Agon 2012c; CA3/9f.; FI2/32; SA1/27-29; Salux 2011e; Tinus 2012c; VI1/14-16; VI2/2).

Zweitens ist die FuE in fast allen Fallunternehmen eine *mehrdimensionale Matrix-Organisation*, da die bearbeiteten Therapiegebiete, die frühen und späten FuE-Teilfunktionen als auch verschiedene FuE-Standorte – sowie die später diskutierten Projektteams – als Gliederungsprinzipien mehr oder weniger berücksichtigt werden müssen (z.B. FI3/24). Dabei entsteht ein Mehrebenen-Entscheidungssystem in der FuE-Organisation, das in dieser Art nicht zwangsläufig im Organigramm abgebildet sein muss[228]. In Abbildung 16 sind alle bei den Fallunternehmen zu findenden Ausprägungen des Matrixprinzips dargestellt. Hinsichtlich der Leitungsbeziehungen *mittelmäßig komplex* sind drei Fallunternehmen, da sich bei ihnen mehrere der dargestellten Varianten finden lassen: Bei *Salux und Vinas* ist gängig, dass sich (1) jeweils ein regionales FuE-Center um die frühe und späte FuE für ein bis mehrere Therapiegebiete kümmert; außerdem finden sich noch (3.a) kleinere Standorte, welche bei frühen Forschungsaktivitäten (z.B. Medizinalchemie bei Salux, molekulare Pathologie bei Vinas) therapiegebietsübergreifend unterstützen (SA1/57,60f.; Salux 2013b; VI1/38; Vinas 2012a). *Tinus* zeichnet sich durch vorwiegend (3.a) an einem Standort gebündelte frühe FuE-Aktivitäten aus, während erst (2.b) die späten klinischen Studien und Zulassungsaufgaben auf mehrere weltweite Standorte verteilt werden (TI2/4-6; Tinus 2012c). Die Fallunternehmen *Calum und Filion* weisen *besonders komplexe* Entscheidungsgefüge auf, da sich alle in Abbildung 16 dargestellten Varianten des Matrixprinzips wiederfinden: FuE-Standorte, welche (1) die frühe und späte FuE für ein Therapiegebiet übernehmen, auf die (2.a) frühe oder auf die (2.b) späte FuE in einem Therapiegebiet festgelegt sind sowie (3.a) therapiegebiets-

[227] Im frühen FuE-Teilbereich von Salux hängt z.B. die funktionsspezifische Abteilung Galenik, die nach Darreichungsformen sucht, und das objektspezifische Therapiegebiet Onkologie (SA1/36f.; Salux 2011).

[228] Organigramme können zwar Aufschluss über die Art und Weise der organisatorischen Differenzierung (Arbeitsteilung) geben, aber sie reichen zur Darstellung bzw. Beurteilung der organisatorischen Integration (Arbeitsverknüpfung) in Form der meist komplexen Leitungsbeziehungen (vgl. z.B. Osterloh und Frost 1998) nicht aus. Hierfür müssen die Beziehungen der Organisationsmitglieder zueinander untersucht werden.

übergreifende Forschungscenter und (3.b) reine Entwicklungscenter (CA3/9f.; Calum 2012a; FI1/54; FI2/8; FI3/4-8; Filion 2010d). Allerdings wird bei Calum gerade versucht, Komplexität im Rahmen des Transformations- und Rationalisierungsprozesses zu reduzieren, was die Schließung zweier großer, früher Forschungsstandorte sowie die Konzentration der Entwicklung in einem Center zur Folge hat (Calum 2012c; Anonym 2012). *Agon* hingegen ist von allen Fallunternehmen am kleinsten und am *wenigsten komplex*, da es nur (1) einen wesentlichen FuE-Standort gibt, der die FuE-Aufgaben für ein schon länger bestehendes Therapiegebiet sowie den Aufbau eines neuen übernimmt (AG1/38; AG2/17f.,134).

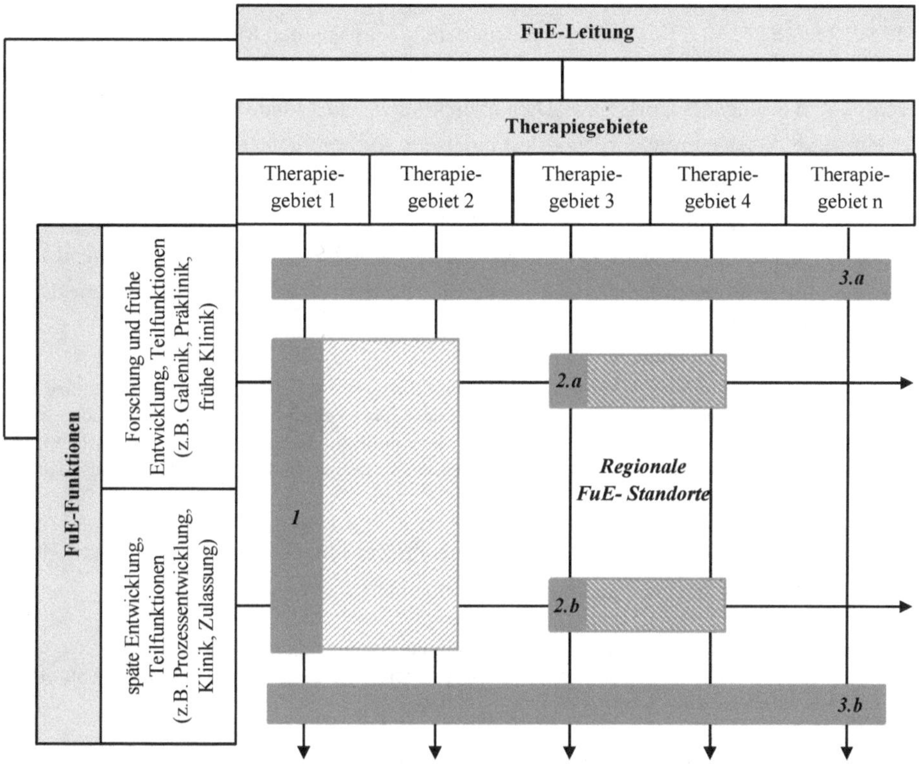

Abbildung 16: Varianten des Matrix-Prinzips in der FuE-Organisation (Quelle: eigene, stark vereinfachte Darstellung).

Generell sind Matrixstrukturen geeignet, um intensiven Ressourceninterdependenzen zwischen Aufgabenkomplexen Rechenschaft zu tragen und ein umfassendes Problemverständnis bei den Mitarbeitern zu fördern; allerdings können sie gerade in multidimensionaler Ausprägung zu Abstimmungs- und Koordinationsschwierigkeiten bzw. konfliktären Anforderungen an das Personal führen (vgl. z.B. Frese et al. 2012:196-201; Frost et al. 2010c:51). Da das Matrixprinzip hier die Binnenorganisation der FuE betrifft, dürfte interessant sein, inwiefern dadurch die zugehörigen Charakteristika der FuE-Organisation beeinflusst werden. Im Folgenden werden diese diskutiert.

7.3.2.2 Matrix-Projektorganisation als Sekundärorganisation

In den Studien zur Innovationsfähigkeit wurde eingehend die Sinnhaftigkeit von Projektteams (vgl. Teilkapitel 3.3.2.4) betont, allerdings ohne konkrete Hinweise, welche Art dieser Sekundärorganisation gewählt werden sollte. Da es sich hierbei um das Charakteristikum der FuE-Organisation mit den größten Ähnlichkeiten innerhalb der Fallauswahl handelt, soll es zuerst erläutert werden. Bei allen der untersuchten Pharma-Unternehmen gibt es laut Aussagen der Interviewees eine *Matrix-Projektorganisation*: Ab der Erforschung einer neuen Substanz bilden sich Projektteams aus Mitgliedern der Linien-FuE, die neben dieser gleichberechtigt bestehen und mit zunehmendem Projektfortschritt immer größer werden (z.B. AG2/40; CA3/19-22; FI1/70; SA1/59,90; TI2/18,26; VI1/32,40). So wird dem bereits vorgestellten Matrixentscheidungssystem der FuE (vgl. Abbildung 16) mit den Projekten eine weitere, temporäre Dimension hinzugefügt. Dadurch dass Weisungsbefugnisse zwischen Projektleiter und Linienverantwortlichen aufgeteilt sind, sorgt diese Art der Projektorganisation einerseits für eine gute Anbindung an die Primärorganisation, erhöht aber andererseits die organisatorische Komplexität und kann damit Abstimmungsschwierigkeiten sowie Interessenkonflikte verursachen (vgl. z.B. Frese et al. 2012:496-498; Osterloh und Frost 1998:199f.). Bei Agon wird dieser Zwiespalt anhand zweier Interviewauszüge gut ersichtlich. AG1 betont das Fördern von unternehmerischem Denken (AG1/20-22), das das Verknüpfungswissen steigert:

> „Das heißt, fast alle Mitarbeiter in den einzelnen Fachabteilungen [der FuE] arbeiten cross-funktional in der Matrix in verschiedenen Projekten und bekommen dadurch eben einen breiten Überblick darüber, was Arzneimittelentwicklung bedeutet, jetzt nicht nur in der einzelnen Fachdisziplin, sondern auch übergreifend. Und bekommen dann eben auch einen Einblick in die Budgets, in die Kostensituation, und damit auch so ein Gefühl dafür (…).“ (AG1/22)

Ein anderer Interviewee des Fallunternehmens unterstreicht hingegen die kollaborativen Herausforderungen, die mit der Matrix-Projektorganisation einhergehen:

> „Wir haben, wie überall, einen klassischen Matrixkonflikt: Projekt versus Linie. Aber ich meine das gesunde Streiten, das muss man lernen oder das konstruktive Streiten, das muss man lernen, um dann auch den Erfolg zu haben. Es knarzt immer wieder mal (…).“ (AG3/40)

Die geschilderte strukturelle Trennung in zwei FuE-Teilbereiche (vgl. Teilkapitel 7.3.2.1) spiegelt sich in den Projekten durch einen Übergabezeitpunkt von der frühen an die späte FuE wider, der oft mit Wechsel der Projektleitung einhergeht (AG2/44; CA3/21f.; VI1/34,42): Beispielsweise werden bei Agon und Vinas die in der frühen FuE noch kleineren, mit einer hohen Aufgabenunsicherheit behafteten Projekte von einem bzw. zwei *spezialisierten Projektleitern* (z.B. Biologe, Chemiker) geführt, die überwiegend mit wissenschaftlichen Fragestellungen (z.B. der Fixierung eines Moleküls) konfrontiert sind. Ab der späten Entwicklung, in der die Aufgaben strukturierter, die Projektteams und der Koordinationsaufwand aber sehr viel größer sind, übernehmen dann *internationale Projektleiter* die Führung des Gesamtprojektes inklusive der Teilprojektleiter (AG1/26; AG2/46; AG3/26; VI1/34,54):

„Für die späteren Phasen haben wir halt hauptamtliche Projektmanager (…). Und die arbeiten dann mit den Fachdisziplinen eng zusammen (…), das hat auch was mit der Größe der Teams zu tun. In der Research-Phase sind das immer noch so Teams mit bis zu 30 Mitarbeitern insgesamt, während in der Entwicklung und später in der klinischen Entwicklung, kann das in 100 bis mehrere 100 Projektteammitglieder gehen." (VI1/54)

Um Koordinationsaufgaben im Projekt zu handhaben, wird bei Salux ein solcher hauptamtlicher Projektleiter sogar schon ab der späten Discovery Phase eingesetzt und von einem Projektmanager unterstützt (SA1/63,94).
Zusammenfassend und übereinstimmend mit generellen Trends in Pharma-Unternehmen (z.B. Fischer und Breitenbach 2010:199f.; Gassmann et al. 2008:125-129; Stucki 1980) lässt sich die Arbeit in Projektteams als wichtiges Merkmal der FuE-Binnenorganisation bestätigen; die dominierende Matrixform enstspricht dabei den Kommunikationsanforderungen des komplexen pharmazeutischen FuE-Prozesses, ohne zu größeren Veränderungen der Primärorganisation zu führen. Darüber hinaus dienen Projektteams der Verankerung der FuE im Gesamtunternehmen: Einerseits werden FuE-Projektteams teilweise cross-funktional mit Vertretern aus Marketing (VI1/22-24) oder Produktion (TI2/18) besetzt, andererseits werden sie als temporäre Arbeitsgruppen in bereichs- bzw. teilkonzernübergreifenden Initiativen des Innovationsmanagements[229] (vgl. Teilkapitel 7.3.2.6) eingesetzt (FI3/30-36,42; SA1/108f.; VI2/26,44).

7.3.2.3 Die FuE zwischen Zentralisation und Dezentralisation

Wenn wir uns an die theoretisch in der Literatur vorgeschlagenen organisatorischen Voraussetzungen von Innovationsfähigkeit erinnern, so fällt auf, dass die *Dezentralisation der FuE* als essenziell betrachtet wurde (vgl. Teilkapitel 3.3.2.1.). Die Empirie aber zeigt, dass sich für alle Fallunternehmen – bezogen auf die Verteilung von Aufgaben und Entscheidungen auf untere Hierarchieebenen – sowohl Dezentralisations- als auch Zentralisationsmerkmale in unterschiedlichem Ausmaß finden lassen. Diese Erkenntnis steht in engem Zusammenhang zur Anwendung des Matrixprinzips (vgl. Abbildung 16) als Versuch, Effizienzvorteile zentralisierter Funktionen mit der Marktnähe und Agilität dezentralisierter Aufgabenbereiche zu mixen (vgl. z.B. Kaplan und Norton 2006; Krüger 1984)[230].
Beginnend mit den Gemeinsamkeiten der Fallunternehmen zeigten die Interviews, dass *strategische FuE-Entscheidungen* oft stark zentralisiert werden, da in Gremien zur Bestimmung der Gesamt-FuE-Strategie die Geschäftsleitung und/oder die FuE-Leitung Vorsitz sowie Entscheidungshoheit hat. In diesen strategischen Entscheidungsmeetings werden z.B. zu

---

229 Hier ist *Innovationsmanagement* nicht im aufgabenbezogenen, sondern im *institutionellen Sinne* (vgl. Teilkapitel 3.3.1) gemeint: Kleinere, an der Gesamtunternehmensstrategie orientierte Stäbe, Abteilungen oder Arbeitsgruppen, die dem FuE-Bereich nicht direkt unterstellt sein müssen, diesen aber unmittelbar in seinen Kernaufgaben unterstützen (vgl. Gaubinger 2009).

230 Vor diesem Hintergrund wäre Abbildung 16 bei Vorhandensein mehrerer Therapiegebiete (≠ Agon) so zu beurteilen, dass die Varianten 3.a und 3.b des Matrixprinzips einer Bündelung funktional vergleichbarer Aufgaben in *einer* FuE-Einheit *(Zentralisation)* entsprechen und die Varianten 1, 2.a und 2.b zu einer Verteilung selbiger Aufgaben auf *mehrere* FuE-Einheiten je Therapiegebiet *(Dezentralisation)* – mit entsprechend mehr Schnittstellen – führen.

bearbeitende Krankheitsfelder ausgewählt, FuE-Jahresziele (die später auf Teilbereiche herunterzubrechen sind) festgelegt und fachfunktionale FuE-Boards integriert (AG2/68,94; AG3/40; CA3/26; FI3/30; VI1/71). Ausnahmen sind Tinus und Salux, bei denen es kein übergreifendes strategisches FuE-Gremium, sondern je nur ein eigenes Research Board sowie ein eigenes Development Board gibt (SA1/86-92; TI2/12). Laut Salux sollen so Entscheidungen schneller, leichter und unter Partizipation der Fachabteilungen gezielter getroffen werden:

> „Es gibt jetzt eigentlich nur noch zwei Komitees (…). Das eine geht eben bis zum proof-of-concept/confidence und das nächste startet nach dem proof-of-confidence. Und in diesen Entscheidungsgremien, die jeweils gechairt werden von dem Head of Research und Early Development beziehungsweise Global Development (…), da sitzen aber viele Kollegen drin, also die Vertreter von Fachbereichen, die gehört werden müssen (…). Dort fällt dann die Entscheidung, ob eine Substanz in die nächste Phase voranschreiten kann oder nicht." (SA1/86)

Dieses Zitat demonstriert, dass die fachfunktionalen FuE-Gremien bei Salux losgelöst von der Leitung arbeiten können. Vergleichbar autonom sind die FuE-Teilbereiche bei Calum (CA3/26; Calum 2011d), Filion (FI1/38; FI3/24) und Vinas (VI1/74-49,87f.), was sich in Entscheidungsgewalt z.B. über den Start neuer FuE-Projekte (FI3/30; VI1/71) und die Einführung neuer Technologien widerspiegelt (FI2/28). Weniger autonom sind die FuE-Fachbereiche bei Agon, da die FuE-Leitung hier z.B. über Details früher FuE-Projekte mitentscheidet (AG2/68). Bei Tinus dürfen die Therapiegebiete der frühen FuE in eigenen Research Boards selbst über ihren Fachbereich entscheiden (TI2/12,40); späte FuE-Entscheidungen sind aber stark zentralisiert, da die FuE-Leitung im Headquarter richtungsweisend für den Entwicklungsbereich ist (TI2/6-8) und zusammen mit der Geschäftsführung den Vorsitz im fachfunktionalen Board (TI2/12,15f.) innehat:

> "But in the development board (…) the chairman is our CSO *[HG: Chief Scientific Officer]*… But also in the board sit other members of our executive committee (…). And the reason for that of course is, you know, when you enter into typically phase 2a or further, than the financial consequences or whatever is decided are hugely larger than when we talk about research projects. That is why we have this kind of representation." (TI2/16)

Doch nicht nur bei dem Grad der Dezentralisation von FuE-Entscheidungen, sondern auch bei der *Verteilung von FuE-Aufgaben* lassen sich Unterschiede zwischen den Fallunternehmen feststellen. Bei Agon sind alle FuE-Aufgaben an einem Standort zentralisiert, was mit der bislangen Fokussierung auf das Therapiegebiet Schmerz und der im Vergleich zu anderen Fallunternehmen geringeren Unternehmensgröße zusammenhängt (AG1/10,38; AG2/17f.). Im Fall von Tinus werden die frühen FuE-Aufgaben neben kleineren Satelliten im Ausland vorwiegend am Standort der Zentrale gebündelt. Ebenso zentralisiert sind die Entwicklungsaufgaben; erst mit Beginn der klinischen Studien und Zulassungsaktivitäten werden weitere Standorte, die an Landesgesellschaften attachiert sind, hinzugeschaltet. Allerdings, wie oben beschrieben, verliert die Zentrale aufgrund ihrer Entscheidungsgewalt auch hier nicht an Einfluss (TI2/4-8; Tinus 2012c). Demzufolge ist die FuE von Tinus hinsichtlich der Aufgabenverteilung relativ stark und hinsichtlich der Entscheidungen mäßig zentralisiert. *Agons und Tinus' relativ hohe FuE-Zentralisation* kann damit erklärt werden, dass beide Unternehmen ein fokussiertes Geschäftsmodell besitzen und mittels Technologieplattformen innovieren. Letztere erfordern, spezialisierte FuE-Kompetenzen zu einer Art dominantem Design zu bündeln, um Synergieeffekte zu nutzen[231] (z.B. Gassmann et al. 2008:69,78,110; Dougherty 2006:603f.). Bei *Calum* verhält es sich umgekehrt zu Tinus: Die frühe FuE findet in dezentralen, räumlich getrennten „Zellen“ statt, die für kleinmolekulare Lösungsansätze in je ein bis zwei Therapiegebieten zuständig sind; sie werden von therapiegebietsübergreifenden kleinen Forschungseinrichtungen unterstützt. Obwohl es einen eigenen FuE-Standort für großmolekulare Substanzen und ein kleines Entwicklungscenter in Asien gibt, etabliert Calum in der späten FuE aktuell aus Kostengründen ein *zentrales Entwicklungscenter*, das alle Projekte der frühen FuE-Zellen umsetzt (CA1/6-14; CA3/5-8,48; Calum 2012a,c, 2011d; Anonym 2012). FuE-Aufgaben sind bei *Salux und Vinas eher dezentralisiert*, da es weltweit mehrere Center gibt, die bezogen auf bestimmte Therapiegebiete jeweils für die gesamte FuE zuständig sind. Daneben gibt es bei beiden Fallunternehmen unterstützende, zentrale Forschungscenter (SA1/57-61; VI1/14-16,38; Vinas 2012a, 2011a). Wie oben dargestellt, sind die FuE-Teilbereiche bei Salux im Vergleich zu Vinas aber noch freier, was das Treffen strategischer Entscheidungen angeht. Am *stärksten dezentralisiert* sind die FuE-Aufgaben bei *Filion*[232], da sie hauptsächlich in mehreren weltweiten FuE-Centern, die für spezifische Therapiegebiete zuständig sind, betrieben werden. Dabei sind nur große Standorte von Beginn bis Ende des FuE-Prozesses involviert, während kleinere sich auf die späte FuE konzentrieren (FI1/2,53f.; FI2/2-4,34; FI3/4,8,14-17). Darüber hinaus fungieren einige große FuE-Standorte als „Centers of Excellence“ in bestimmten frühen/späten FuE-Aufgaben (z.B. Discovery, Diagnostik) und beraten kleinere Standorte bzw. weisen sie an (FI1/36,100-104; FI2/8,16; FI3/8,14-17).

Als Zwischenfazit bleibt festzuhalten, dass Salux und Filion als Fallunternehmen mit der höchsten Innovationsfähigkeit i.e.S. die am stärksten dezentralisierten FuE-Organisationen aufweisen – was der Annahme der untersuchten Studien zur Innovationsfähigkeit entspricht. Nichtsdestotrotz spielt für sie aufgabenbezogene Zentralisation eine Rolle, da z.B. Supportfunktionen für frühe und späte FuE-Projekte gebündelt (SA1/94), Technologieplattformen mit ähnlichen Innovationsproblemen (SA1/57) bzw. kleinere Krankheitsfelder zu fokussierteren Indikationen zusammengeführt (FI1/114) und ehemals lokale Studien verstärkt in globaler Hand gemanagt werden (FI1/110-112):

> „Bis vor 3 Jahren hatten wir (…) einmal diese internationale Gruppe, (…) die Zulassungsstudien machen (…). Und wir hatten zusätzlich in allen größeren Ländern (…) nochmal eine eigene kleine klinische Forschungsgruppe (…). Und die hat (…) nur lokale Studien gemacht, die quasi solche zusätzlichen Fragestellungen beantwortet haben, die durch die Zulassungsstudien nicht abgedeckt wurden. Und diese beiden Kli-Fo Bereiche wurden vor drei Jahren gemergt in diese internationale Organisation. Und seitdem gibt es auch wirklich deutlich weniger lokale Studien zum Beispiel. (…) [D]ie Strategie war einfach, warum zwei Expertengruppen quasi parallel laufen lassen, die fast das gleiche machen (…).“ (FI1/110-112)

---

231 Ein solches Vorgehen ist von kleinen Biotech-Unternehmen bekannt, die Experten in spezifischen Technologieplattformen sind und diese an Big Pharma lizensieren (vgl. z.B. Gassmann et al. 2008:36,72-77,81-84).

232 Eine positive Einstellung zur *Dezentralisation* ist fest mit der *Historie* und den *Werten* von Filion verwurzelt: Kleine, autonome Einheiten werden seit jeher mit Kreativität assoziiert, diversifizierte Teilunternehmen um Kunden bzw. Märkte herum aufgebaut oder als Spin-Offs nach kommerzieller Tragfähigkeit im Unternehmensverbund ausgegründet (Anonym 1986).

Demzufolge ist Zentralisation immer dann relevant, wenn sich effizienzbezogene (z.B. Bündeln klinischer Studienaktivitäten) oder wissensbezogene (z.B. Bündeln der Expertise in einem Forschungssegment) Synergiepotenziale erschließen lassen. In der FuE-Organisation gilt es zu entscheiden bzw. regelmäßig zu überdenken, welche Aufgaben dezentral gestaltet und welche zentralisiert werden sollten.

7.3.2.4 Steuerung der frühen versus der späten FuE-Aktivitäten

In den Studien zur Innovationsfähigkeit fanden sich vor allem Aussagen zur Formalisierung als Art der Verfahrenssteuerung, die zum Nutzen von Synergiepotenzialen in dezentralisierten FuE-Organisationen empfohlen wird, sich aber negativ auf die Kreativität auswirken kann. Andere Steuerungsmechanismen wurden kaum (Selbstabstimmung) oder überhaupt nicht (Inputsteuerung und Outputsteuerung) diskutiert (vgl. Teilkapitel 3.3.2.2). Doch findet sich in der Praxis kaum eine exklusive Art der Steuerung; vielmehr werden Steuerungsmechanismen simultan angewendet und sind je nach Aufgabe – z.B. je nach Strukturierbarkeit, Zurechenbarkeit individueller Leistungen und Planbarkeit von Ergebnissen – mehr oder weniger gut geeignet (z.B. Frost et al. 2010b:206-222). Da sich die FuE als Gesamtaufgabe aus vielen verschiedenen Teilaufgaben zusammensetzt (vgl. z.B. Brockhoff 2004), ist es nicht verwunderlich, dass sich in den FuE-Bereichen der pharmazeutischen Unternehmen ein *Steuerungsmix* wiederfindet. Dabei kommt es vor, dass bestimmte Steuerungsmechanismen dominieren bzw. zu negativen Effekten hinsichtlich der Innovationsfähigkeit führen.

Inputsteuerung wird formal bei allen Fallunternehmen eingesetzt, indem der FuE jährlich, halbjährlich oder unterjährig Budgets über finanzielle Mittel und nicht-finanzielle Ressourcen (z.B. Laborausstattung) zugeteilt werden. Dafür werden die Ziele der Geschäftsführung (Top-Down) mit den Schätzwerten des FuE-Bereiches bzw. der FuE-Projektteams (Bottom-Up) abgeglichen und Portfolioentscheidungen getroffen (AG2/80; CA3/30; FI1/90; SA1/102; TI2/40; VI1/94). Ebenfalls wichtige, der FuE *formal zuweisbare Inputfaktoren* sind Humanressourcen, die auf Grundlage bestimmter Qualifikationen eingestellt und mittels Trainings – in Filions klinischer Forschung z.B. durchschnittlich 120 pro Mitarbeiter – weiterentwickelt werden (FI1/76-78,84). Neues Personal spielt zudem eine große Rolle, um Zugang zu neuem externen Wissen zu erhalten (SA1/148), z.B. in Veränderungsprozessen (CA2/26), zum Stärken der FuE-Belegschaft (VI1/198) und beim Aufbau neuer Geschäftsfelder (AG1/42). In manchen Unternehmen wird die Budgetvergabe als *streng reguliert* (CA3/30; TI2/26) beschrieben bzw. es wird sogar mit einer Kürzung der FuE-Ressourcen gerechnet (SA1/106). So soll versucht werden, mit dem geschilderten Kostendruck in der Pharma-Industrie (vgl. Kapitel 4) umzugehen. Es gibt zwei erwähnenswerte Ausnahmen für eine zumindest in der Forschung weniger rigide Steuerung der Inputressourcen: Für Agons Forschung werden Budgets erstellt „ohne die Abteilungen mit Detailplanung zu quälen“ (AG2/82) und im Vergleich zur Entwicklung Entscheidungsfreiräume bei der Ressourcenallokation gewährt (AG2/86-88,98):

„Das haben wir so geregelt, dass wir sagen, alles da wo sehr strukturierte Aktivitäten sind, das ist meistens in den *Entwicklungsbereichen*, (…) da wird ein *Best Planning* gemacht. Wenn da was schief geht hab ich halt ein Problem und muss sehen, wo ich Geld herbekomme. Aber im *frühen Forschungsbereich*, (…) da kann ich experimentieren (…), da haben wir gar *keine so engen Budgetvorgaben*… Sondern da sagen wir, (…) bis dahin habe ich so und so viele Millionen (…). Schaut euch selber an, wie ihr mit euren Ressourcen optimal umgeht. (…) Weil sonst bin ich total überreguliert, ich habe jetzt schon eine sehr starke Regulierung. (…) Da brauche ich hier einen riesen administrativen Überbau." (AG2/86; eigene Hervorhebung)

Bei Filion wird in der frühen FuE sogar eine Art *„Venture Approach"* verfolgt, bei der alle Projekte, die die Geschäftsführung mit ihrem Business Plan überzeugen, mit Funding ausgestattet werden (FI3/42,46; FI1/39f.). Neben der formalen Variante kann bei den Fallunternehmen auch *informale Inputsteuerung* beobachtet werden, die sich vor allem in der Auditierung (TI2/66) bzw. dem versuchten Aufbau (CA2/28; CA3/40) von unternehmenskulturell verankerten, organisationalen Routinen widerspiegelt.

Verfahrenssteuerung wird bei allen untersuchten Pharma-Unternehmen mit *formalen Regeln* in der FuE angewendet: Diese werden meist auf rechtlicher Basis von externen Behörden des Gesundheitswesens in ethischen und sicherheitskritischen Aufgabenbereichen (z.B. Tierversuche, toxikologische Substanztests, klinische Praxis[233]) vorgegeben, auditiert und nehmen in Richtung der ersten Wirkstoffanwendung am Menschen immer mehr zu (z.B. AG2/90-93; CA3/34; FI1/78; SA1/134; TI2/32; VI1/107f.,113-120). Unterschiede zeigen sich hinsichtlich ihrer Anwendung in der frühen Forschung: Calums FuE betreibt *„high regulation"* mit Regeln über den vorgeschriebenen Rahmen hinaus (CA3/34) und wies lange eine regelorientierte, perfektionistische Kultur auf, die nun durch das Kulturwandelprogramm zum Fördern von mehr Innovation gebrochen werden soll (CA2/28). Und Tinus' Optimierungsstreben führt in der FuE zu vielen gut definierten, aber auch rigiden bzw. veränderungsfeindlichen Prozessen, die das Generieren radikaler Innovationen erschweren (TI1/68-72,150). Schon die Forschung wird z.B. durch Projekthandbücher in feste Bahnen gelenkt und nur die frühste experimentelle Phase ist weniger streng reguliert (TI2/32,72). Auch Agon und Salux verweisen auf den frühen Bedarf an qualitätssichernden Regeln in der FuE, aber es gibt hier keine Anhaltspunkte für daraus resultierende Probleme (AG2/93; SA1/134). Filion und Vinas hingegen betonen, dass im Gegensatz zu den späten Phasen die *frühen Phasen der FuE* deutlich *„lockerer"* gestaltet werden müssen, um der Kreativität Raum zu geben (FI1/82,85f.; VI1/107f.,122-125); dazu nutzen beide Unternehmen unter anderem Initiativen des Innovationsmanagements als weniger bürokratische „Spielplätze" (FI3/60; VI2/36-38).

Auch *Outputsteuerung* wird in allen Fallunternehmen eingesetzt: Mit den FuE-Abteilungen und ihren Projektteams werden *Ziele* (z.B. der Zeitpunkt zu erreichender Meilensteine) vereinbart, die

[233] Zu den wichtigsten qualitätssichernden Normen und Standards, an denen Pharma-Unternehmen von nationalen und internationalen Behörden des Gesundheitswesens gemessen werden, zählen z.B. *Good Clinical Practices (GCP)*, *Good Manufacturing Practices (GMP)*, *Good Laboratory Practices (GLP)* und generelle Arbeitsanweisungen, d.h. *Standard Operating Procedures (SOPs)* (Fischer und Breitenbach 2010:150-154,180). Auf sie wurde mehrfach von den Interviewees verwiesen (z.B.AG2/90-93; CA3/34; SA1/134; VI1/113-120).

sich aus der Kaskadierung der übergreifenden Geschäftsziele ergeben. An ihnen lassen sich Arbeitsfortschritte messen, die grundlegend für die Gewährung weiterer Inputressourcen sowie die individuelle Vergütung der Mitarbeiter sind (AG2/94; CA3/30,36; FI1/96; SA1/92,119-123; TI2/40,44; VI1/100-102). Dieser Prozess gestaltet sich in der Praxis als schwierig, da sich aufgrund des kaum prognostizierbaren Erfolgs gerade in der unsicheren Forschung Ziele schlecht formulieren lassen (AG2/110). Der FuE-Experte von Salux warnte in dem Zusammenhang, dass zu kleinteilige bzw. quantitativ formulierte Ziele verzerrende Anreizwirkungen hervorrufen, da sich die Mitarbeiter zu stark auf leicht messbare Zielbestandteile konzentrieren und deren Sinnhaftigkeit nicht genug hinterfragen (SA1/124-126). Im Rahmen der Einzelfallanalyse wurde dieses *„Multiple-Tasking Problem"* (z.B. Frey und Osterloh 2002:35f.) eingehend beschrieben. Trotz Bewusstein für dieses Problem lässt sich bei Salux eine wachsende Output- bzw. Erfolgsorientierung der FuE erkennen (SA1/110,123-125,136). Bei zwei Unternehmen ist diese besonders stark ausgeprägt: In Agons Modell der frühen FuE als *Profit Center* und der späten FuE als *Cost Center*, die durch ein komplexes Verrechnungspreissystem gesteuert werden, stehen die FuE-Kosten und Ergebnisbeiträge im Mittelpunkt der Steuerung (AG2/4-8,82). Im Zuge dessen werden bereits in der Forschung nicht nur qualitative, sondern auch viele quantitative Ergebnisgrößen, wie z.B. die Anzahl zu erreichender Entwicklungsbeschlüsse oder die Anzahl früher Moleküle, verwendet (AG2/94-96). Gerade von dieser Art „Numbers Game" rät der Salux-Interviewee zum Vermeiden des Multiple-Tasking Problems ab (SA1/126). Immerhin wird bei Agon anerkannt, dass kreative, wissenschaftliche FuE-Fragestellungen nicht durch übergeordnete finanzielle Ziele korrumpiert werden dürfen (AG2/96; AG3/64). Eine deutliche *Performance-Orientierung* zeichnet auch Calum aus, da das Unternehmen einerseits wegen des Aktionärsdrucks zum Überbetonen finanzieller Ziele neigt (Anonym 2004a) und andererseits im laufenden Veränderungsprozess Kostenoptimierung (CA3/48) sowie ein möglichst risikoarmes – d.h. tendenziell weniger innovatives – Portfolio (CA2/49f.; Anonym 2012) stärker in den Fokus rückt. Die Fälle Agon und Calum demonstrieren somit die Gefahr, dass langfristige Innovationschancen kurzfristig angelegten Gewinnzielen geopfert werden (z.B. Frost et al. 2010b:217; O'Reilly und Tushman 2004).

Die beiden Fallunternehmen mit der höchsten Innovationsfähigkeit i.e.S. geben Hinweise, wie FuE-Ziele sinnvoller gestaltet werden können: Beispielsweise nimmt bei Salux' Zielvereinbarungen der *Projektleiter* gegenüber der Linie eine größere Rolle ein (SA1/127-132) und kann Ziele formulieren, die am Gesamtprojekterfolg anstelle der Interessen einzelner Fachabteilungen ausgerichtet sind. Obwohl es zum Teil auch quantitative „key performance indicators" gibt (FI3/68), werden in Filions FuE die *Ziele bewusst breit formuliert* (FI1/126; FI3/50):

> „Also dass sage ich mal, die Ziele fast so wie eine Job Description [sind], da steht gar nicht so konkret drin ‚Studie A zum Erfolg bringen oder Substanz B irgendwie zulassen' oder so, sondern da steht mehr drin ‚alle Studien rechtzeitig starten, alle Studien in hoher Qualität durchführen, keine signifikanten Findings in Audits oder Inspektionen'. Das ist sehr, sehr generisch und dann kann der einzelne Mitarbeiter versuchen, (...) das ein bisschen zu konkretisieren (...). Aber das sind schon sehr, sehr allgemeine Ziele, die da vorgegeben werden." (FI1/98)

Einen vergleichbar geringen Grad der Zielspezifizierung wählt Vinas, um die Freiheiten der FuE-Projektteams nicht zu stark einzuschränken (VI1/100-104).

Selbstabstimmung ist der letzte Steuerungsmechanismus, zu dem es in den Interviews teilweise Hinweise gibt. Wichtig zum Verständnis dieses Koordinationsinstruments ist, dass es sich nicht um zufällige, sondern um geplante *horizontale Abstimmungen* zwischen Organisationseinheiten bzw. deren Mitgliedern handelt. Abgesehen von Selbstabstimmung nach eigenem Ermessen[234] findet sie oft *themenspezifisch* (z.B. fachliche Communities) oder *institutionalisiert* (z.B. Ausschüsse, Komitees) statt (z.B. Frost et al. 2010b:217-219). Beide Arten werden in den untersuchten Fallunternehmen eingesetzt: Bei zweien wird mittels „Communication und Information Plan" (Filion) bzw. „Key Deliverables" (Tinus) festgelegt, zu welchen Themen Abstimmungen innerhalb der FuE zu erfolgen haben (FI1/62-64; TI2/78-80). Bei Filion wird z.B. geregelt, dass sich die kleineren lokalen Entwicklungsstandorte mit den globalen Therapiegebieten – die die FuE-Projekte als „Sponsor" initiieren und bis zum Ende des Innovationsprozesses verantworten – zu Start, Besetzung und Inhalt klinischer Studien abstimmen müssen (FI1/60-64). Bei Agon und Vinas gibt es hingegen viele *fachfunktionale Gremien*, in denen bestimmte Disziplinen (z.B. Pharmakologen, Kliniker) in einem Standard-Reporting zusammenkommen, sich aber auch bei auftretenden Problemen situativ austauschen und beraten können (AG2/70-72,78; VI1/89f.). Zusätzlich können in solchen Ausschüssen Überlegungen zu kollektiven Innovationsprojekten, z.B. für gemeinsame Technologie- und Prozessverbesserungen, angestellt werden (VI1/172-175).

Als Resümee ist festzuhalten, dass die Fallunternehmen einen Steuerungsmix in der FuE einsetzen. Manche neigen aber zur Überbetonung der Input-, Verfahrens- oder Outputsteuerung, was sich auf die explorative, schwer strukturierbare frühe FuE negativ auswirken kann.

7.3.2.5 Flexibilität der FuE-Organisation: Episodische versus kontinuierliche Veränderungen

Die Flexibilität der FuE-Organisation konnte anhand der Studien zur Innovationsfähigkeit nur diffus und mit wenig praktikablen Hinweisen als organisatorische Anpassungsfähigkeit an unerwartete Situationen bzw. veränderte Umweltbedingungen beschrieben werden (vgl. Teilkapitel 3.3.2.3). Dabei ist das richtige Maß entscheidend, da extreme Flexibilität (Volatilität) zum Mangel an organisatorischer Ordnung und Ruhelosigkeit führt, was den Aufbau des organisationalen Gedächtnisses und den Ablauf von Lernprozessen beeinträchtigt (vgl. z.B. Schoeneborn et al. 2013; Schreyögg und Sydow 2010). Mangels verfügbarer deduktiver Kriterien wurden in der qualitativen Inhaltsanalyse des Interviewmaterials induktive Subkategorien gebildet (vgl. Appendix I), um das Charakteristikum überhaupt näher zu beschreiben: Aus den Aussagen der

[234] Bei der *Selbstabstimmung nach eigenem Ermessen* ist kein direkter Steuerungseinfluss erkennbar (Frost et al. 2010b:218). Sie findet oft in Arbeitsgruppen statt; über Abteilungs- oder Bereichsgrenzen hinweg kann diese Art der Selbststeuerung aber am Konkurrenzdenken scheitern. Deswegen sind die themenspezifische oder institutionalisierte Selbstabstimmung als praxisnäher zu betrachten (Kieser und Kubicek 1992:106-110).

Interviewees kristallisierte sich heraus, dass die FuE-Organisation entweder durch zeitweise (episodische/kontinuierliche) Veränderungen oder seltener, mittels inhärenter Adaptivität flexibilisiert werden soll.

Mit *zeitweisen Veränderungen* sind zu einem bestimmten Zeitpunkt angestoßene und über eine gewisse Zeitdauer stattfindende Reorganisationsmaßnahmen gemeint, die sich auf FuE-Strukturen oder Prozesse beziehen. Während die FuE-Organisation zweier Fallunternehmen als eher stabil mit nur gelegentlichen, marginalen Veränderungen z.B. zur Prozessoptimierung (TI1/92-96; TI2/62f.) oder zum Stärken der Vernetzung zwischen räumlich getrennten FuE-Centern (VI1/169-171) beschrieben wurde, war *Reorganisation* in den restlichen Fällen ein präsentes Thema. Bei zwei Unternehmen sprachen die Interviewees ausführlich die Ziele und Konsequenzen eines gerade abgeschlossenen (Agon) bzw. derzeit laufenden (Calum) organisatorischen Transformationsprozesses an. Laut *Agon* gleicht die Reorganisation der FuE in ein Profit Center (frühe Phasen) und ein Cost Center (späte Phasen) einem *„Paradigmenwechsel"*, wodurch die Forschung mehr in den Fokus gerückt werden soll (AG2/4; AG3/44). Die neuen Strukturen werden aber auch als komplizierter empfunden und es bedarf einer gewissen Zeit, sich in ihnen neu zu orientieren (AG2/140-142; AG3/64):

> „Das ist so ein ganz komplexes Gemengelage, wo wir durch die *Neustrukturierung* (…) eigentlich eher ein bisschen *Kraftmoment verloren* haben (…). Das muss sich erst so finden, im Augenblick sind die Leute mehr damit beschäftigt, diese komplexe Struktur zu verstehen. (…) Das wird erst seit einem Jahr so gelebt. Und (…) jeder muss sich erst mal *suchen und finden*, wo muss ich denn präsentieren und was erwartet denn der Vizepräsident und was erwartet jener. Es sind viele neue Funktionen, viele neue Köpfe, viele neue Erwartungen. Und da wartet jeder auch so ein bisschen ab. Also das muss man managen, (…) die Komplexität [der] P&L, also dieses (…) Kostenbewusstsein, Business Bewusstsein (…). Und gleichzeitig aber auch noch die Möglichkeit geben, Mensch Leute, ihr habt aber auch das Umfeld kreativ zu sein, seid es auch. Also das geht nicht von heute auf morgen." (AG2/140-142; eigene Hervorhebung)

Das Zitat zeigt, dass durch größere Veränderungen der FuE-Organisation zumindest kurzfristig ein Verlust an Innovationspotenzial hingenommen werden muss, bis sich die neuen Strukturen und Prozesse eingespielt und die Organisationsmitglieder umgewöhnt haben (vgl. z.B. Von der Oelsnitz 2009:179-188; Kaplan und Norton 2006:102). Weitreichender als bei Agon und noch im Gange ist der mehrjährige Reorganisationsprozess bei *Calum*, da er neben effizienzgetriebener struktureller Veränderung (z.B. Neugliederung der FuE-Aufgaben, Rationalisierung, Zukauf externer Leistungen) auch die strategische Refokussierung, das Bilden neuer FuE-Kompetenzen sowie ein Kulturwandelprogramm umfasst (CA2/26-28; CA3/48; Calum 2012c; Anonym 2012). Bei derartig disruptiven Veränderungen gerät das Unternehmen am stärksten aus seinem Gleichgewicht und benötigt eine entsprechend lange Phase der *Reorientierung*, in der neue Routinen[235] entwickelt werden können (vgl. z.B. Sastry 1997). Folglich ist anzunehmen, dass die Maßnahmen

[235] Alte Kompetenzen sollen dabei nicht komplett ersetzt, sondern ihr Wert für die neu zu entwickelnden Routinen in einer Versuchsperiode eruiert werden. Diese sollte nach innen gerichtet sein, da eine zu starke externe Orientierung eher in der vollständigen Zerstörung langjährig aufgebauter, aber teilweise noch wertvoller Kompetenzen resultiert (Sastry 1997). Dazu passt das Ergebnis der Studie von Posen und Levinthal (2011), in der die Autoren zeigen, dass gerade in turbulenten Umwelten der Wert komplett neuer Kompetenzen schnell erodiert und somit von übersteigerter Exploration abraten.

zur Verbesserung von Calums bislang geringer Innovationsfähigkeit i.e.S. (vgl. Tabelle 13) erst in einigen Jahren greifen werden.

Von *episodisch-disruptiven Veränderungen* wie bei Agon und Calum sind *kontinuierliche, kleinere Veränderungen* zu unterscheiden – die sich in ständigen „Updates" der organisatorischen Strukturen und Prozesse manifestieren[236] (z.B. Weick und Quinn 1999). Jene sind bei den beiden Unternehmen mit der höchsten Innovationsfähigkeit i.e.S. zu beobachten. So beschrieben die Interviewees von *Filion* ihre FuE als *„continuously changing"* (FI3/74), was auch zur Logik der ständigen Rekonfigurationen im Konzern (Anonym 2004c) passt. Damit verbunden sind neben Zentralisationsmaßnahmen zum Ausschöpfen von Synergiepotenzialen (FI1/110,114) auch Aktivitäten zur Förderung der Leistungsfähigkeit der FuE: Beispielsweise werden duale Leitungspositionen aus FuE und Marketing zur cross-funktionalen Vernetzung in den Therapiegebieten eingerichtet, Scouts zum Aufzeigen von Synergiepotenzialen in der Gesamtorganisation ernannt oder Arbeitsgruppen im Innovationsmanagement mit der Suche nach Business Model Innovationen betraut (FI3/68-70,74). Auch bei *Salux* sind aufgabenbezogene organisatorische Veränderungen in der FuE *omnipräsent*, wie z.B. ein früherer Einsatz hauptamtlicher Projektleiter zur koordinativen Entlastung, das Vereinfachen von Entscheidungsprozessen oder das Initiieren von Task Forces für zukunftsträchtige strategische Projekte (SA1/27-29,63,86). In regelmäßigen Abständen kommt es zur Reorganisation der FuE, indem bei gleichbleibender Arbeit in Matrix-Projektteams die Fachabteilungen neu gebündelt werden bzw. der Übergabezeitpunkt zwischen Forschung und Entwicklung neu gesetzt wird (SA1/95-98). Ziel dabei ist, die Innovationsleistung durch eine bessere Harmonisierung der frühen und späten FuE-Phasen zu steigern (SA1/15,146). Aktuell hat man sich für eine sogenannte „Proof-of-Concept" Organisation entschieden (SA1/41):

> „Ja also, ob das jetzt alles so der Gold Standard ist, (…) weiß ich auch nicht… Aber das ist eben so, wie die Organisation im Moment ist. Das wurde mehrmals umgebaut, das ist (…) auch nicht in Stein gemeißelt. Also ich würde nicht drauf wetten, dass das bei uns jetzt in 18 Monaten immer noch genauso so ist. Das war vor 18 Monaten anders, das wird in 18 Monaten möglicherweise auch wieder anders sein. Da wird ständig umgebaut. Weil es auch keine ideale Organisation gibt, zumindest hat sie noch keiner gefunden." (SA1/94)

Anhand dieser Beispiele ist Salux' ebenso wie Filions FuE im positiven Sinne *agil.* Das Vorgehen beider Fallunternehmen kann als *„Simplification Cycling"* betrachtet werden, da in regelmäßigen Veränderungsschleifen[237] bestimmte Strukturelemente hinzugefügt und andere eliminiert werden – anstelle einfach nur neue hinzuzufügen (vgl. Eisenhardt et al. 2010).

---

236 Laut Weick und Quinn (1999) laufen *episodisch-disruptive Wandelprozesse* nach Lewins bekanntem Muster „Unfreeze-Transition-Refreeze" ab, da sich die betroffenen Organisationen erst aus ihrer Trägheit lösen müssen und anschließend versuchen, einen höheren Gleichgewichtszustand zu etablieren. Bei *kontinuierlichem Wandel* ist Veränderung hingegen allgegenwärtiges Thema und es sind die Schritte „Freeze-Rebalance-Unfreeze" zu beobachten: Aktuelle Handlungsmuster werden sichtbar gemacht, mittels „Mini-Wandelepisoden" reinterpretiert und erneut in einen fließenden Zustand versetzt.

237 Auch *kontinuierlicher Wandel* muss eine gewisse *Regelmäßigkeit* besitzen, da Veränderungsprozesse nicht exzessiv bzw. ohne einen anvisierten, zumindest temporär stabilen Zielzustand ablaufen sollten. Ständige unzyklische und unkontrollierte Reorganisationen führen zu „chronically unfrozen systems" (Mayrhofer 1997:520) mit negativen Performance-Effekten, da das Unternehmen im Chaos versinkt (z.B. Klarner und

Neben episodisch-disruptiven oder kleineren kontinuierlichen Veränderungen, die sich auf bestimmte Zeitperioden beschränken, zeigen die Interviewpassagen vereinzelt, dass die FuE-Organisation mittels *inhärenter Adaptivität* flexibilisiert werden kann. Damit ist gemeint, dass die Strukturen und/oder Prozesse von vornherein beweglich gestaltet werden und sich ohne großen Reorganisationsaufwand *situativ anpassen* lassen[238]. Drei solche quasi organisatorisch „eingebaute" Flexibilisierungsmöglichkeiten wurden in den Interviews angesprochen: Erstens können bei allen Fallunternehmen die den Projektteams im Rahmen der *Inputsteuerung* zugewiesenen Budgets bei unvorhergesehenem Mehrbedarf oder neuen Marktgelegenheiten angepasst (CA3/30; FI1/92; FI3/46; SA1/104; TI2/37f.; VI1/94-96) und intertemporal bzw. zwischen Abteilungen verschoben werden (AG2/82-84). Zweitens gibt es in zwei Fällen ein *flexibles Reporting*, d.h. die Projektteams berichten in den Entscheidungsgremien nicht zwangsläufig zu festen Reviewterminen, sondern je nach Bedarf bzw. bei Erlangen wichtiger Ergebnisse (AG2/74-76; VI1/84):

> „Das machen wir immer so, die Projektteams berichten, sagen das was läuft, da haben wir Schwierigkeiten, da müssen wir nacharbeiten... Und dann stellen wir am Ende der Sitzung oder des Tagesordnungspunktes die Frage, okay Leute, wann kriegt ihr denn relevante Daten, wann wollt ihr wieder auflaufen? Das kann ein Monat sein, das können drei Monate sein, je nachdem. (...) Sehr situativ, sehr projektspezifisch." (AG2/74-76)

Drittens verweist Salux auf FuE-Teileinheiten wie einen Post Doc-Pool, die durch eine *gewünscht hohe Fluktuation* besonders änderungsintensiv konzipiert sind, um ständig neues externes Wissen in die Organisation zu transportieren (SA1/148).
Diese drei Flexibilisierungsmuster zeigen, dass sich eine inhärente Adaptivität der FuE-Organisation bislang eher auf Steuerungs-, Entscheidungs- und Personalprozesse und weniger auf Strukturen bezieht.

Insgesamt sind bei den Fallunternehmen momentan zeitweise Veränderungen das dominierende Mittel, um die FuE-Organisation zu flexibilisieren, wobei episodisch-disruptive Transformationen wie bei Agon und Calum längere Reorientierungsphasen nach sich ziehen. Dieses Teilergebnis unterstützt die Annahme, dass ein Höchstmaß an Flexibilität nicht unbedingt gesund für das Unternehmen ist und zwangsläufig zu mehr Innovation führt (vgl. z.B. Schoeneborn et al. 2013; Schreyögg und Sydow 2010).

Raisch 2013; Brown und Eisenhardt 1997). Dieses Phänomen lässt sich metaphorisch als chronische Schlaflosigkeit der Organisation *(„Organizational Insomnia")* beschreiben (Schoeneborn et al. 2013).

238 Genau diese Überlegung steht im Mittelpunkt des Diskurses zur modernen Organisation, die eine Balance zwischen Effizienz und Stabilität sowie Effektivität und Flexibilität herstellen soll. Im dem Zuge wurden früher konkrete Organisationsformen wie z.B. die *Flexible Form* (Volberda 1996) oder die *Hypertext-Organisation* (Nonaka 1994) vorgeschlagen. Heute stehen dagegen organisatorische Gestaltungselemente im Mittelpunkt, z.B. fluide, auf Heuristiken basierende Arbeitsprozesse, lose gekoppelte Strukturen oder temporäre Aufgabenverteilungen (z.B. Eisenhardt et al. 2010; Dougherty 2008). Letzteres begründet, warum projektbasierte Arbeit immer wichtiger wird (z.B. Von der Oelsnitz 2009:223-227; Lundin 1995).

7.3.2.6 Interne Kollaboration und das Innovationsmanagement

Aus den theoretischen Überlegungen zu den Charakteristika der FuE-Organisation ging hervor, dass interne Kollaboration innerhalb der FuE sowie zwischen der FuE und anderen am Innovationsprozess beteiligten Funktionen relevant für die Innovationsfähigkeit ist (vgl. Teilkapitel 3.3.2.5). Zusätzlich ergab das Fallmaterial, dass die Zuarbeit von bzw. Zusammenarbeit mit Einheiten des Innovationsmanagements eine ebenfalls wichtige Art der internen Kollaboration darstellt, die zur Verankerung der FuE im Gesamtunternehmen beiträgt.

Beginnend auf Ebene der FuE-Binnenorganisation fällt auf, dass alle Fallunternehmen die *FuE-interne Kollaboration* (innerhalb und zwischen den frühen und späten FuE-Abteilungen) als sehr intensiv beschreiben, was durch die geschilderten matrixartigen Entscheidungssysteme, die Arbeit in Matrix-Projektteams sowie den Steuerungsmechanismus der Selbstabstimmung begünstigt wird (AG1/22; AG2/14,70-72; AG3/14; CA3/14; FI1/60-64; FI2/8; SA1/78-80; TI2/12,25f.; VI1/22-24,32,89f.,172-175). Im hochkomplexen pharmazeutischen FuE-Prozess (vgl. Teilkapitel 4.2) ist die enge Zusammenarbeit aller Fachfunktionen zwingend notwendig, was anhand des vereinfachten Beispiels eines Interviewees erkennbar wird:

> „Das fängt an mit der Konzeptphase, dass sich der *frühe Wissenschaftler* (…) überlegt, was könnte denn ein interessantes neues Target sein, meinetwegen um Inflammation zu bekämpfen. (…) Und der *Biologe* schlägt dann dieses Target quasi vor als neues Konzept und die verschiedenen Vorschläge werden priorisiert (…). Der nächste Schritt ist dann… [dass] der Kollege aus der *Small Molecules Plattform* dazu kommt und mit dem Biologen zusammen den Essay aufbaut. (…) So, dann gibt es natürlich hier einen Overlap, Leute die das auf den *Screening* Roboter bringen, die arbeiten eng mit dem Biologen zusammen, der den Essay aufgesetzt hat. Die resultierten Hits, also die ersten Substanzen die man findet, (…) da kommt dann der Chemiker ins Spiel. Der *In Silico-Chemiker*, der die Substanzen bewertet (…). Dann kommt der *synthetische Chemiker* dazu aus dem Bereich, der dann Derivate kocht. (…) Und das alles in enger Zusammenarbeit mit dem Biologen, der die ja testen muss. Und da ist es zuerst (…) die Person, die In Vitro die zellulären Essays macht, die *biochemischen Tests*. Hinterher kommt dann der Kollege dazu, der die entsprechenden *Tiermodelle* vorrätig hat oder entwickelt. Die besten Substanzen kommen dann ins Tier, dann werden die hinsichtlich Effizienz dort getestet. Dann kommt (…) die andere Abteilung, das *Non-Clinical Development* rein. Dass (…) dann der *Pharmakogenetiker* sagt, jetzt gucken wir uns mal die Genetik der Substanz in der Ratte an. Die am Ende übrig bleiben (…) kommen dann in die *In Vivo Tox, In Silico Tox* und *In Vitro Tox* (…). Dann kommt der Kollege aus der *Galenik* dazu, der sich die Formulierbarkeit der Substanz anguckt, die Kristallstrukturen (…). Dann kommen die Kollegen aus der *Klinik*, die sind auch frühzeitig eingebunden, die sich überlegen, kann ich so eine Substanz überhaupt entwickeln."
> (SA1/80, eigene Hervorhebung)

Dieses Beispiel demonstriert, wie eng die unterschiedlichen FuE-Experten in ihren Zuständigkeiten aneinander gekoppelt sind und demzufolge bei der Erforschung und Entwicklung neuer Substanzen kollaborieren müssen. Ähnliche Beispiele wurden von den anderen Fallunternehmen in den obenen zitierten Interviewpassagen genannt. Dennoch kann die FuE-interne Kollaboration stellenweise herausfordernd sein, vor allem wenn es um Beziehungen zwischen dem *frühen und späten FuE-Teilbereich* geht – da deren Interessen aufgrund unterschiedlich gut strukturierbarer Aufgaben konfliktär sein können (vgl. z.B. Verworn und Herstatt 2007a). Die Fallunternehmen versuchen daher, frühzeitig zwischen Forschung und Entwicklung zu vermitteln, indem z.B. die Projektübergabe durch einen Schnittstellenmanager („Shadow Project Manager") begleitet wird

(TI2/22) oder gemeinsame Zielvereinbarungsprozesse stattfinden (AG2/94; VI1/188). Der Leiter der vorklinischen FuE von Agon betont dabei:

> „Ich kann also schlecht ein Molekül profilieren in der Pharmakologie, und dann über den Zaun schmeißen in die Klinik und sagen ‚Mach mal'. Ich muss früh die Fragen beantworten, (...) um dann eine vernünftige frühe Entwicklung aufzustellen. Das ist der Trick bei der Sache." (AG2/36)

Auch Filion setzt auf kritischen Austausch: Erstens müssen Kompromisse für Substanzen gefunden werden, die aus Sicht der therapiegebietsspezifischen Forschung wissenschaftlich interessant und seitens der Klinik tatsächlich umsetzbar sind (FI1/79f.); zweitens sollen so *Zielkonflikte* von globalen und lokalen FuE-Einheiten z.B. hinsichtlich der Priorisierung verschiedener klinischer Studien beigelegt werden (FI1/70,104). Generell soll Kollaboration nicht nur zwischen diversen FuE-Teilfunktionen, sondern bei diversifizierten Unternehmen auch über die Therapiegebietsgrenzen der FuE-Center hinweg stattfinden. Dadurch können *Synergiepotenziale*, z.B. ein für mehrere Krankheitsfelder geeigneter Wirkmechanismus, erschlossen werden (CA3/12; FI3/18,74; SA1/57). In Fall von Vinas wird hierbei noch Verbesserungsbedarf eingeräumt, da nach eigener Aussage die „Quervernetzung" zwischen den FuE-Standorten noch gestärkt werden muss[239] (VI1/169-171; VI2/26-28).

Hinsichtlich der *cross-funktionalen Kollaboration* sind sich die Interviewees der Fallunternehmen zum Großteil einig, dass die FuE mit den nachfolgenden Funktionen des Innovationsprozesses schon früh zusammenarbeiten muss. Mit *Marketing & Vertrieb* werden durch Abstimmungsprozesse noch während der laufenden frühen FuE-Phasen das kommerzielle Potenzial neuer Substanzen bzw. der bedienbaren Indikationen beurteilt und gesundheitsökonomische Aspekte eruiert (z.B. AG2/38; AG3/29; FI1/68; SA1/100; TI1/80). Wichtige Fragestellungen, die FuE und Marketing gemeinsam beantworten müssen, sind insbesondere:

> „Erstens, wird der medical need getroffen, das heißt die therapeutische Lücke in dem Segment, (...) und zweitens, ist die Innovation wirklich hoch genug oder gut genug, dass die Substanz (...) in acht Jahren von heute [an] eine Chance hat auf den Markt zu kommen (...). Und drittens, [kann sie] dann auch erstattet werden (...). Es nutzt ja nichts, wenn man in Pharma eine Zulassung bekommt, aber nachher (...) keine Erstattung, weil die Krankenkassen sagen ‚Nice to have, aber wo ist der Mehrwert, wo ist der Zusatznutzen zu dem, was es jetzt bereits schon am Markt gibt?'" (AG3/14)

Um den Austausch zwischen beiden Funktionen zu fördern, sind Marketing-Vertreter z.B. als Mitglieder der FuE-Projektteams abbestellt oder sie nehmen in gemeinsamen horizontalen Abstimmungsmeetings (VI1/22-24) bzw. zusammen mit anderen Vertretern der Wertschöpfungskette an strategischen Entscheidungsgremien (TI2/12) teil. Bei Agon ist das Marketing der FuE

[239] Abgesehen von FuE-Fachfunktionen, die wegen hoher Aufgabeninterdependenzen ohnehin eng gekoppelt sind, führt mehr Kollaboration nicht zwangsläufig zu mehr Innovation: Da die Zusammenarbeit über räumliche und wissensbezogene Distanzen hinweg aufwendig ist, sollten situationsabhängig Kosten und Nutzen abgewogen werden (vgl. z.B. Guler und Nerkar 2012; Schmickl und Kieser 2008). Folglich ist Kollaboration zwischen globalen und lokalen bzw. therapiegebietsspezifischen FuE-Teileinheiten z.B. sinnvoll, wenn konkrete Synergiepotenziale erschlossen und Problemlösungen generiert werden können, die den gesamten FuE-Apparat betreffen (vgl. z.B. Saur-Amaral und Kofinas 2010; Hage und Hollingsworth 2000).

sogar strukturell untergeordnet, da beide FuE-Teilbereiche eine eigene Marketing-Funktion haben. Das bedeutet, dass sich die cross-funktionale Kollaboration nicht nur auf die im obigen Zitat genannten frühen Fragestellungen bezieht, sondern ebenso über klassische Marketingaufgaben wie z.B. die Analyse von Wettbewerbern, Differenzierungspotenzialen und Ableitung konkreter Marketingstrategien erstreckt (AG2/38,64; AG3/29f.,44).

Mit der *Produktion* beginnt die Zusammenarbeit bereits während der klinischen Studien, da schon kleinere Chargen der zu testenden Substanzen hergestellt und die Volumina bei strenger Qualitätssicherung im Zeitverlauf hochskaliert werden (FI1/66; SA1/100). Außerdem müssen Produktion und FuE frühzeitig die Umsetzungsmöglichkeiten von Substanzen unterhalb der gesetzten Kostengrenze sowie geeignete galenische Fomulierungen (d.h. Darreichungsformen, z.B. Tablette oder Lösung) besprechen (z.B. AG3/32; SA1/100). Besonders eng muss die Kollaboration bei kleinmolekularen (biotechnologischen) Arzneimitteln wie Insulin ausfallen, da die Prozessschritte bei Arbeit mit lebenden Organismen nicht entkoppelt werden können und es bedingt durch diese Aufgabeninterdependenzen hohe *technologische Spillover-Effekte* zwischen FuE und Produktion gibt (TI2/58; vgl. Ethiraj und Levinthal 2004:415f.). Um beide Funktionen näher zusammenzubringen, sitzen Produktionsvertreter zur gemeinsamen strategischen Planung z.B. mit in FuE-Entscheidungsgremien (AG2/60) oder ab der Entwicklungsphase in den Projektteams (TI2/18). Zusätzlich ist empfehlenswert, an größeren FuE-Standorten auch Produktionszentren anzusiedeln (z.B. FI2/8; Vinas 2012a).

Bezüglich der cross-funktionalen Kollaboration ist der Vergleich zwischen Calum und Filion als Unternehmen mit geringer vs. hoher Innovationsfähigkeit i.e.S. interessant. Laut Einzelfallanalyse findet bei *Calum* kaum Austausch zwischen den am Innovationsprozess beteiligten Funktionen statt (CA2/30). Besonders auffällig ist die *Separation von Marketing und FuE*[240]. So schildert ein Interviewee aus der Marketingorganisation:

> „Aber gerade wo Sie auf die Forschung speziell abheben... [Die] ist, wie gesagt, über weite Teile wenig an uns gekoppelt. Das ist halt wirklich mehr in den (...) medizinischen Forschungsclustern auf Corporate-Ebene." (CA1/90)

Das heißt, dass lokale Marketingeinheiten die Substanz nach Abschluß der global durchgeführten klinischen Studien von der FuE übernehmen und vorher keinen Input geben. Nur selten gibt es Absprachen, z.B. zur Festlegung von zulassungs- und erstattungsrelevanten Endpunkten in teuren, kernmarktspezifischen Phase 3-Studien; ansonsten bleibt der Einfluß des Marketings auf den eigenen Aufgabenbereich beschränkt (CA1/12-14,22,59f.; CA3/15). Insgesamt deutet die Situation bei Calum auf *funktionale Silos* hin – der bewährten Organisationsform kleinerer Pharma-Unternehmen aus den 60ern, die dem Kommunikationsfluß in den heutigen großen Strukturen aber abträglich ist (z.B. Ernst & Young 2012:4; Garnier 2008:72). Bei *Filion*, ebenfalls ein Big Pharma Unternehmen, hat man dieses Problem erkannt:

240 Neben der Vorproduktion kleinerer Skalen für die klinischen Studien (CA3/15) ist auch die Produktion bei Calum stark gebündelt und zum Großteil von der FuE entkoppelt (CA1/6,29f.). Diese funktionale Trennung wurde in den Interviews aber seltener angesprochen als diejenige zwischen FuE und Marketing.

"[I]n the past, we saw a lot of silos being created between R&D and marketing. You only had strategic marketing involved early on in the selection of compounds, but then it took really a while before you got marketing involved again in the development of the product. What we see now, (...) we are now moving (...) into a dual leadership position of the therapeutic area. So each therapeutic area now has a commercial leader and a scientific leader. (...) And they are both responsible for end to end, for the development and the commercialization of the products within the therapeutic area. So those ties will be much closer again." (FI3/20)

Durch *doppelte Führung* der Therapiegebiete als Filions spezialisierter Forschung in den FuE-Centern (FI3/6,74) wird von vornherein eine starke Vernetzung zwischen FuE und Marketing gewährleistet. An deren Schnittstelle agieren außerdem lokale *„Market Access Teams"* als Intermediäre, um z.B. in Fragen zur Studienorganisation, Zulassung und Erstattung zu vermitteln und Einfluß auf die globalen Funktionen zu nehmen (FI1/68-72). Zusätzlich wurde bei Filion teilkonzernübergreifend eine gemeinsame Innovationsinitiative von FuE und Marketing initiiert, um synergetische neue Ideen zu identifizieren, auszuwählen und ihre Umsetzung zu finanzieren (FI3/26). Dementsprechend scheint die starke cross-funktionale Kollaboration bei Filion einen Beitrag zur Innovationsfähigkeit i.e.S. zu leisten.

Zu guter Letzt ergab das Interviewmaterial, dass *Zusammenarbeit der FuE mit dem Innovationsmanagement* eine für die Innovationsfähigkeit ebenfalls wichtige Art der internen Kollaboration darstellt. Im Gegensatz zur FuE ist die Zuständigkeit des Innovationsmanagements breiter zu fassen (vgl. Teilkapitel 3.3.1), da es sich auf Gesamtunternehmensebene mit dem Erschließen und der Diffusion neuer Ideen, der Gestaltung des Innovationssystems und konkreten Innovationsprogrammen beschäftigt (z.B. Gemünden und Salomo 2004). Damit wird die FuE in ihren Kernaufgaben unterstützt, wobei das Innovationsmanagement ihr als eigene Abteilung, Stabsstelle oder Task Force organisatorisch unterstellt[241] sein kann, aber nicht muss (Gaubinger 2009).
In der Tat finden sich in den Fallunternehmen nur vereinzelt Hinweise zu solchen *der FuE untergeordneten Organisationseinheiten*: Bei Tinus hat die FuE eine Strategieabteilung (Tinus 2012c); bei Salux gibt es einen Stab zur Realisierung beschlossener FuE-Reorganisationen sowie Task Forces, die das Potenzial strategischer FuE-Projekte (z.B. Biosimilars, Biomarker) elaborieren (SA1/27-29; Salux 2011c). In den meisten Fällen sind Stäbe und Abteilungen des Innovationsmanagements *außerhalb der FuE-Linie* angesiedelt und der Geschäftsleitung direkt unterstellt, z.B. wenn es um das Management von strategischen Partnerschaften und Allianzen geht (AG2/12; AG3/4; Agon 2012c; VI1/158-162). Bei Vinas agiert die Abteilung *Allianzmanagement* als Mittler zwischen potenziellen externen Partnern und der internen FuE, indem sie eine *Filterfunktion* übernimmt und in engem Austausch mit den eigenen Wissenschaftlern steht:

[241] Laut Gaubinger (2009) kommen Organisationseinheiten des Innovationsmanagements in der Praxis zentralisiert (z.B. der Geschäftsführung unterstellte Stabsstelle oder eigene Abteilung), dezentralisiert (z.B. eigene Abteilung eines jeden Funktionsbereiches bzw. einer jeden objektorientierten Einheit) oder als Mischform (z.B. zentrale Abteilung für Querschnittsaufgaben, dezentrale Abteilungen für produktspezifische Aufgaben) vor.

„[Sie] ist aber engstens vernetzt und die Teams sind eben auch so zusammengesetzt, dass wenn da ein interessantes Projekt aufgetan wird, das ganz eng mit den Forschern bei uns besprochen wird und bewertet wird. Und dann auch bestimmte Daten auf den Tisch gelegt werden, die unsere (...) Forschungsteams betrachten und sagen ‚Oh, könnte Potenzial haben‘ oder auch ‚Viel zu risikoreich, würde ich vielleicht nicht nachlaufen, dieser Idee.‘“ (VI1/162)

Neue Ideen von außen in das Unternehmen zu holen kann aber ebenso Aufgabe einer nicht ausschließlich auf externe Partnerschaften ausgerichteten Organisationseinheit sein; bei Vinas ist dafür z.B. auch das globale Innovationsmanagement zuständig (VI2/2,20). Öfters werden solche hierarchisch hoch aufgehängten Abteilungen oder Stäbe allerdings zum *Stimulieren von Innovation im Gesamtunternehmen* eingesetzt, indem z.B. Innovationspreise ausgelobt und innovative Projekte finanziell gefördert werden (z.B. TI2/106; Salux 2011c). Dafür betont der Vinas-Experte das globale Innovationsmanagement als unabhängige Institution, die *„Spielplätze“* zum Ausprobieren unkonventioneller Ideen bietet, die mangels Fit zu den Bereichsinteressen entweder gezielt aus der FuE-Linie ausgegliedert oder initiativ von engagierten Ideengebern addressiert werden (VI2/36-44). Darüber hinaus soll Vinas‘ Innovationsmanagement unter Einsatz moderner Informationstechnologie die Vernetzung zwischen den verschiedenen FuE-Teilbereichen und Unternehmensfunktionen verbessern, um gemeinsam Innovationsprojekte voranzutreiben (VI2/26-28). Neben Vinas wurde die Rolle eines unabhängigen Innovationsmanagements am intensivsten von *Filion und Salux*, den Fallunternehmen mit der höchsten Innovationsfähigkeit i.e.S., diskutiert. Beide haben ein zentrales *Center für Innovation und Ventures*, um neue Ideen der Organisationsmitglieder zu sammeln und zu selektieren. In der kreativen, unbürokratischen Atmosphäre regelmäßig stattfindender Workshops werden Ideen von Projektteams zu Business Plänen ausgearbeitet und dabei interne und externe Berater (z.B. Coaches, Entrepreneure, Experten aus der Akademia) eingebunden. Schließlich werden die Business Pläne der Geschäftsführung als Jury final vorgestellt und bei Genehmigung als vollwertige FuE-Projekte finanziert und umgesetzt (SA1/108; Salux 2011c,d; FI3/30-32,40,60,70). In beiden Unternehmen sind diese *Innovationsinitiativen* sehr erfolgreich, da schon einige Projekte in die operative Phase überführt und zur Marktreife gebracht werden konnten (SA1/108; Salux 2011d; FI3/70). Dennoch gibt es Unterschiede: Anders als bei Filion sind die Workshops bei Salux nicht auf den Pharma-Teilkonzern begrenzt, sondern sie finden *konzernweit* statt. Dadurch kann unternehmerisches Denken über Spartengrenzen hinweg gefördert werden, wozu sicherlich die Ideenselektion mittels öffentlichem Public Voting im Intranet beiträgt (SA1/3,108; Salux 2011c,d). Bei Filions Innovationsmanagement ist dafür die Zielausrichtung breiter, da im Gegensatz zu Salux nicht „nur“ neue Produkte, sondern in Workshops und Task Forces ebenso *neue Dienstleistungen* (z.B. Präventionsangebote) und *neue Geschäftsmodelle* (z.B. medizinische Nährstoffe) zur Komplementierung des Portfolios gesucht werden (FI3/26,40,68-70; Filion 2010c). Gerade bei neuen Geschäftsmodellen bzw. Business Model Innovationen (vgl. Teilkapitel 2.3) herrscht laut Filions Leiter des Venture Centers in der FuE-Linie oft Widerstand, weswegen er seine Unabhängigkeit zum Antreiben dieser radikalen, umfassenden Neuheiten[242] nutzt (FI3/26):

---

[242] *Business Modell Innovationen* ersetzen wesentliche Elemente des Kerngeschäfts von Unternehmen, z.B. die Art der Wertgenerierung, die bedienten Marktsegmente, die verfolgte Wettbewerbsstrategie oder den Aufbau

"So we work specifically looking at solutions in new products, some of them are business models which are complementing and supporting our drug product. I bypassed all management boards, then I go immediately to the highest level (...) to make decisions. (...) Because what we have seen in the past is that people with good ideas, they go to their line manager, line management has their own goals and objectives. And they don't know what to do with the ideas and it's killed even before we even saw it alive. And that's why I go to the management, to the executive committee, basically of the pharm business, [to] bypass it." (FI3/26)

Zusätzlich werden im Rahmen von Filions Innovationsmanagement lokale Arbeitsgruppen genutzt, um über den klassischen Arzneimittelverkauf hinausgehende Arten von Innovation zu generieren (FI1/88,116). Insgesamt steht Filions Engagement im starken Gegensatz zu Calum, bei dem als einzigem Fallunternehmen lokale bzw. globale Innovationsmanagementinitiativen eher abgelehnt werden (CA1/6,74).

Zusammenfassend zu den vorgestellten Ergebnissen ist festzustellen, dass die FuE-interne Kollaboration mit Ausnahme der bei Vinas festgestellten Herausforderungen den Fallunternehmen kaum Probleme bereitet. Ebenso wurde die cross-funktionale Kollaboration in fast allen Fällen als eng geschildert. Nur bei Calum waren funktionale Silos festzustellen – ebenso wie eine skeptische Haltung gegenüber Initiativen des Innovationsmanagements, in denen Vinas, Filion und Salux sich besonders stark engagieren.

7.3.2.7 Anreizsystem: Anerkennung und Freiräume für Innovation

Das Anreizsystem wurde als Charakteristikum definiert, das sich nach seinem Geltungsbereich sowohl auf die Binnenorganisation der FuE (FuE-interne Anreize) als auch auf die Verankerung der FuE im Gesamtunternehmen (unternehmensweite Anreize) beziehen kann (vgl. Teilkapitel 3.3.2.6). Das Fallmaterial demonstriert, dass auch externe Anreize zum Motivieren von FuE-Leistungen existieren, die zur Verankerung der FuE in der Unternehmensumwelt beitragen. Hinsichtlich der Art der Anreize findet sich bei fast allen Fallunternehmen ein Mix aus extrinsischen und intrinsischen Anreizen, die sich meist auf individuelle Leistungen beziehen. Kollektive Anreize zum Anregen der Leistung ganzer Teams werden hingegen kaum erwähnt. Tabelle 14 stellt die von den Fallunternehmen genannten Anreize für innovatives Verhalten, d.h. zu guten Ideen, FuE-Ergebnissen und konkreten Innovationen führendem Handeln, nach den vorgestellten Unterscheidungskriterien dar.

Als klassische *extrinsische Anreize,* die per Definition außerhalb der Tätigkeit liegen (z.B. Osterloh und Frost 1998:217; Frey und Osterloh 1997:307-309), werden die leistungsabhängige Vergütung (d.h. je nach Zielerreichungsgrad variable Gehaltsbestandteile) und das Bonussystem für erfolgreiche FuE-Leistungen in allen Fällen genannt (AG1/64; AG2/102; AG3/62; FI1/128; SA1/117; TI1/100-104; TI2/46; VI1/181-183). Derartige Anreize hängen unmittelbar mit der Outputsteuerung[243] zusammen und basieren oft auf unternehmensweit einheitlichen Zielverein-

der Wertschöpfungskette. Daher handelt es sich um eine besonders weitreichende, disruptive Art der Innovation (vgl. z.B. Chesbrough 2010; Mitchell und Coles 2004).

243 Zum Vermeiden verzerrender Anreizwirkungen (Multiple- bzw. Fuzzy-Tasking Problem, vgl. Teilkapitel 7.3.2.4) sei erneut auf die Notwendigkeit und Schwierigkeit, geeignete FuE-Ziele zu formulieren, hingewiesen.

barungs- bzw. Zielauditierungsprozessen (CA3/38; FI1/126; TI2/44; VI1/181-183). Ebenfalls verwiesen wird auf die Notwendigkeit, eine eigene Karrierelaufbahn für Wissenschaftler zu implementieren (AG3/60; Calum 2011d) und Möglichkeiten der beruflichen Weiterentwicklung, wie z.B. die Aussicht auf Projektleiterstellen (VI1/181) oder im Rahmen unternehmensweiter Innovationsworkshops genießbare Trainingsmaßnahmen, als Anreiz anzubieten (FI3/50; SA1/110).

Art*	Ebene	Anreiz	Fälle
Extrinsisch		individuelle Anerkennung von innovativem Verhalten:	
	FuE-intern	✓ Würdigung auf Events mit der Geschäftsführung, in Unternehmensmedien und durch Innovationspreise	AG, CA, TI, VI
	Unternehmen	✓ gewährte Sichtbarkeit in Workshops und durch Vergabe von Innovationspreisen	CA, FI, SA
	Unternehmens-umwelt	✓ wissenschaftliche Publikationen, Kongresse, Anmelden von Patenten	TI
	FuE-intern	Ermutigung von Innovation durch die Führung	AG, CA, FI
	FuE-intern/ Unternehmen	Karrierelaufbahn und berufliche Weiterentwicklung, z.B. Trainings im Rahmen von Innovationsworkshops	AG, CA FI, SA, VI
	FuE-intern/ Unternehmen	leistungsabhängige Vergütung und Boni	AG, CA, FI, SA, TI, VI
Intrinsisch	FuE-intern	Freiräume für FuE-Aufgaben außerhalb der Linie:	
		✓ Zeit zum Experimentieren trotz Tagesgeschäft schaffen; Projekte in Inkubation versetzen	AG, VI
	Unternehmen	✓ Arbeiten in vom Innovationsmanagement initiierten Workshops	FI, SA
	Unternehmens-umwelt	✓ wissenschaftliche Sabbaticals für Arbeit in externen wissenschaftlichen Institutionen	AG, CA
	FuE-intern	kreatives Arbeitsumfeld	AG, FI, SA
Kollektiv	FuE-intern	Anerkennung von ganzen Teams mittels Events, Auszeichnungen und Boni	AG, FI, VI

Legende: *Die Einordnung der in den Interviews genannten Anreize als extrinsisch oder intrinsisch folgt den Erkenntnissen der Motivationstheorie (v.a. Frey und Osterloh 2002; Osterloh und Frost 1998; Amabile 1997; Frey und Osterloh 1997; Amabile et al. 1996). Zu kollektiven Anreizen siehe z.B. Lindenberg und Foss (2011).

Tabelle 14: Anreize für innovatives Verhalten in den Fallunternehmen (Quelle: eigene Darstellung).

Einig waren sich die Interviewees, dass *Anerkennung* den hauptsächlichen extrinsischen Anreiz für innovatives Verhalten darstellt. FuE- bzw. unternehmensintern können für Innovatoren gemeinsame Festivitäten mit der Geschäftsleitung organisiert oder Leistungen in Unternehmens-medien gewürdigt werden (AG2/102-104; CA3/38). Besonders häufig erwähnt wurden *Innovationspreise bzw. Awards* (Calum 2011d; SA1/117), um Organisationsmitglieder z.B. für gute Ideen (FI1/120), Forschungsbeiträge (VI1/183) oder konkrete Innovationen (Salux 2011c) zu belohnen. Innovationspreise sind Auszeichnungen zum Sichtbarmachen besonderer Leistungen, die mit geldwerten Vorteilen einhergehen können, aber nicht müssen (vgl. Frey 2010:6). Beispielsweise kürt Tinus ohne monetäre Wirkung FuE-Mitarbeiter regelmäßig zum „Best Scientist“ (TI2/48-50,106); bei Filion hingegen stellen Auszeichnungen vor allen Dingen

Risikoprämien dar, die Personen bei Wechsel aus der Linie in befristete, im Rahmen der Workshops genehmigte Innovationsprojekte erhalten (FI3/58). Motivierend wirken an solchen Auszeichnungen nicht (nur) monetäre Vorteile, sondern hauptsächlich die *Visibilität*, die sie ihrem Träger im Unternehmen bringen (FI3/58; VI1/183; vgl. Frey 2010:6f.). Neben Preisen können individuelle Leistungen ebenso mittels persönlicher Anerkennung durch die Geschäftsführung (AG2/104; VI2/46) ausgezeichnet werden[244] (vgl. Frey 2010:6f.). Auch die unternehmens- bzw. konzernweiten *Innovationsinitiativen*, wie sie Salux (SA1/110) und Filion durchführen, bieten Mitarbeitern eine gute Plattform zum Erlangen von Visibilität:

> "The prime motivator is the fact that they get again and again and again time to talk to senior management, to talk about progress, basically make themselves visible in the organization. One example that I have [is] a person now (...) leading a venture (...): Each time we do an employee communication session, so that's 400 to 500 people, where management then outlines the state of the business (...) – well, each time she is mentioned. This gives an enormous visibility (...). And before that, she (...) was hidden somewhere far away in the idea organization. So that's a motivator for people. Much more than the financial means (...)." (FI3/58)

Eng verwandt mit interner Anerkennung ist die Ermutigung von Innovation durch die *Führung*, was sich bei Agon z.B. in der Offenheit des Managements für neue Ideen (AG1/94) und bei Filion in historisch gewachsenen Führungsgrundsätzen in der FuE, wie dem ständigen kritischen Hinterfragen bekannter Problemlösungen (Anonym 2004c), widerspiegelt. Bei Calum soll der Führungsstil im Rahmen des Kulturwandelprogramms verändert werden, um mehr Innovation durch wagemutigere Manager, stärkere Partizipation der Mitarbeiter und weniger Leistungsdruck zu stimulieren (CA2/28; Anonym 2012). Neben interner Würdigung kann auch Anerkennung innerhalb der *wissenschaftlichen Community* (CA3/38; Calum 2011d; TI2/52-54) als Teil der Unternehmensumwelt ein starker Motivator sein:

> "Well I guess in our case, what people are primarily motivated by – and here I talk about researchers – what they are primarily motivated by is actually publication. And (...) of course we have to respect any intellectual property right that may come out of the work and that is very important to the company. But once (...), we really encourage people to publish their results in respected journals and go to scientific conferences and give talks and stuff like that." (TI2/52)

Bei Tinus ersetzt dieses Bedürfnis der Mitarbeiter nach *externer Reputation* aufgrund eigener FuE-Leistungen ein stückweit das interne Anreiz- und Preissystem bzw. komplementiert es (TI2/52-54). In diese Kategorie von Anreizen fallen auch *Patentanmeldungen*, da sie Inventionen auf Grundlage des Arbeitnehmererfindergesetzes anerkennen und vergüten (SA1/111f.) und ein

---

244 Ein Agon-Interviewee betonte die Relevanz persönlicher Anerkennung und argumentierte, dass „Forschungspreise" im Unternehmen aus Befürchtung von Neid, „Nicht-in-die-Töpfe-gucken-lassen" und destruktivem Wettbewerb nicht vergeben werden (AG2/104). Persönliche Anerkennung stellt aber dennoch eine, wenn auch weniger institutionalisierte, Form der Auszeichnung dar (Frey 2010:6). Interessanterweise ist aus Sicht der Motivationsforschung kaum mit negativen Effekten von *Awards* zu rechnen: Wegen ihrer primären Reputationswirkung und öffentlichen Vergabe ist kein Crowding-Out, sondern eher ein *Crowding-In* der intrinsischen Motivation zu erwarten; Awards motivieren auch Personen, die sie gar nicht erhalten (Frey und Osterloh 2011:18; Frey 2010:12f.; Frost et al. 2010d:129f.).

entsprechendes Renomee[245] begründen können (z.B. Pénin 2007:340f.). Abschließend sei erwähnt, dass gerade extrinsische Anreize, die der Anerkennung individueller Leistung dienen, ein stückweit kulturell bedingt sind (TI2/54; VI2/46). Um trotz international tätiger FuE dennoch ein geeignetes Anreizsystem zu gestalten, kann wie bei Vinas z.B. stärker auf vom Mitarbeiter selbst wählbare Belohnungen gesetzt (z.B. Gutscheine) oder mit lokalen Innovationspartnern eine Art multi-kultureller Anreizkatalog entwickelt werden (VI2/50-52).

Neben den vorgestellten extrinsischen Anreizen finden sich in im Fallmaterial – mit Ausnahme von Tinus – auch Hinweise zur Relevanz *intrinsischer Anreize*, die per Definition in der Tätigkeit selbst liegen (z.B. Osterloh und Frost 1998:217f.; Frey und Osterloh 1997:307-309). Aus den meisten Interviews geht hervor, dass extrinsische Anreize wie die Vergütung im Herzberg'schen Sinne als „Hygienefaktoren[246]" zu verstehen sind (AG2/102) und FuE-Mitarbeiter maßgeblich durch intrinsische Anreize wie einer spannenden Tätigkeit oder ihrer Leidenschaft für ein Projekt zu überragenden Leistungen motiviert werden (z.B. AG3/62; FI2/37f.; SA2/108). Das bedeutet, dass FuE-Aufgaben stark auf einem inneren Antrieb beruhen, der z.B. in *prosozialen Motiven*[247] wie empfundener Verantwortung dem Patienten gegenüber bestehen kann (CA3/38; FI3/37f.). Eine solche „Geisteshaltung" bzw. kreatives Commitment wird von einem Interviewee sogar als Grundmerkmal eines fähigen Wissenschaftlers in der FuE erachtet (VI1/181). Doch obwohl die Relevanz intrinsischer Motivation für kreative Aufgaben und somit zum Generieren von Innovationen hinlänglich bekannt zu sein scheint, ist sie aufgrund ihrer engen Verknüpfung mit der Person schwieriger durch Anreize zu steuern (z.B. Sauermann und Cohen 2010; Ryan und Deci 2000). Dennoch kann auf die intrinsische Motivation von Mitarbeitern durch Arbeitsgestaltung Einfluss genommen werden, indem Aufgaben z.B. Herausforderungen und *persönlichen Entfaltungsraum* bieten (intrinsische Anreize) oder mit informierenden/befähigenden extrinsischen Anreizen[248] (siehe oben, z.B. Anerkennung, ermutigender Führungsstil) einhergehen (Amabile 1997, 1993). Welche konkreten intrinsischen Anreize im Interviewmaterial thematisiert

---

245 In der Pharma-Industrie besteht sogar ein unmittelbarer Zusammenhang von *Patenten und Publikationen*, da Mitarbeiter sensible FuE-Erkenntnisse meist nur dann in wissenschaftlichen Journals veröffentlichen dürfen, wenn zuvor das Recht auf geistiges Eigentum angemeldet und anerkannt wurde (Pénin 2007:344). Insgesamt ist die Anreizwirkung von Publikationen aber größer, da sie im Vergleich zu Patenten detailliertere Informationen enthalten und durch häufigere Zitationen eine größere Reichweite versprechen (Furukawa und Goto 2006).

246 Nach *Herzbergs Zwei-Faktoren-Theorie* regeln Hygienefaktoren (z.B. Gehalt, Arbeitsumgebung) das Unzufriedenheitsniveau und die extrinsische Motivation von Individuen, während Motivatoren (z.B. Entfaltungsmöglichkeiten) ihr Zufriedenheitsniveau und somit die intrinsische Motivation beeinflussen (Herzberg 1987).

247 Das Verfolgen *prosozialer Motive* als Verlangen, anderen Personen mit den eigenen Handlungen zu helfen, wird in der Literatur auch als „prosoziale Motivation" bezeichnet. Im Innovationsmanagement hat sie zur Folge, dass Mitarbeiter ihre intrinsische Motivation auf neue und besonders nutzenstiftende Problemlösungen lenken (Grant und Berry 2011) – was in ethisch sensiblen Märkten des Gesundheitswesens entscheidend ist.

248 Neben der Beeinflussung intrinsischer Motivation durch extrinsische Anreize (Crowding-In- bzw. Crowding-Out-Effekt) ist auch ein umgekehrtes Wirkungsverhältnis möglich, da intrinsische Motivation z.B. das durch extrinsische Anreize verstärkte Multiple-Tasking Problem mindern kann (z.B. Frey und Osterloh 2002:26-40; Osterloh et al. 2001:234).

wurden, ist Tabelle 14 zu entnehmen. Einerseits sprachen die Interviewees ein *kreatives Arbeitsumfeld*[249] an:

> „Wenn man sich das anguckt, wie die wichtigsten Blockbuster gefunden werden, dann ist das ganz wichtig, wie kann eine Pharma-Firma eine Umgebung schaffen, in der kreative Leute gerne arbeiten und nicht (...) in die Biotechfirmen X,Y,Z abwandern oder durch den administrativen Overload frustriert werden. Sondern wie schaffe ich eine Struktur, ein Umfeld, in der Kreativität und Eigeninitiative gedeihen." (SA1/142)

Neben der Entlastung der Mitarbeiter von administrativen Aufgaben (AG2/98) kann ein kreatives Arbeitsumfeld z.B. durch exzellente und heterogene FuE-Teams, in denen das Arbeiten Spaß macht (AG3/60), oder durch Inspiration z.B. von externen Referenten (FI1/120) geschaffen werden. Als wichtigster intrinsischer Anreiz kristallisierten sich aus den Interviews *Freiräume in der Tätigkeit selbst* heraus: In der FuE müssen Mitarbeiter die Freiheit und die Zeit haben, zu experimentieren, beim Ausprobieren neuer Lösungsansätze Fehler zu machen und daraus zu lernen (VI1/204f.,208) sowie sich auszutauschen – um somit den Spaß am wissenschaftlichen Arbeiten zu erhalten (AG3/62). Inzwischen ist aber klar, dass gerade die späten FuE-Phasen in der pharmazeutischen Industrie stark reglementiert sind, um z.B. komplexe Teilprozesse handhaben und externe Auflagen erfüllen zu können (vgl. Teilkapitel 7.3.2.4). Um dennoch Freiräume zur Exploration zu schaffen, lösen einige Fallunternehmen ihre Wissenschaftler zeitweise aus dem FuE-Tagesgeschäft bzw. der FuE-Linie heraus:

> „Also was ich (...) immer wieder höre von den Wissenschaftlern ist, dass sie mehr Zeit haben für die *Wissenschaft außerhalb des operativen Geschäfts*. Also wenn man sich einfach mal Zeit nimmt für grundsätzliche Dinge, wieder das, was man vielleicht an der Uni gemacht hat, während der Doktorarbeit, der Post Doc-Zeit. Losgelöst von den Projekten. Dann finden die Leute immer wieder die Möglichkeit, ganz neue Ideen zu finden und das dann eben auch zu diskutieren, vorzustellen." (AG1/92; eigene Hervorhebung)

Agon hat hierfür z.B. *„Talent Pools"* für besonders leistungsfähige FuE-Experten eingerichtet, in denen 20% der Arbeitszeit als kreativer Freiraum z.B. für neue Publikationen, geförderte Weiterbildungen bzw. Zusatzqualifikationen oder wissenschaftliche Sabbaticals in akademischen Institutionen zur Verfügung steht (AG1/64-66,74; AG3/62). Auch bei Calum sollen zukünftig Potenzialträger der FuE mit „Scientific Retreats" belohnt werden (Calum 2011d). Das Entsenden von Mitarbeitern in externe Einrichtungen schafft somit Möglichkeiten, intrinsische Anreize der Unternehmensumwelt zu nutzen bzw. die interne FuE stärker extern zu vernetzen. Außerdem können Freiräume geschaffen werden, indem Innovationsprojekte aus der FuE-Linie herausgelöst und von Teams in *Inkubation* selbstständig entwickelt werden (AG1/62). Dieser Logik folgen Filion und Salux mit unternehmens- bzw. konzernweit durchgeführten *Innovationsinitiativen* (Workshops), die von internen, von Linieninteressen unabhängigen Institutionen des Innovationsmanagements (vgl. Teilkapitel 7.3.2.6) initiiert und geleitet werden. Beide Unternehmen

---

[249] Ein *kreatives Arbeitsumfeld* kann zu den Anreizen gehören, durch die sich extrinsische als auch intrinsische Motive erfüllen lassen (vgl. z.B. Gagné und Deci 2005; Frey und Osterloh 1997:310f.). Hier wird es als intrinsischer Anreiz eingestuft, da sich die Hinweise der Interviewees auf die Tätigkeit selbst bezogen, und nicht auf von ihr trennbare Faktoren (z.B. Führungsstil) oder Konsequenzen (z.B. Reputation) gerichtet sind.

betonen, dass die Teilnehmer ihrer Innovationsworkshops aus Leidenschaft und Begeisterung für die eigene Idee freiwillig in ihrer Freizeit am Projekt weiterarbeiten. Dabei motiviert ehrliches, kontinuierliches Feedback vom Management sowie internen und externen Experten, da es zur Verbesserung der Ideen bis zum im Idealfall gewährten Funding beiträgt (FI3/50-54; SA1/108-110; Salux 2011c,d):

> "And that's an investment from both the company and the individual. But of course, what you see – that's because it's their own idea – [is that] people get really excited about it. And they want to invest that time, it becomes some kind of a *natural drive* for them. And that's where we want to go back to: People really wanting to invest time and effort in their work because they feel *passionate* about it, they have a lot of energy about it and they don't only come to work because at the end of the month they get their paycheck. And that works pretty well." (FI3/52; eigene Hervorhebung)

Neben den beiden vorgestellten Anreizarten, die auf die Motivation von Individuen abzielen, wurde in den Studien zur Innovationsfähigkeit nur vereinzelt die Relevanz *kollektiver Anreize* betont (vgl. Teilkapitel 3.3.2.6). Kollektive Anreize werden für ganze Teams vergeben und finden weitaus seltener Anwendung als individuelle Anreize, was mit der höheren Komplexität gruppenbasierter Anreizsysteme und der schwierigeren Einschätzbarkeit von Gruppenleistungen zusammenhängt (z.B. McClurg 2001). In der Literatur werden sie oft in extrinsischer Form (z.B. Boni für erreichte Ziele einer Projektgruppe)[250] vorgeschlagen (z.B. Pervaiz und Sheperd 2010:307f.; Zenger und Marshall 2000). Auch im Interviewmaterial waren kollektive Anreize kein dominantes Thema: Bei Tinus und Salux fanden sich hierzu gar keine Hinweise; bei Calum wurde die Belohnung von Teams zwar als wichtig erachtet, aber keine Anreizart genannt (CA3/38). Nur bei drei der Fallunternehmen wird hervorgehoben, dass neben Individuen in der FuE ebenso die Projektteams motiviert werden müssen:

> „Wir versuchen (…) eigentlich immer das Team (…) hervorzuheben… Weil keiner ist derjenige, der eigentlich die Leistung alleine erbringt. Dafür ist das alles viel zu komplex und viel zu heterogen. Sondern es ist immer das Wissen und das Gemeinsam-an-einem-Strang-ziehen von Vielen, die den Erfolg bringen." (AG2/106)

Als konkreter Anreiz wird wie auf individueller Ebene die Anerkennung überragender Leistungen vorgeschlagen, z.B. Feiern für das gesamte Projektteam (AG2/102) oder Innovationspreise für eine Gruppe (FI1/130) bzw. zumindest mehrere Teamrepräsentanten (VI1/184-186). Insgesamt ist überraschend, dass kollektive Anreize so knapp angesprochen werden, da sie zum Erzeugen von Innovationen durch Teamarbeit dringend notwendig sind (z.B. Pervaiz und Sheperd 2010:307f.). Die drei Unternehmen, die anerkennungsbasierte individuelle und kollektive Anreize anbieten, erfüllen nach Lindenberg und Foss (2011) eine Voraussetzung zum Schaffen

[250] Ein Beispiel für *intrinsische kollektive Anreize* sind Spiel und Spaß durch energetisierende Beziehungen unter Mitgliedern kreativer Teams, was Dougherty und Takacs (2004) als Bedingung kontinuierlicher Innovation durch „heedful interrelating" verstehen. Gegenüber extrinsischen kollektiven Anreizen haben sie den Vorteil, dass einzelne Mitglieder nicht zum Bummeln angeregt werden (Wilkesmann 2010:490).

kollektiver Motivation *(„Joint Production Motivation“)*[251], damit Mitarbeiter ihre Einzelleistung als auch übergeordnete FuE-Ziele im Blick behalten.

Zusammenfassend lässt sich feststellen, dass individuelle Anreize in den Fallunternehmen dominieren – bis auf Tinus verwenden alle einen Mix extrinsischer und intrinsischer Anreize, wobei Anerkennung und das Schaffen kreativer Freiräume die größte Rolle spielen. Nur bei Salux werden Anreize als Herausforderung betrachtet, da durch zunehmendes Effizienzdenken eine vernachlässigte Würdigung von Innovatoren befürchtet wird (SA1/110).

7.3.2.8 Externe Kollaboration: Transaktionale versus relationale Verträge

Externe Kollaboration ist das letzte Charakteristikum der FuE-Organisation, das den Studien zur Innovationsfähigkeit entnommen werden konnte (vgl. Teilkapitel 3.3.2.7). In den Interviews wurde die Zusammenarbeit mit externen Partnern von fast allen FuE-Experten als elementar zum Generieren von Innovationen betrachtet. Ausgehend von den getroffenen theoretischen Vorüberlegungen kristallisierten sich aus dem Interviewmaterial transaktionale versus relationale Verträge als zwei verschiedene Formen von Innovationspartnerschaften heraus.
Transaktionale Verträge liegen vor, wenn sich die Leistungen der Partner relativ klar spezifizieren und voneinander abgrenzen lassen, um marktorientierte Austauschbeziehungen einzugehen. Üblicherweise werden solche Verträge außerhalb der eigenen Kernkompetenzen eingegangen, da spezialisierte Dritte kompetenzunkritische Aufgaben kostengünstiger erfüllen und Konsequenzen bei opportunistischem Verhalten[252] der Partner weniger gravierend sind (vgl. z.B. Faems et al. 2008; Carson et al. 2006; Nooteboom 2004). Bei den Fallunternehmen werden transaktionale Verträge in der frühen und späten FuE zum *Outsourcing* skalierbarer Aufgaben an Contract Research Organizations (CROs) bzw. Contract Manufacturing Organizations (CMOs) genutzt. Sie übernehmen die Erprobung, Synthetisierung und Optimierung von Substanzen oder das Durchführen und Dokumentieren von Tierversuchen, klinischen Studien und Patentierungsprozessen (AG1/18; AG2/124; CA3/48; FI1/106-108; SA1/47,55; TI2/36; VI1/144). Die dahinterstehende Logik wird von einem Agon-Interviewee erläutert:

> „Also wir versuchen immer da nur zu investieren, in Personal, wo wir sagen, wir machen hier auch einen Value. Also Value Generation versuchen wir inhaltlich bei uns zu behalten, und wenn es darum geht (…) jetzt muss ich statt einer Probe eine Million Proben testen, dann soll das jemand anderes machen. (…) Und so geht das an sich über die gesamte Wertschöpfungskette bis in die Entwicklung.“ (AG2/124)

---

[251] *Joint Production Motivation* ist laut Lindenberg und Foss (2011) notwendig, wenn hohe Aufgabeninterdependenzen vorliegen und Gesamtaufgaben auf vielen heterogenen, komplementären Inputs basieren. Die Autoren empfehlen, zum Erzeugen kollektiver Motivation Einzel- und Gesamtbeiträge anzuerkennen.

[252] Netzwerkbeziehungen lassen sich aus theoretischer Sicht der *Governance/Structual Perspective* oder der *Competence/Relational Perspective* zuordnen, die jeweils mit gewissen Verhaltensannahmen einhergehen. Transaktionale Verträge enstammen ihrer Logik nach der ersten Perspektive und versuchen, das Risiko opportunistischer Verhaltensweisen durch Governance-Mechanismen (z.B. vertraglich geregelte Rechte/Pflichten) zu unterbinden. Relationale Verträge gehören zur zweiten Perspektive und sind von kooperativem Verhalten geprägt, das durch vertrauensbildende Maßnahmen gestärkt werden soll. Aufgrund vielfältiger Gründe für externe Kollaborationen sind in der Praxis beide Arten von Verträgen relevant (Faems et al. 2008; Nooteboom 2004).

Denkbar ist auch, für solche Aufgaben *„Inhouse-Outsourcing“* zu betreiben und Mitarbeiter anderer Firmen im eigenen Unternehmen zu beschäftigen (AG2/28; AG3/68; FI1/106). Durch die räumliche Nähe können die zugekauften Leistungen gut in den eigenen Innovationsprozess integriert werden, während sich die externen Humanressourcen flexibel (re-)allozieren lassen (vgl. z.B. Bonazzi und Antonelli 2003).
Als weitere Form transaktionaler Austauschbeziehungen mit Dritten wurden von einigen Interviewees Lizensierungsgeschäfte erwähnt: Mittels *Einlizensierung* können entweder Technologien spezialisierter Partner (AG2/124; VI1/144) oder neue Substanzen (CA2/20; TI2/60) ins Unternehmen geholt werden. Letzteres hat den Vorteil, dass die eigene Pipeline in einer fortgeschrittenen, weniger scheiteranfälligen FuE-Phase mit zum Portfolio passenden Nachwuchsprodukten externer Partner gefüllt werden kann (SA1/55,136). Im Gegenzug werden *Auslizensierungen* genutzt, um Substanzen aus der eigenen Pipeline mangels Fit bzw. zum Austausch von Entwicklungskandidaten fremdzuvergeben (VI2/14) und Lizensierungseinkommen aus Exploitation eigener Technologien zu erzielen (Gassmann et al. 2008:88-92). *Agon* setzt am stärksten auf transaktionale Verträge und die Lizensierung von eigenen FuE-Produkten an Dritte ist fester Bestandteil des Geschäftsmodells (AG1/44; AG2/144):

> „Denn wir bekommen Meilensteine, wir bekommen Royalties, Lizenzeinnahmen von Projekten, die wir in der Vergangenheit hier erarbeitet haben, die aus der eignen Forschung kommen. Da zählt diese unkaputtbare Tablette genauso dazu, wie (...) die ein oder andere Substanz. (...) Wenn ich nicht in der Lage bin, einen Partner zu finden, dann interessiert das keinen, dann mag die Innovation vielleicht nicht diesen hohen Stellenwert haben, den wir glauben. Das ist auch so ein Mechanismus, eine Prüfung, der wir uns da selber unterziehen.“ (AG3/72)

Das Zitat demonstriert, dass Agon seine Innovationsaktivitäten stark an der Nachfrage potenzieller Partner orientiert. Ab der Entwicklung ist man zum Teilen von Kosten und Risiken sowie zum Zugang zu neuen Märkten auf externe Kollaborationen angewiesen (AG1/30-36; AG2/116,126,144; AG3/8). Bei einem solchen *Co-Development* werden die Entwicklungs- und ggf. Marketingressourcen der Partner gepoolt; doch auch hier sind ihre Rechte (z.B. Meilensteinzahlungen/Gewinnbeteiligungen) und Pflichten (z.B. Entwicklung für bestimmte Zielmärkte) fest geregelt[253] und die Beziehungen untereinander bleiben transaktionsorientiert (vgl. Fischer und Breitenbach 2010:246f.; Gassmann et al. 2008:83-86).

Bei *relationalen Verträgen* kann hingegen von intensiven Beziehungen zwischen externen Partnern gesprochen werden, die zum Zugang zu und Austausch von idiosynkratischem Wissen für gemeinsame Lernprozesse unabdingbar sind. Im Gegensatz zu transaktionalen Verträgen lassen sich die Leistungen der Partner hier ex-ante nicht eindeutig spezifizieren, sondern es können nur Commitments über beiderseitig zu investierende Ressourcen getroffen werden. Da vertragliche Vereinbarungen somit unvollständig sind, basiert diese Art externer Kollaboration stark auf vertrauensbildenden Maßnahmen (z.B. Faems et al. 2008; Carson et al. 2006; Grandori 2006; Grant

[253] Von Calum wurden ähnliche externe Kollaborationen genannt, die aber erst nach der FuE beginnen, z.B. Verträge mit Wettbewerbern zur gemeinsamen Vermarktung neuer Medikamente (CA3/44) oder Auslizensierungen an Generikahersteller nach Patentablauf der eigenen Substanzen (CA1/64).

und Baden-Fuller 2004). Solche relationalen Verträge werden von den Interviewees dreier Fallunternehmen nur knapp angesprochen, indem allgemein auf Forschungskooperationen mit Universitäten, Biotech- oder Technologiefirmen (AG1/86; AG3/74; CA3/12,44) und gelegentliche Vergabe von Research Grants an externe Wissenschaftler verwiesen wird (TI2/110). Bei *Filion, Salux und Vinas* sind intensive Beziehungen zu verschiedensten externen Partnern aus Akademia und Wirtschaft jedoch elementarer Bestandteil der FuE-Strategie, um nach Open Innovation-Vorbild (z.B. Chesbrough 2003) interne und externe Ressourcen zum gemeinsamen Innovieren zusammenzubringen (FI2/2; SA1/47; VI1/157). Dafür werden umfangreiche Netzwerke zur *intensiven Kooperation* aufgebaut und genutzt (FI3/82; SA1/152; VI1/132); besonders betont werden Kontakte zu *Universitäten und Forschungsinstituten* als Pionieren im Erkunden neuer Technologien (FI2/28; VI1/150). Salux finanziert z.B. verschiedene Lehrstühle an Universitäten, um Anwendungsmöglichkeiten der zukunftsträchtigen Biomarker in der eigenen FuE weiter zu evaluieren (SA1/47). Gleichermaßen wird mit *Wettbewerbern* zusammengearbeitet, wobei sich Vinas auf die präkompetitive Grundlagenforschung beschränkt (VI1/137-142). Filion und Salux kollaborieren mit Konkurrenten zusätzlich auch im kompetitiven Bereich (FI2/2), z.B. um gemeinsam Onkologie-Substanzen mit synergistischem Wirkungsprinzip zu entwickeln (SA1/51). Eine besondere Stellung nehmen überdies *spezialisierte Kleinunternehmen* ein: Bei Filion werden z.B. Forschungsaufgaben an flexible Biotech-Firmen vergeben und ihr kreatives Arbeitsumfeld genutzt, während das eigene Unternehmen nur berät und mit Ressourcen unterstützt (FI2/30). Bei Vinas (z.B. VI1/132) werden sogar *Firmenneugründungen* gefördert:

> „Und das sind dann Firmen, also Startups, die wir gar nicht selber kontrollieren wollen, sondern eher motivieren möchten, etwas zu tun... Weil (...) über einen längeren Zeitraum wir davon profitieren werden, ohne dass wir selbst diese Firmen tatsächlich leiten oder einen Einfluss hätten. (...) Wir wollen nicht andere Firmen notwendigerweise kontrollieren oder dominieren in irgendeiner Art und Weise. Sondern sie machen lassen, was sie am besten können, aber was in einem größeren Bild auch in unser Portfolio passt." (VI2/20-24)

Filion, Salux und Vinas gehen mit diversen Partnern also Netzwerkbeziehungen ein, die auch frühe, von hoher Aufgaben- und Ergebnisunsicherheit geprägte FuE-Phasen einschließen und/oder durch einen intensiven Austausch charakterisiert sind. Alle drei Fallunternehmen haben gemeinsam, dass sie Kollaborationen nicht mehr nur als reine Transaktionen, sondern als Interaktionen auf Augenhöhe betreiben (FI2/34; VI1/154), wie ein Interviewee am Beispiel der Beziehungen zu Universitäten schildert:

> „Früher hat man gesagt, wir bezahlen eben, und wenn ihr was findet, dann meldet ihr euch wieder. Da ist man (...) immer mehr von abgekommen und sieht jetzt eher eine starke Interaktion unserer Wissenschaftler mit den Akademikern als wichtig an, um neue Impulse aus der Akademie in unsere Forschungs- und Entwicklungsorganisation hinein zu tragen. (...) Auf der anderen Seite hören wir auch immer den Wunsch von unseren akademischen Kollaborationspartnern, die wollen auch mit uns interagieren. Die wollen auch hören, wie unsere Wissenschaftler das sehen, wollen teilweise sogar auch Zugriff auf die Infrastruktur haben (...). Also man ist hier immer mehr bestrebt, die Interaktion möglichst eng zu halten." (SA1/53)

Die enge Interaktion zwischen Partnern ist nicht nur Mittel zum Poolen und Tauschen komplementärer Ressourcen – z.B. neue Ideen der universitären Forschung oder kleinerer Firmen mit zur

Weiterentwicklung notwendiger Infrastruktur, Erfahrungen und Kontakten von Big Pharma (VI1/150-156) – sondern auch Voraussetzung, um neues externes Wissen *absorbieren* zu können (vgl. Dimension 2 der IF i.w.S.). Grund dafür ist, dass in intensiven Partnerschaften ähnlich wie in Lehrer-Schüler-Verhältnissen *interaktive Lernprozesse* angestoßen und nicht nur leicht beobachtbares, sondern auch tazites, in soziale Strukturen eingebettetes Wissen[254] erschloßen werden kann (vgl. Lane und Lubatkin 1998). Laut Filions FuE-Leiter müssen langfristige Kooperationen dafür bestimmte Kriterien erfüllen:

> "First of all (...) *trust* is very important, and therefore you need to build up (...) a strong relationship over time. (...) Secondly, you need to constantly respect *confidentiality*. Because we work with many partners and our partners work with many partners. So it needs to be confidentiality, otherwise you undermine the trust. The third thing is that you need to make very good agreements upfront about IP, that is *ownership*. It is detrimental to start discussions about that during collaboration and even worse, after the collaboration. And the last one is *proximity*, that's extremely important. Proximity (...) speeds up the collaboration and the development. (...) That's why we have these three hubs in Europe (...)." (FI2/34, eigene Hervorhebung)

Das Zitat bestätigt einerseits *Vertrauen bzw. Vertraulichkeit* als eingangs genannte Merkmale relationaler Verträge, sowie die in den Studien der Innovationsfähigkeit betonte Relevanz *räumlicher Nähe*, die zur Wissenszirkulation und gewünschten Spill-Overs durch geplante oder zufällige persönliche Kommunikation zwischen Partnern beiträgt (vgl. Escribano et al. 2009; Knoben und Oerlemans 2006). Andererseits demonstriert es, dass selbst intensive Beziehungen ohne vertraglich festgelegten Rahmen, wie z.B. zu *Intellectual Property Rights (IPRs)*, nicht auskommen. Entsprechende Regeln dazu können vorab in die Kollaboration eingebrachtes („background IPRs") oder währenddessen erarbeitetes geistiges Eigentum („foreground IPRs") betreffen (Grandori und Furlotti 2009:91). Außerdem macht laut Salux' FuE-Experten das Etablieren gemeinsamer *Standards* (z.B. Qualitätskriterien des Projektes) Sinn, um nach Abschluss der Kollaboration die Reproduzierbarkeit und industrielle Nutzbarkeit der erhofften kreativen Problemlösungen sicherzustellen (SA1/134). Insofern sind kompetenzorientierte, relationale Verträge mangels präzise antizipierbarer Leistungen der Beteiligten zwar unvollständig, sollten zum Schutz vor verhaltens- und ergebnisbezogenen Risiken aber dennoch ein Minimum an Regulierung berücksichtigen (vgl. Nooteboom 2004).

Zusammenfassend zeigt sich, dass der Großteil der Fallunternehmen zum Finden ihres „Sweet Spot" in der pharmazeutischen Wertschöpfungskette (vgl. Gassmann et al. 2008:163) sowohl transaktionale als auch relationale Verträge mit externen Partnern eingeht; der Schwerpunkt kann dabei auf ersteren (Agon) oder letzteren (Filion, Salux, Vinas) liegen. Einzig Tinus (vgl. Teilkapitel 7.2.5) betont, dass externe Kollaboration für die FuE eher eine untergeordnete Rolle spielt (TI2/36,54-56) – was das Aneignen externen Wissens (Dimension 2 der IF i.w.S.) einschränkt.

---

[254] Dieses Lernverhältnis ließ sich beispielsweise Ende der 80er bis Ende der 90er Jahre zwischen Forschungsinstituten und Biotech-Firmen beobachten, die gemeinsam nach dem Trial-und-Error-Prinzip neue Plattformtechnologien (z.B. DNA Chips, genomische Sequenzierung) erschufen und das dabei generierte Wissen zu kodifizieren versuchten. Erst nachdem diese Institutionen die Plattformtechnologien erfolgreich erforschen konnten, wurde ihre Anwendung für große Pharma-Unternehmen interessant (Gilsing und Nooteboom 2006).

7.3.2.9 Zusammenfassung zu den Charakteristika der FuE-Organisation

Nachdem alle Fallunternehmen hinsichtlich der Charakteristika der FuE-Organisation miteinander verglichen wurden, lässt sich ein Zwischenfazit ziehen. Wie die Zusammenfassung der Ergebnisse in Tabelle 15 zeigt (Details vgl. Appendix J), gibt es teilweise *Gemeinsamkeiten*: Alle Fallunternehmen weisen eine Matrix-Projektorganisation auf, die die oft eher dezentral ausgerichtete FuE-Primärorganisation überlagert. Die stärker zentralisierte FuE-Organisation zweier Unternehmen (Agon, Tinus) ist nicht negativ zu beurteilen, sondern lässt sich auf deren strategische Fokussierung zurückführen: Ein geringer diversifiziertes Portfolio durch Konzentration auf wenige Therapiegebiete begünstigt die Bündelung der FuE-Aufgaben (z.B. Criscuolo und Narula 2007; Argyres und Silverman 2004; Hill et al. 2000).

Ansonsten sind auf allen drei Ebenen der FuE-Organisation[255] *Auffälligkeiten* zu finden. Damit sind im Interviewmaterial ersichtliche Muster gemeint, die einen bzw. mehrere Fälle hinsichtlich der Ausprägung in einem organisatorischen Charakteristikum vom Sample abheben und Vorteile oder (potenzielle) Nachteile für die Dimensionen der Innovationsfähigkeit i.w.S. haben können. Besonders der Einsatz der Steuerungsmechanismen scheint problembehaftet zu sein. Bemerkenswert ist, dass sich Zusammenhänge zwischen der *Innovationsfähigkeit i.e.S.* der Fallunternehmen und der Art ihrer FuE-Organisation herstellen lassen:

Aus Tabelle 15 geht hervor, dass Fallunternehmen mit einer hohen Innovationsfähigkeit i.e.S. (Filion, Salux) überwiegend *positive organisatorische Auffälligkeiten* aufweisen. Salux und Filion haben gegenüber den anderen Fällen durch ihre Fähigkeit, kontinuierlich kleinere organisatorische Veränderungen vorzunehmen, eine hohe Flexibilität der FuE-Organisation sowie ein starkes Innovationsmanagement gemeinsam. Damit sind sie besonders wandelbar, ohne ihre FuE durch disruptive Veränderungen in lähmende Reorientierungsphasen versetzen zu müssen, und können Spielplätze zur Exploration (vgl. Dimension 3 der IF i.w.S.) außerhalb der FuE-Linie zur Verfügung stellen.

Calums niedrige Innovationsfähigkeit i.e.S. und die mittlere Innovationsfähigkeit i.e.S. von Agon und Tinus können teilweise durch *(potenziell) negative organisatorische Auffälligkeiten* erklärt werden. Dazu zählen disruptive Veränderungsprozesse (AG, CA) und die Tendenz zur Übersteuerung der FuE-Aktivitäten (AG, CA, TI), die die Innovationskraft und insbesondere die Exploration mindestens temporär stören. Zudem weisen die genannten Fallunternehmen Schwächen in der internen Kollaboration (CA) und externen Kollaboration (TI) auf.

[255] Bei zwei Charakteristika ergaben sich im Rahmen der Cross-Case-Analyse Änderungen gegenüber den theoretischen Vorüberlegungen: Das Datenmaterial hat gezeigt, dass *Anreize* nicht nur Element der FuE-Binnenorganisation sind, sondern auch im Gesamtunternehmen bzw. Unternehmenskontext existieren und somit zur Vernetzung der FuE auf diesen beiden Ebenen beitragen. Außerdem wurde der *internen Kollaboration* mit dem Innovationsmanagement als induktive Kategorie eine weitere Unterebene hinzugefügt.

Case*	Charakteristika der FuE-Organisation**								
	1) Grad der Dezentralisation der FuE▲	**2) Steuerungsmechanismen zur Koordination der FuE-Aktivitäten▲**	**3) Flexibilität der FuE-Organisation▲**	**4) Projektteams▲▼**	**5.a) Interne Kollaboration/ FuE-intern▲**	**5.b) Interne Kollaboration/ cross-funktional▼**	**5.c) Interne Kollaboration/ Innovations-management▼**	**6) Anreiz-system▲▼■**	**7) Externe Kollaboration der FuE mit Partnern■**
Agon ↔	zentral	Steuerungsmix, Outputsteuerung dominierend	episodisch-disruptiver Veränderungsprozess, Reorientierung	Matrix-Projekt-organisation	eng	eng	vereinzelte Maßnahmen des Innovations-managements	extrinsische und intrinsische Anreize; kollektive Anreize	eher transaktional
Calum ↓	Forschung eher dezentral, Entwicklung zentral	Steuerungsmix, generelle Neigung zur Übersteuerung	episodisch-disruptiver Veränderungsprozess laufend	Matrix-Projekt-organisation	eng	funktionale Silos	Skepsis gegenüber Innovations-management	extrinsische und intrinsische Anreize	transaktional & relational
Filion ↑	eher dezentral	Steuerungsmix	kontinuierliche Veränderungen	Matrix-Projekt-organisation	eng	eng	umfassendes Innovationsmanagement und Innovations-initiativen	extrinsische und intrinsische Anreize; kollektive Anreize	transaktional & stark relational
Salux ↑	eher dezentral	Steuerungsmix, Input-/Output-steuerung auffällig	kontinuierliche Veränderungen	Matrix-Projekt-organisation	eng	eng	umfassendes Innovationsmanagement und Innovations-initiativen	extrinsische und intrinsische Anreize	transaktional & stark relational
Tinus ↔	eher zentral	Steuerungsmix, Input-/Verfahrens-steuerung dominierend	eher stabil	Matrix-Projekt-organisation	eng	eng	vereinzelte Maßnahmen des Innovations-managements	nur extrinsische Anreize betont	geringe Nutzung externer Kollaboration
Vinas ↔	eher dezentral	Steuerungsmix	eher stabil	Matrix-Projekt-organisation	mittel, Quervernetzung zwischen den FuE-Centern ist zu verbessern	eng	umfassendes Innovations-management	extrinsische und intrinsische Anreize; kollektive Anreize	transaktional & stark relational

Legende: **Pfeile* signalisieren die Innovationsfähigkeit i.e.S. (vgl. Teilkapitel 6.3.2): ↑ hohe IF i.e.S. ↔ mittlere IF i.e.S. ↓ geringe IF i.e.S. ***Markierungen* der organisatorischen Charakteristika stehen für Auffälligkeiten, die sich auf die Innovationsfähigkeit i.w.S. auswirken können: doppelter Rahmen = positiv auffällig, hellgrau = potenziell negativ, dunkelgrau = negativ auffällig. *Symbole* beziehen sich auf die Bezugsebene der FuE-Organisation: ▲ Binnenorganisation der FuE, ▼Verankerung der FuE im Gesamtunternehmen, ■ Verankerung der FuE im Unternehmenskontext.

Tabelle 15: Zusammenfassung – Charakteristika der FuE-Organisation je Fallunternehmen. (Quelle: eigene Darstellung).

Vinas stellt einen Sonderfall dar, da sich das Unternehmen hinsichtlich Anzahl und Güte seiner organisatorischen Auffälligkeiten kaum von Salux unterscheidet, aber „nur“ eine mittlere Innovationsfähigkeit i.e.S. aufweist. Dieses kontrastierende Resultat lässt sich so interpretieren, dass Schwächen bzw. Stärken in einigen Charakteristika der FuE-Organisation besonders schwerwiegend sind. So findet sich bei Vinas als einzigem Unternehmen der Fallauswahl eine Schwäche in der FuE-internen Kollaboration, was einen Mangel an Verknüpfungswissen zwischen den spezialisierten FuE-Centern (vgl. Dimension 1 der IF i.w.S.) und somit brachliegendes Synergiepotenziel zu Folge hat. Bei Salux ist die dominierende Input- und Outputsteuerung zwar auch potenziell negativ, scheint aber eine temporäre Begleiterscheinung der jüngsten Veränderungsmaßnahmen (vgl. Teilkapitel 7.2.4) und durch die hochflexible FuE-Organisation ein kurz- bis mittelfristig behebbares Problem zu sein.

Mit Verweis auf die zweite Forschungsfrage dieser Arbeit zeigt die Zusammenfassung, dass ein Einfluß der Charakteristika der FuE-Organisation auf die Innovationsfähigkeit ersichtlich wird. Das nächste Teilkapitel soll nun im Detail zeigen, wie dieser Einfluß sich konkret auf die einzelnen Dimensionen der Innovationsfähigkeit i.w.S. auswirkt.

7.3.3 Analyse der Dimensionen der Innovationsfähigkeit i.w.S.

In der Einzelfallanalyse wurde bereits für jedes Fallunternehmen analysiert, wie die jeweils geringe (Calum), mittlere (Agon, Tinus, Vinas) und hohe (Filion, Salux) Innovationsfähigkeit i.e.S. mittels der Dimensionen der Innovationsfähigkeit i.w.S. als wissens- und lernbezogene Vorbedingungen des kontinuierlichen Innovierens erklärt werden kann. In diesem Abschnitt sollen die Erkenntnisse vertieft und über alle Fälle hinweg miteinander verglichen werden (Details pro Fall vgl. Appendix K). Da die Cross-Case-Analyse eine *Replikationslogik* – d.h. Erklärungen, die sich über mehrere Fälle hinweg erstrecken (vgl. Eisenhardt und Graebner 2007:30; Miles und Huberman 1994:208) – liefern soll, werden die herausforderndsten Dimensionen der Innovationsfähigkeit i.w.S. und ihre auffälligsten Merkmale in den folgenden Teilkapiteln besonders ausführlich behandelt. Außerdem wird auf den Einfluß der schon in der Einzelfallanalyse thematisierten Charakteristika der FuE-Organisation vertiefend eingegangen, da diese Zusammenhänge zum Ableiten theoretischer und praktischer Implikationen in Teilkapitel 7.4 grundlegend sind.

7.3.3.1 Organisationale Wissensbasis: Problematik Verknüpfungswissen

Als erste Dimension der Innovationsfähigkeit i.w.S. wurden der Aufbau und die Pflege einer organisationalen Wissensbasis vorgestellt. Idealerweise besteht sie aus Spezialistenwissen sowie Verknüpfungswissen – das spezialisierte Wissensdomänen überlappt – und beinhaltet bestimmte Wissensmanagementstrategien (vgl. Teilkapitel 3.2.2.1). Bei zwei von sechs Fallunternehmen (Calum, Vinas) ergaben sich in dieser Dimension Schwierigkeiten.

Alle Fallunternehmen betonen den Bedarf an *Spezialistenwissen*, d.h. tiefen Detailkenntnissen (z.B. Kusunoki et al. 1998; Grant 1996), in Form hochgradig spezialisierter Experten, die für bestimmte Teilabschnitte des komplexen pharmazeutischen FuE-Prozesses benötigt werden (z.B. CA3/17f.; SA1/144). Das Ausmaß der starken Spezialisierung innerhalb der FuE spiegelt sich auch in der Anwendung des Matrixprinzips (vgl. Teilkapitel 7.3.2.1) wider. Gefragt ist ein Mix aus objektspezifischen Spezialisten, die sich auf bestimmte Therapiegebiete (z.B. Fachmediziner für Schizophrenie, FI1/76-78,144) oder Moleküle (z.B. Forscher mit Zuständigkeit für Insulinsubstanz, TI2/100) konzentrieren und funktionsspezifischen Spezialisten für abgrenzbare Aufgabenbereiche wie Tierversuche (FI3/78), klinische Forschung (FI1/78) oder Zulassungsfragen (TI1/40). In dem Zusammenhang kommt dem Human Resource Management zur *Inputsteuerung* eine wichtige Rolle zu, da z.B. wie bei Agon zum Aufbau neuer Geschäftsfelder ggf. Spezialisten rekrutiert werden müssen (AG1/42; AG3/28) und von den Wissenschaftlern in der frühen und späten FuE ein bestimmter Ausbildungsgrad und Erfahrungshorizont erwartet wird (vgl. FI1/76):

> „Absolute Spezialisten, also in den Therapeutic Areas wirklich (...) Fachmediziner, die auch nicht nur promoviert oder habilitiert sind, sondern auch in den Indikationen schon klinische Erfahrungen gesammelt haben, also in Krankenhäusern entsprechend gearbeitet haben (...). Und in der klinischen Forschung auch Spezialisten, meist Biologen, aber auch noch andere Naturwissenschaftler, die dann wirklich nochmal vielleicht eine Fortbildung in der klinischen Forschung aufgesattelt haben. Also es sind starke Spezialisten und wenig Generalisten." (FI1/76)

Auch bei Calum ist Inputsteuerung momentan das Mittel der Wahl, um z.B. durch Trainings und Neueinstellungen die im Rahmen des Transformationsprozesses identifizierten, funktionsspezifischen FuE-Kompetenzen (z.B. bessere Diagnostik mittels personalisierter Medizin) zu stärken (Anonym 2012). Die Zusammenarbeit der Spezialisten soll in allen Fallunternehmen durch *Projektteams* gewährleistet werden, die Experten aus der FuE-Linie zusammenführen (z.B. AG2/52-54; SA1/59,78,94; VI1/24). In manchen Fällen ist sogar die Projektleitung spezialisiert; bei Tinus gibt es eigene Projektleiter je nach Therapiegebiet (TI2/20), bei Agon Teilprojektleiter je nach FuE-Funktion (AG1/26) und bei Vinas eine Doppelspitze, um fachspezifischen Fragestellungen im Projekt gerecht zu werden (VI1/34):

> „In frühen Projekten gibt es eine Seite, die sehr stark sich mit der biologischen Ausrichtung beschäftigt, zunächst mal wie testet man das Ganze, wie gut ist der Link zwischen einer ersten Idee und zum Beispiel der Humanpathophysiologie (...). [U]nd dann gibt es einen zweiten Themenkomplex der sich damit beschäftigt, Moleküle zu identifizieren. Und das können sein therapeutische Proteine oder (...) kleine Moleküle, die synthetisch zugänglich sind. Und das sind schon zwei sehr unterschiedliche Aufgabengebiete. Und wir haben es als zweckmäßig empfunden, dass diese Doppelspitze sich zwar gemeinsam um das Gesamtprojekt kümmert, aber (...) dass der Biologe mehr den biologischen Part koordiniert und leitet während der Projektchemiker oder Antikörperspezialist mehr den molekularen Teil koordiniert." (VI1/42)

Denkbar ist auch, dass ganze Projektteams spezialisiert arbeiten, um z.B. für komplexe Krankheiten wie Alzheimer kleinmolekulare versus großmolekulare Lösungsansätze zu finden, die jeweils grundverschiedene Fachexpertise und Ressourcen benötigen (VI1/60-65).

Projektteams werden wahrscheinlich auch deshalb in den betrachteten pharmazeutischen Unternehmen eingesetzt, um durch Interaktion der Projektmitglieder *Verknüpfungswissen*[256] zu

---

[256] In der Literatur wird *Verknüpfungswissen* unter verschiedenen Termini diskutiert, z.B. „redundant information" (Nonaka 1994), „architectural knowledge" bzw. „architectural competences" (z.B. Blackler 1995; Henderson

generieren. Dieses generalistische, breite Wissen ist redundant, da es heterogene, spezialisierte Wissensbestände überlappt und ihrer Integration dient (z.B. Hecker 2012; Nonaka 1994). Es kann z.B. in institutionalisierter Form die Gesamtarchitektur der organisationalen Wissensbasis und Beziehungen zwischen Spezialisten betreffen („architektonisches Wissen“, z.B. zur Technologiebasis des Unternehmens) oder aus einem spontanen Wissenstransfer unter Individuen entstehen („process capabilities“, z.B. Erfahrungsaustausch involvierter Personen der Neuproduktentwicklung, Kusunoki et al. 1998). In der Pharma-Industrie konnten Henderson und Cockburn (1994) bereits nachweisen, dass Verknüpfungswissen Unterschiede in der FuE-Produktivität von Firmen erklärt. Es steht in engem Zusammenhang zur *FuE-internen und cross-funktionalen Kollaboration*, da es einerseits durch intensive Zusammenarbeit von Individuen aufgebaut werden kann und andererseits die Zusammenarbeit trotz unterschiedlicher individueller Spezialisierungen erleichtert (z.B. Hecker 2012; Blackler 1995:1025; Nonaka 1994). Aus diesem Grund sind Projektteams als temporäre Konstellationen zur Entwicklung von Verknüpfungswissen so relevant: Sie ermöglichen verschiedenen Spezialisten aus der FuE-Linienorganisation, sich durch intensiven Austausch Expertise über den eigenen fachlichen Hintergrund hinaus anzueignen und abteilungs-/bereichsübergreifende Synergiepotenziale zu identifizieren (vgl. z.B. Sapsed et al. 2002; Hansen 1999). Dabei gilt: Je schlechter strukturiert das zu bearbeitende Problem ist und je stärker die Aufgabeninterdependenzen bei heterogenen Wissensbeständen ausgeprägt sind, umso intensiver müssen die Beziehungen im Team sein – da dann das Herstellen eines gemeinsamen Grundverständnisses schwieriger ist (Erhardt 2010; Schmickl und Kieser 2008). In der Pharma-Industrie trifft die erste Bedingung zumindest auf die unsicheren frühen FuE-Phasen, die zweite Bedingung hingegen auf den gesamten, extrem komplexen FuE-Prozess zu (vgl. Teilkapitel 4.2). Um die somit notwendige intensive Zusammenarbeit innerhalb der FuE-Projektteams zu gewährleisten, betonen alle Fallunternehmen die Rolle des *Projektleiters* in der Gesamtkoordination der FuE-Experten (z.B. AG1/26; SA1/63,94; VI1/54). Um den Übergang der zu Beginn kleineren Forschungsprojekte in die Entwicklung zu harmonisieren, werden teilweise *überlappende Strukturen* geschaffen: Bei Agon bleibt das Kernteam immer Teil des wachsenden Projekts (AG1/24; AG2/40), bei Tinus wird an der Schnittstelle ein begleitender „Shadow Project Manager“ eingesetzt (TI2/22) und bei Vinas bleibt der frühe Projektleiter während der späteren Phasen als Berater erhalten (VI1/179). Bezüglich der Arbeit dieser FuE-Projektteams wurden von den Interviewees keine größeren Probleme genannt.

Allerdings kommt es zu Schwierigkeiten bei der internen Kollaboration und dem Aufbau von Verknüpfungswissen, wenn für Innovationsaufgaben relevante Austauschbeziehungen zwischen Spezialisten weder in der Projekt- bzw. Sekundärorganisation, noch in der Primärorganisation angelegt sind und/oder durch zu heterogene Wissensbasen verkompliziert werden. Dieses Problem lässt sich bei zwei Fallunternehmen beobachten und trägt zur Erklärung der Abstriche an ihrer Innovationsfähigkeit i.e.S. bei: Bei Vinas sollen die dezentralen FuE-Center zwar gemein-

und Cockburn 1994; Henderson und Clark 1990), „architectural capabilities“ bzw. „process capabilities“ (Kusunoki et al. 1998) oder „collective knowledge“ (Hecker 2012). Trotz begrifflicher Unterschiede gehen alle diese Beiträge von einer Fragmentierung der organisationalen Wissensbasis in spezialisierte Wissensbestände aus, welche durch ein gewisses Maß an breitem, generalistischen Wissen integriert werden sollen.

sam Projekte „über Therapiegebietsgrenzen hinweg“ bearbeiten (VI1/38), aber ihnen wird bislang eine zu *geringe Quervernetzung* bescheinigt, um tatsächlich zusammen Technologien voranzutreiben (VI1/169-171; VI2/27f.). Hierfür könnten zu geringe Überlappungen zwischen den spezialisierten Standorten ausschlaggebend sein, die sich exklusiv um bestimmte Therapiegebiete kümmern (VI1/14-16,38; Vinas 2011a). Bei Calum hingegen gibt es aufgrund der *funktionalen Silos* in der Gesamtorganisation kaum Berührungspunkte zwischen FuE, Marketing & Vertrieb und Produktion. Das bedeutet, dass FuE-Projekte erst spät und ohne intensiven Kontakt in die nachgelagerten Funktionen übergeben werden, die sich jeweils „innerhalb ihrer eigenen Logiken“ (CA2/30) messen (CA1/12-14,22,29f.,90). Eine solche Struktur kann zum Vernachlässigen funktionsspezifischer Perspektiven im Innovationsprozess und dem zu späten Erkennen grundlegender Probleme führen, z.B. einer fehlenden Marktakzeptanz (z.B. AG3/14; FI1/68) oder hohen Produktionskosten wegen schwierig synthetisierbarer Substanzen (z.B. SA/100). Die Fälle Vinas und Calum haben gemeinsam, dass aufgrund zu wenig überlappender Strukturen und Prozesse zwischen den betroffenen Organisations(teil-)bereichen kaum Verknüpfungswissen vorhanden ist und die absorptive Kapazität, d.h. die Aufnahmefähigkeit für Wissen über die eigene Disziplin hinaus, gering bleibt (vgl. z.B. Cohen und Levinthal 1990).
Andere Fallunternehmen vermeiden diese Probleme, indem sich die globalen und lokalen FuE-Center in ihrer Zuständigkeit für Therapiegebiete von vornherein strukturell überlappen (FI2/21f.; FI3/4-6,18; SA1/61). Zudem lassen sich durch Einsatz von *Selbstabstimmung* als Steuerungsmechanismus prozessuale Überlappungen zwischen FuE-Teilbereichen schaffen, indem z.B. fachfunktionale Abstimmungen in Gremien möglich sind (AG2/70-72; VI1/79f.) oder themenspezifische Kommunikation vorgeschrieben wird (FI1/78-80; TI2/78-80). Zur cross-funktionalen Vernetzung der FuE kann in kleineren Firmen wie Agon z.B. das Marketing in den FuE-Bereich integriert werden (AG2/64; AG3/29f.,44; Agon 2012c) und in größeren Firmen wie Filion bieten sich Schnittstellenteams (FI1/68-72), funktionsübergreifende Innovationsprogramme (FI3/26) oder die doppelte Leitung strategisch besonders relevanter FuE-Teilbereiche wie den Therapiegebieten (FI3/20) an. Darüber hinaus gibt es bei Salux und Filion sogar spezielle Initiativen des *Innovationsmanagements*, die Kollaboration über Teilkonzerne hinweg fördern und somit das Nutzen von *Synergiepotenzialen* durch Aufbau von Verknüpfungswissen im weitesten Sinne erlauben (FI1/88; SA1/108; Salux 2011c,d):

> „Und da sind (…) Subgruppen drunter, die sich einfach mit Themen befassen wie zum Beispiel, was können wir noch machen außer nur Pillen verkaufen, welche Services können wir noch zusätzlich anbieten. Was können wir mit anderen Unternehmensbereichen (…) vielleicht abstimmen, zum Beispiel Thema *Diabetes*, da kriegt Filion vielleicht eine *Substanz* hin in 2013… Und wir haben (…) außerhalb des Pharma Sektors (…) die Firma XXX, die ganz viel von diesen *Blutzuckertestgeräten und Messtreifen* produziert. Also kann man da *Synergien* machen, dass man quasi ein Komplettpaket anbietet (…). Also (…) dass man wirklich sagt, okay, mal über den eigenen Tellerrand hinaus schauen (…).“ (FI1/88; eigene Hervorhebung)

Im Gegensatz zum Aufbau des Verknüpfungswissens ließen sich zum *Wissensmanagement* als ebenfalls wichtigem Element der ersten Dimension der IF i.w.S. kaum Schwierigkeiten der Fallunternehmen, wohl aber Tendenzen feststellen. So erfolgt bei Tinus und Agon, den kleinsten Unternehmen der Fallauswahl, der Wissensaustausch innerhalb der FuE sowie zwischen FuE und

Gesamtunternehmen primär durch persönliche Interaktion – was neben der Unternehmensgröße an der Zentralisation von FuE-Aufgaben an vorwiegend einem Standort liegt. Elektronische Speichermedien wie z.B. Ideen- oder Best Practice Datenbanken werden von beiden Unternehmen wegen des Pflegeaufwands und einer befürchteten Informationsflut eher skeptisch betrachtet bzw. nur unterstützend eingesetzt (AG1/94; AG2/98-100,140; TI2/82-87), bei Agon momentan im Zuge eines systematischeren Umgangs mit Wissen aber zumindest diskutiert (AG1/88-90). Die Betrachtung der anderen Fallunternehmen unterstützt die Annahme, dass Informationstechnologie mit zunehmender Größe des FuE-Apparates sowie steigender *Dezentralisation* an Bedeutung gewinnt, da sie Wissensfluß und Kommunikation zwischen einer Vielzahl räumlich getrennter Standorte vereinfacht (z.B. Howells 1995). So tauschen sich die Organisationsmitglieder bei Calum, Salux und Vinas häufig auf elektronischem Wege, über Diskussionsforen und Share Rooms aus. Dazu gewinnen leicht handhabbare soziale Medien und Wikis immer mehr an Bedeutung und es werden zahlreiche Dokumentenmanagementsysteme verwendet (CA2/30-32; CA3/50; SA1/138; VI1/127-130; VI2/28-32). Elektronische Speichermedien bieten sich aber eher für repetitive, formalisierbare Inhalte wie z.B. Studiendokumentationen an und können selbst in einer dezentralisierten FuE-Organisation *persönliche Kommunikation* nicht gänzlich ersetzen (FI1/140; FI3/78; VI1/130). Gerade wenn es um die Suche nach kreativen, nicht-standardisierten Problemlösungen sowie Erschließen von tazitem Wissen geht, ist Kommunikation zwischen Individuen unverzichtbar[257] (z.B. Hansen et al. 1999). Ein Interviewee von Filion nennt ein exzellentes Beispiel für *Beobachtungslernen*:

> "It has really come down to the people and the tacit knowledge that exists within the people, that's our knowledge management base. (...) [W]e have an example: There we have a person who is very much experienced in observing mice (...) when they receive an active ingredient, (...) and see how they react on pain or how they behave. So just looking at a mouse, he can tell, the mouse is schizophrenic or is in pain or things like that, just by observing. This person is now going to retire. (...) So (...) they have taped all the last years' experiments that he has done [to] see how each and every mouse behaves on certain ingredients and then also added the knowledge and the interpretation of the scientist to it. But of course, when that person leaves you can gather as much as possible on the tape, but how are going to write down or capture all the information that sits inside the head of that scientist? (...) [I]t's something that you need to tackle by putting the young scientists next to the older ones (...)." (FI3/78-80)

Folglich erfordert die Pflege der organisationalen Wissensbasis selbst in dezentralisierten FuE-Organisationen ein Abwägen, wann die Kodifizierung von Wissen mittels elektronischer Speichermedien sinnvoll und wann persönlicher Wissensaustausch zwischen Individuen unumgänglich ist. Zudem muss individuelles, tazites Wissen identifiziert und alsdann eruiert werden, inwiefern es an das Unternehmen gebunden werden soll und kann.

[257] Es gibt zwei idealtypische Wissensmanagementstrategien: *Kodifizierung* von Wissen und dessen Teilung in der Organisation mittels Informationstechnologie oder *Personalisierung*, d.h. persönlicher Austausch zwischen Individuen. Beide sind mit Vor- und Nachteilen verbunden, da Kodifizierung zwar sehr effizient ist, aber nur für standardisierte, wiederverwendbare Informationen in Frage kommt; Personalisierung führt hingegen zu kreativeren Problemlösungen, ist aber wesentlich aufwendiger (vgl. Hansen et al. 1999). Wie Nonakas Spirale der organisationalen Wissenskreation (vgl. Abbildung 5) nahelegt, gibt es in der Praxis meistens Mischformen.

Abschließend sei festgehalten, dass die verbesserte Nutzung und Pflege der organisationalen Wissensbasis oft Ziel organisatorischer Anpassungen (vgl. *Flexibilität der FuE-Organisation*) ist, um z.B. den Wissensaustausch durch Zusammenlegen ehemals getrennter Teileinheiten zu steigern (z.B. FI1/110-112) oder zukunftsträchtige Innovationsthemen mittels hierarchisch hoch aufgehängter Task Forces für die gesamte FuE zu elaborieren (FI3/68-70,74; SA1/29f.). Solche kontinuierlichen, kleineren Veränderungen laufen ruhiger ab als episodisch-disruptive Veränderungen – da diese die FuE kurz- bis mittelfristig in eine Reorientierungsphase versetzen, in der sich Ziele und Zuständigkeiten völlig neu finden müssen (AG2/140-142).

Insgesamt ergibt das Fallmaterial, dass der Aufbau und die Pflege einer organisationalen Wissensbasis (Dimension 1 der IF i.w.S.) grundlegend zum Generieren von Innovationen und somit die IF i.e.S. sind. Komplexe Produkte wie Pharmazeutika basieren auf Teilleistungen diverser Spezialisten und der Integration ihrer heterogenen Wissensbestände durch Schaffen von Verknüpfungswissen. Letzteres bereitet manchen Unternehmen Probleme und bedarf überlappenden Strukturen und Prozessen. Das bedeutet auch, dass Wissensmanagement nicht allein durch Kodifizierung erfolgen kann, sondern vor allem in kreativen Fragestellungen der Interaktion zwischen allen am Innovationsprozess beteiligten Teilbereichen bedarf.

7.3.3.2 Aneignen von externem Wissen und Innovieren durch Partnerschaften

Aus den Interviews wurde ersichtlich, dass das Aneignen von unternehmensexternem Wissen diejenige Dimension der Innovationsfähigkeit i.w.S. (vgl. Teilkapitel 3.2.2.2) ist, die nur einem Fallunternehmen (Tinus) Schwierigkeiten bereitet. Dies ist in erster Linie auf *externe Kollaborationsbeziehungen* zurückzuführen, die in Form transaktionaler und/oder relationaler Verträge[258] mit Partnern eingegangen werden (vgl. Tabelle 15). Doch nach Open Innovation-Vorbild sollen Wissensquellen außerhalb der Unternehmensgrenzen die interne FuE nicht völlig ersetzen, sondern deren Kompetenz ergänzen bzw. erweitern (z.B. Faber 2008:42f.; Chesbrough 2003). Folglich müssen bei Öffnung des Innovationsprozesses nach außen nicht mehr nur die spezialisierten Wissensbestände der eigenen Experten miteinander verknüpft (vgl. Teilkapitel 7.3.3.1), sondern auch externes Know-What, Know-How und Know-Why in die organisationale Wissensbasis integriert werden (vgl. z.B. Jaspers und Van den Ende 2010). Als Fallunternehmen mit der höchsten Innovationsfähigkeit i.e.S. führen Salux und Filion ihre starke Innovationsleistung maßgeblich auf Kompetenzen im Aufbau von Netzwerken mit FuE-Partnern und in der Kombination interner und externer Innovationsquellen zurück (FI2/2; FI3/82; SA1/150-152). Offenheit für externe Ideen jenseits des „Not-Invented-Here“ Syndroms ist hierfür Grundvoraussetzung (SA1/152; VI1/154), wobei dem internen FuE-Apparat und ggf. dem Innovationsmanagement aufgrund vielfältiger Kooperationsmöglichkeiten eine Art *Filterfunktion* zukommt (SA1/150; VI1/158-162; VI2/20):

[258] Gegenüber externen Kollaborationen werden *M&A* laut den Interviewees selten und kaum zu FuE-Zwecken (aber ggf. zur Markterschließung) getätigt, da sie riskant und teuer sind (AG2/131f.; SA1/136; TI2/59f.; VI1/150). Nur bei Filion und Salux spielen M&A als Zugang zu externem Wissen in der FuE eine Rolle (CA1/64; FI2/32; FI3/68-70).

„[D]as ist auch ein riesen Business geworden. Und man muss da sicherlich als Unternehmen sehr selektiv sein (…). Wir kriegen hier auch manchmal so ein bisschen die Katze im Sack verkauft. Oder wir kriegen bestimmte Ideen unter die Nase gerieben, die hochrisiko-behaftet sind oder es sind auch Ideen, die ein bisschen schöner dargestellt werden als sie vielleicht nachher sind. Das heißt, Sie brauchen die interne Evaluation (…) und Sie müssen auch relativ rigide in der Bewertung sein um dann zu sagen, das lohnt sich hier (…) zu investieren und (…) wir gehen hier einen Forschungs- und Entwicklungsschritt weiter." (VI1/162)

Diese Aussage stammt von einem FuE-Experten von Vinas, wo ebenso wie bei Filion und Salux besonders intensiv mit Externen zusammengearbeitet wird. Sie lässt sich so interpretieren, dass die eigenen FuE-Fähigkeiten stets weiterentwickelt werden müssen, um überhaupt genügend *absorptive Kapazität* zur Aufnahme, Beurteilung und Verarbeitung von neuem externen Wissen zu besitzen – da sich dafür die Wissensbasen der Partner zumindest ein stückweit überlappen müssen. Generell ist die absorptive Kapazität höher, wenn die Wissensbasis des externen Partners der eigenen relativ ähnlich[259] ist (z.B. Lane und Lubatkin 1998; Cohen und Levinthal 1990). Aus dem Fallmaterial kristallisierte sich heraus, dass an vergleichbaren Problemstellungen arbeitende Partner zum *Stärken der aktuellen Kompetenzen* gewählt werden. Beispielsweise treiben die Fallunternehmen mit *Wettbewerbern* im gleichen Indikationsgebiet gemeinsam die Entwicklung und/oder Vermarktung von Substanzen voran (AG2/126; SA1/51; VI2/18), lassen ihre FuE-Prozesse von *externen Spezialisten* optimieren (VI1/144) bzw. sich in konkreten Innovationsprojekten beraten (FI1/88,120; FI3/30; SA1/108) oder holen in Zusammenarbeit mit Patienteninitiativen und Krankenversicherungen Ideen für Produkt- und Prozessverbesserungen ein (z.B. SA1/148; Anonym 2012)[260]. Aufgrund der ähnlichen Wissensbasen der Partner ist die absorptive Kapazität hier zwar hoch, was das Aneignen von externem Wissen vereinfacht; aufgrund der zu geringen kognitiven Distanz können aus diesen Partnerschaften aber höchstens *inkrementelle Innovationen* entstehen (vgl. z.B. Nooteboom et al. 2007; Nooteboom 2000b; Cohen und Levinthal 1990). Bei den genannten Aktivitäten handelt es sich um die im Zuge der externen Kollaboration diskutierten *transaktionalen Verträge*, die sich durch vertragliche Spezifika anstelle intensiver Zusammenarbeit auszeichnen. Doch warum sind diese nur zum Stärken der aktuellen Kompetenzen geeignet?

---

259 Dennoch sollte absorptive Kapazität nicht mit dem Begriff Verknüpfungswissen (vgl. Teilkapitel 7.3.3.1) verwechselt werden, das eine rein private Unternehmensressource darstellt und nicht für externe, sondern nur für interne Situationen des Wissenstransfers relevant ist (vgl. Matusik und Hill 1998).

260 Daneben lässt sich das Innovationspotenzial der FuE durch Fremdvergabe erfolgsunkritischer Aufgaben indirekt erhöhen, da so interne Ressourcen zur *Konzentration auf Kernkompetenzen* frei werden. Einige Fallunternehmen kaufen deswegen Arbeitspakete wie z.B. Studiendokumentationen von externen Dienstleistern ein (FI1/106) oder Tauschen mit anderen Firmen Entwicklungskandidaten, die besser ins eigene Portfolio passen (VI2/14). Bei diesen Maßnahmen muss sich die FuE kein neues Wissen aneignen, sondern kann ihre eigenen Kompetenzen ausschöpfen. Zusätzlich nannten die Interviewees *Konkurrenzvergleiche* durch Marktbeobachtung (AG3/30) und den Austausch mit Wissenschaftlern auf Konferenzen (AG1/86). Solche Maßnahmen führen nur begrenzt zur Aneignung von externem Wissen, da kritische Informationen wegen umfassender Schutzrechte nicht frei verfügbar sind. Sie können aber Denkanstöße zum Hinterfragen der eigenen FuE-Aktivitäten liefern (vgl. z.B. Orsenigo et al. 2012; Gassmann et al. 2008:133-137).

Der Grund ist, dass es zum *Entwickeln von neuen Kompetenzen*[261] als Ausgangspunkt *radikaler Innovationen* einer gewissen kognitiven Distanz zwischen interorganisationalen Partnern bedarf und die dadurch mangelnde absorptive Kapazität in enger Zusammenarbeit erst herausgebildet werden muss (vgl. z.B. Nooteboom et al. 2007; Nooteboom 2000b; Cohen und Levinthal 1990:149f.). Nooteboom (2000b) spricht von *Interaktionslernen*: Durch Kommunikation stoßen die Partner Sensemaking-Prozesse an und versuchen, die Wissensbasis bzw. Denkmuster des Anderen zu verstehen – um die kognitive Distanz durch Bilden eines gemeinsamen Grundverständnisses nicht zu reduzieren, sondern zu überbrücken[262] (vgl. Nooteboom 2004:512-514, 2000c:922). Derartig intensive Interaktionen sind mittels der vorgestellten *relationalen Verträge* (vgl. Teilkapitel 7.3.2.8) möglich, die die Fallunternehmen in der Tat eher mit Partnern eingehen, deren Geschäftsumfeld und Wissensbasis ihnen unähnlich ist. Dazu zählen Kooperationen mit *Universitäten*, um z.B. Zugang zur Grundlagenforschung[263] über komplexe Krankheiten, ersten Ideen einzelner Wissenschaftler für bahnbrechende Substanzen oder der Anwendungsevaluierung neuer Technologien zu erhalten (AG2/136; CA3/12; FI2/26-28; SA1/47,55; VI1/150,157). Laut LaMattina (2008:41-49) lässt sich die meist theoretisch getriebene akademische Forschung nicht einfach in praktische pharmazeutische FuE-Prozesse übersetzen. Sie ist aber dennoch ein unverzichtbarer Ausgangspunkt für radikale medizinische Innovationen und somit ein Exempel für Partner mit gewünscht hoher kognitiver Distanz, die in Kollaboration ein Mindestmaß an absorptiver Kapazität schaffen müssen (vgl. z.B. Nooteboom et al. 2007). In der frühen FuE wird darüber hinaus oft mit kleinen spezialisierten Biotech-Firmen zusammengearbeitet (FI2/30; SA1/47; VI1/154) oder das Geschäft von Startups weiterentwickelt (VI2/20); hier dürfte der vorhandene gemeinsame Anwendungsbezug das Überbrücken der kognitiven Distanz erleichtern.

Darüber hinaus eignen sich die Fallunternehmen neues externes Wissen auch durch Kooperation mit *Unternehmen aus anderen Branchen* an. Calum arbeitet beispielsweise mit Medizintechnikherstellern[264] zusammen, um ergänzende Produkte für seine Diabeteswirkstoffe zu entwickeln (CA1/62). Durch die Zugehörigkeit zum Gesundheitswesen handelt es sich hierbei um eine mit der Pharma-Industrie verwandte Branche, weswegen absorptive Kapazität wahrscheinlich leichter entwickelt werden kann. Im Gegensatz dazu nutzt Filion seine besonders intensiven externen Beziehungen, um sich Wissen aus komplett fremden Branchen anzueignen. So hat das Unter-

261 Das Stärken aktueller Kompetenzen und das Entwickeln neuer Kompetenzen kann auf die Lernstrategien *Exploitation und Exploration* bezogen werden (z.B. Nooteboom et al. 2007; Lavie und Rosenkopf 2006). Selbige stellen die Dimension 3 der IF i.w.S. (vgl. Teilkapitel 7.3.3.3) dar, die sich unabhängig vom Ursprung des Wissens (intern/extern) mit der im Unternehmen vorherrschenden Lernorientierung und dem Interesse an inkrementellen und/oder radikalen Innovationen befasst. Um Verwechslungen zwischen den Dimensionen zu vermeiden, wird hier nicht mit den Begriffen der Exploration und Exploitation argumentiert.

262 In langjährig intensiven Kollaborationen zwischen Partnern ist ohne Einbezug Dritter eine Reduktion der kognitiven Distanz unausweichlich, da sich Wissensbasen und Denkmuster angleichen. Die Zusammenarbeit wird effizienter, aber Innovations- und Lernpotenziale nehmen ab (vgl. z.B. Nooteboom 2004:512-514, 2000b).

263 Vinas arbeitet in der Grundlagenforschung auch mit Wettbewerbern zusammen (VI1/139-141,157). Falls sie ähnliche Therapiegebiete bedienen, sind die kognitive Distanz und das Potenzial für radikale Innovation gering.

264 Da zu Filions und Salux‘ Mutterkonzernen ebenfalls Medizintechnikhersteller (vgl. Teilkapitel 7.2.2, 7.2.4) gehören, haben beide bereits intern Zugang zu deren Wissen.

nehmen z.B. mit der Akademia und der Unterhaltungsindustrie ein „Serious Game“ für Kinder mit dem Aufmerksamkeitsdefizitsyndrom entwickelt (FI3/60):

> “[W]e (...) were able to get access pretty quickly to an academic institution who has the specific knowledge about behavior of ADHD *[HG: Attention Deficit Hyperactivity Disorder]* children, where is a lot of experience and expertise in that area. We have quite rapidly in our network access to a serious gaming company, (...) and also we have the network and the relationships with, for instance, an entertainment company studio (...) for children entertainment. So it’s the amusement parks, but it’s also the animation movies for children. So they know very well what’s of interest for children and motivates them. So getting access to these companies pretty quickly and efficiently, tapping into these competencies to make your innovation a reality, that’s key.” (FI3/82)

Demzufolge helfen relationale Verträge, die *Reichweite von Open Innovatio*n zu erhöhen, indem der Suchraum nach Problemlösungen z.B. durch Zusammenbringen von Firmen aus eigentlich unverwandten Branchen erweitert wird (vgl. z.B. Robertson et al. 2012:825-827; Van de Vrande et al. 2011:231). Bei Salux wird der Suchraum nicht durch Partner mit stark heterogenen Wissensbeständen, sondern durch Aufwerfen und Bearbeiten besonders *breiter Fragestellungen* ausgedehnt: In einem Game Changer-Arbeitskreis wird z.B. mit der Wissenschaft und den Zulassungsbehörden nach neuen, die Pharma-Industrie betreffenden Paradigmen im Innovationsmanagement – von Technologien bis hin zu Organisationsformen – gesucht (SA1/148; Salux 2011c). Game Changer sind paradigmatische, neuen Produkten oder Prozessen übergeordnete Innovationen, die dominante Denkmuster und Geschäftsmodelle sektor- bzw. industrieübergreifend aufbrechen[265] (Bessant 2013). Die Beispiele Filion und Salux zeigen, dass beide Unternehmen einen besonders breiten Open Innovation Ansatz verfolgen. Dabei ermöglichen ihnen der hohe *Dezentralisationsgrad* ihrer FuE-Organisation (vgl. Teilkapitel 7.3.2.3) bzw. mehrere weltweite Hubs, in räumlicher Nähe zu einer Vielzahl von Partnern zu agieren und persönlich mit ihnen zu kommunizieren (FI2/34; vgl. auch Chesbrough 2003:41; Howells 1995:171-179).

Darüber hinaus setzen einige Fallunternehmen auf *Inputsteuerung* für den Zugang zu neuem Wissen außerhalb der Unternehmensgrenzen. Im Rahmen der Reorganisation wird bei Calum ein Teil der FuE-Belegschaft ersetzt, um durch neue Mitarbeiter obsolet gewordene Denkmuster zu brechen (CA2/26); solche episodisch-disruptiven Veränderungen gehen durch zerstörte Routinen und Verlust an Erfahrungswissen aber zunächst mit Leistungseinbußen einher (vgl. z.B. Kaplan und Norton 2006; Sastry 1997). Salux setzt hingegen in kleineren Einheiten wie dem Post Doc-Pool auf kontinuierliche, gewünschte Fluktuation, um einen ständigen Zufluß neuen Wissens zu gewährleisten (SA1/148). Agon nutzt dazu seine Talent Pools, die als *intrinsischer Anreiz* für leistungsfähige FuE-Experten eingeführt worden sind (AG3/60):

[265] Eine *paradigmatische Innovation* sind z.B. Online-Geschäftsmodelle, die die Spielregeln in Industrien wie dem Buchhandel oder der Musikbranche komplett veränderten (Bessant 2013). In der Pharma-Industrie könnten z.B. Molecular Imaging zur besseren Erforschung von Substanzen im menschlichen Körper (Mullard 2013) oder Nano-Technologie zur Diagnose/Behandlung komplexer Krankheiten wie Krebs (Scott 2012) Game Changer werden. Beide Technologien wurden auch von zwei Fallunternehmen erwähnt (CA1/92; FI2/98).

> „Und Teil des Talent Pools ist auch, dass die Mitarbeiter (...) 20% ihrer Arbeitszeit für Wissenschaft, für Innovation verwenden können, (...) losgelöst von dem operativen Tagesgeschäft. Und damit will man auch fördern, dass die Mitarbeiter sich (...) Gedanken machen, wie man Innovation in das Unternehmen bekommt. Was man auch überlegt (...) ist, dass man den Leuten die Möglichkeit gibt von wissenschaftlichen Sabbaticals, also dass jemand vielleicht mal für drei Monate ans MIT geht und dort eine Technologie kennenlernt, natürlich weiter bezahlt wird, aber nicht direkt für Agon tätig ist. Und die Innovation dann später wieder zurück transferiert, oder die Technologie (...)." (AG1/64)

Im Gegensatz zu auf Unternehmensebene vereinbarten externen Kollaborationen ist Inputsteuerung eine Möglichkeit, auf Individualebene durch Selektion und Training von Humanressourcen (z.B. Frost et al. 2010b:208-212) neues Wissen in das Unternehmen zu holen. Tinus ist das einzige Fallunternehmen, das laut eigenen Aussagen neben kleineren Stipendien für externe Wissenschaftler (TI2/110) kaum auf die Aneignung von externem Wissen setzt, sondern Innovation fast ausschließlich mit der internen FuE generiert und dies mit langjähriger Erfahrung in seinen Hauptgeschäftsfeldern begründet (TI2/54-60). Ein solcher „Closed Innovation Ansatz" kann aber die Innovationsfähigkeit gefährden, wenn die eigene FuE z.B. zur internen Produktion jeglichen Spezialistenwissens unnötig aufgebläht wird oder durch Ignorieren wertvoller externer Ideen bzw. komplementärem Partnerwissen an Leistungsfähigkeit verliert. Zudem könnten Kreative mangels Umsetzbarkeit ihrer Ideen im restriktiven Portfolio in flexiblere Organisationen abwandern oder Ausgründungen tätigen (z.B. Faber 2008:22-24; Gassmann et al. 2008:68f.,159; Chesbrough 2003:36-38). Folglich kann die zu starke Innenorientierung von Tinus' FuE zum Teil erklären, warum das Unternehmen selten radikale Innovationen generiert. Insgesamt demonstriert dieses Teilkapitel, dass der Aneignung von externem Wissen eine hohe Bedeutung zukommt und das Innovationspotenzial je nach Art der externen Kollaboration unterschiedlich hoch ausfällt.

7.3.3.3 Selbstverstärkung der Exploitation versus Förderung von Exploration

Als dritte Dimension der Innovationsfähigkeit i.w.S. wurde Lernen durch Exploration (Entwickeln von komplett neuem Wissen) und Exploitation (Ausschöpfen von bestehendem Wissen) diskutiert und gezeigt, dass sich das Beherrschen der Lernstrategien unmittelbar auf das Generieren radikaler bzw. inkrementeller Innovationen (vgl. Teilkapitel 3.2.2.3) – und somit auf die Innovationsfähigkeit i.e.S. – auswirkt. Auch von den interviewten FuE-Experten wurde die Relevanz von Exploration sowie Exploitation für eine kontinuierliche Innovationsleistung der Pharma-Unternehmen eingeräumt, um Risiken zu balancieren und einen ständigen Fluß an Neuprodukten sicherzustellen (z.B. AG1/60; CA3/54; FI3/60-64; SA1/152-154; TI2/94-98; VI2/14). Ein Interviewee von Agon betont, dass die FuE idealerweise *radikal als auch inkrementell* neue Innovationsprojekte durchführen sollte:

> „Wir müssen natürlich auch ein bisschen mischen zwischen dem, was ist totale Traum (...) für den Patienten und für uns, und was ist auch irgendwo machbar. (...) Also ich muss immer hoch riskante, aber high gain-high value Projekte mischen mit weniger innovativ[en Projekten], (...) die vielleicht noch in einer kleinen Patientenpopulation eine Nische finden können. Das ist so ein bisschen der Portfoliomix. Ganz oben steht immer (...) das Morphin des 21. Jahrhunderts ohne Abhängigkeitsproblematik (...). Das haben wir hier ganz klar als Visionsziel formuliert. Aber an dem kann ich mich nicht jeden Tag messen (...)." (AG2/108)

Dennoch zeigen die empirischen Ergebnisse, dass Lernen durch Exploration und Exploitation gleichzeitig die herausforderndste Dimension der Innovationsfähigkeit i.w.S. zu sein scheint, da hierbei mit Ausnahme von Filion drei Fallunternehmen (Agon, Calum, Tinus) aktuelle und zwei Fallunternehmen (Salux, Vinas) potenzielle Schwächen aufweisen. Doch worauf sind diese Probleme genau zurückzuführen bzw. organisatorisch zu erklären?
Zunächst demonstrieren die Fälle, dass in High-Tech Branchen die FuE als Ausgangspunkt von Innovation nicht zwangsläufig mit Exploration und nachfolgende Funktionen der Wertschöpfungskette mit Exploitation gleichzusetzen sind (z.B. Birkinshaw und Gibson 2004; March 1991). Stattdessen kann *FuE* selbst noch einmal in *explorative Teilaufgaben* (Forschung bis frühe Entwicklung) und *exploitative Teilaufgaben* (späte Entwicklung) untergliedert werden. Während in der frühen FuE aufgrund (noch) diffuser Problemstellungen Kreativität gefragt ist, befasst sich die späte FuE mit der effizienten Umsetzung von strukturierten bzw. formalisierbaren Aufgaben bei ständig steigender Akteursdichte (vgl. z.B. Verworn und Herstatt 2007a; Gemünden und Salomo 2004:507-509). Bei den untersuchten pharmazeutischen Unternehmen werden die beiden unterschiedlichen Aufgabenkomplexe strukturell voneinander getrennt (vgl. Teilkapitel 7.3.2.1). Somit finden Exploration und Exploitation in verschiedenen FuE-Teilbereichen statt, d.h. es liegt *strukturelle Ambidexterität* vor. Ein Vorteil davon ist, dass sich die Teilbereiche auf die mit der jeweiligen Lernstrategie verbundenen Aktivitäten konzentrieren können. Ein wesentlicher Nachteil der strukturellen Trennung ist allerdings, dass das Wechseln zwischen bzw. der Übergang von Exploration zu Exploitation erschwert wird (z.B. De Visser et al. 2010; Lavie et al. 2010). Das kann sich z.B. darin äußern, dass sich FuE-Teilbereiche nicht auf gemeinsame Innovationsziele einigen können und die Projektübergabe von der Forschung in die Entwicklung verzögert wird. Solche FuE-internen Transitivitätsprobleme ließen sich bei den untersuchten Pharma-Unternehmen kaum finden. Zwar wurden *Interessenkonflikte* zwischen kreativen Wissenschaftlern der frühen FuE und umsetzungsorientierten Prozessentwicklern/Medizinern der späten FuE genannt – z.B. wenn sich neue Substanzen nur schwer synthetisieren, herstellen und in klinischen Studien testen lassen – aber durch intensive Diskussionen zum Finden von Kompromissen auch aus dem Weg geräumt (AG2/34,38; AG3/32; FI1/80). Somit ist *FuE-interne Kollaboration*, die bei den meisten Fallunternehmen stark ausgeprägt ist (vgl. Tabelle 15), grundlegend für den Übergang von Exploration zu Exploitation durch Harmonisieren von Teilbereichsinteressen (z.B. AG1/22; CA3/14; SA1/80; VI1/22-24). Einige Unternehmen setzen zusätzlich *Selbstabstimmung* ein, um während des FuE-Prozesses immer wieder zwischen den Perspektiven der explorativen frühen FuE und der exploitativen späten FuE hin und her wechseln zu können (TI2/78-81; VI1/90). Ein Filion-Interviewee schildert dies am Beispiel klinischer Studienteams, die stets im Austausch mit den Therapiegebieten als verantwortlichen Forschungseinheiten stehen:

> „Es kann ja sein, dass eine Studie entwickelt wurde, die aber so gar nicht durchführbar ist oder wo die durchführenden Ärzte ganz viele Fragen haben. Und da ist immer dieses klinische Team involviert, das sind immer die Ansprechpartner, die die fachlichen und inhaltlichen Rückmeldungen geben. Zum Beispiel, Patient A erfüllt die Ein- oder Ausschlusskriterien nicht hundertprozentig, der Leberwert weicht leicht ab. Darf der noch aufgenommen werden oder nicht. Und das entscheidet dann der jeweilige Fachmediziner aus der Therapeutic Area, also die sind wirklich ganz eng immer noch eingebunden." (FI1/62)

Auch die *Flexibilität der FuE-Organisation* kann den Übergang von Exploration zu Exploitation erleichtern, da z.B. wie bei Salux immer neue Strukturansätze ausprobiert werden können um „(…) frühe und späte Phasen übereinander zu bringen“ (SA1/15; SA1/94-97). Episodisch-disruptive Veränderungen, wie sie bei Agons FuE-Reorganisation in ein Profit und Cost Center oder bei Calums‘ radikalem Transformationsprozess zu beobachten sind, können sich hingegen temporär lähmend auf das organisationale Lernen auswirken – da sich Kreativität erst nach Etablieren der neuen Strukturen entfalten kann (AG2/140-142; CA2/26-28). Zuvor müssen Unternehmen die Reorientierungsphase überwinden, in die sie durch größere organisatorische Umbrüche gestürzt werden (Sastry 1997; vgl. Teilkapitel 7.3.2.5).
Doch der Übergang zwischen Exploration und Exploitation muss nicht nur innerhalb der FuE, sondern auch zwischen der FuE und anderen am Innovationsprozess beteiligten Funktionen, vor allem Produktion und Marketing, gewährleistet werden. Typischerweise sind jene eher exploitativ ausgerichtet, weil sie sich mit der effizienten Umsetzung und Kommerzialisierung der in der FuE generierten Neuheiten befassen (z.B. Lavie et al. 2010; Zhou und Wu 2010:549f.). Dabei spielt *cross-funktionale Kollaboration* gerade bei radikalen Innovationsprojekten eine große Rolle, da hier Abstimmungen zwischen explorativen (Teil-)Funktionen wie der frühen FuE und nachgelagerten exploitativen Funktionen über Implementierungsmöglichkeiten der Neuheiten sowie zum Etablieren neuer kollektiver Denkmuster notwendig sind (z.B. De Visser et al. 2010; Jansen et al. 2009). Bei fast allen Fallunternehmen beginnt die Kollaboration zwischen FuE und Marketing sowie FuE und Produktion sehr früh, um von vornherein marktorientiert zu innovieren und Herstellungsfragen zu berücksichtigen (z.B. AG2/37f.; AG3/32; FI2/8; FI3/20f.; SA1/100; vgl. Teilkapitel 7.3.2.6):

> „Das Marketing ist frühzeitig im Boot, um… das kommerzielle Potenzial der Substanz zu beurteilen, um ein Target Product Profile aufzustellen. Also was für eine Art Substanz soll R&D überhaupt finden. (…) Und auch die Produktion, (…) auch die Kollegen sind relativ früh dabei. Denn es würde ja keinen Sinn machen wenn Research und Early Development jetzt eine Substanz vorstellt, die so schwierig zu synthetisieren ist, dass sie dann ganz hohe Costs of Goods haben… (…) Wenn das einen Prozentsatz überschreitet, dann können Sie das nicht mehr kommerziell attraktiv entwickeln bzw. vermarkten.“ (SA1/100)

Sofern die cross-funktionale Kollaboration nach diesem Vorbild abläuft, dürften Übergänge zwischen den beiden Lernmodi keine Probleme bereiten. Nur bei Calum sind die Aktivitäten zwischen FuE, Marketing und Produktion aufgrund der funktionalen Silos weitestgehend entkoppelt (CA1/12-14,29f.,90; CA2/30), was entsprechend zu *Übersetzungsschwierigkeiten* zwischen den Funktionen führen kann. Diese sind wahrscheinlich mit dafür verantwortlich, dass das Unternehmen im Untersuchungszeitraum so wenige grundlegend neue Substanzen auf den Markt bringen konnte. Bei Vinas gibt es zwar keine derartigen funktionalen Silos, aber es scheint zumindest Verbesserungsbedarf bei der Übertragung von neuem bzw. bestehendem fachspezifischen Wissen zwischen der FuE und anderen Funktionen zu geben (VI2/26-28).

Nichtsdestotrotz scheinen Transitivitätsprobleme nicht die hauptsächliche Schwierigkeit beim Vereinbaren beider Lernstrategien zu sein. Ein wesentlich auffälligeres Muster, das sich aus dem Fallmaterial herauskristallisiert, ist der *Selbstverstärkungseffekt der Exploitation*, der zum Verdrängen von Exploration führt (vgl. Teilkapitel 3.2.2.3). Er entsteht zum einen, weil Exploitation die *leichter umsetzbare Lernstrategie* ist: Das Verfeinern bereits bestehender Kompetenzen führt im Gegensatz zur Aneignung komplett neuer Kompetenzen zu sichereren und kurzfristigeren finanziellen Rückflüssen auf geleistete Investitionen. Bezogen auf FuE-Aktivitäten erscheint so die inkrementelle Weiterentwicklung bestehender Produkte attraktiver als das Generieren komplett neuer Produkte (March 1991:72f.). Effizienzorientierte Unternehmen geraten daher leicht in eine Spirale („Success Trap") von immer größerem Erfolgsdruck und können sich nicht mehr von einmal aufgebauten Kompetenzen lösen (Lavie et al. 2010:124f.; Levinthal und March 1993:106) – was zur Folge hat, dass sie in obsolet werdenden Kernkompetenzen gefangen sind („Competence Trap") und ihr zukünftiges Innovationspotenzial verringern (vgl. Leonard-Barton 1992). Ebendieses Problem spiegelt sich bei zwei Fallunternehmen wider: Tinus versteht seine FuE als *„Performance Engine"*, also einen Motor, der möglichst gleichmäßig und effizient laufen soll (TI1/70,110,150). Kernaufgabe der FuE ist deswegen nicht das Erzeugen disruptiver, sondern inkrementeller Innovationen in Form optimierter Prozesse (TI2/88-90), Produktverfeinerungen sowie neuen Produktvarianten (TI1/110,143f.) vor allem im Hauptgeschäftsfeld Diabetes:

> "Insulin comes nowadays – and this is based actually on innovation that we have done – (…) in types of molecules that work very quickly in the body but it also comes in molecules that work very slowly (…). For example, these long-acting types of molecules, they can be even *further refined* to have an even *better clinical profile* (…). [S]o what we have a long history with is actually to *keep on optimizing* the different kinds of insulin molecules that have come to market and [we] have also been extremely successful with it." (TI2/98; eigene Hervorhebung)

Das Zitat lässt sich so interpretieren, dass komplett neue Substanzen gelegentlich entwickelt und anschließend durch intensives Life Cycle Management möglichst lange ausgeschöpft werden (TI2/94,98). Dabei nutzt Tinus sein Verständnis für die Krankheitsphysiologie, Erfahrungen in der FuE und Produktion von Insulinen sowie seine Technologieplattformen (z.B. im Protein Engineering) als Kernressourcen, die über Jahrzehnte hinweg aufgebaut worden sind (TI2/56-58,104). Doch während das Unternehmen die Lernstrategie Exploitation perfektioniert hat, gibt es Probleme bei der Exploration – da trotz Zugestehen einer frühen experimentellen Phase die detaillierten, feingliedrigen FuE-Prozesse das Brechen bisheriger Denkmuster erschweren (TI1/68-72,108-110,150; TI2/72). Noch mehr steht Exploitation bei Calum im Mittelpunkt der FuE, da hier argumentiert wird, dass aufgrund der übersättigten Märkte gar keine radikalen Produktinnovationen mehr möglich seien (CA2/20,50):

> „Also wenn es jetzt mal irgendwas gäbe zu Alzheimer oder so, dann wäre das nochmal so ein Quantensprung. [Das] steht aber im Moment nicht an, oder ist nicht unmittelbar in Aussicht. Und das bedeutet bei uns auch, dass wir zwar unsere eigenen Entwicklungen auch auf den Markt bringen, das sind aber zum Teil kleinere Produkte, auch die sozusagen kleinere Indikationen anbetreffen (…). Oder aber (…) Produkte die kurz vor Patentablauf stehen, noch große Umsatzbringer sind, dann eben nochmal mit einer guten (…) Marketingstrategie im Markt sozusagen zur Entfaltung zu bringen." (CA2/20)

Hinzu kommt, dass Calum sich traditionell stark an den *kurzfristigen finanziellen Interessen* seiner Anteilseigner orientiert, was langfristige Innovationsziele behindert (Anonym 2004a). Auch die momentane Reorganisation ist stark effizienzgetrieben, da sie unter anderem die

Kostenreduktion und Renditeverbesserung zum Ziel hat (CA3/48). Trotzdem soll sie auch der Neuausrichtung der FuE z.B. durch Verbesserung von Kernfähigkeiten im Innovationsprozess dienen, da sich die Manager über den Bedarf an mehr radikaler Innovation bewusst sind (Anonym 2012a; Calum 2012c, 2011d; CA1/86,92f.). Somit sind Tinus und Calum zwei Fallbeispiele für die Überbetonung von Exploitation trotz bekannter Relevanz von Exploration. Bezüglich letzterem haben sie gemeinsam, dass mit *Business Model Innovationen* – z.B. ein integriertes Patientenmanagement von Pharma-Herstellern und Krankenkassen (CA1/58) oder mehr Absatzverantwortung in Entwicklungsländern (TI1/114,120-123) – besonders umfassende neue Kompetenzen gefordert werden. Filion und Vinas arbeiten bereits an dieser weitreichenden Innovationsart, da sich ihre Initiativen im *Innovationsmanagement* mit der Suche nach neuen Geschäftsmodellen in Form ergänzender Dienstleistungen und Produkte über klassische Pharmazeutika hinaus befassen (FI1/88; FI3/26,60-64,70; VI2/10-12,20). Interessanterweise handelt es sich hierbei um Fallunternehmen, die *Exploration als Lernstrategie betonen*[266]: Sie konzentrieren sich ausdrücklich auf disruptive bzw. radikale Innovationen für bislang ungedeckte therapeutische Bedarfe, während Maßnahmen des Life Cycle Managements das Portfolio eher ergänzen sollen (FI2/26; FI3/60-64; VI1/188-192).

Der Selbstverstärkungseffekt der Exploitation kann nicht nur inhärenter Natur sein, da evolutionäres Lernen gegenüber revolutionärem Lernen leichter fällt, sondern ebenso durch das *organisationale Umfeld* bedingt werden. Exploration floriert in informalen, leicht chaotischen Strukturen, in denen die Entdeckung komplett neuer Ideen möglich ist. Exploitation gedeiht hingegen in formalen, reglementierten Strukturen, da kleine Verbesserungen bei etablierten Standards und effizienter Detailplanung leicht erreichbar sind (z.B. Menguc und Auh 2010; Carlisle und McMillan 2006; O'Reilly und Tushman 2004). Somit ist wenig überraschend, dass *Formalisierung bzw. Verfahrenssteuerung* Exploration behindert, aber Exploitation fördert – da sie neue disruptive Problemlösungen nicht zulässt, aber zum Explizieren, Verfeinern und Teilen des aktuellen Wissens beiträgt (Lavie et al. 2010:122f.; Gilsing und Nooteboom 2006; Jansen et al. 2006; Nooteboom 2000a:283-297). Ebenso förderlich für Exploitation kann *Outputsteuerung* sein, da sie auf Kontrolle und Erreichen kurzfristiger, meist finanzieller Erfolgsgrößen ausgerichtet ist – was aber zur Vernachlässigung längerfristiger, explorativer Lern- und Innovationsziele führen kann (vgl. Frost et al. 2010b:215-217; Micheli und Manzoni 2010; Frost und Vogel 2008:77f.; Ahn et al. 2006). Zudem behindert sie Exploration, wenn Arbeitsgruppen beim Tüfteln durch häufige Erfolgskontrollen gestört werden (vgl. Bernstein 2012). Tatsächlich finden sich im Fallmaterial Hinweise für die geschilderte Wirkungsweise beider Steuerungsmechanismen: Bei Agon führt starke Formalisierung z.B. zur Überlastung der Forscher mit administrativen Aufgaben (AG2/98) und es muss darauf geachtet werden, dass die aggressiven finanziellen Ziele nicht die Kreativität in der FuE korrumpieren (AG2/140; AG3/64):

[266] Im Gegensatz zu den diskutierten Fällen als Extrema der Exploitation (Tinus, Calum) bzw. Exploration (Filion, Vinas) ist bei Salux keine Bevorzugung einer der beiden Lernmodi festzustellen (SA1/152-154). Bei Agon liegt der strategische Fokus auf Exploitation, aber aus anderen Gründen als bei Tinus und Calum – nämlich dem Geschäft mit der Auslizensierung, Anwendungserweiterung und Verfeinerung von Technologieplattformen (AG2/118-121,136; AG3/48,56-58).

„Wir (…) machen aber auch ziemlich viel. Die Ziele sind sehr aggressiv, die wir von der Geschäftsführung bekommen. Da müssen wir auch vom Management her manchmal dagegen steuern und sagen ‚Hallo? Wo sollen wir uns drauf fokussieren?' Wir haben auch ganz klar mit der Geschäftsführung vereinbart, (…) dass wir ein bisschen schauen, (…) was können wir ein bisschen einfacher machen auch in der Planung, Steuerung, Budgetsteuerung… Damit eben die Verwaltung nicht mehr wird als der eigentliche kreative Forschungsaspekt." (AG2/140)

Bei Calum wird die Verwendung der gewährten Budgets eng kontrolliert (CA3/30), aber zumindest versucht, die Innovationskraft durch Eingrenzen der „Regelungswut" – die sich z.B. in bis ins kleinste Detail vorgegebenen Prozessen zeigt – zu verbessern (CA2/28; Anonym 2004b). Selbst bei Salux als Fallunternehmen mit hoher Innovationsfähigkeit i.e.S. wird momentan eine steigende Kosten- und Outputorientierung beobachtet (SA1/124-126,136) und befürchtet, dass Innovatoren dadurch demotiviert werden (SA1/110). Die genannten Probleme beschränken das im Forschungsbereich relevante explorative Lernen. Aus dem Grund sprechen sich Interviewees von Filion und Vinas ausdrücklich dafür aus, formale Regeln auf die späte FuE zu beschränken (FI1/86; VI1/107f.,113-125) und in der frühen FuE nur breite Zielvorgaben zu machen, um Freiraum zur Exploration zu gewährleisten (VI1/104-107).

Neben negativ wirkenden organisatorischen Charakteristika eignen sich einige zum unmittelbaren Fördern von Exploration. Dazu gehören alternative Steuerungsmechanismen wie die *Selbstabstimmung* und *Inputsteuerung,* die den Handlungsspielraum in der frühen FuE erhöhen. Erstere verzichtet gänzlich auf Eingriffe in den Ablauf des Innovationsprozesses und begünstigt persönlichen Austausch, während zweitere die Mittel zum Innovieren determiniert, ohne die in der Forschung ohnehin unsicheren Ergebnisse vorzuschreiben (vgl. z.B. Frost et al. 2010b:207-221). Selbstabstimmung trägt in den Fallunternehmen zum leichteren Übergang von Exploration zu Exploitation bei (siehe oben). Inputsteuerung fördert bei Agon und Filion das Experimentieren in der Forschung durch lockere Budgets basierend auf „Best Planning" (AG2/86,98) bzw. einem Venture Capital Approach (FI3/42,46). Zusätzlich wird bei Filion *Slack* (Überschussressourcen) zum Innovieren zur Verfügung gestellt, indem konkurrierende Projektteams an Lösungen für identische Probleme arbeiten (FI3/37-40).
Weiterhin demonstrieren die Fälle, dass Exploration durch *Herauslösen* radikaler Innovationsvorhaben aus der FuE-Linie gefördert werden kann, was von struktureller Ambidexterität über den FuE-Bereich hinaus zeugt[267]. Dafür wird bei Agon z.B. das Einführen unabhängiger Projektteams diskutiert (AG1/62,92). Als Vorbild kann das *Innovationsmanagement* von Filion, Salux und Vinas dienen, das sowohl Task Forces für spezifische Strategiethemen – z.B. Business Model Innovation (FI1/88; FI3/68) oder neue Technologien (SA1/27-29) – ins Leben ruft, aber auch regelmäßig funktions- bzw. teilkonzernübergreifende Ideeninitiativen als „Spielplätze" zum Generieren, Ausprobieren und Entwickeln komplett neuer Problemlösungsansätze organisiert (FI3/28-30; SA1/108-110; VI2/34-38). Zudem demonstrieren die Aussagen der Interviewees,

[267] Durch eine solche *Intrapreneurship-Strategie* setzen große, reife Unternehmen neue Ventures in Inkubation, aber innerhalb der Unternehmensgrenzen um. Im Vergleich zu Ausgründungen *(Entrepeneurship-Strategie)* haben die autonom arbeitenden Ideengeber so nach wie vor Zugriff auf interne Ressourcen und das Stammunternehmen verliert nicht vollständig an Einfluß (vgl. z.B. Kacperczyk 2012).

dass solche von der FuE-Linie unabhängigen Innovationsinitiativen und Arbeitsgruppen wichtig für die Mitarbeitermotivation sind. Ihr offenes, von Unternehmergeist geprägtes Arbeitsumfeld bietet engagierten Wissenschaftlern aus der FuE sowie Kreativen aus anderen Funktionen *intrinsische Anreize*, da Spaß am Tüfteln Raum gegeben wird und eigene neue Ideen verwirklicht werden können (AG1/62,92). In Konsequenz werden daraus resultierende Innovationsprojekte mit Leidenschaft bearbeitet und sogar in der Freizeit vorangetrieben (SA1/108-110; FI3/50-54):

> "What we do in our case with, for instance (...) [the workshops], is that people have an idea... (...) We give them the opportunity – after approval, of course, and if it makes sense – to further work out the idea and it's their own idea. And that creates a lot of energy and passion within those folks to make it happen." (FI3/50)

Folglich tragen intrinsische Anreize unmittelbar zum Fördern und Aufrechterhalten von Exploration bei, da individuelle Kreativitätspotenziale durch Arbeitsfreude aktiviert werden. *Extrinsische Anreize* allein (wie im Fall Tinus, vgl. Teilkapitel 7.3.2.7) versagen bei komplexen, wissensintensiven Aufgaben, da sie z.B. den notwendigen Austausch zwischen Individuen nicht berücksichtigen. Im Falle einer ungeeigneten Ausgestaltung können sie sogar eine verzerrende Wirkung haben (z.B. Osterloh und Weibel 2009; Amabile 1997), wie von Salux' FuE-Experten mit Verweis auf das *Multiple-Tasking Problem* (z.B. Frey und Osterloh 2002:35f.) bestätigt wurde. Es entsteht, wenn das Erfüllen komplexer FuE-Aufgaben anhand kleinteiliger, quantitativer Ziele gemessen und belohnt wird (SA1/125f., vgl. Teilkapitel 7.2.4):

> „Stellen Sie sich eine Situation vor im Drug Discovery Projekt. (...) Wenn die Chemiker alle in ihren Zielen stehen haben, sie müssen 1000 Substanzen liefern, dann werden Ihnen die Chemiker im Projekt Substanzen liefern, die leicht zu synthetisieren sind. Damit sie die Zahlen erfüllen, die aber vielleicht gar nicht genau in die Richtung gehen, die eigentlich gebraucht würde. (...) Einer der sich da ran wagt, der sitzt an einer einzigen Substanz drei Wochen und der andere Kollege, der macht Combinatorial Chemistry und wirft Ihnen pro Tag 10mal mehr oder noch mehr Substanzen raus. Durch so eine falsche Incentivierung kann ich so eine R&D Organisation komplett in die Irre führen." (SA1/126)

Wie das Beispiel demonstriert, können ausschließlich extrinsische Anreize nur zum Anregen von Exploitation funktionieren, da sich Individuen auf leicht zu erreichende Aufgabenbestandteile konzentrieren und bereits bekannte Problemlösungen verfeinern bzw. anders kombinieren. Da der gewährte Anreiz nicht an die Neuheit oder den Nutzen des Arbeitsergebnisses geknüpft ist, wird ihre Aufmerksamkeit vom Experimentieren weggelenkt und somit Exploration verdrängt (vgl. z.B. Langer 2011; Osterloh und Weibel 2009; Pervaiz 1998).

Als letztes organisatorisches Charakteristikum, das einen Einfluß auf die Lernstrategien hat, wird in der Literatur zudem der *Grad der (De)zentralisation* diskutiert. Oftmals wird Dezentralisation als sinnvoll für Exploration erachtet, da eine Vielzahl autonomer Organisationseinheiten den Suchraum nach Problemlösungen sowie die verfügbaren Kommunikationskanäle erweitert; Zentralisation soll hingegen Exploitation durch Ausnutzen von einheitlichen, effizienten Strukturen fördern (vgl. z.B. Lavie et al. 2010:122-131; Puhan und Vogel 2009; Jansen et al. 2006; Jansen et al. 2005). Im Fallmaterial wird diese Einschätzung insofern bestätigt, als dass Unternehmen mit Fokus auf Exploitation (Agon, Calum, Tinus) eine stärker zentralisierte FuE-Organisation aufweisen während Unternehmen, die Exploration (Filion, Vinas) bzw. beide Lernmodi gleichermaßen (Salux) betonen, ihre FuE eher dezentralisieren (vgl. Tabelle 15). Dennoch besitzen auch letztere zentralisierte Forschungscenter, die explorative Aufgaben für die Gesamt-FuE übernehmen – weswegen mit der oben aufgezeigten Dichotomie[268] vorsichtig umgegangen werden sollte. Zudem ermöglicht die verbreitete strukturelle Trennung von Exploration und Exploration, dass das organisatorische Umfeld je nach Lernstrategie zentraler oder dezentraler gestaltet wird.

Zusammenfassend zeigen die Ausführungen, dass es sich beim Lernen durch Exploration und Exploitation um die schwierigste Dimension der Innovationsfähigkeit i.w.S. handelt, die aber gleichzeitig unmittelbar mit dem Erzeugen radikaler und inkrementeller Innovationen in Verbindung steht. Aufgrund des demonstrierten Selbstverstärkungseffektes der Exploitation ist empfehlenswert, vor allem Maßnahmen zur Förderung von Exploration zu ergreifen.

7.3.3.4 Strategisches Commitment und Innovationskultur

Als letzte Dimension der Innovationsfähigkeit i.w.S. wurde das Betonen der Relevanz von Innovation in der Strategie und Kultur des Unternehmens vorgestellt, wobei letztere nur begrenzt beeinflusst und gestaltet werden kann (vgl. Teilkapitel 3.2.2.4). Nichtsdestotrotz haben nur zwei (Agon, Calum) von sechs Fallunternehmen (kleinere) Schwierigkeiten in dieser Dimension. Hinsichtlich der *strategischen Verankerung* von Innovation betont die Mehrheit der Interviewees, dass ihre Unternehmen sich als innovations- bzw. forschungsorientiert verstehen und die FuE im Mittelpunkt des Geschäfts steht (AG1/44; FI1/147f.; FI3/56,76; SA1/149f.; TI2/102; VI1/195-197). Ein FuE-Experte von Salux argumentiert:

> „Gerade im Pharma-Bereich, wo die Produktlaufzeiten begrenzt sind und in den Generika-Bereich dann abdriften... (...) Wenn das R&D nicht funktioniert, ist die Firma tot. Es sei denn, Sie kaufen dann alles ein. Selbst dann brauchen Sie einen Stock von Experten, die beurteilen können, ob das was angeboten wird, ob das wirklich Sinn macht oder eben nicht." (SA1/150)

Besonders deutlich wird diese Haltung bei Agon, da die interviewten FuE-Experten die neue Organisation mit der frühen FuE als Profit Center als unternehmerisches Commitment zu Innovation und „Paradigmenwechsel" auffassen (AG2/6; AG3/4,44). Andere Unternehmensfunktionen sind der FuE nicht nur sinnbildlich, sondern auch organisatorisch untergeordnet, wie die Integration des Marketings in die FuE-Organisation demonstriert (AG1/44; AG2/37f.,64; Agon 2012c). Hinzu kommt, dass Agon nach eigenen Aussagen ambitionierte Innovationsziele sowie die Vision, langfristig nur durch Neuprodukte überleben zu können, verfolgt (AG1/84; AG2/100,108).

---

[268] Siggelkow und Levinthal (2003) zeigen in dem Zusammenhang, dass sich Strukturen zwischen Zentralisation und Dezentralisation bewegen sollten. So können temporäre strukturelle Anpassungen vorgenommen werden, um Exploration zu fördern und den Wechsel zwischen Exploration zu Exploitation zu verbessern.

Fallunternehmen	Vision/Gesamtunternehmensstrategie*	Quelle
Agon	Innovationen für unerfüllte therapeutische Bedarfe im Schmerzbereich generieren und durch Fokussierung in reifen als auch neuen Märkten wachsen	Agon 2012a
Calum	Ein fokussiertes, innovationsorientiertes Unternehmen für verschreibungspflichtige biopharmazeutische Arzneimittel sein	Calum 2012a
Filion	Bedeutsame Innovationen zur Steigerung der Patientengesundheit generieren und weltweit zur Verfügung stellen	Filion 2012a
Salux	Positionen auf zukunftsorientierten Wachtumsmärkten mittels Innovationen aufrechterhalten und weiter ausbauen	Salux 2012a
Tinus	Ausschöpfen besonderer FuE-Kompetenzen, um überlegene Proteine zu entwickeln/verbessern, herzustellen und weltweit verfügbar zu machen	Tinus 2012a
Vinas	Innovative Medikamente für nicht gedeckte therapeutische Bedarfe herstellen und somit Wert für Patienten und das Unternehmen generieren	Vinas 2012a

Legende: *Zum Schutz der Identitäten der Fallunternehmen wird ihre Vision bzw. Gesamtunternehmensstrategie hier nicht wortwörtlich dargestellt, sondern sinngemäß zusammengefasst.

Tabelle 16: Strategische Relevanz von Innovation für die Fallunternehmen (Quelle: Annual Reports, eigene Darstellung).

Wie Tabelle 16 zeigt, verfolgen die betrachteten Fallunternehmen hinsichtlich ihres Innovationsbezugs vergleichbare *Visionen bzw. Gesamtunternehmensstrategien.*[269] Hervorzuheben ist die Situation bei Calum, da sich das Unternehmen aktuell im strategischen Umbruch befindet: Nachdem sich die Firma früher eher auf Marketing & Vertrieb als auf FuE konzentriert hat (CA1/84) und es den Mitarbeitern lange an strategischer Orientierung mangelte (CA2/28), soll der aktuelle Transformationsprozess zum Stärken der FuE-Kompetenzen führen (Anonym 2012; vgl. Teilkapitel 7.2.2). Für die Fallunternehmen scheint zudem die Höhe der *FuE-Investitionen* ein Indikator für die strategische Relevanz von Innovation zu sein (z.B. TI2/102): Agon betont, im Branchenvergleich überdurchschnittlich in die FuE zu investieren (AG3/40-50) und Vinas weist auf seine gefüllte Pipeline an Nachwuchsprodukten sowie die Rekrutierung von Personal als Muster hin, die momentan in der Industrie untypisch seien[270] (VI1/198). Somit scheint die Höhe der finanziellen Ressourcen und Humanressourcen, die der FuE mittels *formaler Inputsteuerung* (vgl. Frost et al. 2010b:208-210) zugewiesen werden, ein Indikator für die strategische Verpflichtung des Unternehmens zur Innovation zu sein.

269 *Vision* und *Gesamtunternehmensstrategie* lassen sich in der Praxis nicht immer eindeutig voneinander trennen. Generell gibt die Vision die gewünschte zukünftige Position des Unternehmens in seinem Wettbewerbsumfeld an, während die Gesamtunternehmensstrategie erklärt, in welche Ziele sich die Vision herunterbrechen lässt und durch welche Maßnahmen diese erreicht werden sollen (Raynor 1998).

270 Diese Aussagen können durch die Datenbasis, die zur Ermittlung der Innovationsfähigkeit i.e.S. herangezogen wurde, bestätigt werden: Agon ist in der Fallauswahl das Unternehmen mit der höchsten FuE-Intensität (vgl. Tabelle 10) und Vinas weist neben Filion die größte Anzahl erfolgsversprechender neuer Wirkstoffkandidaten und so das größte zukünftige Innovationspotenzial aller Fallunternehmen auf (vgl. Tabelle 13).

Im Gegensatz zur Strategie, bei der Geschäftsführung und Top-Manager aktiv entscheiden welche Rolle Innovation für den Unternehmenskurs spielen soll, kann eine *Innovationskultur* schwerer gestaltet werden. Das liegt daran, dass sich die Kultur eines Unternehmens aus den Normen, Werten und Einstellungen seiner Organisationsmitglieder zusammensetzt und zum Großteil unsichtbar sowie nur begrenzt messbar und veränderlich ist (Schein 1996, 1990). So erklärten einige Interviewees zwar, dass das Etablieren einer Art Innovationskultur wichtig sei, dennoch ließe sich schwer beschreiben, worin sich deren Existenz eigentlich widerspiegelt (z.B. AG3/64). Aus den Interviews kristallisiert sich aber heraus, dass eine Innovationskultur stark mit *Exploration* (vgl. Dimension 3 der IF i.w.S.) zusammenhängt. Laut Aussage der FuE-Experten reflektiert sie die Offenheit des Managements für neue Ideen (AG1/94; SA1/148) sowie das Ausmaß, in dem Mitarbeiter mit Zeit, Platz und Entscheidungsfreiraum zum Experimentieren und Lernen aus Fehlern (CA3/58; VI1/201-205) unterstützt werden:

> „Also das freie Denken, und mehr oder weniger auch nicht Geplantes möglich machen. Das ist ja die Aufgabe. (…) Wie kann ich eine Kultur (…) schaffen, indem ich jedem Mitarbeiter auch das Gefühl gebe, wenn ich da was Tolles gefunden habe, kann ich auch jederzeit bei irgendwelchen Managern an die Tür klopfen und sagen ‚Hallo, ich habe was gefunden. Können wir da mal darüber nachdenken und das mal machen?‘ (…) Das ist auch an sich eine der zentralen Aufgaben, die wir uns im Leadership Team (…) so stellen." (AG2/96-98)

Das Zitat und die oben genannten, miteinander vergleichbaren Auffassungen der Interviewees demonstrieren, dass Mitarbeiter in Innovationskulturen erstens Gelegenheit zur Entfaltung ihrer eigenen Ideen haben und zweitens zum Tüfteln ermutigt werden. *Entfaltungsmöglichkeiten* sind ein wesentlicher intrinsischer Anreiz (z.B. Frey und Osterloh 1997; vgl. Teilkapitel 7.3.2.7) – weswegen der Schluß zulässig ist, dass sich eine Innovationskultur positiv auf die intrinsische Motivation und diese wiederum auf die Kreativität (vgl. z.B. Sundgren et al. 2005) auswirkt. Ein *ermutigender Führungsstil* gilt ebenfalls als typisch für Innovationskulturen[271] (z.B. Leifer et al. 2001; Amabile 1997), stellt allerdings eher einen extrinsischen Anreiz dar (z.B. Herzberg 1987).
Um die genannten Merkmale einer Innovationskultur zu gewährleisten, versuchen die Fallunternehmen, ein *Klima* zum Innovieren zu schaffen und *explizite unternehmenskulturelle Komponenten* zu beeinflussen. Als „Klima" sind unterstützende Maßnahmen des Arbeitsumfelds[272] zu verstehen, während „explizite Komponenten" der Unternehmenskultur die sichtbaren Verhaltensweisen der Individuen und Artefakte meinen (z.B. Pervaiz 1998). Das Schaffen eines innovationsförderlichen Klimas ist eine typische Aufgabe des *Innovationsmanagements*, das z.B. zum Sichtbarwerden und Ausreifen neuer Ideen unternehmensweite Workshops (Filion, Salux) veranstaltet bzw. Innovatoren durch Ausloben von Innovationspreisen (Salux, Tinus) würdigt (FI3/30-40; SA1/108,148; Salux 2011c,d; TI2/106).

---

271 Beide Merkmale lassen sich z.B. auch bei Google beobachten und werden mit als Gründe angeführt, warum es als eines der innovationsfähigsten Unternehmen der Welt gilt (Steiber und Alänge 2013).

272 Das *Klima* ist im Vergleich zur Kultur weniger diffus und objektiv stärker wahrnehmbar (z.B. Isaksen und Ekvall 2010:75). Ersteres kann zweiteres z.B. wie folgt beeinflussen: Durch Erlauben von Skunkworks und Gewähren von Seed Capital für neue Ideen (Schaffen eines innovationsförderlichen Klimas) wird Experimentieren der Mitarbeiter anregt (explizite Verhaltensweisen) und sie sind im Laufe der Zeit von der Offenheit des Unternehmens für Innovationen (implizite Annahmen) überzeugt (vgl. Pervaiz 1998:31-33).

Viele Fallunternehmen setzen zudem auf *Inputsteuerung,* um ein Klima zum ungehinderten Wissensaustausch und konstruktiven Diskutieren neuer Ideen zu schaffen und bestimmte Verhaltensweisen zu etablieren. Dazu bedient man sich formalen Methoden wie Trainings oder der Personalselektion, aber auch informalen Methoden wie der Sozialisation und Entwicklung organisationaler Routinen (Frost et al. 2010b). In dieser Hinsicht besonders bemüht sind Filion und Tinus, deren historisch gewachsene Unternehmenskulturen stark von ihren Gründern geprägt wurden. Bei *Filion* werden die Grundideen des „Vaters" der Pharma-Sparte, einem erfinderischen Pharmazeut, noch heute in der FuE fortgeführt. Dazu gehört z.B. die zelluläre Gliederung der FuE um kompetente Wissenschaftler anstelle nach vordefinierten Prozessen und ein *Führungsstil,* der auf Fordern, Fördern und kritischem Hinterfragen neuer Ideen beruht. Besonders ist auch, dass die Führung in der FuE vertrauensbasiert ist und sich bestimmten Metaphern als Leitbild bedient: So soll sich die FuE als „offener Geist" z.B. nicht auf traditionelle Annahmen, sondern Beweise stützen und neue Substanzen werden als schutzbedürfige „Kinder" so lange wie möglich in der Pipeline behalten (Anonym 2007). Zudem hat Filions' Mutterkonzern einen *Wertekanon* etabliert, der in Trainings vermittelt wird und ein gemeinsames geschäftliches Grundverständnis schafft (FI1/146). Er muss jedem Manager bekannt sein und beinhaltet neben Richtlinien zum verantwortungsvollen Handeln gegenüber Interessengruppen des Unternehmens (z.B. Anteilseigner, Kunden, Mitarbeiter) die Verpflichtung zu Innovation und *langfristig orientierten Entscheidungen.* So wird sichergestellt, dass kurzfristige finanzielle Ziele nicht zum Verdrängen langfristiger FuE-Interessen führen [273] (Anonym 2001a; Anonym 1986) – und damit die geschilderte Gefahr des Selbstverstärkungseffektes der Exploitation (vgl. Dimension 3 der IF i.w.S.) verhindert. Ebenfalls einen Wertekanon besitzt *Tinus,* der im Zuge der Post-Merger-Integration nach der Fusion zweier unternehmenskulturell sehr verschiedener Insulinhersteller entwickelt wurde (Anonym 2001b). Er schreibt z.B. vor, dass die Geschäftsaktivitäten durch Balancieren ökonomischer, ökologischer und sozialer Interessen – den drei Dimensionen von *Nachhaltigkeit* (Majer 2000) – und durch Generieren von neuen biologischen Substanzen verfolgt werden sollen (Tinus 2012a). Eigens eingerichtete *Steuerungsgruppen* beraten die Geschäftsbereiche bei Tinus zur Auslegung des Wertekanons und prüfen in regelmäßigen Audits dessen Einhaltung (TI2/66). Allerdings scheinen sich die Interviewees von Tinus uneinig zu sein, ob es tatsächlich eine Innovationskultur im Unternehmen gibt: Während für TI2 Innovationen im Gesamtunternehmen eine Rolle spielen (TI2/106), werden laut TI1 neue Ideen nicht von allen Mitarbeitern benötigt bzw. sollten sich auf simple Prozessverbesserungen beschränken (TI1/147-150). Demzufolge ist im Vergleich zu Filion bei Tinus weniger klar, ob tatsächlich von Vorliegen einer Innovationskultur gesprochen werden kann.

Im Gegensatz zu Filion und Tinus befinden sich zwei Fallunternehmen im Zuge disruptiver Veränderungen (vgl. Teilkapitel 7.3.2.5) ihrer FuE-Organisation aktuell noch in einer kulturellen Reorientierungsphase. Bei *Agon* hat die Umstrukturierung des FuE-Bereichs in ein Profit Center

---

[273] Ein weiterer Vorteil eines konzernweiten Wertekanons ist, dass die Koordination durch Etablieren von Verhaltensrichtlinien erleichtert wird (vgl. z.B. Frost et al. 2010b:210f.) – was in stark dezentralisierten Unternehmen wie Filion eine große Rolle spielt.

und ein Cost Center dazu geführt, dass trotz dem strategischen Bekenntnis zur Innovation eine Innovationskultur noch nicht wahrnehmbar ist (AG2/98,140):

> „Innovationskultur, das ist so eine Frage, das ist eine wichtige Frage, die sich uns wieder stellt. Wie würden wir unsere eigene Innovationskultur denn überhaupt beschreiben oder umschreiben? Ich denke wir haben eine, sie ist aber für mich auch teilweise ein bisschen schwer fassbar aufgrund (...) der strukturellen Veränderungen, die wir in den letzten Wochen und Monaten oder letzten 1 ½ Jahren hatten (...)." (AG3/64)

Diese Phase der *Kulturfindung* ist typisch für disruptive organisatorische Veränderungen, da sich eine neue Identität des Unternehmens erst durch *Sensemaking* (Verarbeiten der Veränderung und Interpretieren der neuen Ordnung) und *Sensegiving* (Kommunizieren der neuen Ordnung und Überzeugen von Dritten) der Organisationsmitglieder herausbilden kann (z.B. Ravasi et al. 2006; Rouleau 2005). Bei *Calum* sind jene Anpassungsprozesse im Gange, da im Laufe der Transformation, die den FuE-Bereich stark betrifft, in ein Kulturwandelprogramm investiert wurde (CA3/40; Calum 2012c). Es soll Innovation fördern, indem die frühere „militärisch-perfektionistische" Kultur umgebrochen und ein partizipativerer Führungsstil entwickelt wird, um Mitarbeiter stärker in Entscheidungen einzubeziehen und ihnen Orientierung zur Unternehmensentwicklung zu geben (CA2/28):

> „Wir befinden uns jetzt gerade in einem Umbruch des Umgangs miteinander wo ich glaube, das kann zu *mehr Innovation* führen. (...) Die Führungskräfte bedienen sich (...) stärker visionär... also dass sie (...) auch wirklich Mitarbeiter viel stärker mit einbeziehen (...). Und das glückt noch nicht immer, aber sozusagen versuchen [sie] (...) eben zu einem Klima zu kommen, wo der Einzelne sich auch mit viel mehr (...) *Eigeninitiative* einbringen möchte und das auch kann. (...) [I]n diesem Jahr ist das auch unser Unternehmensziel Nummer eins (...), die Weiterführung unserer Kulturreise mit dem Ziel, zu einer noch engagierteren und effizienteren Organisation zu kommen. (...) Wir haben eben auch verschiedene Institutionen an den Start gebracht wie zum Beispiel unternehmensweite *Steuergruppen*, wo wir letztendlich auch from-within die Organisation gestalten. (...) Und die dann eben sich gemeinsam überlegen, wie ist die Stimmung in der Organisation, was müssen wir verändern, welche Instrumente können wir dafür einführen." (CA2/28; eigene Hervorhebung)

Dazu stützt sich Calum auf übliche Maßnahmen der *Inputsteuerung*, z.B. die Rekrutierung neuer Führungskräfte und FuE-Spezialisten sowie Mitarbeitertrainings, die Werte wie Offenheit und Selbstwirksamkeit vermitteln und zur Entwicklung einer „Learn & Play-Kultur" beitragen sollen (CA3/56-58; Anonym 2012). Der Fortschritt bei der Umsetzung dieser gewünschten Verhaltensweisen wird in jährlichen „cultural inventories" gemessen (CA3/40), die mit Tinus' Kulturaudits vergleichbar sind. Die Beispiele Agon und Calum demonstrieren, dass das Entwickeln einer Innovationskultur gerade nach größeren organisatorischen Veränderungen Zeit braucht.

Zusammenfassend wurde gezeigt, dass Innovation in der Unternehmensstrategie leichter betont werden kann als in der Unternehmenskultur – da diese im Gegensatz zu strategischen „Lippenbekenntnissen" schwieriger beeinflussbar ist. Nichtsdestotrotz sollte das Pflegen, Aufrechterhalten oder Katalysieren einer Innovationskultur nicht vernachlässigt werden, da tief verankerte Werte zum kontinuierlichen Innovieren im Unternehmen beitragen. Zudem hat die Innovationskultur einen großen Einfluß auf die Lernstrategie der Exploration und kann somit helfen, die herausforderndste Dimension der IF i.w.S. zu erfüllen.

7.3.3.5 Zusammenfassung zur Innovationsfähigkeit i.w.S.

Nachdem alle Dimensionen der Innovationsfähigkeit i.w.S. im Detail diskutiert worden sind, werden in Tabelle 17 die jeweiligen Ausprägungen der Fallunternehmen gegenübergestellt. Analog zur Zusammenfassung zu den Charakteristika der FuE-Organisation (vgl. Teilkapitel 7.3.2.9) werden Auffälligkeiten in Form aufgezeigter Stärken oder (potenzieller) Schwächen der Fallunternehmen markiert. Zwei wesentliche Aspekte werden ersichtlich:

	Dimensionen der IF i.w.S.**			
Case*	**1) Aufbau und Pflege einer organisationalen Wissensbasis**	**2) Aneignung von unternehmens-externem Wissen**	**3) Lernen durch Exploration und Exploitation**	**4) Betonen der Relevanz von Innovation in Strategie und Kultur**
Agon ↔	unproblematisch, Wissensmanagement v.a. durch Personalisierung	Stärken bestehender und Aufbau neuer Kompetenzen	Exploitation betont, Selbstverstärkung der Exploitation	Innovation im Mittelpunkt der Strategie, Kulturfindungsphase nach Reorganisation
Calum ↓	geringes Verknüpfungswissen zwischen FuE und anderen Funktionen	Stärken bestehender und Aufbau neuer Kompetenzen	Exploration vernachlässigt, Selbstverstärkung der Exploitation; Transitivitätsproblem zwischen den Funktionen	strategische Neuorientierung, radikales Kulturwandelprogramm
Filion ↑	unproblematisch, besondere Relevanz von Verknüpfungswissen	Stärken bestehender und Aufbau neuer Kompetenzen; weiter Open Innovation Ansatz	Exploration betont, Exploitation als unterstützende Strategie	Innovation im Mittelpunkt der Strategie, starke kulturelle Verankerung
Salux ↑	unproblematisch, besondere Relevanz von Verknüpfungswissen	Stärken bestehender und Aufbau neuer Kompetenzen; weiter Open Innovation Ansatz	Exploration und Exploitation betont, aber zunehmend Selbstverstärkung der Exploitation	Innovation im Mittelpunkt der Strategie und Kultur
Tinus ↔	unproblematisch, Wissensmanagement v.a. durch Personalisierung	externe Wissensquellen eher vernachlässigt	Exploration schwierig, Selbstverstärkung der Exploitation	Innovation im Mittelpunkt der Strategie und Kultur
Vinas ↔	zu geringes Verknüpfungswissen zwischen spezialisierten FuE-Centern	Stärken bestehender und Aufbau neuer Kompetenzen	Exploration betont, Exploitation als unterstützende Strategie; Austausch explorative ↔ exploitative Funktionen verbessern	Innovation im Mittelpunkt der Strategie und Kultur

Legende: **Pfeile* signalisieren die Innovationsfähigkeit i.e.S. (vgl. Teilkapitel 6.3.2): ↑ hohe IF i.e.S. ↔ mittlere IF i.e.S. ↓ geringe IF i.e.S. ***Markierungen* der Dimensionen der IF i.w.S. stehen für Stärken oder Schwächen: doppelter Rahmen = Stärke, hellgrau = potenzielle/kleinere Schwäche, dunkelgrau = aktuelle/größere Schwäche.

Tabelle 17: Zusammenfassung – Dimensionen der IF i.w.S. je Fallunternehmen (Quelle: eigene Darstellung).

Erstens lassen sich bei den Fallunternehmen mit einer mittleren (Agon, Tinus, Vinas) oder geringen Innovationsfähigkeit i.e.S. (Calum) konkrete Schwierigkeiten in den Dimensionen der

Innovationsfähigkeit i.w.S. feststellen, während die Fallunternehmen mit einer hohen Innovationsfähigkeit i.e.S. (Filion, Salux) diese kaum aufweisen bzw. sogar von speziellen Stärken geprägt sind. Demzufolge lässt sich der zu Beginn der Arbeit vermutete *Wirkungszusammenhang* zwischen der engeren und der weiteren Sichtweise von Innovationsfähigkeit bestätigen, d.h. die wissens- und lernbezogenen Dimensionen der Innovationsfähigkeit i.w.S. können als Vorbedingungen der Innovationsfähigkeit i.e.S. betrachtet werden.

Zweitens wird klar, dass bestimmte Dimensionen der Innovationsfähigkeit i.w.S. besonders herausfordernd sind: Die Aneignung von unternehmensexternem Wissen (Dimension 2 der IF i.w.S.) ist nur in einem Fall problematisch und stellt dort nicht die einzige bzw. gravierendste Schwäche des Unternehmens dar. In zumindest zwei von sechs Fällen sorgen jeweils der Aufbau und die Pflege einer organisationalen Wissensbasis (Dimension 1 der IF i.w.S.) sowie das Betonen der Relevanz von Innovation in Strategie und Kultur (Dimension 4 der IF i.w.S.) für aktuelle Schwierigkeiten. Das Lernen durch *Exploration und Exploitation* (Dimension 3 der IF i.w.S.) stellt hingegen bei drei Fallunternehmen eine aktuelle Schwäche und bei zweien eine potenzielle Schwäche dar. Somit handelt es sich hierbei um die herausforderndste Dimension der Innovationsfähigkeit i.w.S. – die sich gleichzeitig unmittelbar auf die Innovationsleistung (radikale Innovation bedarf der Exploration, inkrementelle Innovation der Exploitation) auswirkt.

Zusätzlich wurde gezeigt, dass die Dimensionen der Innovationsfähigkeit i.w.S. maßgeblich von bestimmten *Charakteristika der FuE-Organisation* beeinflusst werden. Im folgenden Abschnitt, der sich der Ableitung von Implikationen aus den Ergebnissen der Single-Case-Analyse und Cross-Case-Analyse widmet, werden diese Wirkungsbeziehungen zusammengefasst und die drei Kernelemente der Arbeit – Innovationsfähigkeit i.e.S., Innovationsfähigkeit i.w.S. und die Charakteristika der FuE-Organisation – wieder zusammengeführt. Außerdem werden basierend auf den empirischen Erkenntnissen praktische Empfehlungen abgegeben.

7.4 Interpretation der Ergebnisse

In diesem Teilkapitel werden die anhand des empirischen Fallmaterials diskutierten Zusammenhänge zwischen der Innovationsfähigkeit i.e.S., den Dimensionen der Innovationsfähigkeit i.w.S. sowie den Charakteristika der FuE-Organisation zusammenfassend dargestellt. Einerseits können davon theoretische Implikationen in Form von Propositionen abgeleitet werden, die einen Ausgangspunkt für zukünftige Forschungsvorhaben bieten. Andererseits sollen praktische Empfehlungen abgegeben werden, worauf Unternehmen in der Praxis zum Erlangen und Aufrechterhalten von Innovationsfähigkeit achten müssen.

7.4.1 Theoretische Implikationen

Das erste Ziel der empirischen Untersuchung war zunächst, die beiden im Rahmen der Literaturanalyse (vgl. Teilkapitel 3.2) konzeptionell entwickelten Sichtweisen von Innovationsfähigkeit anzuwenden, zu operationalisieren und zu klären, ob und wie sie miteinander zusammenhängen. Als engere bzw. ergebnisbezogene Sichtweise wurde *Innovationsfähigkeit i.e.S.* als Vermögen eines Unternehmens, kontinuierlich radikale und inkrementelle Produkt- und Prozessinnovationen zu generieren, definiert (vgl. Teilkapitel 3.2.1). Dem gegenübergestellt wurde die weitere bzw. wissens- und lernbezogene Sichtweise der *Innovationsfähigkeit i.w.S.*, die sich als Sammelbegriff aus den vier Dimensionen (1) Aufbau und Pflege einer organisationalen Wissensbasis, (2) Aneignen von unternehmensexternem Wissen, (3) Lernen durch Exploration und Exploitation sowie (4) Betonen der Relevanz von Innovation in Strategie und Kultur (vgl. Teilkapitel 3.2.2) zusammensetzt.

Aufgrund leichterer Operationalisierbarkeit wurde Innovationsfähigkeit i.e.S. als Kriterium des theoretischen Samplings genutzt und Fallunternehmen mit entsprechend hohen (Filion, Salux), mittleren (Agon, Tinus, Vinas) und geringen (Calum) Werten ausgewählt (vgl. Teilkapitel 6.3.2). Es zeigte sich, dass ergebnisbezogene Unterschiede zwischen den Fallunternehmen in erster Linie auf unterschiedliche Stärken bzw. Schwächen bei Generieren von *Produktinnovationen* zurückzuführen sind, während *Prozessinnovationen* bei allen gleichermaßen eine Rolle spielen (vgl. Teilkapitel 7.3.1). Somit kann die herrschende Meinung, dass die beiden Innovationsarten in High-Tech Industien oft nicht voneinander trennbar sind (z.B. Gassmann et al. 2008:67; Lim et al. 2006:27; Cohen 2005), präzisiert werden: Die empirischen Ergebnisse legen nahe, dass Prozessinnovationen zwar durchaus als Qualifizierungsmerkmal zum Kreieren von Neuprodukten zu verstehen sind, Qualität und Quantität der kommerzialisierten Produktinnovationen aber dennoch die wesentlichen Differenzierungskriterien bei der Beurteilung von Ergebnisunterschieden der Unternehmen bleiben.

Unter der Annahme, dass Unterschiede in der Innovationsfähigkeit i.e.S. auf wissens- und lernbezogene Vorbedingungen zurückgeführt werden können, wurde ermittelt, welche Ausprägungen die Fallunternehmen in den entwickelten *Dimensionen der Innovationsfähigkeit i.w.S.* aufweisen. Da es sich um diffusere, meist nur via Feldzugang einschätzbare Phänomene handelt, wurden hierfür „thick descriptions" aus den Fällen – die auf Basis von Interviewmaterial und ergänzenden Dokumenten konstruiert wurden – herangezogen. Tatsächlich kann die Auswertung der Daten den vermuteten *Wirkungszusammenhang* zwischen der engeren und weiteren Sichtweise von Innovationsfähigkeit bestätigen (vgl. Tabelle 17, Teilkapitel 7.3.3.5): Fallunternehmen mit einer hohen Innovationsfähigkeit i.e.S. besitzen ausschließlich (Filion) bzw. überwiegend (Salux) Stärken in den Dimensionen der Innovationsfähigkeit i.w.S. während das Fallunternehmen mit einer niedrigen Innovationsfähigkeit i.e.S. (Calum) in drei von vier Dimensionen Schwächen aufweist. Bei den Fallunternehmen mit einer mittleren Innovationsfähigkeit i.e.S. (Agon, Tinus, Vinas) lassen sich zumindest bei zwei von vier Dimensionen der Innovationsfähigkeit i.w.S. aktuelle bzw. potenzielle Schwächen feststellen. In Konsequenz dieser Ergebnisse kann die erste theoretische Proposition abgeleitet werden:

***Proposition I**: Der Grad der Innovationsfähigkeit i.e.S. wird davon determiniert, wie gut ein Unternehmen die Dimensionen der Innovationsfähigkeit i.w.S. erfüllen kann.*

Insgesamt demonstriert das Fallmaterial, dass jede Dimension der Innovationsfähigkeit i.w.S. zu Schwierigkeiten führen kann, wobei das Lernen durch Exploration und Exploitation (Dimension

3 der IF i.w.S.) aufgrund der paradoxen Anforderungen beider Lernstrategien am herausforderndsten ist.

Nachdem das Verhältnis der beiden Sichtweisen von Innovationsfähigkeit zueinander geklärt werden konnte, soll das Augenmerk auf das zweite Ziel der Untersuchung gelenkt werden: Es galt zu ermitteln, inwiefern die Innovationsfähigkeit durch bestimmte *Charakteristika der FuE-Organisation* beeinflusst wird. Ausschlaggebend für dieses Arbeitsziel war die Feststellung, dass die Organisation als „Focusing Device" die Anstrengungen aller Organisationsmitglieder in Richtung gemeinsamer Innovationsziele lenken und dafür eine kollektive Kognition schaffen muss (vgl. z.B. Nooteboom et al. 2007:154; Nooteboom 2000c:917) als auch die herrschende Meinung, dass sich organisatorische Parameter unmittelbar auf das Aneignen, Verarbeiten, Teilen und Weiterentwickeln von Wissen auswirken (z.B. Dougherty 2006; Jansen et al. 2006; Coombs und Metcalfe 2002; Johannessen et al. 1997). Mit Fokus auf den Organisationsbereich, der den Innovationsprozess maßgeblich verantwortet und koordiniert (z.B. Hauschildt und Salomo 2007:125-138; Brockhoff 1992:35-47), stellte sich somit die Frage, wie sich die organisatorische Gestaltung der FuE auf die wissens- und lernbezogenen Dimensionen der Innovationsfähigkeit i.w.S. auswirkt. Die Analyse wissenschaftlicher Kernpublikationen ergab, dass sich auf drei Bezugsebenen folgende Charakteristika der FuE-Organisation als „organisatorische Stellhebel" unterscheiden lassen: (1) der Grad der Dezentralisation der FuE, (2) Steuerungsmechanismen zur Koordination der FuE-Aktivitäten, (3) das Ausmaß der Flexibilität der FuE-Organisation, (4) die Arbeit in Projektteams, (5) FuE-interne (5.a) bzw. cross-funktionale (5.b) Kollaboration[274], (6) die Gestaltung des Anreizsystems und (7) externe Kollaboration der FuE mit Partnern (vgl. Teilkapitel 3.3.2). Zum Erreichen des genannten zweiten Untersuchungsziels wurden anhand des Interviewmaterials und ergänzenden Dokumenten entsprechende Muster bei den Fallunternehmen aufgedeckt: Die empirischen Ergebnisse der Single-Case-Analyse und der Cross-Case-Analyse zeigen, dass die Dimensionen der Innovationsfähigkeit i.w.S. jeweils von bestimmten Charakteristika der FuE-Organisation im positiven oder negativen Sinne beeinflusst werden (vgl. Teilkapitel 7.2 und 7.3). Daraus ergibt sich die folgende zweite theoretische Proposition:

Proposition II: *Die Dimensionen der Innovationsfähigkeit i.w.S. werden von den Charakteristika der FuE-Organisation gefördert oder behindert.*

Die beiden aufgestellten theoretischen Propositionen erlauben nun, den Zusammenhang zwischen den Charakteristika der FuE-Organisation und den beiden Sichtweisen von Innovationsfähigkeit grafisch darzustellen (siehe Abbildung 17).

274 Kollaboration mit dem Innovationsmanagement (5.c) wurde aus dem Interviewmaterial als induktive Kategorie ergänzt (vgl. Teilkapitel 7.3.2.6).

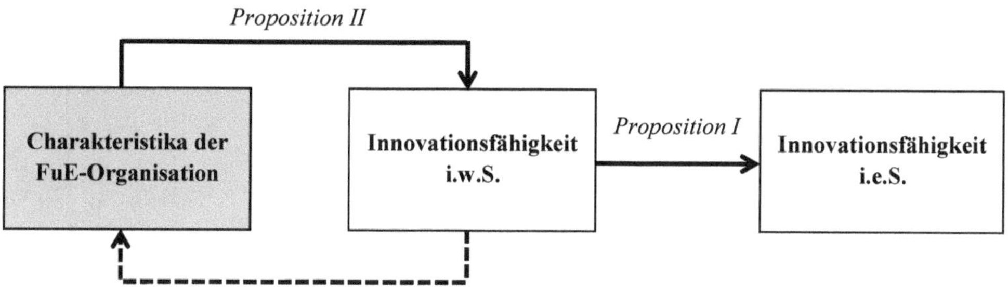

Abbildung 17: Wirkungsbeziehung zwischen den Charakteristika der FuE-Organisation und der Innovationsfähigkeit (Quelle: eigene Darstellung).

Der *unterbrochene Pfeil* in Abbildung 17 symbolisiert, dass sich die Charakteristika der FuE-Organisation nicht nur auf die Dimensionen der Innovationsfähigkeit i.w.S. auswirken können, sondern dass auch umgekehrte Wirkungsbeziehungen möglich sind – die allerdings nicht im Fokus der durchgeführten Untersuchung standen. In der Analyse des empirischen Fallmaterials wurde ein solcher Einfluss der Innovationsfähigkeit i.w.S. auf die Charakteristika der FuE-Organisation z.B. hinsichtlich der Innovationskultur (Dimension 4 der IF i.w.S.) thematisiert, da sie z.B. intrinsische Anreize für kreative Mitarbeiter bieten kann und in ihr verankerte Verhaltensrichtlinien die Koordination in stark dezentralisierten Unternehmen vereinfachen (vgl. Teilkapitel 7.3.3.4). Außerdem kann die Unternehmenskultur das Ausmaß interner und externer Kollaboration beeinflussen: Calum versucht im Zuge des Kulturwandels, Mitarbeiter zur stärkeren Zusammenarbeit zu verpflichten (Anonym 2012) und es kann kulturell bedingt sein, ob offen mit externen Partnern kollaboriert wird (SA1/152) oder man von Dritten unabhängig bleiben will (Tinus, Anonym 2001b). Hinweise für *Rückkopplungen* von der Innovationsfähigkeit i.e.S. auf die Dimensionen der Innovationsfähigkeit i.w.S. sind denkbar[275], werden mangels empirischer Nachweise in der Untersuchung aber nicht grafisch dargestellt.

Nach erfolgter Erläuterung der grundlegenden theoretischen Propositionen soll das Augenmerk nun auf *detailliertere Wirkungsbeziehungen* gelenkt und die Frage geklärt werden, wie sich die jeweiligen Charakteristika der FuE-Organisation auf die einzelnen Dimensionen der Innovationsfähigkeit i.w.S. auswirken. In Tabelle 18 sind diese Wirkungsbeziehungen als *Wirkungsmatrix* (vgl. Miles und Huberman 1994:239-243) zusammengefasst, die auf Grundlage der Ergebnisse aus der Single-Case-Analyse und der Cross-Case-Analyse (vgl. Teilkapitel 7.2 und 7.3) erstellt wurde.

[275] Eine Auswertung generierter Innovationen im Konzern könnte z.B. latente Synergiepotenziale zwischen den Teilkonzernen aufzeigen und Anpassungen des Wissensmanagements (Dimension 1 der IF i.w.S.) zur Folge haben (vgl. z.B. Yayavaram und Ahuja 2008; Persaud 2005). Außerdem kann wiederholtes Scheitern radikaler Neuheiten am Markt das Unternehmen in eine „Failure Trap" führen die es zwingt, sich durch übersteigerte Exploration (Dimension 3 der IF i.w.S.) erneut zu beweisen (Levinthal und March 1993:195f.).

	Dimensionen der IF i.w.S.**			
Charakteristika der FuE-Organisation*	**1) Aufbau und Pflege einer organisationalen Wissensbasis**	**2) Aneignung von unternehmensexternem Wissen**	**3) Lernen durch Exploration und Exploitation**	**4) Betonen der Relevanz von Innovation in Strategie und Kultur**
1) Dezentralisation der FuE▲	… beeinflusst, welche Wissens-managementstrategie gewählt wird	… verbessert Zugangsmöglichkeiten zu externen Partnern	… ungeeignet für Exploitation, geeignet für Exploration	k.A.
2.1) Input-steuerung▲	Selektion und Training von Humanressourcen fördert Aufbau von Spezialistenwissen	Ersetzen von Humanressourcen, geplante Fluktuation und Entsenden von Mitarbeitern fördert Zugang zu externem Wissen	… fördert Exploration, da kein Eingriff in Ablauf und Ergebnisse des Innovationsprozesses	Zuweisen von Ressourcen an FuE als strateg. Commitment zur Innovation; Training/Selektion von Human-ressourcen, Sozialisation & Routinen-bildung unterstützen Innovationskultur
2.2) Verfahrens-steuerung▲	k.A.	k.A.	Formalisierung behindert Exploration, aber fördert Exploitation	k.A.
2.3) Output-steuerung▲	k.A.	k.A.	… behindert Exploration, aber fördert Exploitation	k.A.
2.4) Selbst-abstimmung▲	… fördert Aufbau von Verknüpfungswissen zwischen spezialisierten Teileinheiten	k.A.	… fördert Übergang zwischen explorativen und exploitativen Teileinheiten	k.A.
3) Flexibilität der FuE-Organisation▲	kleine kontinuierliche org. Veränderungen fördern Aufbau/Austausch von Wissen, episodisch-disruptive Veränderungen stür-zen Organisation in Reorientierungsphase	k.A.	kleine kontinuierliche org. Veränderungen harmonisieren Übergang zw. Exploration und Exploitation; episodisch-disruptive Veränder-ungen lähmen Exploration temporär	episodisch-disruptive Veränderungen der Organisation führen zu Umbruch der Unternehmenskultur, die Zeit für Neufindung benötigt
4) Projektteams▲▼	… führen Spezialisten der Linie zusammen und tragen zum Aufbau von Verknüpfungs-wissen zwischen ihnen bei	k.A.	k.A.	k.A.
5.a) Interne Kollaboration/FuE▲	… fördert Aufbau von Verknüpfungswissen durch überlappende Strukturen/Prozesse	k.A.	… fördert Übergang zwischen explorativen und exploitativen Teileinheiten	k.A.
5.b) Interne Kollaboration/ cross-funktional ▼	… fördert Aufbau von Verknüpfungswissen durch überlappende Strukturen/Prozesse	k.A.	… fördert Übergang zwischen explorativen FuE-Teileinheiten und exploitativen Teil-einheiten von Marketing/Produktion	k.A.
5.c) Interne Kollaboration/ Innovationsmgmt.▼	… unterstützt Aufbau von Verknüpfungs-wissen und Wissensaustausch über Funktions-/Teilkonzerngrenzen hinweg	Innovationsmanagement als Filter zwischen FuE und Partnern, bezieht externe Berater in Projekte mit ein	Innovationsmanagement fördert Exploration im Gesamtunternehmen durch strukturelles Herauslösen aus der Linie	Entwicklung einer Innovationskultur als Aufgabe des Innovationsmanagements
6) Anreizsystem▲▼■	k.A.	wissenschaftliche Sabbaticals für Mitarbeiter als Anreiz und für FuE als Zugang zu neuem externen Wissen	intrinsische Anreize fördern Exploration; extrinsische Anreize fördern Exploitation, aber können Exploration verdrängen	k.A.
7) Externe Kollaboration der FuE mit Partnern ■	k.A.	transaktionale Verträge dienen dem Stärken aktueller, relationale Verträge dem Aufbau neuer Kompetenzen	k.A.	k.A.

Legende: *▲Binnenorganisation der FuE, ▼Verankerung der FuE im Gesamtunternehmen, ■ Verankerung der FuE im Unternehmenskontext;** weiß = positive Wirkung, hellgrau = positive oder negative Wirkung, k.A. = keine Angaben in der Empirie.

Tabelle 18: Wirkungsmatrix zum Einfluss der Charakteristika der FuE-Organisation auf die Dimensionen der IF i.w.S. (Quelle: eigene Darstellung).

Zum besseren Verständnis der Wirkungsmatrix sind folgende Hinweise zu beachten:

- *Erstens* ist die Wirkungsmatrix von links nach rechts zu lesen, da für diese Arbeit der Einfluß der Charakteristika der FuE-Organisation auf die Dimensionen der Innovationsfähigkeit i.w.S. interessant ist. Es sind nur anhand der hier untersuchten Fälle tatsächlich aufgezeigte Wirkungsbeziehungen abgebildet – was nicht ausschließt, dass eine andere empirische Untersuchung zusätzliche Effekte[276] demonstrieren kann.
- *Zweitens* wird der Einfluß, den die Dimensionen der Innovationsfähigkeit i.w.S. aufeinander haben können, nicht abgebildet. Beispielsweise kann die Aneignung von unternehmensexternem Wissen (Dimension 2 der IF i.w.S.) durch transaktionale Verträge mit externen Partnern zur Exploitation bzw. durch relationale Verträge zur Exploration beitragen (Dimension 3 der IF i.w.S.).
- *Drittens* werden in der Wirkungsmatrix anstelle des gesamten organisatorischen Charakteristikums der Steuerungsmechanismen die einzelnen Steuerungsarten (Input-, Verfahrens-, Outputsteuerung und Selbstabstimmung) dargestellt, da deren Wirkung auf die Dimensionen der Innovationsfähigkeit i.w.S. differenziert betrachtet werden muss.

Notwendig für den *Aufbau und die Pflege einer organisationalen Wissensbasis* (Dimension 1 der IF i.w.S.) sind Spezialistenwissen, Verknüpfungswissen und ein geeignetes Wissensmanagement (vgl. Teilkapitel 3.2.2.1). Die Wirkungsmatrix und die empirischen Daten (vgl. Teilkapitel 7.3.3.1) zeigen, dass sich Inputsteuerung durch Selektion und Training der Humanressourcen sowie der Einsatz von Projektteams, in denen Experten temporär zusammenarbeiten, eindeutig positiv auf die Verfügbarkeit und Nutzung von Spezialistenwissen auswirken. Als größere Herausforderung erwies sich für zwei der sechs Fallunternehmen hingegen der Aufbau von Verknüpfungswissen, das zur Integration spezialisierter Wissensbestände notwendig ist. Es kann mittels FuE-interner als auch cross-funktionaler Kollaboration sowie durch enge Zusammenarbeit der Experten in Projektteams erzeugt werden, da sich unterschiedlich spezialisierte Individuen auf diese Weise kognitiv annähern (vgl. z.B. Hecker 2012; Nonaka 1994). Die Wahl der Wissensmanagementstrategie wird im neutralen Sinn vom Grad der FuE-Dezentralisation beeinflusst, da sich in dezentralen Strukturen eher die Kodifizierungsstrategie eignet, während in zentraleren Strukturen persönlicher Austausch und somit die Personalisierungsstrategie (vgl. z.B. Hansen et al. 1999) leichter fällt. Institutionen des Innovationsmanagements können sowohl das Wissensmanagement als auch den Aufbau von Verknüpfungswissen positiv beeinflussen, da sie aufgrund ihrer Unabhängigkeit von der Linie Strategieprojekte für den gesamten FuE-Bereich vorantreiben und den Wissenstransfer zwischen Funktionen und Teilkonzernen verbessern können. Das einzige Charakteristikum, dass sich positiv als auch negativ auf Dimension 1 der IF i.w.S. auswirken kann, ist die Flexibilität der FuE-Organisation: Während kontinuierliche,

[276] Hier nicht als Wirkungsbeziehung diskutiert, aber dennoch in der Praxis relevant sein können z.B. die beiden folgenden Effekte: Im Rahmen der Verfahrenssteuerung erstellte Regelwerke dürften als kristallisiertes Wissen zur Wissensmanagementstrategie der Kodifizierung beitragen (vgl. Frost et al. 2010b:212-214; Hansen et al. 1999); kollektive Anreize können z.B. der gemeinsamen Wissensproduktion in Teams (vgl. z.B. Lindenberg und Foss 2011; Pervaiz und Sheperd 2010:307f.) und somit dem Aufbau von Verknüpfungswissen dienen.

kleinere organisatorische Veränderungen z.B. den Austausch von Wissen innerhalb der FuE stärken können, stürzen episodisch-disruptive Veränderungen die Organisation in eine Reorientierungsphase – in der die bisherige organisationale Wissensbasis in Form etablierter Denkmuster und Kompetenzen angefochten wird und eine neue kognitive Ordnung sich erst einpendeln muss (vgl. z.B. Weick und Quinn 1999; Sastry 1997). Folglich ist ein moderates Maß an Flexibilität förderlich, während extreme organisatorische Anpassungen die Dimension 1 der IF i.w.S. zumindest zeitweise beeinträchtigen. Es lässt sich folgende theoretische Proposition ableiten:

Proposition IIa: *Der Aufbau und die Pflege einer organisationalen Wissensbasis werden von Selektion und Training der Humanressourcen (formale Inputsteuerung), Arbeit in Projektteams, FuE-interner und cross-funktionaler Kollaboration sowie moderater Flexibilität der FuE-Organisation gefördert und vom Innovationsmanagement unterstützt.*

Hinsichtlich der *Aneignung von unternehmensexternem Wissen* (Dimension 2 der IF i.w.S.) wurde in den theoretischen Vorüberlegungen geschildert, dass es neben dem Zugang zu potenziellen Partnern absorptiver Kapazität bedarf, um deren Wissen aufzunehmen und mit der organisationalen Wissensbasis des eigenen Unternehmens zu verknüpfen. Problematisch ist dabei das inverse Verhältnis zwischen absorptiver Kapazität und kognitiver Distanz (vgl. Nooteboom et al. 2007): Einerseits sollte die kognitive Distanz von Partnern zu Innovationszwecken hoch sein, andererseits wird so die Adoption von externem Wissen erschwert (vgl. Teilkapitel 3.2.2.2). Dennoch stellte sich diese Dimension der IF i.w.S. als unproblematisch und nur bei einem der sechs Fallunternehmen als unterentwickelt heraus – was demonstriert, dass die Pharma-Industrie ihren Innovationsprozess nach dem Vorbild von „Open Innovation“ immer mehr öffnet (vgl. z.B. Subramanian et al. 2011; Hughes und Wareham 2010). Die Wirkungsmatrix auf Basis der empirischen Untersuchung (vgl. Teilkapitel 7.3.3.2) zeigt nur positive Effekte der Charakteristika der FuE-Organisation auf: Entscheidend für das Aneignen von Wissen aus der Unternehmensumwelt sind externe Kollaborationen, wobei transaktionale Verträge eher dem Stärken bestehender Kompetenzen dienen. Im Gegensatz dazu eignen sich relationale Verträge zum Aufbau komplett neuer Kompetenzen, weil Partner mit einer hohen kognitiven Distanz durch intensive Zusammenarbeit absorptive Kapazität aufbauen können (vgl. z.B. Nooteboom et al. 2007; Nooteboom 2000b). Unterstützend wirken dabei ein hoher Dezentralisationsgrad der FuE zum Erweitern der Zugangsmöglichkeiten, da eine Vielzahl lokaler Hubs das Partnernetzwerk vergrößert (vgl. z.B. Chesbrough 2003; Howells 1995), sowie das Innovationsmanagement, das z.B. als Filter zwischen externen Partnern und der internen FuE agieren kann. Neben Kollaborationsvereinbarungen auf Unternehmensebene kann die Aneignung von externem Wissen ebenfalls auf Mitarbeiterebene erfolgen: Indem Humanressourcen mittels Inputsteuerung ersetzt bzw. Bereiche mit gewollt hoher Fluktuation eingerichtet werden, lässt sich ein Zustrom von Trägern neuen externen Wissens in das Unternehmen sicherstellen. Eine andere Möglichkeit ist das Entsenden von Mitarbeitern zur Hospitation und/oder zum Training in externen FuE-Institutionen; solche wissenschaftlichen Sabbaticals stellen gleichzeitig eine Art externen Anreiz für den Mitarbeiter dar. Somit kann die folgende theoretische Proposition abgeleitet werden:

Proposition IIb: *Die Aneignung von unternehmensexternem Wissen basiert auf Kollaboration mit externen Partnern – unterstützt durch dezentrale FuE-Hubs zum Zugang und dem Innovationsmanagement als Filter – sowie dem Ersetzen und/oder Entsenden von Humanressourcen in externe Institutionen (formale Inputsteuerung).*

Lernen durch Exploration und Exploitation (Dimension 3 der IF i.w.S.) wurde bereits im Rahmen der theoretischen Vorüberlegungen (vgl. Teilkapitel 3.2.2.3) als herausfordernd beschrieben: Während Exploration zum Schaffen komplett neuer Kompetenzen und radikaler Innovation führt, trägt Exploitation zum Verfeinern bestehender Kompetenzen und inkrementeller Innovation bei. Im Sinne eines „Cycle of Discovery" (z.B. Nooteboom 2000a:170-189) werden dennoch beide Lernmodi benötigt, um kurzfristig als auch langfristig wettbewerbsfähig zu bleiben – obwohl sie in einem paradoxen Verhältnis zueinander stehen (z.B. Lisboa et al. 2011; Lavie et al. 2010:126f.). Tatsächlich festigen die empirischen Ergebnisse (vgl. Teilkapitel 7.3.3.3) den geschilderten Eindruck, da fünf von sechs Fallunternehmen aufgrund des Selbstverstärkungseffektes der Exploitation, eines ungeeigneten Umfelds für Exploration oder durch Transitivitätsprobleme in dieser Dimension der IF i.w.S. Schwierigkeiten haben. Wie die Wirkungsmatrix zeigt, erhärten einige Charakteristika der FuE-Organisation das Spannungsverhältnis zwischen den Lernmodi, während andere es reduzieren:

Erstens gibt es organisatorische Parameter, die Exploitation fördern, aber Exploration behindern. Dazu gehören formalisierte Regeln (Verfahrenssteuerung) und Outputsteuerung, da beide Steuerungsarten die Optimierung des Status Quo fördern bzw. die Aufmerksamkeit auf Erreichen kurzfristiger Ziele lenken (vgl. z.B. Ahn et al. 2006; Jansen et al. 2006). Folglich sollten beide Steuerungsarten für explorative Aufgaben nur begrenzt eingesetzt werden. Ebenso in diese Kategorie fällt das Anreizsystem, da extrinsische Anreize für Exploitation funktionieren, aber für Exploration ungeeignet sind bzw. sie wegen des Multiple-Tasking-Problems sogar verdrängen können. Exploration bedarf stattdessen intrinsischen Anreizen (z.B. Osterloh und Weibel 2009), denen bei der Gestaltung des Anreizsystems besondere Beachtung geschenkt werden sollte.

Zweitens hängt der Einfluß bestimmter organisatorischer Parameter auf die Lernstrategien von ihrer jeweiligen Ausgestaltung ab. In Bezug auf die Flexibilität der FuE-Organisation sind kleine kontinuierliche Anpassungen sinnvoll, um den Übergang von Exploration zu Exploitation zu harmonisieren; episodisch-disruptive Reorganisationen lähmen hingegen exploratives Lernen, bis das Unternehmen die Reorientierungsphase überstanden hat (vgl. z.B. Schoeneborn et al. 2013; Sastry 1997). Als Konsequenz sollte von extremen organisatorischen Anpassungen abgesehen werden. Auch der Grad der FuE-Dezentralisation gehört in diese Kategorie: Für Exploitation sind zentrale Strukturen geeignet, um Effizienzpotenziale auszuschöpfen, während für Exploration eher dezentrale Strukturen zur Verbreiterung des Suchraums geeignet sind (vgl. z.B. Lavie et al. 2010:122-131). Dennoch zeigt die Empirie, dass sich Zentralisation nicht zwangsläufig negativ auf Exploration auswirkt, da strategische Themen, die für alle FuE-Teileinheiten relevant sind, in einer hierarchisch hoch aufgehängten Organisationseinheit gebündelt werden sollten. Folglich muss es zur simultanen Handhabung beider Lernstrategien dezentrale als auch zentrale Organisationsbereiche geben, was mittels struktureller Ambidexterität durchaus möglich ist.

Drittens eignen sich laut Wirkungsmatrix bestimmte Charakteristika der FuE-Organisation besonders zum Stärken von Exploration. Dazu gehören einerseits die Inputsteuerung und die Selbstabstimmung als Koordinationsformen, die auf Eingriffe in den Innovationsprozess verzichten (vgl. z.B. Frost et al. 2010b:207-221; andererseits ist dazu das Innovationsmanagement zu zählen, da dieses nicht von Linieninteressen beeinflusste „Spielplätze" für radikale Innovationsprojekte zur Verfügung stellen kann.
Viertens und letztens ist FuE-interne als auch cross-funktionale Kollaboration notwendig, um mögliche Transitivitätsprobleme – d.h. Schwierigkeiten beim Übergang von bzw. Wechsel zwischen Exploration und Exploitation – zu vermeiden.
Aufgrund der Vielzahl organisatorischer Charakteristika mit verschiedener Wirkungsweise muss eine mehrstufige Proposition für die Dimension 3 der IF i.w.S. abgeleitet werden:

Proposition IIc/a: *Lernen durch Exploration und Exploitation basiert auf moderatem Einsatz von Verfahrens- und Outputsteuerung, Betonen intrinsischer Anreize bei vorsichtigem Einsatz extrinsischer Anreize, moderater Flexibilität der FuE-Organisation sowie der geeigneten Kombination dezentralisierter und zentralisierter FuE-Einheiten.*

Proposition IIc/b: *Zum Vermeiden von Transitivitätsproblemen bedarf es einer intensiven FuE-internen und cross-funktionalen Kollaboration.*

Proposition IIc/c: *Exploration wird durch Selbstabstimmung, Inputsteuerung und Initiativen des Innovationsmanagements gefördert.*

Als letzte Dimension der Innovationsfähigkeit i.w.S. wurde das *Betonen der Relevanz von Innovation in Strategie und Kultur* gefordert (Dimension 4 der IF i.w.S.) und in den theoretischen Vorüberlegungen illustriert, dass sich Unternehmenskultur im Gegensatz zur Gesamtunternehmensstrategie nur begrenzt gestalten lässt (vgl. Teilkapitel 3.2.2.4). Auch in der empirischen Untersuchung erwies sich die strategische Verankerung von Innovation weitestgehend als unproblematisch, da das Top-Management darauf unmittelbar Einfluß nehmen kann. Die im Vergleich dazu schwer beschreibbare Innovationskultur kann durch Schaffen eines Klimas zum Innovieren nur indirekt beeinflusst werden und war bei zwei Fallunternehmen nach größeren Restrukturierungsmaßnahmen noch nicht ersichtlich (vgl. Teilkapitel 7.3.3.4). Wie die Wirkungsmatrix zeigt, ist Inputsteuerung (vgl. Frost et al. 2010b:208-212) ein organisatorisches Charakteristikum, dass sich auf beide Elemente dieser Dimension der IF i.w.S. positiv auswirken kann: Einerseits gibt das Maß, in dem finanzielle Mittel und Humanressourcen der FuE formal zugewiesen werden, Aufschluß über das strategische Commitment zur Innovation. Andererseits lässt sich die Innovationskultur prägen, indem z.B. durch Training und Selektion von Mitarbeitern eine neue Art Führung etabliert wird oder Wertekanons zur Sozialisation und Routinenbildung eingesetzt werden. Das Innovationsmanagement kann beim Schaffen eines innovationsförderlichen Klimas helfen, indem z.B. unternehmensweite Innovationsinitiativen ins Leben gerufen werden und den Mitarbeitern ein kreatives Umfeld zum Bearbeiten neuer Ideen bieten. Einzig die Flexibilität der FuE-Organisation kann zumindest temporär negative Effekte haben, da organisatorische Umbrüche episodisch-disruptiver Natur – selbst wenn sie letztlich der Kulturentwicklung dienen – eine Phase der kulturellen Findung nach sich ziehen, in der sich eine neue Unternehmensidentität durch Sensemaking- und Sensegiving-Prozesse erst herausbilden muss (vgl. z.B. Ravasi et al. 2006; Rouleau 2005). Somit kann die letzte theoretische Proposition wie folgt formuliert werden:

Proposition IId: *Das Betonen der Relevanz von Innovation in Strategie und Kultur wird durch Bereitstellen adäquater Ressourcen für FuE-Zwecke und Training/Selektion der Mitarbeiter (formale Inputsteuerung), Sozialisation und Bildung organisationaler Routinen (informale Inputsteuerung) sowie Initiativen des Innovationsmanagements gefördert; episodisch-disruptive Veränderungen der Organisation wirken hingegen temporär lähmend.*

Wie dieser Abschnitt zeigt, konnte anhand der empirischen Ergebnisse dieser Arbeit das Verhältnis von Innovationsfähigkeit i.e.S., Innovationsfähigkeit i.w.S. und den Charakteristika der FuE-Organisation geklärt und anhand der abgeleiteten theoretischen Propositionen präzisiert werden. Im folgenden Abschnitt können nun auf Basis der gewonnenen Erkenntnisse praktische Empfehlungen für Unternehmen der pharmazeutischen Industrie abgegeben werden – die auch für Unternehmen anderer Industriezweige mit einem ähnlich hohen Bedarf an Innovationsfähigkeit relevant sein dürften.

7.4.2 Praktische Empfehlungen

Im Rahmen des Branchenportraits wurde erläutert, dass pharmazeutische Unternehmen einerseits im Sinne von Innovationsfähigkeit i.e.S. kontinuierlich innovieren müssen, um wettbewerbsfähig zu bleiben (vgl. Teilkapitel 4.1 und 4.2) – sich andererseits aber mit akuten Innovationsproblemen wie einer geringen FuE-Produktivität, dem obsolet werdenden Blockbuster-Modell, scheinbar nur inkrementellen Innovationschancen sowie Barrieren in der FuE-Organisation konfrontiert sehen (vgl. Teilkapitel 4.3). Dieses Bild ließ sich durch die hier analysierten qualitativen Fallstudien teilweise bestätigen, da die genannten Probleme in einigen Fällen aufgrund von Schwächen in den Dimensionen der Innovationsfähigkeit i.w.S. bzw. vorausgehenden Defiziten der FuE-Organisation sichtbar wurden, in anderen Fällen hingegen durch entsprechende Stärken und ein geeignetes organisatorisches Umfeld vermeidbar waren. Es stellt sich nun die Frage, welche konkreten praktischen Empfehlungen sich aus den Ergebnissen der empirischen Untersuchung für Unternehmen der pharmazeutischen Industrie sowie für Unternehmen aus Branchen mit ähnlich hohem Innovationsbedarf ableiten lassen. Im Folgenden werden deshalb konkrete Hinweise für Praktiker gegeben, wobei sich die Autorin auf die Kernergebnisse[277] der Arbeit konzentriert.

---

[277] Hiermit sind Erkenntnisse zu denjenigen Dimensionen der Innovationsfähigkeit i.w.S. sowie zur Gestaltung der FuE-Organisation gemeint, die laut den empirischen Daten am entscheidendsten zum kontinuierlichen Innovieren sind bzw. für die größten Schwierigkeiten sorgen können. Dazu zählt z.B. nicht die Aneignung von unternehmensexternem Wissen (Dimension 2 der IF i.w.S.) oder das damit verbundene Eingehen externer

FuE-Teileinheiten untereinander und mit anderen Funktionen sinnvoll vernetzen.

Die empirische Untersuchung demonstriert, dass große Pharma-Unternehmen ihre Innovationsprozesse nach außen geöffnet und kaum Probleme mit der Aneignung von unternehmensexternem Wissen haben – während sich die Pflege und Nutzung ihrer eigenen Wissensbasis durch interne Kollaboration aber noch verbessern lässt. Einerseits sollten Synergiepotenziale zwischen den verschieden spezialisierten FuE-Centern (vgl. z.B. Persaud 2005), die ein Big Pharma Player heute anstelle einer zentralen FuE hat, gemeinsam evaluiert werden. Dazu gehören z.B. Diskussionen zum Einsatzspektrum neuer Technologien, um FuE-Teilprozesse zu vereinfachen (z.B. High-Throughput-Screening zum Massentest von Substanzen) oder um ein tieferes Verständnis für komplexe Krankheitsbilder wie Alzheimer zu erlangen (z.B. neue bildgebende Verfahren), aber auch Anwendungsmöglichkeiten eines neuen Wirkstoffs über mehrere therapeutische Felder hinweg. Um dabei zusammenarbeiten zu können, ist Verknüpfungswissen (z.B. Henderson und Cockburn 1994) zwischen den FuE-Centern notwendig, das durch eine gewisse Überlappung ihrer Zuständigkeiten (z.B. für Therapiegebiete oder FuE-Teilfunktionen), aber auch durch Einrichten und Nutzen von Gremien zur horizontalen Selbstabstimmung geschaffen werden kann. Andererseits müssen nach wie vor „funktionale Silos" zwischen der FuE und Marketing sowie Produktion vermieden werden, um frühzeitig wichtige Fragestellungen zu den Marktchancen und zur Umsetzbarkeit von neuen Wirkstoffkandidaten zu klären – was ein spätes und kostspieliges Scheitern im Innovationsprozess verhindern kann. Zum Schaffen des zur Kommunikation notwendigen Verknüpfungswissens zwischen den genannten Funktionen können beispielsweise Vertreter in Projektteams entsandt oder Schnittstellenteams eingerichtet werden.

Exploration fördern und stärker ins Bewusstsein rufen.

Mit Abstand die größte Herausforderung beim Innovieren stellt nach wie vor das Generieren radikaler Innovationen dar, was nachweislich an einer ungenügenden Entwicklung von neuen Kompetenzen und somit Vernachlässigung von Exploration liegt. Gerade weil das Verfeinern bestehender Kompetenzen in Form inkrementeller Innovationen leichter fällt und der ausgeprägte Selbstverstärkungseffekt der Exploitation FuE-Aktivitäten zu dominieren droht (z.B. Lavie et al. 2010), müssen sich pharmazeutische Unternehmen in der Praxis stärker auf Exploration konzentrieren und sich der Notwendigkeit dieser Lernstrategie bewusst werden. Dafür muss *erstens* zwischen der frühen FuE (≈ Forschung) als explorativem Aufgabenbereich und der späten FuE (≈ Entwicklung) als exploitativem Aufgabenbereich differenziert sowie deren unterschiedlichen Anforderungen entsprochen werden. Beispielsweise sollten die Arbeitsabläufe in der Forschung weniger reglementiert als in der Entwicklung sein, um neuen Ideen, Eigeninitiative der Wissenschaftler beim Experimentieren und zufälligen Entdeckungen überhaupt Raum zu geben (z.B. Gilsing und Nooteboom 2006). *Zweitens* sollte eine zu kurzfristige, auf rein finanzielle Zielgrößen ausgelegte strategische Ausrichtung der FuE vermieden werden, da diese zum Korrumpieren längerfristiger Innovationsziele führt (z.B. Ahn et al. 2006). Letztere können z.B. durch

Kollaborationen, da die meisten Fallunternehmen hier brillieren und kaum Probleme haben. Detaillierte Ergebnisse können in der Cross-Case-Analyse (Teilkapitel 7.3) nachgelesen werden.

Verankerung in der Unternehmensstrategie, Schaffen eines gemeinsamen Grundverständnisses in kulturellen Wertekanons sowie durch weitsichtige Entscheidungen des Top-Managements[278] expliziter betont werden. Außerdem empfiehlt es sich, den „Trichter" an Nachwuchsprodukten für komplexe Krankheiten bzw. bislang ungedeckte therapeutische Bedarfe (vgl. Teilkapitel 4.2) nicht zu früh zu verengen (z.B. Garnier 2008:75f.; Ding und Eliashberg 2002), da hier aufgrund extremer technologischer Unsicherheit die Exploration besonders gefördert werden muss. *Drittens* bietet es sich an, frühzeitig unter Einbindung externer Partner über Business Model Innovationen wie z.B. dem Ausweiten des Geschäfts in Richtung Patientendienstleistungen[279] (z.B. Flochel und Kumli 2010) nachzudenken, gerade weil das traditionelle Blockbuster-Modell von Big Pharma immer mehr in Frage gestellt wird.

Organisatorische Dysfunktionalitäten vermeiden.

Diese Arbeit hat gezeigt, dass es zur Produktivitätssteigerung der pharmazeutischen FuE keine komplett neuen Organisationsformen braucht (z.B. Wong et al. 2010:1279; Banerjee et al. 2001). Vielmehr muss darauf geachtet werden, organisatorische Dysfunktionalitäten – d.h. eine negative Wirkungsweise der Charakteristika der FuE-Organisation auf die eigentlich verfolgten unternehmerischen Ziele – zu vermeiden. Als dysfunktional hat sich *erstens* „Übersteuerung" durch exzessive Formalisierung und Outputsteuerung erwiesen, die in der Forschung zum Verdrängen kreativer Problemlösungen führt. Bei der Wahl des Steuerungsmix sollte zur Koordination früher FuE-Aktivitäten deshalb eher auf Inputsteuerung und Selbstabstimmung[280] gesetzt werden, um auf rigorose Eingriffe in den Ablauf des Innovationsprozesses bzw. die Verzerrung von dessen Ergebnissen zu verzichten (vgl. z.B. Frost et al. 2010b:205-221). *Zweitens* ergab die empirische Untersuchung, dass die Flexibilität der FuE-Organisation im Sinne von Anpassungsfähigkeit an neue Situationen nicht zwangsläufig zu Agilität, sondern auch zu Volatilität führen kann. Es kommt darauf an, wie organisatorische Anpassungen vorgenommen werden (vgl. z.B. Weick und Quinn 1999; Sastry 1997): Um längere Reorientierungsphasen und den damit verbundenen Verlust an Innovationskraft zu vermeiden, sollten Unternehmen episodisch-disruptive Veränderungen umgehen und dafür kontinuierlich kleinere Veränderungen vornehmen, um ihre FuE-Abläufe beweglich zu halten. *Drittens* ergaben die Fallstudien, dass sich durch geeignete Gestaltung des Anreizsystems dysfunktionale Effekte wie das Multiple-Tasking Problem

---

[278] Unter dem Begriff „*Corporate Foresight*" wird der Einsatz von Prognosemethoden (z.B. Szenario-Planung) zum Ableiten von Handlungsempfehlungen zur zukunftsorientierten Ausrichtung des Unternehmens diskutiert, die besonders für die FuE bzw. das Innovationsmanagement relevant sein können (Gruber und Venter 2006).

[279] Flochel und Kumli (2010:159f.) nennen einige konkrete Beispiele für neue Geschäftsmodelle pharmazeutischer Unternehmen: So hat z.B. Bayer ein mit einer Spielkonsole verbundenes Blutzuckermessgerät entwickelt, das die Blutzuckerkontrolle für Kinder mit Diabeteserkrankung attraktiver macht und Novartis führte zusammen mit Elektronikherstellern ein SMS-System ein, um Zugangsmöglichkeiten zu und Verfügbarkeit von knappen Malaria-Medikamenten in Entwicklungsländern wie Tansania nachvollziehbarer zu machen.

[280] Die Eignung beider Steuerungsarten für Forschungsaufgaben bedeutet nicht, dass bei ihnen keine Dysfunktionalitäten auftreten können. Im Rahmen der Inputsteuerung ist zwischen absorbiertem Slack (z.B. für zusätzliche Innovationsprojekte eingesetzte Ressourcen) und *unabsorbiertem Slack* (z.B. Ressourcenmehrverbrauch wegen Ineffizienzen) zu unterscheiden (Lynn 2005). Selbstabstimmung ist kontraproduktiv, wenn es durch *Groupthink* zu pathologischen Verhaltensweisen kommt (Frost et al. 2010b:221; Dougherty 2008:417).

unterbinden lassen. Dafür sollte zum Motivieren von explorativen und auf kollektiven Leistungen basierenden FuE-Aufgaben vor allem intrinsische Anreize wie Entfaltungsraum bei der Arbeit gewährt und generell darauf geachtet werden, dass extrinsische Anreize unterstützend und nicht kontrollierend wirken (z.B. Langer 2011; Wilkesmann 2010; Frey und Osterloh 1997).

Innovationsmanagement zur Unterstützung der FuE einbeziehen.
Zu guter Letzt demonstrieren die Ergebnisse der Untersuchung, dass ein internes Innovationsmanagement (z.B. als hierarchisch hoch aufgehängte Abteilung oder Stab, vgl. Gaubinger 2009) die FuE beim Generieren neuer Produkte und Prozesse unterstützen kann – gerade wenn deren Abläufe wie in der Pharma-Industrie aufgrund der Anforderungen externer Behörden naturgemäß stark reglementiert sind. So kann das Innovationsmanagement zur Umsetzung der längerfristigen Innovationsstrategie für den gesamten FuE-Bereich relevante Themen elaborieren (z.B. wie in einem Fall die Arbeit mit Biomarkern) und zur Entwicklung einer Innovationskultur beitragen (Gemünden und Salomo 2004:511), indem für alle Mitarbeiter zugängliche Innovationsprogramme initiiert werden. Letztere waren bei den innovationsfähigsten Unternehmen der Fallauswahl zu beobachten, die in teilkonzern- bzw. konzernweiten Workshops neue Ideen sammeln, unter Einbezug interner und externer Coaches weiterentwickeln und von der Geschäftsführung zur Umsetzung verabschieden. Solche Initiativen dienen nicht nur dem tatsächlichen Inkrafttreten von Innovationsprojekten, sondern auch dem Sichtbarmachen von innovativen Ideen im gesamten Unternehmen und der Pflege von Unternehmergeist. Darüber hinaus eignet sich das Innovationsmanagement, um besonders weitreichende, über aktuelle Interessen und das Portfolio der FuE hinausgehende Ideen (wie z.B. zu Business Model Innovationen, siehe oben) zu verfolgen; es kann die Vernetzung zwischen den FuE-Centern eines Unternehmens verbessern, latente Synergiepotenziale aufdecken und als Filter zwischen der FuE und interessierten externen Partnern agieren.

Insgesamt konnte gezeigt werden, dass sich aus der empirischen Untersuchung dieser Arbeit wichtige theoretische Implikationen als auch praktische Empfehlungen zum Zusammenspiel von Innovationsfähigkeit und den Spezifika der FuE-Organisation ableiten lassen. Im folgenden und letzten Kapitel soll nun ein Fazit gezogen und ein Ausblick zu weiteren Forschungsmöglichkeiten gegeben werden.

8 Fazit und Ausblick

In diesem abschließenden Kapitel sollen die wesentlichen Erkenntnisse der Arbeit mit Bezug auf die eingangs aufgestellten Forschungsfragen zusammengefasst, der wissenschaftliche Beitrag, aber auch Limitationen der Untersuchung aufgezeigt sowie Vorschläge für die zukünftige Forschung zur Innovationsfähigkeit unterbreitet werden.

Ausgangspunkt der Arbeit in *Kapitel 1* war, dass Unternehmen in dynamischen Industrien zum Bestehen im Wettbewerb nicht gelegentlich Innovationen erzeugen können, sondern stattdessen dauerhaft innovationsfähig sein müssen. Allerdings wurde Innovationsfähigkeit in der wissenschaftlichen Literatur bislang nicht detailliert genug bzw. sogar tautologisch definiert, da Vorbedingungen und Ergebnisse des kontinuierlichen Innovierens nicht ausreichend voneinander abgegrenzt wurden. Als erste Forschungsfrage wurde daher *„Was ist Innovationsfähigkeit?"* formuliert. Zudem gab es bislang kaum systematische Hinweise, welche organisatorischen Voraussetzungen an Innovationsfähigkeit gekoppelt sind, die in erster Linie die FuE als der für Innovationen hauptsächlich verantwortliche Organisationsbereich erfüllen muss. Somit wurde als zweite Forschungsfrage der Arbeit *„Inwiefern beeinflusst die Organisation des FuE-Bereiches die Innovationsfähigkeit?"* gestellt.
Zum Beantworten der beiden Forschungsfragen wurde in *Kapitel 2* zunächst ein grundlegendes Verständnis zu den Kriterien von Innovation, wesentlichen Innovationsarten sowie idealtypischen Innovationsprozessen erarbeitet, bevor durch Angabe exogener Gründe und endogener Anknüpfpunkte die Überleitung zur Innovationsfähigkeit erfolgte.
Kapitel 3 diente der eingehenden Analyse von Kernpublikationen, die zur Differenzierung zwischen einer engeren, ergebnisbezogenen Sichtweise und einer weiteren, wissens- und lernbezogenen Sichtweise von Innovationsfähigkeit beitrug: *Innovationsfähigkeit i.e.S.* wurde als Vermögen eines Unternehmens, kontinuierlich radikale und inkrementelle Produkt- und Prozessinnovationen zu generieren, definiert (vgl. Teilkapitel 3.2.1). Dem gegenübergestellt wurde *Innovationsfähigkeit i.w.S.* als Sammelbegriff für die vier Dimensionen (1) Aufbau und Pflege einer organisationalen Wissensbasis, (2) Aneignen von unternehmensexternem Wissen, (3) Lernen durch Exploration und Exploitation sowie (4) Betonen der Relevanz von Innovation in Strategie und Kultur des Unternehmens (vgl. Teilkapitel 3.2.2). Anschließend stellte die Autorin den FuE-Bereich als Innovationsmotor des Unternehmens sowie das der Untersuchung zugrundeliegende konfigurative Organisationsverständnis (vgl. z.B. Grandori und Furnari 2008) vor. Mit dem Grad der FuE-Dezentralisation, Steuerungsmechanismen, der Flexibilität der FuE-Organisation, dem Einsatz von Projektteams, interner Kollaboration, der Gestaltung des Anreizsystems und externer Kollaboration wurden wesentliche *Charakteristika der FuE-Organisation* auf drei Bezugsebenen[281] eingeführt, bei denen die wissenschaftliche Literatur von einem Einfluß auf die Innovationsfähigkeit ausgeht (vgl. Teilkapitel 3.3). Anhand dieser konzeptionellen

281 Zur näheren Differenzierung der organisatorischen Charakteristika und der Zuordnung zu den Bezugsebenen der FuE-Organisation siehe Teilkapitel 3.3 (theoretische Basis) bzw. Teilkapitel 7.3.2 (empirische Ergebnisse).

Überlegungen wurde ein theoretisches Verständnis zur Beantwortung der Forschungsfragen entwickelt. Mit dem Ziel der Theorieelaboration (z.B. Vaughan 1992) galt es nun, die konkreten Ausprägungen als auch das Zusammenspiel von Innovationsfähigkeit i.e.S., Innovationsfähigkeit i.w.S. sowie den organisatorischen Charakteristika der FuE in der Praxis anhand empirischer Daten näher zu beleuchten.

Das Branchenportrait in *Kapitel 4* leitete zur empirischen Untersuchung über und stellte Unternehmen der pharmazeutischen Industrie als geeignete Forschungsobjekte vor, da bei ihnen kontinuierliches Innovieren einerseits elementarer Bestandteil des Geschäftsmodells ist und ihnen andererseits akute Innovationsprobleme attestiert werden. Danach wurde in *Kapitel 5* das der qualitativen Forschungsdisziplin zuzuordnende methodologische Vorgehen beschrieben und die Schritte der Fallstudienforschung nach Yin (2009, 2003) näher erläutert.

In *Kapitel 6* folgten Angaben zu den vorgenommenen Pilotuntersuchungen, die der Exploration des Forschungsfeldes dienten, sowie zur Operationalisierung der konzeptionellen Kernbegriffe. Zur zweckgeleiteten Fallauswahl wurde ein umfassendes theoretisches Sampling betrieben, das bereits ein wichtiges Element der Datenanalyse darstellt. Dabei bot sich die Innovationsfähigkeit i.e.S. als Sampling-Kriterium an, da sich deren definitorische Elemente – der Neuheitsgrad der Produkinnovationen sowie die Dauer des Innovierens – anhand objektiver Zulassungs- und Pipelinedaten der Fallunternehmen gut operationalisieren lassen. Mangels vergleichbarer Daten zu Prozessinnovationen, die in High-Tech Branchen ohnehin nur schwer von Produktinnovationen zu trennen sind (z.B. Gassmann et al. 2008:67; Lim et al. 2006:27), wurden Hinweise aus dem Interviewmaterial herangezogen. Dementsprechend konnte ein ausgewogenes Sample aus Fallunternehmen mit hoher, mittlerer und geringer Innovationsfähigkeit i.e.S. zusammengestellt werden.

In *Kapitel 7* wurde dann im Rahmen der Single-Case-Analyse (vgl. Teilkapitel 7.2) und Cross-Case-Analyse (vgl. Teilkapitel 7.3) untersucht, wie die unterschiedliche Innovationsfähigkeit i.e.S. der Fallunternehmen durch identifizierte Muster in den Dimensionen der Innovationsfähigkeit i.w.S. sowie den Charakteristika der FuE-Organisation zu erklären ist. Tatsächlich zeigen die Arbeitsergebnisse, dass die Innovationsfähigkeit i.e.S. vom Erfüllen der wissens- und lernbezogenen Dimensionen der Innovationsfähigkeit i.w.S. (Proposition I) abhängt, welche wiederum von den Charakteristika der FuE-Organisation gefördert oder behindert werden können (Proposition II)[282]. Lernen durch Exploration und Exploitation erwies sich als herausforderndste Dimension der Innovationsfähigkeit i.w.S., die von organisatorischen Effekten am stärksten beeinflusst wird – und sich gleichzeitig unmittelbar auf das Generieren radikaler bzw. inkrementeller Innovationen (Innovationsfähigkeit i.e.S.) auswirkt (vgl. Teilkapitel 7.4). Somit konnten die von der Autorin theoretisch konzipierten Sichtweisen von Innovationsfähigkeit anhand des empirischen Materials bestätigt, der Einfluß der FuE-Organisation aufgezeigt und die Forschungsfragen der Arbeit beantwortet werden.

[282] Die detaillierten Wirkungsbeziehungen zwischen den vier Dimensionen der Innovationsfähigkeit i.w.S. und den jeweiligen Charakteristika der FuE-Organisation (Propositionen IIa bis IId) werden in Teilkapitel 7.4 zusammengefasst.

Der *theoretische Beitrag* der Arbeit liegt erstens in der Konzeption zweier Sichtweisen von Innovationsfähigkeit. Sie knüpft an den Diskurs der Managementforschung zum Fähigkeitsbegriff bzw. dem zugrundeliegenden ressourcenorientierten Ansatz an und begegnet der Kritik, dass zugehörige Theoriekonzepte bislang einen tautologischen Eindruck vermitteln und kaum zu operationalisieren seien (vgl. z.B. Kraaijenbrink et al. 2009; Priem und Butler 2001; Eisenhardt und Martin 2000). Doch anstelle einfach gänzlich auf den Fähigkeitsbegriff zu verzichten (vgl. z.B. Moldaschl 2006), werden ergebnisbezogene Elemente von wissens- und lernbezogenen Elementen der Innovationsfähigkeit abgegrenzt, indem Innovationsfähigkeit i.e.S. und Innovationfähigkeit i.w.S. unterschieden und beide Sichtweisen zueinander in Beziehung gesetzt werden. Dadurch trägt die Arbeit zum Auflösen der tautologischen Definition und zu einem tieferen Verständnis von Innovationsfähigkeit bei. Zweitens demonstriert die Arbeit, dass der FuE-Bereich als „Focusing Device" die Anstrengungen der Organisationsmitglieder auf übergeordnete Innovationsziele des Unternehmens lenken muss (z.B. Nooteboom et al. 2007:154; Nooteboom 2000a:71, 2000c:917): Anders als in bisherigen wissenschaftlichen Beiträgen werden dabei nicht nur Teilaspekte des Organisationsproblems thematisiert, sondern umfassend die wesentlichen Charakteristika der FuE-Organisation klassifiziert und ihr Einfluss auf die Innovationsfähigkeit i.w.S. gezeigt. Dadurch wird ein Bezug zwischen Orientierungsaufgaben der Organisation und ihren Koordinations- und Motivationsaufgaben hergestellt (z.B. Frost 1998; Osterloh und Frost 1998). Insgesamt leistet die Arbeit einen theoretischen Beitrag zur Integration von Fragen des Innovationsmanagements und der Organisationsforschung.
Der *empirische Beitrag* der Arbeit besteht in der Entwicklung und vergleichenden Analyse qualitativer Fallstudien zu Unternehmen der pharmazeutischen Industrie – einer Branche, in der kontinuierliches Innovieren nachweislich eine große Rolle spielt (z.B. Grewal et al. 2008; Blau et al. 2004). So wird dem identifizierten Mangel an qualitativen Forschungsbeiträgen zum Thema „Organizing for Innovation" in der Praxis (vgl. z.B. Un und Montoro-Sanchez 2010; O'Connor und DeMartino 2006) Rechnung getragen: Die anhand des theoretischen Samplings breit gefächerten Single Cases liefern „thick descriptions" des Untersuchungsphänomens im jeweils unternehmensspezifischen Umfeld, während die Cross-Case-Analyse mittels „Pattern-Matching" (z.B. Yin 2009:56-59,136-141) hilft, robuste Aussagen zum Zusammenhang der beiden Sichtweisen von Innovationsfähigkeit sowie deren organisatorischen Voraussetzungen zu treffen. Dadurch können die hier am Beispiel der Pharma-Industrie gewonnenen Erkenntnisse wichtige Anhaltspunkte für die zukünftige empirische Forschung zur Innovationsfähigkeit liefern.

Trotz des theoretischen und empirischen Beitrags der Arbeit ist die Untersuchung nicht frei von *Limitationen*, auf die im Folgenden eingegangen werden soll. Erstens bergen *Interviews* als Datenerhebungsmethode immer die Gefahr, dass die Interviewees Informationen zum Unternehmen nur restriktiv offenlegen oder als „gewünscht" antizipierte Antworten geben – gerade wenn es um sensible Themen wie die FuE geht. Die Autorin hat dieses Risiko durch Befragen mehrerer Interviewees pro Unternehmen, Einbezug ergänzender Datenquellen (Datentriangulation) sowie Zusichern der Anonymisierung begrenzt (vgl. z.B. Yin 2009:102-109). Zukünftige

Forschungsbeiträge zu verwandten Themen können vom Einbezug eines unternehmensinternen Experten (Forschertriangulation, vgl. z.B. Flick 2007:42f.) profitieren, da so der Datenzugang als auch die Validität der Ergebnisse verbessert werden kann. Zweitens sei erneut darauf hingewiesen, dass sich qualitative Fallstudien zur *analytischen Generalisierbarkeit* im Sinne von Theoriebildung und -verfeinerung, aber nicht zur statistischen Generalisierbarkeit von Ergebnissen auf eine große Population eignen (z.B. Yin 2009:14-16; Siggelkow 2007). Nichtsdestotrotz ist denkbar, die hier gewonnenen theoretischen Propositionen in Hypothesen zu überführen und anhand eines breiten quantitativen Forschungsansatzes zu testen (vgl. z.B. Diefenbach 2008:878f.). Sofern dabei z.B. andere High-Tech Industrien mit vergleichbarem Interesse an Innovationsfähigkeit untersucht werden, sind entsprechende Anpassungen bei der Operationalisierung der Innovationsfähigkeit i.e.S. vorzunehmen, um branchenspezifischen Besonderheiten[283] gerecht zu werden. Drittens wird in der Untersuchung nicht auf *kulturelle Unterschiede* in der Fallauswahl eingegangen, obwohl die Fallunternehmen ihre Stammsitze in verschiedenen Ländern (Deutschland, England, Belgien und Dänemark) haben. Dennoch ist die Vergleichbarkeit der Fälle gegeben, da Kulturunterschiede zwischen Ländern mit einer ähnlichen wirtschaftlichen und technologischen Entwicklung im Zuge der Globalisierung immer geringer werden (z.B. Savanevičienė und Stark 2008). Zudem bilden sich in multinationalen Organisationen, die wie die untersuchten Pharma-Unternehmen zu einer stark regulierten Industrie gehören, globalisierte Werte und Arbeitspraktiken heraus (Rosenblatt 2011).

Zu guter Letzt soll auf ausgewählte weiterführende *Forschungsmöglichkeiten* hingewiesen werden, die über den Rahmen dieser Arbeit hinausgingen, aber thematisch an sie anknüpfen. Zum einen könnten sich zukünftige Studien mit der Relevanz und Ausprägung von Innovationsfähigkeit in anderen Branchen beschäftigen. Innovationsfähigkeit wird, wie auch in dieser Arbeit, oft am Beispiel von Unternehmen aus High-Tech Industrien untersucht, die aufgrund des schnellen technologischen Fortschritts unbestritten kontinuierlich innovieren müssen. Im Gegensatz dazu stehen *Low-Tech Industrien* (z.B. Nahrungsmittelbranche, Textilbranche, vgl. OECD 2011) bislang weniger im Mittelpunkt der wissenschaftlichen Forschung, obwohl sie einen beträchtlichen Sektor westlicher Volkswirtschaften darstellen und dort auch Innovationen erzeugt werden – nur in einem anderen Ausmaß, zeitlichen Turnus und mit wesentlich geringerem FuE-Aufwand (vgl. z.B. Kirner et al. 2009; Hirsch-Kreinsen 2008; Sundbo 1996). Somit könnte anhand von Fallstudien z.B. untersucht werden, welche Rolle Innovationsfähigkeit in Low-Tech-Industrien spielt, welche Arten von Innovationen dort gefragt sind und welche Spezifika es bei der Organisation bzw. beim Ablauf von Innovationsprozessen zu beachten gilt.

---

[283] Je nach High-Tech Branche (z.B. Luft- und Raumfahrt, Computerindustrie, Medizintechnik, vgl. OECD 2011) sind Innovationsprozesse im Vergleich zur Pharma-Industrie eventuell weniger zeitintensiv und kostspielig, was einem innovationsfähigen Unternehmen eine entsprechend höhere Innovationsrate abverlangen würde. Hinzu kommt, dass der Neuheitsgrad der Innovation in weniger regulierten Branchen nicht anhand objektiver Zulassungsdaten bestimmt werden kann bzw. bei Verwendung modularer Baukastensysteme zusätzliche Innovationsarten (modulare Innovation, architektonische Innovation) berücksichtigt werden müssen. Diese Unterschiede treffen z.B. auf die Computerindustrie zu (vgl. z.B. Cebon et al. 2008; Hoetker 2006).

Weiterhin könnte interessant sein, Innovationsfähigkeit speziell unter dem Blickwinkel von *Nachhaltigkeit* zu untersuchen. Nachhaltigkeit meint, die Bedürfnisse heutiger Generationen nicht zu Lasten der Bedürfnisse zukünftiger Generationen zu erfüllen und wird von Interessengruppen als Forderung auch an profitorientierte Unternehmen gestellt. Um sie zu erfüllen, müssen ökonomische, ökologische und soziale Anforderungen als drei Säulen der Nachhaltigkeit in Einklang gebracht werden (Majer 2000:7f.). Übertragen auf das Innovationsmanagement heißt das, beim Innovieren verantwortungsvoll mit Ressourcen umzugehen (z.B. Ray und Ray 2010; Lee 2009; Moldaschl 2006), wozu das hier entwickelte Verständnis von Innovationsfähigkeit i.e.S. als Vermögen, kontinuierlich – d.h. heute als auch in Zukunft – zu innovieren[284], passt. Eine denkbare Frage an der Schnittstelle beider Themenkomplexe wäre beispielsweise, inwiefern Innovationsfähigkeit zur nachhaltigen Geschäftsentwicklung von Unternehmen beitragen kann (vgl. z.B. Konrad und Nill 2001:46f.). Zur Beantwortung muss in der wissenschaftlichen Diskussion der diffuse Begriff der *„nachhaltigen Innovation"* konzeptionell verbessert werden, da er sich oft nur auf die ökologische Säule von Nachhaltigkeit stützt („grüne Innovation", z.B. Burns 2012) und nicht darauf eingeht, ob radikale Neuheiten trotz Zerstören bisheriger Kompetenzen auch nachhaltig sein können (vgl. z.B. Hall und Vredenburg 2003).
Die beiden genannten Forschungsmöglichkeiten sind nur Beispiele für weitere Überlegungen zur Innovationsfähigkeit, die sich je nach Disziplin interessierter Forscher erweitern lassen.

Als Ergebnis dieser Arbeit ist deutlich geworden, dass Innovationsfähigkeit als komplexer Begriff durch Differenzieren zwischen der ergebnisbezogenen und der wissens- und lernbezogenen Sichtweise erschlossen werden kann und von einem geeigneten organisatorischen Umfeld profitiert. Abschließend sei auf ein Zitat des Wissenschaftlers und Philosophen Francis Bacon verwiesen, das sich nicht nur auf den Bedarf an medizinischen Innnovationen beziehen lässt:

> "As the births of living creatures, at first are ill shapen so are all innovations, which are the births of time. (...) Surely every medicine is an innovation; and he that will not apply new remedies, must accept new evils; for time is the greatest innovator (...)." (Francis Bacon 1601)

Es soll uns daran erinnern, dass sich insbesondere Unternehmen in dynamischen Umwelten mit dem Pflegen und Aufrechterhalten ihrer Innovationsfähigkeit befassen müssen – um nicht im Laufe der Zeit selbst obsolet zu werden.

[284] Besonders dem Begriff der Nachhaltigkeit entspricht ebenso das simultane Handhaben von Exploration und Exploitation (Dimension 3 der IF i.w.S.), da auf diese Weise kurzfristige mit langfristigen Unternehmenszielen in Einklang gebracht werden müssen (vgl. z.B. Van Looy et al. 2005).

Appendizes

Appendix A: Annual Report Screening der zehn größten Pharma-Unternehmen weltweit.

Rang*	Unternehmen	Umsatz 2011* (Mrd. US-$)	Hauptsitz	Hinweise zur IF i.e.S.**	Hinweise zur IF i.w.S.**	Hinweise zur FuE-Organisation**
1	**Pfizer**	**67,4**	USA	Angabe von Pipeline-Daten und FuE-Investitionen	Nachhaltige Innovationsleistung als Oberziel des Unternehmens; Aufbau eines „engine for sustainable innovation“ durch Pipeline-Bearbeitung, Aufbau neuer Fähigkeiten und Center zum Verknüpfen interner R&D Expertise mit externem Expertenwissen	Gliederung der FuE nach biopharmazeutischen Segmenten, Zusammenarbeit mit unterstützenden Funktionen; Bedeutung von externen Partnern v.a. als Quelle von neuem Wissen
2	**Johnson & Johnson**	**65**	USA	Angabe von FuE-Investitionen	Anstreben von „meaningful innovation“ im Sinne nicht gedeckter medizinischer Bedarfe; Verknüpfen der eigenen Kernfähigkeiten mit externen Ressourcen	k.A.
3	**Novartis**	**58,6**	CH	Angabe von Pipeline-Daten und FuE-Investitionen	Innovation als strategische Priorität aller Sparten; tiefes Wissen zu bestimmten Krankheiten/ungedeckten medizinischen Bedarfen angestrebt	k.A.
4	**Bayer**	**50,76**	DE	Angabe von Pipeline-Daten und FuE-Investitionen	Innovation als Wachstumsmotor; „Pooling of Expertise“ in Wachstumsfeldern/ungedeckten Bedarfen; Innovationen sollen zur nachhaltigen Entwicklung beitragen; Investition in Innovationsfähigkeit	Ergänzen der internen FuE mit Aktivitäten externer Netzwerkpartner
5	**Hoffmann-La Roche**	**48,09**	CH	Angabe von Pipeline-Daten und FuE-Investitionen	Innovation im Mittelpunkt der Strategie; Freiheiten: „a diversity of views, cultures and approaches promotes creativity“; Zugang zu externem Wissen durch Akquisitionen, Lizenzen und Partner; Kombination interner und externer Fähigkeiten	Betonen von Kollaboration zwischen Pharma- und Diagnostik-Sparte und strategischen Partnerschaften; Zusammenarbeit mit Patientenorganisationen
6	**Merck & Co.*** **	**48**	USA	Angabe von Pipeline-Daten und FuE-Investitionen	Betonen von FuE im gesamten Unternehmen	k.A.
7	**Sanofi**	**46,5**	FR	Angabe von Pipeline-Daten und FuE-Investitionen	Verbesserung der Ressourcenallokation durch Fokus auf Wachstumsprojekte; Ziel ist effektive FuE, die Kreativität und Innovation fördert	R&D Organisation gemäß der Patientenbedürfnisse, fördert Entrepreneurship; Netzwerkorganisation, offen für externe Gelegenheiten durch Akquisitionen und Partnerschaften; ehemals interne Projekte extern vergeben; FuE-Organisation flexibilisieren

Rang*	Unternehmen	Umsatz 2011* (Mrd. US-$)	Hauptsitz	Hinweise zur IF i.e.S.**	Hinweise zur IF i.w.S.**	Hinweise zur FuE-Organisation**
8	**GlaxoSmithKline**	**43,92**	UK	Angabe von Pipeline-Daten und FuE-Investitionen	Geschäftsmodell beruht u.a. auf Innovation und Schutz von geistigem Eigentum; Streben nach offenerer, kollaborativer Denkhaltung im Sinne eines Kulturwandels	Reorganisation der R&D, um einen Strom innovativer Medikamente aufrecht zu erhalten; Aufbrechen des R&D Apparates in kleinere, unternehmerische Einheiten; stärkere Externalisierung der Forschung
9	**Abbott**	**38,8**	USA	Angabe von Pipeline-Daten und FuE-Investitionen	Selbstverständnis als eine „research-based pharmaceutical company"	k.A.
10	**AstraZeneca**	**33,6**	UK	Angabe von Pipeline-Daten und FuE-Investitionen	Produktivität der FuE als strategisches Ziel; fokussiertes Portfolio	Zunehmende externe Kollaboration; Restrukturierung der FuE

Legende:

* Ranking und Umsatzangaben stammen von Agrawal und Jamwal (2012). Angegeben sind immer die gesamten Umsätze je Konzern, d.h. es sind für fast alle der hier aufgeführten Unternehmen neben dem verschreibungspflichtigen Pharma-Geschäft (Humangesundheit) noch weitere Segmente enthalten. Laut der Geschäftsberichte der Unternehmen sind das z.B. verschreibungsfreie OTC-Präparate (auch als „Consumer Health" bezeichnet, z.B. Sanofi, GlaxoSmithKline), eigene Generika (Sandoz als Segment von Novartis), Medikamente für Tiere (z.B. Abbott, Merck & Co.) und/oder Medizintechnik (z.B. Roche, Johnson und Johnson). Eine Ausnahme ist die Bayer AG, die zusätzlich nicht dem Gesundheitswesen zuzuordnende Produkte wie Pflanzenschutzerzeugnisse und Werkstoffe anbietet (Bayer 2012).

**Die teilweise über 200 Seiten langen, englischsprachigen Annual Reports (Pfizer 2012; Johnson & Johnson 2012; Novartis 2012; Bayer 2012; Roche 2012; Merck Inc. 2012; Sanofi-Aventis 2012; GlaxoSmithKline 2012; Abbott 2012; AstraZeneca 2012) wurden nach Kernbegriffen der FuE-Organisation („organization" bzw. „organisation", „R&D", „research and development" etc.) und der Innovationsfähigkeit i.w.S. („innovation , „knowledge", „capabilities", „learn" etc.) durchsucht. Hinsichtlich der Innovationsfähigkeit i.e.S. wurde eruiert, inwiefern sich konkrete Indikatoren zur Einschätzung der Innovationsleistung der Pharma-Unternehmen finden lassen. k.A. = keine Angaben.

***Das amerikanische Unternehmen Merck & Co. Inc. – außerhalb der USA und Kanada „Merck, Sharp & Dome" (MSD) genannt – darf nicht verwechselt werden mit dem eigenständigen, deutschen Unternehmen Merck KGaA (in der USA und in Kanada „EMD" bzw. „Emanuel Merck, Darmstadt" genannt). Beide stammen ursprünglich aus einem Mutterkonzern, operieren aber seit Ende des ersten Weltkrieges als wirtschaftlich und rechtlich völlig unabhängige Unternehmen.

Appendix B: Interviewleitfaden (deutsche Version).

Hinweis: Der abgebildete Interviewleitfaden enthält pro Fragenblock Kernfragen zum Arbeitsthema und offenere Fragen. Da es sich um semi-strukturierte Interviews handelt, war die angegebene Reihenfolge der Fragen nicht bindend; ebenso konnten im Gespräch bestimmte Aspekte vertieft behandelt werden. Für die Interviews in englischer Sprache wurde eine vergleichbare englische Version des Interviewleitfadens angefertigt.
Asterisken (*) = Fragen des/der Abschnitt(e) sind inhaltlich auch für einen weiteren Fragenblock relevant.

Angaben zum Unternehmen/Interviewee (intern)

(möglichst vor dem Interview ausfüllen)

Name des Unternehmens (bei Tochtergesellschaft zusätzlich Konzernname)	
Hauptgeschäftsfelder (der Tochtergesellschaft und ggf. des Konzerns)	
Kerntechnologien, Kernforschungsbereiche (oder bediente Therapiefelder)	
Unternehmensstrategie (ggf. Angaben zu Vision und Mission)	
Hinweise zur Organisationsstruktur (sofern vorhanden)	
Sonstige Hinweise (aktuelle Organisations-/Innovationsprobleme; eventuelle Auszeichnungen für Innovationen)	

(zu Beginn des Interviews ausfüllen, nach Begrüßung/einführenden Hinweisen)

Name Interviewee	
Funktion/Titel Interviewee (evtl. auch Funktionswechsel)	
Datum und Ort	
NDA ausfüllen (ja/nein)? **Anonymisierung gewünscht?**	

Allgemeine Fragen zur (FuE-)Organisation

In welche Bereiche ist der Konzern (bzw. das jeweilige Tochterunternehmen) gegliedert? Welche Stabsstellen, Service- oder Zentralbereiche gibt es? Haben sich Organisation/Struktur und Strategie des Unternehmens in letzter Zeit verändert? Warum/warum nicht?

Wo ist der FuE-Bereich organisatorisch aufgehängt/wie ist der FuE-Bereich organisiert (z.B. ein globales Center vs. mehrere Hubs je Region oder Division)? In welche Abteilungen ist der FuE-Bereich gegliedert? Bearbeiten die Abteilungen des FuE-Bereiches eher fragmentierte Teilaufgaben oder abgeschlossene Aufgabenkomplexe?*

Fragenblock I: Binnenorganisation der FuE

(Dezentralisation der FuE)*

Auf welcher Hierarchie-/Leitungsebene werden strategische bzw. operative Entscheidungen über die Innovationsprojekte/-aktivitäten getroffen? Welche Entscheidungen kann der FuE-Bereich allein treffen, ohne sich mit der nächsthöheren Leitungsebene abzustimmen? In welchen Fällen ist eine Abstimmung mit/Eskalation zur nächsthöheren Leitungsebene notwendig? Wie schnell/unkompliziert laufen solche Abstimmungen?
Haben die Mitarbeiter im FuE-Bereich einen oder mehrere Vorgesetzte? Inwiefern können Mitarbeiter der FuE-Abteilungen eigene Entscheidungen treffen/in welchen Fällen müssen sie sich mit ihrer Leitung abstimmen?**

(Steuerungsmechanismen zur Koordination der FuE-Aktivitäten)

Inwiefern werden dem FuE-Bereich vor der Leistungserbringung bestimmte Ressourcenvorgaben gesetzt? Wie haben sich die Ressourcenvorgaben in den letzten Jahren entwickelt? Wie präzise (eng/weit) bzw. verhandelbar (rigide/flexibel) sind sie?***
Werden dem FuE-Bereich (für einzelne Aufgaben/Aufgabenblöcke) bestimmte Standards/Regeln vorgegeben? Welche und in welcher Form?
Sind für die FuE-Aktivitäten Verrechnungspreise relevant? Gelten für den FuE-Bereich bestimmte Ziele über das erwartete Arbeitsergebnis? Welche und wie werden sie formuliert? Gibt es auch Zielkonflikte?**
Wie/durch wen und wie häufig wird die Einhaltung der Ressourcenvorgaben/Standards und Regeln/Ziele kontrolliert? Inwiefern gibt es Sanktionen bei Nichteinhaltung?**

(Flexibilität der FuE-Organisation)

Haben sich Organisation/Struktur und Strategie des FuE-Bereiches in letzter Zeit verändert? Warum/warum nicht? Falls ja: In welcher Form kam es zu Veränderungen?
Arbeiten die Teams im FuE-Bereich immer wieder in denselben oder in öfters wechselnden Konstellationen zusammen? Warum/warum nicht? Läuft die Art der Zusammenarbeit der Teams im FuE-Bereich immer nach demselben Muster ab? Warum/warum nicht?

(FuE-interne Kollaboration/Projektteams)

Inwiefern/auf welche Art und Weise (z.B. Projektteams) arbeiten die verschiedenen Abteilungen des FuE-Bereiches zusammen und kommunizieren miteinander? Warum und bei welchen Projekten/Themen? Welche Herausforderungen stellen sich hierbei? Inwiefern wird die Zusammenarbeit (innerhalb/außerhalb des Projektes) aktiv gefördert/vorgeschrieben? Wie/wodurch/von wem?

Fragenblock II: Verankerung der FuE im Gesamtunternehmen

(Cross-funktionale Kollaboration/Projektteams)

Welche Bereiche bzw. Abteilungen des Unternehmens sind in den einzelnen Schritten des Innovationsprozesses involviert? Welche Aufgaben/Entscheidungen übernehmen sie?
Wie abhängig sind die im Innovationsprozess involvierten Bereiche bzw. Abteilungen voneinander, z.B. in Form von überlappenden Aufgaben und gemeinsam genutzten Ressourcen?
Inwiefern/auf welche Art und Weise (z.B. Projektteams) arbeiten der FuE-Bereich und andere Bereiche bzw. Funktionen zusammen und kommunizieren miteinander? Warum und bei welchen Projekten/Themen? Welche Herausforderungen stellen sich hierbei? Wird die Zusammenarbeit aktiv gefördert/geplant/vorgeschrieben? Wie/wodurch/von wem?

*(Gestaltung des Anreizsystems**)*[285]

Wie wird innovatives Verhalten (z.B. neue Ideen, Entdecken neuer Trends, exzellente FuE-Leistungen) aktiv im FuE-Bereich/im gesamten Unternehmen angeregt, motiviert bzw. belohnt? Welche Anreize gibt es/welche sind besonders wichtig und warum?
Wird innovatives Verhalten als individuelle Leistung oder als Gruppenleistung angeregt, motiviert bzw. belohnt? Wie/womit?

---

[285] Fragen zum Charakteristikum der Anreizgestaltung sind ebenso auf Ebene der Binnenorganisation der FuE relevant.

Inwiefern unterscheiden sich Organisation/Struktur und Kultur des FuE-Bereiches von anderen Unternehmensbereichen? Welche Vorteile/Nachteile haben Tätigkeiten im FuE-Bereich im Vergleich zu Tätigkeiten in anderen Bereichen des Unternehmens?

Fragenblock III: Verankerung der FuE im Unternehmenskontext****

Arbeitet das Unternehmen in FuE-Projekten mit Unternehmensexternen zusammen? Mit welchen Arten von externen Partnern, in welcher Form und aus welchem Grund? Was sind gemeinsame Ergebnisse?
Welche Herausforderungen stellen sich bei der Zusammenarbeit mit externen Partnern? Wird die Zusammenarbeit mit externen Partnern aktiv gefördert/gesteuert? Bei welchen Themen, wie und durch wen?

Fragenblock IV: Innovationsfähigkeit i.w.S.

(Dimension 1: Aufbau und Pflege einer organisationalen Wissensbasis)
Arbeiten im FuE-Bereich eher Spezialisten oder Generalisten? Welche/gibt es Beispiele? Gibt es bestimmte Voraussetzungen, die Mitarbeiter des FuE-Bereiches erfüllen müssen? Gibt es bestimmte Qualifizierungen, Trainings, Weiterbildungen o.ä. für die Mitarbeiter des FuE-Bereiches?
Durch wen und wie werden neue Ideen/neues Wissen im Unternehmen entwickelt? Werden hierfür bestimmte Methoden/Foren (z.B. Ideenwettbewerbe, Brainstorming, Teamsitzungen, Kreativ-Labs) verwendet?
Inwiefern sind Systeme/Prozesse/Tools zum Management/Austausch von Wissen im FuE-Bereich/im Gesamtunternehmen etabliert? Wer pflegt und nutzt sie?

*(Dimension 2: Aneignung von unternehmensexternem Wissen****)*
Welche Rolle spielen Fähigkeiten und Wissen externer Partner bei der Entdeckung von neuen Trends/deren Umwandlung in Neuprodukte (im Vergleich zu den Fähigkeiten und dem Wissen des Unternehmens)? In welchen Themen ist eher internes Know-How und in welchen externes Know-How gefragt?
Werden zu FuE-Zwecken Ressourcen bzw. ganze Unternehmen zugekauft? Warum und gibt es Beispiele?

*(Dimension 3: Lernen durch Exploration und Exploitation***)*
Hat das Unternehmen spezielle Kompetenzen/Fähigkeiten (z.B. Technologien, Forschungsexpertise), die ständig weiterentwickelt werden und grundlegend für die Neuproduktentwicklung sind? Inwiefern entdeckt bzw. setzt das Unternehmen selbst neue Trends?
Welche Arten von Innovation/Neuheiten generiert das Unternehmen? Gibt es (aktuelle) Beispiele? Warum generiert das Unternehmen nur eine/mehrere Arten von Innovation/Neuheiten? Werden die verschiedenen Arten von Innovation/Neuheiten in derselben oder in verschiedenen Abteilungen erzeugt? Warum und in welcher/welchen? Treten hierbei Probleme auf?
Inwiefern werden den Mitarbeitern des FuE-Bereiches Fehler beim/Zeit zum Experimentieren zugestanden? Arbeiten im FuE-Bereich mehrere Teams parallel an der gleichen Problemstellung? Warum/warum nicht?

(Dimension 4: Betonen der Relevanz von Innovation in Strategie und Kultur)
Inwiefern sind FuE/Innovationen wichtig für die Unternehmensstrategie? Inwiefern spiegelt sich die Relevanz von FuE/Innovationen in der Unternehmenskultur wider?
Wer bzw. welche Mitarbeiter/unterstützenden Bereiche werden (neben dem FuE-Bereich) noch mit in die Innovationsaktivitäten einbezogen? Wie/in welcher Form/warum?
Gibt es Programme bzw. Maßnahmen zur Weiterentwicklung, zur Kommunikation bzw. zum Benchmarking der Strategie/der Kultur des Unternehmens?

Abschließende Fragen

Worin äußert sich die Innovationsfähigkeit des Unternehmens (noch)?
(Wie) wird die FuE-/Innovationsleistung des Unternehmens gemessen/transparent gemacht?
Wollen Sie mir sonst noch etwas mitteilen, über das wir bislang noch nicht gesprochen haben?
Gibt es weiteres relevantes Material (z.B. Organigramm, Präsentation), das zur Verfügung gestellt werden kann?
Besteht ggf. die Bereitschaft zu einem Follow-Up Gespräch?
Gibt es weitere wichtige Interviewees im Unternehmen, zu denen ein Kontakt hergestellt werden kann?

Appendix C: Transkriptionsregeln.

Regel	Beispiel
Formatierung Interviewtranskripte werden erst mit Word erstellt und final nach Kodierung aus MAXQDA als PDF (mit voreingestellter Formatierung) gedruckt: - Schrift: Times New Roman Punkt 11, linksbündig - Zeilenabstand: 1,15 - Abschnittswechsel bei Sprecherwechsel (ohne Leerzeile, Abstand Punkt 10 zwischen den Abschnitten)	
Beginn der Abschnitte Am linken Rand des Transkripts werden die fortlaufenden Abschnittsnummern angegeben.	
Kennzeichnung der Sprecher/-in Die Abschnitte des Transkripts beginnen mit den Initialen der Forscherin bzw. dem Kürzel der Unternehmen und dahinter der Nummer des Interviews. Bei einem Interview mit nur einer Person entspricht die Nummer auch der des Interviewees. Bei Interviews mit mehr als einer Person kommt noch eine Zahl dazu. Die Unternehmenskürzel werden beim Zitieren von Interviewpassagen verwendet.	HG (Forscherin) AG1 (erstes Interview mit Agon, erster Interviewee) VI1/2 (erstes Interview mit Vinas, zweiter Interviewee)
Genauigkeit Transkribiert wird in chronologischer Reihenfolge der Interviewführung (d.h. AG1 als erstes Interview mit Agon, AG2 als zweites Interview mit Agon etc.). Ziel ist die möglichst exakte Wiedergabe des Gesagten ohne Modifikationen, das bedeutet:	
- Auch *Umgangssprache* wird beibehalten.	halt, gucken, Erbsenzähler
- *Abkürzungen* werden nicht verwendet: Redewendungen wie „zum Teil", „versus", „et cetera" oder „zum Beispiel" sind nicht abzukürzen; ebensowenig Maße, Zahlen oder Ergebniseinheiten.	das heißt statt d.h.
- Auch *sprachliche Fehler* werden übernommen und mit [sic] (lat. „wirklich so") gekennzeichnet.	die Befragter [sic]
- Auch *Laute* werden übernommen, da sie entweder auf Unsicherheit, Zustimmung oder Ablehnung hindeuten, d.h. möglichst als originalen Ausdruck beibehalten.	hmm (unsicher); yeah (zustimmend); nee (ablehnend)
Weglassen von Wörtern (…) wird verwendet anstelle von Fülllauten, bei unverständlichen Teilen sowie redundanten, reinen Füllelemente im Text.	(…) anstelle Äh, Ähm (…) anstelle ich sage jetzt mal
Einfügen von Wörtern [Wort/e] steht für eingefügte Wörter der Forscherin, die den Zusammenhang des Gesagten klarer machen.	er [kommt] immer zu mir und sagt
Ergänzende Hinweise *Anmerkungen in Klammern:* Die kursiven Initialen der Forscherin und Text in Klammern sind Erläuterungen von Abkürzungen, die die Interviewees verwenden, oder Hinweise zu Entscheidern, über die gesprochen wird. Regungen und Aktionen werden ebenfalls kursiv in Klammern geschrieben. Sofern der Text zur wörtlichen Rede gehört, gibt es keine Hinweise in Klammern!	*[HG: Contract Research Organization]* *[HG: Leiter der Corporate Funktion Finanzen]* *[lacht], [blättert]*

Regel (Fortsetzung)	Beispiel
Sonstige Zeichen … steht für Pausen.	
Sofern das *Satzende* nicht erkenntlich ist und/oder es sich um einen endlosen Schachtelsatz handelt, dann wird von der Forscherin das Satzende am Ende des Sinnzusammenhangs des jeweiligen Abschnitts gesetzt bzw. vor dem nächsten Füllwort.	(…). Also das heißt (…)
Zahlen von eins bis zwölf (d.h. einsilbige Zahlen) sind auszuschreiben, danach sind Ziffern zu verwenden.	
Satzzeichen: Punkte werden im normalen Satz verwendet, Ausrufezeichen wenn etwas mit Nachdruck gesagt wird, Fragezeichen nur bei einem Fragesatz.	Absolut! Wie meinen Sie das?
Anführungsstriche sind nur zu verwenden, wenn konkrete Aussagen Dritter wiedergegeben werden, in dem Fall steht das Satzzeichen vor dem letzten Anführungsstrich. Anführungsstriche können auch gesetzt werden, um eine ironische oder provokante Betonung zu beschreiben. Bei eigenen Aussagen des Interviewees bzw. Aussagen im Sinne genereller Haltungen werden keine Anführungsstriche verwendet.	Und dann sagt die EMA „Warum sollen wir das IP mit euch teilen?“ (…) der „nichts“ anderes macht als das Projekt zu leiten ich sage, wir sagen
Anonymisierung sensibler Angaben zum Schützen der Unternehmensidentität Alle Unternehmen bestehen auf Geheimhaltung ihrer Identität, was auch das Anonymisieren zu eindeutiger Informationen im Transkript erfordert. Dazu gehört folgendes:	
- Wird über die Unternehmen gesprochen, so sind die vergebenen *Pseudonyme* zu verwenden.	Hier bei Vinas ist es so, dass (…)
- Informationen der Interviewees, die zu *eindeutig*, aber für den Sinngehalt des Gesagten verzichtbar sind, werden durch (…) bzw. drei XXX ersetzt, d.h. die Anzahl der X ist unabhängig von der Anzahl der Buchstaben des ersetzten Wortes.	Frau XXX, XXX in Belgien; XXX anstelle persönlicher Namen und spezifischen Orten
- Informationen der Interviewees, die zu eindeutig, aber wissenswert für den Zusammenhang sind, werden nur mit Anfangsbuchstaben plus vier Asterisken (*) genannt, d.h. die Anzahl der Sternchen ist unabhängig der Anzahl der Buchstaben des ersetzten Wortes.	I**** anstelle des Namens eines Medikaments
Zitieren aus den Interviewtranskripten Interviewpassagen werden mit Angabe des Transkripts und des jeweiligen Abschnitts (getrennt durch einen Querstrich) zitiert.	VI1/34-38

Appendix D: EPARs Datenbank.

Quellen: EMA (2013b), EMA (2013c).
Hinweis: Der hier dargestellte EPAR bezieht sich nicht auf eines der Fallstudienunternehmen!

Appendix E: Drugs@FDA/Vaccines, Blood & Biologics Datenbanken.

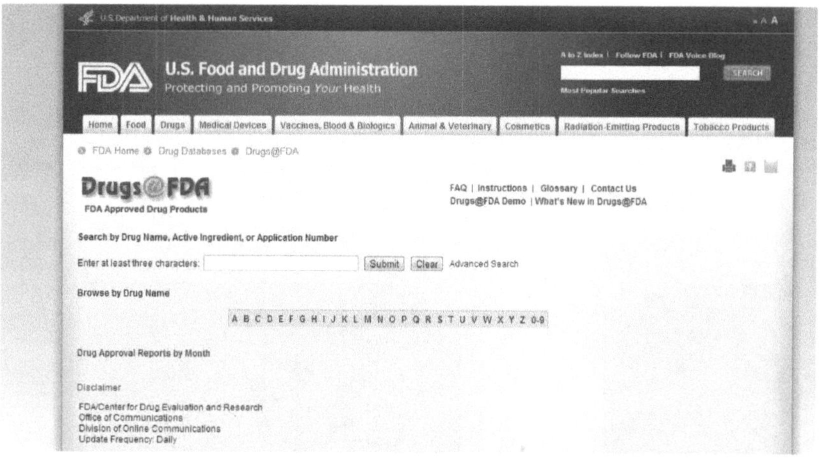

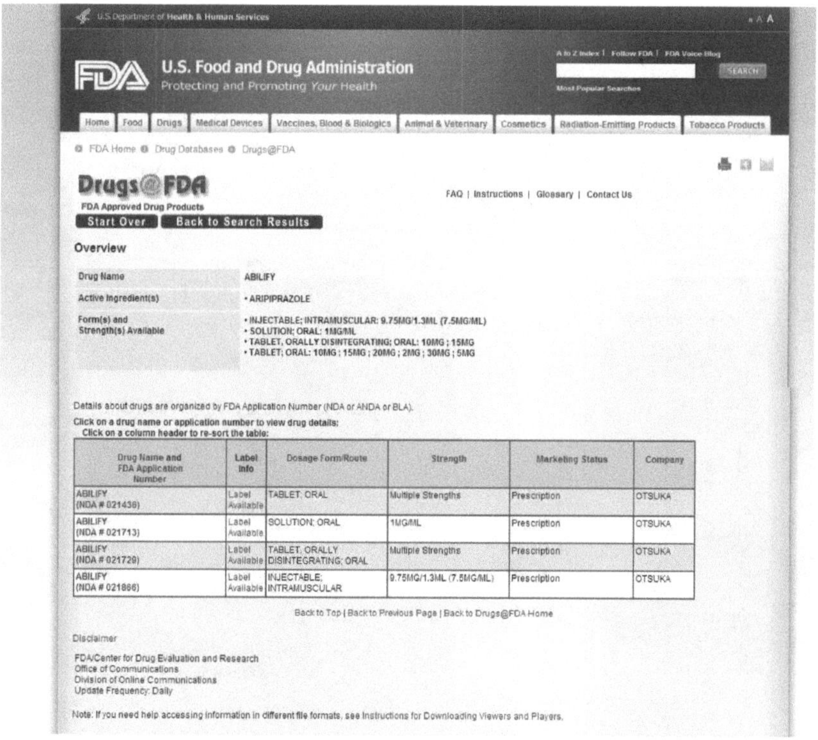

Quellen: FDA (2013a), FDA (2013b).
Hinweis: Der hier dargestellte Datenbankauszug bezieht sich nicht auf eines der Fallstudienunternehmen!

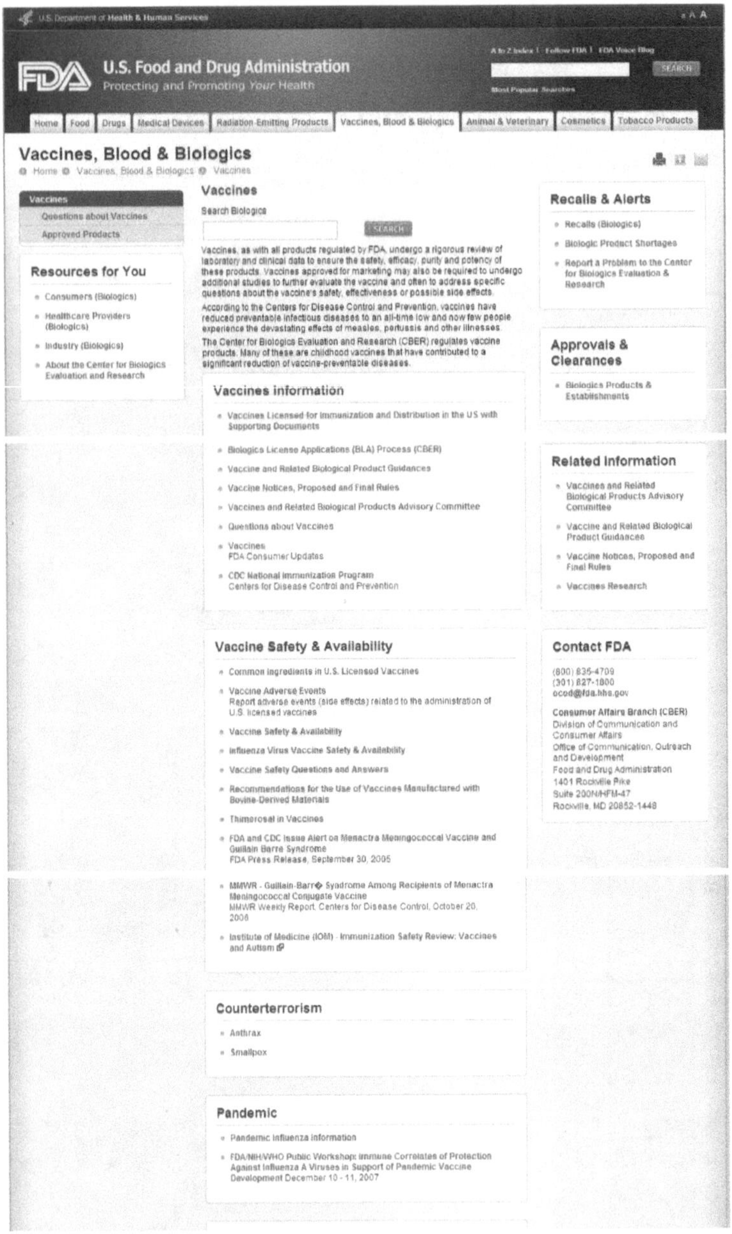

Quelle: FDA (2013c).

Appendix F: Teilindikator 1 der IF i.e.S. (aktuelle Innovationsleistung).

Legende zur Interpretation der Datenbasis.

Pro Fallstudienunternehmen werden im Folgenden die *von 2007 bis 2011 in der EU und/oder in den USA neu zugelassenen Medikamente* (sortiert nach Wirkstoffkürzel und dann aufsteigend nach Jahr) dargestellt. Eine Tabellenzeile entspricht einem neu zugelassenen Medikament. Folgendes ist zu beachten:

- Nicht nur für komplett neue Wirkstoffe, sondern auch bei kleinen Veränderungen an bereits kursierenden Medikamenten (z.B. Erweiterung der Patientenpopulation/der Indikationen, neue Dosierung etc.) muss eine Zulassung beantragt werden.
- Wird ein Medikament in derselben Form (trotz eventuell unterschiedlicher Markennamen identischer Wirkstoff, Dosierungsgrad und Indikationskreis sowie vergleichbare Kategorie von EMA und FDA) in der EU als auch in den USA zugelassen, so wird dies nur als *eine* Produktinnovation berücksichtigt, d.h. mit einem Tabelleneintrag für das früheste Zulassungsjahr.

Wirkstoffkürzel: Da die Daten zum Schutz der Identität der Fallstudienunternehmen anonymisiert werden müssen, können die Namen der Medikamente und der Wirkstoffe nicht genannt werden. Stattdessen wird von der Forscherin ein Wirkstoffkürzel vergeben. Es demonstriert, welche Medikamente hinsichtlich der Hauptsubstanz miteinander verwandt sind. Wirkstoffkürzel mit Schrägstrich (z.B. XXX/Y) deuten auf von einer Hauptsubstanz abgeleitete Wirkstoffe oder Wirkstoffkombinationen hin.

Typ laut Report: In den Berichten und Datenbanken der Zulassungsbehörden werden die neuen Medikamente (teilweise) kategorisiert, was aufschlussreich für die Ermittlung von deren Neuheitsgrad ist:

- *Radikale Produktinnovationen* entsprechen den Kategorien NME (bzw. NCE/NBE), New BLA, NAS und ggf. significant innovation (sofern ein hoher Neuheitsgrad vorliegt, ersichtlich über Detailinformationen in den Zulassungsdatenbanken).
- Alle anderen produktbezogenen Kategorien stellen *inkrementelle Produktinnovationen* dar (z.B. new indication/patient population/combination/formulation/dosage form; standard drug, BLA supplement, orphan, biotech; significant innovations mit geringem Neuheitsgrad). Sofern Neuzulassungen neben einer dieser Kategorien *zusätzlich* als NME (bzw. NCE/NBE), New BLA oder NAS ausgewiesen werden, zählen sie zu den radikalen Produktinnovationen.
- Kategorien, die nur die Zulassung betreffen (z.B. mandatory, accelerated approval, completed approval) sagen nichts über den Neuheitsgrad eines Medikaments aus.
- Fehlende Angaben werden mit einem Minuszeichen (-) gekennzeichnet.

Relevanz: Als Neuzulassung ausgewiesene Einträge werden nur berücksichtigt, wenn es sich um eine relevante Produktinnovation handelt. Demzufolge entfallen folgende, in den Tabellen *grau* unterlegte Einträge:

- Reine *Änderungsmeldungen*, die ebenfalls in den Jahresberichten der Zulassungsbehörden erscheinen (z.B. Erteilen der Zulassung nach bereits erfolgter Markteinführung, Änderungen der Label- und Packungsangaben, Melden neuer klinischer Daten etc.).
- *„Negative opinions"*, d.h. seitens der Zulassungsbehörden verwehrte Zulassungsanträge.
- *„Withdrawals"*, d.h. von den Unternehmen trotz gewährter Zulassung zurückgezogene, neue Medikamente.
- Neuzulassungen *außerhalb* der EU und den USA.

Quellen: Hauptdatenquellen sind die Berichte und Datenbanken der EMA und FDA, wobei die angegebene Jahreszahl in den Quellenangaben aufgrund häufiger nachträglicher Revisionen der Publikationen seitens der Behörden nicht mit dem Zulassungsjahr übereinstimmen muss. Unternehmensquellen und/oder sonstige Quellen werden im Falle nötiger Ergänzungen oder mangels Hinweisen der EMA und FDA angegeben (vgl. Dokumentenübersicht, Appendix L).

Kommentare: Sie werden gegeben, wenn der Neuheitsgrad eines Arzneimittels weiterer Erläuterung bedarf bzw. Besonderheiten (z.B. dezentrale Zulassungen ohne Dokumentation bei EMA oder FDA, ausgeklammerte Einträge, Zusammenarbeit mit Partnern etc.) erwähnenswert sind.

Teilappendix F.1: Teilindikator 1 der IF i.e.S. (aktuelle Innovationsleistung), Agon.

Unter-nehmen	Wirkstoff-kürzel	Typ laut Report	Neuheitsgrad	Indikation	Rele-vanz	Kommentare
Agon	JTC	-	**radikal**	General	ja	revolutionäre unkaputtbare Tablette (Galenik), von Agon entwickelte und an Vielzahl anderer Unternehmen auslizensierte Technologie
Agon	MDC	-	inkrementell	Pain, Acute & Chronic	ja	Wirkstoff dezentral in Europa zugelassen (England als RMS); Schmerzpflaster (älterer Wirkstoff, vergleichbares Produkt seit Jahren in den USA)
Agon	UMD/P	-	inkrementell	Pain, Acute & Chronic	ja	neue Formulierung, Wirkstoff dezentral in Europa zugelassen (Frankreich als RMS); älterer Wirkstoff
Agon	UPT	-	**radikal**	Pain, Acute & Chronic	ja	völlig neuer Wirkstoff (immediate release), dezentral in Europa zugelassen (Deutschland als RMS); Medikament von Filion (Auslizensierung, Partner in Entwicklung und Vermarktung) als US-Pendant
Agon	UPT	-	inkrementell	Pain, Acute & Chronic	ja	neue Formulierung (slow release), Wirkstoff dezentral in Europa zugelassen (Deutschland als RMS); Medikament von Filion (Partner in Entwicklung und Vermarktung) als US-Pendant

Quellen: Agon 2011b; Agon 2010; Agon 2007; Reuters 2012; Genetic Engineering & Biotechnology News 2012; Medscape Medical News 2011; BfArM 2010a,b; Krankenpflege Journal 2010; MHRA 2010; AFSSAPS 2008.

Teilappendix F.2: Teilindikator 1 der IF i.e.S. (aktuelle Innovationsleistung), Calum.

Unter-nehmen	Wirkstoff-kürzel	Typ laut Report	Neuheits-grad	Indikation	Rele-vanz	Kommentare
Calum	ALT	new patient population	inkrementell	Pain, Migraine	ja	Wirkstoff bereits von FDA zugelassen
Calum	BSZ	new indication	inkrementell	McCune Albright Syndrome	ja	Wirkstoff bereits von FDA zugelassen
Calum	BSZ	standard drug; accelerated approval	inkrementell	Breast Cancer	ja	
Calum	CCL	new indication	inkrementell	Precocious Puberty	ja	Wirkstoff bereits von FDA zugelassen
Calum	CNS/F	new indication	inkrementell	Chronic Obstructive Pulmonary Disease	ja	Wirkstoffkombination bereits von FDA zugelassen
Calum	DDS	new patient population	inkrementell	Hypertension	ja	Anwendung erweitert auf Kinder/Jugendliche; Wirkstoff bereits in USA zugelassen
Calum	FMP	new dosage form	inkrementell	Gastroesophageal Reflux Disease	ja	Wirkstoff in USA bereits zugelassen
Calum	FMP/A	-	inkrementell	Cardiovascular Events	ja	neue Kombination
Calum	FMP/M	new patient population	inkrementell	Gastroesophageal Reflux Disease	ja	Anwendung in EU erweitert auf Kinder (dezentrales Verfahren, Schweden als RMS); anderer Wirkstoff als in USA
Calum	FMP/N	new combination	inkrementell	Arthritis	ja	Zusammenarbeit mit externem Partner
Calum	FMP/S	new patient population	inkrementell	Gastroesophageal Reflux Disease	ja	Anwendung in USA erweitert auf Kinder und Jugendliche; anderer Wirkstoff als in EU
Calum	GVS	new dosage form	inkrementell	Breast Cancer	ja	
Calum	GVS	-	inkrementell	Breast Cancer	nein	Zulassung bezieht sich auf Japan; Erstzulassung in EU bereits erfolgt
Calum	GVS	new patient population	inkrementell	McCune Albright Syndrome, Puberty Syndroms	nein	reine Änderung des Labels/der Packungsangaben
Calum	HFT	NAS/ Mandatory	**radikal**	Carcinoma, Lung	ja	
Calum	JFE	BLA supplement	inkrementell	Influenza H1N1	ja	
Calum	JFE1	NAS/Biotech	**radikal**	Influenza	ja	
Calum	JFE2	BLA supplement, new formulation	inkrementell	Influenza	ja	jedes Jahr neue Version der Impfung, bereits von FDA zugelassen
Calum	JFE2	BLA supplement	inkrementell	Influenza	ja	jedes Jahr neue Version der Impfung, bereits von FDA zugelassen
Calum	JFE2	BLA supplement	inkrementell	Influenza	ja	jedes Jahr neue Version der Impfung, bereits von FDA zugelassen
Calum	JFE2	BLA supplement	inkrementell	Influenza	ja	jedes Jahr neue Version der Impfung, bereits von FDA zugelassen
Calum	NTP	new patient population	inkrementell	Hypertension	ja	Anwendung erweitert auf Kinder
Calum	PPZ	new dosage form	inkrementell	Gastroesophageal Reflux Disease	ja	Wirkstoff bereits von FDA zugelassen
Calum	RTP	new indication	inkrementell	Schizophrenia	ja	extended release, Wirkstoff dezentral in EU zugelassen (Niederlande als RMS)
Calum	RTP	new/modified indication	inkrementell	Schizophrenia, maintenance treatment	ja	extended release

Unter-nehmen	Wirkstoff-kürzel	Typ laut Report	Neuheits-grad	Indikation	Rele-vanz	Kommentare
Calum	RTP	new patient population	inkrementell	Schizophrenia, Bipolar Disorder	ja	Anwendung erweitert auf Kinder/Jugendliche
Calum	RTP	new indication	inkrementell	Depression, adjunctive therapy	ja	extended release
Calum	SSV	new/modified indication	inkrementell	Cholesterol Therapy	ja	Wirkstoff bereits von FDA zugelassen
Calum	SSV	new/modified indication	inkrementell	Fredrickson Disease	ja	
Calum	SSV	new patient population	inkrementell	Cholesterol Therapy	ja	Anwendung erweitert auf Jugendliche
Calum	SSV	new indication	inkrementell	Cardiovascular Disease Prevention	ja	
Calum	TXG	NAS/ Mandatory	**radikal**	Diabetes	ja	Zusammenarbeit mit externem Partner
Calum	TXG/M	new combination	inkrementell	Diabetes	ja	extended release; Zusammenarbeit mit externem Partner
Calum	TXG/M	NAS/ Mandatory	**radikal**	Diabetes	ja	Zusammenarbeit mit externem Partner
Calum	UCG	NAS; NME	**radikal**	Thrombocytic Cardiovascular Events	ja	
Calum	WDT	NAS	**radikal**	Lung Cancer	nein	Withdrawal in EU; in USA unter anderem Namen eingeführt (s.u.)
Calum	WDT	NAS/Manda-tory/Orphan; NME	**radikal**	Thyroid Cancer	ja	

Quellen: Calum 2012a; Calum 2010a; Calum 2011b; EMA 2013e; EMA 2012a,b; EMA 2011a,b; EMA 2010a,b,d; FDA 2013a,c; FDA 2012a,b,c,e,f; FDA 2011c,e,f; FDA 2010b,c; FDA 2009b,c; FDA 2008a,c; HMA 2010; MPA 2009.

Teilappendix F.3: Teilindikator 1 der IF i.e.S. (aktuelle Innovationsleistung), Filion.

Unter-nehmen	Wirkstoff-kürzel	Typ laut Report	Neuheits-grad	Indikation	Rele-vanz	Kommentare
Filion	BMT	new patient population	inkrementell	Pain, Migraine	ja	Anwendung erweitert auf Kinder; Wirkstoff bereits von FDA zugelassen
Filion	BRT	NAS/Manda-tory; NME	**radikal**	Prostate Cancer	ja	
Filion	DRB	NAS	**radikal**	Epilepsy	nein	Withdrawal; in USA Konkurrenz-produkt zugelassen
Filion	DTB	NAS	**radikal**	Skin & Soft Tissue infections; Bacterial Infection	nein	Negative Opinion der EMA (Zulassung verwehrt)
Filion	DTB	NAS	**radikal**	Skin & Soft Tissue infections; Bacterial Infection	ja	in Schweiz zugelassen, positive Opinion der EMA; Zusammenarbeit mit externem Partner
Filion	EPX	-	**radikal**	Premature Ejaculation	ja	Wirkstoff dezentral in EU zugelassen (Schweden als RMS), bislang einziger für die Indikation zugelassener Wirkstoff
Filion	ERN	new patient population	inkrementell	HIV	ja	Anwendung erweitert auf Kinder/Jugendliche; Wirkstoff bereits von FDA zugelassen
Filion	ERN	new dosage form	inkrementell	HIV	ja	
Filion	ERN	new formulation	inkrementell	HIV	ja	
Filion	ERP	NAS; NME/ New BLA	**radikal**	Infections	ja	Zusammenarbeit mit externem Partner
Filion	EXR	new/modified indication	inkrementell	HIV, Multiple Myeloma	ja	Wirkstoff bereits von FDA zugelassen
Filion	EXR	standard drug, completed traditional approval	inkrementell	HIV, Kaposi Sarcoma	ja	
Filion	FTV	NAS; NME	**radikal**	HIV	ja	
Filion	FTV	standard drug, accelerated approval	inkrementell	HIV, combination therapy	ja	Wirkstoff im Vorjahr als NME zugelassen
Filion	HLM	NAS/Biotech; New BLA	**radikal**	Arthritis	ja	
Filion	JDB	Orphan	**radikal**	Friedreich's Ataxia	nein	Negative Opinion der EMA (Zulassung verwehrt); neuer Wirkstoff
Filion	JFX	-	inkrementell	Ulcerative Colitis	ja	Anwendung erweitert auf Kinder; Wirkstoff von FDA bereits zugelassen
Filion	MVF	new dosage form	inkrementell	Infections	ja	Art des Medikaments: Tablette; älterer Wirkstoff, den es bereits in Generika-Form gibt
Filion	MVF	new dosage form	inkrementell	Infections	ja	Art des Medikaments: Lösung
Filion	MVF	new dosage form	inkrementell	Infections	ja	Art des Medikaments: Injektion
Filion	MVF	new patient population	inkrementell	Infections	ja	Anwendung erweitert auf Kinder (Tablette)
Filion	MVF	new patient population	inkrementell	Infections	ja	Anwendung erweitert auf Kinder (Lösung)
Filion	MVF	new patient population	inkrementell	Infections	ja	Anwendung erweitert auf Kinder (Injektion)
Filion	NTP	new patient population	inkrementell	Attention Deficit Hyperactivity Disorder	ja	Anwendung erweitert auf Erwachsene; Wirkstoff bereits zugelassen
Filion	QCL	standard drug	inkrementell	Pancreatic Insufficiency	ja	neue Indikation; Wirkstoff bereits existierend, Neuauflage des Unternehmens
Filion	QLP	NAS	**radikal**	Schizophrenia	ja	

Unter-nehmen	Wirkstoff-kürzel	Typ laut Report	Neuheits-grad	Indikation	Rele-vanz	Kommentare
Filion	QLP	new indication	inkrementell	Schizophrenia, maintenance treatment	ja	
Filion	QLP	new indication	inkrementell	Schizoaffective Disorder, adjunct or monotherapy	ja	
Filion	QLP	new patient population	inkrementell	Schizophrenia	ja	Anwendung erweitert auf Jugendliche
Filion	QLP/P	NAS/automatic access	**radikal**	Schizophrenia	ja	First-in-class (Wirkstoffkombination)
Filion	QLP/S	new formulation	inkrementell	Schizophrenia	ja	Zusammenarbeit mit externem Partner
Filion	SPV	NAS/Manda-tory; NME	**radikal**	HIV	ja	
Filion	SSR	new patient population	inkrementell	Bipolar Disorder	ja	Anwendung erweitert auf Kinder/Jugendliche (Tablette); Wirkstoff bereits zugelassen
Filion	SSR	new patient population	inkrementell	Bipolar Disorder	ja	Anwendung erweitert auf Kinder/Jugendliche (Lösung)
Filion	SSR	new patient population	inkrementell	Schizophrenia	ja	Anwendung erweitert auf Kinder/Jugendliche (Lösung)
Filion	SSR	new patient population	inkrementell	Bipolar Disorder	ja	Anwendung erweitert auf Kinder/Jugendliche (lösliche Tablette)
Filion	SSR	new patient population	inkrementell	Schizophrenia	ja	Anwendung erweitert auf Kinder/Jugendliche (lösliche Tablette)
Filion	SSR	new patient population	inkrementell	Schizophrenia	ja	Anwendung erweitert auf Kinder/Jugendliche (Tablette)
Filion	SSR	new dosage form	inkrementell	Schizophrenia	ja	stärkere Version des Vorgängers
Filion	SSR	new indication	inkrementell	Bipolar Disorder, adjunctive theraphy	ja	
Filion	SSR	new indication	inkrementell	Bipolar Disorder, maintenance	ja	
Filion	SVR	NME	**radikal**	Thrombocytic Events	ja	Zulassung des Wirkstoffs für Partner schon erfolgt; Filion hat Rechte für USA
Filion	TMT/N	new combination	inkrementell	Pain, Migraine	ja	
Filion	ULP	NAS/Manda-tory; NME	**radikal**	Hepatitis C	ja	Zusammenarbeit mit externem Partner
Filion	UPR	Art 30 Ref.	-	Epilepsy	nein	EG-Richtlinie 2001/83/EG (Gemein-schaftskodex für Arzneimittel) zur Harmonisierung der Medikamenten-verwendung in der EU
Filion	UPR	new patient population	inkrementell	Epilepsy	nein	Hinzufügen von neuen klinischen Daten zur Prüfung der pädiatrischen Anwendbarkeit
Filion	UPR	new patient population	inkrementell	Epilepsy	ja	Anwendung erweitert auf Kinder
Filion	UPR	new patient population	inkrementell	Epilepsy	ja	Anwendung erweitert auf Kinder; Wirkstoff bereits zugelassen
Filion	UPT	new formulation	inkrementell	Pain, Chronic	ja	extended release; Zusammenarbeit mit Agon (Einlizensierung des Hauptwirkstoffs)
Filion	UPT/H	NME	**radikal**	Pain, Acute	ja	Zusammenarbeit mit Agon (Einlizensierung des Hauptwirkstoffs)
Filion	VSK	New BLA; Biotech	**radikal**	Plaque Psoriasis	ja	völlig neuer Wirkstoff (first-in-class)

Quellen: EMA 2013b,f,e; EMA 2012a,b,e; EMA 2011a,b; EMA 2010a,b,c; EMA 2009a,b; EMA 2008a,b; EMA Pilotstudie (vgl. Teilkapitel 6.1); Filion 2010b; Filion 2009b; FDA 2013a; FDA 2012a,b,c; FDA 2011a,b,c,e,f,g; FDA 2010b; FDA 2009a; FDA 2008a,c; Pharma Times Online 2010; Swissmedic 2013.

Teilappendix F.4: Teilindikator 1 der IF i.e.S. (aktuelle Innovationsleistung), Salux.

Unter-nehmen	Wirkstoff-kürzel	Typ laut Report	Neuheits-grad	Indikation	Rele-vanz	Kommentare
Salux	DDB	NAS/significant innovation	**radikal**	Multiple Sclerosis	nein	Withdrawal seitens des Unternehmens
Salux	DTX	-	inkrementell	Colonal Cancer	nein	Zulassung betrifft Japan und Australien
Salux	DTX	new indication	inkrementell	Head and Neck Cancer	ja	Erstzulassung für andere Krebsart in USA, nun auch für Head & Neck Cancer zugelassen (Zulassung bei EMA bereits erfolgt); Zusammenarbeit mit externen Partnern
Salux	GLT/L	Biotech/ significant innovation	inkrementell	Infertility	ja	Kombination von bereits in Monopräparaten zugelassenen Wirkstoffen des Unternehmens
Salux	IDX	significant innovation	**radikal**	Poisoning Treatment	ja	Wirkstoff ist nicht neu, aber wird erstmals in einem Medikament gegen Vergiftungserscheinungen zugelassen
Salux	IMH	significant innovation	**radikal**	Immunization, passive	ja	bekannter biologischer Wirkstoff, aber erstmalige Zulassung in einem Medikament gegen Hepatitis B
Salux	JNF	new formulation	inkrementell	Multiple Sclerosis	ja	Wirkstoff bereits von EMA zugelassen
Salux	JNF	-	inkrementell	Multiple Sclerosis	ja	Weiterentwickelter Injektionspen* für Medikament von Salux
Salux	JNF	new indication	inkrementell	Multiple Sclerosis, Early Signs	ja	
Salux	JTF	-	inkrementell	Multiple Sclerosis	ja	Injektionspen* für Medikament von Salux; Ablehnung EMA, Wiederaufnahme FDA
Salux	TMT	-	inkrementell	Growth Disorders	ja	Injektionspen* für Medikament von Salux; Medikament mit diesem Wirkstoff bereits von EMA zugelassen
Salux	TMT	-	inkrementell	Growth Disorders	ja	Flüssige Version des Wirkstoffs in neuer Dosierung, dezentrales Zulassungsverfahren (Italien als RMS)
Salux	TMT/R	new/modified indication	inkrementell	HIV	nein	Änderung der Packungsangaben
Salux	TPT	NAS, Orphan	**radikal**	Phenylketonuria	ja	Zusammenarbeit mit externem Partner
Salux	USM	NME	**radikal**	HIV	ja	Einlizensierung von externem Partner

* Injektionspens unterliegen der Zulassungspflicht, sofern sie mit bestimmten Wirkstoffen vorgefüllt verkauft werden (Anonym 1993). Diese und andere Geräte zur Verabreichung von Medikamenten sind nicht neu, sondern werden bereits seit über 20 Jahren verwendet (z.B. French 2006). Die hier neu zugelassenen Injektionspens können deswegen keine radikale Produktinnovation darstellen.

Quellen: EMA 2013b,e; EMA 2012a,b; EMA 2011d,e; EMA 2010a,b; EMA 2009a,b; EMA 2008a,b; EMA Pilotstudie (vgl. Teilkapitel 6.1); FDA 2013a; FDA 2011h,i; FDA 2010b,f; Medical News Today 2007; Salux 2011a; Salux 2010a,b,c; Salux 2009b; Salux 2008; Salux 2007.

Teilappendix F.5: Teilindikator 1 der IF i.e.S. (aktuelle Innovationsleistung), Tinus.

Unter-nehmen	Wirkstoff-kürzel	Typ laut Report	Neuheits-grad	Indikation	Rele-vanz	Kommentare
Tinus	BPT	new patient population	inkrementell	Diabetes	ja	Wirkstoff bereits von FDA zugelassen
Tinus	BPT	new dosage form	inkrementell	Diabetes	ja	
Tinus	BPT	new patient population	inkrementell	Diabetes	ja	Anwendung erweitert auf Kinder
Tinus	BPT	new dosage form	inkrementell	Diabetes	nein	reines Hinzufügen neuer klinischer Daten
Tinus	BPT/ETM	-	inkrementell	Diabetes	ja	Injektionspen* für Wirkstoffe von Tinus, folgt Serie anderer Pens
Tinus	ETM	-	inkrementell	Diabetes	nein	Zulassung bezieht sich auf Japan
Tinus	ETM	new patient population	inkrementell	Diabetes	ja	Wirkstoff in USA und EU bereits zugelassen; Anwendung erweitert auf Kinder (einziges Insulin für Kleinkinder)
Tinus	FTC	new formulation	inkrementell	Haemophilia	ja	raumtemperaturstabile, neue Formu-lierung; Wirkstoff bereits von FDA zugelassen
Tinus	FTC	-	inkrementell	Haemophilia	ja	Zulassen einer stärkeren Dosierung (größere Ampulle)
Tinus	FTD	new dosage form	inkrementell	Menopause	ja	Medikament mit dem Wirkstoff bereits von FDA zugelassen
Tinus	MRG	NAS/Mandatory; NME	**radikal**	Diabetes	ja	
Tinus	SPG/M	new combination	inkrementell	Diabetes	ja	Wirkstoffkombination; Hauptwirkstoff bereits von FDA zugelassen
Tinus	TMT/R	new/modified indication	inkrementell	Growth Failure, Noonan	ja	Wirkstoff bereits von FDA zugelassen
Tinus	TMT/R	new/modified indication	inkrementell	Growth Failure, Turner	ja	
Tinus	TMT/R	new/modified indication	inkrementell	Growth Failure, SGA	ja	
Tinus	TMT/R	-	inkrementell	Diabetes	ja	Injektionspen* für Wirkstoff von Tinus

* Injektionspens unterliegen der Zulassungspflicht, sofern sie mit bestimmten Wirkstoffen vorgefüllt verkauft werden (Anonym 1993). Diese und andere Geräte zur Verabreichung von Medikamenten sind nicht neu, sondern werden bereits seit über 20 Jahren verwendet (z.B. French 2006). Die hier neu zugelassenen Injektionspens können deswegen keine radikale Produktinnovation darstellen.

Quellen: Drug Store News 2010; EMA 2013b; EMA 2012b; EMA 2010a,b; FDA 2013a,c; FDA 2012c; FDA 2011c,d,e; FDA 2010b; FDA 2009b; FDA 2008a,c; Monthly Prescribing Reference 2010; Tinus 2011b; Tinus 2010b,c; Tinus 2007a,b; Pharmafield 2011.

Teilappendix F.6: Teilindikator 1 der IF i.e.S. (aktuelle Innovationsleistung), Vinas.

Unter-nehmen	Wirkstoff-kürzel	Typ laut Report	Neuheits-grad	Indikation	Rele-vanz	Kommentare
Vinas	BTP	-	inkrementell	Occlusion, central venous access device	ja	dezentrales Verfahren für neue Indikation (Deutschland als RMS); Wirkstoff von EMA bereits zugelassen
Vinas	BTP	-	inkrementell	Stroke	ja	dezentrales Verfahren für breiteres Anwendungszeitfenster (Deutschland als RMS)
Vinas	DDI/S	standard drug; approval after market launch	inkrementell	Pain	ja	Form: Tabletten; Wirkstoff nicht neu, bereits in generischer Form erhältlich
Vinas	DDI/S	standard drug; new manufacturer	inkrementell	Pain	ja	Form: Lösung
Vinas	EBG	NAS; NME	**radikal**	Stroke; Venous thromboembolism	ja	
Vinas	EBG	new indication	inkrementell	Stroke Prevention	ja	
Vinas	ELX	additional indication	inkrementell	Anxiety Disorder	ja	Wirkstoff schon gegen Depressionen zugelassen; Zusammenarbeit mit externem Partner
Vinas	ELX	new indication	inkrementell	Chronic Pain	nein	Zulassung betrifft anderes Unter-nehmen; Medikament mit Wirkstoff wird in USA vom Partner vertrieben
Vinas	JPT/A	new formulation	inkrementell	Chronic Obstructive Pulmonary Disease	ja	Wirkstoffkombination; Haupt-wirkstoffe sind nicht neu
Vinas	MNG	NAS; NME	**radikal**	Diabetes	ja	Zusammenarbeit mit externem Partner
Vinas	NPS	standard drug; approval after market launch	inkrementell	Pain	ja	Form: Tablette; Wirkstoff nicht neu, bereits in generischer Form erhältlich
Vinas	NPS	standard drug; approval after market launch	inkrementell	Pain	ja	Form: Lösung
Vinas	NPS	new indication	inkrementell	Pain, Acte/Chronic	ja	
Vinas	OVP	new patient population	inkrementell	HIV	ja	Anwendung erweitert auf Kinder (Tablette); Wirkstoff bereits von FDA zugelassen
Vinas	OVP	new patient population	inkrementell	HIV	ja	Anwendung erweitert auf Kinder (Lösung)
Vinas	OVP	new formulation	inkrementell	HIV	ja	extended release
Vinas	QMP	new formulation	inkrementell	Parkinsons Disease	ja	neue Dosisstärke; Wirkstoff bereits von FDA zugelassen
Vinas	QMP	new formulation	inkrementell	Parkinsons Disease	ja	extended release
Vinas	UMS	new indication	inkrementell	Cardiovascular Diseases	ja	Anwendung erweitert auf Senioren; Wirkstoff bereits von FDA zugelassen
Vinas	UMS/AB	new combination	inkrementell	Blood Pressure	ja	Wirkstoffkombination lt. FDA; Hauptwirkstoffe nicht neu
Vinas	UMS/A	NAS/ fixed dose combination	**radikal**	Blood Pressure	ja	völlig neue Wirkstoffkombination lt. EMA, Hauptwirkstoffe nicht neu (entspricht im Vorjahr zugelassener Kombination der FDA mit abgewandeltem Bestandteil, s.o.)
Vinas	UMS/H	new dosage form	inkrementell	Hypertension	ja	Wirkstoffkombination; Hauptwirkstoff bereits von EMA zugelassen
Vinas	UPN	completed traditional approval	inkrementell	HIV	ja	Wirkstoff bereits von EMA zugelassen (accelerated approval)
Vinas	UPN	new dosage form	inkrementell	HIV	ja	neue Formulierung (Lösung, oral)

Unter-nehmen	Wirkstoff-kürzel	Typ laut Report	Neuheits-grad	Indikation	Rele-vanz	Kommentare
Vinas	UPN	new/modified indication	inkrementell	HIV	ja	Anwendung erweitert auf Kinder und Jugendliche (Kapsel)
Vinas	UTP	-	inkrementell	Chronic Obstructive Pulmonary Disease	ja	Inhalationsgerät für schon zugelassenen Wirkstoff (Geräte nicht neu für den Markt); Zusammenarbeit mit externem Partner

Quellen: Apotheke Adhoc 2011; EMA 2013b; EMA 2012a,b; EMA 2011a,b,c; EMA 2009a,b; EMA 2008c,d; FDA 2013a; FDA 2012a,b,c; FDA 2011a,c,d,e; FDA 2010b,d,e; FDA 2008a,c; The Pharma Letter 2008; The Pharma Letter 2007; Vinas 2011b; Vinas 2008b,c,d; Vinas 2007.

Appendix G: FuE-Kosten für eine neue Substanz.

Jahr	Maximalkosten FuE für neue Substanz (Mrd. US-$)	Quellen	Datenbasis
2011	1,3	Light und Lexchin 2012	Pharmaceutical Research and Manufacturers of America (PhRMA), keine Erläuterung der Datenbasis
2010	1,38	IFPMA 2011	EvaluatePharma (privates Datenanalyseinstitut), keine Erläuterung der Datenbasis
2010	**1,8**	Paul et al. 2010	Umfangreiche Analyse der FuE-Kosten der größten Pharma-Unternehmen weltweit über mehrere Jahre, Unterscheidung von Kostenblöcken der FuE
2010	**1,8**	Morgan et al. 2011	Systematischer, breiter Literature-Review zu wissenschaftlichen Studien über die FuE-Kosten neuer Medikamente
2008	2,2	O'Hagan und Farkas 2009	Eigenes Analyseschema der Unternehmensberatung Bain & Company, keine Erläuterung der Datenbasis
2008	1,318	Subramanian et al. 2011	PhRMA, keine Erläuterung der Datenbasis
2008	1,6	VfA 2011a,b	Bericht der Unternehmensberatung CRA International, keine Erläuterung der Datenbasis
2006	1,5	Gassmann et al. 2008	PhRMA, keine Erläuterung der Datenbasis
2003	1,7	Kola 2008	Studie aus Chemical & Engineering News, keine Erläuterung der Datenbasis

Es wird der FuE-Kostensatz von 1,8 Mrd. US-$ pro neuer Substanz nach Morgan et al. (2011) und Paul et al. (2010) gewählt, da es sich hierbei um einen nachvollziehbaren, aussagekräftigen Wert handelt.

1,8 Mrd. US-$ entsprechen nach dem historischen Wechselkurs des Jahres 2010 (1 US-$ = 0,7546 €, vgl. Oanda 2013) ungefähr 1,36 Mrd. Euro.

Appendix H: Teilindikator 2 der IF i.e.S. (zukünftiges Innovationspotenzial).

Legende zur Interpretation der Datenbasis.
Pro Fallstudienunternehmen werden im Folgenden aktuelle Wirkstoffkandidaten der *FuE-Pipelines ab Phase 3* sortiert nach Wirkstoffkürzel dargestellt (Stand je nach Unternehmen *Mitte/Ende 2012 bis Januar 2013*). Eine Tabellenzeile entspricht einem Wirkstoffkandidat.

Phase des FuE-Prozesses: Die Beschränkung auf Wirkstoffkandidaten ab Phase 3 kann bedeuten dass die Substanzen…

- sich im letzten Stadium der klinischen Entwicklung, d.h. der klinischen Phase 3, befinden („KP3"),
- gerade zur Zulassung eingereicht wurden, im laufenden Zulassungsverfahren sind bzw. aktuell einen Zulassungsbescheid erhalten haben („submitted") oder
- nach erfolgter Zulassung gerade im Prozess der Markteinführung sind („launched").

Bekannter Wirkstoff: Sofern ein Wirkstoff des Pipelinekandidaten bereits zugelassen und somit bekannt ist, handelt es sich nicht um eine radikal neue, sondern um eine inkrementell neue Substanz bzw. eine Wirkstoffkombination. Entweder…

- ist ein Einzelwirkstoff bekannt („x") oder
- es sind bestimmte Wirkstoffe einer Kombination bekannt („(x)").

Wirkstoffe können aus den Teilappendizes F.1 bis F.6 (Teilindikator 1 der IF i.e.S.) bekannt sein und/oder aus den Zulassungsdatenbanken der EMA/FDA (vgl. Hinweise im Kommentarfeld).

Wirkstoffkürzel: Für Wirkstoffe, die aus der Untersuchung zu Teilindikator 1 der IF i.e.S. (Teilappendizes F.1-F.6) bekannt sind, wird dasselbe Wirkstoffkürzel verwendet. Andernfalls wird von der Forscherin ein neues Wirkstoffkürzel vergeben, das auch hier wieder demonstriert, welche Medikamente hinsichtlich der Hauptsubstanz miteinander verwandt sind. *Wirkstoffkürzel mit Schrägstrich* (z.B. XXX/Y) deuten auf von einer Hauptsubstanz abgeleitete Wirkstoffe oder Wirkstoffkombinationen hin.

Neuheitsgrad: Die Klassifikation erfolgt in Anlehnung an die Untersuchungen zu Teilindikator 1 der IF i.e.S. (Teilappendizes F.1-F.6):

- Wirkstoffkandidaten sind *inkrementell* neu, wenn es sich um Modifikationen bereits bekannter, schon zugelassener Wirkstoffe handelt.
- Sie sind *radikal* neu, wenn es sich um bislang unbekannte und noch nicht zugelassene/sich aktuell erstmals im Zulassungsprozess befindende Substanzen handelt.
- Neu ist die Kategorie der *Wirkstoffkombinationen*. Sie wird eingeführt, da Wirkstoffkombinationen je nach Art und Mix der Wirkstoffe auf dem Spektrum zwischen inkrementell und radikal neu angesiedelt werden können – eine exakte Bestimmung des Neuheitsgrades je nach Behörde aber unterschiedlich ausfallen und deswegen hier noch nicht vorgenommen werden kann.

Bislang erfolgreich: Da das Erfolgspotenzial von Wirkstoffkandidaten eine große Rolle für das zukünftige Innovationspotenzial der Fallstudienunternehmen spielt, wird zwischen „ja" (keine bekannten Probleme) und „bedingt" bzw. „nein" (bekannte Probleme in geringem bzw. gravierendem Ausmaß, im Kommentarfeld erläutert) differenziert.

Nicht mitzuzählende Wirkstoffkandidaten – da sie z.B. gravierende Probleme aufweisen, auf einen anderen Partner angemeldet werden (vgl. Teilappendix H.1) oder bereits als zugelassen in Teilindikator 1 berücksichtigt wurden (vgl. Teilappendix H.3) – sind *grau* unterlegt dargestellt. Ebenso ausgeklammert werden Wirkstoffkandidaten, deren Studien abgebrochen wurden oder die sich nicht auf die hier betrachteten Kernmärkte beziehen.

Teilappendix H.1: Teilindikator 2 der IF i.e.S. (zukünftiges Innovationspotenzial), Agon.

Unter-nehmen	Phase des FuE-Prozesses	bekannter Wirkstoff	Wirk-stoff-kürzel	Neuheits-grad	bislang erfolgreich	Indikation	Kommentare
Agon	KP 3	x	MDC	inkrementell	ja	Pain, Postoperative	Life Cycle Management: klinische Studien zur weiteren Anwend-barkeit von MDC (zusätzliche Indikation)
Agon	KP 3	x	UPT	inkrementell	ja	Pain, Cancer	klinische Studien zur Anwendung von UPT in der Krebstherapie (neue Indikation); Zusammenarbeit mit Filion
Agon	launched	x	UPT	inkrementell	ja	Diabetic Peripheral Neuropathy	Zulassung von UPT für eine neue Indikation in den USA, Wirkstoff wird dort aber unter Marke vom Partner Filion kommerzialisiert
Agon	KP 2/3	x	UPT	inkrementell	ja	Pain, Diverse	Life Cycle Management: klinische Studien zur weiteren Anwend-barkeit von UPT (zusätzliche Indikationen) und Wirksamkeits-vergleiche mit anderen Präparaten; Zusammenarbeit mit Filion

Quellen: ClinicalTrials.gov 2013; Agon 2012a; Medscape Medical News 2012.

Ergänzende Hinweise: Das Unternehmen hat einige neue Wirkstoffkandidaten gegen bestimmte Schmerzarten und Inflammation in den früheren Phasen der FuE-Pipeline (präklinische Phase, Phase 1 und Phase 2; Agon 2012a,b), deren Art bzw. Neuheitsgrad mangels Angaben aber nicht eingeschätzt werden kann und die auch nicht Gegenstand dieser Untersuchung sind.

Teilappendix H.2: Teilindikator 2 der IF i.e.S. (zukünftiges Innovationspotenzial), Calum.

Unter-nehmen	Phase des FuE-Prozesses	bekannter Wirkstoff	Wirk-stoff-kürzel	Neuheits-grad	bislang erfolg-reich	Indikation	Kommentare
Calum	KP3		ABT	**radikal**	nein	Cancer, Prostate	Abbruch der klinischen Phase 3, nachdem Studienziele nicht erreicht wurden
Calum	launched	x	CNS	inkrementell	ja	Crohns Disease, Ulcerative Colits	Wirkstoff nicht neu, bereits bei FDA zugelassen; neue Indikation
Calum	KP3	x	CNS/F	inkrementell	ja	Asthma	neues Inhalationsgerät mit bekanntem Wirkstoff
Calum	submitted		EPG	**radikal**	bedingt	Diabetes	völlig neuer Diabeteswirkstoff zur Zusatztherapie; kürzlich von EMA zugelassen, von FDA wegen Sicherheitsbedenken aber abgelehnt; Zusammenarbeit mit externem Partner
Calum	submitted		EPG	inkrementell	bedingt	Diabetes	klinische Studien zur Verwendung des neuen EPG-Wirkstoffs in Kombination mit anderen Substanzen; Erhebung von Langzeitdaten mit externem Partner
Calum	KP3		EPG	inkrementell	bedingt	Diabetes	klinische Studien zur Verwendung des neuen EPG-Wirkstoffs in Kombination mit anderen Substanzen; Zusammenarbeit mit externem Partner
Calum	KP3		EPG	inkrementell	ja	Diabetes	klinische Studien zur Verwendung des neuen EPG-Wirkstoffs für bestimmte Patientenpopulation; Zusammenarbeit mit externem Partner
Calum	submitted	(x)	EPG/M	neue Kombination	bedingt	Diabetes	Prüfung der Anwendbarkeit des neuen EPG-Wirkstoffs als fixe Wirkstoffkombination mit bewährter Substanz; Zusammenarbeit mit externem Partner
Calum	KP3	(x)	EPG/S	neue Kombination	bedingt	Diabetes	Kombination des neuen EPG-Wirkstoffs mit anderer, bereits zugelassener Substanz vom Calum; Zusammenarbeit mit externem Partner
Calum	launched	x	FMP	inkrementell	ja	Peptic Ulcer Bleeding	neue Indikation
Calum	launched	x	FMP/A	inkrementell	ja	Cardio-vascular Events	neue Formulierung für Risikopatienten
Calum	KP3	x	FNT	inkrementell	ja	Diabetes	Wirkstoff nicht neu, bereits bei EMA und FDA zugelassen; neue Formulierung
Calum	KP3	x	FNT	inkrementell	ja	Diabetes	Wirkstoff nicht neu, bereits bei EMA und FDA zugelassen; neuer Injektionspen
Calum	KP3		GSM	**radikal**	nein	Arthritis, Rheuma-toid	negative Studienergebnisse (schwächere Effizienz gegenüber Medikament der Konkurrenz); geringes Potenzial des Wirkstoffs
Calum	KP3	x	GVS	inkrementell	ja	Cancer, Breast	neue Indikation
Calum	KP3	x	HFT	inkrementell	ja	Cancer, mainte-nance treatment	neue Indikation
Calum	KP3		NCM	**radikal**	nein	Depression	Abbruch der Zulassungsbemühungen, da Studienziele in Phase 3 nicht erreicht; Zusammenarbeit mit externem Partner
Calum	launched	x	QPF	inkrementell	ja	Sedative and Anaesthetic	Wirkstoff nicht neu, bereits bei FDA zugelassen

Unternehmen	Phase des FuE-Prozesses	bekannter Wirkstoff	Wirkstoffkürzel	Neuheitsgrad	bislang erfolgreich	Indikation	Kommentare
Calum	KP3	x	TXG	inkrementell	ja	Diabetes	klinische Studien zur Wirkung von TXG in Kombination mit anderen Diabetes-Wirkstoffen
Calum	submitted	x	TXG/M	inkrementell	ja	Diabetes	neue Kombination zweier bewährter Wirkstoffe
Calum	KP3	x	UCG	inkrementell	ja	Peripheral Artery Disease	neue Indikation
Calum	KP3	x	UCG	inkrementell	ja	Myocardial Infarction	neue Indikation, Langzeitwirkung des Wirkstoffs untersucht

Quellen: Calum 2013a; Calum 2012b; Calum 2011c; Calum 2010b; ClinicalTrials.gov 2013; Comer 2012; DAZ Online 2012a; EMA 2013b; FDA 2013a; Fierce Biotech 2012c,d; Iskowitz 2011; Pharma Times Online 2012a.

Teilappendix H.3: Teilindikator 2 der IF i.e.S. (zukünftiges Innovationspotenzial), Filion.

Unter-nehmen	Phase des FuE-Prozesses	bekannter Wirkstoff	Wirk-stoff-kürzel	Neuheits-grad	bislang erfolg-reich	Indikation	Kommentare
Filion	submitted	x	BRT	inkrementell	ja	Cancer, Prostate	neue Patientenpopulation
Filion	submitted		CDQ	**radikal**	ja	Tuberculosis	neuartiger Wirkstoff; nach erfolg-reichen Studien von der FDA als NME (orphan/priority review) zugelassen
Filion	KP3		CPN	**radikal**	nein	Alzheimer	Phase 3 nach negativen Studien-ergebnissen gestoppt
Filion	KP3	x	CTZ	inkrementell	ja	Cancer, Leukemia	neue Indikation, Wirkstoff nicht neu (in EU und USA schon zugelassen); Zusammenarbeit mit externem Partner
Filion	submitted	x	CTZ	inkrementell	ja	Cancer, Multiple Myeloma	neue Indikation: Transplantationen; Zusammenarbeit mit externem Partner
Filion	submitted	x	CTZ	inkrementell	ja	Cancer, Multiple Myeloma	neue Indikation: Nachbehandlung; Zusammenarbeit mit externem Partner
Filion	submitted	x	CTZ	inkrementell	ja	Cancer, Multiple Myeloma	Kombinationstherapie; Zusammenarbeit mit externem Partner
Filion	submitted		DNG	**radikal**	ja	Diabetes	neuartiger Diabeteswirkstoff (first-in-class); positive Studienergebnisse, als neuer Blockbuster gehandelt; FDA empfiehlt Zulassung; Zusam-menarbeit mit externem Partner
Filion	submitted	(x)	DNG/M	neue Kombination	ja	Diabetes	neuer DNG-Wirkstoff als fixed dose combination mit bekanntem Wirk-stoff (extended release); Zusammen-arbeit mit externem Partner
Filion	submitted	(x)	DNG/M	neue Kombination	ja	Diabetes	neuer DNG-Wirkstoff als fixed dose combination mit bekanntem Wirk-stoff (immediate release); Zusam-menarbeit mit externem Partner
Filion	submitted	x	ECT	inkrementell	ja	Cancer, Leukemia	Wirkstoff von FDA bereits zuge-lassen, kürzlich Zulassung von EMA gewährt (neuer Markt); Zusammen-arbeit mit externem Partner
Filion	submitted	x	ERN	inkrementell	ja	HIV	neue Dosierung, neue Patientenpopulation
Filion	submitted		ERN/C	neue Kombination	ja	HIV	neue Kombination des ERN-Wirkstoffs mit revolutionärem HIV-Wirkstoff von externem Partner
Filion	submitted	x	ERP	inkrementell	ja	Pneumonia	neue Indikation; Zusammenarbeit mit externem Partner
Filion	submitted	x	HLM	inkrementell	ja	Arthritis, Rheumatoid	neue Formulierung (intravenös)
Filion	submitted	x	HLM	inkrementell	ja	Arthritis, Rheumatoid, Structural Damage	neue Indikation
Filion	submitted	x	HLM	inkrementell	ja	Arthritis, Psoriatic, Structural Damage	neue Indikation
Filion	submitted	x	HLM	inkrementell	ja	Ulcerative Colitis	neue Indikation
Filion	KP3		JBT	**radikal**	ja	Cancer, Leukemia	neuartige Substanz gegen Krebs als Einzelwirkstoff; Erfolg in klinischen Studien, als neuer Blockbuster gehandelt; Zusammenarbeit mit externem Partner

Unternehmen	Phase des FuE-Prozesses	bekannter Wirkstoff	Wirkstoffkürzel	Neuheitsgrad	bislang erfolgreich	Indikation	Kommentare
Filion	KP3		JBT	inkrementell	ja	Cancer, Mantle Cell Lyphoma	Erprobung von JBT gegen Sonderform der Leukämie (zusätzliche Indikation); Erfolg in späten klinischen Studien; Zusammenarbeit mit externem Partner
Filion	KP3	(x)	JBT/BR	neue Kombination	ja	Cancer, Leukemia	Erprobung von JBT in Kombination mit zwei bekannten Wirkstoffen; Erfolg in späten klinischen Studien; Zusammenarbeit mit externem Partner
Filion	submitted	x	QLP	inkrementell	ja	Schizophrenia	Pädiatrische Anwendung – nicht berücksichtigen, für USA bereits in Zulassungsbericht enthalten (in EU geprüft)
Filion	KP3	x	QLP	inkrementell	ja	Schizophrenia	neue Formulierung (Langzeitwirkung); Zusammenarbeit mit externem Partner
Filion	submitted	x	SVR	inkrementell	ja	Thrombosis, Venous	neue Indikation; Zusammenarbeit mit externem Partner
Filion	submitted	x	SVR	inkrementell	ja	Acute Coronary Syndrome	neue Indikation; Zusammenarbeit mit externem Partner
Filion	submitted	x	SVR	inkrementell	ja	Thrombosis, Stent	neue Indikation; Zusammenarbeit mit externem Partner
Filion	KP3		TMP	**radikal**	ja	Hepatitis C	neuer interferonfreier Hepatitiswirkstoff; bislang erfolgreiche Erprobung an erfahrenen Patienten; gilt als "Minibuster"; Zusammenarbeit mit externen Partnern
Filion	KP3		TMP	inkrementell	ja	Hepatitis C	bislang erfolgreiche Erprobung des neuen TMP-Wirkstoffs an Erstpatienten (zusätzliche Patientenpopulation); Zusammenarbeit mit externen Partnern
Filion	KP3		TRK	**radikal**	ja	Rheuma	neuartiger Rheuma-Wirkstoff, erfolgreiche klinische Phase 3; Zusammenarbeit mit externem Partner
Filion	KP3	x	UBT	inkrementell	ja	Cancer, Ovarian	neue Indikation, Wirkstoff nicht neu (bei EMA schon zugelassen); Zusammenarbeit mit externem Partner
Filion	KP3	x	UBT	inkrementell	ja	Cancer, Sarcoma	neue Indikation; Zusammenarbeit mit externem Partner
Filion	KP3	x	ULP	inkrementell	ja	Hepatitis C, chronic	neue Dosierung; Zusammenarbeit mit externem Partner
Filion	launched	x	UPT	inkrementell	ja	Diabetic Peripheral Neuropathy	Zulassung für neue Indikation in den USA; bezieht sich auf Wirkstoff, der zusammen mit Agon entwickelt wurde
Filion	submitted	x	VSK	inkrementell	ja	Arthritis, Psoriatic	neue Indikation
Filion	KP3	x	VSK	inkrementell	ja	Chron's Disease	neue Indikation

Quellen: Agon 2012a; Comer 2012; EMA 2013b; FDA 2013a; Fierce Biotech 2012a,d; Filion 2013; Filion 2012b; Filion 2008; Iskowitz 2011; Medscape Medical News 2013a; Medscape Medical News 2012; Pharmazeitung 2012; PR Newswire 2012; The Pharma Letter 2012a.

Teilappendix H.4: Teilindikator 2 der IF i.e.S. (zukünftiges Innovationspotenzial), Salux.

Unter-nehmen	**Phase des FuE-Prozesses**	**bekannter Wirkstoff**	**Wirk-stoff-kürzel**	**Neuheits-grad**	**bislang erfolg-reich**	**Indikation**	**Kommentare**
Salux	KP3		DLG	**radikal**	ja	Cancer, Brain Tumors	erster Wirkstoff einer neuen Klasse von Krebsmedikamenten; bei EMA als Orphan anerkannt, noch nicht zugelassen
Salux	submitted	x	DTX	inkrementell	ja	Cancer, Head and Neck	Registration zur Zulassung bezieht sich auf Japan und China, in EU bereits zugelassen
Salux	submitted	x	DTX	inkrementell	nein	Cancer, Lung	eingereichter EU-Zulassungsantrag für weitere Indikation zurückgezogen, nachdem EMA weitere Daten forderte
Salux	KP3		IPX	**radikal**	ja	Cancer, Pancreatic	Ko-Entwicklung/ Kommerzialisierung des neuen Wirkstoffs gegen bösartige Tumore; Beginn der Phase 3-Studien für diese Indikation (in Phase 2 mit Vergleichsmedikament Studienziele teilweise erreicht); Zusammenarbeit mit externem Partner
Salux	KP3		IPX	inkrementell	ja	Cancer, Soft Tissue Sarcoma	Phase 3-Studien zur Einsetzbarkeit des IPX-Wirkstoffs für weitere Indikation; Zusammenarbeit mit externem Partner
Salux	KP3		TFN	**radikal**	nein	Parkinsons Disease	Lizenz zur Entwicklung an externen Partner nach Portfolio-Refokussierung zurückgegeben
Salux	KP3		TMV	**radikal**	nein	Cancer, Lung	neuartige Krebsimpfung, aber negative Ergebnisse in den klinischen Phase 3-Studien verhindern aktuell Zulassung; Zusammenarbeit mit externem Partner
Salux	KP3	x	TPT	inkrementell	ja	Endocrino-logy	erweiterte Patientenpopulation (pädiatrische Anwendung)

Ergänzende Hinweise: Das Unternehmen hat viele Wirkstoffkandidaten gegen bestimmte Krebsarten und multiple Sklerose in den früheren Phasen der FuE-Pipeline (klinische Phase 1 und Phase 2; Salux 2013a), deren Art bzw. Neuheitsgrad mangels Angaben aber nicht eingeschätzt werden kann und die auch nicht Gegenstand dieser Untersuchung sind.

Quellen: DAZ Online 2011; EMA 2013b; EMA 2004; Fierce Biotech 2012b; Pharma Times Online 2012b; Salux 2013a; Salux 2012a,b,c; Salux 2011b; The Pharma Letter 2013.

Teilappendix H.5: Teilindikator 2 der IF i.e.S. (zukünftiges Innovationspotenzial), Tinus.

Unter-nehmen	Phase des FuE-Prozesses	bekannter Wirkstoff	Wirk-stoff-kürzel	Neuheits-grad	bislang erfolg-reich	Indikation	Kommentare
Tinus	submitted		DTD	**radikal**	ja	Haemophilia	erster Wirkstoff seiner Art; kürzlich von EMA zugelassen
Tinus	submitted		EGD	**radikal**	bedingt	Diabetes	neues Insulin mit Langzeitwirkung, wird als neuer Blockbuster gehandelt; jüngst von EMA zugelassen, Zulassung von FDA wegen Sicherheitsbedenken aber verwehrt
Tinus	submitted	(x)	EGD/A	neue Kombination	bedingt	Diabetes	Kombination des neuen EGD-Wirkstoffs mit bewährter Substanz von Tinus, wird als neuer Blockbuster gehandelt; jüngst von EMA zugelassen, aber Zulassung von FDA wegen Sicherheitsbedenken verwehrt
Tinus	KP3	(x)	EGD/L	neue Kombination	ja	Diabetes	Phase 3-Studien zur Kombination des neuen EGD-Wirkstoffs und bewährter Substanz von Tinus; bislang weder bei EMA noch bei FDA zur Zulassung eingereicht
Tinus	KP3	?	IMA	?	ja	Haemophilia A	Wirkstoff zur Blutgerinnung mit langer Wirkdauer im Körper; Neuheitsgrad nicht eruierbar
Tinus	KP3	?	IMB	?	ja	Haemophilia B	Wirkstoff zur Blutgerinnung mit langer Wirkdauer im Körper; Neuheitsgrad nicht eruierbar
Tinus	KP3	x	MRG	inkrementell	ja	Obesity	neue Indikation/Dosierung für bekannten Wirkstoff
Tinus	submitted		URT	**radikal**	ja	Haemophilia	neuartiger Wirkstoff zur Verbesserung der Behandlung von Hämophilie-Patienten; zur Zulassung bei EMA und FDA eingereicht
Tinus	KP3		WTT	**radikal**	nein	Haemophilia	schnell wirkender neuer Wirkstoff – sollte alten Blockbuster ersetzen; aufgegeben nach negativen Studienergebnissen

Ergänzende Hinweise: Das Unternehmen hat viele Wirkstoffkandidaten gegen Diabetes und Inflammation in den frühen Phasen der FuE-Pipeline (vor allem in der klinischen Phase 1; Tinus 2013a), deren Art bzw. Neuheitsgrad mangels Angaben aber nicht eingeschätzt werden kann und die auch nicht Gegenstand dieser Untersuchung sind. Mangelnde Angaben sind auch der Grund, warum die beiden Wirkstoffkandidaten gegen Hämophilie A und B sich nicht genauer beurteilen lassen.

Quellen: Comer 2012; EMA 2013b; EMA 2012f,g; FDA 2013a; Iskowitz 2011; Medscape Medical News 2013b; Seeking Alpha 2012; The Pharma Letter 2012b,c; Tinus 2013a,b,c; Tinus 2012b.

Teilappendix H.6: Teilindikator 2 der IF i.e.S. (zukünftiges Innovationspotenzial), Vinas.

Unter-nehmen	Phase des FuE-Prozesses	bekannter Wirkstoff	Wirk-stoff-kürzel	Neuheits-grad	bislang erfolg-reich	Indikation	Kommentare
Vinas	KP3		BFT	**radikal**	ja	Cancer, Lung	Krebswirkstoff mit neuartigem Wirkmechanismus; Zulassung bei EMA kürzlich beantragt, Priority Review von FDA
Vinas	KP3		BFT	inkrementell	ja	Cancer, Breast	Phase 3-Studien zur weiteren Anwendbarkeit des neuen BFT-Wirkstoffs (zusätzliche Indikation)
Vinas	KP3		BFT	inkrementell	ja	Cancer, Head and Neck	Phase 3-Studien zur weiteren Anwendbarkeit des neuen BFT-Wirkstoffs (zusätzliche Indikation)
Vinas	KP3		FPG	**radikal**	ja	Diabetes	neuer Diabeteswirkstoff; positive Studienergebnisse in Phase 3; Zusammenarbeit mit externem Partner
Vinas	KP3		GDP	**radikal**	ja	Hepatitis C	neuer interferonfreier Hepatitis-wirkstoff; wird als extrem wettbewerbsfähiges Nachwuchs-produkt gehandelt
Vinas	KP3		OTD	**radikal**	ja	Idiopathic Pulmonary Fibrosis	neuer Wirkstoff, bei EMA und FDA bereits als Orphan eingestuft, aber noch nicht zugelassen
Vinas	KP3		OTD	inkrementell	ja	Cancer, Ovarian	Phase 3-Studien zur weiteren Anwendbarkeit des neuen OTD-Wirkstoffs (zusätzliche Indikation)
Vinas	KP3		OTD	inkrementell	ja	Cancer, Lung	Phase 3-Studien zur weiteren Anwendbarkeit des neuen OTD-Wirkstoffs (zusätzliche Indikation)
Vinas	KP3		PLD	**radikal**	ja	Chronic Obstructive Pulmonary Disease	neue Substanz mit besonders langer Wirkdauer; FDA gibt kürzlich ein positives Votum
Vinas	KP3	x	UTP	inkrementell	ja	Asthma	neue Indikation

Ergänzende Hinweise: Das Unternehmen hat ein paar Wirkstoffkandidaten für verschiedene Indikationen in den frühen Phasen der FuE-Pipeline (klinische Phase 1 und 2; Vinas 2012b), deren Art bzw. Neuheitsgrad mangels Angaben aber nicht eingeschätzt werden kann und die auch nicht Gegenstand dieser Untersuchung sind.

Quellen: DAZ Online 2013; DAZ Online 2012b; Iskowitz 2011; Krankenpflege Journal 2012; Medscape Medical News 2013c; The Pharma Letter 2012d; Vinas 2013a,b; Vinas 2012b.

Appendix I: Kodierleitfaden: Kategoriensystem, Ankerbeispiele und Kodierregeln.

	(Sub-) Kategorie	Definition	Theorie-kapitel	Ankerbeispiel	Kodierregel
Innovationsfähigkeit i.e.S. (ergänzende Hinweise)	Produktinnovation	Inkrementelle oder radikal neue Produkte des Unternehmens	3.2.1	„Also wir haben vier auf den Markt gebracht, aber zwei davon sind wirklich als richtige Innovationen bei den Ärzten schon anerkannt. (...) Wo uns die Ärzte einfach zurückmelden ‚Wow, beides wirklich wertvolle Medikamente, die wir wirklich brauchen, weil sie viel mehr Patienten helfen als sie vorher helfen konnten'." (FI1/150)	Fundstellen thematisieren konkrete Innovationen im Sinne von Ergebnissen (↔ *Exploration und Exploitation)*; ausgeklammert werden organisationale Innovationen, da sie kein vermarktbares Ergebnis darstellen.
	➢ Sonderformen	Neuheiten, die in Zusammenhang zum Produkt stehen, aber darüber hinaus gehen, z.B. Technologieplattformen	induktive Kategorie	„Mit dieser unkaputtbaren Tablette, da sind wir sicher vorne dran. So etwas hat es vorher nicht gegeben. Die Fachwelt hat uns auch teilweise mit Verwunderung angeschaut, nachdem wir das vorgestellt haben." (AG3/56)	
	➢ Soziale Verantwortung	Wahren der Interessen von Patienten, Gesellschaft und Gesundheitswesen bei der Neuproduktentwicklung	induktive Kategorie	„(...) natürlich, die erste Verpflichtung ist immer die ethische. Wenn Sie etwas haben was wirkt, sollten Sie das entwickeln auch wenn Sie vielleicht in einem Therapiefeld unterwegs sind, wo es jetzt halt nicht weltweit Hunderte von Millionen Patienten gibt; aber Sie müssen natürlich schon auch die Marktanteil-Komponente im Auge behalten." (CA1/22)	
	Prozessinnovation	Inkrementelle oder radikal neue technologische Prozesse des Unternehmens	3.2.1	„(...) es gibt eine ganze Reihe von Krankheiten, die werden Sie mit Pillen grundsätzlich nicht in den Griff kriegen. Sie kriegen kein Alzheimer nur über eine pharmakologische Medikation in den Griff. Da spielen dann halt wirklich so Sachen wie Nanotechnologie eine Rolle (...), Schrittmacher, die gewisse Hirnareale ansprechen et cetera." (CA1/92)	
	Business Model Innovation	Inkrementelle oder radikale Neuerungen des Geschäftsmodells	induktive Kategorie	"[But] the problem for the patient goes far beyond what drug the patient takes (...). So we are only providing a part of the solution, right. So a very good innovation is discussing (...), should we look into something else related to the disease of diabetes? Should we look into prevention (...)? (...) So we have lot of innovation (...) that goes beyond the product process." (TI1/114)	
Innovationsfähigkeit i.w.S.	Aufbau und Pflege einer organisationalen Wissensbasis	Aufbau eines kollektiven Gedächtnisses in der Organisation durch Erschließen, Explizieren und Austausch von Wissen der Organisationsmitglieder	3.2.2.1	-	-
	➢ Spezialistenwissen	Spezialisiertes, tiefes Detailwissen in einem abgrenzbaren Aufgabenbereich der FuE; vgl. „component knowledge" (Henderson und Clark 1990)/„local capabilities" (Kusunoki et al. 1998)	3.2.2.1	„In frühen Projekten gibt es eine Seite, die sehr stark sich mit der biologischen Ausrichtung beschäftigt, zunächst mal wie testet man das Ganze, wie gut ist der Link zwischen einer ersten Idee und zum Beispiel der Humanpathophysiologie, (...) und dann gibt es einen zweiten Themenkomplex der sich damit beschäftigt, Moleküle zu identifizieren. (...) Und das sind schon zwei sehr unterschiedliche Aufgabengebiete. Und wir haben es als zweckmäßig empfunden, dass diese Doppelspitze sich zwar gemeinsam um das Gesamtprojekt kümmert, aber dafür Sorge trägt, dass der Biologe mehr den biologischen Part koordiniert und leitet während der Projektchemiker oder Antikörperspezialist mehr den molekularen Teil koordiniert." (VI1/42)	
	➢ Verknüpfungswissen	Generalistisches, breites bzw. überlappendes Wissen (Nonaka 1994) über mehrere Aufgabenbereiche der FuE/am Innovationsprozess beteiligte Funktionen/Bereiche hinweg; vgl. „architectural knowledge" (Henderson und Clark 1990)/„architectural/process capabilities" (Kusunoki et al. 1998)	3.2.2.1	„Was wir aber generell in allen Bereichen fördern wollen ist dieses unternehmerische Denken, dass man eben nicht nur auf seine Fachdisziplin guckt, sondern eben auch immer den (...) Markterfolg im Kopf hat. Und umgekehrt, wenn man im Markt arbeitet, auch daran denkt, was eben an Vorleistungen geschaffen werden muss in der Forschung und Entwicklung, um letztendlich den Markterfolg zu ebnen. (...) Das ist ganz wichtig, dass man letztendlich übergreifend denkt, also eine andere Denke als das, was man generell an Universitäten lernt. Da geht es ja meistens eher um den eigenen Fachbereich." (AG1/80)	
	➢ Wissensmanagement	Maßnahmen, um Wissen von Individuen und einzelnen Teilbereichen der gesamten Organisation zugänglich zu machen (z.B. durch Kodifizierung oder Schaffen von Austauschmöglichkeiten)	3.2.2.1	"[We have] open offices to encourage knowledge transfer, discussions and stuff like that. So the environment out here, the physical environment, is inviting to discuss and to meet. And that's really where we believe that (...) a lot of the innovation actually comes around, that's when people meet and (...) serendipitously they start talking about a subject and then their ideas pop open... That's how we are doing. So I think we have put less effort on have a central electronically available repository". (TI2/86)	

	(Sub-) Kategorie	Definition	Theorie-kapitel	Ankerbeispiel	Kodierregel
Innovationsfähigkeit i.w.S.	Aneignen von unternehmens-externem Wissen	Zugang zum Wissen externer Partner, dessen Verarbeitung und Verknüpfung mit der organisationalen Wissensbasis	3.2.2.2	"Within the pharmaceuticals group, the R&D organization is a global organization where we as a strategy (…) try to match the internal innovation with external innovation. And therefore, we have our own internal basic research, early development and late development, but more and more, of course, there is what we call precompetitive and competitive collaboration with third parties. Many times with a system which we called the triple helix, where we have an involvement of industry, government and academia (…). " (FI2/2)	Fundstellen thematisieren Beschaffenheit des externen Wissens im Vergleich zur internen Wissensbasis (↔ *externe Kollaboration)*; Oberkategorie enthält allgemeine Hinweise ohne Bezug auf Art der angeeigneten Kompetenzen.
	➢ Aktuelle Kompetenzen stärken	Externes Wissen ist der internen Kompetenzbasis ähnlich, d.h. hohe absorptive Kapazität	3.2.2.2	„Also die Pharmaindustrie ist da relativ inzestuös wenn es darum geht, ihr Know-How zu verteilen… Oder Dinge, an denen wir nicht weiterarbeiten, diese abzugeben und dafür uns Dinge zu holen, andere Substanzen, die andere Firmen halt nicht weiterverfolgen aus irgendwelchen Gründen. Die dann aber bei uns ins Portfolio passen oder wo wir die Entwicklungsexpertise haben, um das weiterzuentwickeln." (VI2/14)	
	➢ Neue Kompetenzen entwickeln	Externes Wissen ist der internen Kompetenzbasis unähnlich, d.h. hohe kognitive Distanz	3.2.2.2	"We bring [an] innovative company (…) in our labs, for example. If we think we need to work together with universities, because in neuroscience you need to go to really top-notch new technologies related to imaging, because one of the main principles to study possibly new compounds in Alzheimer is new neuro imaging, molecular imaging…. Well, we form a collaboration with a university hospital, with a company (…), with a research institute (…)." (FI2/28)	
	Lernen durch Exploration und Exploitation	Versuch, Exploration und Exploitation als eigentlich gegensätzliche Lernstrategien gleichermaßen zu beherrschen (Ambidexterität); dazu gehört auch Balancieren der FuE neuer Ideen und deren Ausführung	3.2.2.3	„Wir müssen natürlich auch ein bisschen mischen zwischen dem, was ist totale Traum (…) für den Patienten und für uns, und was ist auch irgendwo machbar. (…) Also ich muss immer hoch riskante, aber high gain, high value Projekte mischen mit weniger innovativ[en Projekten], aber immer noch so, dass sie vielleicht noch in einer kleinen Patientenpopulation eine Nische finden können. Das ist so ein bisschen der Portfoliomix." (AG2/108)	Fundstellen befassen sich mit Art der zum Innovieren benötigten Kompetenzen (↔ *IF i.e.S.)* und den strategischen Argumenten von Exploitation (z.B. Effizienz) und Exploration (z.B. Effektivität).
	➢ Exploration	Lernen durch Erschaffen grundlegend neuer Kompetenzen als Vorbedingung radikaler Innovation; dazu gehört auch Slack im Sinne von Überschuss-ressourcen	3.2.2.3	"Yeah, our focus in our strategy is (…) not to go for incremental innovations. We are focusing for disruptive innovation. We are just focusing on the unmet medical needs in very difficult complex diseases: Alzheimer, cancer, diabetes et cetera. There where you need to collaborate very strongly with academic and knowledge centers to unravel the basic understanding of the diseases and come up with really value-additive and different shapes of products. (…) So we are not interested in the 'me-too-game', so to speak, nor in generics of research." (FI2/26)	
	➢ Exploitation	Lernen durch Optimieren und Verbessern bestehender Kompetenzen als Vorbedingung inkrementeller Innovation	3.2.2.3	"In that sense, Tinus is a very effective performance engine. (…) Because you know, all this [is] about, you know, optimizing the R&D (…). We are (...) doing that. And the innovation we get in that box or performance engine, that's (…) new product development within our current business group. And [in] that we are very well structured. Where we have some challenges is if we are going outside our standard ways of thinking." (TI1/70)	
	Betonen der Relevanz von Innovation im Strategie und Kultur	Betonen der Relevanz von Innovationen im gesamten Unternehmen mittels der Gesamtunternehmensstrategie oder Unternehmenskultur	3.2.2.4	-	-
	➢ Strategie	Betonen von Innovation in der Gesamtunternehmensstrategie (inklusive Vision und Mission) sowie den davon abgeleiteten Geschäftsaktivitäten	3.2.2.4	„Und wir kriegen ja auch die Rückendeckung vom Unternehmen. Die neue Strategie, die Vision (…) ist ja darauf ausgelegt zu sagen, nur von neuen Produkten können wir überleben langfristig. (…) Die ganz klar gesagt hat, unsere Stärke ist die Forschung, wir können nicht gigantisch viel machen, aber das was wir machen, machen wir denke ich, ganz gut. Da stehen wir zu, da wollen wir weiter investieren, da wollen wir wachsen (…)." (AG2/100)	
	➢ Kultur	Betonen von Innovation in Normen und Werten des Unternehmens, die sich in Denk- und Verhaltensmustern (z.B. Offenheit für neue Ideen, Führungsstil) widerspiegeln	3.2.2.4	„Wir kommen aus einer Kultur des Umgangs miteinander, die (…) durch einen sehr direktiven Führungsstil geprägt war. (…) Sehr perfektionistisch, im Detail. Was hier nicht darauf ausgelegt war, jetzt furchtbar viel Innovation zu fördern (…). (…) Also wir verändern jetzt sozusagen den Umgang miteinander (…) von der Richtung her von top-down zu from-within. (…) Mit Führungskräften, die eben unter anderem auch mehr Innovation bewirken (…)." (CA2/28)	

Charakteristika der FuE-Organisation/Binnenorganisation

(Sub-) Kategorie	Definition	Theorie-kapitel	Ankerbeispiel	Kodierregel
(Grad der) Dezentralisation der FuE	Ausmaß der Verteilung von Aufgaben und Entscheidungsbefugnissen auf die unteren Hierarchieebenen	3.3.2.1	-	Geschäftsführung und FuE-Leitung werden als obere, FuE-Teileinheiten darunter als untere Hierarchieebenen verstanden (vgl. Hill et al. 2000). Da Hoheit über operative Aufgaben ein grundsätzliches Merkmal von Arbeitsteilung ist (z.B. Drumm 2004), wird Entscheidungsautonomie auf strategische Entscheidungen bezogen. ↔ *Steuerungsmechanismen* (inhaltliche Art der Koordination)
➢ Dezentralisationsmerkmale	Verteilung vergleichbarer FuE-Aufgaben auf relativ unabhängige Teileinheiten der unteren Hierarchieebenen mit Entscheidungsautonomie auch über strategische Belange (vgl. z.B. Argyres und Silverman 2004; Brockhoff 2004)	3.3.2.1	„Also es ist wirklich so, dass nicht nur XXX (...) *(HG: Filion Hauptsitz und wichtiges R&D Center)* sehr autonom arbeiten kann, sondern auch die Länder. Also es ist schon so, wenn zum Beispiel (...) die Länder feststellen, naja, in den Entwicklungsstudien sind bestimmte Fragestellungen nicht abgedeckt, die für sie lokal aber ganz relevant sind, weil sie einfach ein anderes Gesundheitssystem haben oder so, dann können die Länder auch eigene Studien machen. (...) Es muss natürlich trotzdem nochmal global genehmigt werden im letzten Schritt, also wir können jetzt nicht ganz in Wildwuchs ausarten, aber es ist schon ein sehr dezentraler Ansatz den der Konzern insgesamt fährt, definitiv. Es gibt Austausch, aber es ist noch viel Autonomie auch dabei." (FI1/38)	
➢ Zentralisationsmerkmale	Bündelung vergleichbarer FuE-Aufgaben und strategischer Entscheidungsbefugnisse in einer zentralen Einheit auf den oberen Hierarchieebenen (vgl. z.B. Argyres und Silverman 2004; Brockhoff 2004)	3.3.2.1	"Because if you talk about research, about 90 to 95% of our research organization, of our people are located here in XXX *(HG: Tinus Hauptsitz und R&D Center)*. Especially at the site where I am sitting right now (...). (...) When you talk about our clinical and also our CMC supply organization, that is also located here in XXX." (TI2/6)	
Steuerungsmechanismen	Koordinationsinstrumente zur Ausrichtung der FuE-Aktivitäten auf die Gesamtunternehmensziele	3.3.2.2	-	↔ *(Grad der) Dezentralisation* (Ausmaß an Einfluss der Leitung)
➢ Inputsteuerung	Steuerung der FuE durch Zuweisung von finanziellen, materiellen oder personellen Ressourcen (formale Inputsteuerung) oder durch Sozialisation/Pflegen von Routinen (formale Inputsteuerung) (vgl. Frost et al. 2010b:208-212)	3.3.2.2	„Wir geben Projektteams Mitarbeiter und Labors und (...) zu Beginn eines Projektes auch gemessen an der Komplexität der Aufgabenstellung eine vernünftige Ressource. Das geschieht in gegenseitiger Abstimmung und dann starten Sie mit der. Und dann kann es sein, dass diese Ressource sich als adäquat für die Bewältigung der Aufgabenstellung erweist und es kann sein, dass die Komplexität größer ist als erwartet – dann muss kapazitätsmäßig nachjustiert werden."(VI1/30)	Fundstellen zur Steuerung der Budgetverwendung sind der *Outputsteuerung* zuzuordnen (vgl. Frost et al. 2010b:215-217; Cardinal 2001).
➢ Verfahrenssteuerung	Steuerung der FuE durch fallweise (z.B. Weisungen) und generelle Regeln (Formalisierung, z.B. Regelwerke, Handbücher, Richtlinien) sowie Delegation (vgl. Frost et al. 2010b:212-215)	3.3.2.2	„We have a number of standard operating procedures, also in research. One of the most important one we call the project manual. And that describes (...) our entire research and development process, who governs it. And also important, what kind of documentation is needed to pass the various milestones (...). And every project has to comply with these guidelines in order to successfully pass or get approval for a given milestones passage." (TI2/32)	Fundstellen zur Delegation ohne konkrete Hinweise zu Regeln gehören zu *Dezentralisationsmerkmalen* (vgl. Drumm 2004).
➢ Outputsteuerung	Steuerung der FuE durch Vorgeben/Messen der FuE-Ergebnisse und Leistungen sowie durch Verrechnungspreise (vgl. Frost et al. 2010b:215-217)	3.3.2.2	„Wir haben also die Forschung [und Entwicklung] aufgeteilt, in einen [Teil] der Einnahmen erwirtschaftet und einen Teil der ein Kostenblock ist, weil darunter die gesamte Spätphasenentwicklung ist. (...) Was eigentlich eine verrückte Konstruktion ist. Aber die Überlegung war, dass man sozusagen die Benefits, die aus der Forschung herauskommen, auch wieder zurückspielt in die Forschung. Weil (...) die gesamten Umsätze die dann später erwirtschaftet werden kommen ja aus der Forschung. Also müssen die ja auch die Früchte ihrer Arbeit, ihres Schweißes ernten." (AG2/4-6)	↔ *Inputsteuerung*
➢ Selbstabstimmung	Geplante themenspezifische und/oder institutionalisierte Abstimmung zwischen Gruppen/Teileinheiten (horizontale Beziehungen), z.B. in Form von Meetings oder Gremien, ohne Einbindung der Leitung (vgl. Frost et al. 2010b:217-221)	3.3.2.2	„(...) [es] durchaus aber so Challenge Meetings und interne Absprachen auch mal cross-funktional, also über Therapiegebiete hinweg hat. So dass da schon Rückkopplungsmechanismen großer Zahl da sind und die sind auch institutionalisiert, das heißt die finden regelmäßig statt und sind gewollt, aber es ist nicht notwendigerweise nur das, oder jedes Mal das, Managementteam dann gefragt. (...) [D]as heißt wir haben auch Inhalte in internationaler Abstimmung (...), um einfach den Projekten ein entsprechendes Feedback zu geben (...)." (VI1/89f.)	Ohne fallweise Selbstabstimmung nach eigenem Ermessen, da kein direkter Steuerungseinfluss erkennbar (Frost et al. 2010b:218; Kieser und Kubicek 1992:106-110).

	(Sub-) Kategorie	Definition	Theorie-kapitel	Ankerbeispiel	Kodierregel
Charakteristika der FuE-Organisation/Binnenorganisation bzw. Verankerung der FuE im Gesamtunternehmen	Flexibilität der FuE-Organisation	Anpassungsfähigkeit der Strukturen und Prozesse der FuE z.B. wegen sich ändernder Umweltbedingungen	3.3.2.3	-	Ohne Maßnahmen, die sich nicht auf Strukturen/ Prozesse beziehen, z.B. Beschäftigen vom leichter kündbarem Fremd-personal.
	➢ Zeitweise Veränderungen	FuE-Organisation wird mittels episodischer/kontinuierlicher Reorganisationsmaßnahmen zu einem bestimmten Zeitpunkt strukturell/prozessual angepasst	induktive Kategorie	„Aber das ist eben so, wie die Organisation im Moment ist. Das wurde mehrmals umgebaut, das ist (…) auch nicht in Stein gemeißelt. Also ich würde nicht drauf wetten, dass das bei uns jetzt in 18 Monaten immer noch genauso so ist. Das war vor 18 Monaten anders, das wird in 18 Monaten möglicherweise auch wieder anders sein. Da wird ständig umgebaut. Weil es auch keine ideale Organisation gibt, zumindest hat sie noch keiner gefunden.“ (SA1/94)	
	➢ Inhärente Adaptivität	Anpassungsfähigkeit der FuE-Organisation durch von vornherein flexibel designte, d.h. bewegliche, Strukturen und Prozesse	induktive Kategorie	„Das machen wir immer so, die Projektteams berichten, sagen das was läuft, da haben wir Schwierigkeiten, da müssen wir nacharbeiten… Und dann stellen wir am Ende der Sitzung oder des Tagesordnungspunktes die Frage, okay Leute, wann kriegt ihr denn relevante Daten, wann wollt ihr wieder auflaufen? Das kann ein Monat sein, das können drei Monate sein, je nachdem. (…) Sehr situativ, sehr projektspezifisch.“ (AG2/74-76)	
	Projektteams	Arbeit in Projekten als temporäre Konstellationen von Personen und Aufgaben, die die FuE-Linie als Primärorganisation überlagern	3.3.2.4	“We have project teams for research projects and we have project teams for development projects. Research project teams or the sizes of the research project teams are relatively small whereas the sizes of the development project teams are very [big], it can be hundreds of people. (…) And all these members of these project teams come from the line, come from our global development or come from CMC supply, or regulatory or manufacturing also.” (TI2/18)	-
	Interne Kollaboration	Zusammenarbeit innerhalb/zwischen allen am Innovationsprozess beteiligten Funktionen	3.3.2.5	-	Inhalt/ Intensität (in-) formaler Kollaboration (↔ *Selbst-abstimmung)*; Innovations-management ohne rein betriebswirt-schaftliche Funktionen.
	➢ FuE-interne Kollaboration	Inhalt und Intensität der Zusammenarbeit von Individuen und Teileinheiten innerhalb des FuE-Bereiches	3.3.2.5	„Early Clinical hat den Auftrag, für uns diese Proof-of-Concept Studien zu machen, braucht aber die Infrastruktur, die Statistik, die Biostatistik, die Operations (…), alles was Herr XXX hat bis Regulatory. (…) Ich kann also schlecht ein Molekül profilieren in der Pharmakologie, und dann über den Zaun schmeißen in die Klinik und sagen ‚Mach mal‘. Ich muss früh die Fragen beantworten, die er braucht, um dann eine vernünftige frühe Entwicklung aufzustellen. Das ist der Trick bei der Sache.“ (AG2/36)	
	➢ cross-funktionale Kollaboration	Inhalt und Intensität der Zusammenarbeit zwischen dem FuE-Bereich und anderen Funktionen (v.a. Produktion und Marketing)	3.3.2.5	„Wenn Sie jetzt sozusagen fragen, welche Rückkopplungen gibt es denn dennoch in die internationale Organisation, dann gibt es (…) weniger sozusagen zwischen diesen drei (…) funktionalen Einheiten, die wir eingangs benannt haben. Also Forschung und Entwicklung, Produktion, Marketing und Sales, da gibt es leider wenig Austausch zwischen diesen drei funktionalen Bereichen. Die werden also jeweils sozusagen gemessen innerhalb ihrer eigenen Logiken.“ (CA2/30)	
	➢ Unterstützung durch das Innovations-management	Stäbe, Abteilungen oder Arbeitsgruppen des Innovationsmanagements, die der FuE nicht organisatorisch zugeordnet sein müssen, diese in ihren Kernaufgaben aber unterstützen	induktive Kategorie	„Also wir sind außerhalb des regulierten Bereichs, was für die Pharma-Industrie ein (…) großes Thema ist, und außerhalb der Budgets der jeweiligen Fachfunktionen, die uns nämlich auch zu sehr mitreden möchten (…). Also wir sind ja die Anlaufstelle für Leute, die etwas ausprobieren wollen in ihrer Funktion über ihre Linie, und über den Linienvorgesetzten nicht weiterkommen. Da wo wir meinen, das könnte Potenzial haben, statten wir diese Idee mit etwas Geld aus und etwas Personal und probieren es einfach mal aus.“ (VI2/38)	
	Anreizsystem	Gestaltung und Gewährung von Anreizen, um Mitarbeiter im Sinne der FuE- und Innovationsziele zu motivieren	3.3.2.6	„Was aber, das muss man schon auch sagen, was ein Problem ist, das sag ich auch ganz offen, gerade in so einer Zeit wo Effizienz und Salux‘ strategisches und organisatorisches Veränderungsprogramm eine Rolle spielen, ist, dass das Unternehmen eine Möglichkeit finden muss, Innovatoren entsprechend zu würdigen und zu belohnen. Also da haben wir eine Riesenbaustelle in meinen Augen im Moment.“ (SA1/110)	Fundstellen zu Anreizen allgemein
	➢ Extrinsische Anreize	Anreize für Individuen, die außerhalb der Tätigkeit liegen (z.B. Entlohnung, Arbeitsumfeld, Anerkennung, Karrieremöglichkeiten)	3.3.2.6	“Well I guess in our case, what people are primarily motivated by – and here I talk about researchers – what they are primarily motivated by is actually publication. And (…) of course we have to respect any intellectual property right that may come out of the work and that is very important to the company. But once (…), we really encourage people to publish their results in respected journals and go to scientific conferences and give talks and stuff like that.” (TI2/52)	-
	➢ Intrinsische Anreize	Anreize für Individuen, die innerhalb der Tätigkeit selbst begründet sind (z.B. Entfaltungsraum, Weiterbildung, Verantwortung, spannende Arbeit)	3.3.2.6	“We give them the opportunity – after approval, (…) to further work out the idea and it’s their own idea. And that creates a lot of energy and passion within those folks to make it happen. (…) And that’s where we want to go back to: People really wanting to invest time and effort in their work because they feel passionate about it, they have a lot of energy about it and they don’t only come to work because at the end of the month they get their paycheck.” (FI3/50-52)	-

	(Sub-) Kategorie	Definition	Theorie-kapitel	Ankerbeispiel	Kodierregel
	➢ Kollektive Anreize	Anreize, die Individuen zu kollektiven Leistungen motivieren sollen und extrinsischer/intrinsischer Natur sein können	3.3.2.6	„Wir versuchen, weil wir natürlich sagen, wir sind eigentlich ein Team, versuchen wir eigentlich immer das Team als diejenigen hervorzuheben… Weil keiner ist derjenige, der eigentlich die Leistung alleine erbringt. Dafür ist das alles viel zu komplex und viel zu heterogen. Sondern es ist immer das Wissen und das Gemeinsam-an-einem-Strang-ziehen von Vielen, die den Erfolg bringen." (AG2/106)	-
Verankerung der FuE im Unternehmenskontext	Externe Kollaboration	Zusammenarbeit mit externen Partnern in Organisationsformen zwischen Markt und Hierarchie (z.B. strategische Allianzen)	3.3.2.7	"But we [also] collaborate with new companies (…). And we do this every time we need this technology or platform, because the times are over that a company like ours and any company in the pharmaceutical industry know it all, first of all, and secondly, to have it all in house." (FI2/28)	Fundstellen behandeln Art und Intensität der Kollaborationsbeziehungen (↔ *unternehmensexternes Wissen).* Zu den relationalen Verträgen gehören auch Corporate Venture Capital und Research Grants, da Verträge hier aufgrund unsicherer Ergebnisse unvollständig sowie Beziehungen der Partner intensiv und wissensorientiert bleiben (vgl. z.B. Grandori und Furlotti 2009; Peirone 2007). Ohne M&A, da hierbei das Target nicht selbstständig und somit kein Partner im eigentlichen Sinne bleibt.
	➢ Transaktionale Verträge	*(Transaktions-)kostenorientierung*: Leistungen der Partner sind vertraglich klar spezifiziert und/oder voneinander abgegrenzt (z.B. CROs, Ein-/Auslizensierung, späte Co-Entwicklung); transaktionale Netzwerkbeziehungen für skalierbare Aufgaben außerhalb der eigenen Kernkompetenzen (vgl. Faems et al. 2008; Carson et al. 2006; Grandori 2006; Mahnke und Özcan 2006; Nooteboom 2004)	3.3.2.7	„Ab der Entwicklung sind wir mehr oder weniger eh ganz schlank aufgestellt, organisatorisch. (…) Beispielswiese für dieses Probensampling in der PK *(HG: Präklinik)*, [das] geht dann zu einem CRO *(HG: Contract Research Organization)* raus hier. Die Toxikologie, die ganze Tiertoxikologie, wird komplett extern gemacht. Die Formulierungsentwicklung wird hier angefangen und wird meist extern dann skaliert. (…) Also wir versuchen immer da nur zu investieren, in Personal, wo wir sagen, wir machen hier auch einen Value. Also Value Generation versuchen wir inhaltlich bei uns zu behalten, und wenn es darum geht (…) jetzt muss ich statt einer Probe eine Million Proben testen, dann soll das jemand anderes machen." (AG2/124)	
	➢ Relationale Verträge	*Wissens-/Ressourcenorientierung:* Leistungen der Partner lassen sich nicht klar definieren (z.B. gemeinsame Grundlagenforschung, frühe Co-Entwicklung); intensiv-kollaborative Netzwerkbeziehungen geprägt von Vertrauen, Kommunikation und Wissenstransfer (vgl. Faems et al. 2008; Grandori 2006; Mahnke und Özcan 2006; Nooteboom 2004)	3.3.2.7	„Unsere Erfahrung ist auch gerade im akademischen Bereich: Früher hat man gesagt, wir bezahlen eben, und wenn ihr was findet, dann meldet ihr euch wieder. Da ist man auch in den letzten Jahren immer mehr von abgekommen und sieht jetzt eher eine starke Interaktion unserer Wissenschaftler mit den Akademikern als wichtig an, um neue Impulse aus der Akademie in unsere Forschungs- und Entwicklungsorganisation hinein zu tragen. (…) Auf der anderen Seite hören wir auch immer den Wunsch von unseren akademischen Kollaborationspartnern, die wollen auch mit uns interagieren. Die wollen auch hören, wie unsere Wissenschaftler das sehen (…)." (SA1/53)	

Legende:

In der Übersicht sind die Hauptkategorien der Auswertung angegeben. Ergänzende, induktiv gebildete „Hilfskategorien", die nur dem Sammeln von Hintergrundinformationen dienen (z.B. Fundstellen zur Pharma-Branche allgemein; zur M&A-Tätigkeit, Strategie, Gesamtorganisation und FuE-Organisation der Fallunternehmen) werden hier nicht aufgeführt.

(Sub-)Kategorie: (Ober-)Kategorien beziehen sich auf Oberthemen, während Sub-Kategorien (mit Pfeilen gekennzeichnet) differenzierte Detailinformationen beinhalten.

Definition: Sofern die inhaltlichen Ausführungen der Theoriekapitel zum Definieren der Kategorien vertieft werden müssen, beinhalten die Definitionen zusätzliche Quellenangaben.

Theoriekapitel: Bei induktiven Kategorien finden sich zwar eventuell Hinweise in den vorherigen Kapiteln der Arbeit, aber im Gegensatz zu deduktiven Kategorien sind sie nicht explizit in den theoretischen Überlegungen zur Innovationsfähigkeit i.e.S. bzw. i.w.S. oder zu den Charakteristika der FuE-Organisation (Kapitel 3) angelegt.

Ankerbeispiel: Sofern es nur zu den Subkategorien Fundstellen gibt bzw. eine differenzierte Betrachtungsweise sinnvoll ist, wird auf die Angabe von Ankerbeispielen zur Oberkategorie verzichtet.

Kodierregeln: Sie werden nur dann angegeben, wenn eine Abgrenzung zu anderen (Sub-)Kategorien notwendig ist (↔).

Appendix J: Cross-Case-Analyse der Charakteristika der FuE-Organisation (Ausprägungen je Fallunternehmen).

Case*	Grad der Dezentralisation der FuE▲	Steuerungsmechanismen▲	Flexibilität der FuE-Organisation▲	Projektteams▲▼
Agon ↔	Zentralisationsmerkmale: FuE-Aufgaben sind zum Großteil an einem Standort zentralisiert (AG1/10,38; AG2/17f.); Geschäftsleitung setzt Jahresziele, die in FuE kaskadiert werden und „flankiert" halbjährlich strategisches Entscheidungsmeeting der FuE-Bereichsleiter (AG2/68,94; AG3/40); FuE-Leitung entscheidet mit über Details der frühen FuE-Projekte, z.B. Risikobewertung (AG2/68) Dezentralisationsmerkmale: v.a. in früher Forschung Empowerment im Sinne freierer Ressourcenverwendung (AG2/84-86)	Inputsteuerung: Budgets jährlich mittels „effizientem" Top-Down/Bottom-Up Prozess „ohne Detailplanung" festgelegt, wobei Abteilungen in Verwendung flexibel sind (AG2/80-84); Budgets der frühen FuE weniger reguliert als in später FuE, da geringeres Kostenrisiko (AG2/86-88,98); Humanressourcen für neues Therapiegebiet (AG1/42) Verfahrenssteuerung: viele vor allem extern getriebene Standards zur Qualitätssicherung (AG2/90-93); ab Entwicklung läuft „alles nach Guidelines" (AG2/44) Outputsteuerung: früher FuE-Bereich als Profit Center, das eigene Umsätze erwirtschaftet; späte FuE als Funktion bzw. „Kostenblock" (AG2/4-6); komplexes Modell zur Kosteneinschätzung und Verrechnung zwischen früher und später FuE (AG2/8,82); kaskadierte Zielvereinbarungen von Geschäftsführung in FuE; qualitative und quantitative Ziele, auch schon in früher FuE (AG2/94-96), doch Unsicherheit erschwert Prognosen (AG2/110); Problem: Wissenschaft nicht durch finanzielle, aggressive Ziele korrumpieren (AG2/140; AG3/64) Selbstabstimmung: fachfunktionale Gremien (z.B. Pharmakologen, Kliniker) für Standard-Reporting/Ad-Hoc Meetings (AG2/70-72,78)	Zeitweise Veränderung: kürzliche Reorganisation lenkt Fokus auf FuE (AG3/44), erfordert aber Neuorientierung in komplexer Struktur und Erlernen von Kostenbewusstsein; führt zu kurzfristigem Verlust an Innovationskraft (AG2/4,140-142,146; AG3/64) Inhärente Adaptivität: situatives, projektspezifisches Reporting (AG2/74-76); flexibilisierte Inputsteuerung, da Budgets in früher FuE weniger reguliert sind und je nach Bedarf intertemporal/zwischen Abteilungen verschoben werden können (AG2/82-86)	Matrix-Projektorganisation (AG2/40; AG3/22,42) fördert unternehmerisches Denken (AG1/22); tw. Konflikte zwischen Projekt und Linie (AG3/40-42); Core-Team aus frühen Phasen bleibt immer Teil des wachsenden Projekts (AG1/24; AG2/40); Übergabe von Forschung an Entwicklung (AG2/44), in früher FuE spezialisierter Projektleiter, später Hauptprojektleiter und spezialisierte Teilprojektleiter (AG1/26; AG2/46; AG3/26)
Calum ↓	Zentralisationsmerkmale: therapiegebietsübergreifende Forschungscenter (Calum 2012a); Aufbau eines globalen Entwicklungsbereichs, der ab Phase 3 Projekte aller FuE-Center übernimmt; klinische Studien teilweise lokal ausgeführt, aber global entschieden (CA1/6,14; Calum 2012a,c, 2011d; Anonym 2012); zentrales strategisches R&D Investmentboard mit Vorsitz der Geschäftsführung und der FuE-Leitung, das funktionale Boards integriert (CA3/26; Calum 2011d; Anonym 2012); aktuell stärkere Bündelung ehemals fragmentierter FuE-Aufgaben (CA3/48; Calum 2012c) Dezentralisationsmerkmale: mehrere FuE-Teileinheiten weltweit, je für 1-2 Therapiegebiete und FuE bis zur frühen klinischen Entwicklung (bis Phase 3) zuständig; je ein FuE-Center für Biotech-Produkte und für klinische Entwicklung in Asien (CA1/7-10; CA3/5-8; Calum 2012a, 2011d); jeweils eigene operative Review Boards für frühe FuE in small molecules, large molecules und globale Entwicklung (CA3/26; Calum 2011d; Anonym 2012)	Inputsteuerung: enge jährliche Budgetvergabe als Top-Down/Bottom-Up Prozess, wobei Budgets bei Bedarf ggf. angepasst werden können (CA3/30); „Auffrischung" der FuE durch Erneuerung des Mitarbeiterstamms (CA2/26); im Rahmen des Kulturwandelprogramms Rekrutieren neuer Führungskräfte sowie Etablieren von Trainings, lokalen Steuerungsgruppen und Kulturaudits (CA2/28; CA3/40; Calum 2012c; Anonym 2012) Verfahrenssteuerung: Unternehmen ist traditionell sehr perfektionistisch und regelorientiert (CA2/28); „high regulation", indem externe Regeln z.B. zur Tierhaltung oder generelle Good Clinical Practices noch übertroffen werden (CA3/34); sehr feingliedrige Prozesse bremsen Intuition (Anonym 2004b) Outputsteuerung: Projektfortschritt wird gemessen und darauf basierend weiteres Funding gewährt (CA3/20); Ziele werden in jährlicher Scorecard verfolgt (CA3/36); klare Performanceorientierung und kurzfristige finanzielle Ziele im Unternehmen, „Shareholder Supremacy" (Anonym 2004a) Selbstabstimmung: keine Hinweise	Zeitweise Veränderung: Reorganisation soll Flexibilität und Effizienz der FuE verbessern, z.B. durch stärkeren Zukauf von FuE-Leistungen und Bündeln ehemals räumlich getrennter Teams (CA3/48); Schließen von mehreren FuE-Standorten und Aufteilung der frühen/Bündelung der späten FuE-Aufgaben (Calum 2012c; Anonym 2012); FuE-Belegschaft verschlanken und erneuern, um neuen Ideen Raum zu geben (CA2/26); Kulturwandelprogramm, um z.B. mittels Trainings und Kulturaudits partizipativeren Führungsstil zu entwickeln (CA2/28); Eruieren von Ansätzen für organisationale Innovation, z.B. Influencing (CA2/34); Aufbau von Studien in neuen Märkten (CA1/70) Inhärente Adaptivität: Inputsteuerung: Budgetreallokation bei Mehr-/Minderbedarf der Projektteams bzw. neuen Marktgelegenheiten (CA3/30)	Matrix-Projekt-organisation; Projektleitung wechselt bei Übergang von frühe in späte Phasen (CA3/19f.,21f; Anonym 2004b)

Case*	Grad der Dezentralisation der FuE▲	Steuerungsmechanismen▲	Flexibilität der FuE-Organisation▲	Projektteams▲▼
Filion ↑	Zentralisationsmerkmale: ein FuE-Center als „Mini-Headquarter" (FI1/36); Bündelung der Expertise in bestimmten Aufgaben in großen FuE-Centern als „Centers of Excellence" (z.B. Drug Safety, Diagnostik, Pharmakologie), die kleinere Center beraten (FI2/8,16; FI3/8,14-17); globale klinische Entwicklung weist kleinere lokale FuE-Standorte an (FI1/36,100-104); in letzten Jahren Bündelung ehemals getrennter lokaler Studien und kleinerer Indikationen zu Therapiegebieten (FI1/110-115); zu bearbeitende Krankheitsfelder werden von Geschäftsleitung zusammen mit FuE und anderen Funktionen festgelegt (FI3/30) Dezentralisationsmerkmale: mehrere FuE-Center weltweit mit attachierten Satelliten, für verschiedene Therapiegebiete zuständig (FI2/2-4,34; FI3/4,8,14-17); große FuE-Center übernehmen komplette FuE, kleinere Center nur klinische Entwicklung (FI1/2,53f.); lokale FuE ist vom Management weitgehend unabhängig, kann autonom arbeiten (FI1/38; FI3/24); FuE-Center entscheiden im Rahmen der vorgegebenen Therapiefelder selbst über neue FuE-Projekte (FI3/30) und Technologien (FI2/28); Dezentralisation und Entrepreneurship kulturell verankert (Anonym 1986)	Inputsteuerung: Anforderungen an Humanressourcen in FuE (FI1/76-78); umfangreiche Trainings für Mitarbeiter der klinischen Forschung, die mit Wertekanon zusammenhängen (FI1/78,84,146); jährlich einheitlicher Budgetierungsprozess im Konzern mit quartalsweisen Aktualisierungsrunden (FI1/90); Ressourcenverflechtung zwischen FuE-Abteilungen (FI1/102); in früher FuE sind Budgets Venture Capital, das überzeugenden Projekten vom Management gewährt wird (FI3/42,46; FI1/39f.) Verfahrenssteuerung: starke Regelorientierung in der klinischen Forschung; frühere Phasen sind lockerer und kreativer, mit Fokus auf inhaltliche Fachkenntnisse (FI1/78,82-86,136); Innovationsmanagementinitiativen jenseits der Bürokratie (FI3/60) Outputsteuerung: konzernweites, Top-Down kaskadierendes Zielvereinbarungssystem mit unterjähriger Anpassungsmöglichkeit (FI1/96); Ziele in FuE eher breit formuliert (FI1/98), Innovationsziele generisch formuliert (FI1/126; FI3/50); „key performance indicators" in der FuE als Versuch, auch frühe Ziele zu quantifizieren (FI3/68) Selbstabstimmung: Abstimmung innerhalb der FuE wird durch „Communication Plan" (z.B. Zeitpunkt von Meetings) geregelt, kann aber auch situativ erfolgen (FI1/62-64)	Zeitweise Veränderung: FuE-Struktur verändert sich ständig, z.B. neue duale Leitung der Therapiegebiete oder unterstützende Task Forces im Innovationsmanagement (FI3/73f.); ständige Rekonfiguration ist Teil der Unternehmenslogik (Anonym 2004c); stärkere Zentralisation der klinischen Studien (FI1/110) und Bündeln kleinerer Indikationen zu fokussierten Therapiegebieten (FI1/114) Inhärente Adaptivität: flexibilisierte Entscheidungen durch Selbstabstimmung (FI1/64); Budget-Aktualisierung im Rahmen der Inputsteuerung (FI1/92; FI3/46)	Matrix-Projektorganisation in der FuE (FI1/70; vgl. Life Science Leader 2012); Einsatz von Projektteams zur Ausarbeitung der Ideen aus unternehmensweiten Innovationsinitiativen (FI3/30-36,42)
Salux ↑	Zentralisationsmerkmale: ehemals eigenständige Therapiegebiete für Synergien zusammengeführt; Technologieplattform (Medizinalchemie) für alle Therapiegebiete (SA1/57); zentrales Projektmanagement (Support) für frühe und späte FuE-Projekte (SA1/94); FuE-Aufgaben sollen aus Effizienzgründen auf weniger Standorte verteilt werden (Handelsblatt 2012) Dezentralisationsmerkmale: mehrere weltweite Center sind jeweils für alle FuE-Aufgaben verschiedener Therapiegebiete zuständig (SA1/61); kein zentrales FuE-Entscheidungsgremium, nur je ein eigenes strategisches Entscheidungsmeeting für die Forschung und die Entwicklung, die von den jeweiligen Bereichsleitern geführt werden und alle Abteilungen/Projektteams anhören (SA1/86-92)	Inputsteuerung: Budgetierung als Top-Down/Bottom-Up Ansatz, Priorisierung von Projekten als Portfoliomanagementproblem (SA1/102); Anpassung von Budgets möglich, entwickeln sich aber eher nach unten (SA1/102,106); gewollte Fluktuation zum Ersatz der Humanressourcen in wissensintensiven Bereichen (SA1/148) Verfahrenssteuerung: Projekthandbücher, auch in früher FuE schon Qualitätsmanagement; Regelorientierung (z.B. Good Clinical/Laboratory Practices) nimmt in Richtung Zulassung immer mehr zu (SA1/134); regelgeleitetes Vorgehen wird auch in externen Kollaborationen als sinnvoll erachtet (SA1/134) Outputsteuerung: Ziele/Meilensteine werden in FuE mittels Balance Scorecard eruiert und können unterjährig adaptiert werden (SA1/92,119-124); FuE ist immer stärker „outputbasiert" – deswegen muss Sensibilität für sinnvolle Ziele entwickelt werden, die keine verzerrende Anreizwirkung haben (SA1/124-126); Projektleiter nimmt daher gegenüber Linie größere Rolle bei der Zielvereinbarung mit Mitarbeitern ein (SA1/127-132) Selbstabstimmung: keine Hinweise	Zeitweise Veränderung: häufige Reorganisation, um FuE-Output zu steigern (SA1/146) und frühe mit späten Phasen zu harmonisieren (SA1/15,94-97), z.B. Ändern des Übergabezeitpunkts (SA1/98) durch aktuelle Proof-of-Concept Trennung (SA1/41), früherer Einsatz hauptamtlicher Projektleiter (SA1/63), vereinfachte Entscheidungsprozesse (SA1/86) und Task Forces für strategische Projekte (SA1/27-29); Schließen eines teuren FuE-Standorts (Handelsblatt 2012); aber: Kosteneffizienzziele im Rahmen des Veränderungsprozesses korrumpieren u.U. Anreize für Innovatoren (SA1/110,136) Inhärente Adaptivität: flexibilisierte Inputsteuerung bei Mehr-/Minderbedarf (SA1/104); FuE-Teilbereiche mit gewünscht hoher Fluktuation, um neues Wissen ins Unternehmen zu bringen, z.B. Post-Doc Pool (SA1/148)	Matrix-Projektorganisation als Konstante der FuE-Organisation (SA1/59,63,90,95-98); schon ab Forschung hauptamtlicher Projektleiter (SA1/63), der von Projektmanager administrativ unterstützt wird (SA1/94); Projektleiter hat gegenüber der Linie Vorrang bei Zielvereinbarungen für Teammitglieder (SA1/127-131); Arbeit in Projektteams in konzernweiter Innovationsinitiative (SA1/108f.)

Case*	Grad der Dezentralisation der FuE▲	Steuerungsmechanismen▲	Flexibilität der FuE-Organisation▲	Projektteams▲ ▼
Tinus ↔	Zentralisationsmerkmale: frühe FuE-Aufgaben sind zum Großteil im Headquarter zentralisiert, daneben nur kleinere „Satelliten" im Ausland; Entwicklung zum Großteil im Headquarter, das auch richtungsweisend für kleinere Studien- und Regulatory-Center ist (TI1/22-24; TI2/6-8); ab Entwicklung hat Geschäfts- und FuE-Leitung aufgrund hoher finanzieller Tragweite der Entscheidungen den Vorsitz im Development Board (TI2/12,15f.); wesentliche FuE-Entscheidungen müssen von der Zentrale genehmigt werden (Anonym 2011) Dezentralisationsmerkmale: mehrere kleine, weltweite Standorte für klinische Studien und Regulatory (TI2/6-8; Tinus 2012c); Therapeutic Units treffen strategische Entscheidungen losgelöst von FuE-Leitung in eigenen Research Boards (TI2/12,40); in früher FuE mehr Freiheitsgrade bei Entscheidungen (TI1/68); generell im Unternehmen mehr Empowerment gewünscht (Anonym 2001b)	Inputsteuerung: halbjährliche Ressourcenallokation durch Management (TI2/40); „eng kontrollierte" Budgets für die FuE-Linie, inklusive eines Topfes für externe Projekte (TI2/36); Kulturaudits (TI2/66) Verfahrenssteuerung: starke Formalisierung und relativ rigide, definierte Prozesse; nur in frühester FuE („experimental/pre-project phase") gibt es Freiheitsgrade (TI1/68,72,80; TI2/72), Großteil der FuE ist „tightly governed" und besteht aus dem Befolgen von Prozessen (TI1/150; TI2/72); Projekthandbücher regeln notwendige Dokumentation, um nächsten Meilenstein im FuE-Prozess zu passieren (TI2/32) Outputsteuerung: "key deliverables" als spezifische FuE-Ziele bzw. Meilensteine (TI2/40); jährliche Zielvereinbarungsrunden mit unterjährigen Reviews; Tracking anhand der Balance Scorecard (TI2/44) Selbstabstimmung: Key Deliverables regeln Abstimmungen innerhalb der FuE/zwischen FuE und anderen Funktionen (TI2/78-80)	Zeitweise Veränderung: eher kleine organisatorische Veränderungen, z.B. Optimierung von Prozessen; FuE-Organisation besteht in dieser Form schon seit über 10 Jahren (TI1/92-96; TI2/62) Inhärente Adaptivität: mögliche Budgetreallokation im Rahmen der Inputsteuerung (TI2/37f.)	Matrix-Projektorganisation, wobei Anzahl der Mitglieder von Forschung zu Entwicklung rapide ansteigt (TI2/12,18,26); „levered project management organization": Projektmanager sind entweder auf Phasen oder auf Substanzen spezialisiert (TI2/20); „Shadow Project Manager" begleitet Forschungsprojekt in Entwicklung (TI2/22)
Vinas ↔	Zentralisationsmerkmale: strategische Themenfelder der FuE werden unter Einbezug der Geschäftsleitung festgelegt (VI1/71); unterstützende frühe Forschungszentren arbeiten über Therapiegebiete hinweg an „Leadmolekülen" (Vinas 2012a) Dezentralisationsmerkmale: mehrere weltweite FuE-Standorte mit attachierten Satelliten, die sich auf bestimmte Therapiegebiete spezialisieren (VI1/14-16,38; Vinas 2011a); Verantwortung für das Initiieren von neuen Projekten innerhalb der strategischen Themenfelder wird an die Forschung delegiert (VI1/71); Projektteams sollen autonom an der Erreichung der partizipativ festgelegten Ziele arbeiten (VI1/87f.,100f.,125) und berichten über Fortschritte regelmäßig an Entscheidungsgremium, das sich aus Therapiegebieten und FuE-Funktionen zusammensetzt (VI1/74-79)	Inputsteuerung: Budgetvergabe als Top-Down/Bottom-Up Ansatz mit Anpassungsmöglichkeiten nach regelmäßigen Reviews (VI1/94); Verstärken der Forschung mit neuen Mitarbeitern (VI1/198) Verfahrenssteuerung: kaum formale Regeln in der Forschung (außer zu Tierversuchen/generellen Sicherheitsstandards), d.h. der Weg des Vorgehens kann frei gewählt werden; ab der Entwicklung bzw. mit nahender Anwendung der Substanz am Menschen „streng standardisiere Arbeitspakete", die vor allem ethisch begründet/von extern vorgeschrieben sind (VI1/107f.,113-125) Outputsteuerung: partizipative Zielvereinbarungen mit den Projektteams, wobei Weg der Zielerreichung frei wählbar ist und Ziele adaptiert werden können (VI1/100-102); Ziele werden bewusst breit gehalten, um Freiheiten der Projektteams nicht einzuschränken (VI1/104-107) Selbstabstimmung: institutionalisierte Abstimmungsmeetings zwischen den FuE-Teilfunktionen zur Portfolioentwicklung (VI1/89f.); funktionsspezifische Councils (z.B. Biologie) zur Technologieevaluierung, für Outsourcing-Vorschläge und Prozessverbesserungen (VI1/172-175)	Zeitweise Veränderung: hin zu gemeinsamer Evaluation der räumlich getrennten FuE-Center, um deren Kollaboration zu stärken (VI1/169-171) Inhärente Adaptivität: flexibilisiertes Reporting an das Managementteam (VI1/84); Budgets können im Rahmen der Inputsteuerung angepasst werden (VI1/94-96,102)	Matrix-Projektorganisation (VI1/24,40); Projekte werden in früher Phase von spezialisierter Doppelspitze („Tandem-Projektleiter") geführt, bis Übergabe an Entwicklung/Medizin erfolgt (VI1/34,42); ab Entwicklung hauptamtliche Projektleiter, die Fachdisziplinen koordinieren (VI1/54); früher Projektleiter begleitet Projekt bis zur Einführung beratend (VI1/179); Arbeit in Projektteams in Programmen des Innovationsmanagements (VI2/26,44)

Case*	Interne Kollaboration			Anreizsystem▲▼■	Externe Kollaboration■
	FuE▲	Cross-funktional▼	Innovationsmanagement▼		
Agon ↔	sehr enge Anbindung von früher an späte FuE, z.B. durch gemeinsame Meetings, Arbeit in Matrix-Projektteams (AG1/22; AG2/54; AG3/14), Entwickeln gemeinsamer Zielvereinbarungen (AG2/94) sowie enge Abstimmung bezüglich Marketing (AG2/37f., AG3/29f.); fachliche Berichtslinien (Matrix-Organisation) an der Grenze von früher zu später FuE (z.B. Präklinik, frühe Klinik) bzw. von Entwicklung zu Regulatory, um Redundanzen zu vermeiden und früh an gemeinsamen Fragestellungen zu arbeiten (AG2/14,29f.,36)	Marketing ist der FuE untergeordnet (AG3/44): „frühe Einbindung der Marktsicht" durch Kollaboration zwischen kleiner strategischer Marketingfunktion und früher FuE (AG2/38; AG3/14), große Marketingfunktion ist der späten FuE unterstellt (AG2/64, AG3/29f.); Austausch zwischen Entwicklung und Produktion schon ab klinischer Phase 2 bzgl. Galenik und Kosten (AG3/32); Zusammenarbeit in Gremien und Entwickeln einer gemeinsamen Produktionsstrategie (AG2/60)	Allianzmanagement zur Aushandlung von Partnerschaften (AG2/12; AG3/4; Agon 2012c)	Extrinsische Anreize: Betonen von Anerkennung guter FuE-Leistungen, z.B. durch Events mit der Geschäftsführung oder monetäre Prämien (AG1/64; AG2/102-104; AG3/62); Erfolge der Projektteams z.B. auf Events/mittels interner Medien sichtbar machen (AG2/104); offenes Klima für neue Ideen (AG1/94) und Karriereaufbahn für Wissenschaftler (AG3/60); aber: keine Innovationspreise aus Befürchtung destruktiven Wettbewerbs (AG2/104) Intrinsische Anreize: Spaß an der Arbeit und Freiraum zum Denken – ggf. abseits von Linie und Projekt – als wichtigster Anreiz für Wissenschaftler (AG1/62,92; AG3/62); gefördert durch FuE Talent Pool, in dem Experten mehr Zeit für Innovation bekommen, z.B. in externen akademischen Institutionen hospitieren, forschen, weitere Abschlüsse anstreben etc. (AG1/64-74; AG3/60); kreatives Umfeld durch Arbeit in Expertenteams als Anreiz (AG3/60) Kollektive Anreize: Würdigen von Teams steht im Vordergrund (AG2/106), z.B. gemeinsame Events für erfolgreiche Projektteams (AG2/102)	Transaktionale Verträge: skalierbare, nicht zu Kernkompetenzen gehörende Aktivitäten der FuE werden externalisiert, z.B. Zusammenarbeit mit CROs bei Tierversuchen und Patentstudien, Beschäftigen externer Mitarbeiter in Pharmakologie (AG1/18; AG2/28,124; AG3/68); Vertriebsverträge mit Partnern in Ländern außerhalb der eigenen Reichweite (AG2/126-130); späte Co-Entwicklung zum Teilen von Kosten und Risiken ab Proof-of-Concept/Phase 3 (AG1/30-36; AG2/116; AG3/8); Einlizensierung von Technologien (AG2/124); Auslizensierung von Substanzen an Partner ist Teil des Geschäftsmodells (AG1/44; AG2/144; AG3/72) Relationale Verträge: Kontakte zu Universitäten in früher FuE (AG1/86) und Forschung mit Partnern (AG3/74)
Calum ↓	enge Zusammenarbeit zwischen den Funktionen der frühen und späten FuE (CA3/10,14); Forschungscenter kollaborieren bei geeigneten Fragestellungen auch über Therapiegebiete hinweg (CA3/12)	funktionale Logik mit wenig Überschneidung zwischen den Funktionen (CA2/8,30): lokales Marketing (mit angebundener ausführender Medizin) arbeitet nicht vor Mitte/Ende der Phase 3 mit FuE zusammen (CA1/12-14,22), dann übernimmt „emerging brands team" das Projekt (CA3/15f.); vor Ende der klinischen Studien wird von Marketing kaum Input gegeben, d.h. keine intensive Einbindung in den FuE-Prozess (CA1/14,59f.,90; CA2/20); erst ab Regulatory intensivere Kollaboration (CA1/28,50); Produktion auch „relativ gebündelt", hat mit FuE weniger zu tun (CA1/6,29f.; CA2/30); Spätentwicklung arbeitet mit Produktion zur Skalierung der Substanz zusammen (CA3/15f.)	keine funktionsübergreifenden Innovationsprogramme (CA1/6,74)	Extrinsische Anreize: Zielerreichung ist im Unternehmen generell an Boni gekoppelt; Anerkennung von FuE-Leistungen durch Festivitäten, in internen Medien und in der wissenschaftlichen Community (CA3/38); im Rahmen des Kulturwandelprogramms Fokus auf (neue) Anreize wie Aufbau eines Karrieresystems für Wissenschaftler, Anerkennung durch Innovationspreise/von externen Publikationserfolgen (Calum 2011d) sowie Entwickeln eines partizipativen, ermutigenden Führungsstils (CA2/28; Anonym 2012) Intrinsische Anreize: prosoziale Motive der Mitarbeiter (CA3/38); im Rahmen des Kulturwandelprogramms werden Top-Wissenschaftler mit „Scientific Retreat" belohnt (Calum 2011d) Kollektive Anreize: keine FuE-bezogenen Angaben (CA3/38)	Transaktionale Verträge: z.B. Verträge mit Generikaherstellern nach Patentablauf (CA1/64), Einlizensierungen (CA2/20), Outsourcing von Aufgaben zur Kostenreduktion (CA3/48), gemeinsame Vermarktung neuer Medikamente mit Wettbewerbern (CA3/44) Relationale Verträge: frühe Kollaboration mit Forschungszentren, Universitäten, Biotech-Unternehmen etc. (CA3/12)

Case*	Interne Kollaboration			Anreizsystem▲▼■	Externe Kollaboration■
	FuE▲	Cross-funktional▼	Innovationsmanagement▼		
Filion ↑	enge Zusammenarbeit und Abstimmung zwischen Teilfunktionen der FuE während gesamtem FuE-Prozess (z.B. Therapiegebiete, Präklinik, Pharmakologie, Entwicklung, Durchführung klinischer Studien; FI1/60,62,102; FI2/8), Therapiegebiet (Forschung) bleibt immer als richtungsweisender „Sponsor“ involviert (FI1/60); intensive Kollaboration zwischen den FuE-Standorten, die sich in Therapiegebieten überschneiden, und Centers of Excellence (FI3/18); Etablieren von Scouts, um Vernetzung der FuE-Standorte untereinander zu stärken (FI3/74); besserer Austausch zwischen FuE-Experten durch Bündeln redundanter Abteilungen (FI1/112); intensive Diskussion zwischen früher und später FuE (FI1/80); Interessenkonflikte zwischen globalen und lokalen Einheiten bedürfen intensiver Kommunikation, Market Access Teams als Schnittstelle (FI1/70,104)	enge Vernetzung von FuE und Marketing: Forschung (Therapiegebiete) hat je einen Scientific Leader und einen Commercial Leader (FI3/6,20,74); gemeinsame Innovationsinitiative von FuE und Marketing auf höchster Ebene (FI3/26); an großen FuE-Standorten sind globale Produktions- bzw. Marketingfunktionen mit angebunden (FI2/8); Market Access Teams als Schnittstellenteams zwischen lokalem Marketing/lokaler Klinik und globaler FuE, die früh Fragen der Zulassung und Kommerzialisierung adressieren (FI1/68-72); sehr frühe Zusammenarbeit (ab Phase 1) von FuE und Produktion (FI1/66)	Venture Center außerhalb der Linie zum Erkennen und Entwickeln neuer Ideen aus allen Funktionen (FI3/26,30,32); Teams entwickeln in kreativem Umfeld von Workshops Ideen zu Businessplänen, die mit externer Beratung verbessert, der Geschäftsführung vorgestellt und bei Potenzial umgesetzt werden (FI3/30,40,60,70); Ansätze für Business Model Innovation werden global im Venture Center und spezieller Task Force (FI3/26,30,68-70), als auch lokal in teilkonzernübergreifenden Arbeitsgruppen (FI1/88,116) eruiert; neuer globaler Leiter für Pharma-Innovationsstrategie (FI1/88); Scouts zum Stärken der Vernetzung zwischen den FuE-Centern (FI3/74)	Extrinsische Anreize: Verpflichtung zu Innovation im Rahmen der konzernweiten Zielvereinbarungen (FI1/126); Gewähren von Boni (FI1/128); Anerkennung guter FuE-Leistungen durch Innovationspreise (FI1/120), auch als Ausgleich für Mitarbeiter, die aus der Linie in Projekte des Innovationsmanagements wechseln (FI3/58); Trainings in Innovationsworkshops (FI3/50); innovationsförderliches Klima in der FuE durch kulturell verankerte Führungsgrundsätze, z.B. Offenheit für Ideen, kritisches Hinterfragen von Ideen, Ideenwettbewerb (Anonym 2004c) Intrinsische Anreize: in Workshops des Venture Centers sind Teilnehmer motiviert, eigene Ideen weiterzuentwickeln, Feedback zu erhalten und in Projekte mit Funding zu verwandeln – d.h. „passion and energy“ ohne monetäres Interesse (FI3/50-56); Inspiration durch externe Referenten (FI1/120); prosoziale Motivation der Mitarbeiter (FI2/37); kulturell verankerte Führungslogik basiert auf intrinsischer Motivation (Anonym 2004c) Kollektive Anreize: Gruppenpreis für besonders gute Teamleistungen in der FuE (FI1/130)	Transaktionale Verträge: in klinischer Forschung unterstützen/übernehmen externe Dienstleistungsunternehmen/Mitarbeiter die Durchführung, Dokumentation und Auswertung von Studien (FI1/106-108); Beschäftigen externer Mitarbeiter (FI1/106) Relationale Verträge: „Triple Helix“ (FI2/2); v.a. in frühesten Phasen der FuE Zusammenarbeit mit Universitäten, Forschungsinstituten und Wettbewerbern, um Zugang zu neuen Ideen zu erhalten, diese gemeinsam zu entwickeln und Ressourcen zu poolen; enge Zusammenarbeit in FuE mit spezialisierten Firmen, z.T. in eigenen Labs (FI2/28; FI3/82); gleichrangige Partnerschaften mit Betonen von Vertrauen, Geheimhaltung und räumlicher Nähe, welche durch dezentrale FuE-Hubs gewährleistet wird (FI2/34); Substanzen in frühster FuE an kleine flexible Biotech-Unternehmen vergeben (FI2/30); Einbezug Externer in eigene Innovationsinitiativen (FI3/30,82)
Salux ↑	intensive Zusammenarbeit während des FuE-Prozesses zwischen den Experten der FuE-Teilfunktionen, z.B. Biologen, Chemiker und Pharmakologen beim Finden, Testen, Entwickeln und Optimieren von Substanzen (SA1/78,80), oder Studienkoordinatoren und Studiencentern (SA1/69); Kollaboration über Grenzen der Therapiegebiete hinweg (SA1/57); unterschiedlich spezialisierte Experten (z.B. für kleine vs. große Moleküle) schließen sich über Problemlösungen in Projektteams kurz (SA1/84)	sowohl Marketing als auch Produktion sind schon früh an FuE angebunden, z.B. zur Beurteilung des kommerziellen Potenzials bzw. der Umsetzbarkeit und Kosten von Substanzen (SA1/100)	Innovationscenter zum Fördern von unternehmerischem Denken (SA1/3); verantwortet konzernweite Innovationsinitiative, bei der Ideen aus Unternehmen gesammelt, in Public Voting bewertet, in Workshops mit externer Beratung zu Business Plänen ausgearbeitet und nach erfolgreicher Vorstellung vor Gremium der Geschäftsführung als Projekte umgesetzt werden (SA1/108; Salux 2011c,d); Stabsabteilung für FuE-Reorganisation; Task Force für Biosimilars bzw. Biomarker (SA1/27-29; Salux 2011c)	Extrinsische Anreize: Trainings und Sichtbarkeit in Workshops der konzernweiten Innovationsinitiative (SA1/110); Patentanmeldung für Erfinder mit Vergütung (SA1/111f.); Innovationspreise zur Anerkennung innovativer Leistungen und leistungsabhängige Vergütung (SA1/117; Salux 2011c); Warnung vor verzerrender Incentivierung durch rein quantitative/ungeeignete Ziele im Rahmen der Outputsteuerung (SA1/126); aber: Gestaltung des Anreizsystems insgesamt als „Baustelle“ betrachtet (SA1/110) Intrinsische Anreize: Betonen eines kreativen Umfelds (SA1/142-144); intrinsische Motivation in Innovationsworkshops, da eigene Idee mit externem Coaching zu finanziertem Projekt entwickelt werden kann (SA1/108-110; Salux 2011c,d) Kollektive Anreize: keine Hinweise	Transaktionale Verträge: Einlizensierung von Substanzen (SA1/55,136); Outsourcing von Aufgaben, z.B. Substanzoptimierung (SA1/47,55) Relationale Verträge: gemeinsame Projektdurchführung mit Akademia und Biotech-Unternehmen ab frühesten Stadien (SA1/47); synergetische Substanzentwicklung mit Wettbewerbern (SA/51); externe Berater von Universitäten in Innovationsinitiative (SA1/108); Trend geht weg von rein vertraglicher zu stark wissens- und interaktionsorientierter Kollaboration (SA1/53); Steuerung auch in frühen Kooperationen, um Kreativität und Reproduzierbarkeit der Ergebnisse zu balancieren (SA1/134)

Case*	Interne Kollaboration			Anreizsystem▲▼■	Externe Kollaboration■
	FuE▲	Cross-funktional▼	Innovationsmanagement▼		
Tinus ↔	Kollaboration durch Zusammenbringen von Experten in Projektteams (TI2/12; TI2/25f.); Selbstabstimmung zwischen Teilfunktionen wird durch „Key Deliverables" geregelt (TI2/78-81); Übergabe des Projektes von Forschung je Therapiegebiet an zentrale Entwicklung (TI1/23f.) wird durch „Shadow Project Manager" begleitet (TI2/22)	enge Kollaboration aller beteiligten Funktionen im FuE-Prozess (TI1/80); Vertreter aus Marketing sitzen mit in Research Boards, d.h. frühen FuE-Entscheidungsgremien (TI2/12); Produktion wird mit in Projektteams eingebunden (TI2/18); Spill-Over der FuE-Technologien in Produktion (TI2/58)	Abteilung zur FuE-Strategie unter der FuE-Leitung (Tinus 2012c); Innovation Office unter der Geschäftsführung, das Innovation im Gesamtunternehmen sucht und würdigt (TI2/106)	Extrinsische Anreize: monetäre Anreize gekoppelt an jährliche Zielvereinbarungen (TI1/100-103; TI2/44); Aktienprogramm (TI2/46); Betonen von Anerkennung vor allem durch wissenschaftliche Publikationen oder Konferenzen (TI2/52-54), aber auch durch interne Innovationspreise (TI2/48-50,106) Intrinsische Anreize: keine Hinweise Kollektive Anreize: keine Hinweise	im Vergleich zu anderen Pharma-Unternehmen hat Tinus kaum externe Partner (TI2/54-56), dennoch gibt es wenige... Transaktionale Verträge: kleinere Einlizensierungen oder Fremdvergabe von klinischen Studien/Produktionsleistungen (TI2/36,60) Relationale Verträge: Vergabe von Research Grants an externe Wissenschaftler (TI2/110)
Vinas ↔	enge Kollaboration zwischen einzelnen Wissenschaftlern im frühen Ideenstadium bzw. zwischen den Teilfunktionen der Forschung, Entwicklung/Medizin und den Therapiegebieten in Projektteams (VI1/22-24,32,73); Meetings zur Selbstabstimmung zwischen den Funktionen (VI1/90) und gemeinsame Zielvereinbarungen (VI1/188); Projekte werden teilweise über Grenzen der Therapiegebiete hinweg bearbeitet (VI1/38); „Quervernetzung" der FuE-Standorte untereinander ist noch nicht stark genug und soll weiter gestärkt werden (VI1/169-171; VI2/26-28), z.B. durch Einrichten fachfunktionaler Councils für Technologieevaluierung/Eruieren von Prozessinnovationen (VI1/172-175) oder unterstützendes Innovationsmanagement (VI2/26-28,30)	enge Zusammenarbeit zwischen FuE und Marketing: Vertreter aus dem Marketing ist im Projektteam vertreten (VI1/22-24), gemeinsame Abstimmungsmeetings (VI1/90); Produktion ist an großen FuE-Standorten angesiedelt (Vinas 2012a); Innovationsmanagement soll Austausch zwischen Funktionen durch Maßnahmen wie Innovation Lab verbessern (VI2/26-28,30)	globales Innovationsmanagement: fördert Vernetzung der FuE-Standorte und Funktionen miteinander sowie der FuE mit externen Partnern (VI2/2,20,26-28); soll „Spielplätze" zum Ausprobieren neuer Ideen außerhalb der Interessen bzw. Restriktionen der Linie schaffen (VI2/36-44); Aufbau von internem Netzwerk lokaler „Innovation Partner" (VI2/52); Abteilung für Allianzmanagement als Mittler zwischen FuE und Externen (VI1/158-162)	Extrinsische Anreize: sollen intrinsische Motivation der Wissenschaftler verstärken, z.B. Karrierechancen, Boni im Rahmen der Zielvereinbarungen oder Anerkennung guter FuE-Leistungen durch Forschungsawards (VI1/181-183); Innovationsmanagement bemüht sich um Gestaltung eines kulturell abhängigen Anreizsystems (VI2/46,52); wegen leichterer internationaler Handhabbarkeit heute eher Wahl nicht-monetärer extrinsischer Anreize, z.B. Reisegutscheine (VI2/50) Intrinsische Anreize: Mitarbeitern in Forschung wird Freiraum zum Experimentieren/Trial-und-Error Lernen gegeben (VI1/198,205) Kollektive Anreize: Teams werden für ihre gemeinsamen Leistungen über mehrere Repräsentanten ausgezeichnet (VI1/185f.)	Transaktionale Verträge: Forschungsunterstützung, z.B. Einlizensierung spezieller Technologien von Partnern (VI1/144); Auslizensierung bzw. Austausch von Substanzen mit Externen (VI2/8,14) Relationale Verträge: Zusammenarbeit mit innovativen kleinen Unternehmen, Universitäten und akademischen Forschungseinrichtungen in der frühen FuE, d.h. Bündeln von neuen externen Ideen mit internen Ressourcen (VI1/150-156; Vinas 2012a); Venture Fund zum Fördern von Startups und Neugründungen, die dem eigenen FuE-Portfolio dienen könnten (VI2/20,24; Vinas 2012a); Zusammenarbeit mit Wettbewerbern im Bereich Grundlagenforschung nur bis zur konkreten Projektidee (VI1/137-141) bzw. ab der Vermarktung (VI2/18)

Legende: * *Pfeile* signalisieren die Innovationsfähigkeit i.e.S. (vgl. Teilkapitel 6.3.2): ↑ hohe IF i.e.S. ↔ mittlere IF i.e.S. ↓ geringe IF i.e.S.; *Symbole* beziehen sich auf die Bezugsebene der FuE-Organisation:
▲ Binnenorganisation der FuE, ▼Verankerung der FuE im Gesamtunternehmen, ■Verankerung der FuE im Unternehmenskontext.

Appendix K: Cross-Case-Analyse der Dimensionen der Innovationsfähigkeit i.w.S. (Ausprägungen je Fallunternehmen).

Case*	Aufbau und Pflege einer organisationalen Wissensbasis	Aneignung von unternehmensexternem Wissen	Lernen durch Exploration und Exploitation	Betonen der Relevanz von Innovation in Strategie und Kultur
Agon ↔	Spezialistenwissen: starke Experten in den FuE-Abteilungen (z.B. Mediziner, Molekularbiologe), mit denen Projekte besetzt werden (AG2/52-54); spezialisierte Teilprojektleiter, z.B. Klinik und Zulassung (AG1/26), Talentpools zur Weiterbildung von „Scientific Experts" (AG1/66); neben Spezialisten im Therapiegebiet Schmerz wird nun spezialisiertes Personal für neues Therapiegebiet eingestellt (AG1/42; AG3/28) Verknüpfungswissen: Fachbereichsleiter und Projektleiter sind Generalisten, die Gesamtkoordination der Experten übernehmen (AG1/26; AG2/52); Core Team bleibt immer Teil des Projekts (AG1/24; AG2/40); Matrix-Projektorganisation fördert unternehmerisches Denken (AG1/22) für Überblick über Gesamtprojekt und potenziellen Markterfolg (AG1/20,80); FuE und Marketing sind integriert (AG2/64; AG3/29f.,44; Agon 2012c) Wissensmanagement: „Campusgedanke", primär persönlicher Austausch von Wissen (AG2/98); Bedarf an mehr Diskussionsforen auch mit der Leitung (AG1/94) und Fördern von Kommunikationsfähigkeiten (AG2/100); Data-Warehouses in Regulatory (AG2/30), Datenbanken skeptisch betrachtet, stehen zur Diskussion (AG1/88-90; AG2/140)	Aktuelle Kompetenzen stärken: bevorzugte Zusammenarbeit mit Partnern (z.B. Wettbewerbern) im gleichen Indikationsgebiet, die Entwicklung und Marketing vorantreiben (AG2/32,126); Benchmarking um Konkurrenzfähigkeit der Produkte zu prüfen (AG3/30); Austausch zwischen Wissenschaftlern auf Konferenzen und mit Behörden (AG1/86) Neue Kompetenzen entwickeln: akademische Beratung in neuen Geschäftsfeldern (AG2/136); Zugang zu neuen Technologien und Ideen durch Gewähren von wissenschaftlichen Sabbaticals (AG1/64); M&A zu FuE-Zwecken wegen Kosten und Risiko eher abgelehnt (AG2/132)	Balance von Umsatz und Risiko, d.h. Arbeit an innovativen Medikamenten als auch an Line Extensions betont (AG1/60; AG2/108) Exploration: frei verfügbare Zeit für Innovation und Herauslösen von Wissenschaftlern aus strukturierten Projekten, z.B. Talent Pools & Sabbaticals (AG1/62-64,92; AG3/60-62); lockere Budgets, Serendipität z.B. durch Austausch auf FuE Campus (AG2/86,96-98,118); Transitivität innovativer Ideen aus FuE in Richtung Kommerzialisierung durch frühe Einbindung der Marktsicht (AG2/37f.) und Austausch mit Produktion (AG3/14,32); Übersetzungsschwierigkeiten zwischen explorativen und exploitativen FuE-Einheiten, z.B. Chemie vs. Prozessentwicklung, durch Abstimmung beilegen (AG2/34,38; AG3/32); aber: Verdrängen von Exploration durch operativ-administrative Überlastung der FuE und quantitative/zu aggressive Ziele (AG2/94-98,140; AG3/64); nach Reorganisation kurzzeitig an Innovationskraft verloren, da Neuorientierung nötig (AG2/4,140-142,146; AG3/64); Ideendatenbank abgelehnt (AG2/140) Exploitation: durch laufende Verfeinerung und Auslizensierung einer Technologieplattform (AG2/118-121,136); Vertiefen der Kompetenzen im Hauptgeschäftsfeld und deren Übertragen auf neue Segmente (AG3/48); Best-in-Class statt First-in-Class (AG3/56-58)	Strategie: klares Bekenntnis zu FuE in Vision; Marketing ist der FuE untergeordnet (AG1/44; AG2/100); langfristig „ambitionierte" Innovationsziele (AG1/84); überdurchschnittliche FuE-Investitionen (AG3/38-40); frühe FuE als eigenverantwortliche SBU/Profit Center als strategisches Commitment zur Innovation (AG2/6; AG3/4) Kultur: äußert sich in Offenheit der Manager für neue Ideen, muss nach der abgeschlossenen FuE-Reorganisation aber noch entwickelt werden; bislang im Arbeitsumfeld nicht spürbar bzw. bewusst (AG1/94; AG2/96-98; 140; AG3/64)
Calum ↓	Spezialistenwissen: FuE-Experten in bestimmten Therapiegebieten (z.B. Onkologie) und Funktionen (z.B. späte Entwicklung) (CA3/10,17-18); fähige Spezialisten (z.B. Chemiker, Biologen) als wesentliche Stärke der FuE betrachtet (CA3/51-52); derzeit Investition in die Verbesserung von FuE-Kernfähigkeiten, z.B. personalisierte Diagnosemethoden und Design klinischer Studien (Anonym 2012) Verknüpfungswissen: Generalisten in der FuE (CA3/17f.); kaum Berührungspunkte bzw. kein direkter, problembezogener Austausch zwischen den Funktionen FuE, Produktion, Marketing & Sales (CA1/12-14,22,29f.,90; CA2/30) Wissensmanagement: cross-funktionale Best-Practice Foren (CA2/30); kaum persönlicher Austausch, sondern über elektronische Medien (CA2/32); zahlreiche Dokumentenmanagementsysteme, steigende Nutzung von Social Media (CA3/50)	Aktuelle Kompetenzen stärken: small- und large molecules, durch Partnerschaften und Akquisitionen (CA1/64; Anonym 2012); Zusammenarbeit mit Patienten- und Zulassungsinstitutionen, um Targetauswahl zu verbessern (Anonym 2012) Neue Kompetenzen entwickeln: zur Ergänzung des eigenen Portfolios z.B. Kooperation mit Herstellern medizinischer Geräte (CA1/62), 40% der Nachwuchsprodukte kommen von extern (CA3/12); Ersetzen der FuE-Belegschaft, um neues Wissen in das Unternehmen zu holen (CA2/26)	Arbeit an neuen als auch Verfeinerung von bestehenden Medikamenten als wichtig erachtet (CA3/54) Exploration: Bedarf an radikalen Neuheiten und Business Model Innovationen (CA1/58,86,92f.); Ersetzen der FuE-Belegschaft, um neue mental models zuzulassen (CA2/26); aber: durch funktionale Silos (z.B. CA1/12; CA2/30) wird Übersetzung der FuE-Leistungen in Produktion/Marketing erschwert; feingliedrige Prozesse, Regelorientierung und strenges Budgetmanagement bremsen Innovation; Intuition und Serendipität bislang im Unternehmen noch zu wenig anerkannt (CA2/28; CA3/30; Anonym 2004b); Trial-and-Error Lernen in der Forschung nun mehr betont (CA3/32) Exploitation: Konzentration auf exploitative FuE-Aktivitäten (Life Cycle Management) mit der Begründung, dass echte Innovation in der Branche heute kaum noch möglich sei (CA2/20,50); Shareholder Supremacy: traditionell kurzfristige finanzielle Orientierung behindert langfristige Innovationsziele, ist schwer zu brechen (Anonym 2004a); aktuelle Reorganisation ist stark effizienzgetrieben (CA3/48)	Strategie: Marketing und Vertrieb anstatt FuE bislang Kernkompetenz des Unternehmens (CA1/84); Mitarbeiter attestierten vor Kurzem Mangel an Orientierung (CA2/28); Transformationsprozess zum Stärken der FuE (Anonym 2012) Kultur: bislang keine unternehmensweite Innovationsinitiative (CA1/74); Kulturwandelprogramm, um Kreativität & Eigeninitiative der Mitarbeiter zu ermutigen und Innovation zu fördern; dazu z.B. Rekrutierung neuer Führungskräfte/ Mitarbeiter, Trainings und Kulturaudits (CA2/28; CA3/40,56-59; Anonym 2012; Calum 2012a,c)

Case*	Aufbau und Pflege einer organisationalen Wissensbasis	Aneignung von unternehmensexternem Wissen	Lernen durch Exploration und Exploitation	Betonen der Relevanz von Innovation in Strategie und Kultur
Filion ↑	Spezialistenwissen: FuE als Matrix von Experten für Krankheiten in bestimmten Therapiegebieten (z.B. Alzheimer) und Funktionen (z.B. Regulatory); Bilden von Centers of Excellence für bestimmte Funktionen (FI1/76-78,114,144; FI2/2,12-18; FI3/4,8-14); Spezialisten in FuE-Aufgaben (z.B. Beobachten von Reaktionen in Tierversuchen) durch jahrelange Erfahrung (FI3/78) Verknüpfungswissen: FuE-Center überlappen sich in ihrer Zuständigkeit für Therapiegebiete und arbeiten gemeinsam an Projekten; enge Verzahnung von FuE und Marketing z.B. durch doppelte Leitung der Therapiegebiete, Schnittstellenteams und gemeinsame Innovationsprogramme (FI1/68-72; FI2/21f.; FI3/4-6,18-20,26); breite Innovationsinitiativen festigen Zusammenarbeit zwischen Funktionen/Teilkonzernen, z.B. Pharma und Medizintechnik (FI1/88; FI3/26) Wissensmanagement: Datenbanken werden in FuE eher unterstützend eingesetzt, da pflegeintensiv und kein Ersatz für persönlichen Austausch (FI1/140, FI3/78); tazites Wissen von erfahrenen Forschern muss durch Beobachtungslernen weitergegeben werden (FI3/78-81); zum Stärken des persönlichen Austauschs Zusammenfassen ehemals dezentraler Gruppen (FI1/112)	Aktuelle Kompetenzen stärken: Dritte unterstützen die operative FuE, z.B. Studiendokumentationen (FI1/106); externe Berater reflektieren die Innovationsleistung des Unternehmens (FI1/88,120) und unterstützen in unternehmensinternen Workshops (FI3/30) Neue Kompetenzen entwickeln: „Triple Helix“ (FI2/2); Fokus auf radikale Innovation verlangt enge Zusammenarbeit mit Akademia, Forschungsinstituten, Biotech und anderen Unternehmen, v.a. um Zugang zu Prozessinnovationen in Form neuer Technologien (FI2/26-28,30) oder Therapien wie Serious Gaming gegen ADHS (FI3/82) zu erhalten; Akquisition neuer externer Ideen (FI2/32)	Exploration: Fokus auf Arbeit an radikalen Neuheiten, d.h. Medikamente und umfassende Therapien über Pharmazeutika hinaus (FI2/26; FI3/64); in früher FuE gefördert durch geringe Formalisierung (FI1/86) und Venture Capital Ansatz (FI3/42,46); funktions-/teilkonzernübergreifende Innovationsinitiativen sowie Stäbe/Task Forces außerhalb der FuE für Arbeit an neuen Produkten/Business Models unabhängig von Linieninteressen (FI1/88; FI3/26-30,60,68-70); Slack in Form konkurrierender Projektteams (FI3/37-40); „Streitkultur“ zwischen früher und später FuE, um Transitivitätsproblemen vorzubeugen (FI1/80); explorative FuE ist eng mit Produktion und Marketing (eher exploitativ) verzahnt (FI2/8; FI3/20f.) Exploitation: klassisches Optimieren bestehender Medikamente steht immer weniger im Mittelpunkt (FI2/26; FI3/60-64)	Strategie: Rückendeckung für FuE und Innovationen durch Berücksichtigung in der Unternehmensstrategie ist entscheidend (FI1/147f.; FI3/56,76) Kultur: Werte des Gründers von Filion werden fortgeführt (FI1/36), d.h. kulturell verankerte Führungsgrundsätze und offenes Klima in FuE zum Fördern von Innovation, z.B. FuE als Organismus, Unternehmertum in autonomen Teileinheiten, Offenheit für/Wettbewerb um Ideen (Anonym 2007); Wertekanon ist in Trainings verankert, leitet alle Aktivitäten des Gesamtkonzerns inklusive der FuE (FI1/136,146) – verhindert Fokus auf kurzfristige Interessen und sorgt für langfristige Innovationsorientierung (Anonym 1986, 2001)
Salux ↑	Spezialistenwissen: klare Aufgabenzuweisung in der FuE, Zusammenführen von Spezialisten aus Linienfunktionen (z.B. Proteiningenieur, Toxikologe, klinischer Entwickler) in Projektteams der jeweiligen Therapiegebiete (SA1/59,65,78,94,98); spezifische Expertise für Therapiegebiete in Kompetenzzentren gebündelt (SA1/23,50,63); fachliche Expertise der FuE-Mitarbeiter wesentlich für Innovationen (SA1/144) Verknüpfungswissen: Projektleiter/Projektmanager müssen Experten in Teams übergreifend führen (SA1/63,94); FuE-Standorte überlappen sich in ihrer Zuständigkeit für Therapiegebiete (SA1/61); Kollaboration über Divisionsgrenzen (z.B. Pharma, Chemie) hinweg in unternehmensweiten Innovationsinitiativen (SA1/108; Salux 2011c,d) Wissensmanagement: Datenbanken zum Überblick über FuE-Handbücher und Praktiken/Ideen; konzernweite Diskussionsforen (SA1/138)	Aktuelle Kompetenzen stärken: synergetische Ko-Entwicklung von Substanzen mit Wettbewerbern (SA1/51); Zusammenarbeit mit Patientenorganisationen zum Ermitteln von produktbezogenem Optimierungsbedarf (SA1/148); externe Professoren unterstützen Erstellen von Businessplänen in Innovationsinitiative (SA1/108) Neue Kompetenzen entwickeln: Zusammenarbeit mit (ko-finanzierten) Forschungsinstituten/Biotech-Firmen zum Füllen der FuE-Pipeline mit neuen Targets/Technologien (SA1/47,55); Identifikation neuer Paradigmen im Game Changer-Arbeitskreis (SA1/148); gewünschte Fluktuation im Post Doc-Pool, um ständig neues Wissen von außen ins Unternehmen zu holen (SA1/148)	Exploration: Arbeit an radikal neuen Medikamenten, z.B. Krebsimpfung (SA1/154); Innovationsfähigkeit gespeist aus Fähigkeiten der „Drug Hunter“ im Finden neuer Targets/Substanzen sowie Schaffen einer kreativitätsförderlichen Arbeitsumgebung ohne administrative Überlastung (SA1/141-142); konzernweite Innovationsinitiative, die intrinsisch motiviert und zu zahlreichen Neuprodukten führt (SA1/108-110; Salux 2011c), und therapiegebietsübergreifende Task Forces (SA1/27-29; Salux 2011c); Ausprobieren diverser FuE-Organisationsformen zum Erleichtern des Übergangs von frühen explorativen zu späten exploitativen Phasen (SA1/15,94-97); enge Kollaboration zwischen FuE und Marketing/Produktion balanciert explorative mit exploitativen Interessen (SA1/100); aber: FuE immer stärker „outputbasiert“ (SA1/124-126); Effizienzdenken kann Innovatoren demotivieren (SA1/110,136) Exploitation: Stärke im Life Cycle Management (SA1/152); Trend zu steigender Kosteneffizienz (SA1/106,136)	Strategie: FuE als Puls des Unternehmens betrachtet (SA1/149-150) Kultur: Offenheit für und Fördern von neuen Ideen spiegelt sich in unternehmensweiter Innovationsinitiative (SA1/108), Innovation Awards, Funding vom Management (Salux 2011c,d) etc. wider; Entwickeln einer Innovationskultur als Aufgabe des Innovationsmanagements (SA1/148)

Case*	Aufbau und Pflege einer organisationalen Wissensbasis	Aneignung von unternehmens-externem Wissen	Lernen durch Exploration und Exploitation	Betonen der Relevanz von Innovation in Strategie und Kultur
Tinus ↔	Spezialistenwissen: innerhalb der FuE jeweils auf ein Therapiegebiet (z.B. Diabetes) bzw. einen Funktionsbereich (z.B. klinische Studien) spezialisierte Teilbereiche (TI2/4,12); funktionsspezifische Experten, z.B. in Regulatory/Protein Engineering (TI1/40,151f.), und objektspezifische Experten, z.B. spezialisierte Projektleiter je Phase bzw. Substanz (TI2/20) oder auf Molekül spezialisierte Wissenschaftler (TI2/100), arbeiten in Projektteams zusammen (TI2/12,18) Verknüpfungswissen: „Shadow Project Manager" verknüpft Forschung mit Entwicklung (TI2/22) Wissensmanagement: kaum Systeme wie Datenbanken, primär persönlicher Austausch (TI2/82-87)	Unternehmen hat vergleichsweise wenige externe FuE-Partner und tätigt auch keine größeren Akquisitionen zu FuE-Zwecken; Großteil der Neuprodukte stammt aufgrund langjähriger Historie im Hauptgeschäftsfeld Diabetes aus der internen FuE (TI2/54-60) Neue Kompetenzen entwickeln: finanzielle Förderung externer Wissenschaftler (TI2/110)	beide Lernstrategien zum Balancieren technologischer und biologischer Risiken als notwendig erachtet (TI2/94-98) Exploration: gelegentliches Generieren radikal neuer Moleküle (TI2/56,94,98); Zugestehen von Freiräumen nur in frühesten FuE-Projektphasen (TI1/68,72,80; TI2/72) und Anerkennen der Relevanz von Serendipität (TI2/86); aber: trotzdem strenges Risiko-Management (TI2/70) und Schwierigkeiten mit dem Brechen bisheriger Denkmuster (TI1/70,108-110); Bedarf an Business Model Innovation (TI1/114,120-123) Exploitation: FuE als „Performance Engine", d.h. Fokus auf Gestaltung und Optimierung von FuE-Teilprozessen und Lean Management (TI1/72,150,136-138; TI2/88-90); Großteil der FuE ist prozessorientiert und „tightly governed" (TI1/150; TI2/72); Betonen von vor allem extrinsischen Anreizen in der FuE (TI1/100-103; TI2/44-52,100,106); Nutzen des tiefen Verständnisses für Diabetes für Verfeinerung/Varianten von Produkten (TI1/70-72,110,143f.; TI2/98,104); Arbeit an Technologieplattformen (z.B. Proteine Engineering) fördert Entdecken neuer Moleküle, verknüpft FuE mit Produktion (TI2/56-58)	Strategie: FuE-Strategie im Mittelpunkt der Unternehmensstrategie (TI2/102) Kultur: traditioneller Wertekanon des Unternehmens beinhaltet neben sozialer Verantwortung auch Verpflichtung zur Innovation, Einhaltung des Wertekanons wird auditiert (TI2/66; Tinus 2012a); Suche nach Innovation im Gesamtunternehmen (TI2/106), aber Mitarbeiter außerhalb der FuE regen eher inkrementelle Verbesserungen an (TI1/148)
Vinas ↔	Spezialistenwissen: FuE-Standorte sind exklusiv auf einzelne Therapiegebiete spezialisiert (VI/38); Experten arbeiten an unterschiedlichen Lösungen (z.B. small vs. large molecules) für dasselbe Problem (VI1/60-65); Projektteams mit Experten aus Forschung & Medizin (VI1/24); doppelte Projektleitung mit jeweils spezifischer Expertise, z.B. Biologe und Chemiker (VI1/34,42), Unterstützung durch Querschnittsfunktionen (VI1/73) Verknüpfungswissen: Projektleiter führen als Generalisten Experten in Projekten zusammen (VI1/54); früher Projektleiter bleibt später als Berater erhalten (VI1/179); spezialisierte FuE-Standorte sollen gemeinsame Projekte bearbeiten und Expertise austauschen – „Quervernetzung" ist aber noch nicht stark genug und muss gestärkt werden (VI1/38,169-173; VI2/26-28); Aufbau eines Netzwerks lokaler Innovationspartner durch globales Innovationsmanagement (VI2/52) Wissensmanagement: Betonen von Best Practice Sharing in der FuE durch Datenbanken und Meetings (VI1/127-130); Vernetzung in der FuE/zwischen FuE und anderen Funktionen durch Social Media und Wikis anregen (VI2/28-32)	Aktuelle Kompetenzen stärken: z.B. Austausch von Entwicklungskandidaten mit Partnern je nach Portfoliofit (VI2/14); Kollaboration mit externen Spezialisten zur Prozessoptimierung (VI1/144); gemeinsame Vermarktung mit Wettbewerbern (VI2/18) Neue Kompetenzen entwickeln: Zugang zu neuen Ideen von spezialisierten Start-ups, Biotechherstellern, Universitäten (VI1/150-154); Fördern von Startups und Firmengründungen (VI2/20) mittels Venture Fund (Vinas 2012a); 90% der neuen Ideen kommen von außen (VI1/157), tw. Grundlagenforschung auch mit Wettbewerbern (VI1/139-141)	beide Lernstrategien betont, z.B. Arbeit an neuen Medikamenten vs. zusätzliche Indikationen für aktuelle Medikamente (VI2/14) Exploration: Konzentration auf Generieren von „Sprunginnovationen" (VI1/188); kontinuierliches Pipelinemanagement (VI1/198); Freiräume und kaum formale Regeln in der Forschung (VI1/107f.,113-125,205); bewusst breite Zielsetzungen um Freiheit der FuE-Projektteams zu gewähren (VI1/104-107); Innovationsmanagement: Trial-and-Error-Lernen durch Projekte außerhalb der Ziele der Linien-FuE als „Spielplatz" für verrückte Ideen (VI2/34,36-38) und Business Model Innovationen (VI2/10-12,20); wegen räumlicher Trennung immer seltener werdende Serendipitäten durch IT-Systeme für Austausch zwischen Bereichen initiieren (VI2/32); aber: Verquickung von explorativer FuE mit anderen Funktionen muss verbessert werden (VI2/26-28) Exploitation: Life Cycle Management und Produktkombinationen eher als Ergänzung des Portfolios (VI1/190-192); nur die Entwicklung ist „streng standardisiert" (VI1/107f.,113-125)	Strategie: Anspruch, eine „research-driven company" zu sein (VI1/195-197) Kultur: spiegelt sich in Freiheitsgraden der Mitarbeiter beim Experimentieren/Trial & Error-Lernen wider, Pflege und Weiterentwicklung betont (VI1/181,201-205); Innovation und Veränderung im Mittelpunkt der Kultur des Unternehmens (Vinas 2012:6-10)

Legende: * *Pfeile* signalisieren die Innovationsfähigkeit i.e.S. (vgl. Teilkapitel 6.3.2): ↑ hohe IF i.e.S. ↔ mittlere IF i.e.S. ↓ geringe IF i.e.S.

Appendix L: Dokumentenübersicht.

Zum Schutz der Identität der Fallunternehmen werden die Originalquellen hier nicht angegeben.

Agon: zur Fallkonstruktion verwendete Dokumente.

	Zitation	Art	Relevanter Inhalt
Unternehmenspublikationen	Agon 2012a	Annual Report	Therapiegebiete, FuE-Intensität und Pipeline
	Agon 2012b	Press Release	Pipeline, Erforschung neuer Substanzen
	Agon 2012c	Interne Präsentation	Organigramm der oberen beiden Leitungsebenen inklusive FuE-Bereich
	Agon 2011a	Annual Report	FuE-Investitionen
	Agon 2011b	Press Release	Zulassung eines neuen Medikaments einer anderen Firma mit von Agon entwickelter, auslizensierter Kerntechnologie
	Agon 2010	Annual Report	EU-Zulassung eines neuen Medikaments (dezentrales Zulassungsverfahren, Frankreich als RMS)
	Agon 2009a	Annual Report	FuE-Investitionen
	Agon 2009b	Annual Report	FuE-Investitionen
	Agon 2007	Press Release	EU-Zulassung eines neuen Medikaments (dezentrales Zulassungsverfahren, England als RMS)
Externe Publikationen	AFSSAPS 2008	Public Assessment Report	EU-Zulassung eines neuen Medikaments (dezentrales Zulassungsverfahren, Frankreich als RMS)
	BfArM 2010a	Public Assessment Report	EU-Zulassung eines neuen Medikaments (dezentrales Zulassungsverfahren, Deutschland als RMS)
	BfArM 2010b	Public Assessment Report	EU-Zulassung eines neuen Medikaments (dezentrales Zulassungsverfahren, Deutschland als RMS)
	Genetic Engineering & Biotechnology News 2012	Artikel	Zulassung eines neuen Medikaments
	Krankenpflege Journal 2010	Artikel	Zulassung eines neuen Medikaments
	MHRA 2010	Public Assessment Report	EU-Zulassung eines neuen Medikaments (dezentrales Zulassungsverfahren, England als RMS)
	Medscape Medical News 2012	Artikel	Zulassung eines Medikaments in den USA für eine neue Indikation
	Medscape Medical News 2011	Artikel	Zulassung eines neuen Medikaments einer anderen Firma mit von Agon entwickelter, auslizensierter Kerntechnologie
	Reuters 2012	Nachrichtenmeldung	Vorteile der neuen Kerntechnologie von Agon

Calum: zur Fallkonstruktion verwendete Dokumente.

	Zitation	Art	Relevanter Inhalt
Unternehmenspublikationen	Calum 2013a	Pipelineübersicht	aktuelle Nachwuchsprodukte des Unternehmens
	Calum 2013b	Press Release	Aktivitäten im Rahmen des Transformationsprozesses
	Calum 2012a	Annual Report	Therapiegebiete, FuE-Intensität, Kulturentwicklung und FuE-Organisation
	Calum 2012b	Press Release	Aufgabe eines Wirkstoffkandidaten nach negativen Studienergebnissen
	Calum 2012c	Rede des FuE-Leiters	FuE-Reorganisation bzw. stärkere Zentralisation
	Calum 2011a	Annual Report	FuE-Investitionen/-Intensität
	Calum 2011b	Press Release	Zulassung von neuer Wirkstoffkombination (dezentrales Zulassungsverfahren, Deutschland als RMS)
	Calum 2011c	Press Release	Aufgabe eines Entwicklungskandidaten nach negativen Studienergebnissen
	Calum 2011d	Unternehmens-präsentation	neue FuE-Strategie und weltweite FuE-Organisation
	Calum 2010a	Annual Report	FuE-Investitionen/-Intensität
	Calum 2010b	Press Release	Langzeitstudie zur Indikationserweiterung eines Wirkstoffes
	Calum 2009	Annual Report	FuE-Investitionen/-Intensität
	Calum 2008	Annual Report	FuE-Investitionen/-Intensität

	Zitation	Art	Relevanter Inhalt
Externe Publikationen	Anonym 2012	Case Study	Konzernstrategie, Reorganisation und Elemente der neuen FuE-Strategie
	Anonym 2004a	Case Study	Historie und Corporate Governance; traditionelle Wert-orientierung
	Anonym 2004b	Case Study	Bedeutung von Intuition im FuE-Prozess und Arbeit in Projektteams
	Anonym 2002	Case Study	Merger, aus dem Calum hervorging
	DAZ Online 2012a	Artikel	EU-Zulassung eines Pipelinekandidaten mit einer neuartigen Substanz
	EMA 2010d	Public Assessment Report	EU-Zulassung einer neuen Version eines Medikaments (dezentrales Zulassungsverfahren, Niederlande als RMS)
	Fierce Biotech 2012c	Artikel	Calum wird Zulassung für neues Medikament von FDA wegen Sicherheitsbedenken verwehrt
	HMA 2010	Public Assessment Report	EU-Zulassung einer neuen Wirkstoffkombination (dezentrales Zulassungsverfahren, Deutschland als RMS)
	Market Watch 2013	Artikel	Umsatzeinbruch bei Calum, auslaufende Patente und schwache Pipeline
	MPA 2009	Public Assessment Report	EU-Zulassung eines Medikaments für erweiterte Patienten-population (dezentrales Verfahren, Schweden als RMS)
	Pharma Times Online 2012a	Artikel	Aufgabe eines Entwicklungskandidaten nach negativen Studienergebnissen
	The Deal Pipeline 2013	Artikel	Hinweise zur Reorganisation und zum Führungswechsel bei Calum

Filion: zur Fallkonstruktion verwendete Dokumente.

	Zitation	Art	Relevanter Inhalt
Unternehmenspublikationen	Filion 2013	Pipeline-Report	aktuelle Pipelinedaten
	Filion 2012a	Annual Report	Therapiegebiete und FuE-Intensität
	Filion 2012b	Press Release	Aufgabe eines Entwicklungskandidaten nach negativen Studienergebnissen
	Filion 2011	Annual Report	FuE-Investitionen
	Filion 2010a	Annual Report	FuE-Investitionen
	Filion 2010b	Press Release	Zulassungserweiterung eines Medikaments in den USA, größere Patientenpopulation
	Filion 2010c	Unternehmens-präsentation	Filions Institutionen und Initiativen des Innovationsmanagements
	Filion 2010d	Unternehmensbroschüre	größter FuE-Standort von Filion
	Filion 2009a	Annual Report	FuE-Investitionen
	Filion 2009b	Press Release	EU-Zulassung eines neuen Medikaments (dezentrales Zulassungsverfahren, Schweden als RMS)
	Filion 2008	Annual Report	FuE-Investitionen
Externe Publikationen	Anonym 2007	Case Study	Führungsgrundsätze der FuE von Filion
	Anonym 2004c	Case Study	Innovationstätigkeit in Filions Konzern; Rekonfiguration der Organisation
	Anonym 2001a	Case Study	weltweite Führungsgrundsätze von Filions Mutterkonzern, Wertekanon
	Anonym 1986	Case Study	Unternehmenskultur von Filions Mutterkonzern
	EMA 2012e	Public Assessment Report	EU-Zulassung eines neuen Medikaments (dezentrales Zulassungsverfahren, Schweden als RMS)
	EMA 2010c	Public Assessment Report	Entzug der EU-Zulassung für ein Medikament
	FDA 2011g	Press Release	Zulassungserweiterung eines Medikaments in den USA, größere Patientenpopulation
	Fierce Biotech 2012a	Artikel	klinische Studien zu neuem Wirkstoff, den Filion mit externem Partner entwickelt
	Fierce Biotech 2012d	Artikel	erfolgreiche Studien zu neuem Wirkstoff von Filion und Zulassungsempfehlung der FDA
	Life Science Leader 2012	Artikel	Akquisition kleinerer Unternehmen und deren FuE-Organisation
	Medscape Medical News 2013a	Artikel	erfolgreiche Studien zu neuem Wirkstoff von Filion und Zulassungsempfehlung der FDA

	Zitation	Art	Relevanter Inhalt
	Medscape Medical News 2012	Artikel	Zulassung einer neuen Formulierung eines von Filion und Agon gemeinsam entwickelten Medikaments in den USA
	Pharma Times Online 2010	Artikel	Verkaufsstopp einer Substanz in der Schweiz nach Bedenken der Zulassungsbehörden
	Pharmazeitung 2012	Artikel	Studien zu neuem Kombinations-Präparat, das Filion mit externem Partner entwickelt
	PR Newswire 2012	Artikel	klinische Studien zu neuem Wirkstoff, den Filion mit externem Partner entwickelt
	The Pharma Letter 2012a	Artikel	klinische Studien zu neuem Wirkstoff, den Filion mit externem Partner entwickelt
	Swissmedic 2013	Public Assessment Report	Zulassung eines neuen Medikaments von Filion in Schweiz

Salux: zur Fallkonstruktion verwendete Dokumente.

	Zitation	Art	Relevanter Inhalt
Unternehmenspublikationen	Salux 2013a	Pipeline-Report	aktuelle Pipelinedaten
	Salux 2013b	Unternehmenshomepage	FuE-Standorte
	Salux 2013c	Press Release	finanzielle Auswirkungen des Veränderungsprogramms
	Salux 2012a	Annual Report	Therapiegebiete und FuE-Intensität
	Salux 2012b	Press Release	neuartige Impfung scheitert in klinischer Phase 3
	Salux 2012c	Press Release	Salux zieht Zulassungsantrag für weitere Indikation eines Wirkstoffs zurück
	Salux 2011a	Annual Report	FuE-Investitionen, Markteinführung von Injektionsgerät nach EU-Zulassung
	Salux 2011b	Press Release	Rückgabe von Lizenzrechten für neuen Wirkstoff nach Portfoliostraffung
	Salux 2011c	Unternehmensmagazin	bereichs- und spartenübergreifende Ideenentwicklungs-programme
	Salux 2011d	Unternehmensmagazin	bereichs- und spartenübergreifende Ideenentwicklungs-programme
	Salux 2011e	Unternehmens-präsentation	aktuelle (Re)-organisation der FuE, Organigramme
	Salux 2010a	Annual Report	FuE-Investitionen, Markteinführung von Injektionsgerät nach EU-Zulassung
	Salux 2010b	Press Release	Markteinführung von Injektionsgerät nach EU-Zulassung
	Salux 2010c	Press Release	EU-Zulassung einer neuen Wirkstoffform (dezentrales Zulassungsverfahren, Italien als RMS)
	Salux 2009a	Annual Report	FuE-Investitionen
	Salux 2009b	Press Release	Markteinführung von Injektionsgerät nach EU-Zulassung
	Salux 2008	Annual Report	Zulassung eines Injektionsgeräts für Präparate in den USA
	Salux 2007	Press Release	Zulassung eines Injektionsgeräts für Präparate in den USA
Externe Publikationen	Anonym 2006	Case Study	Historie und Kultur von Salux
	DAZ Online 2011	Artikel	Klinische Phase 3-Studien zu neuem Wirkstoff von Salux
	EMA 2011d	Change Report	Veränderungen an einem bereits zugelassenen Medikament von Salux
	EMA 2011e	Public Assessment Report	Zulassungsdetails/-historie zu einem Medikament von Salux
	EMA 2004	Public Assessment Report	Anerkennung eines neuen Wirkstoffs von Salux als Orphan
	FDA 2011h	Public Assessment Report	Zulassung eines neuen Medikaments von Salux in den USA
	FDA 2011i	Public Assessment Report	Zulassungserweiterung eines Medikaments für zusätzliche Indikation
	FDA 2010f	Press Release	Zulassung eines neuen Medikaments von Salux in den USA
	Fierce Biotech 2012b	Artikel	neuartige Impfung von Salux scheitert in klinischer Phase 3
	Handelsblatt 2012	Artikel	Schließen eines FuE-Standorts von Salux im Zuge der Reorganisation
	Medical News Today 2007	Artikel	Zulassung eines Injektionsgeräts für Präparate in den USA
	Pharma Times Online 2012b	Artikel	Salux zieht Zulassungsantrag für weitere Indikation eines Wirkstoffs zurück
	The Pharma Letter 2013	Artikel	Klinische Phase 3-Studien zu neuem Wirkstoff von Salux, der mit Partner entwickelt wird

Tinus: zur Fallkonstruktion verwendete Dokumente.

	Zitation	Art	Relevanter Inhalt
Unternehmenspublikationen	Tinus 2013a	Pipeline-Report	Pipeline und Wirkstoffkandidaten
	Tinus 2013b	Press Release	Neuer Wirkstoffkandidat
	Tinus 2013c	Press Release	Neuer Wirkstoffkandidat
	Tinus 2012a	Annual Report	Therapiegebiete und FuE-Intensität
	Tinus 2012b	Press Release	Zulassung eines neuen Medikaments in der EU
	Tinus 2012c	R&D Broschüre	FuE-Organisation
	Tinus 2011a	Annual Report	FuE-Investitionen
	Tinus 2011b	Press Release	Zulassung eines neuen Injektionspens in der EU
	Tinus 2010a	Annual Report	FuE-Investitionen
	Tinus 2010b	Press Release	Zulassung eines neuen Injektionspens in den USA
	Tinus 2010c	Press Release	Zulassung einer neuen Dosierung eines Medikaments in den USA
	Tinus 2009	Annual Report	FuE-Investitionen und Unternehmenskultur
	Tinus 2008	Annual Report	FuE-Investitionen
	Tinus 2007a	Press Release	Zulassung eines Medikaments für erweiterte Patientenpopulation in EU
	Tinus 2007b	Press Release	Zulassung eines Medikaments von Tinus in Japan
Externe Publikationen	Anonym 2011	Case Study	Eröffnung internationaler FuE-Center; zentralisierte FuE-Organisation
	Anonym 2001b	Case Study	Historie und Unternehmenskultur von Tinus, gewünschte organisatorische Veränderungen
	Anonym 1993	Case Study	Device-Innovationen und Unternehmenskultur von Tinus
	Drug Store News 2010	Artikel	Zulassung eines neuen Injektionspens in den USA
	EMA 2012f	Public Assessment Report	Zulassung eines neuen Wirkstoffs durch die EMA
	EMA 2012g	Public Assessment Report	Zulassung eines neuen Wirkstoffs (Kombination) durch die EMA
	Medscape Medical News 2013b	Artikel	Ablehnung zweier neuer Wirkstoffe durch die FDA
	Monthly Prescribing Reference 2010	Artikel	Zulassung einer neuen Dosierung eines Medikaments in den USA
	Pharmaceutical Field 2011	Artikel	Zulassung eines neuen Injektionspens für Präparate in der EU
	The Pharma Letter 2012b	Artikel	Beantragung der Zulassung für ein neues Medikament von Tinus
	The Pharma Letter 2012c	Artikel	Aufgabe eines Wirkstoffkandidaten nach schlechten Ergebnissen in der klinischen Phase 3
	Seeking Alpha 2012	Artikel	Informationen zu neuen Wirkstoffkandidaten in Tinus' Pipeline

Vinas: zur Fallkonstruktion verwendete Dokumente.

	Zitation	Art	Relevanter Inhalt
Unternehmenspublikationen	Vinas 2013a	Press Release	erfolgreiche Phase 3-Studien für neuen Wirkstoff, der mit externem Partner entwickelt wird
	Vinas 2013b	Press Release	Priority Review von der FDA für neuen Wirkstoff
	Vinas 2012a	Annual Report	Therapiegebiete, FuE-Intensität und FuE-Standorte
	Vinas 2012b	Unternehmens-homepage	Pipeline und Wirkstoffkandidaten
	Vinas 2011a	Annual Report	FuE-Investitionen
	Vinas 2011b	Press Release	EU-Zulassung für erweiterte Anwendung eines Medikaments (dezentrale Zulassung, Deutschland als RMS)
	Vinas 2010	Annual Report	FuE-Investitionen
	Vinas 2009	Annual Report	FuE-Investitionen
	Vinas 2008a	Annual Report	FuE-Investitionen
	Vinas 2008b	Press Release	EU-Zulassung für weitere Indikation eines Medikaments (dezentrales Verfahren, Deutschland als RMS)
	Vinas 2008c	Press Release	EU-Zulassung eines Medikaments für weitere Indikation
	Vinas 2008d	Press Release	EU-Zulassung einer neuen Dosierung eines Medikaments

	Zitation	Art	Relevanter Inhalt
	Vinas 2007	Press Release	EU-Zulassung eines neuen Medikaments
Externe Publikationen	Apotheke Adhoc 2011	Artikel	EU-Zulassung für erweiterte Anwendung eines Medikaments (dezentrale Zulassung, Deutschland als RMS)
	Ärzte Zeitung 2013	Artikel	stagnierende Gewinnentwicklung von Vinas, hohe FuE-Investitionen
	DAZ Online 2013	Artikel	Erfolg eines Wirkstoffs von Vinas in der klinischen Phase 3
	DAZ Online 2012b	Artikel	Klinische Phase 3-Studien zu neuer Substanz, von FDA als Orphan eingestuft
	EMA 2011c	Public Assessment Report	EU-Zulassung eines Medikaments von Vinas für weitere Indikation
	EMA 2008c	Public Assessment Report	EU-Zulassung eines Medikaments von Vinas für weitere Indikation
	EMA 2008d	Variation Report	EU-Zulassung einer neuen Dosierung eines Medikaments
	FDA 2010d	Press Release	US-Zulassung für neue Indikation eines Vinas-Wirkstoffs für externen Partner
	FDA 2010e	Press Release	US-Zulassung eines Medikaments von Vinas für weitere Indikation
	Krankenpflege Journal 2012	Artikel	Erfolge von Vinas' neuem Wirkstoffkandidaten in klinischer Phase 3
	Manager Magazin 2013	Artikel	stagnierende Gewinnentwicklung von Vinas, hohe FuE-Investitionen
	Medscape Medical News 2013c	Artikel	Zulassungsempfehlung der FDA für Pipelinekandidaten von Vinas
	The Pharma Letter 2012d	Artikel	Vinas reicht Zulassungsantrag für neue Substanz bei der EMA ein
	The Pharma Letter 2008	Artikel	EU-Zulassung eines Medikaments für weitere Indikation (dezentrales Verfahren, Deutschland als RMS)
	The Pharma Letter 2007	Artikel	EU-Zulassung eines neuen Medikaments von Vinas

Sonstige Dokumente (für mehrere Fälle relevant).

	Zitation	Art	Relevanter Inhalt
	Iskowitz 2011	Artikel, Medical Marketing & Media	Report über erfolgsversprechende Pipelinekandidaten großer Pharma-Unternehmen
	Comer 2012	Artikel, PharmExec	Report über erfolgsversprechende Pipelinekandidaten großer Pharma-Unternehmen

Literaturverzeichnis

Abbott (2012). *2011 Annual Report.* Abgerufen am 30.6.2012 unter http://www.abbottinvestor.com/phoenix.zhtml?c=94004&p=irol-proxy&cid=re_annualreprts2011_Reportsandfinancialscontent_abbottinvestors

Afuah, A. N. & Bahram, N. (1995). The hypercube of Innovation. *Research Policy*, 24 (1), 51-76.

Adams, R., Bessant, J. & Phelps, R. (2006). Innovation management measurement: A review. *International Journal of Management Reviews*, 8 (1), 21-47.

Agrawal, V. & Jamwal, S. (2012). Top ten global pharma. *World Pharmaceutical Frontiers*, (March), 10-11.

Ahn, J.-H., Lee, D.-J. & Lee, S.-Y. (2006). Balancing Business Performance and Knowledge Performance of New Product Development. *Long Range Planning*, 39 (5), 525-542.

Ahuja, M. K. & Carley, K. M. (1999). Network Structure in Virtual Organizations. *Organization Science*, 10 (6), 741-757.

Allarakhia, M., Kilgour, D. M. & Fuller, J. D. (2009). Modelling the incentive to participate in open source biopharmaceutical innovation. *R&D Management*, 40 (1), 50-66.

Alvesson, M. (2003). Beyond Neopositivists, Romantics, and Localists: A Reflexive Approach to Interviews in Organizational Research. *Academy of Management Review*, 28 (1), 13-33.

Alvesson, M. & Ashcraft, K. L. (2012). Interviews. In G. Symon & C. Cassell (Hrsg.), *Qualitative Organizational Research. Core Methods and Current Challenges* (S. 239-257). London u.a.: Sage.

Amabile, T. M. (1997). Motivating Creativity in Organizations: On doing what you love and loving what you do. *California Management Review*, 40 (1), 39-59.

Amabile, T. M. (1993). Motivational synergy: Toward new conceptualizations of intrinsic and extrinsic motivation in the workplace. *Human Resource Management Review*, 3 (3), 185-201.

Amabile, T. M., Conti, R., Coon, H. & Lazenby, J. (1996). Assessing the Work Environment for Creativity. *Academy of Management Journal*, 39 (5), 1154-1184.

Amara, N., Landry, R., Halilem, N. & Traoré, N. (2010). Patterns of Innovation Capabilities in KIBS Firms: Evidence from the 2003 Statistics Canada Innovation Survey on Services. *Industry & Innovation*, 17 (2), 163-192.

Angell, M. (2005). *Der Pharma-Bluff. Wie innovativ die Pillenindustrie wirklich ist.* Bonn u.a.: KomPart.

Argyres, N. S. & Silverman, B. S. (2004). R&D, organization structure, and the development of corporate technological knowledge. *Strategic Management Journal*, 25 (8-9), 929-958.

Armbruster, H., Bikfalvi, A., Kinkel, S. & Lay, G. (2008). Organizational innovation: The challenge of measuring non-technical innovation in large-scale surveys. *Technovation*, 28 (10), 644-657.

Armstrong, C. E. & Shimizu, K. (2007). A Review of Approaches to Empirical Research on the Resource-Based View of the Firm. *Journal of Management*, 33 (6), 959-986.

Arora, A. & Gambardella, A. (1990). Complementarity and External Linkages: The Strategies of the Large Firms in Biotechnology. *The Journal of Industrial Economics*, 38 (4), 361-379.

Artz, K. W., Norman, P. M., Hatfield, D. E. & Cardinal, L. B. (2010). A Longitudinal Study of the Impact of R&D, Patents, and Product Innovation on Firm Performance. *Journal of Product Innovation Management*, 27 (5), 725-740.

Assink, M. (2006). Inhibitors of disruptive innovation capability: a conceptual model. *European Journal of Innovation Management*, 9 (2), 215-233.

AstraZeneca (2012). *2011 Annual Report.* Abgerufen am 30.6.2012 unter http://www.astrazeneca.com/Investors/Annual-reports

Auer-Rizzi, W. & Reber, G. (2007). Kontingenztheoretische Betrachtung der Organisationsgestaltung. In W. Auer-Rizzi, S. Blazejewski, W. Dorow & G. Reber (Hrsg.), *Unternehmenskulturen in globaler Interaktion. Analysen, Erfahrungen, Lösungsansätze* (S. 27-50). Wiesbaden: Gabler.

Avenier, M.-J. (2010). Shaping a Constructivist View of Organizational Design Science. *Organization Studies*, 31 (9-10), 1229-1255.

Bacon, F. (1601). *The Essays by Francis Bacon. Of Innovation.* Abgerufen am 12.06.2013 unter http://oregonstate.edu/instruct/phl302/texts/bacon/bacon_essays.html

Bakker, R. M., Cambré, B., Korlaar, L. & Raab, J. (2011). Managing the project learning paradox: A set-theoretic approach toward project knowledge transfer. *International Journal of Project Management*, 29 (5), 494-503.

Banerjee, P. K., Myers, S. D., Baker, A., Andersen, M. & Bichet, S. (2001). *High performance drug discovery: An operating model for a new era.* Accenture Research Report. Abgerufen am 26.08.2012 unter http://www.accenture.com/SiteCollectionDocuments/PDF/HPDD.pdf

Barney, J. (1991). Firm Resources and Sustained Competitive Advantage. *Journal of Management*, 17 (1), 99-120.

Bayer (2012). *Annual Report 2011.* Abgerufen am 30.6.2012 unter http://www.investor.bayer.com/reports/

BCG (2010). *Innovation 2010: A Return to Prominence – and the Emergence of a New World Order*. Boston: The Boston Consulting Group.

BCG (2009). *Innovation 2009: Making Hard Decisions in the Downturn. A BCG Senior Management Survey.* Boston: The Boston Consulting Group.

Beerheide, E. & Katenkamp, O. (2011). Wissensarbeit im Innovationsprozess. In J. Howaldt, R. Kopp & E. Beerheide (Hrsg.), *Innovationsmanagement 2.0 – Handlungsorientierte Einführung und praxisbasierte Impulse* (S. 67-99). Wiesbaden: Gabler.

Bell, M. (2009). *Innovation Capabilities and Directions of Development*. STEPS Working Paper No. 33. Brighton: STEPS Centre.

Bennani, Y. L. (2011). Drug discovery in the next decade: innovation needed ASAP. *Drug Discovery Today*, 16 (17-18), 779-792.

Berggren, R., Møller, M., Moss, R., Poda, P. & Smietana, K. (2012). Outlook for the next 5 years in drug innovation. *Nature Reviews Drug Discovery*, 11 (6), 435-436.

Bernstein, E. S. (2012). The Transparency Paradox: A Role for Privacy in Organizational Learning and Operational Control. *Administrative Science Quarterly*, 57 (2), 181-216.

Bessant, J. (2013). Innovation in the Twenty-First Century. In R. Owen, J. Bessant, & M. Heintz (Hrsg.), *Responsible Innovation: Managing the Responsible Emergence of Science and Innovation in Society* (S. 1-25). Chichester, UK: Wiley.

Beuermann, G. (1992). Zentralisation und Dezentralisation. In E. Frese (Hrsg.), *Handwörterbuch der Organisation* (3. Auflage, Sp. 2611-2625). Stuttgart: Schäffer-Poeschel.

Bharadwaj, S. & Menon, A. (2000). Making Innovation Happen in Organizations: Individual Creativity Mechanisms, Organizational Creativity Mechanisms or Both? *Journal of Product Innovation Management*, 17 (6), 424-434.

Bierly, P. E. & Chakrabarti, A. (1996). Generic Knowledge Strategies in the U.S. Pharmaceutical Industry. *Strategic Management Journal*, 17 (Special Issue: Knowledge and the Firm), 123-135.

Birchall, D., Chanaron, J.-J., Tovstiga, G. & Hillenbrand, C. (2011). Innovation performance measurement: current practices, issues and management challenges. *International Journal of Technology Management*, 56 (1), 1-20.

Birkinshaw, J. & Gibson, C. B. (2004). Building Ambidexterity Into an Organization. *MIT Sloan Management Review*, 45 (4), 47-55.

Blackler, F. (1995). Knowledge, Knowledge Work and Organizations: An Overview and Interpretation. *Organization Studies*, 16 (6), 1021-1046.

Blau, G. E., Pekny, J. F., Varma, V. A. & Bunch, P. R. (2004). Managing a Portfolio of Interdependent New Product Candidates in the Pharmaceutical Industry. *Journal of Product Innovation Management*, 21 (4), 227-245.

Bleicher, F. (1990). *Effiziente Forschung und Entwicklung: personelle, organisatorische und führungstechnische Instrumente.* Wiesbaden: Deutscher Universitätsverlag.

Bluhm, D. J., Harman, W., Lee, T. W. & Mitchell, T. R. (2011). Qualitative Research in Management: A Decade of Progress. *Journal of Management Studies*, 48 (8), 1866-1891.

BMBF (2012). *Die deutsche Biotechnologie-Branche/ The German Biotechnology Sector 2012.* Abgerufen am 20.11.2012 unter http://www.biotechnologie.de/BIO/Redaktion/PDF/de/umfrage/2012-umfrage,property=pdf,bereich=bio,sprache=de,rwb=true.pdf

BMG (2012). *Das Gesetz zur Neuordnung des Arzneimittelmarktes (AMNOG).* Abgerufen am 20.11.2012 unter http://www.bmg.bund.de/krankenversicherung/arzneimittelversorgung/arzneimittelmarktneuordnungsgesetz-amnog/das-gesetz-zu-neuordnung-des-arzneimittelmarktes-amnog.html

BMWi (2012). *Industrielle Schlüsseltechnologien.* Abgerufen am 02.03.2012 unter http://www.bmwi.de/BMWi/Navigation/Technologie-und-Innovation/Technologiepolitik/schluesseltechnologien,did=337004.html

Boeckelmann, L. & Mildner, S.-A. (2011). Unsicherheit, Ungewissheit, Risiko. Die aktuelle wissenschaftliche Diskussion über die Bestimmung von Risiken. *SWP Zeitschriftenschau*, 2, 1-8.

Boerjesson, S. & Elmquist, M. (2011). Developing Innovation Capabilities: A Longitudinal Study of a Project at Volvo Cars. *Creativity and Innovation Management*, 20 (3), 171-184.

Bolten, B. M. & DeGregorio, T. (2002). Trends in development cycles. *Nature Reviews Drug Discovery*, 1, 1-2.

Bonazzi, G. & Antonelli, C. (2003). To Make or to Sell? The Case of In-House Outsourcing at Fiat Auto. *Organization Studies*, 24 (4), 575-594.

BPI (2012). *Hilfe! Zwischen Krankheit, Versorgung und Geschäft. Ein Magazin über die Pharmaindustrie.* Hamburg: Bundesverband der pharmazeutischen Industrie.

Bradfield, R. & El-Sayed, H. (2009). Four scenarios for the future of the pharmaceutical industry. *Technology Analysis & Strategic Management*, 21 (2), 195-212.

Braganza, A., Awazu, Y. & Desouza, K. C. (2009). Sustaining innovation is challenge for incumbents. *Research Technology Management* 52 (4), 46-56.

Brass, D. J., Galaskiewicz, J., Greve, H. & Tsai, W. (2004). Taking stock of networks and organizations: a multilevel perspective. *Academy of Management Journal*, 47 (6), 795-817.

Brockhoff, K. (2004). Forschung und Entwicklung. In G. Schreyögg & A. von Werder (Hrsg.), *Handwörterbuch Unternehmensführung und Organisation. Enzyklopädie der Betriebswirtschaftslehre, Band 2* (4. Auflage, Sp. 285-294). Stuttgart: Schäffer-Poeschel.

Brockhoff, K. (1992). *Forschung und Entwicklung: Planung und Kontrolle.* München: Oldenbourg.

Brockhoff, K. K. L. & Schmaul, B. (1996). Organization, autonomy, and success of internationally dispersed R&D facilities. *IEEE Transactions on Engineering Management*, 43 (1), 33-40.

Brophey, G. (2009). Innovation practices within small to medium-sized mechanically-based manufacturers. *Innovation: Management, Policy & Practice*, 11 (3), 327-341.

Brown, S. L. & Eisenhardt, K. M. (1997). The Art of Continuous Change: Linking Complexity Theory and Time-paced Evolution in Relentlessly Shifting Organizations. *Administrative Science Quarterly*, 42 (1), 1-34.

Brusoni, S. (2005). The Limits to Specialization: Problem Solving and Coordination in 'Modular Networks'. *Organization Studies*, 26 (12), 1885-1907.

Bryman, A. (2004). *Social Research Methods* (2. Auflage). Oxford, New York: Oxford University Press.

Buchanan, D. A. (2012). Case Studies in Organizational Research. In G. Symon & C. Cassell (Hrsg.), *Qualitative Organizational Research. Core Methods and Current Challenges* (S. 351-370). London u.a.: Sage.

Burns, T. & Stalker, G. M. (1961). *The Management of Innovation.* London: Tavistock.

Burns, T. R. (2012). The Sustainability Revolution: A Societal Paradigm Shift. *Sustainability*, 4 (12), 1118-1134.

Business Week (2010). *The 50 Most Innovative Companies 2010.* Abgerufen am 21.01.2013 unter http://www.businessweek.com/interactive_reports/innovative_companies_2010.html

Busse, R., Schreyögg, J. & Tiemann, O. (2010). *Management im Gesundheitswesen* (2. Auflage). Berlin u.a.: Springer.

Cakar, D. N. & Ertürk, A. (2010). Comparing innovation capability of small and medium-sized enterprises: Examining the effects of organizational culture and empowerment. *Journal of Small Business Management*, 48 (3), 325-359.

Calantone, R. J., Cavusgil, S. T. & Zhao, Y. (2002). Learning orientation, firm innovation capability, and firm performance. *Industrial Marketing Management*, 31 (6), 515-524.

Caldwell, B. J. (1991). Clarifying Popper. *Journal of Economic Literature*, 29 (1), 1-33.

Camisón-Zornoza, C., Lapiedra-Alcamí, R., Segarra-Ciprés, M. & Boronat-Navarro, M. (2004). A Meta-analysis of Innovation and Organizational Size. *Organization Studies*, 25 (3), 331-361.

Cantwell, J. (2005). Innovation and Competitiveness. In J. Fagerberg, D. C. Mowery & R. R. Nelson (Hrsg.), *The Oxford Handbook of Innovation* (S. 543-567). Oxford, New York: Oxford University Press.

Carayannis, E. G. & Provance, M. (2008). Measuring firm innovativeness: towards a composite innovation index built on firm innovative posture, propensity and performance attributes. *International Journal of Innovation and Regional Development*, 1 (1), 90-107.

Cardinal, L. B. (2001). Technological Innovation in the Pharmaceutical Industry: The Use of Organizational Control in Managing Research and Development. *Organization Science*, 12 (1), 19-36.

Cardinal, L. B. & Hatfield, D. E. (2000). Internal knowledge generation: the research laboratory and innovative productivity in the pharmaceutical industry. *Journal of Engineering and Technology Management*, 17 (3-4), 247-271.

Carleysmith, S. W., Dufton, A. M. & Altria, K. D. (2009). Implementing Lean Sigma in pharmaceutical research and development: a review by practitioners. *R&D Management*, 39 (1), 95-106.

Carlisle, Y. & McMillan, E. (2006). Innovation in organizations from a complex adaptive systems perspective. *Emergence: Complexity and Organizations*, 8 (1), 2-9.

Carlsson, B. (2006). Internationalization of innovation systems: A survey of the literature. *Research Policy*, 35 (1), 56-67.

Carson, S. J., Madhok, A. & Wu, T. (2006). Uncertainty, Opportunism, and Governance: The Effects of Volatility and Ambiguity on Formal and Relational Contracting. *Academy of Management Journal*, 49 (5), 1058-1077.

Cavusgil, S. T., Calantone, R. J. & Zhao, Y. (2003). Tacit knowledge transfer and firm innovation capability. *Journal of Business & Industrial Marketing*, 18 (1), 6-21.

Cebon, P., Hauptman, O. & Shekhar, C. (2008). Product modularity and the product life cycle: new dynamics in the interactions of product and process technologies. *International Journal of Technology Management*, 42 (4), 365-386.

Chandler, A. D. Jr. (1962). *Strategy and Structure: Chapters in the History of the American Industrial Enterprise*. Cambridge, Massachusetts: MIT Press.

Chapman, R. & Hyland, P. (2004). Complexity and leaming behaviors in product innovation. *Technovation*, 24 (7), 553-561.

Chen, C.-J., Huang, Y.-F. & Lin, B.-W. (2012). How firms innovate through R&D internationalization? An S-curve hypothesis. *Research Policy*, 41 (9), 1544-1554.

Chesbrough, H. W. (2011). Pharmaceutical Innovation Hits the Wall: How Open Innovation Can Help. *Forbes*. Abgerufen am 03.11.2011 unter http://www.forbes.com/sites/henrychesbrough/2011/04/25/pharmaceutical-innovation-hits-the-wall-how-open-innovation-can-help/

Chesbrough, H. W. (2010). Business Model Innovation: Opportunities and Barriers. *Long Range Planning*, 43 (2-3), 354-363.

Chesbrough, H. W. (2003). The Era of Open Innovation. *MIT Sloan Management Review*, 44 (3), 35-42.

Chesbrough, H. W. & Appleyard, M. M. (2007). Open Innovation and Strategy. *California Management Review*, 50 (1), 57-77.

Chesbrough, H. W. & Teece, D. J. (1996). Organizing for Innovation: When Is Virtual Virtuous? *Harvard Business Review*, 74 (1), 65-73.

Chiaromonte, F. (2002). Innovation and R&D management: are new paradigms observable? *International Journal of Technology Management*, 23 (5), 374-409.

Chiva, R. & Alegre, J. (2005). Organizational Learning and Organizational Knowledge: Towards the Integration of Two Approaches. *Management Learning*, 36 (1), 49-68.

Christensen, J. F. (2002). Incongruities as a source of organizational renewal in corporate management of R&D. *Research Policy*, 31 (8-9), 1317-1332.

ClinicalTrials.gov (2013). Advanced Search (Datenbank). Abgerufen am 14.02.2013 unter http://clinicaltrials.gov/ct2/search/advanced

Coff, R. W. (1997). Human Assets and Management Dilemmas: Coping with Hazards on the Road to Resource-Based Theory. *Academy of Management Review*, 22 (2), 374-402.

Cohen, F. J. (2005). Macro trends in pharmaceutical innovation. *Nature Reviews Drug Discovery*, 5 (26), 78-84.

Cohen, W. M. & Levinthal, D. A. (1990). Absorptive Capacity: A New Perspective on Learning and Innovation. *Administrative Science Quarterly*, 35 (1), 128-152.

Collis, D. J. & Montgomery, C. A. (2008). Competing on resources. *Harvard Business Review*, 86 (7/8), 140-150.

Colvin, M. & Maravelias, C. T. (2011). R&D pipeline management: Task interdependencies and risk management. *European Journal of Operational Research*, 215 (3), 616-628.

Coombs, R. & Metcalfe, J. S. (2002). Innovation in Pharmaceuticals: Perspectives on the Coordination, Combination and Creation of Capabilities. *Technology Analysis & Strategic Management*, 14 (3), 261-271.

Cooper, R. G. (1979). The Dimensions of Industrial New Product Success and Failure. *Journal of Marketing*, 43 (3), 93-103.

Cooper, R. G. & Kleinschmidt, E. J. (1993). Screening new products for potential winners. *Long Range Planning*, 26 (6), 74-81.

Cooper, R. G. & Kleinschmidt, E. J. (1986). An investigation into the new product process: Steps, deficiencies, and impact. *Journal of Product Innovation Management* 3 (2), 71-85.

Cornelissen, J. P. & Kafouros, M. (2008). The Emergent Organization: Primary and Complex Metaphors in Theorizing about Organizations. *Organization Studies*, 29 (7), 957-978.

Criscuolo, P. & Narula, R. (2007). Using Multi-hub Structures for International R&D: Organisational Inertia and the Challenges of Implementation. *Management International Review*, 47 (5), 639-660.

Crossan, M. M. & Apaydin, M. (2010). A Multi-Dimensional Framework of Organizational Innovation: A Systematic Review of the Literature. *Journal of Management Studies*, 47 (6), 1154-1191.

Cummings, L. L. & O'Connell, M. J. (1978). Organizational Innovation: A Model and Needed Research. *Journal of Business Research*, 6, 33-50.

Cunningham, S. W. & Kwakkel, J. (2011). Innovation Forecasting: A Case Study of the Management of Engineering. *Technological Forecasting and Social Change*, 78 (2), 346-357.

Daft, R. L. & Weick, K. E. (1984). Toward a Model of Organizations as Interpretation Systems. *Academy of Management Review*, 9 (2), 284-295.

Dahlgren, J. & Söderlund, J. (2010). Modes and mechanisms of control in Multi-Project Organisations: the R&D case. *International Journal of Technology Management*, 50 (1), 1-22.

Dalton, M. A. (2009). Whats Constraining Your Innovation? *Research Technology Management*, 52 (5), 52–64.

Damanpour, F. (1991). Organizational Innovation: A Meta-Analysis of Effects of Determinants and Moderators. *Academy of Management Journal*, 34 (3), 555-590.

Damanpour, F. (1987). The Adoption of Technological, Administrative, and Ancillary Innovations: Impact of Organizational Factors. *Journal of Management*, 13 (4), 675-688.

Damanpour, F. & Gopalakrishnan, S. (2001). The dynamics of the adoption of product and process innovations in organizations. *Journal of Management Studies*, 38 (1), 45-65.

Danzon, P. M., Epstein, A. & Nicholson, S. (2007). Mergers and Acquisitions in the Pharmaceutical and Biotech Industries. *Managerial and Decision Economics*, 28 (Special Issue: Economic and Policy Issues in the Pharmaceutical Industry), 307-328.

De Castro, G. M., Delgado-Verde, M., Sáez, P. L. & López, J. E. N. (2010). *Technological Innovation. An Intellectual Capital Based View*. Basingstoke, UK: Palgrave Macmillan.

De Visser, M., De Weerd-Nederhof, P., Faems, D., Song, M., Van Looy, B. & Visscher, K. (2010). Structural ambidexterity in NPD processes: A firm-level assessment of the impact of differentiated structures on innovation performance. *Technovation*, 30 (5-6), 291-299.

Deci, E. L. & Ryan, R. M. (2000). The 'What' and 'Why' of Goal Pursuits: Human Needs and the Self-Determination of Behavior. *Psychological Inquiry*, 11 (4), 227-268.

Denning, S. (2005). Why the best and brightest approaches don't solve the innovation dilemma. *Strategy & Leadership*, 33 (1), 4-11.

DeSanctis, G., Glass, J. T. & Ensing, I. M. (2002). Organizational designs for R&D. *Academy of Management Executive*, 16 (3), 55-66.

Dew, N. (2009). Serendipity in Entrepreneurship. *Organization Studies*, 30 (7), 735-753.

Diefenbach, T. (2008). Are case studies more than sophisticated storytelling? Methodological problems of qualitative empirical research mainly based on semi-structured interviews. *Quality & Quantity*, 43 (6), 875-894.

Ding, M. & Eliashberg, J. (2002). Structuring the New Product Development Pipeline. *Management Science*, 48 (3), 343-363.

Disselkamp, M. (2005). *Innovationsmanagement: Instrumente und Methoden zur Umsetzung im Unternehmen*. Wiesbaden: Gabler.

Dittrich, K. & Duysters, G. (2007). Networking as a Means to Strategy Change: The Case of Open Innovation in Mobile Telephony. *Journal of Product Innovation Management*, 24 (6), 510-521.

Dombrowski, C., Kim, J. Y., Desouza, K. C., Braganza, A., Papagari, S., Baloh, P. & Jha, S. (2007). Elements of Innovative Cultures. *Knowledge and Process Management*, 14 (3), 190-202.

Dosi, G., Marengo, L. & Pasquali, C. (2006). How much should society fuel the greed of innovators? On the relations between appropriability, opportunities and rates of innovation. *Research Policy*, 35 (8), 1110-1121.

Dougherty, D. (2008). Bridging Social Constraint and Social Action to Design Organizations for Innovation. *Organization Studies*, 29 (3), 415-434.

Dougherty, D. (2006). Organizing for Innovation in the 21st Century. In S. R. Clegg, C. Hardy, T. Lawrence & W. Nord (Hrsg.), *The SAGE Handbook of Organization Studies* (2. Auflage, S. 598-617). London: Sage.

Dougherty, D. (2001). Reimagining the Differentiation and Integration of Work for Sustained Product Innovation. *Organization Science*, 12 (5), 612-631.

Dougherty, D. & Dunne, D. D. (2012). Digital Science and Knowledge Boundaries in Complex Innovation. *Organization Science*, 23 (5), 1467-1484.

Dougherty, D. & Dunne, D. D. (2011). Organizing Ecologies of Complex Innovation. *Organization Science*, 22 (5), 1214-1223.

Dougherty, D. & Hardy, C. (1996). Sustained Product Innovation in Large, Mature Organizations: Overcoming Innovation-to-Organization Problems. *The Academy of Management Journal*, 39 (5), 1120-1153.

Dougherty, D. & Takacs, C. H. (2004). Team Play : Heedful Interrelating as the Boundary for Innovation. *Long Range Planning*, 37 (6), 569-590.

Drongelen, I. K., Pearson, A. & Nixon, B. (2003). Organisation and management of research and development facilities – from cost to profit focus. *International Journal of Technology Management*, 25 (8), 746-765.

Drucker, P. F. (1974). *Management: Tasks, Responsibilities, Practices*. London: William Heinemann.

Drumm, H. J. (2004). Delegation (Zentralisation und Dezentralisation). In G. Schreyögg & A. von Werder (Hrsg.), *Handwörterbuch Unternehmensführung und Organisation. Enzyklopädie der Betriebswirtschaftslehre, Band 2* (4. Auflage, Sp. 179-188). Stuttgart: Schäffer-Poeschel.

Duberley, J., Johnson, P. & Cassell, C. (2012). Philosophies Underpinning Qualitative Research. In G. Symon & C. Cassell (Hrsg.), *Qualitative Organizational Research. Core Methods and Current Challenges* (S. 15-34). London u.a.: Sage.

Dunbar, R. L. M. & Starbuck, W. H. (2006). Learning to Design Organizations and Learning from Designing Them. *Organization Science*, 17 (2), 171-178.

Eisenhardt, K. M. (1989). Building Theories from Case Study Research. *Academy of Management Review*, 14 (4), 532-550.

Eisenhardt, K. M., Furr, N. R. & Bingham, C. B. (2010). Microfoundations of Performance: Balancing Efficiency and Flexibility in Dynamic Environments. *Organization Science*, 21 (6), 1263-1273.

Eisenhardt, K. M. & Graebner, M. E. (2007). Theory Building from Cases: Opportunities and Challenges. *Academy of Management Journal*, 50 (1), 25-32.

Eisenhardt, K. M. & Martin, J. A. (2000). Dynamic capabilities: what are they? *Strategic Management Journal*, 21 (10-11), 1105-1121.

Eisenhardt, K. M. & Santos, F. M. (2002). Knowledge-Based View: A New Theory of Strategy? In A. Pettigrew, H. Thomas & R. Whittington (Hrsg.), *Handbook of Strategy and Management* (S. 139-164). London u.a.: Sage.

EMA (2013a). *Central authorisation of medicines*. Abgerufen am 17.01.2013 unter http://www.ema.europa.eu/ema/index.jsp?curl=pages/about_us/general/general_content_000109.jsp

EMA (2013b). *European Public Assessment Reports* (Datenbank). Abgerufen am 18.01.2013 unter http://www.ema.europa.eu/ema/index.jsp?curl=/pages/medicines/landing/epar_search.jsp&mid=WC0b01ac058001d124

EMA (2013c). *Abilify (aripiprazole)* (EPAR Datenbankeintrag). Abgerufen am 18.01.2013 unter http://www.ema.europa.eu/ema/index.jsp?curl=pages/medicines/human/medicines/000471/human_med_000619.jsp&mid=WC0b01ac058001d124

EMA (2013d). *European Medicines Agency pre-authorisation procedural advice for users of the centralised procedure*. Abgerufen am 01.02.2013 unter http://www.ema.europa.eu/docs/en_GB/document_library/Regulatory_and_procedural_guideline/2009/10/WC500004069.pdf

EMA (2013e). *Withdrawn Applications* (Datenbank). Abgerufen am 01.02.2013 unter http://www.ema.europa.eu/ema/index.jsp?curl=pages/medicines/landing/wapp_search.jsp&mid=WC0b01ac058001d128

EMA (2013f). *Referrals* (Datenbank). Abgerufen am 06.02.2013 unter http://www.ema.europa.eu/ema/index.jsp?curl=pages/medicines/landing/referral_search.jsp&mid=WC0b01ac05805c516f

EMA (2012a). *Annexes of the Annual Report 2011*. Abgerufen am 06.02.2012 unter http://www.ema.europa.eu/docs/en_GB/document_library/Annual_report/2012/06/WC500128161.pdf

EMA (2012b). *Performance of the Agency's scientific procedures: 2011 report for medicinal products for human use*. Abgerufen am 06.02.2012 unter http://www.ema.europa.eu/docs/en_GB/document_library/Other/2012/04/WC500124937.pdf

EMA (2012c). *Medicines and Emerging Sciences*. Abgerufen am 02.03.2012 unter http://www.ema.europa.eu/ema/index.jsp?curl=pages/special_topics/general/general_content_000339.jsp&mid=WC0b01ac05800baed8

EMA (2012d). *Committee for Orphan Medicinal Products (COMP) January 2012 highlights*. Abgerufen am 27.11.2012 unter http://www.ema.europa.eu/ema/index.jsp?curl=pages/news_and_events/news/2012/01/news_detail_001422.jsp&mid=WC0b01ac058004d5c1

EMA (2011a). *Annexes of the Annual Report 2010*. Abgerufen am 06.02.2012 unter http://www.ema.europa.eu/docs/en_GB/document_library/Annual_report/2011/06/WC500108076.pdf

EMA (2011b). *Performance of the Agency's scientific procedures: Survey 2010 for medicinal products for human use.* Abgerufen am 06.02.2012 unter http://www.ema.europa.eu/docs/en_GB/document_library/Other/2011/03/WC500104385.pdf

EMA (2010a). *Annual Report 2009 Annexes.* Abgerufen am 06.02.2012 unter http://www.ema.europa.eu/docs/en_GB/document_library/Annual_report/2010/05/WC500090710.pdf

EMA (2010b). *Performance of the Agency's scientific procedures: Survey 2009 for medicinal products for human use.* Abgerufen am 06.02.2012 unter http://www.ema.europa.eu/docs/en_GB/document_library/Other/2010/03/WC500078395.pdf

EMA (2009a). *Annual report of the European Medicines Agency 2008.* Abgerufen am 06.02.2012 unter http://www.ema.europa.eu/docs/en_GB/document_library/Annual_report/2009/12/WC500016589.pdf

EMA (2009b). *Survey 2008 on the performance of EMEA scientific procedures for medicinal products for human use.* Abgerufen am 06.02.2012 unter http://www.ema.europa.eu/docs/en_GB/document_library/Other/2009/10/WC500006220.pdf

EMA (2008a). *Annual report of the European Medicines Agency 2007.* Abgerufen am 06.02.2012 unter http://www.ema.europa.eu/docs/en_GB/document_library/Other/2009/10/WC500006221.pdf

EMA (2008b). *Survey 2007 on the performance of EMEA scientific procedures for medical products for human use.* Abgerufen am 06.02.2012 unter http://www.ema.europa.eu/docs/en_GB/document_library/Other/2009/10/WC500006221.pdf

Elmquist, M. & Segrestin, B. (2007). Towards a New Logic for Front End Management: From Drug Discovery to Drug Design in Pharmaceutical R&D. *Creativity and Innovation Management*, 16 (2), 106-120.

Erhardt, N. (2010). Is it all about teamwork? Understanding processes in team-based knowledge work. *Management Learning*, 42 (1), 87-112.

Ernst & Young (2012). *Beyond borders. Global biotechnology report 2012.* Abgerufen 11.09.2012 am unter http://www.ey.com/Publication/vwLUAssets/Beyond_borders_2012/$FILE/Beyond_borders_2012.pdf

Escribano, A., Fosfuri, A. & Tribó, J. A. (2009). Managing external knowledge flows: The moderating role of absorptive capacity. *Research Policy*, 38 (1), 96-105.

Ethiraj, S. K. & Levinthal, D. (2004). Bounded Rationality and the Search for Organizational Architecture: An Evolutionary Perspective on the Design of Organizations and Their Evolvability. *Administrative Science Quarterly*, 49 (3), 404-437.

Ettlie, J. E., Bridges, W. P. & O'Keefe, R. D. (1984). Organization Strategy and Structural Differences for Radical Versus Incremental Innovation. *Management Science*, 30 (6), 682-695.

Etzkowitz, H. & Leydesdorff, L. (2000). The dynamics of innovation: from National Systems and 'Mode 2' to a Triple Helix of university–industry–government relations. *Research Policy*, 29 (2), 109-123.

European Commission (2012). *The new SME definition: User guide and model declaration.* Brüssel: European Commission, Enterprise and Industry.

European Commission (2010). *European Innovation Scoreboard (EIS) 2009*. PRO Inno Europe Paper No. 15. Brüssel: European Commission, Enterprise and Industry.

Faber, M. J. (2008). *Open Innovation. Ansätze, Strategien und Geschäftsmodelle.* Wiesbaden: Gabler.

Faems, D., Janssens, M., Madhok, A. & Van Looy, B. (2008). Toward an Integrative Perspective on Alliance Governance: Connecting Contract Design, Trust Dynamics, and Contract Application. *Academy of Management Journal*, 51 (6), 1053-1078.

Fagerberg, J. (2005). Innovation: A guide to the literature. In J. Fagerberg, D. C. Mowery & R. R. Nelson (Hrsg.), *The Oxford Handbook of Innovation* (S. 1-26). Oxford, New York: Oxford University Press.

Farjoun, M. (2010). Beyond Dualism: Stability and Change as a Duality. *Academy of Management Review*, 35 (2), 202-225.

Fast Company (2012). *The World's 50 Most Innovative Companies*. Abgerufen am 21.01.2013 unter http://www.fastcompany.com/most-innovative-companies/2012/full-list

FDA (2013a). *Drugs@FDA. FDA Approved Drug Products* (Datenbank). Abgerufen am 20.01.2013 unter http://www.accessdata.fda.gov/scripts/cder/drugsatfda/index.cfm

FDA (2013b). *Overview: Abilfy* (Drugs@FDA Datenbankeintrag). Abgerufen am 20.01.2013 unter http://www.accessdata.fda.gov/scripts/cder/drugsatfda/index.cfm?fuseaction=Search.Overview&DrugName=ABILIFY

FDA (2013c). *Vaccines, Blood & Biologics* (Datenbank). Abgerufen am 07.02.2013 unter http://www.fda.gov/BiologicsBloodVaccines/Vaccines/default.htm

FDA (2012a). *CDER Drug and Biologic Calendar Year Approvals as of December 31, 2011.* Abgerufen am 06.02.2012 unter http://www.fda.gov/downloads/Drugs/DevelopmentApprovalProcess/HowDrugsareDevelopedandApproved/DrugandBiologicApprovalReports/UCM276984.pdf

FDA (2012b). *CDER New Molecular Entity (NME) & New BLA Calendar Year Approvals as of December 31, 2011.* Abgerufen am 06.02.2012 unter http://www.fda.gov/downloads/Drugs/DevelopmentApprovalProcess/HowDrugsareDevelopedandApproved/DrugandBiologicApprovalReports/UCM276989.pdf

FDA (2012c). *New Drug Application (NDA) Efficacy Supplements Calendar Year Approvals: 2009. As of December 31, 2009.* Abgerufen am 31.01.2013 unter http://www.fda.gov/Drugs/DevelopmentApprovalProcess/HowDrugsareDevelopedandApproved/DrugandBiologicApprovalReports/EfficacySupplementApprovals/default.htm

FDA (2012d). *Drugs@FDA Glossary of Terms.* Abgerufen am 01.02.2013 unter http://www.fda.gov/Drugs/informationondrugs/ucm079436.htm#B

FDA (2012e). *2011 Biological License Application Supplement Approvals.* Abgerufen am 03.02.2013 unter http://www.fda.gov/biologicsbloodvaccines/developmentapprovalprocess/biologicalapprovalsbyyear/ucm242934.htm

FDA (2012f). *2010 Biological License Application Supplement Noteworthy Approvals.* Abgerufen am 03.02.2013 unter http://www.fda.gov/BiologicsBloodVaccines/DevelopmentApprovalProcess/BiologicalApprovalsbyYear/ucm207053.htm

FDA (2011a). *CDER Drug and Biologic Calendar Year Approvals as of December 31, 2009.* Abgerufen am 06.02.2012 unter http://www.fda.gov/downloads/Drugs/DevelopmentApprovalProcess/HowDrugsareDevelopedandAppro-ved/DrugandBiologicApprovalReports/PriorityNDAandBLAApprovals/UCM090995.pdf

FDA (2011b). *CDER New Molecular Entity (NME)/New BLA Calendar Year Approvals as of December 31, 2009.* Abgerufen am 06.02.2012 unter http://www.fda.gov/downloads/Drugs/DevelopmentApprovalProcess/HowDrugsareDevelopedandApproved/DrugandBiologicApprovalReports/UCM091096.pdf

FDA (2011c). *CDER Drug and Biologic Calendar Year Approvals as of December 31, 2010.* Abgerufen am 06.02.2012 unter http://www.fda.gov/downloads/Drugs/DevelopmentApprovalProcess/HowDrugsareDevelopedandApproved/DrugandBiologicApprovalReports/UCM260585.pdf

FDA (2011d). *CDER New Molecular Entity (NME) & New BLA Calendar Year Approvals as of December 31, 2010.* Abgerufen am 06.02.2012 unter http://www.fda.gov/downloads/Drugs/DevelopmentApprovalProcess/HowDrugsareDevelopedandApproved/DrugandBiologicApprovalReports/UCM242677.pdf

FDA (2011e). *New Drug Application (NDA) & Biologic License Application (BLA) Efficacy Supplement Calendar Year Approvals As of December 31, 2010.* Abgerufen am 06.02.2012 unter http://www.fda.gov/downloads/Drugs/DevelopmentApprovalProcess/HowDrugsareDevelopedandApproved/DrugandBiologicApprovalReports/UCM278501.pdf

FDA (2011f). *New Drug Application (NDA) & Biologic License Application (BLA) Efficacy Supplement Calendar Year Approvals As of December 31, 2011*. Abgerufen am 06.02.2013 unter http://www.fda.gov/downloads/Drugs/DevelopmentApprovalProcess/HowDrugsareDevelopedandApproved/DrugandBiologicApprovalReports/UCM278501.pdf

FDA (2011h). *FY 2011 Innovative Drug Approvals*. Abgerufen am 07.02.2013 unter http://www.fda.gov/AboutFDA/ReportsManualsForms/Reports/ucm276385.htm

FDA (2010a). *Priority NDA and BLA Approvals in 2007*. Abgerufen am 31.01.2013 unter http://www.fda.gov/Drugs/DevelopmentApprovalProcess/HowDrugsareDevelopedandApproved/DrugandBiologicApprovalReports/PriorityNDAandBLAApprovals/ucm051047.htm

FDA (2010b). *Efficacy Supplement Approvals in 2007*. Abgerufen am 31.01.2013 unter http://www.fda.gov/Drugs/DevelopmentApprovalProcess/HowDrugsareDevelopedandApproved/DrugandBiologicApprovalReports/EfficacySupplementApprovals/default.htm

FDA (2010c). *2009 Biological License Application Supplement Noteworthy Approvals*. Abgerufen am 03.02.2013 unter http://www.fda.gov/BiologicsBloodVaccines/DevelopmentApprovalProcess/BiologicalApprovalsbyYear/ucm167932.htm

FDA (2009a). *NME Drug and New biologic Approvals 2007*. Abgerufen am 31.01.2013 unter http://www.fda.gov/Drugs/DevelopmentApprovalProcess/HowDrugsareDevelopedandApproved/DrugandBiologicApprovalReports/ucm081690.htm

FDA (2009b). *2008 Biological License Application Supplement Approvals*. Abgerufen am 03.02.2013 unter http://www.fda.gov/BiologicsBloodVaccines/DevelopmentApprovalProcess/BiologicalApprovalsbyYear/ucm172240.htm

FDA (2009c). *2007 Biological License Application Supplement Approvals*. Abgerufen am 03.02.2013 unter http://www.fda.gov/BiologicsBloodVaccines/DevelopmentApprovalProcess/BiologicalApprovalsbyYear/ucm173814.htm

FDA (2008a). *CDER Drug and Biologic Calendar Year Approvals as of December 31, 2008*. Abgerufen am 06.02.2012 unter http://www.fda.gov/downloads/Drugs/DevelopmentApprovalProcess/HowDrugsareDevelopedandApproved/DrugandBiologicApprovalReports/UCM200924.pdf

FDA (2008b). *CDER New Molecular Entity (NME) Drug and New Biologic Approvals for Calendar Year 2008, updated through December 31, 2008*. Abgerufen am 06.02.2012 unter http://www.fda.gov/downloads/Drugs/DevelopmentApprovalProcess/HowDrugsareDevelopedandApproved/DrugandBiologicApprovalReports/UCM081805.pdf

FDA (2008c). *New Drug Application (NDA) & Biologic License Application (BLA) Efficacy Supplements Approved (CY 2008).* Abgerufen am 06.02.2012 unter http://www.fda.gov/downloads/Drugs/DevelopmentApprovalProcess/HowDrugsareDevelopedandAppro-ved/DrugandBiologicApprovalReports/EfficacySupplementApprovals/UCM081900.pdf

Fendt, J. & Sachs, W. (2007). Grounded Theory Method in Management Research: Users' Perspectives. *Organizational Research Methods*, 11 (3), 430-455.

Filmore, D., Thyer, A. M. & Willis, R. C. (2004). Pipeline Challenges. *Modern Drug Discovery*, 7 (10), 28-34.

Fiol, C. M. & Lyles, M. A. (1985). Organizational Learning. *Academy of Management Review*, 10 (4), 803-813.

Fischer, D. & Breitenbach, J. (2010). *Die Pharmaindustrie: Einblick – Durchblick – Perspektiven* (3. Auflage). Heidelberg: Spektrum.

Fischer, L. & Wiswede, G. (2002). *Grundlagen der Sozialpsychologie* (2. Auflage). München u.a.: Oldenbourg.

Fiss, P. C. (2011). Building better causal theories: A fuzzy set approach to typologies in organization research. *Academy of Management Journal*, 54 (2), 393-420.

Fiss, P. C. (2007). A set-theoretic approach to organizational configurations. *Academy of Management Review*, 32 (4), 1180-1198.

Flick, U. (2007). *Managing Quality in Qualitative Research.* London u.a.: Sage.

Flick, U. (2004a). Design and Process in Qualitative Research. In U. Flick, E. von Kardorff & I. Steinke (Hrsg.), *A Companion to Qualitative Research* (S. 146-152). London u.a.: Sage.

Flick, U. (2004b). Triangulation in Qualitative Research. In U. Flick, E. von Kardorff & I. Steinke (Hrsg.), *A Companion to Qualitative Research* (S. 178-183). London u.a.: Sage.

Flick, U., von Kardorff, E. & Steinke, I. (2004). What is Qualitative Research? An Introduction to the Field. In U. Flick, E. von Kardorff & I. Steinke (Hrsg.), *A Companion to Qualitative Research* (S. 3-11). London u.a.: Sage.

Flochel, P. & Kumli, F. (2010). Pharma 3.0: delivering on health outcomes. *Journal of Business Chemistry*, 7 (3), 155-163.

Forbes (2012). *The World's Most Innovative Companies.* Abgerufen am 21.01.2013 unter www.forbes.com/special-features/innovative-companies-list.html

Foss, N. J. & Minbaeva, D. B. (2009). *Governing Knowledge: The Strategic Human Resource Management Dimension.* SMG Working Paper No. 3/2009. Frederiksberg: Copenhagen Business School.

Fox-Wolfgramm, S. J. (1997). Towards Developing a Methodology for Doing Qualitative Research: The Dynamic-Comparative Case Study Method. *Scandinavian Journal of Management*, 13 (4), 439-455.

French, D. (2006). Market Trends in Injection Devices for Pharmaceuticals. *Future Drug Delivery*, 20-24.

Frese, E. (2005). *Grundlagen der Organisation: Entscheidungsorientiertes Konzept der Organisationsgestaltung* (9. Auflage). Wiesbaden: Gabler.

Frese, E. (2004). Organisationsinnovation. In G. Schreyögg & A. von Werder (Hrsg.), *Handwörterbuch Unternehmensführung und Organisation. Enzyklopädie der Betriebswirtschaftslehre, Band 2* (4. Auflage, Sp. 1010-1018). Stuttgart: Schäffer-Poeschel.

Frese, E. (2001). Wenn Organisationen lernen müssen: Anmerkungen aus der Perspektive des Organization Design. In S. Klein & C. Loebbecke (Hrsg.), *Interdisziplinäre Managementforschung und -lehre. Herausforderungen und Chancen* (S. 27-47). Wiesbaden: Gabler.

Frese, E. (2000). Organisatorische Strukturkonzepte im Wandel. In F. Wojda (Hrsg.), *Innovative Organisationsformen - Neue Entwicklungen in der Unternehmensorganisation* (S. 59-88). Stuttgart: Schäffer-Poeschel.

Frese, E., Graumann, M. & Theuvsen, L. (2012). *Grundlagen der Organisation: Entscheidungsorientiertes Konzept der Organisationsgestaltung* (10. Auflage). Wiesbaden: Gabler.

Frey, B. S. (2010). Geld oder Anerkennung? Zur Ökonomik der Auszeichnungen. *Perspektiven der Wirtschaftspolitik*, 11 (1), 1-15.

Frey, B. S. & Osterloh, M. (2011). *Rankings Games.* Working Paper No. 39. Zürich: University of Zurich, Department of Economics.

Frey, B. S. & Osterloh, M. (2002). Motivation – Der zwiespältige Produktionsfaktor. In B. S. Frey & M. Osterloh (Hrsg.), *Managing Motivation. Wie Sie die neue Motivationsforschung für Ihr Unternehmen nutzen können* (2. Auflage, S. 19-42). Wiesbaden: Gabler.

Frey, B. S. & Osterloh, M. (1997). Sanktionen oder Seelenmassage? Motivationale Grundlagen der Unternehmensführung. *Die Betriebswirtschaft*, 57 (3), 307-321.

Frost, J. (2005). *Märkte in Unternehmen: Organisatorische Steuerung und Theorien der Firma.* Wiesbaden: Deutscher Universitätsverlag.

Frost, J. (1998). *Die Koordinations- und Orientierungsfunktion der Organisation.* Bern u.a.: Paul Haupt Verlag.

Frost, J., Morner, M. & Queißer, C. (2010a). Mehrwertschaffung durch Kollektivressourcen: Corporate Commons. In J. Frost & M. Morner, *Konzernmanagement: Strategien für Mehrwert* (S. 137-192). Wiesbaden: Gabler.

Frost, J., Morner, M., Vogel, R. & Queißer, C. (2010b). Organisatorische Steuerung in Konzernen. In J. Frost & M. Morner, *Konzernmanagement: Strategien für Mehrwert* (S. 195-297). Wiesbaden: Gabler.

Frost, J., Morner, M. & Glock, Y. (2010c). Von der Organisations- zur Ressourcenperspektive: Auf dem Weg zur Mehrwertschaffung. In J. Frost & M. Morner, *Konzernmanagement: Strategien für Mehrwert* (S. 31-75). Wiesbaden: Gabler.

Frost, J. & Morner, M. (2010). Overcoming knowledge dilemmas: Governing the creation, sharing and use of knowledge resources. *International Journal of Strategic Change Management,* 2 (2/3), 172-199.

Frost, J., Osterloh, M. & Weibel, A. (2010d). Governing Knowledge Work: Transactional and Transformational Solutions. *Organizational Dynamics*, 39 (2), 126-136.

Frost, J. & Vogel, R. (2008). Linking exploration and exploitation: how a think tank triggers a managerial innovation. *International Journal of Learning and Change*, 3 (1), 75-91.

Furukawa, R. & Goto, A. (2006). The role of corporate scientists in innovation. *Research Policy*, 35 (1), 24-36.

Gagné, M. & Deci, E. L. (2005). Self-determination theory and work motivation. *Journal of Organizational Behavior*, 26 (4), 331-362.

Galunic, D. C. & Eisenhardt, K. M. (2001). Architectural Innovation and Modular Corporate Forms. *Academy of Management Journal*, 44 (6), 1229-1249.

Galunic, D. C. & Rodan, S. (1998). Resource recombinations in the firm: knowledge structures and the potential for Schumpeterian innovation. *Strategic Management Journal*, 19 (12), 1193-1201.

Galvin, P. (1999). Product modularity, information structures and the diffusion of innovation. *International Journal of Technology Management*, 17 (5), 467-479.

Ganuza, J.-J., Llobet, G. & Dominguez, B. (2009). R&D in the Pharmaceutical Industry: A World of Small Innovations. *Management Science*, 55 (4), 539-551.

Garcia, R. & Calantone, R. (2002). A critical look at technological innovation typology and innovativeness terminology: a literature review. *Journal of Product Innovation Management*, 19 (2), 110-132.

Garnier, J.-P. (2008). Rebuilding the R&D Engine in Big Pharma. *Harvard Business Review*, 86 (5), 68-76.

Garud, R., Gehman, J. & Kumaraswamy, A. (2011). Complexity Arrangements for Sustained Innovation: Lessons from 3M Corporation. *Organization Studies*, 32 (6), 737-767.

Garud, R., Jain, S. & Tuertscher, P. (2008). Incomplete by Design and Designing for Incompleteness. *Organization Studies*, 29 (3), 351-371.

Gashaw, I., Ellinghaus, P., Sommer, A. & Asadullah, K. (2012). What makes a good drug target? *Drug Discovery Today*, 175 (Supplement), 24-30.

Gassmann, O., Reepmeyer, G. & Von Zedtwitz, M. (2008). *Leading Pharmaceutical Innovation. Trends and Drivers for Growth in the Pharmaceutical Industry* (2. Auflage). Berlin u.a.: Springer.

Gassmann, O. & Reepmeyer, G. (2006). Organisation von F&E im internationalen Kontext. In R. Bertl, K. H. Leitner & C. Riegler (Hrsg.), *Forschung und Entwicklung: Steuerung, Berichterstattung und Prüfung* (S. 43-61). Wien: Linde Verlag.

Gassmann, O. & Reepmeyer, G. (2005). Organizing Pharmaceutical Innovation: From Science-based Knowledge Creators to Drug-oriented Knowledge Brokers. *Creativity and Innovation Management*, 14 (3), 233-245.

Gatignon, H., Tushman, M. L., Smith, W. K. & Anderson, P. (2002). A Structural Approach to Assessing Innovation: Construct Development of Innovation Locus, Type, and Characteristics. *Management Science*, 48 (9), 1103-1122.

Gaubinger, K. (2009). Organisatorische Integration des Innovationsmanagements ins Unternehmen. In K. Gaubinger, T. Werani & M. Rabl (Hrsg.), *Praxisorientiertes Innovations- und Produktmanagement: Grundlagen und Fallstudien aus B-to-B Märkten* (S. 349-360). Wiesbaden: Gabler.

Gemünden, H. G. & Salomo, S. (2004). Innovationsmanagement. In G. Schreyögg & A. von Werder (Hrsg.), *Handwörterbuch Unternehmensführung und Organisation. Enzyklopädie der Betriebswirtschaftslehre, Band 2* (4. Auflage, Sp. 506-514). Stuttgart: Schäffer-Poeschel.

Gibbons, M., Limoges, C., Nowotny, H., Schwartzman, S., Scott, P. & Trow, M. (1994). *The New Production of Knowledge: The Dynamics of Science and Research in Contemporary Societies*. London: Sage.

Gibson, C. B. & Birkinshaw, J. (2004). The Antecedents, Consequences, and Mediating Role of Organizational Ambidexterity. *Academy of Management Journal*, 47 (2), 209-226.

Gilbert, J., Henske, P. & Singh, A. (2003). Rebuilding Big Pharma's Business Model. *In Vivo The Business & Medicine Report*, 21 (10), 1-10.

Gilsing, V. & Nooteboom, B. (2006). Exploration and exploitation in innovation systems: The case of pharmaceutical biotechnology. *Research Policy*, 35 (1), 1-23.

Glaser, B. B. & Strauss, A. L. (1967). *The Discovery of Grounded Theory: Strategies for Qualitative Research.* New York: De Gruyter.

GlaxoSmithKline (2012). *Annual Report 2011.* Abgerufen am 30.06.2012 unter http://www.gsk.com/investors/annual-reports/annual-report.html

Glynn, M. A. (1996). Innovative Genius: A Framework for Relating Individual and Organizational Intelligences to Innovation. *Academy of Management Review*, 21 (4), 1081-1111.

Godoe, H. (2000). Innovation regimes, R&D and radical innovations in telecommunications. *Research Policy*, 29 (9), 1033-1046.

Grabowski, H. (2011). The Evolution of the Pharmaceutical Industry Over the Past 50 Years: A Personal Reflection. *International Journal of the Economics of Business*, 18 (2), 161-176.

Grandori, A. (2006). Innovation, Uncertainty and Relational Governance. *Industry & Innovation*, 13 (2), 127-133.

Grandori, A. & Furlotti, M. (2009). Facio ut Facias: Associational Contracts for Innovation. *International Studies of Management and Organization*, 39 (4), 81-100.

Grandori, A. & Furnari, S. (2008). A Chemistry of Organization: Combinatory Analysis and Design. *Organization Studies*, 29 (3), 459-485.

Grandori, A. & Soda, G. (1995). Inter-firm Networks: Antecedents, Mechanisms and Forms. *Organization Studies*, 16 (2), 183-214.

Grant, A. M. & Berry, J. W. (2011). The Necessity of Others is the Mother of Invention: Intrinsic and Prosocial Motivations, Perspective-Taking, and Creativity. *Academy of Management Journal*, 54 (1), 73-96.

Grant, R. M. (2001). Knowledge and Organization. In I. Nonaka & D. J. Teece (Hrsg.), *Managing Industrial Knowledge. Creation, Transfer, Utilization* (S. 145-169). London: Sage.

Grant, R. M. (1996). Toward a Knowledge-Based Theory of the Firm. *Strategic Management Journal*, 17 (Special Issue: Knowledge and the Firm), 109-122.

Grant, R. M. & Baden-Fuller, C. (2004). A Knowledge Accessing Theory of Strategic Alliances. *Journal of Management Studies*, 41 (1), 61-84.

Grant, R. M. & Nippa, M. (2006). *Strategisches Management. Analyse, Entwicklung und Implementierung von Unternehmensstrategien* (5. Auflage). München: Pearson Studium.

Grbich, C. (2007). *Qualitative Data Analysis: An Introduction*. London u.a.: Sage.

Greene, J. A., Azevedo, R. & Torney-Purta, J. (2008). Modeling Epistemic and Ontological Cognition: Philosophical Perspectives and Methodological Directions. *Educational Psychologist*, 43 (3), 142-160.

Gresov, C. & Drazin, R. (1997). Equifinality: Functional Equivalence in Organization Design. *Academy of Management Review*, 22 (2), 403-428.

Grewal, R., Chakravarty, A., Ding, M. & Liechty, J. (2008). Counting chickens before the eggs hatch: Associating new product development portfolios with shareholder expectations in the pharmaceutical sector. *International Journal of Research in Marketing*, 25 (4), 261-272.

Griffin, A. & Page, A. L. (1993). An Interim Report on Measuring Product Development Success and Failure. *Journal of Product Innovation Management*, 10 (4), 291-308.

Grosshans, A. S. (2009). Der Weg zur europäischen OTC-Marke in einem Tag? *Healthcare Marketing*, 9/10, 24-26.

Gruber, M. & Venter, C. (2006). Die Kunst, die Zukunft zu erfinden – Theoretische Erkenntnisse und empirische Befunde zum Einsatz des Corporate Foresight in deutschen Großunternehmen. *Zeitschrift für betriebswirtschaftliche Forschung*, 58, 958-984.

Gulati, R. (1998). Alliances and Networks. *Strategic Management Journal*, 19 (4), 293-317.

Gulati, R. & Singh, H. (1998). The Architecture of Cooperation: Managing Coordination Costs and Appropriation Concerns in Strategic Alliances. *Administrative Science Quarterly*, 43 (4), 781-814.

Guler, I. & Nerkar, A. (2012). The impact of global and local cohesion on innovation in the pharmaceutical industry. *Strategic Management Journal*, 33 (5), 535-549.

Haberfellner, R. & Zach, C. (2009). Performance-Messung von Produkt-Innovationsprozessen. *IO New Management*, (6), 26-30.

Hage, J. & Hollingsworth, J. (2000). A strategy for the analysis of idea innovation networks and institutions. *Organization Studies*, 21 (5), 971-1004.

Hagedoorn, J. & Cloodt, M. (2003). Measuring innovative performance: is there an advantage in using multiple indicators? *Research Policy*, 32 (8), 1365-1379.

Hagedoorn, J. & Duysters, G. (2002). External Sources of Innovative Capabilities: The Preferences for Strategic Alliances or Mergers and Acquisitions. *Journal of Management Studies*, 39 (2), 167-188.

Hall, J. K. & Vredenburg, H. (2003). The Challenges of Innovating for Sustainable Development. *MIT Sloan Management Review*, 45 (1), 61-68.

Hamel, G. (2007). Innovation Now! *Fast Company*. Abgerufen am 16.08.2011 unter http://www.fastcompany.com/magazine/65/innovation.html

Hansen, M. T. (2002). Knowledge Networks: Explaining Effective Knowledge Sharing in Multi-unit Companies. *Organization Science*, 13 (3), 232-248.

Hansen, M. T. (1999). The Search-Transfer Problem : The Role of Weak Ties in Sharing Knowledge across Organization Subunits. *Administrative Science Quarterly*, 44 (1), 82-111.

Hansen, M. T., Nohria, N. & Tierney, T. (1999). What's Your Strategy for Managing Knowledge? *Harvard Business Review*, 77 (2), 106-116.

Hansén, S.-O. & Wakonen, J. (1997). Innovation, a winning solution? *International Journal of Technology Management*, 13 (4), 345-358.

Harms, F. & Drüner, M. (2003). Pharmamärkte heute und morgen. In F. Harms & M. Drüner (Hrsg.), *Pharmamarketing. Innovationsmanagement im 21. Jahrhundert* (S. 9-44). Stuttgart: Lucius & Lucius.

Harmsen, H., Grunert, K. G. & Bove, K. (2000). Company Competencies as a Network: The Role of Product Development. *Journal of Product Innovation Management*, 17 (3), 194-207.

Haßel, S., Nederegger, G. & Pawlu, C. (2010). Fallstudie zum Kundenmanagement im deutschen Generikamarkt. In R. Busse, J. Schreyögg, & O. Tiemann (Hrsg.), *Management im Gesundheitswesen* (2. Auflage, S. 207-213). Berlin u.a.: Springer.

Hauschildt, J. & Salomo, S. (2007). *Innovationsmanagement* (4. Auflage). München: Vahlen.

He, Z.-L. & Wong, P.-K. (2004). Exploration vs. Exploitation: An Empirical Test of the Ambidexterity Hypothesis. *Organization Science*, 15 (4), 481-494.

Hecker, A. (2012). Knowledge Beyond the Individual? Making Sense of a Notion of Collective Knowledge in Organization Theory. *Organization Studies*, 33 (3), 423-445.

Hedlund, G. (1994). A model of knowledge management and the N-form corporation. *Strategic Management Journal*, 15 (Special Issue: Chaos theory and strategy. Theory, application, and managerial implications), 73-90.

Henard, D. H. & McFadyen, M. A. (2012). Resource Dedication and New Product Performance: A Resource- Based View. *Journal of Product Innovation Management*, 29 (2), 193-204.

Henderson, R. M. & Clark, K. B. (1990). Architectural Innovation: The Reconfiguration of Existing Product Technologies and the Failure of Established Firms. *Administrative Science Quarterly*, 35 (1), 9-30.

Henderson, R. M. & Cockburn, I. (1994). Measuring Competence? Exploring Firm Effects in Pharmaceutical Research. *Strategic Management Journal*, 15 (Special Issue: Competitive Organizational Behavior), 63-84.

Hermanns, H. (2004). Interviewing as an Activity. In U. Flick, E. von Kardorff & I. Steinke (Hrsg.), *A Companion to Qualitative Research* (S. 209-213). London u.a.: Sage.

Herr, A. (2012). *Rationalisierung und Wettbewerb im Arzneimittelmarkt*. Working Paper, DICE ordnungspolitische Perspektiven No. 31. Düsseldorf: Heinrich-Heine-Universität.

Herrmann, A. M. (2008). Contrasting the resource-based view and competitiveness theories: How pharmaceutical firms choose to compete in Germany, Italy and the UK. *Strategic Organization*, 6 (4), 343-374.

Herzberg, F. (1987). One more time: How do you motivate employees? *Harvard Business Review*, 65 (5), 109-120.

Hidalgo, A. & Albors, J. (2008). Innovation management techniques and tools: a review from theory and practice. *R&D Management*, 38 (2), 113-127.

Hii, J., & Neely, A. (2000). Innovative Capacity of Firms: on why some firms are more innovative than others. *7th International Annual EurOMA Conference*. Ghent, Belgium.

Hill, R. C. & Levenhagen, M. (1995). Metaphors and Mental Models: Sensemaking and Sensegiving in Innovative and Entrepreneurial Activities. *Journal of Management*, 21 (6), 1057-1074.

Hill, S., Martin, R. & Harris, M. (2000). Decentralization, Integration and the Post-Bureaucratic Organization: The Case of R&D. *Journal of Management Studies*, 37 (4), 563-585.

Hirsch-Kreinsen, H. (2008). ‚Low-Tech' Innovations. *Industry & Innovation*, 15 (1), 19-43.

Hoetker, G. (2006). Do modular products lead to modular organizations? *Strategic Management Journal*, 27 (6), 501-518.

Hoffmann La-Roche (2012). *Annual Report 2011.* Abgerufen am 30.06.2012 unter http://www.roche.com/gb11e.pdf

Hofstede, G. (1999). Problems Remain, But Theories Will Change: The Universal and the Specific in 21st-Century Global Management. *Organizational Dynamics*, 28 (1), 34-44.

Holmes, D. (2012). Skies darken over drug companies. *The Lancet*, 379, 1863-1864.

Hong, S. H., Shepherd, M. D., Scoones, D. & Wan, T. T. H. (2005). Product-line extensions and pricing strategies of brand-name drugs facing patent expiration. *Journal of Managed Care Pharmacy*, 11 (9), 746-754.

Hopf, C. (2004). Qualitative Interviews: An Overview. In U. Flick, E. von Kardorff & I. Steinke (Hrsg.), *A Companion to Qualitative Research* (S. 203-208). London u.a.: Sage.

Hopkins, M. M., Martin, P. A., Nightingale, P., Kraft, A. & Mahdi, S. (2007). The myth of the biotech revolution: An assessment of technological, clinical and organisational change. *Research Policy*, 36 (4), 566-589.

Horspool, L. J. I. (2013). Animal Health Markets and Opportunities: Companion Animal Landscape. In M. J. Rathbone & A. McDowell (Hrsg.) *Long Acting Animal Health Drug Products: Fundamentals and Applications* (S. 15-47). New York u.a.: Springer.

Howaldt, J., Kopp, R. & Beerheide, E. (2011). Innovationsmanagement in der Hightech-Branche: Ein neues Innovationsparadigma? In J. Howaldt, R. Kopp & E. Beerheide (Hrsg.), *Innovationsmanagement 2.0 – Handlungsorientierte Einführung und praxisbasierte Impulse* (S. 15-36). Wiesbaden: Gabler.

Howe, K. R. (1992). Getting Over the Quantitative – Qualitative Debate. *American Journal of Education*, 100 (2), 236-256.

Howells, J. R. (1995). Going global: the use of ICT networks in research and development. *Research Policy*, 24 (2), 169-184.

Howells, J. R. (1990). The location and organisation of research and development: New horizons. *Research Policy*, 19 (2), 133-146.

Hsu, I. & Sabherwal, R. (2011). From Intellectual Capital to Firm Performance: The Mediating Role of Knowledge. *IEEE Transactions on Engineering Management*, 58 (4), 626-642.

Huff, A. S. (2000). Changes in Organizational Knowledge Production. *Academy of Management Review*, 25 (2), 288-293.

Hughes, B. & Wareham, J. (2010). Knowledge arbitrage in global pharma: a synthetic view of absorptive capacity and open innovation. *R&D Management*, 40 (3), 324-343.

Hungenberg, H. & Wulf, T. (2011). *Grundlagen der Unternehmensführung* (3. Auflage). Berlin u.a.: Springer.

IfM (2013). *KMU-Definition des IfM Bonn.* Abgerufen am 05.07.2013 unter http://www.ifm-bonn.org/mittelstandsdefinition/definition-kmu-des-ifm-bonn/

IFPMA. (2011). *The pharmaceutical industry and global health: facts and figures. Issue 2011.* Abgerufen am 18.06.2012 unter http://www.ifpma.org/fileadmin/content/Publication/2011/2011_The_Pharmaceutical_Industry_and_Global_Health_low_ver2.pdf

Isaksen, S. G. & Ekvall, G. (2010). Managing for Innovation: The Two Faces of Tension in Creative Climates. *Creativity and Innovation Management*, 19 (2), 73-88.

Jansen, J. J. P., Tempelaar, M. P., Van den Bosch, F. A. J. & Volberda, H. W. (2009). Structural Differentiation and Ambidexterity: The Mediating Role of Integration Mechanisms. *Organization Science*, 20 (4), 797-811.

Jansen, J. J. P., Van den Bosch, F. A. J. & Volberda, H. W. (2006). Exploratory Innovation, Exploitative Innovation, and Performance: Effects of Organizational Antecedents and Environmental Moderators. *Management Science*, 52 (11), 1661-1674.

Jansen, J. J. P., Van den Bosch, F. A. J. & Volberda, H. W. (2005). Exploratory Innovation, Exploitative Innovation, and Ambidexterity: The Impact of Environmental and Organizational Antecedents. *Schmalenbach Business Review*, 57 (4), 351-363.

Jarzabkowski, P. & Spee, A. P. (2009). Strategy-as-practice: A review and future directions for the field. *International Journal of Management Reviews*, 11 (1), 69-95.

Jarzabkowski, P. & Whittington, R. (2008). A Strategy-as-Practice Approach to Strategy Research and Education. *Journal of Management Inquiry*, 17 (4), 282-286.

Jaspers, F. & Van den Ende, J. (2010). Open innovation and systems integration: how and why firms know more than they make. *International Journal of Technology Management*, 52 (3/4), 275-294.

Jeppesen, L. B. & Frederiksen, L. (2006). Why Do Users Contribute to Firm-Hosted User Communities? The Case of Computer-Controlled Music Instruments. *Organization Science*, 17 (1), 45-63.

Jick, T. D. (1979). Mixing Qualitative and Quantitative Methods: Triangulation in Action. *Administrative Science Quarterly*, 24 (4), 602-611.

Johannessen, J.-A., Olsen, B. & Olaisen, J. (1997). Organizing for innovation. *Long Range Planning*, 30 (1), 96-109.

Johnson & Johnson (2012). *2011 Annual Report.* Abgerufen am 30.06.2012 unter http://www.jnj.com/connect/about-jnj/publications/

Jordan, J. & Lowe, J. (2004). Protecting Strategic Knowledge: Insights from Collaborative Agreements in the Aerospace Sector. *Technology Analysis & Strategic Management*, 16 (2), 241-259.

Judge, W. Q., Fryxell, G. E. & Dooley, R. S. (1997). The New Task of R&D Management: Creating Goal-Directed Communities for Innovation. *California Management Review*, 39 (3), 72-86.

Kacperczyk, A. J. (2012). Opportunity Structures in Established Firms: Entrepreneurship versus Intrapreneurship in Mutual Funds. *Administrative Science Quarterly*, 57 (3), 484-521.

Kaitin, K. I. (2010). Deconstructing the drug development process: the new face of innovation. *Clinical Pharmacology and Therapeutics*, 87 (3), 356–361.

Kaitin, K. I. & DiMasi, J. A. (2011). Pharmaceutical innovation in the 21st century: new drug approvals in the first decade, 2000-2009. *Clinical Pharmacology and Therapeutics*, 89 (2), 183-188.

Kaplan, R. S. & Norton, D. P. (2006). How to implement a new strategy without disrupting your organization. *Harvard Business Review*, 84 (3), 100-109.

Kaplan, S., Murray, F. & Henderson, R. (2003). Discontinuities and senior management: assessing the role of recognition in pharmaceutical firm response to biotechnology. *Industrial and Corporate Change*, 12 (4), 203-233.

Kauppila, O.-P. (2010). Creating ambidexterity by integrating and balancing structurally separate interorganizational partnerships. *Strategic Organization*, 8 (4), 283-312.

Kieser, A. & Kubicek, H. (1992). *Organisation* (3. Auflage). Berlin u.a.: Walter de Gruyter.

Kieser, A. & Leiner, L. (2009). Why the Rigour–Relevance Gap in Management is Unbridgeable. *Journal of Management Studies*, 46 (3), 516-533.

King, N. & Horrocks, C. (2010). *Interviews in qualitative research.* London u.a.: Sage.

Kirner, E., Kinkel, S. & Jaeger, A. (2009). Innovation paths and the innovation performance of low-technology firms – An empirical analysis of German industry. *Research Policy*, 38 (3), 447-458.

Kirsch, L. J. (1996). The Management of Complex Tasks in Organizations: Controlling the Systems Development Process. *Organization Science,* 7 (1), 1-21.

Klarner, P. & Raisch, S. (2013). Move to the beat – rhythms of change and firm performance. *Academy of Management Journal*, 56 (1), 160-184.

Kleinknecht, A., Van Montfort, K. & Brouwer, E. (2002). The non-trivial choice between innovation indicators. *Economics of Innovation and New Technology*, 11 (2), 109-121.

Knight, K. E. (1967). A Descriptive Model of the Intra-Firm Innovation Process. *The Journal of Business*, 40 (4), 478-496.

Knoben, J. & Oerlemans, L. A. G. (2006). Proximity and inter-organizational collaboration: A literature review. *International Journal of Management Reviews*, 8 (2), 71-89.

Kogut, B. & Zander, U. (1992). Knowledge of the Firm, Combinative Capabilities, and the Replication of Technology. *Organization Science*, 3 (3), 383-397.

Kohler, T., Matzler, K. & Füller, J. (2009). Avatar-based innovation: Using virtual worlds for real-world innovation. *Technovation*, 29 (6-7), 395-407.

Kojda, G. (2000). Freigabe von Arzneimitteln für die Selbstmedikation. *Apothekenmagazin*, (1), 8-11.

Kola, I. (2008). The state of innovation in drug development. *Clinical Pharmacology and Therapeutics*, 83 (2), 227-230.

Kola, I. & Landis, J. (2004). Can the pharmaceutical industry reduce attrition rates? *Nature Reviews Drug Discovery*, 3 (8), 711-715.

Konrad, W. & Nill, J. (2001). *Innovationen für Nachhaltigkeit. Ein interdisziplinärer Beitrag zur konzeptionellen Klärung aus wirtschafts- und sozialwissenschaftlicher Perspektive.* Schriftenreihe des IÖW 157/01. Berlin: Institut für Ökologische Wirtschaftsforschung.

Kraaijenbrink, J., Spender, J. C. & Groen, A. J. (2009). The Resource-Based View: A Review and Assessment of Its Critiques. *Journal of Management*, 36 (1), 349-372.

Kreiner, K. & Schultz, M. (1993). Informal Collaboration in R&D. The formation of Networks Across Organizations. *Organization Studies*, 14 (2), 189-209.

Krüger, W. (1984). *Organisation der Unternehmung*. Stuttgart u.a.: Kohlhammer.

Kuczmarski, T. D. (2003). What is innovation? And why aren't companies doing more of it? *Journal of Consumer Marketing*, 20 (6), 536-541.

Kusunoki, K., Nonaka, I. & Nagata, A. (1998). Organizational Capabilities in Product Development of Japanese Firms: A Conceptual Framework and Empirical Findings. *Organization Science*, 9 (6), 699-718.

Laier, R. (2011). *Value Reporting. Analyse von Relevanz und Qualität der wertorientierten Berichterstattung von DAX-30 Unternehmen*. Wiesbaden: Gabler.

Lam, A. (2004). *Organizational innovation*. Brunel Research in Enterprise, Innovation, Sustainability & Ethics Working Paper No. 1. London: Brunel University.

LaMattina, J. L. (2011). The impact of mergers on pharmaceutical R&D. *Nature Reviews Drug Discovery*, 10 (8), 559-560.

LaMattina, J. L. (2008). *Drug Truths. Dispelling the Myths about Pharma R&D*. Hoboken, New Jersey: Wiley.

Lane, P. J. & Lubatkin, M. (1998). Relative Absorptive Capacity and Interorganizational Learning. *Strategic Management Journal*, 19 (5), 461-477.

Lange, K. (2007). Der pharmazeutische Großhandel – Zeit für strategische Innovationen. *Pharm. Ind.*, 73 (6), 990-993.

Langer, G. (2011). *Unternehmen und Nachhaltigkeit. Analyse und Weiterentwicklung aus der Perspektive der wissensbasierten Theorie der Unternehmung*. Wiesbaden: Gabler.

Langley, A. (1999). Strategies for Theorizing from Process Data. *Academy of Management Review*, 24 (4), 691-710.

Langley, A. & Royer, I. (2006). Perspectives on Doing Case Study Research in Organizations. *M@n@gement*, 9 (3), 81-94.

Lavie, D. & Rosenkopf, L. (2006). Balancing Exploration and Exploitation in Alliance Formation. *Academy of Management Journal*, 49 (4), 797-818.

Lavie, D., Stettner, U. & Tushman, M. L. (2010). Exploration and Exploitation Within and Across Organizations. *Academy of Management Annals*, 4 (1), 109-155.

Lawson, B. & Samson, D. (2001). Developing innovation capability in organisations: A dynamic capability approach. *International Journal of Innovation Management*, 5 (3), 377-400.

Lawton Smith, H., Dickson, K. & Smith, S. L. (1991). There are two sides to every story: Innovation and collaboration within networks of large and small firms. *Research Policy*, 20 (5), 457-468.

Lee, B. (2012). Using Documents in Organizational Research. In G. Symon & C. Cassell (Hrsg.), *Qualitative Organizational Research. Core Methods and Current Challenges* (S. 389-407). London u.a.: Sage.

Lee, K.-H. (2009). Why and how to adopt green management into business organizations? The case study of Korean SMEs in manufacturing industry. *Management Decision*, 47 (7), 1101-1121.

Leifer, R., O'Connor, G. C. & Rice, M. (2001). Implementing radical innovation in mature firms: the role of hubs. *Academy of Management Executive*, 15 (3), 102-113.

Leitner, K.-H. (2006). Strategie für Forschung und Entwicklung: Herausforderungen, Inhalte und Prozesse. In R. Bertl, K. H. Leitner & C. Riegler (Hrsg.), *Forschung und Entwicklung: Steuerung, Berichterstattung und Prüfung* (S. 13-41). Wien: Linde Verlag.

Leonard-Barton, D. (1992). Core Capabilities and Core Rigidities: A Paradox in Managing New Product Development. *Strategic Management Journal*, 13 (Special Issue: Strategy Process: Managing Corporate Self-Renewal), 111-125.

Leonardi, P. M. (2010). Innovation Blindness: Culture, Frames, and Cross-Boundary Problem Construction in the Development of New Technology Concepts. *Organization Science*, 22 (2), 347-369.

LePine, J. & Wilcox-King, A. (2010). Developing novel theoretical insight from reviews of existing theory and research (Editors Comments). *Academy of Management Review*, 35 (4), 506-509.

Leung, K., Bhagat, R. S., Buchan, N. R., Erez, M. & Gibson, C. B. (2005). Culture and international business: recent advances and their implications for future research. *Journal of International Business Studies*, 36 (4), 357-378.

Levinthal, D. A. & March, J. G. (1993). The myopia of learning. *Strategic Management Journal*, 14 (Special Issue: Organizations, Decision Making and Strategy), 95-112.

Lichtenberg, F. (2012). Pharmaceutical Innovation as a process of creative destruction. In M. Mazzucato & G. Dosi (Hrsg.), *Knowledge Accumulation and Industry Evolution: The Case of Pharma-Biotech* (S. 21-72). Cambridge u.a.: Cambridge University Press.

Light, D. & Lexchin, J. (2012). Pharmaceutical R&D: What do we get for all that money? *British Medical Journal*, 345, 22-28.

Lilleoere, A.-M. & Hansen, E. H. (2011). Knowledge-sharing enablers and barriers in pharmaceutical research and development. *Journal of Knowledge Management*, 15 (1), 53-70.

Lim, L. P. L., Garnsey, E. & Gregory, M. (2006). Product and process innovation in biopharmaceuticals: a new perspective on development. *R&D Management*, 36 (1), 27-36.

Lindenberg, S. & Foss, N. J. (2011). Managing Joint Production Motivation: The Role of Goal Framing and Governance Mechanisms. *Academy of Management Review*, 36 (3), 500-525.

Linder, J. C. (2006). Does innovation drive profitable growth? New metrics for a complete picture. *Journal of Business Strategy*, 27 (5), 38-44.

Lisboa, A., Skarmeas, D. & Lages, C. (2011). Innovative capabilities: Their drivers and effects on current and future performance. *Journal of Business Research*, 64 (11), 1157-1161.

Locke, K. (1996). Rewriting the Discovery of Grounded Theory after 25 Years? *Journal of Management Inquiry*, 5 (3), 239-245.

Love, J. H. & Roper, S. (2009). Organizing innovation: Complementarities between cross-functional teams. *Technovation*, 29 (3), 192-203.

Lundberg, J. M. & Reilly, C. (2009). The road ahead for large pharma: long-term science and innovation. *Drug Discovery Today*, 14 (9-10), 439-441.

Lundin, R. (1995). A theory of the temporary organization. *Scandinavian Journal of Management*, 11 (4), 437-455.

Lynn, M. L. (2005). Organizational Buffering: Managing Boundaries and Cores. *Organization Studies*, 26 (1), 37-61.

Magazzini, L., Pammolli, F. & Riccaboni, M. (2012). Learning from Failures or Failing to Learn? Lessons from Pharmaceutical R&D. *European Management Review*, 9 (1), 45-58.

Mahnke, V. & Özcan, S. (2006). Outsourcing Innovation and Relational Governance. *Industry & Innovation*, 13 (2), 121-125.

Mahoney, J. T. & Pandian, J. R. (1992). The Resource-Based View Within the Conversation of Strategic Management. *Strategic Change*, 13 (5), 363-380.

Majer, H. (2000). Das nachhaltige Unternehmen. Versuch einer Begriffsbestimmung. In R. Pfriem & T. Beschorner (Hrsg.), *Evolutorische Ökonomik und Theorie der Unternehmung* (S. 377-417). Marburg: Metropolis Verlag.

March, J. G. (1991). Exploration and Exploitation in Organizational Learning. *Organization Science*, 2 (1), 71-87.

March, J. G. & Simon, H. A. (1958). *Organizations*. New York, NY u.a.: Wiley.

Matusik, S. F. & Hill, C. W. L. (1998). The utilization of contingent work, knowledge creation, and competitive advantage. *Academy of Management Review*, 23 (4), 680-697.

Maurer, I. & Ebers, M. (2006). Dynamics of Social Capital and Their Performance Implications: Lessons from Biotechnology Start-Ups. *Administrative Science Quarterly*, 51 (2), 262-292.

Mayer, L. A. & Trommsdorff, V. (2010). Kundenmanagement in der Arzneimittelindustrie. In R. Busse, J. Schreyögg & O. Tiemann (Hrsg.), *Management im Gesundheitswesen* (2. Auflage, S. 197-207). Berlin u.a.: Springer.

Mayrhofer, W. (1997). Warning: flexibility can damage your organizational health! *Employee Relations*, 19 (6), 519-534.

Mayring, P. (2010). Qualitative Inhaltsanalyse. In G. Mey & K. Mruck (Hrsg.), *Handbuch Qualitative Forschung in der Psychologie* (S. 601-613). Wiesbaden: VS Verlag für Sozialwissenschaften.

Mayring, P. (2008). *Qualitative Inhaltsanalyse: Grundlagen und Techniken* (10. Auflage). Weinheim u.a.: Beltz Verlag.

Mayring, P. (2005). Neuere Entwicklungen in der qualitativen Forschung und der Qualitativen Inhaltsanalyse. In P. Mayring & M. Gläser-Zikuda (Hrsg.), *Die Praxis der qualitativen Inhaltsanalyse* (S. 7-19). Weinheim u.a.: Beltz Verlag.

Mayring, P. (2004). Qualitative Content Analysis. In U. Flick, E. von Kardorff & I. Steinke (Hrsg.), *A Companion to Qualitative Research* (S. 266-269). London u.a.: Sage.

McClurg, L. N. (2001). Team Rewards: How Far Have We Come? *Human Resource Management*, 40 (1), 73-86.

McSweeney, B. (2002). Hofstede's model of national cultural differences and their consequences: A triumph of faith – a failure of analysis. *Human Relations*, 55 (1), 89-118.

Menguc, B. & Auh, S. (2010). Development and return on execution of product innovation capabilities: The role of organizational structure. *Industrial Marketing Management*, 39 (5), 820-831.

Merck & Co. (2012). *2011 Merck Annual Report.* Abgerufen am 30.06.2012 unter http://www.merck.com/investors/financials/annual-reports/home.html

Merkens, H. (2004). Selection Procedures, Sampling, Case Construction. In U. Flick, E. von Kardorff & I. Steinke (Hrsg.), *A Companion to Qualitative Research* (S. 165-171). London u.a.: Sage.

Micheli, P. & Manzoni, J.-F. (2010). Strategic Performance Measurement: Benefits, Limitations and Paradoxes. *Long Range Planning*, 43 (4), 465-476.

Miles, M. B. & Huberman, M. A. (1994). *Qualitative Data Analysis. An Expanded Sourcebook* (2. Auflage).Thousand Oaks u.a.: Sage.

Miles, R. E., Snow, C. C., Mathews, J. A., Miles, G. & Coleman, H. J. (1997). Organizing in the knowledge age: Anticipating the cellular form. *Academy of Management Executive*, 11 (4), 7-20.

Miller, J. & Glassner, B. (2011). The 'Inside' and the 'Outside': Finding Realities in Interviews. In D. Silverman (Hrsg.), *Qualitative Research* (3. Auflage, S. 131-148). London u.a.: Sage.

Mingers, J. & Lipitakis, E. A. E. C. G. (2010). Counting the citations: a comparison of Web of Science and Google Scholar in the field of business and management. *Scientometrics*, *85* (2), 613-625.

Mintzberg, H. (1980). Structure in 5'S: A Synthesis of the Research on Organization Design. *Management Science*, 26 (3), 322-341.

Miotti, L. & Sachwald, F. (2003). Co-operative R&D: Why and with whom? An integrated framework of analysis. *Research Policy*, 32 (8), 1481-1499.

Mitchell, D. W. & Coles, C. B. (2004). Business model innovation breakthrough moves. *Journal of Business Strategy*, 25 (1), 16-26.

Moldaschl, M. (2006). Innovationsfähigkeit, Zukunftsfähigkeit, Dynamic Capabilities: Moderne Fähigkeitsmystik und eine Alternative. In G. Schreyögg & P. Conrad (Hrsg.), *Managementforschung 16: Management von Kompetenz* (S. 1-36). Wiesbaden: Gabler.

Morgan, D. L. (2007). Paradigms Lost and Pragmatism Regained: Methodological Implications of Combining Qualitative and Quantitative Methods. *Journal of Mixed Methods Research*, 1 (1), 48-76.

Morgan, S., Grootendorst, P., Lexchin, J., Cunningham, C. & Greyson, D. (2011). The cost of drug development: a systematic review. *Health Policy*, 100 (1), 4-17.

Möslein, K. (2009). Innovation als Treiber des Unternehmenserfolgs – Herausforderungen im Zeitalter der Open Innovation. In A. Zerfass & K. Möslein (Hrsg.), *Kommunikation als Erfolgsfaktor im Innovationsmanagement. Strategien im Zeitalter der Open Innovation.* (S. 3-22). Wiesbaden: Gabler.

Moulines, C. U. (1994). Wer bestimmt, was es gibt? Zum Verhältnis von Ontologie und Wissenschaftstheorie. *Zeitschrift für philosophische Forschung*, 48 (2), 175-191.

Mullard, A. (2013). Molecular imaging as a de-risking tool: coming into focus? *Nature Reviews Drug Discovery*, 12, 251-252.

Myers, M. D. (2009). *Qualitative Research in Business & Management*. London u.a.: Sage.

Naranjo-Valencia, J. C., Jiménez-Jiménez, D. & Sanz-Valle, R. (2011). Innovation or imitation? The role of organizational culture. *Management Decision*, 49 (1), 55-72.

Nerdinger, F. W. (2004). Motivation. In G. Schreyögg & A. von Werder (Hrsg.), *Handwörterbuch Unternehmensführung und Organisation. Enzyklopädie der Betriebswirtschaftslehre, Band 2* (4. Auflage, Sp. 905-914). Stuttgart: Schäffer-Poeschel.

Nightingale, P. & Mahdi, S. (2012). The evolution of pharmaceutical innovation. In M. Mazzucato & G. Dosi (Hrsg.), *Knowledge Accumulation and Industry Evolution: The Case of Pharma-Biotech* (S. 73-111). Cambridge u.a.: Cambridge University Press.

Nohria, N. & Gulati, R. (1996). Is slack good or bad for innovation? *Academy of Management Journal*, 39 (5), 1245-1264.

Nonaka, I. (2007). The Knowledge-Creating Company. *Harvard Business Review*, 26 (4-5), 162-171.

Nonaka, I. (1994). A Dynamic Theory of Organizational Knowledge Creation. *Organization Science*, 5 (1), 14-37.

Nonaka, I. (1990). Redundant, Overlapping Organization: A Japanese Approach to Managing the Innovation Process. *California Management Review* 32 (3), 27-39.

Nooteboom, B. (2006). *Beyond Penrose: A Cognitive Theory of the Firm*. Discussion Paper No. 2006-34. Tilburg: Tilburg University.

Nooteboom, B. (2004). Governance and competence: How can they be combined? *Journal of Economics*, 28 (4), 505-525.

Nooteboom, B. (2000a). *Learning and Innovation in Organizations and Economies*. Oxford, New York: Oxford University Press.

Nooteboom, B. (2000b). Learning by Interaction: Absorptive Capacity, Cognitive Distance and Governance. *Journal of Management & Governance*, 4 (1-2), 69-92.

Nooteboom, B. (2000c). Institutions and Forms of Co-ordination in Innovation Systems. *Organization Studies*, 21 (5), 915-939.

Nooteboom, B., Van Haverbeke, W., Duysters, G., Gilsing, V. & Van den Oord, A. (2007). Optimal cognitive distance and absorptive capacity. *Research Policy*, 36 (7), 1016-1034.

Novartis (2012). *Annual Report 2011.* Abgerufen am 30.06.2012 unter http://www.novartis.com/investors/financial-results/annual-results/index.shtml

O'Connor, G. C. & DeMartino, R. (2006). Organizing for Radical Innovation: An Exploratory Study of the Structural Aspects of RI Management Systems in Large Established Firms. *Journal of Product Innovation Management*, 23 (6), 475-497.

O'Connor, G. C. & McDermott, C. M. (2004). The human side of radical innovation. *Journal of Engineering and Technology Management*, 21 (1-2), 11-30.

O'Hagan, P. & Farkas, C. (2009). *Bringing pharma R&D back to health.* Bain & Company Research Report. Abgerufen am 11.09.2012 unter http://www.bain.com/publications/articles/bringing-pharma-r-and-d-back-to-health.aspx

O'Reilly, C. A. & Tushman, M. L. (2004). The ambidextrous organization. *Harvard Business Review*, 82 (4), 74-81.

Oanda (2013). *Historische Wechselkurse* (Datenbank). Abgerufen am 11.02.2013 unter http://www.oanda.com/lang/de/currency/historical-rates/

OECD (2011). *ISIC REV. 3 Technology Intensity Definition. Classification of manufacturing industries into categories based on R&D intensities.* Abgerufen am 30.12.2011 unter http://www.oecd.org/dataoecd/43/41/48350231.pdf

Ohlbrecht, H. (2004). Resources for Qualitative Researchers. In U. Flick, E. von Kardorff & I. Steinke (Hrsg.), *A Companion to Qualitative Research* (S. 373-380). London u.a.: Sage.

Orloff, J. J. & Stanski, D. (2011). Innovative approaches to clinical development and trial design. *Annali dell'Istituto Superiore di Sanità*, 47 (1), 8-13.

Orsenigo, L., Dosi, G. & Mazzucato, M. (2012). The dynamics of knowledge accumulation, regulation, and appropriability in the pharma-biotech sector: policy issues. In M. Mazzucato & G. Dosi (Hrsg.), *Knowledge Accumulation and Industry Evolution: The Case of Pharma-Biotech* (S. 402-431). Cambridge u.a.: Cambridge University Press.

Osterloh, M. & Frey, B. S. (2000). Motivation, Knowledge Transfer, and Organizational Forms. *Organization Science*, 11 (5), 538-550.

Osterloh, M., Frey, B. S. & Frost, J. (2001). Managing Motivation, Organization and Governance. *Journal of Management and Governance*, 5 (3-4), 231-239.

Osterloh, M. & Frost, J. (2003). Mit welcher Landkarte würden Sie reisen ? Von ‚Mode Two' bis ‚Mode Zero' in der Wissensproduktion. *Die Betriebswirtschaft*, 63 (5), 592-597.

Osterloh, M. & Frost, J. (2000). Der schwere Weg von der Organisationstheorie zum Organisationsdesign. *Die Betriebswirtschaft*, 60 (4), 485-511.

Osterloh, M. & Frost, J. (1998). Organisation. In R. Berndt, F. Altobelli & P. Schuster (Hrsg.), *Springers Handbuch der Betriebswirtschaftslehre, Band 1* (S. 185-235). Heidelberg u.a.: Springer.

Osterloh, M. & Weibel, A. (2009). The governance of explorative knowledge production. In N. J. Foss & S. Michailova (Hrsg.), *Knowledge Governance: Processes and Perspectives* (S. 138-165). Oxford, New York: Oxford University Press.

Paladino, A. (2009). Financial Champions and Masters of Innovation: Analyzing the Effects of Balancing Strategic Orientations. *Journal of Product Innovation Management*, 26 (6), 616-626.

Palmer, D., Dick, B. & Freiburger, N. (2009). Rigor and Relevance in Organization Studies. *Journal of Management Inquiry*, 18 (4), 265-272.

Pammolli, F., Magazzini, L. & Riccaboni, M. (2011). The productivity crisis in pharmaceutical R&D. *Nature Reviews Drug Discovery*, 10 (6), 428-438.

Paul, S. M., Mytelka, D. S., Dunwiddie, C. T., Persinger, C. C., Munos, B. H., Lindborg, S. R. & Schacht, A. L. (2010). How to improve R&D productivity: the pharmaceutical industry's grand challenge. *Nature Reviews Drug Discovery*, 9 (3), 203-214.

Peeters, C. & Pottelsberghe de la Potterie, B. van (2003). *Measuring Innovation Competencies and Performances: A Survey of Large Firms in Belgium*. IIR Working Paper No. 3-16. Tokyo: Hitosubashi University.

Peirone, D. (2007). Knowledge and venture funding: complementarities and financial contracts. *Industrial and Corporate Change*, 16 (5), 851-873.

Pénin, J. (2007). Open Knowledge Disclosure: An Overview of the Evidence and Economic Motivations. *Journal of Economic Surveys*, 21 (2), 326-347.

Penrose, E. T. (1959). *The Theory of the Growth of the Firm*. New York: Wiley.

Persaud, A. (2005). Enhancing Synergistic Innovative Capability in Multinational Corporations: An Empirical Investigation. *Journal of Product Innovation Management*, 22 (5), 412-429.

Pervaiz, A. K. (1998). Culture and Climate for Innovation. *European Journal of Innovation Management*, 1 (1), 30-43.

Pervaiz, A. K. & Shepherd, C. D. (2010). *Innovation Management: Context, strategies, systems and processes*. Harlow: Financial Times Prentice Hall.

Peteraf, M. A. (1993). The Cornerstones of Competitive Advantage: A Resource-Based View. *Strategic Management Journal*, 14 (3), 179-191.

Peteraf, M. A. & Bergen, M. E. (2003). Scanning Dynamic Competitive Landscapes: A Market-Based and Resource-Based Framework. *Strategic Management Journal*, 24 (10), 1027-1041.

Petsko, G. A. (2009). Too big to succeed? *Genome Biology*, 10 (3), 103.

Pettigrew, A. M. & Massini, S. (2003). Innovative Forms of Organizing: Trends in Europe, Japan and the USA in the 1990s. In A. M. Pettigrew, R. Whittington, L. Melin, C. Sánchez-Runde, F. A. J. van den Bosch, W. Ruigrok & T. Numagami (Hrsg.), *Innovative Forms of Organizing* (S. 1-32). London u.a.: Sage.

Pfizer (2012). *Annual Review 2011.* Abgerufen am 30.06.2012 unter http://www.pfizer.com/investors/financial_reports/financial_reports

Picot, A. & Baumann, O. (2007). Modularität in der verteilten Entwicklung komplexer Systeme: Chancen, Grenzen, Implikationen. *Journal für Betriebswirtschaft*, 57 (3-4), 221-246.

Pittaway, L., Robertson, M., Munir, K., Denyer, D. & Neely, A. (2004). Networking and innovation: a systematic review of the evidence. *International Journal of Management Reviews*, 5-6 (3-4), 137-168.

Pleschak, F. & Sabisch, H. (1996). *Innovationsmanagement*. Stuttgart: Schäffer-Poeschel.

Podolny, J. M. & Page, K. L. (1998). Network Forms of Organization. *Annual Review of Sociology*, 24, 57-76.

Pohlmann, M., Gebhardt, C. & Etzkowitz, H. (2005). The Development of Innovation Systems and the Art of Innovation Management – Strategy, Control and the Culture of Innovation. *Technology Analysis & Strategic Management*, 17 (1), 1-7.

Polanyi, M. (1967). *The Tacit Dimension*. Garden City, New York: Anchor Books.

Popper, S. K. R. (1959). *The Logic of Discovery*. New York u.a.: Harper & Row.

Porter, M. E. (2008). The Five Competitive Forces That Shape Strategy. *Harvard Business Review*, 86 (1), 78-93.

Porter, M. E. (1981). The Contributions of Industrial Organization to Strategic Management. *Academy of Management Review*, 6 (4), 609-620.

Porter, M. E. (1980). Industry Structure and Competitive Strategy: Keys to Profitability. *Financial Analysts Journal*, 36 (4), 30-41.

Porter, M. E., Argyres, N. & McGahan, A. M. (2002). An interview with Michael Porter. *Academy of Management Executive*, 16 (2), 43-52.

Posen, H. E. & Levinthal, D. A. (2011). Chasing a Moving Target: Exploitation and Exploration in Dynamic Environments. *Management Science*, 58 (3), 587-601.

Poskela, J. & Martinsuo, M. (2009). Management Control and Strategic Renewal in the Front End of Innovation. *Journal of Product Innovation Management*, 26 (6), 671-684.

Powell, W. W. (1998). Learning from Collaboration: Knowledge and Networks in the Biotechnology and Pharmaceutical Industries. *California Management Review*, 40 (3), 228-240.

Powell, W. W. (1990). Neither Market nor Hierarchy: Network Forms of Organization. In L. L. Cummings & B. M. Staw (Hrsg.), *Research in Organizational Behaviour* (Volume 12, S. 295-336). Greenwich, Connecticut: JAI Press.

Powell, W. W., Koput, K. W. & Smith-Doerr, L. (1996). Interorganizational Collaboration and the Locus of Innovation: Networks of Learning in Biotechnology. *Administrative Science Quarterly*, 41 (1), 116-145.

Prahalad, C. K. (2012). Bottom of the Pyramid as a Source of Breakthrough Innovations. *Journal of Product Innovation Management*, 29 (1), 6-12.

Prencipe, A. & Tell, F. (2001). Inter-project learning : processes and outcomes of knowledge codification in project-based firms. *Research Policy*, 30 (9), 1373-1394.

Prendergast, C. (1999). The Provision of Incentives in Firms. *Journal of Economic Literature*, 37 (1), 7-63.

Priem, R. L. & Butler, T. E. (2001). Tautology in the Resource-Based View and the Implications of Externally Determined Resource Value: Further Comments. *Academy of Management Review*, 26 (1), 57-66.

Puhan, T.-X. & Vogel, R. (2009). Solving the innovation dilemma by creating organizational think tanks. *The International Journal of Entrepreneurship and Innovation*, 10 (4), 291-300.

PWC (2012). *Pharma 2020: The vision. Which path will you take?* Abgerufen am 11.09.2012 unter http://www.pwc.com/gx/en/pharma-life-sciences/pharma-2020/pharma-2020-vision-path.jhtml

Raisch, S. & Birkinshaw, J. (2008). Organizational Ambidexterity: Antecedents, Outcomes, and Moderators. *Journal of Management*, 34 (3), 375-409.

Raisch, S., Birkinshaw, J., Probst, G. & Tushman, M. L. (2009). Organizational Ambidexterity: Balancing Exploitation and Exploration for Sustained Performance. *Organization Science*, 20 (4), 685-695.

Ravasi, D., Corley, K., Eisenman, M. & Gioia, D. (2006). Responding to organizational identity threats: Exploring the role of organizational culture. *Academy of Management Journal*, 49 (3), 433-458.

Ray, P. K. & Ray, S. (2010). Resource-Constrained Innovation for Emerging Economies: The Case of the Indian Telecommunications Industry. *IEEE Transactions on Engineering Management*, 57 (1), 144-156.

Raynor, M. E. (1998). That vision thing: Do we need it? *Long Range Planning*, 31 (3), 368-376.

Read, A. (2000). Determinants of successful organisational innovation: a review of current research. *Journal of Management*, 3 (1), 95-119.

Reichertz, J. (2004). Abduction, Deduction and Induction in Qualitative Research. In U. Flick, E. von Kardorff & I. Steinke (Hrsg.), *A Companion to Qualitative Research* (S. 159-164). London u.a.: Sage.

Reichwald, R. & Möslein, K. (1997). *Organisation: Strukturen und Gestaltung*. Arbeitsbericht Nr. 14 des Lehrstuhls für Allgemeine und Industrielle Betriebswirtschaftslehre. München: Technische Universität München.

Reichwald, R. & Piller, F. (2009). *Interaktive Wertschöpfung. Open Innovation, Individualisierung und neue Formen der Arbeitsteilung* (2. Auflage). Wiesbaden: Gabler.

Reihlen, M. (2004). Hierarchie. In G. Schreyögg & A. von Werder (Hrsg.), *Handwörterbuch Unternehmensführung und Organisation. Enzyklopädie der Betriebswirtschaftslehre, Band 2* (4. Auflage, Sp. 407-413). Stuttgart: Schäffer-Poeschel.

Rindova, V. P. & Petkova, A. P. (2007). When Is a New Thing a Good Thing? Technological Change, Product Form Design, and Perceptions of Value for Product Innovations. *Organization Science*, 18 (2), 217-232.

Roberts, P. W. (1999). Product innovation, product-market competition and persistent profitability in the U.S. pharmaceutical industry. *Strategic Management Journal*, 20 (7), 655-670.

Robertson, P. L., Casali, G. L. & Jacobson, D. (2012). Managing open incremental process innovation: Absorptive Capacity and distributed learning. *Research Policy*, 41 (5), 822-832.

Romijn, H. & Albaladejo, M. (2002). Determinants of innovation capability in small electronics and software firms in southeast England. *Research Policy*, 31 (7), 1053-1067.

Rosenblatt, V. (2011). The impact of institutional processes, social networks, and culture on diffusion of global work values in multinational organizations. *Cross Cultural Management: An International Journal*, 18 (1), 105-121.

Rouleau, L. (2005). Micro-Practices of Strategic Sensemaking and Sensegiving: How Middle Managers Interpret and Sell Change Every Day. *Journal of Management Studies*, 42 (7), 1413-1441.

Rowley, J., Baregheh, A. & Sambrook, S. (2011). Towards an innovation-type mapping tool. *Management Decision*, 49 (1), 73-86.

Rugman, A. M. & Verbeke, A. (2000). Six Cases of Corporate Strategic Responses to Environmental Regulation. *European Management Journal*, 18 (4), 377-385.

Rusu, A., Kuokkanen, K. & Heier, A. (2011). Current trends in the pharmaceutical industry – a case study approach. *European Journal of Pharmaceutical Sciences*, 44 (3), 437-440.

Ryan, R. M. & Deci, E. L. (2000). Intrinsic and Extrinsic Motivations: Classic Definitions and New Directions. *Contemporary Educational Psychology*, 25 (1), 54-67.

Rycroft, R. W. & Kash, D. E. (2004). Self-organizing innovation networks: implications for globalization. *Technovation*, 24 (3), 187-197.

Salomo, S., Gemünden, H. G. & Billing, F. (2007). Dynamisches Schnittstellenmanagement radikaler Innovationsvorhaben. In C. Herstatt & B. Verworn (Hrsg.), *Management der frühen Innovationsphasen: Grundlagen – Methoden – Neue Ansätze* (2. Auflage, S. 215-248). Wiesbaden: Gabler.

Sammerl, N. (2006). *Innovationsfähigkeit und nachhaltiger Wettbewerbsvorteil: Messung – Determinanten – Wirkungen*. Wiesbaden: Deutscher Universitätsverlag.

Sampson, H. (2004). Navigating the waves: the usefulness of a pilot in qualitative research. *Qualitative Research*, 4 (3), 383-402.

Sandberg, J. & Tsoukas, H. (2011). Grasping the Logic of Practice: Theorizing Through Practical Rationality. *Academy of Management Review*, 36 (2), 338-360.

Sanofi (2012). *Annual Report on Form 20-F*. Abgerufen am 30.06.2012 unter http://en.sanofi.com/investors/news/news.aspx

Sapsed, J., Bessant, J., Partington, D., Tranfield, D. & Young, M. (2002). Teamworking and Knowledge Management: A Review of Converging Themes. *International Journal of Management Reviews*, 4 (1), 71-85.

Sastry, M. A. (1997). Problems and Paradoxes in a Model of Punctuated Organizational Change. *Administrative Science Quarterly*, 42 (2), 237-275.

Sauermann, H. & Cohen, W. M. (2010). What Makes Them Tick? Employee Motives and Firm Innovation. *Management Science*, 56 (12), 2134-2153.

Saunders, M. (2012). Choosing Research Participants. In G. Symon & C. Cassell (Hrsg.), *Qualitative Organizational Research. Core Methods and Current Challenges* (S. 35-52). London u.a.: Sage.

Saur-Amaral, I. & Kofinas, A. (2010). Multidisciplinary collaborations in pharmaceutical innovation: a two case-study comparison. *Journal of Business Chemistry*, 7 (3), 131-153.

Savanevičienė, A. & Stark, G. (2008). Über den Umgang mit unterschiedlichen und konvergenten unternehmenskulturellen Werten in Europa. *Europäische Zeitschrift für Berufsbildung*, 44 (2), 56-83.

Schein, E. H. (1996). Culture: The Missing Concept in Organization Studies. *Administrative Science Quarterly*, 41 (2), 229-240.

Schein, E. H. (1990). Organizational Culture. *American Psychologist*, 45 (2), 109-119.

Schmickl, C. & Kieser, A. (2008). How much do specialists have to learn from each other when they jointly develop radical product innovations? *Research Policy*, 37 (3), 473-491.

Schmid, E. F. & Smith, D. A. (2005). Is declining innovation in the pharmaceutical industry a myth? *Drug Discovery Today*, 10 (15), 1031-1039.

Schoeneborn, D., Blaschke, S. & Kaufmann, I. M. (2013). Recontextualizing Anthropomorphic Metaphors in Organization Studies: The Pathology of Organizational Insomnia. *Journal of Management Inquiry*, 22 (4), 435-450.

Schreyögg, G. (2012). *Grundlagen der Organisation: Basiswissen für Studium und Praxis*. Wiesbaden: Gabler.

Schreyögg, G. & Koch, J. (2010). *Grundlagen des Managements: Basiswissen für Studium und Praxis* (2. Auflage). Wiesbaden: Gabler.

Schreyögg, G. (2004). Organisationstheorie. In G. Schreyögg & A. von Werder (Hrsg.), *Handwörterbuch Unternehmensführung und Organisation. Enzyklopädie der Betriebswirtschaftslehre, Band 2* (4. Auflage, Sp. 1069-1088). Stuttgart: Schäffer-Poeschel.

Schreyögg, G. & Kliesch, M. (2003). *Rahmenbedingungen für die Entwicklung organisationaler Kompetenz*. QUEM-Materialien No. 48. Berlin: Arbeitsgemeinschaft Betriebliche Weiterbildungsforschung.

Schreyögg, G. & Sydow, J. (2010). Organizing for Fluidity? Dilemmas of New Organizational Forms. *Organization Science*, 21 (6), 1251-1262.

Schreyögg, J. (2010). Kundenmanagement im Gesundheitswesen – Einführung und methodische Grundlagen. In R. Busse, J. Schreyögg & O. Tiemann (Hrsg.), *Management im Gesundheitswesen* (2. Auflage., S. 152-154). Berlin u.a.: Springer.

Schreyögg, J. & Busse, R. (2010). Leistungsmanagement von Krankenversicherungen. In R. Busse, J. Schreyögg & O. Tiemann (Hrsg.), *Management im Gesundheitswesen* (2. Auflage, S. 21-47). Berlin u.a.: Springer.

Schreyögg, J. & Stargardt, T. (2010). Leistungsmanagement in der Arzneimittelindustrie. In R. Busse, J. Schreyögg & O. Tiemann (Hrsg.), *Management im Gesundheitswesen* (2. Auflage, S. 122-150). Berlin u.a.: Springer.

Schumpeter, J. A. (1912). *Theorie der wirtschaftlichen Entwicklung*. Leipzig: Duncker & Humblot.

Scott, C. (2012). Fight Cancer with Nanotechnology. *BioProcess International*, 10 (5), 22-30.

Seidler-de Alwis, R. & Hartmann, E. (2008). The use of tacit knowledge within innovative companies: knowledge management in innovative enterprises. *Journal of Knowledge Management*, 12 (1), 133-147.

Sen, F. K. & Egelhoff, W. G. (2000). Innovative Capabilities of a Firm and the Use of Technical Alliances. *IEEE Transactions on Engineering Management*, 47 (2), 174-183.

Shah, S. K. & Corley, K. G. (2006). Building Better Theory by Bridging the Quantitative – Qualitative Divide. *Journal of Management Studies*, 43 (8), 1821-1835.

Shepard, H. A. (1967). Innovation-Resisting and Innovation-Producing Organizations. *The Journal of Business*, 40 (4), 470-477.

Siggelkow, N. (2007). Persuasion with case studies. *Academy of Management Journal*, 50 (1), 20-24.

Siggelkow, N. & Levinthal, D. (2003). Temporarily Divide to Conquer: Centralized, Decentralized, and Reintegrated Organizational Approaches to Exploration and Adaptation. *Organization Science*, 14 (6), 650-669.

Siggelkow, N. & Rivkin, J. W. (2006). When exploration backfires: unintended consequences of multilevel organizational search. *Academy of Management Journal*, 49 (4), 779-795.

Simon, H. A. (1962). The Architecture of Complexity. *Proceedings of the American Philosophical Society*, 106 (6), 467-482.

Smaling, A. (1994). The pragmatic dimension: Paradigmatic and pragmatic aspects of choosing a qualitative or quantitative method. *Quality & Quantity*, 28, 233-249.

Smaling, A. (1992). Varieties of methodological intersubjectivity – the relations with qualitative and quantitative research, and with objectivity. *Quality & Quantity*, 26, 169-180.

Smith, K. (2005). Measuring innovation. In J. Fagerberg, D. C. Mowery & R. R. Nelson (Hrsg.), *The Oxford Handbook of Innovation* (S. 148-179). Oxford, New York: Oxford University Press.

Smith, A. & Graetz, F. (2006). Organizing dualities and strategizing for change. *Strategic Change*, 15 (5), 231-239.

Starkey, K., Hatchuel, A. & Tempest, S. (2009). Management Research and the New Logics of Discovery and Engagement. *Journal of Management Studies*, 46 (3), 547-558.

Staropoli, C. (1998). Cooperation in R&D in the pharmaceutical industry – The network as an organizational innovation governing technological innovation. *Technovation*, 18 (1), 13-23.

Statistisches Bundesamt (2008). *Klassifikation der Wirtschaftszweige. Mit Erläuterungen.* Wiesbaden: Statistisches Bundesamt.

Steiber, A. & Alänge, S. (2013). A corporate system for continuous innovation: the case of Google Inc. *European Journal of Innovation Management*, 16 (2), 243-264.

Steinke, I. (2007). Qualitätssicherung in der qualitativen Forschung. In U. Kuckartz, H. Grunenberg & T. Dresing (Hrsg.), *Qualitative Datenanalyse: computergestützt. Methodische Hintergründe und Beispiele aus der Forschungspraxis* (2. Auflage, S. 176-187). Wiesbaden: VS Verlag für Sozialwissenschaften.

Sternitzke, C. (2010). Knowledge sources, patent protection, and commercialization of pharmaceutical innovations. *Research Policy*, 39 (6), 810-821.

Stieglitz, N. & Heine, K. (2007). Innovations and the Role of Complementarities in a Strategic Theory of the Firm. *Strategic Management Journal*, 28 (1), 1-15.

Stonehouse, G. & Snowdon, B. (2007). Competitive Advantage Revisited: Michael Porter on Strategy and Competitiveness. *Journal of Management Inquiry*, 16 (3), 256-273.

Strauss, A. & Corbin, J. (1994). Grounded Theory Methodology. An Overview. In N. K. Denzin & Y. S. Lincoln (Hrsg.), *Handbook of Qualitative Research* (S. 273-285). Thousand Oaks u.a.: Sage.

Stucki, J. C. (1980). A goal-oriented pharmaceutical research and development organization: an eleven-year experience. *R&D Management*, 10 (3), 97-105.

Sturges, J. E. & Hanrahan, K. J. (2004). Comparing telephone and face-to-face qualitative interviewing: a research note. *Qualitative Research*, 4 (1), 107-118.

Subramaniam, M. & Youndt, M. A. (2005). The influence of intellectual capital on the types of innovative capabilities. *Academy of Management Journal*, 48 (3), 450-463.

Subramanian, R., Toney, J. H. & Jayachandran, C. (2011). The evolution of research and development in the pharmaceutical industry: toward the open innovation model – can pharma reinvent itself? *International Journal of Innovation and Research*, 5 (1), 63-74.

Suddaby, R. (2006). From the editors. What grounded theory is not. *Academy of Management Journal*, 49 (4), 633-642.

Sundbo, J. (1996). The balancing of empowerment: A strategic resource based model of organizing innovation activities in service and low tech firms. *Technology Analysis & Strategic Management*, 16 (8), 397-409.

Sundgren, M., Dimenäs, E., Gustafsson, J.-E. & Selart, M. (2005). Drivers of organizational creativity: a path model of creative climate in pharmaceutical R&D. *R&D Management*, 35 (4), 359-374.

Teece, D. J. (2001). Strategies for Managing Knowledge Assets: the Role of Firm Structure and Industrial Context. In I. Nonaka & D. J. Teece (Hrsg.), *Managing Industrial Knowledge. Creation, Transfer, Utilization* (S. 125-144). London: Sage.

Teece, D. J. (1986). Profiting from technological innovation: Implications for integration, collaboration, licensing and public policy. *Research Policy*, 15 (6), 285-305.

Teece, D. J., Pisano, G. & Shuen, A. (1997). Dynamic capabilities and strategic management. *Strategic Management Journal*, 18 (7), 509-533.

Thom, N. (1980). *Grundlagen des betrieblichen Innovationsmanagements* (2. Auflage.). Königstein/Taunus: Hanstein.

Thomke, S. & Kuemmerle, W. (2002). Asset accumulation, interdependence and technological change: evidence from pharmaceutical drug discovery. *Strategic Management Journal*, 23 (7), 619-635.

Thorpe, R., Eden, C., Bessant, J. & Ellwood, P. (2011). Rigour, Relevance and Reward: Introducing the Knowledge Translation Value Chain. *British Journal of Management*, 22 (3), 420-431.

Tidd, J., Bessant, J. R. & Pavitt, K. (2005). *Managing Innovation: Integrating Technological, Market and Organizational Change* (3. Auflage). Chichester, UK: Wiley.

Tollmann, P., Morieux, Y., Murphy, K. J. & Schulze, U. (2011). *Can R&D Be Fixed? Lessons from Biopharma Outliers*. Boston Consulting Group, Research Report. Abgerufen am 26.08.2012 unter http://www.bcg.de/expertise_impact/Industries/bio_pharma/PublicationDetails.aspx?id=tcm:89-85476

Tripsas, M. & Gavetti, G. (2000). Capabilities, cognition, and inertia: evidence from digital imaging. *Strategic Management Journal*, 21 (10-11), 1147-1161.

Tushman, M. L., Smith, W. K., Wood, R. C., Westerman, G. & O'Reilly, C. A. (2010). Organizational designs and innovation streams. *Industrial and Corporate Change*, 19 (5), 1331-1366.

Tushman, M. L., O'Reilly, C., Fenollosa, A., Kleinbaum, A. M. & McGrath, D. N. (2007). Relevance and Rigor: Executive Education as a Lever in Shaping Practice and Research. *Academy of Management Learning & Education*, 6 (3), 345-362.

Tushman, M. L. & O'Reilly, C. A. (1996). Ambidextrous organizations: Managing evolutionary and revolutionary change. *California Management Review*, 38 (4), 8-30.

Un, C. A. & Montoro-Sanchez, A. (2010). Innovative capability development for entrepreneurship: A theoretical framework. *Journal of Organizational Change Management*, 23 (4), 413-434.

Urban, G. L. & Von Hippel, E. (1988). Lead user analyses for the development of new industrial products. *Management Science*, 34 (5), 569-582.

Utterback, J. M. & Abernathy, W. J. (1975). A Dynamic Model of Process and Product Innovation. *OMEGA - The International Journal of Management Science*, 3 (6), 639-656.

Utterback, J. M. & Suárez, F. F. (1993). Innovation, competition and industry structure. *Research Policy*, 22 (1), 1-21.

Vahs, D. & Burmester, R. (2005). *Innovationsmanagement. Von der Idee zur erfolgreichen Vermarktung.* Stuttgart: Schäffer-Poeschel.

Valle, F. & Gambardella, A. (1993). Biological revolution and strategies for innovation in pharmaceutical companies. *R&D Management*, 23 (4), 287-302.

Valsiner, J. (2000). Data as representations: contextualizing qualitative and quantitative research strategies. *Social Science Information*, 39 (1), 99-113.

Van der Panne, G., Van Beers, C. & Kleinknecht, A. (2003). Success and failure of innovation: a literature review. *International Journal of Innovation Management*, 7 (3), 309-338.

Van de Ven, A. H. (1986). Central Problems in the Management of Innovation. *Management Science*, 32 (5), 590-607.

Van de Vrande, V., Vanhaverbeke, W. & Gassmann, O. (2010). Broadening the scope of open innovation: past research, current state and future directions. *International Journal of Technology Management*, 52 (3-4), 221-235.

Van Looy, B., Martens, T. & Debackere, K. (2005). Organizing for Continuous Innovation: On the Sustainability of Ambidextrous Organizations. *Creativity and Innovation Management*, 14 (3), 208-221.

Vaughan, D. (1992). Theory elaboration: the heuristics of case analysis. In C. C. Ragin & H. S. Becker (Hrsg.), *What is a case? Exploring the Foundations of Social Inquiry* (S. 173-202). Cambridge: Cambridge University Press.

Verworn, B. & Herstatt, C. (2007a). Bedeutung und Charakteristika der frühen Phasen des Innovationsprozesses. In C. Herstatt & B. Verworn (Hrsg.), *Management der frühen Innovationsphasen: Grundlagen – Methoden – Neue Ansätze* (2. Auflage, S. 3-19). Wiesbaden: Gabler.

Verworn, B. & Herstatt, C. (2007b). Strukturierung und Gestaltung der frühen Phasen des Innovationsprozesses. In C. Herstatt & B. Verworn (Hrsg.), *Management der frühen Innovationsphasen: Grundlagen – Methoden – Neue Ansätze* (2. Auflage, S. 111-134). Wiesbaden: Gabler.

VfA (2012). *Zukunft – Innovationen – Fortschritt gestalten. Die Rolle der forschenden Pharma-Unternehmen.* Abgerufen am 12.04.2012 unter http://www.vfa.de/de/presse/publikationen

VfA (2011a). *Forschung für das Leben: Entwicklungsprojekte für innovative Arzneimittel.* Abgerufen am 12.04.2012 unter http://www.vfa.de/de/presse/publikationen

VfA (2011b). *Die pharmazeutische Industrie in Deutschland. Ein Branchenportrait.* Abgerufen am 12.04.2012 unter http://www.vfa.de/de/presse/publikationen

VfA (2009). *Forschung für das Leben: Entwicklungsprojekte für innovative Arzneimittel.* Abgerufen am 12.04.2012 unter http://www.vfa.de/de/presse/publikationen

Vining, A. R., Shapiro, D. M. & Borges, B. (2005). Building the firm's political (lobbying) strategy. *Journal of Public Affairs*, 5 (2), 150-175.

Volberda, H. W. (1996). Toward the Flexible Form: How to Remain Vital in Hypercompetitive Environments. *Organization Science*, 7 (4), 359-374.

Von der Oelsnitz, D. (2009). *Die innovative Organisation. Eine gestaltungsorientierte Einführung.* Stuttgart: Kohlhammer.

Von Hippel, E. (1994). 'Sticky information' and the Locus of Problem Solving: Implications for Innovation. *Management Learning*, 40 (4), 429-433.

Von Krogh, G., Haefliger, S., Spaeth, S. & Wallin, M. W. (2012). Carrots and Rainbows: Motivation and Social Practice in Open Source Software Development. *MIS Quarterly*, 36 (2), 649-676.

Von Stamm, B. (2008). Innovationen – ein ganzheitlicher Ansatz. In B. P. Priddat & P. Seele (Hrsg.), *Das Neue in Ökonomie und Management. Grundlagen, Methoden, Beispiele* (S. 117-146). Wiesbaden: Gabler.

Walgenbach, P. & Beck, N. (2004). Messung von Organisationsstrukturen. In G. Schreyögg & A. von Werder (Hrsg.), *Handwörterbuch Unternehmensführung und Organisation. Enzyklopädie der Betriebswirtschaftslehre, Band 2* (4. Auflage, Sp. 843-852). Stuttgart: Schäffer-Poeschel.

Walrave, B., Van Oorschot, K. E. & Romme, A. G. L. (2011). Getting Trapped in the Suppression of Exploration: A Simulation Model. *Journal of Management Studies*, 48 (8), 1727-1751.

Walsh, J. P., Tushman, M. L., Kimberly, J. R., Starbuck, B. & Ashford, S. (2007). On the Relationship Between Research and Practice: Debate and Reflections. *Journal of Management Inquiry*, 16 (2), 128-154.

Wang, T. & McAuslane, N. (2012). *New drug approvals in ICH countries: 2002-2011*. Center for Innovation in Regulatory Science, White Paper. Abgerufen am 11.09.2012 unter http://213.120.141.158/white-papers

Wasserman, J. A., Clair, J. M. & Wilson, K. L. (2009). Problematics of grounded theory: innovations for developing an increasingly rigorous qualitative method. *Qualitative Research*, 9 (3), 355-381.

Weick, K. E. & Quinn, R. E. (1999). Organizational Change and Development. *Annual Review of Psychology*, 50, 361-386.

Weiss, D., Naik, P. & Weiss, R. (2009). The 'big pharma' dilemma: develop new drugs or promote existing ones? *Nature Reviews Drug Discovery*, 8 (7), 533-534.

Wernerfelt, B. (1984). A Resource-based View of the Firm. *Strategic Management Journal*, 5 (2), 171-180.

Wertheimer, A., Levy, R. & Connor, T. O. (2001). Too many drugs? The clinical and economic value of incremental innovations. *Investing in Health: The Social and Economic Benefits of Health Care Innovation*, 14, 77-118.

Whelan, E., Collings, D. G. & Donnellan, B. (2010). Managing talent in knowledge-intensive settings. *Journal of Knowledge Management*, 14 (3), 486-504.

Whittington, R. (2006). Completing the Practice Turn in Strategy Research. *Organization Studies*, 27 (5), 613-634.

Wildmann, L. (2010). *Einführung in die Volkswirtschaftslehre, Mikroökonomie und Wettbewerbspolitik* (2. Auflage). München: Oldenbourg.

Wilkesmann, U. (2010). Die Organisation von Wissensarbeit: Die Dysfunktionalität von Kontrolle und Anreize bei Wissensarbeit. In M. Moldaschl & N. Stehr (Hrsg.), *Wissensökonomie und Innovation – Beiträge zur Ökonomie der Wissensgesellschaft* (S. 481-504). Marburg: Metropolis Verlag.

Williamson, O. E. (1991). Comparative Economic Organization: The Analysis of Discrete Structural Alternatives. *Administrative Science Quarterly*, 36 (2), 269-296.

Wolfe, R. A. (1994). Organizational Innovation: Review, Critique and Suggested Research Directions. *Journal of Management Studies*, 31 (3), 405-431.

Wolff, S. (2004). Analysis of Documents and Records. In U. Flick, E. von Kardorff & I. Steinke (Hrsg.), *A Companion to Qualitative Research* (S. 284-289). London u.a.: Sage.

Wong, E. H. F., Yocca, F., Smith, M. A. & Lee, C.-M. (2010). Challenges and opportunities for drug discovery in psychiatric disorders: the drug hunters' perspective. *The International Journal of Neuropsychopharmacology*, 13 (9), 1269-1284.

Yam, R. C. M., Guan, J. C., Pun, K. F. & Tang, E. P. Y. (2004). An audit of technological innovation capabilities in chinese firms: some empirical findings in Beijing, China. *Research Policy*, 33 (8), 1123-1140.

Yang, J., Rui, M. & Wang, J. (2006). Enhancing the firm's innovation capability through knowledge management: a study of high technology firms in China. *International Journal of Technology Management*, 36 (4), 305-317.

Yayavaram, S. & Ahuja, G. (2008). Decomposability in Knowledge Structures and Its Impact on the Usefulness of Inventions and Knowledge-base Malleability. *Administrative Science Quarterly*, 53 (2), 333-362.

Yin, R. K. (2009). *Case Study Research. Design and Methods* (4. Auflage). Thousand Oaks u.a.: Sage.

Yin, R. K. (2003). *Case Study Research. Design and Methods* (3. Auflage). Thousand Oaks u.a.: Sage.

Zboralski, K. & Gemünden, H. G. (2009). Kommunikation und Innovation – Die Rolle von Communities of Practice. In A. Zerfass & K. Möslein (Hrsg.), *Kommunikation als Erfolgsfaktor im Innovationsmanagement. Strategien im Zeitalter der Open Innovation* (S. 289-303). Wiesbaden: Gabler.

Zenger, T. R. & Marshall, C. R. (2000). Determinants of Incentive Intensity in Group-Based Rewards. *Academy of Management Journal*, 43 (2), 149-163.

Zerfass, A. (2009). Kommunikation als konstitutives Element im Innovationsmanagement – Soziologische und kommunikationswissenschaftliche Grundlagen der Open Innovation. In A. Zerfass & K. Möslein (Hrsg.), *Kommunikation als Erfolgsfaktor im Innovationsmanagement. Strategien im Zeitalter der Open Innovation* (S. 23-55). Wiesbaden: Gabler.

Zhou, K. Z. & Wu, F. (2010). Technological capability, strategic flexibility, and product innovation. *Strategic Management Journal*, 31 (5), 547-561.

***ibidem*-Verlag**
Melchiorstr. 15
D-70439 Stuttgart
info@ibidem-verlag.de

www.ibidem-verlag.de
www.ibidem.eu
www.edition-noema.de
www.autorenbetreuung.de

FSC
www.fsc.org
MIX
Papier | Fördert gute Waldnutzung
FSC® C083411

Kolibri 360 GmbH
Ferdinand-Jühlke-Straße 7
99095 Erfurt, Deutschland
produktsicherheit@kolibri360.de